Heribert Gruß

Erzbischof Lorenz Jaeger als Kirchenführer im Dritten Reich

Erzbischof Lorenz Jaeger

Heribert Gruß

Erzbischof Lorenz Jaeger als Kirchenführer im Dritten Reich

Tatsachen – Dokumente – Entwicklungen – Kontext – Probleme

BONIFATIUS
Druck · Buch · Verlag
PADERBORN

Die Deutsche Bibliothek – CIP-Einheitsaufnahme

Gruss, Heribert:
Erzbischof Lorenz Jaeger als Kirchenführer im Dritten Reich :
Tatsachen, Dokumente, Entwicklungen, Kontext, Probleme /
Heribert Gruss. – Paderborn : Bonifatius, 1995
(Zeitgeschichte im Erzbistum Paderborn ; 3)
ISBN 3-87088-814-8
NE: GT

ISBN 3-87088-814-8

Gesamtherstellung:
Bonifatius GmbH Druck · Buch · Verlag Paderborn

Inhalt

Dritter Abschnitt
Der Kontext: Die Kirche in Verfolgung und Gegenwehr
1941/1942 – Menschenrechtsproteste

Vierter Abschnitt

Stunde der Wahrheit – Völkermord und Kriegswende – Zusammenbruch und Neubeginn

Fünfter Abschnitt

„Zwischen Sturm und Sturm" (J. H. Newman) – Versuch einer kritischen Würdigung

Dokumente

„Leider steht die Eindeutigkeit der Urteile über die katholische Kirche im Dritten Reich in keinem Verhältnis zum zeitgeschichtlichen Befund; denn viele Dokumente warten noch darauf, kritisch ediert beziehungsweise von der Wissenschaft in die bisherigen Forschungsergebnisse eingeordnet zu werden."

Roman Bleistein

Vorwort

Weg und Wirken des Paderborner Erzbischofs und späteren Kardinals Lorenz Jaeger in der Zeit des Dritten Reiches aus den erreichbaren Quellen zu heben entspricht einer wohl über die Grenzen seines Erzbistums hinausreichenden Erwartung. Die Frage nach seiner Rolle als „Kirchenführer" begründet sich aus dem kirchenpolitischen Akzent der Betrachtung.

Die öffentliche Meinung war bisher geprägt durch die Deutung des Politologen G. Lewy von 1964: Jaeger habe mit der nationalsozialistischen Verleumdungskampagne gegen den russischen „Untermenschen" sympathisiert.

Das von den Medien tradierte und verfestigte Bild hat einige Besonderheiten der hier vorgelegten Darstellung mitbestimmt. In einem Medienexkurs werden die Deutung Lewys und ihre Auswirkung durch einen relevanten Abschnitt der Nachkriegsgeschichte verfolgt und an dem authentischen Wort Jaegers gemessen. Ferner sucht die Darstellung in methodischer Hinsicht eine möglichst enge Anlehnung an ihr dokumentarisches Fundament zu gewinnen, um dem Leser die Nachprüfung zu erleichtern.

Doch sollten im Interesse des größeren Zusammenhanges Haupttext und Dokumentenanhang auch je für sich gelesen und verstanden werden können. Dem dienen in der Darstellung die kurzen Überblicke vor den Abschnitten und die erläuternden Anmerkungen im Dokumententeil. In jeder Weise sollte der Zugang zum geschichtlichen Kontext erleichtert werden. Unvermeidbare inhaltliche Überschneidungen werden durch die gewonnene Transparenz ausgeglichen.

Auch konnte auf den umfassenderen Ereigniszusammenhang innerhalb des Gesamtepiskopats und der Kirchenverfolgung nicht verzichtet werden. Das führte zu Erweiterungen, die einerseits zwar den engen biographischen Rahmen überschritten, andererseits aber den Gang einer Biographie vom zeitgeschichtlichen Hintergrund her exemplarisch erhellen konnten. Die Nachteile wurden hier aufgewogen durch die tieferen Einblicke in die wohl bedeutendste Phase der Kirchenverfolgung unter Hitler.

Endlich schien eine Untersuchung über die Sprache im totalitären Umfeld nicht unangebracht. Die terminologischen Vorschläge verstehen sich als Diskussionsbeiträge.

Zum Ergebnis dieser Untersuchung sei vorläufig gesagt, daß nach der überwiegend positiven Sicht und Darstellung kirchlich-bischöflicher Resistenz in den 50er Jahren und der dann folgenden Negativphase, für die hier Guenther Lewy steht, die heutige Quellenlage die Charakteristik eines kontrastreicheren Reliefs der Plenarkonferenz von Fulda zu befürworten scheint: Licht und Schatten wohnen hier offenbar – wie in früheren Verfolgungszeiten – nahe zusammen. Über die angewandten Wertungskriterien wird in einem eigenen Abschnitt reflektiert. Zum Kapitel bischöflichen Versagens sagt ein sehr kompetenter Zeithistoriker: „Das Reden und Schweigen der deutschen Bischöfe in der verheerenden Schlußphase des Dritten Reiches läßt manchen vertretbaren Wunsch offen. Die Zerknirschung über das Ungetane wäre jedoch anmaßend ohne die Bereitschaft, sich vor der inneren Not derer zu verneigen, die einen geraden Weg zu suchen hatten in dunkler Zeit" (L. Volk).

Für bereitwillig gegebene Hilfen ist nach vielen Seiten zu danken. Staatliche und kirchliche Archive ermöglichten die Auffindung und Auswertung nicht veröffentlichter Quellen. Kultusministerielle Sondergenehmigungen öffneten den Zugang zu langfristig noch gesperrten Personalakten. Wertvolle Anregungen begleiteten den Weg der Arbeit. Hier sei anstelle vieler Namen nur der Ordinarius für neuere und neueste Geschichte an der Universität Leipzig genannt, Professor Dr. Ulrich von Hehl.

„Leide mit mir als guter Soldat Christi Jesu!“
2 Tim 2,3
(Schriftwort aus L. Jaegers Weiheansprache)

Erster Abschnitt

Unter den Ansprüchen der Gleichschaltung – Lorenz Jaegers vorbischöflicher Weg unter Hitlers Diktatur

Überblick zum ersten Abschnitt

Das konkordatsmäßig der deutschen Reichsregierung zugestandene Recht, gegen die Bestellung mißliebiger Bischofskandidaten Verwahrung einzulegen, führte bei Erzbischof Jaeger zu einer nur äußerlich problemlosen Zustimmung der Berliner Regierung. Intern standen aber der auf das Beamtenverhältnis Jaegers abgestützten Begründung des Kirchenministers schwerste Bedenken von Heydrich, dem Chef der Sicherheitspolizei und des Sicherheitsdienstes, und der Parteikanzlei Bormanns entgegen. Für Heydrich war Jaeger einer der „gefährlichsten Propagandisten der Katholischen Aktion“ und „ein fanatischer Gegner des Nationalsozialismus und des heutigen Staates“. Die Zustimmung des Reichsministers für die kirchlichen Angelegenheiten erfolgte schließlich unter „Zugzwang“: Die Kurie hatte nämlich begonnen, unter Ausnutzung formaler Konkordatslücken die „politische Klausel“ zu umgehen (Kap. 1).

Die Durchmusterung der Arbeitsfelder des geistlichen Studienrats am Dortmunder Hindenburg-Gymnasium zeigt früh den entschiedenen Einsatz Jaegers gegen den „Mythus“ Rosenbergs. Im Sommer 1934 identifizierte sich Jaeger vor den Primanern mit der römischen Indizierung des Buches, dessen Verfasser von Hitler zuvor zum höchsten Schulungsleiter der Partei ernannt worden war. Eine Meldung beim Provinzialschulkollegium führte aber noch zu keiner greifbaren Konsequenz gegen den Geistlichen (Kap. 2).

Als Gaukaplan des katholischen Schülerbundes „Neudeutschland“ (ND) durchlief Jaeger alle Stadien der Erwürgung der katholischen Verbände. Schon lange vor der Machtergreifung brachte er als Gruppenkaplan des

ND in Herne 1929 Schüler des Bundes mit der Friedensbewegung Marc Sangniers bei Paris in Kontakt. Das Friedensanliegen bestimmte die Gedanken des Weltkriegsteilnehmers und einstigen Frontoffiziers früh und nachhaltig (Kap. 3).

Eine intensive Schulungsarbeit im Ruhrgebiet und seiner Umgebung baute Lorenz Jaeger schon früh in Pfarreien und kirchlichen Verbänden zur geistigen Bekämpfung des Nationalsozialismus aus. Unprovokatives Vorgehen war mit sachbezogener Aufklärung über die Grundirrtümer des Nationalsozialismus in einer von Jaeger organisierten Gegenbewegung verbunden, deren Mitarbeiter sich tarnen mußten (Kap. 4).

Die Enthebung vom Amt des Fachleiters ca. 1937 offenbart die parteiliche Abstinenz Jaegers. Die Maßnahme wurde aber von seiner vorgesetzten staatlichen Behörde nicht weiter verfolgt, nicht einmal aktenkundig festgehalten. Reichsminister Kerrl stieß auf keinen meldepflichtigen Vorgang in Jaegers Akten, den er 1941 als Mitglied des Reichsprüfungsamtes registrieren konnte (Kap. 5).

Die Einschnürungen seines Wirkens im Schulbereich und in der Jugend veranlaßten den Religionslehrer, seine Kontakte zum Heere und zu dessen konservativem Offizierkorps 1939 zu nutzen, um sich als Kriegs- und bald als Divisionspfarrer (302. I. D.) den Soldaten des Feldheeres seelsorglich zu widmen (Kap. 6).

Kapitel 1

Die „politische Klausel“ bei der Ernennung des neuen Paderborner Metropoliten im Jahre 1941

Wahl, Ernennung und Weihe des neuen Erzbischofs von Paderborn erfolgten im neunten Jahr des Dritten Reiches und im dritten Jahr des Zweiten Weltkrieges.[1] Ihre ebenso vielgestaltigen wie aufschlußreichen Voraussetzungen und Begleitumstände sind nicht frei von Überraschungen.[2] Sie haben sich der Auswertung bisher noch unerschlossener Quellen zu verdanken,[3] besonders auch der noch langfristig gesperrten staatlichen Personalakte des Studienrats und geistlichen Religionslehrers am Hindenburg-Gymnasium in Dortmund.[4]
Lorenz Jaegers Bischofsernennung fordert einen Vergleich mit den vorausgegangenen Bischofsbesetzungen seit 1933 heraus. Dabei ist einmal die formal-rechtliche Situation zu sehen, die mit der „politischen Klausel“, also dem staatlichen Erinnerungsrecht gegenüber mißliebigen Bischofskandidaten im Reich Hitlers, gegeben war;[5] zum anderen sind die Einwände aber auch nach ihrer inhaltlichen Seite bedenkenswert, die bei der totalitär überdehnten Auslegung des „Politischen“ ins Spiel kommen mußte, Einwände, die erst nach dem Zusammenbruch des Reiches

---

1 Wahl durch das Paderborner Domkapitel am 29. Mai 1941, Bekanntgabe der Bestätigung durch Pius XII. am 10. August 1941 (lt. Missale Romanum Fest d. hl. Laurentius), Bischofsweihe am 19. Oktober 1941 in Paderborn durch Nuntius C. Orsenigo, Bischof J. G. Machens und Weihbischof A. Baumann.

2 Schon bald nach dem 2. Weltkrieg mußte sich der Erzbischof eindringlichen Fragen nach den Hintergründen seines noch in den späten Jahren des Dritten Reiches erfolgten Plazets durch die NS-Regierung ausgesetzt sehen. Sie waren offenbar durch die Vermutung motiviert, daß die scheinbar problemlose Zustimmung zu seiner Ernennung stärkere Anpassungserscheinungen zur Voraussetzung gehabt haben müsse.

3 Es liegt in der Natur der Sache, daß auch für die archivalischen „Fehlanzeigen“ zu danken ist, die oft nicht mindere Mühe erfordern.

4 Auch hier konnte allen Erfordernissen der zeitgeschichtlichen Klärung Rechnung getragen werden.

5 Nach D. Albrecht, Die Politische Klausel des Reichskonkordats in den deutsch-vatikanischen Beziehungen 1936-1943. In: D. Albrecht (Hg.), Katholische Kirche im Dritten Reich. Mainz 1976, S. 130 ist die „Politische Klausel“ der Teil der konkordatären Bestimmungen, der das staatliche Erinnerungsrecht gegen dem Staat unerwünschte Bischofskandidaten betrifft. Er sieht darin die moderne Fassung des alten monarchischen Rechtes der Exklusion mindergenehmer Kandidaten (ebd.). Alle Konkordate seit dem ausgehenden 19. Jahrh. enthielten eine solche Klausel (ebd.).

zugänglich wurden.[6] Die zweite Aufgabe führt uns mit dem Versuch, die intern gebliebene Begründung des Kirchenministers für sein politisches Unbedenklichkeitstestat zu überprüfen, in Jaegers vorbischöfliches Leben und Wirken ein.[7]

Als das Metropolitankapitel am 29. Mai 1941 den Dortmunder geistlichen Studienrat Lorenz Jaeger zum Erzbischof von Paderborn gewählt hatte,[8] war nach den „politischen Klauseln" des Preußen- (14. 6. 1929)[9] und des Reichskonkordates (20. 7. 1933)[10] das staatliche Unbedenklichkeitstestat „allgemein politischer Natur" einzuholen.[11] Zuständig war in diesem Falle der Reichsminister für die kirchlichen Angelegenheiten, Hanns Kerrl, in seiner Eigenschaft als preußischer Kirchenminister.[12] Durch die

---

6 S. u. Anm. 87. Vgl. auch zugehörigen Haupttext und D. I.

7 Sie gibt uns eine sachgerechte Gliederung der vorbischöflichen Tätigkeitsbereiche Jaegers und gestattet zugleich alle notwendigen weiteren Unterteilungen.

8 Seit dem Preußenkonkordat war Paderborn Metropole der Kirchenprovinz Paderborn mit den Suffraganbistümern Fulda und Hildesheim (1929). Vgl. den Text Art. 2 Abs. 4 des „Vertrages" (in: D. Golombek, Die politische Vorgeschichte des Preußenkonkordates. Mainz 1970, S. 120).

9 Art. 6 Abs. 1 und Art. 7 des preußischen Konkordats vom 14. 6. 1929. Die im Text aus der kirchenpolitischen Situation absichtlich vermiedene Bezeichnung „Konkordat" ist ungeachtet des „mageren Inhalts" immer gebraucht worden. (Zum Ganzen vgl. H. Jedin und K. Repgen, Handbuch der Kirchengeschichte. Bd. VII, Freiburg – Basel – Wien 1979/1985, S. 196.) Kard. J. Frings nahm von seiner in Berlin geleisteten Vereidigung an, sie habe nur der preußischen Verfassung gegolten (in: J. Frings, Für die Menschen bestellt. Köln 1973, S. 18f.). Der Vereidigungstext war hingegen im Reichskonkordat festgelegt und enthielt auch so nicht den Namen Hitlers (vgl. Art. 16), wie der Kardinal befürchtet hatte (ebd., S. 18). Er galt nach dem Text des Reichskonkordates dem Deutschen Reich und dem Lande Preußen (vgl. Art. 16). Tatsächlich dürfte der von J. Frings gesprochene Text dem von L. Jaeger abgelegten Eid gleich gewesen sein. Er war in Entsprechung zum neuen Reichszentralismus geändert worden. (Ausschnitt aus der „Westfälischen Tageszeitung" vom 16. 9. 1941, Nr. 256. In: BA Koblenz R 43 II/173 a, Nr. 19.) Vgl. auch S. 83 und 360, Anm. 2.

10 Art. 14 Abs. 2: „Die Bulle für die Ernennung von Erzbischöfen, Bischöfen, eines Koadjutors cum jure successionis oder eines Praelatus nullius wird erst ausgestellt, nachdem der Name des dazu Ausersehenen dem Reichsstatthalter in dem zuständigen Lande mitgeteilt und festgestellt ist, daß gegen ihn Bedenken allgemein politischer Natur nicht bestehen" (Stasiewski, Akten deutscher Bischöfe II, S. 408).

11 Aus dem Schlußprotokoll zu Art. 14 Abs. 2 Ziffer 2: „Es besteht Einverständnis darüber, daß, sofern Bedenken allgemein politischer Natur bestehen, solche in kürzester Zeit vorgebracht werden. Liegt nach Ablauf von 20 Tagen eine derartige Erklärung nicht vor, so wird der Heilige Stuhl berechtigt sein, anzunehmen, daß Bedenken gegen den Kandidaten nicht bestehen. Über die in Frage stehenden Persönlichkeiten wird bis zur Veröffentlichung der Ernennung volle Vertraulichkeit gewahrt werden. Ein staatliches Vetorecht soll nicht begründet werden" (ebd., S. 413f.).

12 Vgl. Albrecht, Katholische Kirche, S. 135, Anm. 25.

„politische Klausel" wurde jede Bischofsberufung unter den Bedingungen des Dritten Reiches zu einem Politikum ersten Ranges.[13] Nach dem Schlußprotokoll zu Artikel 14 Absatz 2 Ziffer 2 des Reichskonkordates waren „Bedenken allgemein politischer Natur" binnen kürzester Frist vorzubringen.[14]

An zwei Punkten der „politischen Klausel" kam es zwischen der katholischen Kirche und dem nationalsozialistischen Staat zu folgenreichen Auslegungsdifferenzen. Inhaltlich konnte die Auffassung des „Politischen" auf einen liberalen oder auf einen totalitären Staat bezogen werden.[15] Der liberale Staat begrenzte seinen Anspruch zugunsten herrschaftsfreier gesellschaftlicher und individueller Lebensmöglichkeiten auf seine fundamentalen Sicherheitsinteressen.[16] Im totalitären Verständnis umfaßte das „Politische" alle Lebensvorgänge in Volk, Partei oder Staat, also etwa auch den Hitlergruß oder die Teilnahme an einer öffentlichen Wahl.[17] In Entsprechung zur „liberalen" oder „totalitären" Auslegung

---

13 Man muß davon ausgehen, daß auch die Konkordatsbestimmungen maximal im Sinne totalitärer Gleichschaltung ausgenutzt werden sollten, wenn sie überhaupt noch mehr als ein „Fetzen Papier" waren, wie es Preysings Denkschrift sagte (Walter Adolph, Geheime Aufzeichnungen. Mainz ³1982, S. 168).

14 Vgl. Anm. 11.

15 Der Ausdruck „liberal" meint hier also lediglich den Gegensatz zum „Totalitären", wie er auch in konstitutionellen, aber nichtparlamentarischen Staatsformen vorstellbar ist.

16 So hatte es im Einklang mit der Auffassung des Vatikans schon K. Mörsdorf im Jahre 1933 gesehen: „Die Sicherheit des Staates, der Bestand seiner Verfassung soll geschützt werden." (In: Das neue Besetzungsrecht der bischöflichen Stühle unter bes. Berücksichtigung des Listenverfahrens. Bonn – Köln 1933, S. 151). – Der „Modus vivendi", eine konkordatsähnliche Vereinbarung mit der Tschechoslowakei von 1927, nennt in Art. 4 als Beispiele aufrührerische, separatistische oder gegen die Verfassung oder den öffentlichen Frieden gerichtete Aktivitäten. (Vgl. Albrecht, Katholische Kirche, S. 131f.)

17 Zu öffentlichen Wahlen: Die Nichtbeteiligung des Bischofs von Rottenburg, J. B. Sproll, an der Abstimmung über den Anschluß Österreichs im Jahre 1938 ist eines der bekanntesten Beispiele. (Vgl. Volk, Akten deutscher Bischöfe IV, S. 455.)
Zum „deutschen Gruß": So mußte die für die Jahre 1934-1938 von einem Zeitzeugen beobachtete Form, in der Jaeger als geistlicher Studienrat nach dem Zeugnis eines Schülers (Prof. Dr. Hans Brox, Münster) zwischen 1934 und 1938 den deutschen Gruß vollzogen hat, durchaus dem Anspruch der „Totalität des Politischen" zuwiderlaufen. Jaeger hob *wortlos* die Hand zum „Hitler-Gruß", der aber bis zur Unkenntlichkeit entstellt war, weil die Handbewegung sofort in das Kreuzzeichen des Eröffnungsgebetes überging.
Die vom begleitenden „Heil Hitler" befreite Form entsprach nur noch bis 1934 den Mindestbedingungen, die der Erziehungsminister Rust mit Erlaß vom 6. 8. 1933 für jeden Schulunterricht vorschrieb (Paderb. Amtsblatt 11/1933 – 10. 10. 1933, S. 103).
Im folgenden Jahre entzog der Reichserziehungsminister allen minimalistischen Auffassungen definitiv den Boden. In seinen „Leitgedanken zur Schulordnung", die vom

des „Politischen“ wurde das Erinnerungsrecht der „politischen Klausel“ vom Vatikan und von der Regierung des NS-Staates verschieden angesetzt. Die genannte Problematik kam aber zwischen den Konkordatspartnern niemals zur Verhandlung, weil der nationalsozialistische Staat sich weigerte, den Ablehnungsfall zu spezifizieren und zu begründen.[18] Damit ist die zweite Auslegungsdifferenz gegeben, die mit der erstgenannten eng zusammengehört. Der kirchliche Anspruch auf die Offenlegung der Gründe im Ablehnungsfall eines Bischofskandidaten war im Text des Reichskonkordates hinreichend begründet.[19] Nuntius Orsenigo berief sich auf die Formulierung im Schlußprotokoll zu Art. 14 Absatz 2 des Reichskonkordates, daß die Bedenken „vorgebracht werden“ müßten.[20] Der Papst stützte sich auf die Feststellung, daß die Einschaltung der staatlichen Instanz kein Vetorecht darstellen solle.[21] Die staatliche Verweigerung einer offenen Begründung hatte ihre weniger textliche als vielmehr sachliche Motivierung in der Befürchtung, mit der totalitären Auslegung des „Politischen“ im Einzelfall die Kurie nicht überzeugen zu können und gegen die allgemeinen, also internationalen konkordatären Auslegungsprinzipien zu verstoßen.[22]

Paderborner Amtsblatt wörtlich abgedruckt wurden mit dem „Ersuchen“ an die Geistlichen, „sich danach zu richten“, heißt es: „Der Lehrer tritt zu Beginn jeder Unterrichtsstunde vor die stehende Klasse, grüßt als erster durch Erheben des rechten Armes und die Worte ‚Heil Hitler‘; die Klasse erwidert den Gruß durch Erheben des rechten Armes und die Worte ‚Heil Hitler‘.“ Für den Schluß der Stunde wird das gleiche Verfahren vorgeschrieben. Nur für Begegnungen im Schulgebäude genügt noch der wortlose Gruß (Paderb. Amtsblatt 3/1934 – 8. 3. 1934, S. 31).

18 Vgl. Albrecht, Katholische Kirche S. 133, bes. Anm. 13 u. 14. Albrecht gibt als treibende Kraft für dieses Verhalten das Reichskirchenministerium an, während das Auswärtige Amt bereit gewesen wäre, dem Wunsch der Kurie entgegenzukommen (Albrecht, Katholische Kirche, S. 136, Anm. 32).

19 Vgl. die eingehende Begründung aus dem Textzusammenhang und der Rechtsmaterie bei Kaiser, Politische Klausel, S. 186-194.

20 Ebd., S. 226.

21 Aus dem Schlußprotokoll des Reichskonkordates vom 20. 7. 1933 zu Artikel 14 Abs. 2 Ziffer 2: „Ein staatliches Vetorecht soll nicht begründet werden.“ (Vgl. o. Anm. 11.)

22 Albrecht, Katholische Kirche, S. 134. Zu den allgemeinen Auslegungsprinzipien mag es genügen, auf die zahlreichen Konkordate dieser Zeit hinzuweisen: Lettland (30. 5. 1922); Polen (10. 2. 1925); Rumänien (10. 5. 1927, ratifiziert 1929); Litauen (27. 9. 1927); der „Modus vivendi“ mit der Tschechoslowakei (2. 2. 1928); Österreich (5. 6. 1933). Zu den Auslegungsprinzipien sagt G. May: „Die in den Konkordaten enthaltenen Normen sind, je für sich betrachtet, Partikularkirchenrecht, bilden aber, im Zusammenhang gesehen, dank ihrer Wiederholung das Substrat eines gemeinen Rechtes, des ius concordatarium über bestimmte Gegenstände“ (in: H. Jedin / K. Repgen, Handbuch der Kirchengeschichte. Freiburg 1979/1985, S. 184f.).

Nachdem im Konkordatsjahr 1933 die Bischofswahl des Clemens August Graf von Galen in Münster keine staatlichen Bedenken ausgelöst hatte, wurden die Auffassungsunterschiede zum ersten Mal im Frühjahr 1936 akut.[23] Am 15. April 1936 erhob die Reichsregierung gegen die von der Kurie beabsichtigte Ernennung des Mainzer Moraltheologen Wendelin Rauch zum Koadjutor des Bischofs von Fulda mit dem Recht der Nachfolge „erhebliche Bedenken".[24] Die Kurie war zwar bereit, auf Rauch zu verzichten, beharrte aber nachdrücklich auf ihrem Anspruch einer spezifizierten Begründung. Sie ernannte nun zum Nachfolger von Damian Schmitt Johann Baptist Dietz.[25]

Am 18. Dezember 1937 stellte sich das Problem erneut, als das Aachener Domkapitel den Pfarrer von Kevelaer, Wilhelm Holtmann, zum neuen Bischof von Aachen wählte. Fristgerecht am 5. Januar eröffnete die konkordatsrechtlich zuständige preußische Regierung durch Reichskirchenminister Kerrl in seiner Eigenschaft als preußischer Kirchenminister, daß Holtmann „wegen seiner Einstellung zum heutigen Staat nicht genehm sei. Seine Ernennung zum Bischof von Aachen müßte ich als einen unfreundlichen Akt gegenüber der Reichsregierung ansehen".[26]

Hier reagierte die Kurie auf die Verweigerung einer detaillierten Begründung nun aber anders. Sie verzichtete auf Holtmann und ernannte angesichts „der in den Weg gelegten Hindernisse gegen eine normale Entwicklung" am 15. Mai den bisherigen Weihbischof Hermann Josef Sträter zum Administrator (Bistumsverweser) von Aachen.[27] Damit war Sträter im Besitz aller zur Regierung eines Bistums erforderlichen Vollmachten, er galt im Volk auch als „echter" Bischof.[28] Da nun aber im Reichskonkordat kein staatliches Erinnerungsrecht gegenüber Administratoren und Kapitularvikaren vorgesehen war,[29] hatte die Kurie die „politische Klausel" unterlaufen. Sie hatte die textliche „Durchlöche-

---

23 Zum grundlegenden Wandel der kirchenpolitischen Situation von 1933 bis 1936 vgl. Albrecht, Der Hl. Stuhl und das Dritte Reich.

24 Kaiser, Politische Klausel, S. 170. Albrecht, Katholische Kirche, S. 134. Nach Albrecht ist es im Bereich des deutschen Staatskirchenrechts nach 1918 die erste Anwendung der Politischen Klausel überhaupt (ebd., Anm. 17).

25 Ebd., S. 134f.

26 Ebd., S. 135f.

27 Ebd., S. 136f.

28 So bei Kaiser, Politische Klausel, S. 166f.

29 Genannt sind im Artikel 14 Absatz 2 des Reichskonkordates nur Erzbischöfe, Bischöfe, Koadjutoren cum iure successionis und Prälati nullius.

rung“ der „politischen Klausel“ mit der Umgehung des staatlichen Erinnerungsrechtes beantwortet.[30]

Ähnliche Fälle ereigneten sich außerhalb des Altreiches, auf das die Kompetenz des Kirchenministers Kerrl mehr und mehr eingeschränkt wurde,[31] von 1939 bis 1941 wenigstens siebenmal.[32] Wenn der Reichsminister die Klausel also auch weiterhin realisieren wollte, zumal in der angespannten Kriegssituation, mußte er entweder zur Offenlegung der Gründe schreiten, was er entschiedener ablehnte als das Auswärtige Amt,[33] oder er mußte zu einer weitherzigeren inhaltlichen Auslegung der „politischen Klausel“ kommen.[34] Schon die formal-rechtliche Situation muß ihn auf diesen Weg gewiesen haben, wenn er im Unterschied zu den radikal kirchenfeindlichen Elementen in der Partei- und Staatsführung auf einen gewissen Ausgleich bedacht bleiben wollte.[35] Diese legten es

---

30 Die nationalsozialistische Behandlung des Textes war ein Verstoß gegen seinen Wortlaut, das Vorgehen der Kurie war vielleicht noch formaljuristisch korrekt. Ob es gemäß der Freundschaftsklausel der Präambel vertretbar erscheinen konnte, stand auf einem anderen Blatte.

31 Conway, Nationalsozialistische Kirchenpolitik, S. 328ff.

32 Albrecht, Katholische Kirche, S. 137-142, nennt sechs Fälle dieser Art. Ein siebter Rechtsfall ist aus den Akten des Auswärtigen Amtes ersichtlich: Im Schreiben vom 26. 2. 1941 weist M. Bormann auf seine Forderung vom 30. 8. 1940 hin, anläßlich der Ernennung von Administrator Sträter (Aachen) zum Apost. Administrator der eingegliederten Gebiete von Eupen, Malmedy und Moresnet beim Nuntius grundsätzlich eine Voranfrage bei der Reichsregierung durchzusetzen. Mit Schreiben vom 11. 6. 1941 weist die Parteikanzlei ferner auf ein Schreiben Bormanns vom 1. 5. 1941 hin, in dem dieser die Bestellung von Pfarrer Gumowski zum Apost. Administrator für den reichsdeutschen Anteil der Diözese Lonza zum gleichen Anlaß nimmt und zugleich nachdrücklich um Antwort bittet. Mit lauerndem Interesse verfolgt Bormann offenbar die Strategie der Kurie und fordert von allen beteiligten Instanzen, hier dem Auswärtigen Amt, und selbstverständlich auch dem Reichskirchenministerium, die Kurie über den Nuntius zu einer anderen Praxis zu veranlassen (PA, Bonn, Abt. Inland I D 4/1-12).

33 So Albrecht unter Hinweis auf die Aufzeichnungen des Vatikanreferenten Haidlen vom 17. 10. 1938 im PA Bonn, Po 16-4, Hl. Stuhl, Bd. 1. (Vgl. Albrecht, Katholische Kirche, S. 136f., Anm. 32.)

34 Daß Kerrl tatsächlich diesen Kurs verfolgte, wird im Zusammenhang unserer Darstellung noch hervortreten. Tatsächlich strebte er nach einem grundsätzlichen Kompromiß zwischen Christentum und Drittem Reich, den Hitler für unmöglich hielt.

35 Die Situationsbeschreibung, die Volk gibt, trifft für die Kriegszeit wohl nicht ganz uneingeschränkt zu: „Inmitten radikalerer Konkurrenten unter ständigem Beweiszwang, den Verdacht der Laxheit zu widerlegen und seine im eigenen Lager ignorierte Kompetenz dorthin richtend, wo allein man ihn noch respektieren mußte, suchte Kerrl Selbstbestätigung im Ersinnen neuer Zwangsmaßnahmen gegen die Kirchen“ (Volk, Katholische Kirche und Nationalsozialismus, S. 128).

offenbar auf eine machtpolitische Entscheidung an.[36] Setzen wir einmal die kirchenpolitische Grundrichtung des Reichsministers für die kirchlichen Angelegenheiten als gegeben voraus, so scheint ihn der „Fall Aachen“ mit der seither auch außerhalb des Altreiches wiederholten Umgehung der Klausel des Reichskonkordates durch den Vatikan in einen nicht geringen Zugzwang gesetzt zu haben.[37] Die inhaltliche Seite unseres Vergleichs mit den vorausgegangenen Bischofswahlen wird das noch unterstreichen.

Die Paderborner Bischofsbesetzung mit Lorenz Jaeger war in der Sicht des nationalsozialistischen Staates alles andere als problemlos. Blieb sie auch wie die Bischofsbesetzung in Münster 1933 ohne staatlichen Einspruch, so wiesen doch die äußeren wie die internen Indizien auf eine tiefgreifend gewandelte Situation gegenüber dem Jahr 1933.[38]

Geprägt von der Aura konkordatärer Versöhnung, waren bei der Bischofsweihe von Galens am 28. Oktober 1933 die Seitenschiffe des Doms von Münster gefüllt von den Fahnen und den uniformierten Trupps der Bewegung. In langer Reihe defilierten die Parteispitzen an dem nationalgesinnten Grafen vorüber, die Hand zum „Deutschen Gruß“ erhoben, den der Bischof erwidern mußte.[39] Die Vereidigung wurde vor dem preußischen Ministerpräsidenten Hermann Göring vorgenommen,[40] während Hitlers Gratulation sich im Gegensatz zum Empfang durch den Reichspräsidenten von Hindenburg auf eine Postkarte beschränkte.[41]

Fast genau acht Jahre später fand am 19. Oktober 1941 die Bischofsweihe des Paderborner Oberhirten statt. Der Kirchenminister hatte im Einvernehmen mit dem preußischen Ministerpräsidenten die Abnahme des konkordatären Eides an den Reichsstatthalter, Gauleiter und Oberpräsi-

---

36 Die von Bormann angestrebte radikale Lösung rückte näher, als Hitler am 10. 6. 1942 alle diplomatischen Kontakte des Hl. Stuhls außerhalb des Altreichs von 1933 stornierte (Albrecht, Katholische Kirche, S. 128ff.; Conway, Nationalsozialistische Kirchenpolitik, S. 323ff.).

37 Die weiterlaufende Umgehung der politischen Klausel durch Rom hätte den ohnehin vom Umfang her auf das Altreich eingeschränkten und inhaltlich durch konkurrierende Instanzen (Gestapo) ausgehöhlten Kompetenzbereich des Kirchenministers vollends entleert.

38 Portmann, Kardinal von Galen, S. 84f.

39 Ebd., S. 86.

40 Ebd., S. 82.

41 Ebd., S. 83.

denten Dr. Alfred Meyer in Münster delegiert.[42] Dieser durfte aber auf persönliche, durch M. Bormann vermittelte Führerweisung weder in Person noch durch seinen Stellvertreter an den Weihefeierlichkeiten teilnehmen.[43] Die Protestpredigten des Münsteraner Bischofs vom Sommer 1941 hatten die kirchenpolitische Szene in äußerste Spannung versetzt.[44] Keine Fahne der Bewegung, kein Gauleiter, keine Parteiuniform war zu sehen, dafür aber bistumsweit versammelte Festgemeinde und katholische Jugend in erdrückender Zahl.[45] Die Gestapo sah ihre Stunde gekommen, längst verbotenen Jugendverbänden auch in der Illegalität noch auf die Spur zu kommen[46] – zugleich eine Warnung an den mißliebigen Erzbischof, gegen dessen Ernennung sie Bedenken angemeldet hatte.[47] Jaeger hatte andeutungsweise wohl von Schwierigkeiten erfahren, die seinem Weg ins Bischofsamt bereitet worden waren. Er oder seine Tradenten sprachen von Befürchtungen der „Staatskanzlei" und der „Gestapo".[48] Vor der Auswertung der Akten des Kirchenministeriums in Potsdam war die Sachlage schon umrißhaft in den Unterlagen des Auswärtigen Amtes zu greifen.[49]

---

42 BA Koblenz R 43 II / 173 a Bl. 16/17. Vgl. D. V, Z. 16-19, D. III, Anm. 2.

43 Ebd.

44 Das unter Anm. 42 angegebene Schriftstück des Oberpräsidenten und Gauleiters Dr. Alfred Meyer an Reichsleiter M. Bormann bezeugt Erleichterung, daß mit dem Stopp des Klostersturms und der Euthanasie durch Hitler ein wenig Ruhe eingekehrt sei (ebd.).

45 Vgl. die Schilderung bei Reineke, Jugend, S. 136-141. Auch H. Hürten geht auf die Huldigungen der Jugend für den neugeweihten Bischof ein: „Du bist unser Bischof: Wir folgen Dir, weil wir Christus folgen: Und Christus ist Sieger. In Ihm führ uns zum Sieg!" (Hürten, Deutsche Katholiken, S. 331). Es heißt dann bei Hürten: „... jubelten ihm die Scharen zu, die ihren neuen Bischof nie zuvor gesehen hatten." (Ebd.) Hier müßte daran erinnert werden, daß Jaeger „Gaukaplan" war und durch seine Informationsarbeit in den Gemeinden des Ruhrgebiets einen schwer abzuschätzenden Grad der Bekanntheit auch bei der Jugend erreicht hatte (S. 51f., Anm. 38, S. 60f.).

46 Ebd., S. 143ff. Vgl. auch Boberach, Berichte, S. 601.

47 Durch den Chef der Sicherheitspolizei und des SD, R. Heydrich.

48 So in Brandt/Hengst, Bischöfe und Erzbischöfe von Paderborn 1984, S. 342. Die aus mündlicher Äußerung von Kardinal Jaeger aufgegriffene Tradition (so Erzbischof Dr. J. J. Degenhardt in mdl. Mitteilung an den Verfasser von 1989) ist in beiden Teilen zu modifizieren: Eine „Staatskanzlei" hat es im Dritten Reich bei der Berliner Reichsregierung nicht gegeben (vgl. Broszat, Der Staat Hitlers, S. 389-395). Der Einspruch kam vom Chef der Sicherheitspolizei (Sipo) und des Sicherheitsdienstes (SD), R. Heydrich, und aus der Parteikanzlei M. Bormanns.

49 Zur ergänzenden Einsicht in die Akten des Reichsministers für die kirchlichen Angelegenheiten im HStA der früheren DDR in Potsdam vgl. das Ende dieses Kapitels (S. 32-35).

Im Arbeitsbereich des Staatssekretärs Ernst von Weizsäcker, damals mit kirchlichen Angelegenheiten befaßt und seit 1943 deutscher Botschafter beim Hl. Stuhl, sind Vorgänge um die „politische Klausel“ bei der Kandidatur Jaegers festgehalten.[50] Sie erklären die mehr als doppelte Fristüberschreitung in der Antwort des Reichsministers für die kirchlichen Angelegenheiten:[51] Die Antwort auf das Schreiben des Metropolitankapitels vom 30. Mai 1941 war nämlich, wie die Abschrift zur Kenntnis des Gauleiters ausweist, erst vom 22. Juli 1941 datiert, also um etwa 32 Tage verzögert worden.[52] Deshalb hatte Nuntius Orsenigo, wie der Staatssekretär unter dem 26. Juni festhielt, bei ihm vorgesprochen, um vorzufühlen, ob der neue Anwärter, der für den Bischofsstuhl in Paderborn genannt werde, „uns genehm“ sei.[53] Weizsäcker mußte sich als unorientiert bekennen, erfuhr aber noch am selben Tage fernmündlich vom Kirchenministerium die Wahl des Studienrates Jäger (!),[54] der in Halle geboren, etwa 49 Jahre alt sei, als Offizier den Ersten Weltkrieg mitgemacht und neben dem Eisernen Kreuz 1. Klasse den Hausorden von Hohenzollern verliehen bekommen habe.[55] „Das Kirchenministerium sei mit der Wahl Jägers einverstanden. Der zuständige Oberpräsident und der Chef der Sicherheitspolizei und des SD [= Sicherheitsdienst] hätten sich aber noch nicht geäußert. Der Sachbearbeiter bat um vertrauliche

---

50 PA Bonn, Büro d. Staatssekretärs, Akten betr. Vatikan. Bd. 2 u. 3, Nr. 239924f.; 239957ff.

51 Die Frist betrug nach dem Schlußprotokoll zu Art. 14 Abs. 2 Ziffer 2 nur 20 Tage.

52 Der Reichsminister für die kirchlichen Angelegenheiten beantwortet das Schreiben des Metropolitankapitels von Paderborn vom 30. 5. 1941 in seinem Schreiben vom 22. 7. 1941: „Ich habe keine Bedenken geltend zu machen“ (StA Münster. PSK, PA J 12).

53 PA Bonn, Büro des Staatssekretärs Nr. 239924. Schon am 9. 4. 1941 hatte der Nuntius die Frage der Neubesetzung des „erzbischöflichen bzw. bischöflichen Stuhls in Köln und Paderborn“ gestreift (PA Bonn, Nr. 239790). Nach dieser Notiz war der Staatssekretär auch noch in der Frage der genaueren Qualifikation der Bischofsstühle uninformiert. Erzbischof Kaspar Klein war am 26. 1. 1941 in Paderborn, Kardinal Karl Joseph Schulte am 11. 3. 1941 in Köln verstorben.

54 Die Schreibweise „Jäger“ ist bis in die dreißiger Jahre in behördlichen Akten anzutreffen, um sich dann mehr und mehr zu verlieren.

55 Lorenz Jaeger hat während des Ersten Weltkriegs im Westen fast ohne Unterbrechung im Fronteinsatz gestanden. Eine gedruckte Seite seiner Personalakte gibt Antwort über alle Fronteinsätze, während das BA Kornelimünster und das Geheime bayerische Staatsarchiv keinen Vorgang über Kampfeinsätze, Beförderungen und Auszeichnungen festgehalten haben. Am 9. 10. 1918 geriet Jaeger in englische Gefangenschaft, worin er bis zum Jahresende 1919 verblieb.

Mitteilung der Auskunft."[56] Aus diesem Grund mußte der Staatssekretär am 3. Juli sein Wissen bei einem neuen Besuch des Nuntius verleugnen.[57] Am 13. August 1941 hält ein Mitarbeiter zum Telegramm der Vatikanbotschaft vom 9. August über die bevorstehende Meldung des Osservatore Romano vom 10. August (Ernennung Jaegers)[58] als „Notiz" für den Staatssekretär fest:

„Die Antwort der staatlichen Stellen auf die Anfrage des Metropolitankapitels in Paderborn, ob gegen den zum Erzbischof gewählten Studienrat Jaeger politische Bedenken bestehen, hat sich deshalb verzögert, weil von der Parteikanzlei und dem Chef der Sicherheitspolizei Bedenken gegen die Wahl Jaeger's erhoben worden waren, während das Kirchenministerium ihn für geeignet hielt. Reichsminister Kerrl hat die von den beiden erstgenannten Stellen vorgebrachten Bedenken (Betätigung in der katholischen Jugendarbeit,[59] kritische Äußerung im Schulunterricht über Rosenberg'sche Lehren,[60] Teilnahme am Neudeutschlandbund[61]) gegenüber den starken für eine Bestätigung der Wahl sprechenden Gesichtspunkten für unerheblich erklärt und angeordnet, daß dem Metropolitankapitel geantwortet werde, es lägen keine Bedenken vor.[62] Daraufhin ist die Ernennung des Studienrates Jaeger zum Erzbischof von Paderborn durch den Vatikan vollzogen worden. Eine entsprechende Mitteilung der Nuntiatur ist am 9. August hier eingegangen."[63]

Damit steht fest, daß der Reichsminister für die kirchlichen Angelegenheiten die persönliche Verantwortung für das politische Unbedenklichkeitstestat im Paderborner Fall gegen die Bedenken der höchsten zuständigen Polizeiinstanzen (R. Heydrich) und der Parteikanzlei M. Bormanns übernommen hat.[64]

---

56 PA Bonn, Büro des Staatssekretärs – Akten betr. Vatikan, Nr. 239924.

57 PA Bonn, s. o. Anm. 56, Nr. 239957.

58 PA Bonn, s. o. Anm. 56, Nr. 239959: „Osservatore Romano vom 10. August meldet amtlich Ernennung des derzeitigen Feldgeistlichen Lorenz Jaeger bisher Religionslehrer und Studienrat in Dortmund zum Erzbischof von Paderborn. Menshausen."

59 Vielleicht aus einer Sonderquelle in Parteikreisen.

60 Im PSK Münster in PAJ zur Verfügung Meyers und im RSHA bekannt.

61 In allen Quellen dominiert Jaegers einflußreiches Wirken im ND.

62 Vgl. Anm. 52.

63 PA Bonn, s. o. Anm. 56, Nr. 239958.

64 Hier konnte sich der weithin entmachtete Minister noch einmal gegen die mächtigeren Instanzen der Partei und der politischen Polizei durchsetzen. Brachte ihm sein Amt doch vielerlei Demütigungen. H. Himmler soll dem „Deutschen Christen" einmal gesagt

Daß die kirchenpolitische Situation um die „politische Klausel" sich zuspitzte, ist aus zwei Unterlagen des Auswärtigen Amtes zu ersehen, die in die Monate vor der Wahl und Berufung Jaegers zum Erzbischof fallen. Am 9. April 1941 wurde dem Staatssekretär eine Notiz für den Nuntius vorgelegt, die an diesem Tage trotz der Anwesenheit Orsenigos noch nicht zur Besprechung kam. Nach ihr wurde unter Berufung auf das Reichsstatthaltergesetz vom 30. Januar 1934 allgemein gefordert, daß jede Voranfrage von kirchlicher Seite nicht mehr an die Reichsstatthalter – wie im Text des Reichskonkordates festgelegt –, sondern direkt an die Reichsregierung zu richten sei.[65]
Zuvor hatte M. Bormann aber schon im Schreiben vom 26. Februar 1941 an das Auswärtige Amt darauf gedrängt, beim Nuntius durchzusetzen, daß für *alle Besetzungen* von Bischofsämtern, auch der von Apostolischen Administratoren und Kapitularvikaren, zuvor das Plazet der Reichsregierung eingeholt werde. Das entspreche zwar nicht dem Wortlaut des mangelhaft redigierten Textes – zitiert er zustimmend den Reichsminister H. Kerrl –, „wohl aber dem Geist und Sinn des Reichskonkordates".[66]
Sowohl die Zentralisierung als auch das Drängen auf Beachtung der „politischen Klausel" im Falle der Administratoren und Kapitularvikare offenbaren die Verlegenheit, in welche sich die Reichsregierung durch die prinzipielle Verweigerung begeben hatte, die Ablehnungsgründe für einen Bischofskandidaten bekanntzugeben. Die kirchenpolitische Verlegenheit Bormanns tritt noch deutlicher hervor, wenn er diskret andeutet, man könne vielleicht „eine kurze, völlig allgemein gehaltene formelartige

---

haben: „... ich war der Ansicht, daß du bisher immer nur so [christlich bzw. religiös] getan hast, aber du bist ja tatsächlich so. Ich werde dich in Zukunft immer schlecht behandeln." Auf die erstaunte Frage Kerrls nach dem „Wieso" habe Himmler gesagt: „Ja, das ist bei euch so, je schlechter ihr auf Erden behandelt werdet, desto mehr Gutpunkte habt ihr später." Die von Conway, Nationalsozialistische Kirchenpolitik, S. 148, aus Himmlers persönlichen Akten zitierte Anekdote hat selbst noch als „Legende" ihre geschichtliche Wahrheit. Alle Kenner Kerrls konvergieren in der von Conway (ebd.) zitierten Ansicht des früheren Finanzministers Schwerin von Krosigk: „Er war ein ehrlich überzeugter Christ ..." Dazu gehört aber auch die Feststellung, daß er sich aus allem Gelesenen „ein eigenes Glaubenssystem errichtet" habe. Aber auch die Verzweiflung, die aus seinem Brief vom 23. 8. 1941 an Lammers spricht, ist wohl echt: „Wie Ihnen kürzlich mehrfach mitgeteilt, wird mein Amt für mich immer untragbarer, da mir keinerlei Möglichkeit zur Verfügung steht, selbst das, was das Reich auf das Schlimmste schädigt, unterbinden zu können" (Conway, ebd., S. 267).

65 PA Bonn, Büro des Staatssekretärs, Nr. 239775f.

66 PA Bonn, Inland I – D. 4/1-12.

Begründung" geben, die aber keine konkreten, faßbaren Angaben enthalten dürfe. Durch ein scheinbares Entgegenkommen sollte also dem Vatikan das formalrechtlich gedeckte, aber dem NS-Staat nicht genehme Ausweichen auf die Bistumsverweser erschwert werden. Bormann ersucht das Auswärtige Amt, dem Nuntius über die Erwartung der Reichsregierung eine schriftliche Mitteilung zu machen. Wolle der Nuntius darüber eine mündliche Aussprache suchen, sei er auf den schriftlichen Weg zu verweisen. Erst wenn aus der schriftlichen Antwort die Haltung der Kirche zu ersehen sei, könnten ihm gegenüber auch mündliche Erklärungen abgegeben werden.[67] „Wegen des großen Interesses, das ich in der Angelegenheit habe, wäre ich Ihnen dankbar, wenn Sie mir den Entwurf des an den Nuntius zu richtenden Schreibens und gegebenenfalls auch dessen schriftliche Antwort zur Äußerung übermitteln würden."[68] Das Schreiben Bormanns ist an den Außenminister zu Händen des „Gesandten Luther" gerichtet.[69] *Bormann strebte offenkundig in dieser Sache eine seiner Einstellung entsprechende radikale und zentrale Führerentscheidung an.*[70]

Die interne Kontaktnahme der Parteikanzlei mit dem Auswärtigen Amt zeigt die kirchenpolitischen Probleme auf, die im Vorfeld der Paderborner Bischofswahl bestanden. Der insgesamt[71] und besonders in der Kriegszeit[72] auf einen Ausgleich bedachte Kirchenminister hatte gute Gründe, sein Unbedenklichkeitstestat auch gegen gravierende Einwände höchster Instanzen des Dritten Reiches zu erteilen. Sein Plazet war mitbestimmt vom kirchenpolitischen Szenarium zwischen Berlin und Rom.[73]

Dabei achtete der Kirchenminister nicht einmal auf die Schwierigkeiten, die ihm aus eigenen früheren Entscheidungen erwachsen konnten. War doch bei der Bestellung von Wendelin Rauch als Koadjutor und Nachfolger des Bischofs von Fulda der Einspruch des Kirchenministers ergangen, weil nach Meldung des Reichsstatthalters von Hessen der Mainzer

---

67 Ebd.

68 Ebd.

69 Ebd. Gemeint ist Unterstaatssekretär Martin Luther.

70 Sie konnte nur auf eine immer weitere Verfügbarmachung der Kirche während des Krieges und ihre Vernichtung nach dem erträumten Siege gerichtet sein.

71 Vgl. Anm. 64.

72 Entsprechend zum von Hitler angemahnten „Burgfrieden".

73 Zu denken ist auch an die inneren Rivalitäten, die dem Minister kaum eine andere Wahl ließen. Bormanns Druck auf bedingungslose Durchsetzung der politischen Klausel und sein gleichzeitiger Einspruch waren unvereinbar.

Moraltheologe früher Mitglied des Zentrums und ein „besonders gehässiger Gegner“ der nationalsozialistischen Weltanschauung gewesen und nach 1933 geblieben sei.[74] Beides traf auch auf L. Jaeger zu.[75]
Daß Jaeger auch mit deutlichen Worten im Jahr seiner Bischofswahl Richtigkeit und Notwendigkeit des Galenkurses unterstrichen hatte,[76] grenzt fast an eine historische Ironie. Denn dem Pfarrer Holtmann von Kevelaer hatte seine Galengefolgschaft die Ablehnung des Kirchenministers für die Bischofsbesetzung von Aachen eingebracht (15. 1. 1938).[77] Freilich lag in diesem Falle der zeitliche Ansatz der Äußerung Jaegers so spät, daß der darüber verfaßte Bericht des Sicherheitsdienstes dem Reichssicherheitshauptamt in Berlin nicht mehr rechtzeitig zur Kenntnis kommen konnte.[78]
Die im inhaltlichen Vergleich der Ablehnungs- oder Bedenklichkeitsgründe faßbaren Konturen scheinen noch einmal die Folgerung zu stützen, daß für Minister Kerrl stärkere allgemeinpolitische Gründe im Spiele waren. Sie ließen ihn danach streben, die mißliche Situation zu meiden, daß der Vatikan die „politische Klausel“ durch die Ernennung von Administratoren und Kapitularvikaren erneut unterlief.[79]
Es war das letzte Plazet, das der Reichsminister für die kirchlichen Angelegenheiten zu einer Bischofsernennung im Dritten Reich gab. Als „deutscher Christ“ lange Zeit, wie ihm auch katholische Bischöfe bestätigen, um Entspannung bemüht,[80] zugleich aber völlig allein gelassen, erlag er am 12. Dezember 1941 in Paris im Alter von 54 Jahren einem

---

74 Albrecht, Katholische Kirche, S. 134f.

75 Bezüglich der Zentrumsmitgliedschaft Jaegers vgl. StA Münster PSK PAJ, bezüglich der Einstellung zum „Mythus“ ebd. und PA Bonn, Büro des Staatssekretärs Nr. 239958.

76 D. IV, Z. 33f.

77 Albrecht, Katholische Kirche, S. 135f.

78 Der Polizeibericht stammt vom 16. 9. (3. 10.), das Plazet Kerrls vom 22. 7. 1941; D. IV, Anm. 1.

79 Es empfiehlt sich schon jetzt, sehr genau auf die positive Begründung Kerrls vorauszublicken. Sie ist so abgefaßt, daß ihre Bestreitung durch die Parteikanzlei und das Reichssicherheitshauptamt auf sie zurückfallen konnte (vgl. Anm. 89 u. 90 und den zugehörigen Haupttext!).

80 Zum Hintergrund des Beileidstelegrammes, das Bischof Bornewasser von Trier zum Ausdruck seiner „aufrichtigen Teilnahme“ an das Kirchenministerium richtete, notiert intern der Trierer Generalvikar von Meurers am 20. 12. 1941: „Reichsminister Kerrl hat sich gerade in der letzten Zeit für kirchliche Belange tatkräftig eingesetzt, insbesondere auch für die Rückgabe unseres Rudolfinums (= Priesterseminar – Hg. Volk). Bei dem ganzen, zur Zeit herrschenden System konnte er natürlich nichts erreichen.“ (Volk, Akten deutscher Bischöfe V, S. 663, Anm. 5). Vgl. auch den Text zu Anm. 86.

Herzinfarkt.[81] Als Minister einer Ad-hoc-Konstruktion, eines Ministeriums ohne exekutiven und informativen Unterbau,[82] mußte er zwischen fanatischen Rivalen wie Himmler und Bormann, nicht zu vergessen auch Goebbels und Rosenberg aufgerieben werden.[83]

Wie stark der Minister sich von den unverhohlen kirchenfeindlichen Kräften als „deutscher Christ“ in die Isolierung gedrängt und in seiner Sicht des Dritten Reiches verändert zeigte, offenbart ein Gespräch, das er etwa zur Zeit seines Plazets für Lorenz Jaeger mit Staatssekretär Ernst von Weizsäcker führte. Dieser hält nämlich anläßlich des Todes von Hanns Kerrl unter dem 1. Dezember 1941 fest: „... [Kerrl] hat mir gesagt – vor einigen Monaten [sic!] –, er habe um seinen Abschied gebeten, da er seit Jahren vom Führer nicht mehr empfangen werde. Man habe ihm den Abschied verweigert. Seine allgemeinen Äußerungen über das III. Reich hätten nicht darauf schließen lassen, daß er einer der ältesten Kämpfer für dieses Reich war.“[84] Die unter dem gleichen Datum zu findende Bemerkung des Staatssekretärs ist ebenfalls zu beachten: „Mit dem Kirchenminister Kerrl ist ein schon vorher existierender Toter gestorben. Er

81 Conway bemerkt mit Recht, daß er als ein „erschöpfter und verbitterter Mann“ gestorben sei (S. 267). Am 11. 6. 1941 hielt er gegenüber Lammers den Klostersturm genau einen Monat vor den beiden einschlägigen Predigten von Galens, der den Aggressoren gegen die Klöster die Volksgemeinschaft kündigte (Portmann, Kardinal von Galen, S. 349f.), für „bedenklich“. Bei seiner starken Bindung an die Vorstellungen M. Luthers (Conway, S. 148, Anm. 25) war diese Reserve zwar nur befristet gemeint, aber er rechnete den Klostersturm mit Sicherheit zu jenem, „was das Reich auf das schlimmste schädigt“ (ebd., S. 267 unter Berufung auf BA R 43 II 1272).

82 „Für Exekutivaufgaben war Kerrl auf die geneigte Unterstützung der Gestapo Himmlers und Heydrichs angewiesen, die ihre eigene Kirchenpolitik betrieben und alles taten, den ungebetenen Rivalen im Zustand ohnmächtiger Abhängigkeit zu halten.“ (Volk, Katholische Kirche und Nationalsozialismus, S. 127f.) Für den informativen Bereich scheint die gleiche Situation zu herrschen, wenn Volks Bemerkung zutrifft, daß Kerrl die meisten Einbrüche Himmlers und Heydrichs in die kirchlichen Lebensbereiche aus den Protesten der betroffenen kirchlichen Stellen und nicht aus den Ressorts von Staat und Partei erfuhr. (Vgl. Volk, Fuldaer Bischofskonferenz, S. 100).

83 Das gilt einmal, wenn Kerrl, wie in der Anfangsphase seines Ministeriums ersichtlich, einen Ausgleich suchte, um in der Vergeblichkeit seiner Bemühungen dann in die Richtung seiner Rivalen, verstärkend und zugleich sein Eigenprofil suchend, einzufallen, es gilt noch mehr, wenn Kerrl, von einem noch so reduzierten Kern eigener christlicher Überzeugung ausgehend, eine andere kirchenpolitische Grundlinie verfolgte als seine radikalen Rivalen. Ebensowenig sind auch Opportunismus, Jähzorn und Schwäche aus seinem Charakter fortzudenken. Eine überzeugende Gesamtdarstellung Kerrls und seiner Rolle steht trotz Conways Bemühung noch aus, wie L. Volk (ebd., S. 218) schon vor zwei Jahrzehnten bedauerte.

84 Weizsäcker-Papiere 1933-1955. Hill (Hg.), S. 281.

bekannte sich als Christ, hatte aber nicht den geringsten Einfluß. Die Gauleiter wußten, daß der Führer nichts von ihm hielt. ... Sein Wollen bestritt ihm niemand."[85]

Hitler begründete die Unmöglichkeit der Synthese Kerrls zwischen Christentum und Nationalsozialismus mit seiner noch immer streng internen Gleichsetzung von Christentum und Bolschewismus.[86]

Einen ähnlichen radikalen Gegensatz bezeugt das „Gutachten", das Reinhard Heydrich, Chef der Sicherheitspolizei und des Sicherheitsdienstes, über den künftigen Erzbischof von Paderborn im Sinne der „politischen Klausel" verfaßt hat. Es spiegelt die Einstellung der Kräfte, die um Hitlers Ziele wußten. Während die im Auswärtigen Amt erwähnten „Bedenken" des Reichsleiters Martin Bormann in den Akten des Kirchenministeriums in Potsdam nicht mehr vorzuliegen scheinen, umreißt Heydrichs Schreiben das Profil Jaegers in aller Klarheit: „Jäger [!] ist einer der aktivsten und gefährlichsten Propagandisten der Katholischen Aktion und ein fanatischer Gegner des Nationalsozialismus und des heutigen Staates. Er ist ein äußerst lebensgewandter, vielseitig gebildeter und erfahrener Mann von bescheidenem Auftreten, jedoch von unermüdlichem Streben und Arbeitseifer für die Ziele der römisch-katholischen Kirche besessen. Bei seinem Umgang mit der Jugend, deren Lenkung und Beeinflussung fast ausschließlich der Inhalt seiner bisherigen Lebensarbeit war, trat sein außerordentlich psychologisches Geschick und sein starker persönlicher Einfluß, den er auf alle Jugendlichen ausübte, besonders augenfällig in Erscheinung." Er habe gegenüber der Jugend geäußert, man müsse sich bei Rosenbergs Lektüre übergeben. Das Resümee lautete: „Aufgrund dieses eindeutig antinationalsozialistischen Verhaltens des Jägers [!] muß ich aus sicherheitspolizeilichen Gründen gegen die Ernennung Jägers zum Erzbischof von Paderborn schwerste Bedenken geltend machen."[87]

---

85 Ebd., S. 280.

86 Conway, Nationalsozialistische Kirchenpolitik, S. 268. Tischgespräch v. 14. 12. 1941: „Minister Kerrl wollte im edelsten Sinne eine Synthese herstellen zwischen Nationalsozialismus und Christentum. Ich glaube nicht, daß das möglich ist; der Grund liegt im Christentum selbst. ... Das reine Christentum, das sogenannte Urchristentum, geht auf die Wahrnehmung der christlichen Theorie aus: Es führt zur Vernichtung des Menschentums, ist nackter Bolschewismus in metaphysischer Verbrämung" (Jochmann, Monologe, S. 152).

87 ZStA Potsdam. Akten des RKM – Kath. Abt. Nr. 22234, Bl. 00213ff. (D. I, Z. 7-17; 53-58.).

Dem entspricht, daß sich der Chef der Reichskanzlei nach dem Tod Kerrls als Direktive Bormanns für Staatssekretär H. Muhs als provisorischen Leiter des Kirchenministeriums zu notieren hatte: „... keinesfalls dürfe er die von Reichsminister Kerrl verfolgte Kirchenpolitik irgendwie fortsetzen."[88] Damit wollte er den Ausgleichsbemühungen Kerrls, die offenbar im Plazet für Jaeger noch einmal manifest geworden waren, künftig jede Grundlage entziehen.
Kerrl stand mit seiner Entscheidung in einem unausgleichbaren Gegensatz zu den Machtinstanzen des fanatischen Parteistaates. So sind auch die (internen) Gründe für sein Plazet von Interesse.

Das Plazet des Kirchenministers ist – offenbar zur Unterrichtung des Oberpräsidenten bestimmt – in der Personalakte Jaegers festgehalten: „Für meine Entschließung ist ausschlaggebend gewesen die Tatsache, daß Jaeger die Stelle eines Studienrates an einer öffentlichen höheren Lehranstalt bekleidet, Mitglied der Prüfungskommission für die Studienreferendare ist und sich zur Zeit als Divisionspfarrer im Felde befindet. Als solcher hat er sich nach den mir vorliegenden Personalakten des Oberkommandos der Wehrmacht bestens bewährt.

gez. Kerrl"[89]

Ob die dreifache Begründung neben der zeitlichen Abfolge auch eine inhaltliche Steigerung beinhalten soll, kann offenbleiben. Auffällig ist, daß Kerrl sich betont auf „Tatsachen" beruft, die von seinen fanatischen Rivalen nicht bestritten werden können: Jaegers beamtete Tätigkeit in der Schule und im Reichsprüfungsamt. Wird bedacht, daß Kerrl die „Bedenken" Heydrichs und Bormanns bei der Formulierung seines Plazets vorliegen hatte, dann kann auch nicht übersehen werden, daß in seinen Begründungen ein „Bumerang" gegen die gefährlichen Rivalen verborgen war: Ein schwerwiegender Irrtum des Kirchenministers fiele hier mit Versäumnissen der höchsten Instanzen von Partei und politischer Polizei zusammen.[90] So aber mußten sie Kerrls Entscheidung hinnehmen und konnten nur auf eine bessere Stunde warten.
Beim dritten Punkt fällt auf, daß Kerrl sich auf das Oberkommando der

---

88 BA Koblenz, R 43 II, 1156 b.

89 StA Münster. PSK-PA J.

90 Vgl. die Anforderungen, die ein Beamter des öffentlichen Dienstes in parteilicher Hinsicht zu erfüllen hatte. Dazu gehörten zahlreiche Bestimmungen für den Unterricht, aber auch zahlreiche Verbote. Seit 1935 bzw. 1936 war jede Tätigkeit des Studienrats in katholischen Verbänden und jede Beziehung zu ihnen durch den Erziehungsminister untersagt.

Wehrmacht (OKW) beruft, das aber keine „personalführende“ Instanz darstellte.[91] Hatte sich Kerrl über das OKW an das Oberkommando des Heeres (OKH) gewandt? Der generell in seiner isolierten Stellung schlecht informierte Kirchenminister hatte jedenfalls mit der Berufung auf das führernahe OKW die stärkere Instanz ins Feld geführt, während nur das Oberkommando des Heeres in Personalangelegenheiten eine Informationsbasis besaß.
Wenn nicht alles täuscht, war die Zustimmung des Reichsministers für die kirchlichen Angelegenheiten, der früher schon auf die Bedenken von Gauleitern mit der Verweigerung des Plazets reagierte, mit ihrem Affront gegen Heydrich und Bormann singulär.

Der starke Dissens unter den beteiligten Instanzen des Dritten Reiches stellt als Aufgabe die Frage, wer von ihnen der Wahrheit über Jaegers vorbischöfliche Zeit am nächsten gekommen sei. Kerrls Berufung auf formale Aspekte der Beamtenstellung und Tätigkeit Jaegers für sein kirchenpolitisches Plazet muß mit den entschiedenen Bedenken der parteilichen und polizeilichen Führungsorgane auf *Glaubwürdigkeit* und *Wahrheitsgehalt* befragt werden.
Für *Kerrl und sein Plazet* war, wie schon gezeigt wurde, von Bedeutung, daß der Minister durch das Vorgehen des Vatikans in seiner ohnehin isolierten und ausgehöhlten Kompetenz bedroht war. Seine eingeengte Lage könnte sich in seiner auch taktisch ausgewogenen Begründung spiegeln. Sie riet seinen Rivalen selbst dann Zurückhaltung an, wenn sie in der Beurteilung Jaegers anders als Kerrl dachten. Wäre nicht bei der von Heydrich beschriebenen Lage schon längst eine Intervention nötig gewesen? Bei Kerrl indes müßte man sich geradezu wundern, wenn er nach Situation und Voraussetzungen anders entschieden hätte. Sein Problem lag wohl mehr in einer gegenüber den mächtigeren Rivalen geeigneten Begründung. So ist die „Objektivität“ seiner Zustimmung eher komplex zu sehen.
Daß Jaegers erklärter „Brechreiz“ bei der Lektüre Rosenbergs dem Kirchenminister als einem „deutschen Christen“ und offenen Gegenspieler Rosenbergs kein Einwand war, versteht sich.[92]
Kerrl stand als „deutscher Christ“ in dieser Spätphase des Dritten Reiches mit seinem Programm der Vermittlung zwischen Nationalsozialismus

---

91 Der verhältnismäßig kleine Stab des Oberkommandos der Wehrmacht bot dafür keine hinreichenden Voraussetzungen. Vgl. Schott, Wehrmachtsführungsstab.

92 Broszat, Der Staat Hitlers, S. 299.

und Christentum auf verlorenem Posten. Er war von der radikalen Entwicklung des Dritten Reiches längst überholt und enttäuscht. Das Plazet für den Paderborner Erzbischof verschaffte dem häufig gedemütigten, provozierten und ohnmächtigen Kirchenminister gegenüber seinen Rivalen eine späte Genugtuung. Bei der *historischen Wahrheitsfrage* tritt noch überraschend hinzu, daß Jaeger selbst im formalen Bereich schon seit Jahren nicht mehr die angeführten Aspekte der kirchenministeriellen Zustimmung ganz erfüllte. Er hatte die Fachleiterstelle 1937/38 nach einem Einspruch des *Kreisamtsleiters* des Nationalsozialistischen Lehrerbundes verloren, wenn auch aus der örtlich erzwungenen Enthebung keine Konsequenzen für das Reichsprüfungsamt gezogen wurden.
Der nur im Archiv des Studienseminars als *mündliche* Mitteilung des Dezernenten festgehaltene Sachverhalt wird später dokumentarisch belegt und genauer erörtert werden (vgl. S. 69ff.). Er läßt nach den Gründen in den Dortmunder Arbeitsfeldern Jaegers fragen.
So konnte nach der Ablösung des Oberpräsidenten Ferdinand von Lüninck im Jahr 1938 der Gauleiter und Oberpräsident A. Meyer als Nachfolger von diesem Vorgang nichts mehr in der Personalakte des späteren Erzbischofs vorfinden, was er der Parteikanzlei oder dem Reichsminister für die kirchlichen Angelegenheiten hätte übermitteln müssen. Der Kreisamtsleiter des Nationalsozialistischen Lehrerbundes, ein Eiferer im Dortmunder Schulsektor, hatte über den rein örtlichen Bereich hinaus mit seinem Antrag auf Ablösung Jaegers nichts bewegen können – nicht einmal bei der nächsten vorgesetzten Behörde, dem Provinzialschulkollegium in Münster. Dies muß auch deshalb konstatiert und überdacht werden, weil es auf ähnliche Gegensätze schließen läßt, wie sie sich noch 1941 auf der Regierungsebene in Berlin zeigten. Soweit über Kerrls Plazet!
Zu den *Einwänden der politischen Polizei* ist festzuhalten: Die „schwersten Bedenken" Heydrichs vom 4. Juli 1941 weisen *inhaltlich* auf einen Bericht der Gestapoleitstelle Dortmund-Hörde zurück. Unter dem 13. Juni 1941 verfaßt, war er schon dem Antwortschreiben Meyers an das Kirchenministerium beigefügt worden. Im Kern dieses Schreibens aus Dortmund-Hörde taucht noch einmal der *Kreisamtsleiter* des Nationalsozialistischen Lehrerbundes in Dortmund auf. Sein Gutachten vom 31. Mai 1937 verfolgte den Zweck, Jaegers „politische Unzuverlässigkeit" zu erweisen. Es enthielt als wichtigste Leitgedanken:[93]

93 ZStA Potsdam, Akten des RKM, Nr. 22234, Bl. 00209.

1. Jaegers „Großzügigkeit im Verkehr mit der Jugend“ habe ein Vertrauensverhältnis begründet, das auch auf vielen Reisen mit der Jugend gefördert worden sei.
2. Sein tiefgreifender Einfluß auf die Schüler ermögliche ihm, sie monatlich zu einer Beichtandacht zu führen, die fast alle Jugendlichen mit dem Gang zum Beichtstuhl abschlössen.
3. Durch Klärung der Grundbegriffe versuche Jaeger „vorsichtig“, die allseits betriebene Hinwendung der Jugend zum Nationalsozialismus zu stören.
Den „Glauben an den Führer“ habe Jaeger durch die Unterscheidung des rein „natürlichen“ von dem „übernatürlichen“ Glauben des Christentums auf die rein menschliche Ebene relativiert.
4. Ein „mit der Kirche zerfallener Lehrer“ (vgl. D. I, Z. 32-38) habe eine Beschwerde gegen Jaeger erhoben, deren Ergebnis noch ausstehe.
5. Jaegers Erfolg bei der Jugend sei so stark, daß auch die Gebietsleitung der Hitler-Jugend seine geschlossene Hinführung der Unterprima zu den Weihnachtsexerzitien in Münster bedenklich finde.
6. „Bei Rosenbergs Lektüre müsse man sich übergeben“ (vgl. D. I., Z. 54).
7. Nach Auskunft von Jaegers Schulleiter Klein sei er mit der Abfassung der Lehrpläne für den katholischen Religionsunterricht beauftragt.
8. Die Konfrontation der nationalsozialistischen Grundbegriffe mit dem katholischen Glauben beeindrucke alle Jugendlichen stark.
9. Jaeger sei „als ein äußerst gefährlicher und ernstzunehmender Gegner des Nationalsozialismus“ zu bezeichnen, so daß seine „staatspolitische Zuverlässigkeit starken Zweifeln“ unterliege.
10. Früher habe Jaeger den Schülerbund „Neudeutschland“ geleitet.
Für die Gegenwart sei aber die Frage für den Kreisamtsleiter offenzulassen, da sich bekanntlich die Betreuung auf den *schwerer zu kontrollierenden Sektor des Religiösen* verlagert habe.
Das an Gauleiter Meyer gerichtete Schreiben der Gestapo von Dortmund-Hörde erwähnt auch einen Aktenvorgang, den die Gestapo bereits am 29. Juni 1937 – vielleicht als Konsequenz aus dem Gutachten des NSLB vom 31. Mai 1937 – gezogen hatte. Sie hatte beim Leiter des Landesverbandes Einspruch gegen die Zulassung Jaegers als eines beruflichen Schriftleiters erhoben.[94]

---

94 Ebd.

Meyers Schreiben vom 29. Juni 1941 an den Kirchenminister, von diesem bereits einmal angemahnt, fügt der Notiz über die Führung Jaegers im ND die Bemerkung hinzu, daß Jaeger am 7. Januar 1937 sein Führungsamt, nachdem ihm der einschlägige Erlaß des Erziehungsministers Rust vom 15. August 1935 vorgelegt worden sei, durch eine schriftliche Erklärung niederlegen mußte.[95]
Damit lenkt Meyer vom unwidersprochenen Gestapo-Rapport, den er seinem eigenen Schreiben angefügt hatte, den Verdacht auf eine *illegale Weiterarbeit Jaegers* im „Bund Neudeutschland".
Doch läßt er – ungeachtet seiner Zweifel an Jaeger – nicht unerwähnt, daß sein eigener Amtsvorgänger Ferdinand Freiherr von Lüninck sich auf Anfrage der preußischen Staatspolizei vom 29. Juni 1936 – es ging um „politisch zuverlässige" Mitarbeiter in der Arbeitsgemeinschaft katholischer Religionslehrer – noch am 30. November 1936 positiv über Jaeger ausgesprochen habe.
Der Katholik von Lüninck führte laut Meyer drei Gründe an:
1. Jaegers hervorragende und wirksame pädagogische Qualifikation. Seine Stellung als Diözesanobmann der Arbeitsgemeinschaft;
2. eine Stellungnahme der NSDAP vom 13. Juli 1934, als sie auf Anfrage des Provinzialschulkollegiums nach Jaegers Mythusverbot für Schüler antwortete, das könne kein Einwand gegen seine „politische Zuverlässigkeit" sein;[96]
3. seinen hervorragenden Einsatz als Soldat und Offizier. Jaeger sei zwar früher Mitglied im Zentrum, aber dort nicht politisch tätig gewesen.
Der nachdrückliche Einsatz Lünincks läßt die Frage zu, ob der Oberpräsident schon damals Jaeger persönlich gekannt hat. Später wird der zum aktiven Widerstand Entschlossene den Erzbischof von Paderborn vom unmittelbar bevorstehenden Umsturzversuch des 20. Juli 1944 vertraulich in Kenntnis setzen.[97]
Durch Ferdinand von Lüninck wurde Jaeger zum bevorzugten Mitwisser

95 Ebd., Bl. 00208.

96 Ebd., Die Wiedergabe des Bescheids der NSDAP (Gauleitung-Süd) v. 13. 7. 1934 macht die Absicht Lünincks, Jaeger zu decken, über allen Zweifel deutlich. Er war entschieden verhaltener, als Lünincks Wiedergabe es vermuten läßt: Jaegers Mythusverbot wurde lediglich als politischer Ablehnungsgrund verworfen und ihm charakterliche Unbedenklichkeit attestiert (StA Münster, PSK. Personalakte Jaeger), während ihn Lüninck (laut Meyer) als politisch zuverlässig qualifiziert sieht (ZStA Potsdam, RKM, Nr. 22234, Bl. 00208). Sachlich ist A. Meyers Skepsis also berechtigt.

97 Rintelen, Erinnerungen ohne Tagebuch, S. 114f.

des Umsturzes gemacht, aber auch der Gefahr ausgesetzt, in das Todesschicksal seines früheren Oberpräsidenten und Dienstvorgesetzten (vgl. S. 272-275) einbezogen zu werden.[98]
Unsere Frage nach dem Informationsstand der beteiligten Instanzen stellt sich durch den Bericht aus Dortmund-Hörde vom 3. Juni 1941, mit dem Gauleiter Meyer den Kirchenminister und erst recht, wie sicher vorauszusetzen ist, auch die Parteikanzlei bedient hat, in etwa folgender Perspektive dar:
Kerrl konnte den Inhalt des von Heydrich verfaßten Gutachtens mit einer eigenen Quelle aus dem Bereich der Gestapo-Leitstelle in Dortmund-Hörde vergleichen, der zuletzt auch Heydrichs Informationen entstammen mußten. Das war wichtig für solche Behauptungen, in denen die Tendenzen zu offenkundig die Wahrheit überflügelten: So unterstellte Heydrich Jaeger etwa die Absicht, seinen Schülern die Fahnenflucht auf raffinierte Art und Weise nahebringen zu wollen.[99] In Wirklichkeit versuchte Jaeger hier – beliebtes Motiv seiner Gedankenwelt! – auf die heroische Seite christlich-soldatischer Einstellung, die sich im Ersten Weltkrieg bewährt habe, hinzuweisen. Legte er doch seinen Primanern nahe, auch bei der Wehrmacht die Messe regelmäßig zu besuchen.[100] Den möglichen Hinweis Kerrls auf die Aufsichts- und Interventionspflicht bei Defätismus oder „Wehrkraftzersetzung" hätte der Chef der Sicherheitspolizei wohl nicht entkräften können – ganz abgesehen vom Einwand der damaligen katholischen Morallehre, die den Staatsbürgern nicht die Kompetenz zubilligte, selbständig über die ethische Rechtfertigung eines Krieges gegenüber der legitimen Obrigkeit befinden zu können.[101]
Unter Beachtung der denunziatorischen Tendenzen im Gutachten Heydrichs ist aber nicht zu übersehen, daß Gestapo und Partei die Einstellung Jaegers zum nationalsozialistischen Weltanschauungsstaat konkreter erfaßten, als Kerrls formale Sichtweise dies tat. Heydrichs Bedenken fußten auf Beobachtungen von großer Nähe, wenn auch hier gewisse Wissenslücken auffallen, wie bei der Auflösung des Bundes „Neudeutschland" (27. Juni 1939 statt 1938) und dem erzwungenen Rücktritt vom Führungsamt des „Gaukaplans" 1937.[102]

---

98 Ebd.

99 D. I.

100 Ebd.

101 Vgl. die einschlägigen Lehrbücher.

102 Vgl. S. 34.

Schließlich spiegelt der Dissens der Instanzen neben der Kenntnis und Unkenntnis der miteinander rivalisierenden Führungskräfte doch auch zugleich die Grundgegebenheiten in der Spätphase des Dritten Reiches wider:

1. seine mehr und mehr sich verschärfenden inneren Gegensätze;
2. das völlig verhärtete Szenario zwischen dem Vatikan und der Reichsregierung;
3. die trotz fortschreitender Entfesselung des totalitären Weltanschauungsstaates immer noch vorhandene relative Eigenständigkeit regierungsamtlicher Institutionen.

Das von den rivalisierenden Instanzen entworfene umrißhafte Bild Jaegers vor seinem Amtsantritt ermöglichte eine erste Annäherung.

Kapitel 2

Geistlicher Studienrat und Religionslehrer am Hindenburg-Gymnasium in Dortmund

Seit dem 1. Mai 1933 war Jaeger als Studienrat am Hindenburg-Gymnasium in Dortmund angestellt.[1] Dieser Anstellung waren zwei weitere Tätigkeitsfelder angegliedert: seine Betreuung des Schülerbundes „Neudeutschland“, die er schon in der Herner Zeit neben der örtlichen auch auf der Ebene des Gaukaplans im Gau St. Engelbert ausübte.[2] Zugleich war Jaeger als Seelsorger einer Dortmunder Gemeinde zugeordnet (adskribiert), um auch priesterliche Dienste im Gemeindebereich ausüben zu können.[3]

Für den Schulbereich selbst ist unter dem 13. Juli 1934 festgehalten, daß Jaeger seinen Primanern den „Mythus des 20. Jahrhunderts“ verboten habe, weil er auf dem Index stehe. Das ist festgehalten in einem Schreiben, mit dem die Leitung der Nationalsozialistischen Deutschen Arbeiterpartei (NSDAP) im Gau Westfalen-Süd eine Anfrage des Provinzialschulkollegiums in Münster beantwortet: „Die Tatsache, daß er im Religionsunterricht der Prima den Schülern die Lektüre des auf dem Index stehenden ‚Mythus des 20. Jahrhunderts‘ von Rosenberg verbietet, dürfte kein Grund sein, ihn aus politischen Gründen abzulehnen. Charakterlich ist Nachteiliges nicht bekannt. J. lebt zurückgezogen mit seiner Mutter zusammen.“[4] Die Gauführung der NSDAP gibt sich in Sachen Rosenberg, dessen Beauftragung als „Reichsleiter“ für die Überwachung der geistigen und ideologischen Schulung in der NSDAP (24. Januar 1934) vom „Hl. Offizium“ in Rom mit der „Indizierung“ des „Mythus ...“

---

1 StA Mü, PSK. PA J. Aus staatlichen Gutachten: – ruhige, ausgereifte Persönlichkeit von angenehmen Formen – spricht kraftvoll, warm und anregend zu den Schülern – lebhafter Wechselverkehr – volle Aufmerksamkeit der Schüler – geschickte Anwendung der arbeitsunterrichtlichen Methode – hoher inhaltlicher Wert seiner Stunden – setzt gelegentlich zu viel bei Schülern voraus – Klarheit und Tiefe – nachhaltige Einwirkung bei Schülern – freundliches und fürsorgliches Verhältnis zur Jugend – Disziplinarschwierigkeiten scheinen seiner Persönlichkeit nach ausgeschlossen – stellt sich besonderen Anforderungen gern und willig – gute Beanlagung und vorzügliche Arbeitskraft – als Mitarbeiter eifrig und von reifem, verständigem Urteil – ausgedehntes Wissen.

2 ND-BA Köln (Bundeskalender 1992).

3 Direktorium Paderbornense 1934 usw. (EA Paderborn).

4 StA Mü, PSK. PA J.

(7. Februar 1934) beantwortet wurde,[5] noch liberal. Früher als Rom hatte schon der Bischof von Münster mit seinem Fastenhirtenbrief vom 29. Januar 1934 den Kampf aufgenommen, als er gegen die Überwertung von Volk und Rasse und, schon wieder am 26. März 1934, gegen die Schmähung des Christentums als Sklavenreligion aufstand.[6] Für Jaeger war wohl näherliegend der Hirtenbrief des Paderborner Erzbischofs Kaspar Klein vom 25. April 1934 zum Ostergruß des Hl. Vaters. Erzbischof Klein sagt dort unter Bezugnahme auf das Papstwort, das von „einer mit Lockrufen und mit Druck arbeitenden Propaganda für eine neue Lebensauffassung" berichtet, „die von Christus weg ins Heidentum zurückführt": „Offenbar sind diese Worte gegen Erscheinungen, Vorgänge, Strömungen und Bewegungen in Deutschland gerichtet, die nichts anderes bezwecken als die Gründung einer neuen Religion, einer Religion auf dem Boden von Blut und Rasse, eines arteigenen und artechten deutschen Heimatglaubens." Rosenbergs Umdeutung und Entleerung des biblischen und kirchlichen Christusglaubens wertet Erzbischof Klein mit Entschiedenheit: „Jedes Menschenalter hat seinen Irrtum, dem es die stolze Marke ‚Wissenschaft' aufklebt. ... Hinter dem Tempel der Wissenschaft erhebt sich ein mächtiger Schutthaufen von gelehrten Meinungen, die man einmal im Triumph durch die Tempeltore getragen hat, die aber nach kurzer Zeit wieder als Unrat hinausgefegt wurden."[7]
Der weltanschauliche Kampf hatte also nach dem Jahr der „Machtergreifung", in dem Hitler, um den lang festgehaltenen Widerstand der Kirche und des verhaßten „politischen Katholizismus" zu brechen, aus taktischen Gründen die Konfessionen als wichtigste Faktoren im Aufbau des neuen Reiches bezeichnet hatte,[8] im vollen Umfange begonnen.
Es darf nicht übersehen werden, daß Jaeger den Primanern nicht nur von der Indizierung des „Mythus ..." Mitteilung machte, sondern das Lesen

---

5 Stasiewski, Akten deutscher Bischöfe I, S. 539, Anm. 3. Der NS-Staat begründete diese Haltung mit der Unterscheidung zwischen Person und Werk Rosenbergs, der den „Mythus ..." selbst als „Privatarbeit" vorgestellt hatte. Weil der „Mythus ..." aber neben „privaten" Thesen auch das Kerngut der Hitlerschen Rassenideologie vertrat, konnten Angriffe ebensogut mit der „Heimtücke-Verordnung" vom 21. 3. 1933 verfolgt werden, einem Instrument, „um selbst harmlose, aber mit dem totalitären Anspruch der nationalsozialistischen Führung nicht zu vereinbarende Kritik mundtot zu machen" (Broszat, Der Staat Hitlers, S. 406).

6 Portmann, Kardinal von Galen, S. 90f. Wortlaut in Stasiewski, Akten deutscher Bischöfe I, S. 649-653.

7 Paderborner Amtsblatt 6/1934, S. 63-66. Alle Zitate auf S. 65.

8 Stasiewski, Akten deutscher Bischöfe I, S. 15, Anm. 1.

des Buches verboten hat.[9] Er hat sich mit der kirchlichen Qualifizierung des Rosenbergschen Werkes voll identifiziert. Ähnlich entschieden konnte er auch auf der privaten Ebene reagieren.[10] In der Konsequenz bedeutet dies, daß er den Primanern auch das Verbot begründen mußte. Das konnte nur in genauerer Darlegung der Ideen des Verfassers geschehen, zu deren Kern auch jenes Gedankengut der Rassenideologie gehörte, das Hitler in der von ihm beanspruchten Personalunion des Programmatikers mit dem Politiker selber vertrat.[11]

Freilich standen damals im Vordergrund der Auseinandersetzungen mehr die abfälligen und gehässigen Behauptungen Rosenbergs über Kirche und römisches Papsttum als der in Hitlers „Mein Kampf" enthaltene Kern der nationalsozialistischen Rassenideologie. Obwohl sie ihre höchste Systematisierung in einem unveröffentlichten Manuskript Hitlers von 1928 gefunden hat, das erst im Jahre 1961 publiziert wurde, war sie doch in „Mein Kampf" schon enthalten. Seit 1930 bestritt Hitler mehrfach öffentlich die Verbindlichkeit der in

---

9 StA Mü, PSK. PA J.

10 Wichert-Schmetz, Vita et pax, S. 11: „Als ich eines Tages, das Buch von Oskar Feyerabend über die Engel unter dem Arm, zu Jaeger kam, riß Studienrat Jaeger förmlich mir das Buch weg und sagte erschreckt: ‚Das dürfen Sie nicht lesen!' Aber ich hatte es bereits zu meiner Unterrichtung und ohne Schaden für meine christliche Überzeugung studiert."

11 S. Haffner hat die von Hitler beanspruchte Synthese auf eine kurze Formel gebracht, daß Hitler nicht nur der Lenin des Hitlerismus, sondern auch ihr Marx sein wollte (Haffner, Anmerkungen zu Hitler, S. 95-122, hier S. 96). Nach E. Jäkkel sei Hitlers Auffassung skizziert:
Geschichte ist der Verlauf des Lebenskampfes eines Volkes. Faktoren des Lebenskampfes sind Hunger und Liebe. Zum Leben und Weiterleben bedarf der Träger des Kampfes des Lebensraumes. Der daraus entstehende Kampf endet in der Vernichtung oder bedingungslosen Unterwerfung des Schwächeren. Der Jude hat sich dem Lebenskampf, dessen Auslesewirkung an die geographischen Grenzen eines Lebensraumes gebunden ist, durch seine parasitäre Lebensform am Organismus anderer Völker entzogen. Immunschwache Völker oder Rassen werden durch ihn vernichtet, wenn sie ihn nicht selber vernichten. Von den „Lastern" des Judentums angesteckt sind die westlichen „Plutokratien", der östliche Bolschewismus und die katholische Kirche, die zusammen mit dem Christentum selbst „bolschewistisch" ist (vgl. u. a. Jäckel, Hitlers Weltanschauung, S. 97-119). Die von M. Bormann tradierte Formel lautet: „Demgemäß ist unsere nationalsozialistische Lehre völlig antijüdisch = antikommunistisch = antichristlich ..." (Vierte Aufzeichnung vom 30. 11. 1944. In: Hitlers politisches Testament, S. 7.) Vgl. auch Sudholt, Hitlers drei Testamente.

seinem Werk „Mein Kampf" vertretenen Programmatik. Seine Politik und seine Taten beweisen, wie die zeitgeschichtliche Forschung nunmehr einhellig vertritt, das Gegenteil.[12]

Jaegers entschiedener Kampf gegen die im „Mythus des 20. Jahrhunderts" repräsentierte nationalsozialistische Ideologie führte 1934 noch zu keiner faßbaren Konsequenz in der Beurteilung seiner politischen Zuverlässigkeit. Sie wurde aber 1941 auf der höchsten Parteiebene anders beurteilt[13] als von der örtlichen Parteiinstanz von 1934. Die Taktik der Vernebelung, die Hitler dadurch betrieb, daß er einerseits das Buch Rosenbergs geringschätzig beurteilte, andererseits aber Rosenberg zum höchsten Schulungsleiter von Partei und Staat profilierte, machte es generell schwierig, die Haltung Hitlers früh zu durchschauen.[14] Die intern gebliebenen Einwände gegen die Bischofsernennung Jaegers spiegeln die wahre Situation und sind um so gewichtiger, als Jaeger seinen frühen Kampf nach dem Urteil noch lebender Zeitzeugen so eindrucksvoll geführt hat, daß die Wirkung auch bei Führern der Hitlerjugend und bei

---

12 Zum Ganzen vergleiche das Werk E. Jäckels. Er betont die Paradoxie zwischen der millionenfachen Verbreitung von Hitlers „Mein Kampf" und der Unbekanntheit der darin vertretenen Gedanken (Jäckel, Hitlers Weltanschauung, S. 135). Dann fährt er fort: „Seit 1930, als der große Wahlerfolg die Macht erstmals in greifbare Nähe rückte, verschwieg Hitler sein Programm vor der Öffentlichkeit, und auf Fragen von Ausländern leugnete er mehrfach, daß ‚Mein Kampf' noch die Richtlinie seiner Politik bilde. Die Weltanschauung, der Entwurf seiner Herrschaft, war zugleich jedermann zugänglich und geheim" (ebd.).

13 PA Bonn. Büro des Staatssekretärs Nr. 239958. Eine frühe Gegenposition zur liberalen Entscheidung der Dortmunder NSDAP findet sich im Diözesanarchiv Limburg. „Wir hatten geheime Führerbesprechung. Zu dieser wurden nur mehrfach gesiebte und bewährte Führer zugelassen. Der Führer der Versammlung sagte: Die Katholiken sind die größten Staatsfeinde. ... Also müssen wir an den Klerus heran! Wir müssen eine Liste der Geistlichen haben, die im Beichtstuhl gegen unsere Weltanschauung verstoßen. Diese werden wir dann sicherstellen. Zu diesem Zweck werden Hunderte NS für Samstag zum Beichtgehen abkommandiert. Sie bekommen befohlen, dem Beichtvater zu sagen, sie hätten im Dienst sich dem Lesen des Buches ‚Mythus' nicht entziehen können, ob das eine Sünde sei. Die Antwort des Beichtvaters soll sofort notiert und gemeldet werden ..." N., den 27. 3. 1934 – (Müller, Katholische Kirche und Nationalsozialismus, S. 252).

14 Kardinal Schulte von Köln nannte vor Hitler den „Mythus" „ein Pamphlet voller Schmähungen gegen die katholische Kirche und ihr Oberhaupt, den Heiligen Vater". Hitler bestritt jede Verantwortung für den „Mythus", der nur als private Arbeit zugelassen sei: „Jawohl, ich identifiziere mich mit Herrn Rosenberg, aber nicht mit dem Verfasser des Buches ‚Mythus'" (Stasiewski, Akten deutscher Bischöfe I, S. 540). Papen gegenüber bezeichnete er am 9. 12. 1934 den „Mythus" als ein „Werk ohne jegliches Niveau".

den Söhnen gewichtiger Parteifunktionäre zu registrieren war.[15] Hier wäre schon hinzuweisen auf die Methode des „positiven Abfangens", von der uns die Zeitzeugin Wichert-Schmetz aus dem engsten Mitarbeiterkreis des Dortmunder Religionslehrers eingehender berichtet hat.[16]

Außer der Bekämpfung des „Mythus" sind zwei weitere Ereignisse am Hindenburg-Gymnasium in der Erinnerung von Zeitzeugen festgehalten worden. Jaeger hat eine nicht genau datierte Schlageter-Gedächtnisfeier für die ganze Schule organisiert und gestaltet.[17] Im zeitlichen Kontext paßt diese Feier besonders gut in den Mai des Jahres 1933, als zum zehnten Todestag des auf der Golzheimer Heide am 26. Mai 1923 für Sabotageakte hingerichteten Freikorpskämpfers und Weltkriegsoffiziers große Gedenkfeiern stattfanden.[18]

Schlageters Gestalt und Leben eigneten sich gut für die Idee der „Sammlung" aller nationalen Kräfte, wie sie 1933 auch vom Zentrum vertreten worden war. A. L. Schlageter war Katholik und, von dem Kaplan Wilhelm Roggendorf sakramental auf den Tod vorbereitet, in christlicher Haltung gestorben.[19] Er war früh der NS-Bewegung beigetreten und hatte einst Theologie studieren wollen.

In einem geschmacklosen Sonderdruck hatte der Erziehungsminister B. Rust, auf den Namen Schlageters anspielend, diesen zum Omen des von ihm verfochtenen Programms werden lassen: Kampf jedem Pazifis-

---

15 Jaeger scheint die Auseinandersetzung weniger polemisch als wissenschaftlich-objektiv geführt zu haben, vielleicht nach der von ihm geübten, später zu behandelnden Methode des „positiven Abfangens". War sie gerade dadurch eindrucksvoller und nachhaltiger als die dem Bischofskandidaten für Fulda, W. Rauch, zur Last gelegte „Gehässigkeit" (s. o.)? Vgl. bes. die These 8 im Haupttext (S. 94): „Die konfrontative Klärung der ns Grundbegriffe am katholischen Glauben mache einen starken Eindruck auf alle Jugendlichen" (ZStA Potsdam. Bestand: RKM, Nr. 22234, Bl. 00209).

16 Vgl. Wichert-Schmetz, Vita et pax, S. 13ff.

17 Persönliche Mitteilung an den Verfasser.

18 Für eine Feier im Apostelgymnasium in Köln wurde der Kaplan W. Roggendorf als Festredner gewonnen, der A. L. Schlageter das geistliche Geleit gegeben hatte (Geudtner/Hengsbach/Westerkamp, „Ich bin katholisch getauft und Arier", S. 59).

19 Ebd. – Die deutschen Bischöfe forderten im Blick auf Schlageters bekenntnishaften Tod von der katholischen Jugend ein offenes Bekenntnis zu ihrer Kirche (Stasiewski, Akten deutscher Bischöfe II, S. 338). Sie verlangten unter Berufung auf Schlageters Sterben für Konzentrationslager und (Untersuchungs-)Gefängnisse die Zulassung zur Beichte, die selbst die Franzosen ihren Gegnern im Ruhrkampf nicht verweigert hätten (ebd., S. 371). Sie standen der nationalsozialistischen Vereinnahmung A. L. Schlageters reserviert gegenüber (Volk, Akten Kardinal Faulhabers I, S. 727 u. 769).

mus.[20] Näher standen dem Sammlungsgedanken die Worte Görings, der auf der Golzheimer Heide neben Hitler und B. von Schirach sprach: „Schlageter war kein Hurrapatriot, er war kein Kriegsschreier, er wollte nicht den Kampf um des Kampfes willen, er wollte Frieden für sein Volk. Er wurde zum Kämpfer, weil man diesen Frieden gebrochen hatte."[21]
Das folgende Ereignis aus dem Jahre 1939 beleuchtet recht anschaulich Jaegers Stellung am Hindenburg-Gymnasium.
Eine Mutter nahm kurz vor Ausbruch des Zweiten Weltkrieges an einer Schulfeier teil. Sie erinnert sich der schon weithin von der Parteizugehörigkeit bestimmten Szene des Lehrerkollegiums, in dem Jaeger auch angefeindet wurde. Beim späten Eintritt des mit dem halblangen geistlichen Gewand, dem „Römer", und mit dem EK I und dem vom Halse herabhängenden Hausorden von Hohenzollern hervorgehobenen Studienrats sei ihm die laute Begeisterung *aller* Schüler des simultanen Gymnasiums entgegengeschallt.
Sie weiß auch, daß Jaeger schon früh mit Elternprotesten gegen die Saat Rosenbergs anzugehen versucht habe, die von Lehrern der eigenen Schule verbreitet wurde. Sie bestätigte damit nachdrücklich den Polizeibericht vom 20. August 1941,[22] nach dem der Religionslehrer einen festen Rückhalt in der Sympathie und im Respekt *aller* Schüler gehabt habe, also unabhängig von Konfessions- und Parteizugehörigkeit.[23]

---

20 Wie Anm. 18, S. 57.

21 Ebd., S. 58.

22 Scheele, Paderbornensis Ecclesia, S. 741f.

23 Elisabeth Weiskittel, Private Briefe an Prof. U. Wagener vom 12. 3., 7. 6. und 24. 9. 1979 (Kopien i. Bes. des Verfassers). Popularität und Kriegsauszeichnungen boten gegen NS-Zugriffe einen gewissen Schutz, wie auch bei Pater R. Mayer zu sehen ist.

Kapitel 3

Gaukaplan des Bundes „Neudeutschland" im Gau St. Engelbert

Jaeger betreute schon kurz nach seiner Versetzung aus der Gemeindeseelsorge in den höheren Schuldienst nach Herne (1926) neben dem Religionsunterricht an der „Oberrealsschule" den Schülerbund „Neudeutschland" als geistlicher Gruppenführer der örtlichen Gemeinschaft.[1] Die Verbindung zu den „Neudeutschen" bestand also schon sieben Jahre nach der Gründung des Bundes und begleitete den späteren Kardinal lebenslang. Hier war Jaeger mehr noch als anderswo in seinen persönlichen Führungsqualitäten gefordert. Die enge, intensive und lebenslange Verbindung zu den „Neudeutschen" gehört zum Kontext seines schulischen und bischöflichen Lebens und fordert einen Blick auf das Werden, die innere Gestalt und die Ziele der Gemeinschaft.
Der Schülerbund war auf die Initiative von Religionslehrern und Patres der Gesellschaft Jesu durch den Kölner Kardinal Felix von Hartmann

---

1 Mit der Versetzung des Vikars Jaeger von Oebisfelde (Ostern 1926) nach Herne, von Sachsen nach Westfalen, war die Auflage verbunden, neben einem vollen Religionsunterricht die Ausbildung für das Lehramt an höheren Schulen zu übernehmen. Jaeger fuhr nach dem Unterricht mehrmals in der Woche nach Münster zum Studium an der Wilhelms-Universität. Er studierte in den Hauptfächern Kath. Religion und Geschichte, im Nebenfach Hebräisch. Seine Staatsarbeit galt dem Thema: „Die Anfänge der Jesuitenmission in Südamerika, mit besonderer Berücksichtigung ihrer wirtschaftlichen Tätigkeit" (Fach Geschichte). Nach fünf Semestern absolvierte Jaeger am 8. 9. und am 11. 9. 1928 nach § 48 der Prüfungsordnung die wissenschaftlichen Prüfungen. Nach bestandener pädagogischer Staatsprüfung (5. 3. 1929 in Dortmund) wurde er am 1. 4. 1929 zum Studienassessor ernannt und am 14. 3. 1930 zum Studienrat gewählt. Am 12. 7. 1928 hatte er den Eid auf die preußische Verfassung und die Reichsverfassung der Weimarer Republik zu leisten. (Die genannten Daten sind dem StA Mü, Bestand PSK. PA J entnommen.)
Die Übernahme der „Neudeutschen" war in der Regel dem geistlichen Religionslehrer der gleichen Schule aufgetragen, wenn er Sympathie und Vertrauen der Schüler gewann. Jaegers geistliche Betreuung der „Neudeutschen" ist für die Herner Zeit bezeugt durch seine Teilnahme an der Frankreich-Fahrt von 1929 nach Bierville. Sie setzt praktisch sein Wirken im Schülerbund kurz nach seiner Versetzung nach Herne Ostern 1926 voraus. Sein Einsatz als Gaukaplan des Gaus St. Engelbert ist faßbar im Jahreskalender des Bundes von 1932 (vgl. Kalender 1932 im Archiv des ND-Jugendhauses Köln – Mitteilung des Archivverwalters Striefler v. 5. 6. 1988).

gegründet worden.[2] Zunächst auf die sittlich-religiöse Formung der Gymnasiasten gerichtet, die den geistlichen Führer in die Mitte der örtlichen Gruppe rückte, fand er schon bald durch die Aufnahme bündischer Elemente seine charakteristische Gestalt im Hirschberg-Programm von 1923: „Neu" sollte die Gemeinschaft katholischer höherer Schüler in doppelter Hinsicht sein, als neue oder zeitgemäße Lebensgestaltung in Christus und als Lebensform einer natürlichen Gemeinsamkeit.[3] In ihr sollten auch die Werte echten Volkstums aufgehoben sein, die in Fahrt- und Lagerleben, im Lied und in lebendiger Aktualisierung christlicher und deutscher Geschichte zum Ausdruck kamen.[4] Der geistliche Führer wurde als „Beirat" in allen religiös-sittlichen Fragen maßgebend, obwohl er gleich dem Jugendführer in allen anderen Fragen des gemeinsamen Lebens aus der freien Wahl seiner „Neudeutschen" hervorgegangen war.[5]

Außer dem zentralen religiösen Schwerpunkt, der sich von der Gründung her durchhielt, entwickelte sich der Bund in geistig sehr vielgestaltiger Form, die in den selbstgewählten Gruppennamen festgehalten wurde: Die Namen von Heiligen konnten ebenso Aufnahme finden wie Georg von Frundsberg als Söldnerführer eines christlichen Kaisers. Auch ein Ort des Kampfes im Ersten Weltkrieg wie Langemarck, Symbol des opferreichen Einsatzes deutscher Jugend, gab Gruppen und sogar einem ND-Gau den Namen.[6]

Man darf den Bund nicht von gewissen mehr partiellen Tendenzen seiner Haltung in der Endphase der Weimarer Republik nur einseitig national

---

2 Eilers, Bund Neudeutschland, S. 21-24, S. 190f., S. 260-264. Das Buch mit den Beiträgen von „Neudeutschen", die später zur geistigen Führungsspitze des Katholizismus in Deutschland aufrückten, muß als profunde zeitgeschichtliche Quelle gelten.

3 Ebd., S. 22f. Im Hirschberg-Programm werden die konstitutiven Elemente festgelegt: kath. Kirchlichkeit und bündische Lebensform (Hirschberg = nach dem Tagungsort des Verbandes 1923 benannt, der Burg Hirschberg bei Beilngries in Franken).

4 Der Bezug auf die Geschichte, besonders die Geschichte des Mittelalters, war allen Gruppen bündischer Jugend gemeinsam, natürlich in verschiedener Akzentuierung. Bei den Neudeutschen waren das mittelalterliche Imperium und die ritterlichen Tugenden im Blick.

5 So groß der Einfluß eines akzeptierten Geistlichen auf die Gestaltung des Gruppenlebens war, so verhängnisvoll konnten die Auswirkungen von Mißhelligkeiten sein. Dafür bringt K. Stangl ein instruktives Beispiel (in: Eilers, Bund Neudeutschland, S. 199f.).

6 Aus Geudtner u. a., „Ich bin katholisch getauft und Arier", S. 88-93. Die Verfasser erliegen der Gefahr, das Bild des Bundes auf eine seiner vielgestaltigen Varianten (z. B. das Nationale) oder eines seiner Entwicklungsmomente (Betonung des Soldatischen) zu stilisieren.

oder soldatisch bestimmt sehen.[7] Tatsächlich war er außerhalb der zentralen Einheit seiner kirchlichen Bindung außerordentlich vielgestaltig: „Sein Weg war regional, ja selbst innerhalb einzelner ND-Gruppen in größeren Städten von persönlichen und örtlichen Einflüssen bestimmt. Dabei spannte sich der Bogen von Gruppen, die als Mittel der Jugendpflege unter geistlicher Leitung verstanden wurden, über Gruppen, in denen in verschiedener Intensität Elemente der Pfadfinderschaft oder des Wandervogels oder der Freideutschen vorherrschend waren, bis zu ‚Wilden Gesellen', die sich ein möglichst ungebundenes Jugendreich aufbauen wollten."[8] K. Stangls Bemerkung gilt noch mehr für die historische Abfolge der verschiedenen Zeiteinflüsse: Zu den bündischen Elementen gesellten sich in der Schlußphase der Republik die Selbstdarstellungen in Aufmärschen, Sprechchören und sonstigen konkurrierenden Anpassungen an Jugendgruppen, die das Straßenbild beherrschen wollten, bis hin zu exerzierähnlichen Übungen. Das bündische Bunthemd oder der Fahrtenkittel der frühen Zeit wichen der Bundeskluft, deren Image durch Hinzunahme des Schulterriemens des Offiziers der Reichswehr und der Polizei um 1932 soldatisch profiliert wurde. Man marschierte singend durch die Städte.[9]
Hingegen wurde das im Neuen Testament angelegte Ethos des „guten Soldaten" Christi im geistigen Allgemeingut des Bundes zusammen mit der aus dem Königtum Christi gewonnenen Reichsidee substantiell christlich-religiös verstanden.[10] In den Rängen der Wölflinge, Knappen und Ritter wurden die ethischen Reminiszenzen aus der Blütezeit des Rittertums zeitgemäß aktualisiert bis hin zu den sozialen Diensten in regelmäßigen Vinzenzkonferenzen.[11]

---

7 Ebd.

8 K. Stangl, Neudeutsche im Frankengau 1928-1936. In: Eilers, Bund Neudeutschland, S. 190f.

9 Ebd., S. 192f.

10 Dazu besonders instruktiv: Bund Neudeutschland. Informationen aus Geschichte und Gegenwart. Frankfurt 1982.

11 Das klassische Werk, das ursprünglich den „Quickbornern", aber auch manchen „Neudeutschen" Orientierung gab, ist bis in die Gegenwart immer wieder in R. Guardinis Briefen über Selbstbildung vorgestellt. Nach Ausweis der Guardini-Bibliographie (H. Merker, Paderborn 1978, S. 11) ist die erste vollständige Ausgabe (7. bis 17. Tausend) 1922 als „Gottes Werkleute" erschienen, die ersten Hefte bereits 1921, also zwei Jahre vor dem Hirschberg-Programm. Von 1930 bis ^{13}1985 (88. bis 91. Tausend)

Die simultane wie sukzessive Vielgestaltigkeit läßt spontan nach dem Akzent fragen, den Lorenz Jaeger in den Jahren seiner geistlichen Betreuung einbrachte.[12] Die erste größere Unternehmung führte den Herner Gruppenkaplan nach Bierville in Frankreich. Der winzige Ort liegt 60 km südlich von Paris und hatte in Verbindung mit dem Grafen Marc Sangnier eine ähnliche symbolische Bedeutung wie später Taizé mit Roger Schütz.[13] 1926 fand dort das wohl größte internationale Jugendtreffen Europas zwischen den Kriegen statt. Die deutsche Gruppe hatte auf dem Weg nach Paris die zerstörten und noch nicht wieder aufgebauten Städte Nordfrankreichs besichtigt und unter der Führung Marc Sangniers teils ergreifende Versöhnungsbereitschaft, teils kalte Ablehnung erfahren, ungeheilte Wunden eines furchtbaren Völkermordens.[14]
Jaegers erster Besuch mit dreißig Neudeutschen war aber nicht im Jahre 1926 bei dem größten Treffen dieser Art zwischen den Kriegen, sondern erst im Sommer 1929. Die nicht selten anzutreffende falsche Datierung ist zuerst von René Closset begünstigt worden, der eine einschlägige Schilderung Jaegers mit dem Treffen von 1926 verbindet.[15] Jaeger hat aber selbst seine erste Begegnung mit Franz Stock in Bierville mit der Einweihung der ersten Jugendherberge Frankreichs zeitlich genau eingeordnet: Épi d'Or wurde im August 1929 auf dem Gelände Marc Sangniers eingeweiht, wie

---

erschienen sie als „Briefe über Selbstbildung". Sie sind der klassische Topos der damals vertretenen Bildungsziele bis hin zur Kritik an Auswüchsen eines demokratischen Lebensstils.

12 Weil Jaeger in den ersten Herner Jahren ganz von seinem Vorbereitungsdienst in Anspruch genommen war, ist die nach seiner pädagogischen Prüfung (5. 3. 1929) im Sommer dieses Jahres durchgeführte Fahrt nach Bierville in den Gedanken- und Lebenskreis Marc Sangniers von programmatischer Bedeutung.

13 Zur Friedensbewegung M. Sangniers zwischen den Kriegen vgl. H. Huckelmann, Friede durch Jugend. In: Abbé Franz Stock. Dokumentation, S. 15-21.

14 Auch der „Quickborner" Georg Werthmann, später als „Feldgeneralvikar" seit 1936 in der deutschen Wehrmacht tätig, ein Mann von pazifistischer Einstellung, scheint an dieser Fahrt teilgenommen zu haben. Vgl. Missala, Für Volk und Vaterland, S. 72f. H. J. Brandt, Prälat Georg Werthmann (1898-1980). Biographische Skizze und Würdigung. In: H. J. Brandt, „... und auch Soldaten fragten", S. 55-62. Werthmann war wie Jaeger Teilnehmer des Ersten Weltkrieges.

15 Im Kontext des großen internationalen Friedenstreffens von 1926 in Bierville erinnert R. Closset auf der S. 45 an die Notiz Jaegers, die auf der S. 64 festgehalten ist. In: Closset, Er ging durch die Hölle – Franz Stock, S. 45 und 64. Auch A. Schwingenheuer hat die (irrige) Datierung übernommen. In: Abbé Franz Stock. Dokumentation, S. 32ff.

er sich richtig erinnert, ohne die Jahreszahl zu nennen.[16] So wird der Akzent deutlich, den der neue Gruppenkaplan nach dreijähriger Tätigkeit in das Leben der Neudeutschen einbrachte. Es war das gleiche Motiv, das dem späteren Erzbischof sein Leitwort eingab, das er im Krieg formulierte: „Vita et pax".[17] Hier bahnte sich die Freundschaft mit Franz Stock an, der als Mitglied der „Volontaires de la paix" aus dem Geist des Franz von Assisi im Zweiten Weltkrieg jenes Versöhnungswerk vollbrachte, das den Krieg überdauerte und überwinden sollte.[18] Im Geist des Friedens und der Internationalität fanden jene Begegnungen statt, deren letzte am 13. September 1931 an der Friedenskapelle auf dem Borberg bei Brilon schon randalierende NS-Gruppen im Hintergrund der Feier erlebte.[19] Die Friedensthematik durchzieht Jaegers Leben und ist der Ertrag einer vierjährigen Kriegserfahrung, die ihn an allen Brennpunkten der mörderischen Materialschlachten des Ersten Weltkrieges sah.[20] Ihre Gipfelung im Leitwort des Erzbischofs enthüllt wohl die tiefste Gegensätzlichkeit zur Ideologie des Nationalsozialismus. Seit wir aus der vertieften neueren Erforschung des politisch-weltanschaulichen Programms ihres Führers

---

16 Guide Michelin, Environs de Paris. Paris [12]1964, p. 57: „L'Épi d'Or fut la première Auberge de la Jeunesse ouverte en France en 1929." (L'Épi d'Or = Goldene Ähre). Jaeger: „Ich hatte etwa 30 Neudeutsche bei mir." In: Closset, Er ging durch die Hölle – Franz Stock, S. 64: „Wir haben uns getroffen bei der Einweihung der, soviel mir bekannt, damals ersten französischen Jugendherberge ‚Épi d'Or' auf der Besitzung Marc Sangniers in Bierville. Sangnier war der Gründer und Inspirator der Volontaires de la paix, die aus dem genannten Anlaß zu einem großen Treffen der Jugend (Zeltlager) eingeladen hatten." Zeltlager und notwendige Anreisezeit weisen auf die Sommerferien im August 1929.

17 Ansprache Jaegers zur Bischofsweihe am 19. 10. 1941 (Padb. Amtsblatt 20/1941, S. 103-106). Vgl. D. VI, Z. 99-114.

18 Predigt Papst Johannes Pauls II. auf dem Domplatz zu Fulda am 18. 11. 1980 (Hg. Sekretariat der deutschen Bischofskonferenz. O. J., S. 101-106. F. Stock S. 104). Bekannt ist das Wort Johannes' XXIII.: „Abbé Stock, das ist kein Name, das ist ein Programm." Der Papst soll es, wie H. L. Drewes vermerkt, als Nuntius in Paris 1947 anläßlich einer Besprechung mit Franz Stock gesprochen haben (vgl. Abbé Franz Stock. Dokumentation, S. 146). „Unsere Zeit ist gespalten, in Nationen aufgelöst ... Unsere Zeit sieht den Triumph des Hasses, ist anarchistisch, revolutionär, katastrophisch, reiht Ruinen an Ruinen in den Städten wie in den Seelen" (F. Stock, ebd., S. 52). Mit dieser Diagnose leitet F. Stock 1947 über zu seinem vielzitierten Wort: „Die von Gott gewollte Zahl Heiliger genügt, eine Zeit zu retten" (ebd.).

19 Wie Anm. 13, S. 24.

20 Jaeger hat einen Bericht über seine Kriegseinsätze hinterlassen, der offenbar von seiner Einheit gedruckt wurde. Danach hat er an den Brennpunkten der Westfront gestanden: Somme 1915, Verdun 1916, Cambrai 1917, Amiens 1918 (März) (vgl. StA Mü PSK, PA J).

wissen, daß der Gegensatz von Christentum und „Hitlerismus" in der Friedensfrage kulminiert, der eine noch radikalere Zuspitzung in der These von der Permanenz des Krieges erfährt, gewinnt der Leitspruch des Bischofs in der verheerenden Schlußphase des Dritten Reiches seine Dimension.[21]
Noch in der Friedenszeit der braunen Diktatur hat Jaeger zweimal in den Sommerferien Abbé Stock in seiner Pariser Gemeinde vertreten, um dem Seelsorger einen Heimaturlaub zu ermöglichen. Auch im Krieg hat er ihn zweimal dort besucht. Die Freundschaft war Gesinnungsgemeinschaft.[22] Jene Begegnung mit Marc Sangnier, dem Vorkämpfer christlicher Demokratie und Völkerversöhnung, mit Joseph Folliet und Franz Stock war sicher auch vom Geist von Locarno, von Aristide Briand und Gustav Stresemann als den Versöhnungspolitikern, begleitet,[23] in ihrem Wesen aber war sie weitaus mehr. Jaeger trat weder den Volontaires de la paix noch dem Friedensbund deutscher Katholiken bei, weil sein realitätsnaher Geist sich nicht zum absoluten Pazifismus durchringen konnte, er stand aber ihrem Anliegen aufgeschlossen gegenüber. Generell gilt K. Försters Bemerkung: „Der Friedensbund deutscher Katholiken konnte nur schwer Fuß fas-

21 Völlig richtig betont E. Jäckel, daß der ewige Kampf um den Lebensraum als Grundthema der Geschichte zusammen mit Hitlers These von der Politik als werdender Geschichte zu einer anderen Zielbestimmung der Politik führt: „Die Unterschiede zwischen Krieg und Frieden, Außenpolitik und Innenpolitik verloren ihren herkömmlichen Sinn. Die herkömmliche Bedeutung von Kriegs- und Friedenspolitik versinkt in ein Nichts." Man könnte geradezu, ja, ohne Einschränkung die bekannte These vom Krieg als „Fortsetzung der Politik mit anderen Mitteln" umkehren in den Frieden, der eine Fortsetzung des Krieges mit anderen Mittel ist (Jäckel, Hitlers Weltanschauung, S. 105ff.).

22 Die unverabredete Konvergenz im geographischen Sinne im Bannkreis des großen französischen Demokraten und Pazifisten M. Sangnier bedeutete auch eine Konvergenz im geistigen Sinne, die tiefere Freundschaft im gleichen Denken und Empfinden konstituierte. Anläßlich seines Bischofseides vor dem Oberpräsidenten Dr. A. Meyer betont Jaeger, die Sorge um das Wohl des Vaterlandes habe ihn bewogen, den feldgrauen Rock des Soldaten mit dem schwarzen des Priesters zu tauschen, um einem gedemütigten Volk im Gottesglauben und christlicher Sitte wenigstens die Keimzellen für eine innere Gesundung zu bewahren (EA Paderborn II, 7 Bl. 362; vgl. D. III, Z. 14-17). Er sah im Kriege das größte Verbrechen, ja eine Dämonie (Amtsblatt 4/1944, S. 23f.).

23 K. Förster, Der Friedensbund deutscher Katholiken und das Wirken Franz Stocks. Die katholische Friedensbewegung. In: Abbé Franz Stock. Dokumentation, S. 27-31.

sen im deutschen Katholizismus."[24] Das betraf die Zeit zwischen den Kriegen ebenso wie später, als er nach seiner 1951 gescheiterten Neugründung seine Gedanken modifiziert in der Pax-Christi-Bewegung weitergeführt sah.[25]

An Abbé Franz Stock bewunderte Jaeger besonders die soziale und humane Seite seines seelsorgerischen Wirkens in der modernen Weltstadt. Er hat sie mit so spürbarer Sympathie beschrieben, daß sie auch zum Selbstzeugnis wird: „Man muß das Leben in dem kleinen, ärmlichen Häuschen in der Rue Lhomond 21 zu Paris mit angesehen haben, um ermessen zu können, was diese Stelle dem jungen Rektor abverlangte. Das Haus glich einem Taubenschlag. Es stand buchstäblich Tag und Nacht offen für jede Not, die hier Schutz und Hilfe suchte. ... Alle wußten dieses Zentrum deutschen Lebens in der Rue Lhomond zu finden. Für alle war der Rektor da; allen suchte er hier im fremden Lande Heim und Heimat zu schaffen. Eine Beschränkung auf den rein kirchlichen und seelsorglichen Bereich war hier unmöglich."[26]

Obgleich Jaeger das Haus auch als Divisionspfarrer in der Besatzungszeit zweimal besucht hat, ist seine Schilderung doch wohl, abweichend von Closset, in die Friedenszeit der dreißiger Jahre zu legen. Darüber schreibt er: „Ich habe Franz Stock zweimal während der großen Ferien in Paris, Rue Lhomond, vertreten, damit er auch Heimaturlaub machen konnte, und die dortige Seelsorge jeweils sechs Wochen stellvertretend ausgeübt."[27]

Der Blick auf Stock ist unerläßlich, um die tiefere Intention des Gruppen- und späteren Gaukaplans richtig zu orten. Sie darf nicht einseitig zugunsten der sonst auch im Bund gepflegten national-vaterländischen Motive verschoben werden, die er mit vielen Gruppen bündischer Jugend gemeinsam hatte.[28] Die Bereitschaft, dem Vaterland in sittlicher Größe

---

24 Ebd., S. 27.

25 Ebd., S. 29. Dort steht auch der Satz: „Die Geschichte des Friedensbundes deutscher Katholiken vollzog sich im Spannungsfeld mit den Mächtigen in Staat und Gesellschaft – und leider Gottes auch weitgehend mit der kirchlichen Hierarchie" (ebd., S. 29). Zum Ganzen vgl. auch Riesenberger, Katholische Friedensbewegung, passim.

26 Closset, Er ging durch die Hölle, S. 20f.

27 Closset leitet die Schilderung Jaegers ein mit den Worten: „So berichtet der Paderborner Erzbischof, Kardinal Jaeger, der das Haus zu Beginn der Besatzungszeit als damaliger Divisionspfarrer besucht hat: ..." Indes weisen Text und Kontext (S. 17ff.) in die Zeit vor 1939.

28 Eilers, Nationalsozialistische Jugendpolitik. In: Eilers, Bund Neudeutschland, S. 23.

und christlicher Opferbereitschaft zu dienen, war niemals zu trennen von der absoluten Bindung an das ewige Königtum Jesu Christi, das der politischen Bindung übergeordnet war. „Die neue Lebensgestaltung in Christus" hatte ihr Spezifikum nach der einen Seite in einer streng religiös-kirchlichen Bindung, nach der anderen Seite in der Lebensform der Jugendbewegung, in der die Tendenz zur Lebensbewegung angelegt war. So entwickelte sich aus dem Schüler- der Älterenbund.[29] Mit der Bindung an Jesus Christus war der absolute Gegensatz zum Führungsanspruch Hitlers gegeben. Die grenzüberschreitende Katholizität symbolisierte sich geradezu in der Führungsrolle, die von der Gründung her der Gesellschaft Jesu zufiel. Pater Ludwig Esch ist hierfür repräsentativ.[30] Der SS-Untersturmführer und Exgeistliche Dr. Friedrich Murawski schreibt nach der Sichtung der in München beschlagnahmten Jesuiten-Akten, daß sich die Folgerungen für alle von solchem Geist bestimmten Veranstaltungen, zu denen er ausdrücklich den Schülerbund „Neudeutschland" zählt, von selber ergäben: Eine „völkische Einstellung" könne hier höchstens äußerlich geheuchelt werden. „... sie sind, wie sie eben sind, oder sie sind gar nicht mehr sie selbst!"[31]
Die ständige propagandistische Hetze gegen eine internationale Kirche, die zugleich als Exponent des „jüdisch-bolschewistischen Weltfeindes" attackiert wurde, erklärt vieles von dem, was uns heute sonst un- oder mißverstanden bliebe: Die Tapferkeitsauszeichnungen eines Geistlichen aus dem Felde widerlegten die Legende von der volksfeindlichen Macht. Der Hinweis auf die hohe Gefallenenzahl katholischer Theologen im Ersten Weltkrieg bot „nationale" Leistungen auf, um überzeugende Akzente gegen die Verleumdungskampagne aufzubauen.[32]
Augustinus Rösch, Ordensprovinzial der oberdeutschen Ordensprovinz, ließ in seinem Kampf um die Niederlassungen der Gesellschaft Jesu bei den Gestapo-Stellen gern die Hinweise auf seine Offizierslaufbahn und seine Tapferkeitsauszeichnungen in das Gespräch einfließen.[33] Hitler aber

---

29 Ebd., S. 22f.

30 Ebd., S. 21f.

31 Rösch, Kampf gegen den Nationalsozialismus, S. 472. Murawski war ehemaliger Geistlicher und ab 1940 im Reichssicherheitshauptamt beschäftigt (ebd., S. 468, Anm. 1). Vgl. auch Denzler, Widerstand oder Anpassung? S. 104.

32 Vgl. z. B. die Ansprache Jaegers bei seiner Weihe am 19. 10. 1941 (Erzb. Amtsblatt 19/1941, S. 104). Vgl. D. VI, Z. 32-45.

33 Rösch, Kampf gegen den Nationalsozialismus, S. 28. Bez. R. Mayer vgl. S. 27.

wußte, weshalb er durch die Wehrunwürdigkeitserklärung 1941 die Jesuiten von der Volksgemeinschaft ausschließen und für „vogelfrei" erklären wollte.[34] Auch die Ausschließung der Theologen von der Laufbahn des Reserveoffiziers[35] stand zusammen mit den gegenteiligen Bemühungen des späteren Erzbischofs vor einem analogen Problemhorizont.[36]

Der Totalitätsanspruch der Hitler-Jugend bildet den Leitfaden, unter dem das Schicksal der katholischen Jugendverbände sich darstellen läßt: Wie *eine* Partei (NSDAP), so *eine* Jugendorganisation (B. von Schirach)![37] Im Gegensatz zu den schon 1933 in die HJ überführten evangelischen Verbänden behaupteten sich die katholischen noch dank des Konkordats und trotz der unausgehandelten Fragen des Artikels 31, wenngleich nicht ohne Schikanen.[38] Seit 1934 gab es außer der Hitler-

---

34 Geheimerlaß v. 31. 5. 1941. Vgl. Rösch, Kampf, S. 128f. u. Anm. 23.

35 „Jeder Offizier muß politischer Kommissar sein" (Keitel). In: Volk, Akten deutscher Bischöfe VI, S. 298. Jaegers Schreiben an Bertram: S. 294-297. Entlassung von Offizieren, die Theologiestudenten sind: a.a.O., S. 466f. Die Unterstützung von Jaegers Anliegen durch Faulhaber: S. 447, Anm. 2.

36 Wir dürfen davon ausgehen, daß Jaeger dieser Zusammenhang der Wehrunwürdigkeitserklärung der Jesuiten (Geheimerlaß v. 31. 5. 1941, vgl. Rösch, Kampf, S. 69) spätestens nach dem Paderborner Konveniat vom 24./25. 11. 1941 bekannt gewesen ist.

37 Klönne, Jugend im Dritten Reich, S. 19.

38 Jaegers Einsatz als Gaukaplan im Gau St. Engelbert, zu dem u. a. Herne und Bochum gehörten, wird schriftlich und mündlich dokumentiert. Dr. Adolf Schmidt aus Arnsberg erinnert sich der regelmäßigen Betreuung in den Christuskreisen. Auch habe sich Jaeger oft in den Zeltlagern blicken lassen. Für das Pfingstlager 1934 bei Meinkenbracht im Sauerland, das von mehreren Bochumer ND-Gruppen veranstaltet wurde, ist ein Zwischenfall bezeugt. Der Landwirt Blome, ein Bruder des 1953 verstorbenen Paderborner Alttestamentlers Fritz Blome, erinnert sich einer von den „Neudeutschen" gesungenen Persiflage des Horst-Wessel-Liedes, die einen polizeilich verordneten Abbruch des Zeltlagers und eine Meldung an den Regierungspräsidenten in Arnsberg zur Folge hatte (vgl. „ND", Jhrg. 5/28, Mai 1975, S. 192-193). Auch das im folgenden Jahre zur Pfingstzeit in Hardehausen begonnene Zeltlager wurde nach kurzer Zeit von der Polizei verboten und zum Umzug in die Klosterscheune gezwungen (Dr. A. Schmidt). Der Sommerbericht der Bochumer Gruppe „Wiking" von 1934 erwähnt noch als Kluft das grüne Bundeshemd. Wieder zwingt die Polizei die Gruppe, die im Forellkrug (Sennegebiet) ihr kleines Fähnleinzeltlager aufschlagen möchte, zum Umzug in den vom Ortsvikar angebotenen Kirchturm. Ein Ausflug führt per Fahrrad zu den Externsteinen, die von Neuheiden umlagert sind: „In den Steinen wurden Ausgrabungen gemacht. Manches war umgestaltet, anders als früher. Das Buch von Teudt ‚Germanische Heiligtümer' [Teudt, Germanische Heiligtümer – 1929] hatte die Steine in den Mittelpunkt des Interesses gerückt." Ein anderer Teilbericht unterstreicht die Provokation, die von der heidnischen Umdeutung der Stätte auf die Jungen des ND ausgeht:

Jugend nur noch die katholischen Verbände. Die Macht der HJ richtete sich auf die noch nicht integrierte katholische Jugend.[39] Als nächster wichtiger Schritt folgte am 23. Juli 1935 die von der Gestapobestimmung erzwungene Reduzierung auf den rein religiös-kirchlichen Bereich, der die Verbände zu unattraktiven „Gebetsvereinen“ machen sollte.[40] Sie verbot Wimpel, Fahnen und Uniformen, Wandern und Zelten in der Öffentlichkeit.[41] Das Gesetz über die Hitler-Jugend vom 1. Dezember 1936 schrieb das alleinige Recht der Hitler-Jugend auf die Erziehung der

---

„... die Externsteine, ein herrliches Denkmal für christliche Kultur, waren sonst ständig von ‚Neuheiden‘ umlagert. So fuhren wir mit dem Vorsatz dahin, so richtig zu provozieren. Als wir aber dort ankamen, konnten wir keinen entdecken. Da machten wir unserem Ärger Luft und ärgerten die Wirtin in der Schenke ...“ (im Besitz von Dr. A. Schmidt, Arnsberg). Noch wird der Gegensatz zum heraufziehenden ideologischen Kontrast als Abenteuer empfunden.

39 Zur Überführung der evangelischen Jugend in die Domäne Baldur von Schirachs vgl. Scholder, Die Kirchen und das Dritte Reich, S. 735-738. Die Verschärfung des Zugriffs auf die allein noch verbliebenen katholischen Verbände unterlag einer Wellenbewegung. Vor der Ratifizierung des Reichskonkordats (10. 9. 1933) und seiner Bekanntgabe mit dem Durchführungsgesetz (12. 9. 1933) im Reichsgesetzblatt hatte sich der Druck verschärft, um vorher vollendete Tatsachen zu schaffen. Nach der Ratifizierung ließ er vorübergehend nach, um dann schon bald im Laufe des Jahres 1934 anzusteigen. Das Jahr 1935 brachte eine Reihe einschneidender Maßnahmen, deren Implikationen von den Oberpräsidenten in unterschiedlicher Radikalität realisiert wurden, bis sie ab 1936 reichseinheitlich vollzogen wurden. Wir werden sie an den Akten des Oberpräsidenten von Münster noch ablesen können. Der ständig stärker werdende Würgegriff verwies auch die „Neudeutschen“ auf eine Zeit, in der man nur im Untergrund weiterleben konnte (seit 1939). Mit welcher Frische und Sorglosigkeit, aber auch mit welchem Mut sich die „Neudeutschen“ noch 1934 dem steigenden Terror der Partei- und Polizeiorgane selbst öffentlich widersetzten, zeigt der große Umzug, den die Schüler in Bundeskluft und mit „wehenden Fahnen“ im Januar 1934 durch die Innenstadt von Köln unternahmen, obwohl der Polizeipräsident kurz zuvor diese Provokation verboten hatte. Die Jungen verteilten Werbezettel und verwickelten die Hitler-Jugend in erbitterte Diskussionen („Westdeutscher Beobachter Köln“ vom 29. 1. 1934. In: Klönne, Jugend im Dritten Reich, S. 182 – Faksimile).

40 In: Stasiewski, Akten deutscher Bischöfe II, S. 238f., Anm. 6 (238), Anm. 1 (239). L. Wolker umreißt die Unklarheiten und praktischen Unabwägbarkeiten der Polizeivorschrift H. Himmlers (ebd.). Wie eine schon 1934 tendenziell gleiche örtliche Polzeivorschrift auf dem Pfingsttreffen 1934 mit der raschen Umwandlung in eine Wallfahrt zum gleichen Annaberg beantwortet wurde, schildert der spätere Mainzer Philosophieprofessor J. Stallmach, der als Gauführer den „Gautag“ vorbereitet hatte, eindringlich und humorvoll (vgl. Eilers, Bund Neudeutschland, S. 229-234: Der verbotene Gautag). Für Jaegers „Gautag“ oder Gaulager Pfingsten 1934 in Meinkenbracht hat sich leider noch kein Berichterstatter gefunden!

41 Der Wortlaut des Himmler-Verbots vom 23. 7. 1935 findet sich in unseren unter Anm. 40 angegebenen Stellen: In § 1 wird (ebd., S. 238, Anm. 6) bei der Einschränkung

deutschen Jugend fest.[42] Es fand seinen organisatorischen Ausdruck in der Beförderung Baldur von Schirachs zum Jugendführer des Deutschen Reiches, der die Stellung einer obersten Reichsbehörde erhielt und dem Führer unmittelbar unterstellt wurde.[43]
Schon dieser Anspruch auf die alleinige Erziehung der deutschen Jugend ließ den Bund fast auf den Status der Illegalität herabsinken, der dann im Jahre 1939 mit dem Jugenddienstpflichtgesetz und dem formellen Verbot durch die Gestapo definitiv gegeben war.[44] In unserem Zusammenhang ist besonders wichtig der Text eines Ministerialerlasses vom 15. September 1935 aus dem Unterrichtsministerium, der den haupt- und nebenamtlichen Religionslehrern mit der Werbungs*pflicht* für die Staatsverbände das

---

auf den kirchlich-religiösen Bereich das konkordatsmäßig mitverankerte „kulturell" und „karitativ", wie L. Wolker in seiner bekannten Denkschrift betreffs kirchlicher Verbände bemerkt (ebd., S. 234-254, hier: S. 238), sinnverfälschend ausgelassen.

42 Das von der Reichskanzlei erlassene und von ihrem Chef Staatssekretär Dr. Lammers gezeichnete „Gesetz" über die Hitler-Jugend schrieb der nationalsozialistischen Hitler-Jugend außer Elternhaus und Schule das einzige Erziehungsrecht zu (§ 2 in: Klönne, Jugend im Dritten Reich, S. 28).

43 Ebd., S. 29. Vgl. Broszat, Der Staat Hitlers, S. 294: „Der Reichspost- und Verkehrsminister v. Eltz-Rübenach bemerkte in Gegenwart Hitlers bei dieser Gelegenheit (laut Protokoll): Er stimme dem Gesetzentwurf ‚unter der Voraussetzung zu, daß die Hitler-Jugend, entsprechend der Zusage des Führers, nicht das an religiösen Werten vernichten werde, was das Elternhaus in die Herzen der Jugend pflanze'." Zur Verleihung des Goldenen Parteiabzeichens im Januar 1937 bemerkte der Minister, er könne mit der Annahme der Ehrung nicht die kirchenfeindliche Haltung der Partei decken. Im Februar nahm Minister von Eltz-Rübenach seinen Abschied.

44 Klönne, Jugend im Dritten Reich, S. 35ff. und S. 70 (zuletzt der Gestellungsaufruf zum Kriegsdienst von „Kindern" durch den Landrat in Ronnenberg vom 30. 9. 1944 als grausamste Konsequenz eines zugreifenden NS-Staates, freilich auch im Blick auf die unaufhaltsam heranrückende Rote Armee als der Kriegsfolge einer verbrecherischen Expansionsstrategie).
Durch die *erste Durchführungsverordnung* vom 25. 3. 1939 wurde der zu erwartenden ideologischen „Ausdünnung" der Hitler-Jugend mit dem Masseneinzug der Nicht-Willigen durch die Unterscheidung einer „elitären" Stamm-Hitler-Jugend und der allgemeinen Hitler-Jugend vorgebeugt. Nur die unter bestimmten Voraussetzungen zu erlangende Zugehörigkeit zur erstgenannten begründete eine Zugehörigkeit zur NSDAP. Das war der letzte Rest von „Freiwilligkeit"!
Die *zweite Durchführungsverordnung* regelte die polizeilich erzwungene Anmeldung und Teilnahme vom 10. Lebensjahre an: Deutsches Jungvolk (DJ – 10-14 J.), Jungmädelbund (JM – 10-14 J.), Hitlerjungen im engeren Sinne (HJ – 14-18 J.), Bund Deutscher Mädel (BDM – 14-18 J.). Vgl. Klönne, a. a. O, S. 35ff.
Das *Polizeiverbot des ND* erging durch Himmler am 27. 6. 1939, die Veröffentlichung im „Ministerialblatt des Reichs- und Preußischen Ministerium des Innern" am 12. 7. 1939 (Nr. 28, S. 141).

Verbot jeglicher Werbung für die konfessionellen Verbände auferlegte.[45] Das darin mitgemeinte Tätigkeitsverbot in den konfessionellen Jugendverbänden wurde vom Unterrichtsminister Rust am 26. März 1936 explizit ausgesprochen: „Ich ordne daher an, daß Geistliche, die zur Erteilung des Religionsunterrichtes an den Schulen zugelassen sind, sich auch außerhalb des Religionsunterrichtes jeder Betätigung in den genannten Organisationen und jeder Werbung für dieselben zu enthalten haben."[46] – Seit diesem Zeitpunkt war Jaegers ND-Tätigkeit im Unterschied zur Betätigung seiner Schüler ausdrücklich verboten. Das „daher" in der Formulierung des Erlasses weist auf 1935 zurück.[47]

Modellcharakter für das Vorgehen Preußens gewann der Bezirk Rheinland, in dem der Oberpräsident in Koblenz aus der schon 1933 vorgeschriebenen Werbungspflicht für die staatlichen Verbände am 17. Juli 1935 gefolgert hatte, daß ein Wirken in konfessionellen Verbänden damit unvereinbar sei. In einer Frist von fünf Tagen hatten sich alle Religionslehrer aus den Verhältnissen zu den Verbänden zu lösen.[48] Der Koblenzer Erlaß wurde vom Geheimen Staatspolizeiamt Preußens über die Stapoleitstellen als Modell für alle Bezirke empfohlen und von der Leitstelle Dortmund-Hörde am 24. März 1936 auch dem Oberpräsidenten in Münster zur Entscheidung vorgelegt.[49]

---

45 Stasiewski, Akten deutscher Bischöfe III, S. 416, Anm. 5. Rust greift auf Meldungen zurück, daß nebenamtlich im Religionsunterricht tätige Geistliche konfessionelle Jugendverbände leiten oder maßgebend bei der Betreuung solcher Verbände mitwirken. „Es entspricht dies nicht den Absichten meines Erlasses vom 15. August 1935." Nach Nennung des Aktenzeichens fährt der Erziehungsminister fort: „Ich ordne daher an, ..." Vgl. den Haupttext! Der soeben mit seinem Rückbezug zitierte Erlaß stammt vom 25. 6. 1936. Vgl. ebd. den Protest der Konferenz von Fulda nach seiner Begründung S. 416f. gegen den schon in seiner Fassung von 1935 und noch mehr in der von 1936 konkordatswidrigen Text: Geschickt ist der Hinweis auf die Geschichte der Verbände als einen Teil der Kirchengeschichte im Religionsunterricht. Der Erlaß vom 25. 6. 1936 nennt ohne Unterschied alle Geistlichen, die an staatlichen Schulen Religionsunterricht geben.

46 Ebd.

47 Vgl. Anm. 45 („Ich ordne daher an, ...") und deren Fortsetzung im Haupttext.

48 Die Schulleiter haben in einer Frist von fünf Tagen dem Oberpräsidenten Meldung zu erstatten, daß ihre geistlichen Kollegiumsmitglieder jedes Verhältnis zu den Verbänden, unter denen der ND ausdrücklich genannt wird, abgebrochen haben. Der Erlaß ist als gültiger Modellfall auch beim Provinzialschulkollegium Münster aufgehoben (StA Mü, PSK 6449, Anlage zu Bl. 25).

49 Noch untersagt die Geheime Preußische Staatspolizei ihren untergeordneten Leitstellen jede eigene Anordnung. Doch ist der Druck auf den Oberpräsidenten unverkennbar, wenn er aufgefordert ist, sich zu dem empfohlenen Koblenzer Modell zu äußern. In

Ferdinand von Lüninck gab bei grundsätzlicher Zustimmung zu dem Erlaß von Koblenz, in dem die Linie Rusts schon vorweggenommen war, der Stapoleitstelle in Münster die Nachricht, daß er aufgrund seines Werbungsverbotes vom 8. Juni 1935 jeden weiteren Erlaß für überflüssig halte.[50] Demnach könnte der Koblenzer Schritt in Westfalen eine gewisse Abschwächung erfahren haben. Jaeger hat also zweifellos den Erlaß Rusts aus dem Amtsblatt ersehen können, wenngleich er wohl nicht sogleich gezwungen wurde, eine verbindliche Erklärung abzugeben, wie es im Bezirk Rheinland der Fall war. Über die Gefahren seiner niemals gelösten Verbindung zum Gau „St. Engelbert" konnte er aber keinen Zweifel mehr hegen. Im Unterschied zu seinen

---

seiner Antwort vom 9. 4. 1936 weist Ferdinand von Lüninck auf seinen Runderlaß vom 8. 6. 1935 hin, in dem er auf die Unzulässigkeit jeder Werbung für die konfessionellen Jugendverbände hingewiesen habe. Auch habe er gegenüber Erziehungsminister Rust im Bericht vom 7. 10. 1935 schon die Meinung vertreten, daß den geistlichen Studienräten wie allen Lehrkräften jede Verbindung zu den konfessionellen Verbänden zu untersagen sei. Der im Erlaß des Herrn Oberpräsidenten der Rheinprovinz vom 17. 7. 1935 vertretenen Auffassung stimme er zu. – Das war eine recht unverbindliche Antwort an eine staatspolizeiliche Leitstelle, die konkrete Maßnahmen nach dem Koblenzer Beispiel erwartete.

50 Aber auch der konkrete Schritt, mit dem Lüninck die Angelegenheit erledigte, war eher eine Brüskierung der von höchster Stelle an ihn herangetragenen staatspolizeilichen Erwartungen. Unter Bezugnahme auf das Schreiben des Gauleiters und Oberpräsidenten von Koblenz, Terboven, tradiert Lüninck lediglich die beiden Erlasse Rusts und fügt an, er habe in einem Erlaß vom 8. 6. 1935 bereits jede Werbung für konfessionelle Verbände in den Räumen der Schule untersagt. „Nach alledem erübrigt sich der Erlaß weiterer Anordnungen" (StA Mü, Best. PSK 6449, Bl. 24f.).
Das wirkt eher wie eine verklausulierte Weigerung des Oberpräsidenten von Westfalen, allen Geistlichen in den Schulen sofort und allgemein mit schriftlicher Erklärung den Abbruch aller Beziehungen zu den konfessionellen Verbänden abzufordern, wie es in der Rheinprovinz bereits 1935 geschehen war und von der Polizei urgiert wurde.
Bekanntlich wurde Ferdinand von Lüninck im Gegensatz zu seinem Bruder Hermann, dem Oberpräsidenten der Rheinprovinz in Koblenz, der bereits Anfang März 1935 durch den Gauleiter Josef Terboven von Essen abgelöst worden war (von Hehl, Katholische Kirche und Nationalsozialismus im Erzbistum Köln 1933-1945, S. 92), erst 1938 zum Rücktritt als Oberpräsident von Westfalen genötigt und nach dem 20. 7. 1944 als Hitler-Gegner und am Umsturzversuch Beteiligter im November 1944 erhängt (vgl. Schmädeke/Steinbach, Der Widerstand gegen den Nationalsozialismus, S. 936). Die beiden Erlasse Rusts konnte Jaeger zwar aus dem Amtsblatt zur Kenntnis nehmen, doch wurde er erst am 7. 1. 1937 gezwungen, durch schriftliche Erklärung die Führung in seinem ND-Gau niederzulegen (ZStA Potsdam, RKM Nr. 22 234, Bl. 00 208). Indes hatten Gauleiter Meyer und die Gestapo in Dortmund-Hörde selbst 1941 noch keine verbindliche Gewißheit über die Einhaltung der Erklärung (s. S. 33f.).

neudeutschen Jugendlichen war seine Tätigkeit uneingeschränkt verboten und konnte jederzeit zu einschneidenden Konsequenzen führen.
In dramatischer Weise aber spitzte sich die allgemeine Lage des katholischen Schülerbundes zu, als der Polizeikommandeur der preußischen Geheimpolizei am 18. September 1936 in streng geheimer Weisung an alle Staatspolizeistellen forderte:
„Dem Bund ‚Neudeutschland' ist in Zukunft erhöhte Aufmerksamkeit zuzuwenden. Es ist zu versuchen, von den bestehenden Gruppen Mitgliederverzeichnisse vertraulich zu erhalten, die in Abschrift nach hier zu übersenden sind.
Zu einer gründlichen Überwachung des Bundes ‚Neudeutschland' erscheint die Überwachung der einzelnen Führer unumgänglich [kursiv von H. G.]. Über sie ist Personalbericht nach hier zu geben.
Über die Betätigung des Bundes ist in Zukunft vierteljährlich, und zwar erstmalig zum 1. Januar 1937 zu berichten."[51]
Der preußische Polizeikommandeur Dr. Haselbacher fügt der strengen Weisung einen Organisationsplan des Bundes bei, der die für die Überwachung besonders wichtigen Führer auf der Mark- und Gauebene enthält. Der Organisationsplan zeigt, daß Jaeger als beamteter Geistlicher auf der Ebene der Gauführung weithin allein stand. Es überwog die Zahl der unabhängigeren Ordenspriester, von denen einer gelegentlich mehrere Gaue führen mußte – wie etwa P. Elisäus Füller OFM. Aus dem Gewicht der Sache heraus waren die Priester überhaupt an erster Stelle angeführt.[52]
Es ist also anzunehmen, daß der Gaukaplan Jaeger seit dem 19. September 1936 ständig von der Gestapo beschattet wurde und jeder Schritt zu den Gruppen des von ihm betreuten Gaues St. Engelbert nur noch unter dem Schutz sorgfältiger Tarnungsmaßnahmen möglich war. Dabei kam ihm zustatten, daß er nach dem Zeugnis von Wichert-Schmetz schon bald nach 1933 seine Post ausgelagert hatte und ebenso früh durch die häufigen Hausdurchsuchungen der Gestapo zu besonderer Wachsamkeit gezwungen war.[53] Wir werden diese schon früh geübte Vorsicht später noch ausführlicher zu behandeln haben.
Für die von ihm auch ferner betreuten Jugendlichen ergab sich wohl keine faßbare Zäsur in seinem Verhalten. Noch 1936 oder 1937 scheint er den

---

51 StA Mü, PSK 6449, Bl. 31.
52 StA Mü, PSK 6449, Bl. 32.
53 Persönliche Mitteilung von L. Wichert-Schmetz, Bad Driburg.

„Neudeutschen" die Christmette gehalten zu haben, die dazu Eltern und Geschwister mitbringen durften.[54] Eine alte Zentrumsfamilie, in der man lange vergebens auf ein offenes Wort auch der Bischöfe gewartet hatte, verband mit Jaegers Bischofswahl genau diese Hoffnung, weil man ihm einen großen Mut nachsagte. Neben den Tapferkeitsauszeichnungen mögen auch die Erfahrungen dieser Jahre dazu beigetragen haben, Mut und Besonnenheit des Gaukaplans in gleicher Weise schätzenzulernen.[55]

54 Mitteilung von Frau Dr. M. Nientimp, Dortmund. Die meisten Gottesdienste könnten im Elisabeth-Krankenhaus in Bochum stattgefunden haben (Mitteilung von Dr. A. Schmidt).

55 Ebd.

Kapitel 4

Religiös-kirchliche Abwehr des Nationalsozialismus – Verbandsarbeit in den Kirchengemeinden

Jaeger war der St.-Josephs-Gemeinde in Dortmund als Priester des Erzbistums Paderborn adskribiert. Damit ist ein drittes Tätigkeitsfeld des geistlichen Religionslehrers angedeutet. Mit der schon erwähnten Stellungnahme Jaegers zum „Mythus ..." ist ja nur der Teil des Einsatzes berührt, der sein gymnasiales Wirken umfaßte. Hier ist tatsächlich nur die Spitze eines Eisberges gesichtet, dessen Hauptgewicht in den Kirchengemeinden Dortmunds und seiner Umgebung zu suchen ist. Obgleich die sofort konstatierte Kritik am „Mythus" und seine Kennzeichnung als indiziertes Buch noch nicht zu faßbaren Konsequenzen in Dortmund oder Münster geführt hatten, so ist doch Jaegers Einsatz auf der Ebene der Kirchengemeinden und ihrer Verbände nicht nur gegen Rosenberg gerichtet, sondern im Kern des „Mythus" gegen die nationalsozialistische Weltanschauung als Grundideologie eines Staates, der sich schon bald mit dem „Heimtücke-Gesetz" gegen weitaus harmlosere Angriffe auf seine geistigen Fundamente zu wehren wußte.[1] Jaeger wandte sich offenbar weitgespannt und beharrlich gegen den Nationalsozialismus selbst. Er engagierte sich dort, wo Wendelin Rauch sich als Bischofskandidat für Fulda neben seiner Zentrumsangehörigkeit das Nein des Kirchenministers eingeholt hatte.[2]

Leonie Wichert-Schmetz hat diesen Einsatz Jaegers als Zeitzeugin und Mitbeteiligte beschrieben: „In Dortmund besuchte ich eifrig die Vorträge des Akademikerverbandes, auch Anfang des Jahres 1933. Ein Vortrag im Gemeindehaus der Bonifatiusgemeinde wurde für mich von entscheidender Bedeutung, wenn ich mich auch nicht an das Thema noch an den Namen des Redners erinnere. Vielleicht berührte das Thema die Rassen-

1 Das Heimtückegesetz vom 21. 3. 1933 (Verordnung des Reichspräsidenten zur Abwehr heimtückischer Angriffe gegen die Regierung der nationalen Erhebung, RGBL. I, S. 135) sorgte dafür, „daß selbst mündliche Kritik an dem neuen Regime unter Strafe (Gefängnis, in schweren Fällen auch Zuchthaus) gestellt wurde" (Broszat, Der Staat Hitlers, S. 405).

2 Albrecht, Katholische Kirche, S. 134f.

kunde, denn es gelang mir, lebhaft mitzudiskutieren. Dies war die Ursache dafür, daß mich nach dem Vortrag ein junger Geistlicher ansprach und mich fragte, ob ich Lust hätte, mein Wissen in der Rassenkunde und meine Belesenheit im nationalsozialistischen Schrifttum den katholischen Gemeinden zur Verfügung zu stellen. Ich sagte freudig zu."[3] L. Wichert-Schmetz fand in der Einladung Jaegers die lange gesuchte Lösung einer Gewissensunruhe, in der sie auch als Biologin ihre umfassenden Studien zur Rassenkunde unternommen hatte.[4] Ihre Vortragstätigkeit begann vor einer Versammlung von einigen hundert Geistlichen Dortmunds und der Umgebung. Bald war sie an jedem Wochentage zu Vorträgen eingesetzt, in Kolpingversammlungen, in den Jungfrauen- und Frauenvereinigungen, im Arbeiterverein und beim Bund „Neudeutschland".[5]

Sie findet Jaegers seelsorgliche Tätigkeit durch stundenlange tägliche Beanspruchung im Beichtstuhl bestimmt: „... ihn fragten viele, die beim Einbruch der neuen Weltanschauung verunsichert waren, um Rat."[6] Sie bezeugt: „Studienrat Jaeger wurde in den Anfängen der nationalsozialistischen Ära von Ratsuchenden so beansprucht, er stellte sich den Hilfsbedürftigen so rückhaltlos, daß er mich manchmal bat, ein Buch für ihn zu lesen und Auszüge zu machen, weil er es für den Unterricht und seine Vorträge in den Jugendverbänden brauchte."[7] Über die geistigen Grund-

---

3 Wichert-Schmetz, Vita et pax, S. 10. Die Autorin war in Dortmund eine enge Mitarbeiterin Jaegers. Ihre Ausführungen halten einer kritischen Nachprüfung stand. Sie berichtet durchaus auch von Enttäuschungen, die sie mit Jaeger erleben mußte (ebd., S. 58f.). Die von ihr beschriebene ausgedehnte Arbeit Jaegers in den Verbänden, besonders auch in den Jugendverbänden, führte zu den Einwänden, die gegen seine Bischofswahl erhoben wurden. Sie gehört vielleicht zum Observationsresultat der Partei. Wichert-Schmetz war die einzige mir bekannt gewordene Person, die zu Jaegers „christlicher Untergrundbewegung" heute noch detaillierte Angaben als Zeitzeugin erstellen konnte. Als Biologin mit einer Ausbildung in Physik und Chemie war sie Jaeger als Spezialistin in den Fragen der Rassenkunde hoch willkommen. Sie wurde durch ihren Bekennermut der Partei bald mißliebig. Ihre erzwungene Mitgliedschaft im NSLB wurde bald wieder gelöst. Sie verlor ihre Dortmunder Stelle und zog 1937 endgültig nach Bad Driburg, wo sie im Klemens-Hofbauer-Haus für Spätberufene unterrichtete. Ihr Erinnerungsbuch enthält auch das später schamhaft verschwiegene Bischofsbild Jaegers, das auf seinem Bischofsgewand die Kriegsauszeichnungen aus dem Ersten Weltkrieg erkennen läßt. (Vgl. Reineke, Jugend zwischen Kreuz und Hakenkreuz, S. 141.)

4 Ebd. bei Wichert-Schmetz.

5 Ebd., S. 13ff.

6 Ebd., S. 11.

7 Ebd.

lagen ihres Einsatzes bemerkt sie in einer autobiographischen Skizze: „Ich hatte mich immer schon für Rassenfragen interessiert, seit ich in Bonn 1924 im Erlöserbund die beiden Brüder Günther kennengelernt hatte, die nachher im Dritten Reich als Experten für Rassenkunde eine große Rolle gespielt haben. Sie riefen mit ihrer Einseitigkeit (sie sahen die nordische Rasse als vorzüglichste an) meinen Widerspruchsgeist hervor."[8] „Ich orientierte mich bei Professor Selz, einem Juden, über dessen Ansicht, indem ich seine Vorlesungen besuchte, und später informierte ich mich über die Anschauungen des Jesuitenpaters Hermann Muckermann, der von 1927-1933 Leiter der genetischen [eugenischen?] Abteilung des Anthropologischen Kaiser-Wilhelm-Instituts in Berlin war.[9] Auch las ich alle Neuerscheinungen auf dem Gebiet der Rassenkunde, deren ich habhaft werden konnte. Ich war daher für eine Diskussion aufs beste vorbereitet."[10]
Über ihre schon bald nach dem 30. Januar 1933 einsetzende Inanspruchnahme durch den Studienrat Jaeger schreibt L. Wichert-Schmetz: „Er ließ mich testen von zwei anderen Geistlichen, Dechant Karhausen und Propst Aufenanger, die feststellen mußten, ob ich rechtgläubig wäre. Da sie mit meinen Antworten zufrieden waren, wurde ich eingeladen, in einer Dekanatskonferenz über nationalsozialistisches Schrifttum und nationalsozialistische Grundideen zu sprechen."[11]

Wichert-Schmetz lenkt rückblickend unsere Aufmerksamkeit auf zwei Merkmale der Auseinandersetzung Jaegers mit der NS-Ideologie. In organisatorischer Hinsicht ist Jaeger der aktive Mittelpunkt einer Bewegung, die in den Pfarreien des Ruhrgebietes eine ausgedehnte Aufklärungstätigkeit entfaltet.[12] In methodischer Hinsicht hat er mit der nun

---

8 Hans Friedrich Karl Günther (1891-1968), Sozialanthropologe und Rassenforscher, war als Professor in Jena und Freiburg (1930-1945) und durch seine Schriften, z. B. „Rassenkunde des deutschen Volkes", einer der Wegbereiter der nationalsozialistischen Rassentheorie (Stasiewski, Akten deutscher Bischöfe III, S. 292, Anm. 2). Der mitreisende Bruder des Rassenforschers scheint nicht in gleicher Weise hervorgetreten zu sein.

9 Der bekannteste Bruder des NS-Gegners und Kulturphilosophen Friedrich Muckermann, zunächst Jesuit, dann Weltpriester, war Professor für *Eugenik* am Kaiser-Wilhelm-Institut in Berlin und nach 1945 Professor an der Technischen Hochschule in Berlin.

10 Wichert-Schmetz, Meine erste Zeit als Assessorin, S. 40.

11 Wichert-Schmetz, Vita et pax, S. 11. (Karhausen, Heinrich, 1879-1956; Aufenanger, Wilhelm 1876-1960).

12 Ebd., S. 12ff.

häufig eingesetzten Referentin Einverständnis erzielt im Vorgehen des „positiven Abfangens" der nationalsozialistischen Behauptungen.
Über beides ist zu referieren:
„Bald nach der Dekanatskonferenz hatte Jaeger Verabredungen getroffen und neue Helfer gewonnen, die in den katholischen Vereinen, besonders den Arbeitervereinen, wirken sollten, um katholischen Glauben und katholische Gesinnung bewußtzumachen, um beide trotz der nationalsozialistischen Propaganda zu festigen. Wie viele Helfer er hatte, habe ich nie erfahren, auch nicht einen persönlich kennengelernt. Nicht einmal die Namen der Fahrer erfuhr ich, die mich zu einem Vortrag nach Hagen, Menden, Lünen oder sonst irgendwohin fuhren oder wieder zurückbrachten. Manchmal hatte ich Angst, ob nicht einmal ein Nationalsozialist unter ihnen sein könnte. Aber das war nie der Fall; ich sah auch nie denselben Fahrer ein zweites Mal. Diese christliche Untergrundbewegung war von Herrn Jaeger so klug überlegt und geleitet, daß mancher ihn eher für einen Freund des Nationalsozialismus als für einen Gegner hielt, und daß nach seiner Wahl zum Erzbischof von Paderborn die Regierung keine Einwände gegen ihn hatte."[13]
Hier können wir nun freilich aus einer besseren Quellenlage sagen, daß auch Jaeger seinen Tribut zu zahlen hatte. Freilich war das Opfer von Wichert-Schmetz ungleich größer. Sie verlor schon 1937 Beruf und Stellung und wurde als politisch unzuverlässige Person unter polizeiliche Daueraufsicht gestellt.[14] Ihre Darstellung der Zeit vor 1937 bestätigt und überbietet den Polizeibericht vom 20. August 1941 („... Jaeger ist ein außerordentlich aktiver Mann..."), wenn sie schreibt: „Studienrat Jaeger hatte einen feinen Spürsinn und eine gewaltige Energie, mit der er Kräfte, die sich für den Glauben einsetzen wollten, fand und steuerte."[15]
Die Methode des „positiven Abfangens" war zwischen Jaeger und seiner Mitarbeiterin abgestimmt und in den nach dem Konkordat abgefaßten Richtlinien Jaegers für den Religionsunterricht der Jungengymnasien berücksichtigt, während sie auf die Bitte Jaegers einen Entwurf für die Mädchengymnasien verfaßte und zugleich eine Anleitung für vorschulische christliche Kindererziehung erarbeitete, die Jaeger in Bräute- und

13 Ebd., S. 13.

14 Ebd., S. 29.

15 Ebd., S. 13. Der Polizeibericht in: Paderbornensis Ecclesia, S. 741f. Vgl. D. II. d. A., Z. 6f.

Mütterkursen erprobte.[16] Der entschiedene (frühere) Zentrumspolitiker Prälat Otto Koch[17] fand die Anleitung zu regimefreundlich, während die Reichsschrifttumskammer sie im letzten Moment verbot und einstampfen ließ.[18] Zum Verständnis des „positiven Abfangens" nannte die Mitarbeiterin Wichert-Schmetz in mündlicher Unterredung konkrete Beispiele.[19] Das Vorgehen an sich ist wohl so zu sehen: Eine bekannte These des Nationalsozialismus wurde nach einer vorläufigen Einführung und Erläuterung im Vergleich mit dem katholischen Glauben oder am vorgegebenen Material von Wirklichkeit und Wissenschaft problematisiert, um so dem suchenden und prüfenden Menschen möglichst sachlich und ohne Provokation den Weg zum Aufsuchen und Finden der objektiven Wahrheit zu ermöglichen. Die Wirkung des unauffälligen Vorgehens war auf die Bloßlegung elementarer Irrtümer der nationalsozialistischen Weltanschauung (wie etwa die Verwechslung des biologischen Art- und Rassebegriffs in Hitlers „Mein Kampf"[20]) abgestellt und sollte die Rassenideologie entlarven – so Wichert-Schmetz.
Die in einer Rücksprache mit der 1988 verstorbenen Autorin und Zeitzeugin genannten Beispiele für das „positive Abfangen" der ideologischen Irrtümer sind für einen Fall zugleich auch durch das Gutachten Heydrichs belegt.[21] Damit ist es ermöglicht, eine gewisse Rückprobe auf die Darstellung der Tradentin, die mit Jaeger früh kooperierte,[22] zu gewinnen.

Der fanatische und irrationale Geltungsanspruch des Nationalsozialismus repräsentierte sich besonders aufdringlich im bedingungslosen Glauben an den „Führer" Adolf Hitler. Sosehr aber nun auch in der biologischen Konstitution von Mensch und Tier die subjektiven Komponenten ihren

---

16 Wichert-Schmetz, Vita et pax, S. 14.

17 Totenkalendarium für Paderborn. Paderborn 1981, S. 133: Koch, Otto, Propst, Ehrendechant, Ehrendomherrr, Gaukirche Paderborn (1879-1952). Koch war 1933 Zentrumsabgeordneter in Dortmund.

18 Wichert-Schmetz, Vita et pax, S. 15.

19 Für ein längeres Gespräch habe ich Frau Dr. L. Wichert-Schmetz herzlich zu danken (Tonbandaufnahme). In ihm wurde die Methode des „positiven Abfangens" (ebd., S. 14) verdeutlicht. Das Gespräch fand am 9. 11. 1987 statt.

20 Jäckel, Hitlers Weltanschauung, S. 99.

21 D. I, Z. 21-29.

22 Zur Anwendung auf den Führerglauben vgl. D. I, Z. 24-29.

Platz beanspruchen[23] – man denke an die „Appetenzstimmungen" –, so kann doch auch die biologische Ausstattung nur dann einen Sinn haben, wenn ihr Wahrnehmungsvermögen mit der erkenntnisunabhängigen Wirklichkeit korrespondiert.[24] Hinsichtlich des Führerglaubens waren deshalb die Partei und besonders auch Hitler immer wieder bemüht, in den öffentlichen Reden einen gleichsam „historischen" Beweis für die unfehlbaren Voraussagen Hitlers zu liefern, um so seinen absoluten Führungsanspruch zu rechtfertigen: Die ihm mögliche Prognose und der Erfolg gaben ihm allein den Schlüssel für die künftigen Entscheidungen in die Hand.

Wenn Jaeger nach Heydrichs Bericht und dem zugrundeliegenden Rapport des Dortmunder Kreisamtsleiters (S. 33) die Kluft zwischen der immer begrenzten menschlichen Erfahrungsbasis und der Absolutheit des göttlichen und christlichen Offenbarungsglaubens betont hat, dann bestätigt die Übereinstimmung, daß Wichert-Schmetz als frühe Zeitzeugin etwas *Verläßliches über Jaeger* berichtet hat.

Weil Heydrich aber Jaeger in seiner allgemeinen Gefährlichkeit charakterisieren wollte, liegt es nahe, mit diesem exemplarischen Fall Jaegers Vorgehen abschließend wie folgt zu umschreiben: Die „Klärung" wurde *am katholischen Glauben* vollzogen und war damit konkordatsmäßig zugestandene kirchliche Verkündigung. Als „Unterscheidung des Christlichen" (R. Guardini) wurde sie zur Kennzeichnung der totalitären Gegenposition verwendet und machte die fundamentalen Gegensätze sichtbar. Deshalb konnte der Chef der Sicherheitspolizei folgern, Jaeger habe gezeigt, daß eine andere Auffassung für den katholischen Christen ausgeschlossen sei. Das Vorgehen war somit abgrenzend und nach Grundlage und Intention regimekritisch und konfrontativ, vor allem antitotalitär. Da es die Möglichkeit bot, vorwiegend auf der beschreibenden Ebene zu verbleiben, konnte es auch wohl relativ unpolemisch durchgeführt werden.

Durch eine zurückhaltende („vorsichtige" – Kreisamtsleiter) und beschreibende Form hielt Jaeger das Risiko möglichst gering. Das wäre dann vielleicht das „Positive" an dieser Weise des „Abfangens". Die „Tarnung" lag in seiner indirekten Form. Die Zeitzeugin scheint das „positive Abfangen" nach dem Kontext ihrer Beschreibung überhaupt

---

23 Vollmer, Evolutionäre Erkenntnistheorie, S. 17f.

24 Ebd., S. 45-56.

mehr präventiv zu verstehen: Sie verschaffte sich die (geplanten) nationalsozialistischen Richtlinien für den Unterricht und versuchte in Zusammenarbeit mit Jaeger, im positiven Aufbau katholischer Weltanschauungslehre diesen Irrtümern zu begegnen. Es handelt sich dann um eine speziell akzentuierte Darlegung der katholischen Glaubensinhalte unter Berücksichtigung der aktuellen Angriffe.[25]

Die unprovokative Form dieser Auseinandersetzung,[26] die Jaeger laut Wichert-Schmetz als „positives Abfangen" und im Rahmen einer „religiösen Untergrundbewegung"[27] – der Begriff wird später noch zu diskutieren sein (S. 309ff.) – mit seinen Mitarbeitern unternahm, hatte ihre Gemeinsamkeit in der bewußt aufgesuchten Unauffälligkeit oder „Tarnung".[28] Sie konnte nach Wichert-Schmetz als schützende „Anony-

---

25 Die Besonderheit dieser früh schon von Jaeger geübten Methode liegt in ihrer unpolemisch angelegten und deshalb unspektakulären Wahrheitsbezogenheit. Jaeger bemühte Experten und verschaffte ihnen ein Forum in den Gemeinden. Das Vertrauen in den Sieg der Wahrheit ist freilich auch eine Grundentscheidung, die angesichts der irrationalen Komponenten der nationalsozialistischen Ideologie zu diskutieren wäre. Nach den bahnbrechenden Arbeiten E. Jäckels über den invarianten Kern der nationalsozialistischen Dogmatik können wir den Wert der Jaegerschen Aufklärungsarbeit im Industrierevier nicht gering veranschlagen.

26 Es bedarf kaum des Hinweises, daß die Methodik der „Tarnung" eine letzte Grenze am Wahrheitsgewissen des Christen finden wird. Jaeger nimmt in ihr jedenfalls den Gegner ernst und spitzt die Situation nicht durch polemische Aufladung (Witz oder Spott) unnötig zu.

27 Es bestand in Dortmund schon im März 1933 vielfacher Grund für die Annahme, daß der polizeilich ohnehin nur schwer kontrollierbare Untergrund einer Industriegroßstadt auch organisierte NS-Kader zu überfallartigen Willküraktionen einlud: Eine Woche nach der Wahl vom 5. 3. 1933 wurde der geistliche Oberstudienrat Otto Koch nachts gewaltsam aus seiner Wohnung geholt, blutig geschlagen und in ein Dortmunder NS-Lokal verschleppt. Der Übergriff wurde nicht geahndet. (Sauerländisches Volksblatt von Dienstag, 14. 3. 1933, Notausgabe, Titelseite. In: Das Hakenkreuz im Sauerland, S. 55, Faksimile.) Der Artikel der Zeitung bemerkt, daß O. Koch noch am 3. 3. 1933 in Olpe bei der großen Zentrumsversammlung als „begeisterter Redner" aufgetreten sei. Koch wurde noch 1933 unter berufliches Betätigungsverbot gestellt (von Hehl, Priester unter Hitlers Terror, Sp. 998). Die Zahl der in Dortmund gemaßregelten Geistlichen schlägt im Ruhrgebiet jeden Rekord (vgl. ebd., S. 79, Ortsregister). Sie dürfte, was noch genauer zu untersuchen wäre, zu einem guten Teil dazu beigetragen haben, daß die Zahl der bestraften Priester im Erzbistum Paderborn weit über dem Schnitt der anderen Bistümer liegt: Aachen 16,5 %, Bamberg 37,8 %, Berlin 12,8 %, Köln 17,5 %, Osnabrück 12,4 %, *Paderborn 60 %*, Passau 40 %, Regensburg 20,4 %, Speyer 49,5 %, Trier 51,5 %, Meißen 29,9 %, Hildesheim 8,7 % aller Geistlichen (von Hehl, Das Kirchenvolk im Dritten Reich. In: Gotto/Repgen, Die Katholiken und das Dritte Reich, S. 84, Anm. 42).

28 Vgl. die fast an Katakombenzeiten erinnernde Schilderung von Wichert-Schmetz, Vita et pax, S. 12f. Der Hintergrund solcher Vorsicht ist nun klar: Jaeger wollte die eingesetzten

mität" die Fahrer auf dem Wege in die Gemeindeversammlungen umgeben, möglicherweise auch die Referenten selbst. Vielleicht konnte die Aufklärungsarbeit in den Gemeinden selbst und auf den Dekanatskonferenzen offener geführt werden, soweit sie bei der Glaubenslehre als solcher ansetzte.[29] Urheber und Mittelpunkt der Gegenbewegung war ein Geistlicher, der als Staatsbeamter unter eidliche Treueverpflichtungen gestellt war, die denen des Soldateneides von 1934 angenähert waren, besonders auch in der Bindung an den „Führer".[30] Mit der Methode des „positiven Abfangens" sollte dann unter der Zielsetzung umfassender Orientierung, aber doch möglichst unprovokativ dem propagandistischen Gleichschaltungsdruck aufklärend entgegengewirkt werden. Hier wird also eine relativ frühe Form von „Widerständigkeit" beschrieben, die der *geistigen Selbstbehauptung* gegenüber dem totalitären Überwältigungsversuch zuzuordnen ist.[31]

Vor diesem Hintergrund verstehen sich die „gemischten Gefühle", mit denen in Parteikreisen die Bischofswahl Jaegers laut Polizeibericht aufgenommen wurde.[32] Einerseits war nicht zu übersehen: Er ist keiner von uns! Andererseits bot die Art der Auseinandersetzung keine allzu

---

Menschen und ihre Lebensgrundlage nicht gefährden. Letztlich schützte er damit auch sein eigenes ausgedehntes Arbeits- und Kampffeld gegen den NS.

29 Das gilt nur, sofern die konkordatäre Sicherung der Gemeindearbeit von den Machthabern respektiert wurde. Auch hier war Vorsicht jederzeit geboten, weil Jaeger, wie wir sahen, hinsichtlich jeder katholischen Vereinsarbeit beamtenrechtlich unter restriktiven Sonderbestimmungen stand.

30 Der „neue" Beamteneid, den Jaeger am 5. 9. 1934 vor seinem Schulleiter abzulegen hatte, lautete: „Ich schwöre: Ich werde dem Führer des deutschen Reiches und Volkes, Adolf Hitler, treu und gehorsam sein, die Gesetze beachten und meine Amtspflichten gewissenhaft erfüllen, so wahr mit Gott helfe" (StA Mü, PSK. PA J).
Der Soldateneid, der nach dem Tode des Reichspräsidenten von Hindenburg (2. 8. 1934) zu leisten war (4. 8. 1934), hatte diesen Wortlaut: „Ich schwöre bei Gott diesen heiligen Eid, daß ich dem Führer des deutschen Volkes, Adolf Hitler, dem Oberbefehlshaber der Wehrmacht, unbedingten Gehorsam leisten und als tapferer Soldat bereit sein will, jederzeit für diesen Eid mein Leben einzusetzen" (Gruß, Lorenz Jaeger als Kirchenführer im Dritten Reich, S. 331, Anm. 41).

31 Zur Zeit ist dem Verfasser nicht bekannt, daß schon früh von anderer Seite versucht worden wäre, Anpassung und Widerstand auf der geistigen Ebene in ein explizit reflektiertes methodisches Verhältnis zu bringen. Die Sprache vieler katholischer Veröffentlichungen mag die gemeinten Phänomene enthalten, ohne es aber explizit bewußt gemacht zu haben (Wichert-Schmetz, Vita et pax, S. 13f.).

32 P. W. Scheele, Paderbornensis Ecclesia. Bericht vom 20. 8. 1941 auf der Seite 742f. Hier S. 743: „In Parteikreisen ist die Ernennung Dr. Jägers mit gemischten Gefühlen aufgenommen worden ..." (vgl. D. II, Z. 19ff.).

bequeme Angriffsfläche.[33] Klar war jedenfalls für Partei und Sicherheitspolizei im Jahr 1941, Jaeger werde die Position der Kirche in Westfalen erheblich stärken.[34] Wieweit aber der Begriff des „religiösen Untergrundes“, den Wichert-Schmetz aus später Erinnerung für diesen Einsatz verwendet hat,[35] real begründet ist, bedarf einer gesonderten und abschließenden Besinnung (S. 311).

---

33 Vgl. die Fortsetzung d. S. 743: „... da Dr. Jäger durch seine Klugheit und Besonnenheit dem Staat keine Handhabe zu einem evtl. Eingreifen bieten wird“ (ebd., D. II, Z. 20f.).

34 Ebd.

35 Wichert-Schmetz, Vita et pax, S. 13.

Kapitel 5

Fachleiter am Bezirksseminar und Mitglied im Reichsprüfungsamt

Die Berufung in das Bezirksseminar erfolgte am 1. August 1934. Für das Jahr 1936/37 ist Lorenz Jaeger noch unter den Lehrkräften des Bezirksseminars geführt, obwohl in diesem Jahr schon keine Referendare mit der Lehrbefähigung für katholische Religion zugewiesen worden waren. In den Listen des Jahrgangs 1937/38 ist sein Name nicht mehr zu finden.[1] Nur ein paar Indizien gestatten es uns vielleicht, den Zeitraum einzugrenzen, in dem Jaeger der Fachleiterstellung enthoben wurde. Am 30. Mai 1938 erinnert der Oberbürgermeister von Dortmund die obere Schulaufsichtsbehörde an ein Schreiben, das er schon am 29. April 1938 dem Provinzialschulkollegium in Münster zukommen ließ. Darin hatte er nach den Maßnahmen gefragt, die für eine volle Stundenausnutzung des Studienrates Jaeger in Aussicht genommen seien.[2] Wenn es hier um die „Entlastungsstunden" ging, die Jaeger für seine Tätigkeit am pädagogischen Bezirksseminar in der Stundenverteilung seiner Anstellungsschule, dem Hindenburg-Gymnasium, zugesprochen worden waren, könnten wir dem Zeitpunkt der Amtsenthebung näherkommen. Dabei mag der Oberbürgermeister zunächst um einen Stundenausgleich in Dortmund bemüht gewesen sein, um sich erst dann an das Provinzialschulkollegium zu wenden. Dann dürfte die Entlassung auf den Sommer oder Frühherbst des Jahres 1937 gefallen sein, mit dem das Referendarjahr des Bezirksseminars begann.[3]

Daß sich der Gleichschaltungsdruck in dieser Zeit drastisch erhöhte, wird in einer behördlichen Listenbefragung faßbar, die Jaeger unter dem 21. Juni 1937 beantworten mußte.[4] Nichts zeigt deutlicher die Distanz

---

1 Die folgenden Angaben sind zum großen Teil den mündlichen und schriftlichen Mitteilungen von Frau Oberstudiendirektorin Dr. Maria Nientimp, Dortmund, zu verdanken, die Leiterin des Studienseminars 1 in Dortmund war. Sie hat die Mitteilung Dr. Ettingers vom Provinzialschulkollegium im Aktenbestand des früheren Bezirksseminars entdeckt und die zu ihrer Erschließung notwendigen statistischen Vergleiche durchgeführt. Ihr gebührt herzlichster Dank!

2 StA Mü, PSK. PA J.

3 Das Konvergenzargument aus Indizien muß mit allen folgenden Beobachtungen kombiniert werden.

4 StA Mü, PSK. PA J.

des geistlichen Studienrates zum Dritten Reich als die Rubrik „Militär und Bewegung“, die von allen auszufüllen war. Sie weist die Zugehörigkeit zum „Verein für das Volkstum im Ausland“ (VDA) auf,[5] einer nichtparteilichen Organisation, der Jaeger schon seit etwa 1929 angehörte.[6] Sie war unter anderem Namen schon im 19. Jahrhundert gegründet worden.[7] Wenn dann noch die NS-Volkswohlfahrt genannt ist, die das Winterhilfswerk (WHW) besorgte, so wird mit der Zugehörigkeit zum Luftschutzbund im Jahre 1935 eine Grenze erreicht, die bei einem Beamten das nationalsozialistische Nichtengagement des ehemaligen Zentrumsmitglieds zur begründeten Frage werden ließ.[8] Von den Referendaren des Bezirksseminars forderte der Oberpräsident schon durch Erlaß im Januar 1938 die Mitgliedschaft in der NSDAP oder im nationalsozialistischen Lehrerbund, dem NSLB. Ihm wurde die weltanschauliche Schulungsarbeit für alle Pädagogen übertragen.[9] Schon im gleichen Jahre wurden alle Referendare als eingeschriebene Mitglieder im NS-Lehrerbund und fast alle in der NSDAP geführt.[10] Das „Mißverhältnis“ zwischen den Referendaren und ihrem Fachleiter wurde auf der Parteiebene untragbar. Der wachsende Gleichschaltungsdruck forderte 1937/38 seine Opfer.
Die Reaktion der oberen Behörde, des Provinzialschulkollegiums beim Oberpräsidenten in Münster, blieb auffallend gemäßigt. Die Mitglied-

5 Jaeger trat etwa 1929 dem „Verein für das Volkstum im Ausland“ bei. Der seit 1908 unter dem gleichen Kürzel (VDA) geführte Verein wurde 1933 umbenannt in „Volksbund für das Deutschtum im Ausland“ (*auch* VDA). Erst 1938 beraubte ihn der Nationalsozialismus seiner Selbständigkeit und verfälschte seinen Volkstumbegriff. Schon seit 1881 bestand der auf die Errichtung von Auslandsschulen hingeordnete „Allgemeine Deutsche Schulverein zur Erhaltung des Deutschtums im Ausland“. (Vgl. Gr. Brockhaus. Bd. 12, S. 99.) Neubegründung des Vereins seit 1955.

6 StA Mü, PSK. PA J.

7 Vgl. Anm. 5.

8 Die letztlich unpolitische, allenfalls gesellschaftliche Dimension dieses Engagements hatte System in sich. Als Priester konnte Jaeger zudem den „Entpolitisierungsartikel“ (Art. 32) des Reichskonkordats mutatis mutandis auf sich anwenden. Mit diesem Minimalismus konnte man als Staatsbeamter einem auf totale Erfassung aller „Volksgenossen“ gerichteten System nur verhaßt sein. Der „Reichswalter“ der NSV, Erich Hilgenfeldt, war in der Öffentlichkeit des Dritten Reiches praktisch „unbekannt“ (vgl. Smelser u. a., Die braune Elite II, S. 166).

9 Vgl. Anm. 1. Die Zuständigkeit des NSLB für alle Schulungen an Lehrkräften wurde schon am 4. 1. 1937 vom Leiter des PSK, Regierungsdirektor Losse, allen Schulleitern im Gymnasialbereich Westfalens eingeschärft und noch einmal eindringlich wiederholt am 1. 6. 1938 (StA Mü. PSK, Bl. 48).

10 Vgl. Anm. 1.

schaft im Reichsprüfungsamt blieb unberührt.[11] Die nur mündlich erfolgte Mitteilung der Enthebung, vom Dezernenten Dr. Etterich besorgt, ließ den Vorgang nicht aktenkundig werden. Das sollte für die vor der Bischofsernennung 1941 vom Oberpräsidenten und vom Kirchenminister erhobenen Recherchen nicht ohne Bedeutung sein.
Die „Enthebung" Jaegers vom Amt des Fachleiters ist in einem viel später erst verfaßten Schreiben des Dezernenten vom 11. Oktober 1939 erwähnt. Es enthält im Briefkopf die Signaturen einer Behörde beim Oberpräsidenten und die Adresse des stellvertretenden Leiters des staatlichen Pädagogischen Bezirksseminars in Dortmund. Es betrifft den Fachleiter für katholische Religion:
„Mit Rücksicht auf den Einspruch des NSLB in Dortmund habe ich seiner Zeit dem Studienrat Dr. Jaeger den Auftrag zur Fachleitung in katholischer Religion beim dortigen Bezirksseminar entzogen. Dr. Jaeger ist jedoch Mitglied des Reichsprüfungsamtes. Mit dieser Begründung habe ich ihm persönlich die Enthebung von den Pflichten des Fachleiters mündlich mitgeteilt."[12]
Die folgenden Ausführungen beziehen sich auf die Bestellung eines Nachfolgers, die erst jetzt durch die erneute Zuweisung von Referendaren notwendig geworden ist. Vor der Beauftragung des Nachfolgers wird ausdrücklich auf die Abstimmung mit der Kreisleitung des NSLB hingewiesen.
Das Schreiben erwähnt nicht die Gründe der Kreisleitung des NSLB. Ob der Dezernent selbst das parteiliche Nichtengagement angesprochen hat, darf nicht mehr als vage vermutet werden. Bekanntlich hatte schon Göring 1933 dem neuernannten Bischof von Galen bei der Vereidigung in Berlin den Parteieintritt empfohlen. Galen berief sich auf den Artikel 32 des Reichskonkordats, der jede politische Betätigung des Klerus ausschloß („Entpolitisierung des Klerus").[13] Ursprünglich gegen das Zentrum gerichtet, konnte er seinem Wortlaut nach auf jede parteiliche Zugehörigkeit ausgedehnt werden.[14] Jaeger war indes Staatsbeamter.

---

11 Vgl. auch den Haupttext zu Anm. 12-15.

12 Textauszug des Dokuments aus dem früheren Bezirksseminar, aufgefunden von OStD. Dr. M. Nientimp.

13 Stasiewski, Akten deutscher Bischöfe II, S. 412.

14 Der Bischof von Münster berief sich H. Göring gegenüber, der die Notwendigkeit betonte, auch den Klerus für den Nationalsozialismus zu gewinnen, auf den Artikel 32 des Reichskonkordates, auf Grund dessen die Geistlichen sich jeder Parteipolitik enthalten sollten. Göring meinte, man brauche als guter Nationalsozialist durchaus kein

In einer nicht näher bestimmten Zeit vor dem 11. Oktober 1939 ist Jaeger die Fachleiterstelle entzogen worden. Zu ergänzen wäre hier, daß die Tätigkeit eines Fachleiters an einem pädagogischen Bezirksseminar, das Studienreferendare im zweiten Referendarjahr betreute, mit dem Aufgabenbereich im Reichsprüfungsamt inhaltlich zwar zu tun hatte, sich aber doch in einem eigenen Kompetenzbereich bewegte. Das Reichsprüfungsamt war der oberen Schulaufsichtsbehörde für höhere Schulen, dem Provinzialschulkollegium, an- oder eingegliedert, während das Bezirksseminar auf der unteren Schulebene mit den im gleichen Ausbildungsbereich zugeordneten Gymnasien kooperierte, wenngleich als selbständige Institution.

Mitgliedschaft im Prüfungsamt und Fachleitertätigkeit sind im Prinzip trennbar und deshalb je für sich übertragbar oder auch wieder entziehbar.

Der nationalsozialistische Lehrerbund wird in dem Schreiben des Dezernenten als entscheidende Instanz für den Einspruch gegen Jaeger wie auch für die Bestellung seines Nachfolgers angesehen.

Stärker noch tritt der Einfluß der Organisation im Schreiben von Regierungsdirektor Losse hervor, dem Leiter des Provinzialschulkollegiums, der am 4. Januar 1937 im Auftrag des Oberpräsidenten durch die Schulleiter alle Lehrpersonen auf den Besuch der Veranstaltungen des Nationalsozialistischen Lehrerbundes einschwören ließ, und zwar unabhängig von der Mitgliedschaft.[15]

Es kann hilfreich und erhellend sein, an dieser Stelle die Aufmerksamkeit auf die ganz unterschiedlichen Folgen zu lenken, die durch Anpassung und Verweigerung entstanden. Eine Mitgliedschaft in der NSDAP oder im NSLB erscheint dem wägend Rückblickenden eher als eine Bagatelle, die oft genug nur ein „Mitläufertum“ begründete.[16] Es handelt sich um eine periphere Form der Anpassung, die bei vielen Katholiken mit offenem Bekenntnis zur Kirche zusammenging. Eine *Verweigerung* war hingegen eine Gesinnungsoffenbarung von höchster Relevanz und for-

Parteimitglied zu sein. 1937 sprachen die Tatsachen eine andere Sprache. Jetzt war die Mitgliedschaft notwendige Voraussetzung einer guten Einstellung zum nationalsozialistischen Staat (Portmann, Kardinal von Galen, S. 82).

15 StA Mü, PSK 6449.

16 Die von ihr Betroffenen hatten schon kurz nach der Entnazifizierungswelle auf Grund einer besseren Einsichtnahme ungehinderte Aufstiegsmöglichkeiten, die auch von Pfarrern aus der Kenntnis der uneingeschränkten Kirchentreue in den vergangenen zwölf Jahren unterstützt wurden.

derte durch die mit ihr verbundenen Nachteile eine große innere Unabhängigkeit. Die Anpassung der vielen unterstrich die Unbeugsamkeit des einen.[17]

So forderte der unaufhaltsam wachsende Gleichschaltungsdruck im fünften Jahre nationalsozialistischer Herrschaft von Jaeger einen Preis, den man, gemessen an der Weite und Tiefe seiner aktiven Nicht-Konformität, besser gesagt: seiner bewußten Wider-Setzlichkeit oder „Resistenz", als nicht zu hoch bezeichnen muß. Als Glücksfall ist zu verzeichnen, daß die einzige auch äußerlich zu fassende Folge seiner parteilichen Distanz aus nicht restlos geklärten Gründen keinen Niederschlag in den Personalakten Jaegers gefunden hat. Im Jahre 1939 wurde der Bund Neudeutschland im Kontext des „Jugenddienstpflichtgesetzes" nun auch polizeilich definitiv verboten und ging in die volle Illegalität, in der ein weiteres Wirken seine Führer in das Gefängnis oder Konzentrationslager brachte, soweit sie sich nicht fügten oder tarnten.[18]

Als der Zweite Weltkrieg ausbrach, sah sich Studienrat Jaeger in seinem religiösen Wirkradius deutlich begrenzt. Nach verschiedenen Kürzungen des Religionsunterrichtes an den höheren Schulen war es nur noch eine Frage der Zeit, wann der über das schulpflichtige Alter hinausgehende Religionsunterricht an den höheren Schulen vom Erziehungsministerium nicht mehr gestattet sein würde.[19] Die seit 1936 für beamtete Religionslehrer nur noch unter großer Gefahr und seit 1939 überhaupt nicht mehr mögliche Betreuung der „Neudeutschen" nahm ihm auch im außerschulischen Bereich entscheidende Einsatzmöglichkeiten.[20] Selbst im Feld der

---

17 Es kann aber keine Rede davon sein, daß der zum Nachfolger Jaegers in das Studienseminar berufene geistliche Studienrat, der offenbar die an Jaeger gerügten „Mängel" nicht aufwies, seiner Kirche die Treue aufgekündigt hätte.

18 Doch erinnert sich Pater J. Hirschmann SJ, daß noch der Erzbischof Jaeger von illegalen Tätigkeiten und heimlichen Zusammenkünften der Paderborner Neudeutschen der ins Vertrauen gezogene Mitwisser war (P. J. Hirschmann, Nachruf Jaeger in der Bundeszeitschrift „Hirschberg" 1975, Nr. 5 [Mai] Jg. 28, S. 192ff.).

19 Die Mitteilungen des Osnabrücker Bischofs Wilhelm Berning auf dem Konveniat von Kevelaer (27./28. 3. 1940) zeigen mit den Rückverweisen der Anmerkungen die Vorbereitungen und die endgültige Abschaffung des Religionsunterrichtes an den höheren Schulen, soweit er das schulpflichtige Alter überschritt (Volk, Akten der deutschen Bischöfe V, S 32f.).

20 Die von der Gestapo verfügte Auflösung des ND muß Jaeger sehr hart getroffen haben. Auf seinem Krankenlager im Todesjahr 1975 hat der Kardinal tiefbewegt die Arbeit in und mit dem ND die schönste Zeit seines Lebens genannt (Erinnerungen Dr. A. Schmidt, Arnsberg).

Gemeinde durfte er keine Verbandsarbeit leisten. Mit Kriegsbeginn meldet sich Lorenz Jaeger als Kriegspfarrer zur Wehrmacht. Zeitzeugen finden ihn um diese Zeit tief bedrückt.[21]

---

21 Wir sehen in der Einengung des engagierten Jugendseelsorgers das entscheidende Motiv, sich ein ungestörteres neues Arbeitsfeld für junge Menschen bei der deutschen Wehrmacht zu erschließen. Die Stimmung bei Kriegsausbruch beschreibt er mit den Empfindungen der überwältigenden Volksmehrheit als sehr bedrückt. Dem entspricht auch die Erinnerung des Zeitzeugen Prof. Dr. Brox, Münster (Volk, Akten der deutschen Bischöfe VI [Denkschrift an Montgomery], S. 552).

Kapitel 6

Lazarettseelsorger in Flandern und Divisionspfarrer in Mecklenburg und Frankreich

Die Tätigkeit des Wehrmachtspfarrers, der sich schon 1939 als Freiwilliger gemeldet hatte, begann mit seiner Einberufung am 27. Mai 1940. Vor seiner Einberufung hatte er noch einer allgemeinen Repressalie des Dritten Reiches gegen den Religionsunterricht an den höheren Schulen entgegengewirkt. Mit dem Erlaß des Reichserziehungsministers Rust vom 20. März 1940 wurde der Religionsunterricht an den Gymnasien auf die Unterstufe beschränkt (Jahrgänge 1-4; nach heutiger Zählung 5-8).[1] Der Unterricht konnte nur noch außerhalb der Schulen in der Form von freiwilligen Arbeitsgemeinschaften gehalten werden, wie der Minister dem Bischof Berning in Berlin ausdrücklich konzedierte.[2] Da nach einem neuen Polizeierlaß die Schüler spätestens um 20.30 Uhr daheim sein mußten, war auch die verbleibende Zeit, namentlich der Fahrschüler, sehr begrenzt.[3]

Lorenz Jaeger hat in dieser Zeit zwischen März und dem 27. Mai die ersten Arbeitsgemeinschaften für die Großstadt Dortmund ins Leben gerufen. Außerschulische Räume, Religionslehrer und Schüler mußten gewonnen werden. Dem geistlichen Studienrat legten die Organisation und der Einsatz selbst zu den schulischen Pflichtstunden ein erdrückendes Maß an Mehrarbeit auf die Schultern. Der Einsatz, mit dem ein Ministerialerlaß um seine zutiefst intendierte Auswirkung gebracht werden mußte, wurde von Partei- und Polizeistellen aufmerksam registriert.[4]

Der am 27. Mai 1941 einberufene Kriegspfarrer trug eine Uniform ohne Schulterstücke, aber mit einem offiziersmäßigen Design und den verliehenen Auszeichnungen.[5] Die Kriegsauszeichnungen wurden in jener Zeit auch in verkleinerter Spangenausführung an der Zivilkleidung getragen, bei feierlichen Anlässen auch im Normalformat. Sie gaben ihrem Träger

---

1 Vgl. Anm. 19 (S. 71).

2 Ebd.

3 Ebd., S. 33.

4 Vgl. den genannten Polizeibericht vom 20. 8. 1941: D. II, Z. 7-11.

5 Ausführliche Beschreibung in: Missala, Für Volk und Vaterland, S. 66f.

im Dritten Reich einen gewissen Rückhalt in der Bevölkerung, den selbst Parteistellen und die Gestapo nicht immer ignorieren konnten.[6]

Über den Weg Jaegers als Kriegspfarrer, später als Divisionspfarrer,[7] orientiert uns das Kriegstagebuch der Division in der Abteilung des Stabes IV d.[8] Die 302. Infanterie-Division, die Anfang 1941 im Raum Stettin neu aufgestellt wurde, hatte seit dem 1. Januar 1941 die beiden Divisionspfarrer Tecklenburg (evangelisch) und Jaeger in der Abteilung IV d zu führen. Beide waren vorher beim XIII. Armeekorps beschäftigt, das in Flandern lag.[9] Die priesterliche Tätigkeit Jaegers muß sich in dieser Zeit, als das XIII. Armeekorps vom siegreichen Frankreichfeldzug nach Flandern verlegt war, auf die Lazarettseelsorge konzentriert haben. Da Jaeger am Tage der Bischofsweihe von den christlichen Soldaten spricht, denen er in ihrem Sterben so oft beigestanden habe,[10] kann es sich nur um diesen Zeitraum handeln. Die wenigen Sterbefälle bei der 302. Division sind in seinen Tätigkeitsnachweisen zu verfolgen.[11]
Hatte der Polizeibericht von Düsseldorf Jaegers Stärke auf dem Gebiet der Jugendführung und -betreuung gesehen, so fand der Divisionspfarrer in der Wehrmachtsseelsorge ein verwandtes Wirkungsfeld. Die einzig faßbare Grabrede für einen verstorbenen Soldaten zeigt rein religiöse Aspekte.[12] Jaeger wird später stark betonen, daß der christliche Glaube die meisten Soldaten bei ihrem schweren Einsatz trage und zu opfervoller Tapferkeit befähige.[13] Aber auch soldatisches Ethos und korrektes militä-

---

6 Vom Inspektor der Sicherheitspolizei und des SD (Sicherheitsdienstes) in Düsseldorf in seinem Bericht vom 20. 8. 1941 im Zusammenhang mit seinen soldatischen Auszeichnungen und dem militärischen Auftreten, aber auch seiner imponierenden und fesselnden Art als Grund seiner allgemeinen Beliebtheit gesehen (D. II, Z. 11-15).

7 Missala, Für Volk und Vaterland, S. 66f.: „... die Kriegspfarrer standen nach einjähriger Tätigkeit im Rang eines Majors."

8 Mil. A. Freiburg (abgekürzt MA Freiburg). RH 26-302/46.

9 Beide trafen am 4. 1. 1941 im Raum Stettin ein. Das XIII. Armeekorps hatte nach dem Durchbruch durch die Maginotlinie schwere Kämpfe beim Übergang über die Aisne (Rethel) zu bestehen (9. 6. 1940). Sein katholischer Kriegspfarrer J. Heisterkamp berichtet für den Zeitraum vom 31. 5. bis 26. 6. 1940 von 31 eigenen Beerdigungen und der Einsegnung *vieler* Gräber (MA Freiburg RH 24-13/192).

10 Paderborner Amtsblatt v. 30. 10. 1941, 19, S. 104.

11 Sie erfolgten alle bei Amiens im Zeitraum von Mai bis Juli 1941 (RH 26-302/46).

12 Sie ist im EA Paderborn erhalten (Der Erzbischof 1 [II,7], 370f.).

13 D. III, Z. 18-24.

risches Verhalten, ja, ein soldatisches Auftreten fanden bei ihm ein aufmerksames Auge. Bei der Grabrede eines jungen Priesters, der bei Amiens an perforiertem Blinddarm gestorben war, fand er weniger sein äußeres Auftreten als die innere soldatische und kameradschaftliche Haltung lobenswert.[14]

Mit Wirkung vom 1. Januar 1941 wurden der evangelische Kriegspfarrer Tecklenburg und der katholische Kriegspfarrer Jaeger als Divisionsgeistliche der im Raum Pommern, Mecklenburg und Brandenburg zusammengestellten 302. Infanterie-Division zugeteilt.[15] Hier hatte Jaeger weniger mit der Lazarettseelsorge als mit der Betreuung der weit auseinanderliegenden Truppenteile zu tun. Die Versorgungslage mit Benzin war angespannt. Jaeger und sein evangelischer Kollege mußten weite Bahnreisen unternehmen, um bei schlechten Verkehrsverbindungen Kontaktstunden und Gottesdienste durchzuführen. Nicht selten mußten sie 18 Stunden reisen und auf Bahnhöfen warten, um einen Gottesdienst bei entlegenen Truppenteilen halten zu können. Von den unteren Truppenführern nicht immer in gleicher Bereitschaft unterstützt, wurde Jaeger durch eine sehr große Teilnahme der katholischen Soldaten belohnt.[16] Seine schon in der Betreuung der Jugend hervorgetretene freundliche, fürsorgliche und doch respektgebietende Erscheinung machte immer mehr Soldaten der Division auf ihn aufmerksam.
Bei der Verlegung der Einheit in den Raum von Amiens hatte er die Freude, auf ausdrücklichen Wunsch der Soldaten einen Gottesdienst für beide Konfessionen durchführen zu können.[17] Das Verhältnis zum evangelischen Kriegspfarrer gestaltete sich eng. Bei der Bischofsweihe in Paderborn war er zugegen.[18] Kameradschaft und Freundschaft im Felde wurden zu Brücken des ökumenischen Verständnisses.[19]

---

14 Vgl. Anm. 12.

15 MA Freiburg RH 26-302/46.

16 Ebd. Die Vergleichszahlen zum evgl. Kollegen belegen Jaegers außergewöhnliche Resonanz.

17 Ebd.

18 Mdl. Mitteilung von Bischof Dr. F. M. Rintelen, Paderborn.

19 Volk, Akten deutscher Bischöfe V., S. 630f., Anm. 4. Erster Kontakt der evangelischen Kirchenleitung mit Berning am 24. 6. 1941 (ebd., S. 450). Diese Initative lief vor Jaeger und ohne ihn an. Der Beginn der Initiative von W. Schultz ist im BA Koblenz zu verfolgen (R 43 II/173a), ihre Weiterführung und vorläufige Beendigung im EA Paderborn, wo L. Jaeger seinem Generalvikar über den Besuch des Landesbischofs am

Vielleicht war es der engen Verbindung mit dem evangelischen Divisionspfarrer Tecklenburg zuzuschreiben, daß Jaeger auf den Rittergütern in Mecklenburg und Pommern auch manchen Adligen und höheren Offizieren als ein „durch und durch deutscher Mann“ auffiel. Die vom „Landeskirchenführer“ Mecklenburgs, Walter Schultz, 1943 angeregte gemeinsame Erklärung gegen den Bolschewismus wurde von Jaeger abgelehnt. Die bei den behutsamen Ausweichmanövern Jaegers gefallenen Formulierungen wurden dem Kirchenministerium bekannt. Sie fanden dann den Weg in die Reichskanzlei, vermutlich auch zu anderen Stellen.[20] Sie gaben ihm die Einstufung „gemäßigter Bischof“ neben Berning und Bertram.[21] Das wird später noch thematisiert werden müssen.[22]

Lorenz Jaeger hatte bei der Wehrmacht ein seiner Tatkraft angemessenes Feld der Seelsorge gefunden. Für den März 1941 registriert er in Mecklenburg/Brandenburg/Pommern einen 80-100prozentigen Besuch der Gottesdienste und 75 Prozent als Teilnehmer an der Osterkommunion. Die vorbereitenden Kontaktstunden in den Quartieren, Kasernenstunden genannt, fanden einen 100prozentigen Besuch. Der ebenfalls sehr engagierte evangelische Divisionspfarrer Tecklenburg konnte einen 70prozentigen Besuch der Kasernenstunden und einen 60-70prozentigen Besuch der Gottesdienste verzeichnen bei 80prozentiger Teilnahme der Besucher am Abendmahl. Auch er ist zufrieden mit der Resonanz seiner geistlichen Mühen. Der Hintergrund klingt durch in der Bemerkung Tecklenburgs:

---

25. 3. 1943 einen ausführlichen Bericht erstellte. Die von Bischof Schultz erwähnte Anknüpfung an das Urteil adliger Kreise in Pommern, die in der Erinnerung an den Divisionspfarrer als von einem „durch und durch deutschen Manne“ gesprochen hätten, wird von Jaeger wörtlich erwähnt. Er scheint sie nicht ohne tiefere Zustimmung zu berichten. Ein Studienrat Kleine aus Duderstadt hatte offenbar an beide geschrieben, um eine Aussöhnung zwischen den Kirchen untereinander und zum Staat zu fördern. Der Besuch des Bischofs Schultz von Mecklenburg, den Kritzinger im Kirchenministerium als „deutschen Christen“ einstuft, erfolgte am 25. 3. 1943 (BA Koblenz. R 43 II/178a Nr. 206).

20 Ihr Weg vom Kirchenministerium zur Reichskanzlei ist wohl nicht der einzige Informationskanal gewesen.

21 BA Koblenz. R 43 II/173a Nr. 128: Ministerialrat Büchner empfängt im Führerhauptquartier am 18. 8. 1944 einen Lagebericht aus dem Kirchenministerium von Staatssekretär Muhs.

22 Die Gleichstellung Bernings mit Bertram ist aus unserer heutigen Kenntnis zu pauschal. Zu Bernings Protest vgl. S. 193ff., zum Besuch von Schultz S. 267f. Galens und Bernings Proteste haben dann ihren Niederschlag in den Goebbels-Tagebüchern gefunden (21. 3. 1942) (Lochner, Goebbels-Tagebücher, S. 137).

„Es ist nicht, wie gelegentlich behauptet, daß die Truppe sich der Seelsorge verschließe.“ Immer wieder werde gefragt, wann die nächste Kasernenstunde, wann der nächste Gottesdienst sei.[23] In Frankreich gestaltete sich die Bereitschaft der Truppe ungeachtet gesteigerter äußerer Schwierigkeiten durch die Benzinknappheit noch günstiger. Jaeger mußte seine Fahrten mit der privaten Zuteilung des Armeepfarrers bestreiten und dessen Einsätze zum Teil mitübernehmen, um zu seinen Soldaten zu kommen. Gelegentliche Aussagen lassen gezielte Schwierigkeiten vermuten. So spricht Jaeger in Pommern von einer „Unmöglichmachung“ seiner Seelsorge durch die Verweigerung der Benzinzuteilung. Oder er stellt eine unzureichende Bekanntmachung seiner Veranstaltungen durch die Hauptfeldwebel fest. Im Bericht über den Mai 1941 in Nordfrankreich ist festgestellt, daß die Truppe zu lange auf die Betreuung warten mußte, da für die Seelsorge keinerlei Benzin zur Verfügung gestellt wurde. Im Juni findet Jaeger günstigere Bedingungen. In diesem Monat konnte er 38 Gottesdienste und 24 Kasernenstunden halten, zu denen vier Lazarettbesuche und zwei Beerdigungen hinzukamen. Der Besuch der Gottesdienste lag zwischen 75 % und 90 %. „Wer fehlte, war dienstlich verhindert.“ Aber auch dies war zu melden: „Zwei angesetzte Gottesdienste und zwei Kasernenstunden mußten wegen Behinderung der Truppe ausfallen.“

Die geringe Anzahl von Gottesdiensten im August 1941 (9) und Kasernenstunden (8) wird erklärt mit der zweimaligen Beorderung des Divisionspfarrers zum Oberkommando des Heeres (OKH) in Berlin. Deshalb mußte die Divisionsseelsorge in der Zeit vom 31. Juli bis zum 3. August und noch einmal vom 9. August bis zum 12. August 1941 ausfallen. Beide Reisen hängen mit der vom Oberkommando des Heeres zu verfügenden (12. August 1941) Entlassung Jaegers aus dem Wehrdienst zusammen, „da er unter dem 9. August 1941 zum Erzbischof von Paderborn ernannt worden ist“. Als direkter Nachfolger in der 302. Division wurde der Kriegspfarrer Josef Buslay von der Kriegslazarettabteilung 605 überwiesen, dem der ernannte Erzbischof die Dienstgeschäfte am 21. August 1941 ordnungsgemäß übergab.[24] Als Josef Buslay dann von Josef Löcker, einem Paderborner Diözesanpriester, abgelöst wurde, erstattete ihm der Paderborner Oberhirte detaillierte Auskunft über die Offiziere im Stab und bei

23 MA Freiburg RH 26-302/46. Berichte von Januar bis März 1941.

24 Ebd. Berichte von Mai bis August 1941 aus dem Raum Amiens. Im April erfolgte die Verlegung der Division nach Frankreich.

der Truppe, deren distanzierte Haltung zum Nationalsozialismus ein tieferes Einvernehmen und eine vertrauliche Aussprache zuließen. Er kannte auch jene, bei denen äußerste Vorsicht geboten war. – Die angespannte Wachsamkeit der Dortmunder Jahre blieb auch im Felde vonnöten.[25]
Die Dienstberichte des Divisionspfarrers mußten in ihrer Ausführlichkeit skizziert werden, weil sie in der Spannung zwischen der Bereitschaft der Truppe und den administrativen Erschwernissen der mittleren und oberen Truppenführung immer wieder den Einwand kirchenfeindlicher Kräfte abzuwehren hatten, es handle sich bei der seelsorglichen Betreuung der Soldaten um eine letztlich ungefragte und überflüssige Einrichtung. Es bedarf keiner Frage, daß die Unterlagen der Abt. IV d im Divisionsstab strenger Kontrolle ihrer Richtigkeit unterlagen.

Jaeger schied nicht von der Truppe, ohne im Juni 1941 eine umfangreiche Bibliothek guter Unterhaltungsliteratur für die Soldaten der Division beschafft und aufgebaut zu haben.[26] Über ihren Ursprung schweigt sich der spätere Erzbischof in seinen Tätigkeitsberichten aus. Weil aber zu dieser Zeit durch eine schikanöse, aber nicht veröffentlichte Bestimmung des Erziehungsministers Rust (14. 8. 1940) die Pfarrbüchereien des Borromäusvereins auf die „katholischen“ Bücher reduziert werden mußten,[27] dürfen wir die Herkunft der „guten Unterhaltungsliteratur“ in den Dortmunder Pfarreien suchen.[28] Die Sicherheitspolizei wachte aufmerksam über die Durchführung der Bestimmung und den Verbleib der Bücher.[29] Wenn diese Vermutung nicht trügt, wäre der „Export“ der Bücher nach Frankreich eine späte Leistung der „religiösen Untergrund-

---

25 Mdl. Mitteilung von Dechant a. D. Josef Löcker (geb. 1908), Lennestadt. Zur immer notwendigen Wachsamkeit: Wagner, Priestersoldat in Hitlers Wehrmacht, S. 1-50. Zu J. Buslay vgl. Katholisches Militärbischofsamt (Hg.), Mensch, was wollt ihr denen sagen? S. 42-49.

26 Vgl. Anm. 24.

27 Volk, Akten deutscher Bischöfe V, S. 249, Anm. 24.

28 In manchen Pfarreien wurden die Bücher ausgelagert und zum Abtransport bereitgestellt, aber nicht abgeholt. In anderen bei den Dekanatsbüros zentral gestapelt und von den beauftragten NS-Stellen einfach vergessen. Nach Polizeiberichten kämpften manche Pfarrer um ihre Bücher durch eine rabulistische Ausdehnung des „Katholischen“. Schillers „Jungfrau von Orleans“ oder „Maria Stuart“ wurden der katholischen Literatur einverleibt. Gelegentlich verschenkten Pfarrer die ausgesonderten Bücher an Gemeindemitglieder. In einer Großstadt wie Dortmund dürfte das Verschwinden einiger hundert Bücher selbst der wachsamsten Gestapo leicht entgangen sein (Boberach, Berichte, S. 592f.).

29 Ebd.

bewegung", deren Bestehen Wichert-Schmetz bezeugen will.[30] Nicht auszuschließen ist, daß auch Franz Stock mit Büchern der deutschen Gemeinde von Paris beteiligt war. Mit ihm traf Jaeger sich bekanntlich auch in der Kriegszeit zweimal in Paris.[31]
Der zweite Kriegsbesuch Lorenz Jaegers bei Franz Stock in Paris fiel in die Zeit nach der Ernennung zum Erzbischof. Er wird vor der Abreise nach Deutschland erfolgt sein.[32] In diesen Tagen sahen im Gefängnis von Fresnes acht französische Widerstandskämpfer ihrer Hinrichtung auf dem Mont Valérien entgegen. Franz Stock war ihr Gefängnisseelsorger geworden. Besonders herzlich gestaltete sich das Verhältnis zum Grafen d'Estienne d'Orves und seinen beiden Mitstreitern, die durch ihre Haltung die Aufmerksamkeit der Nachwelt auf sich zogen. Die Abschiedsgespräche zwischen Stock und Jaeger haben wohl auch die Probleme berührt, mit denen der deutsche Abbé nun beladen war. Weit entrückt lagen die gemeinsamen Tage von Epi d'Or in Bierville. Aber der Geist der Versöhnung begleitete in der Gestalt Franz Stocks die Gefangenen bis in ihre letzte Stunde. Der Geist christlicher Versöhnung ließ auch den Grafen noch vor dem Erschießungspfahl zu seinem deutschen Kriegsrichter Kayser, der aus Ergriffenheit das Todesurteil nicht verlesen konnte, sprechen: „Monsieur, Sie sind ein deutscher, ich bin ein französischer Offizier. Wir haben beide unsere Pflicht getan. Gestatten Sie mir, Sie zu umarmen."[33] Noch am Erschießungspfahl

---

30 Nachzutragen wäre hier zu dem von Wichert-Schmetz bereits Berichteten, daß sie in persönlicher Aussprache mit dem Verfasser die Vermutung äußerte, die „Neudeutschen" des „Älterenbundes" hätten die Kurier- und Transferdienste seiner „religiösen Untergrundbewegung" besorgt. Zeitzeugen wären hier noch gefragt.

31 Closset, Er ging durch die Hölle – Franz Stock, S. 64.

32 Einerseits empfing Dr. A. Schmidt L. Jaeger in Dortmund am 24. 8. 1941, als dieser direkt von Paris kam. Andererseits hat Jaeger, der am 21. 8. seine Dienstgeschäfte an J. Buslay übergeben hatte, nach den gegebenen Bahnverbindungen nur über Paris die Heimat erreichen können. Nach eigenem Bekunden hat er mit Franz Stock im Bon Marché (ebd.) die erforderlichen Stoffe für seine Bischofskleidung erstanden, die es in Deutschland damals nicht gab. Bei den strengen Dienstreisevorschriften der Wehrmacht hat er dieses Unternehmen, nachdem er vom Nuntius in Berlin seine Ernennung erfahren hatte, auch bei der nächsten Durchfahrt durch Paris am 8. 8. 1941 (Dienstbericht August) nach Berlin und umgekehrt (8.-12. 8. 1941) wohl kaum erübrigen können. Mit der Übergabe am 21. 8. 1941 war er endgültig entlassen.

33 Lanz, Abbé Stock: Die Herausforderung annehmen, S. 19. Die Todesurteile über die Mitglieder der aus England abgesetzten Gruppe fielen am 24. 5. 1941, ihre Hinrichtung auf dem Mont Valérien erfolgte am 29. 8. 1941, also fünf Tage nach der Abreise Jaegers aus Paris (vgl. Anm. 32). Umstände und Ausführung sind detailliert festgehalten, weil sie den Übergang bilden zwischen den bis zur Jahreshälfte überwiegenden

gedachte der Graf auch der bedrängten und verfolgten Kirche Deutschlands.[34]

Der Geist von Bierville, in dem die Freundschaft Jaegers mit Stock 1929 unter der Inspiration des großen Pazifisten Marc Sangnier begonnen hatte, verband den neuen Erzbischof mit dem Abbé der deutschen Gemeinde von Paris. Es scheint sicher, daß die Gespräche jener Stunden auch die Probleme berührt haben, mit denen Franz Stock als Seelsorger der Résistance-Gefangenen in den Kerkern der Seine-Metropole nun beladen war. Der seelsorgliche Weg Franz Stocks begann im August 1941 noch mit der Begleitung von Einzelexekutionen, um bald mit wachsender Résistance und den durch sie ausgelösten „Gegenmaßnahmen" der Massenerschießungen an unbeteiligten Geiseln zu eskalieren. Während für den Abbé ein unabsehbarer Leidensweg begann, brach der Freund nach Deutschland auf, um sein Bischofsamt unter dem selbstgewählten Leitwort „Leben und Frieden" („Vita et pax") zu übernehmen.

Soweit zum situativen Hintergrund jenes Augustmonats, in dem Jaeger Berlin, das als Hauptstadt des Dritten Reiches vom propagandistischen Lärm des siegreich beginnenden Ostfeldzuges erfüllt war, zweimal dienstlich besuchte und zugleich schon bei Abbé Stock auf den Durchfahrten durch Paris erfahren konnte, was in einem unter der nationalsozialistischen Schreckensherrschaft leidenden besetzten Land begonnen hatte.[35]

Einzelexekutionen und den dann erfolgenden Gruppen- und Massenerschießungen. Bemerkenswert sind die letzten Worte von d'Estienne d'Orves, der mit seinen beiden Mitkämpfern die Augenbinde ablehnte und freiwillig als letzter starb: „Ich opfere mein Leben auf für den Frieden der Welt, für die verfolgte Kirche in Deutschland, für meine Frau, meine fünf Kinder und endlich für mein Vaterland. Es lebe Frankreich" (Lanz, Abbé Stock: Die Herausforderung annehmen, S. 18f.). In einer mehr als damals dem Pazifismus zuneigenden Epoche ist es schwerer geworden, die Lauterkeit einer christlichen Motivation kämpferischen Einsatzes nachzuvollziehen. Dennoch ist ein Zweifel an ihrer objektiven wie subjektiven Vertretbarkeit gegenüber einem unmenschlichen System kaum ernsthaft möglich, wie Friedrich Muckermann und D. Bonhoeffer gleichsinnig bezeugen. (Vgl. Hürten, Verfolgung, Widerstand und Zeugnis, S. 108ff.).

34 Die Darlegungen dürften deutlich gemacht haben, daß der erzbischöfliche Leitspruch tatsächlich eine gewachsene Lebensthematik enthält, so daß sich die Frage nach dem Zeitpunkt seiner expliziten Ausformulierung im Anschluß an Röm 8,6 als sekundär erweist. Der Vers 6 des achten Römerbriefkapitels lautet: „Das Trachten des Fleisches führt zum Tod, das Trachten des Geistes aber zu Leben und Frieden" (Neue Jerusalemer Bibel, S. 1638).

35 Die letzte große Denkschrift der deutschen Bischöfe an Hitler vom 18. Dezember 1942 befaßt sich mit dem NS-Terror in den annektierten Grenzgebieten. Sie wurde von Lorenz Jaeger verfaßt.

Abb. 1 Im Sommerlager der Bochumer „Wikinger“ 1933 bei Brilon – Gaukaplan Jaeger (liegend) und sein Gauführer Franz Domhof (links sitzend) bei einer Besprechung

Abb. 2 Pfingsten 1934 – Gaulager in Meinkenbracht – Jaeger steht vor dem Lagerkreuz

Abb. 3 Norbert Baumert und sein Fähnlein 1935 in Hardehausen

Abb. 4 Polizeiliche Zwangsverlegung der Zelte in die Klosterscheune von Hardehausen – 1935

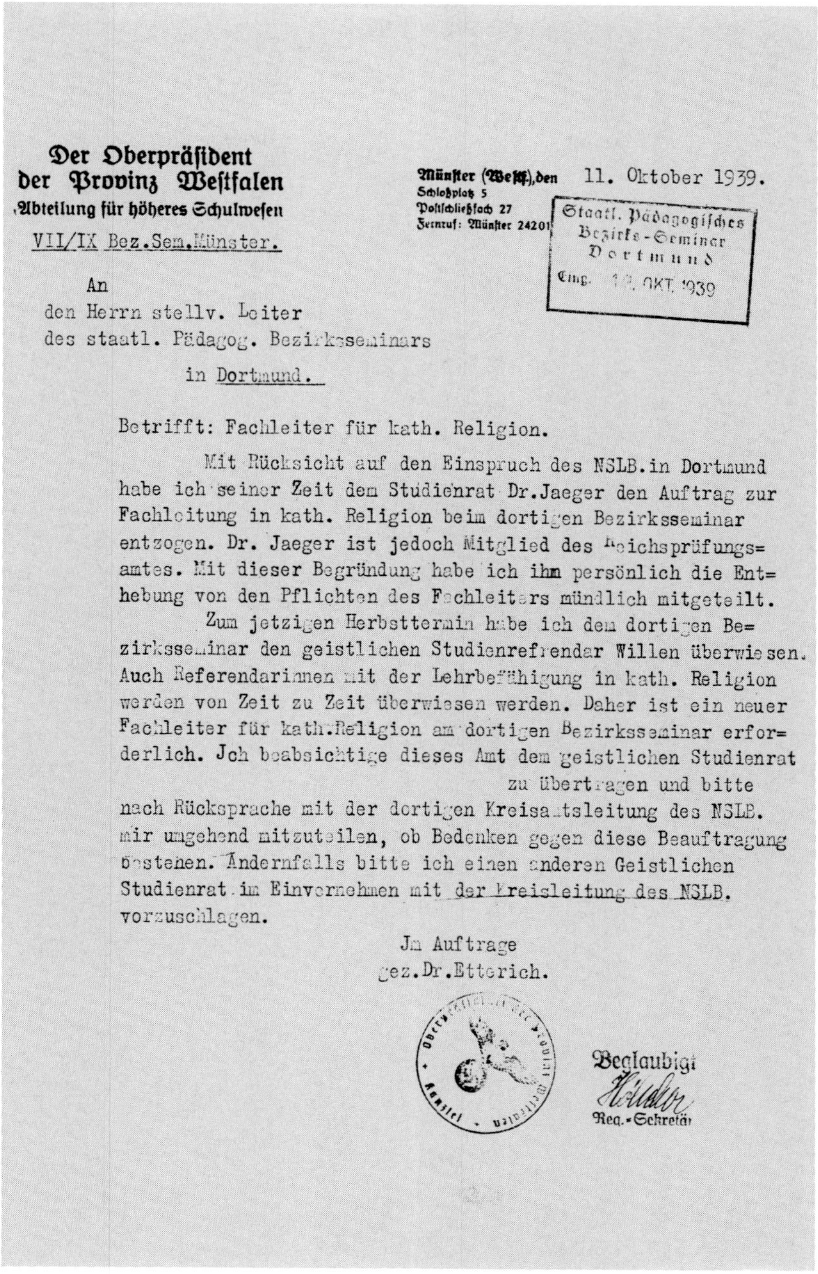

Der Oberpräsident
der Provinz Westfalen
Abteilung für höheres Schulwesen

VII/IX Bez.Sem.Münster.

Münster (Westf.), den 11. Oktober 1939.
Schloßplatz 5
Postschließfach 27
Fernruf: Münster 24201

Staatl. Pädagogisches
Bezirks-Seminar
Dortmund
Eing. 12. OKT. 1939

An
den Herrn stellv. Leiter
des staatl. Pädagog. Bezirksseminars
in Dortmund.

Betrifft: Fachleiter für kath. Religion.

Mit Rücksicht auf den Einspruch des NSLB. in Dortmund habe ich seiner Zeit dem Studienrat Dr. Jaeger den Auftrag zur Fachleitung in kath. Religion beim dortigen Bezirksseminar entzogen. Dr. Jaeger ist jedoch Mitglied des Reichsprüfungsamtes. Mit dieser Begründung habe ich ihm persönlich die Enthebung von den Pflichten des Fachleiters mündlich mitgeteilt.

Zum jetzigen Herbsttermin habe ich dem dortigen Bezirksseminar den geistlichen Studienrefrendar Willen überwiesen. Auch Referendarinnen mit der Lehrbefähigung in kath. Religion werden von Zeit zu Zeit überwiesen werden. Daher ist ein neuer Fachleiter für kath. Religion am dortigen Bezirksseminar erforderlich. Jch beabsichtige dieses Amt dem geistlichen Studienrat zu übertragen und bitte nach Rücksprache mit der dortigen Kreisamtsleitung des NSLB. mir umgehend mitzuteilen, ob Bedenken gegen diese Beauftragung bestehen. Andernfalls bitte ich einen anderen Geistlichen Studienrat im Einvernehmen mit der Kreisleitung des NSLB. vorzuschlagen.

Jm Auftrage
gez. Dr. Etterich.

Beglaubigt
Reg.-Sekretär

Abb. 5 Originalbeleg über Jaegers Enthebung vom Amt des Fachleiters am Bezirksseminar in Dortmund 1937/1938

Abb. 6 Jaeger als Divisionspfarrer nach der Rückkehr aus Frankreich in Dortmund am 24. August 1941

Abb. 7 Erzbischof Jaeger mit den Tapferkeitsauszeichnungen aus dem Ersten Weltkrieg – EK II und I und Ritterkreuz des Hohenzollernordens

Abb. 8 Im Garten hinter dem Bischofspalais in Paderborn am 26. 12. 1941 – v. l. n. r.: Wolfgang Kleff, Adolf Schmidt, Erzbischof Lorenz Jaeger, Werner Hentrid, Erhard Stredulla

Abb. 9 Vikar (später Abbé) Franz Stock 1934

Abb. 10 Die Konsekratoren und das Domkapitel mit Lorenz Jaeger

Abb. 11 Jugend auf der Suche nach dem besten Ausblick

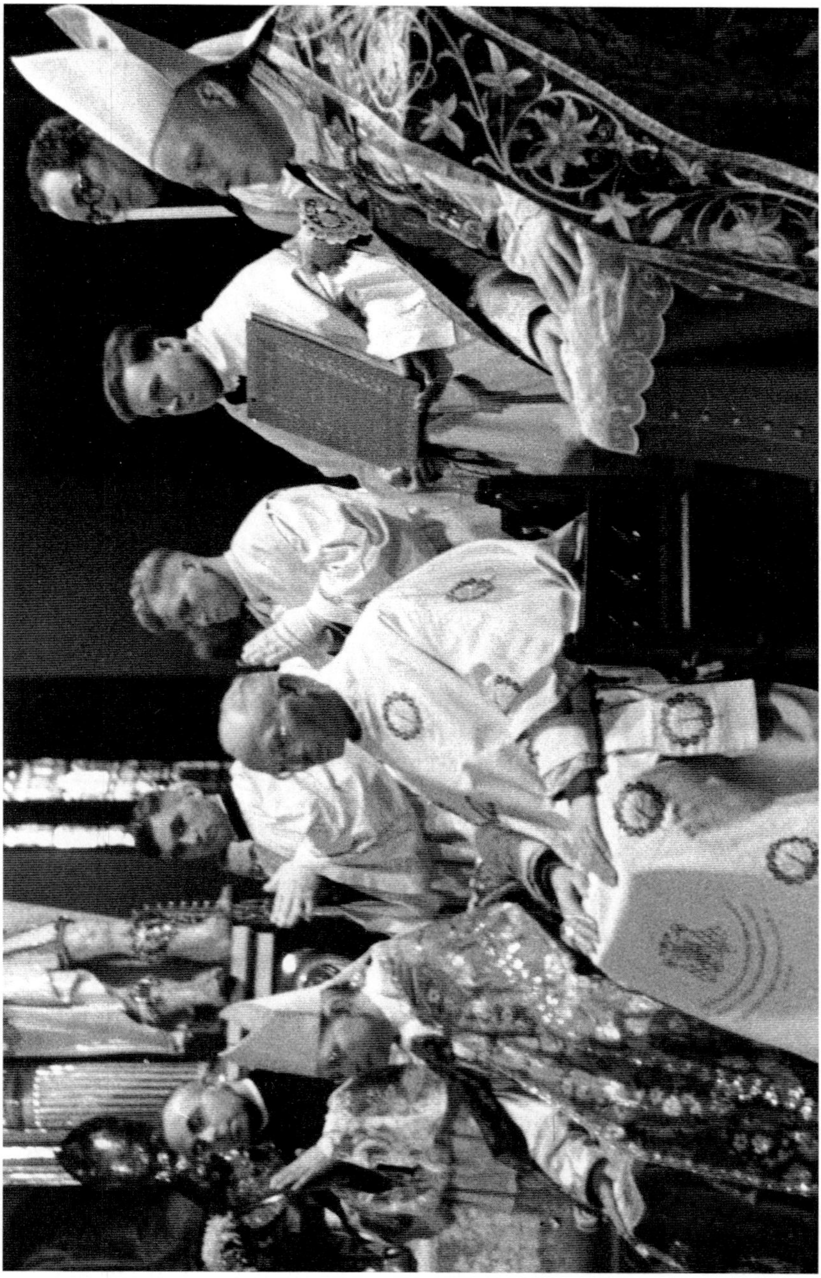

Abb. 12 Im Dom vor der Weihe – links von Jaeger Bischof Godehard Machens, rechts Weihbischof Augustinus Baumann

Abb. 13 Erzbischof Lorenz Jaeger auf dem Weg zur Jugendandacht in der Marktkirche – rechts Pfarrer Friedrich Maria Rintelen, links Prälat Hermann Klens

Abb. 14 „Fördern Sie die Einheit im Glauben in unserm zerspaltenen Vaterland; kaum einer hat soviel Respekt und Verständnis für den evangelischen Bruder wie Sie. Sie sind dazu prädestiniert durch Ihre tiefreligiöse und durch und durch christlich empfindende und christlich handelnde evangelische Mutter." Leonie Wichert-Schmetz nach der Bischofsweihe zu Jaeger aus der Erfahrung der gemeinsamen Dortmunder Jahre.

Abb. 15 Papst Pius XI. (1857-1939)

Abb. 16 Papst Pius XII. (1876-1958)

Abb. 17 Kardinal Adolf Bertram (1859-1945), Fürsterzbischof von Breslau, Vorsitzender der Fuldaer Plenarkonferenz

Abb. 18 Kardinal Michael von Faulhaber (1869-1952), Erzbischof von München-Freising und Vorsitzender der Bayerischen Bischofskonferenz

Abb. 19 Kardinal Joseph Schulte (1871-1941), Erzbischof von Köln

Abb. 20 Kaspar Klein (1865-1941), Erzbischof von Paderborn

Abb. 21 Joseph Frings (1887-1978), Erzbischof von Köln

Abb. 22 Bischof Clemens August Graf von Galen, Münster (1878-1946)

Abb. 23 Erzbischof Franz Rudolf Bornewasser, Trier (1866-1951)

Abb. 24 Bischof Antonius Hilfrich, Limburg (1873-1947)

Abb. 25 Bischof Wilhelm Berning, Osnabrück (1877-1955)

Abb. 26 Bischof Godehard Machens, Hildesheim (1886-1956)

Abb. 27 Bischof Johannes Baptist Dietz, Fulda (1879-1959)

Abb. 28 Im Umfeld des Konveniats: Bischof Konrad Graf von Preysing, Berlin (1880-1950)

Abb. 29 Bischof Albert Stohr, Mainz (1890-1961)

Abb. 30 Bischof Heinrich Wienken, Bischöfliches Kommissariat Berlin (1883-1961)

Abb. 31 Der Apostolische Nuntius Erzbischof Cesare Orsenigo (1873-1946)

Die Mitglieder

des Ausschusses

für die Ordensangelegenheiten:

Abb. 32 P. Augustinus Rösch SJ (1893-1961)

Abb. 33 DDr. Georg Angermaier (1913-1945)

Abb. 34 Dr. Lothar König SJ (1906-1946)

Abb. 35 P. Odilo Braun OP (1899-1981)

Abb. 36 P. Laurentius Siemer OP (1888-1956)

Abb. 37 Ferdinand Freiherr von Lüninck, geb. 1888, wegen Beteiligung an der Verschwörung vom 20. Juli 1944 gegen Hitler am 14. 11. 1944 in Berlin-Plötzensee durch den Strang hingerichtet

Abb. 38 Pater Kilian Kirchhoff OSM, geb. 1892, hingerichtet durch das Fallbeil am 24. 4. 1944 in Brandenburg-Görden

Abb. 39 Pfarrer Peter Grebe (1896-1962), zum Tode verurteilt und nach kirchlicher Intervention durch Generalvikar Rintelen zu einer hohen Zuchthausstrafe „begnadigt"; 1945 von den Russen befreit

Abb. 40 Pfarrvikar Otto Günnewich, geb. 1902, gestorben am 10. 8. 1942 im KZ Dachau

Abb. 41 Pfarrvikar Wilhelm Oberhaus, geb. 1902, gestorben am 20. 9. 1942 im KZ Dachau. Gegen KZ-Haft mit Todesfolge von Oberhaus und Günnewich (Abb. 40) erhob am 5. 10. 1942 Generalvikar Rintelen Einspruch.

Abb. 42 Universitätsprofessor DDr. Josef Schmidlin, geboren 1876, zu Tode mißhandelt am 10. 7. 1944 im KZ Schirmeck. Er erhob in einer Denkschrift an die Bischöfe gravierende Vorwürfe gegen Gleichgültigkeit und Tatenlosigkeit von Nuntius C. Orsenigo im Klostersturm.

Abb. 43 Abtransport der Juden aus einer deutschen Stadt

Dem politischen Katholizismus

Sage mir, mit wem du Umgang pflegst und ich sage dir, wer du bist.

Abb. 44 Hetze gegen die dreifache jüdische „Weltverschwörung“: Synagoge – römisch-katholische Kirche – Bolschewismus im „Stürmer“ vom 23. 6. 1938

Abb. 45 Adolf Hitler und Alfred Rosenberg

Abb. 46 Heinrich Himmler und Reinhard Heydrich

Abb. 47 Reichsminister Hanns Kerrl (links) mit Ministerpräsident Hermann Göring (rechts vor ihm) im Braunschweiger Dom

Abb. 48 Abschied von Galen

Abb. 49 Vor neuen Aufgaben

Lorenz Jaeger 100 Jahre

Festakt von Stadt und Gemeinde im Lorenz-Jaeger-Haus
am 3. Oktober 1992

Herr Pfarrer Müller begrüßte die Anwesenden in dem Haus, das auf Anregung von Bischof Scheele den Namen Lorenz-Jaeger-Haus bekam.

Paul-Werner Scheele, Bischof von Würzburg und Sohn der Stadt Olpe, zeichnete das Lebenswerk des Kardinals im Kontext des Rilke-Verses: „Ich lebe mein Leben in wachsenden Ringen ..." In den fünf Lebenskreisen, die sich auf den Reliefplatten seines Grabmals in Paderborn symbolisch dargestellt finden, entfaltete Bischof Scheele das Leben von Lorenz Kardinal Jeager.

1. Kindheit, Jugend und Mannesleben standen unter schicksalhaftem Wechsel. Schon elfjährig war Lorenz als ältestes unter fünf Geschwistern auf das Leben im Waisenhaus und damit auf die sorgende Obhut der Franziskanerinnen in Oschersleben und Olpe angewiesen. Nach Abitur und kurzem Studium bestimmte der Erste Weltkrieg bis zur Rückkehr aus der Kriegsgefangenschaft das Leben des Soldaten und Offiziers. Von der sächsischen Diaspora führte den jungen Priester der Weg nach Herne und Dortmund in das Lehramt an höheren Schulen und erneut in das Geschehen eines Weltkrieges. Den Divisionspfarrer erreichte 1941 die Berufung zum Erzbischof.

2. Nunmehr legten sich in der Kriegsphase des Dritten Reiches die wohl von keinem Paderborner Bischof bisher durchzustehenden – so sieht es sein Generalvikar Rintelen – Belastungen von Kriegszeit und Kirchenverfolgung auf die Schultern des Erzbischofs – bis zur Zerstörung Paderborns. Im Symbol des beschädigten Domturms gewahrte der Referent zugleich auch die Baugerüste, in denen er die Leistungen des Wiederaufbaus im materiellen wie im geistigen Felde angedeutet fand.

3. Zu den schwersten und von Jaeger schmerzlich empfundenen Folgen des Unheils zählte die Spaltung des Bistums durch die innerdeutsche Grenze, deren Überwindung er ersehnen, aber nicht erleben konnte: „Mir scheint diese Zerrissenheit durch die Zonengrenze ... ein anschauliches Bild zu sein für die Situation, wie sie sich heute

Vor dem Festvortrag im Lorenz-Jaeger-Haus: Stadtdirektor F.-J. Leyendecker, Pfarrer K.-W. Müller, Bischof P.-W. Scheele und Frau Bürgermeisterin W. Ohly

überall in der Welt herausgebildet hat." Das Erfahrene wurde dem Erzbischof zum fordernden Programm: „Duldet keine ‚Zonengrenzen' in eurem Leben, weder daheim noch draußen! ... Fort darum mit aller Ängstlichkeit und Besorgnis! Lebt und gebt euch als wahrhaft katholische Menschen."

4. Dieses Votum für die Einheit und Ganzheit der Welt habe seine Sternstunde im Zweiten Vatikanischen Konzil gefunden. Die ihm ureigene Katholizität des Geistes habe Jaeger im Konzilsverlauf zum vielseitigen Einsatz auf den meisten Gebieten kirchlichen Denkens und Lebens motiviert, von denen das ökumenische Arbeitsfeld für den Erzbischof das wichtigste, aber lange nicht einzige konziliare Thema geworden sei: Sinnbild des vom Paderborner Erzbischof mitgetragenen Aufbruchs ist auf dem Grabrelief der Petersdom mit – den übergroßen und weit geöffneten Toren. Damit ist zum letzten, dem ökumenischen, Lebensring übergeleitet, der für Jaeger keine Aufgabe jenseits des kirchlichen Lebens gewesen sei, sondern sein „normaler" Vollzug.

5. Im fünften Symbol bewegen sich von allen Seiten geöffnete Hände aufeinander zu, mitteilend und empfangend. Zusammen bilden sie die Form des

Kreuzes: Zeichen des Heils und der Einheit. Die Anfänge ökumenischer Fragestellungen reichen weit zurück: Das Votum Jaegers für die Fuldaer Plenarkonferenz von 1942 – freilich nicht mehr auf ihr verhandelt! – läßt nach Paul-Werner Scheele deutlich die Hand des Paderborner Dompropstes Paul Simon erkennen. Dessen geduldige und langjährige Vorarbeit sei von Lorenz Jaeger aufgegriffen und in einem die Erwartungen überbietenden Maße erfüllt worden. Das Votum forderte die offizielle Berufung von Experten zur dauernden Bearbeitung der ökumenischen Probleme. Solche Einsichten führten zur Gründung des Johann-Adam-Möhler-Institutes im Jahre 1957 und fanden ihre zentrale Weiterführung in der Gründung des Einheitssekretariats in Rom. Als jüngste Frucht solcher kompetenter Bemühungen um die Einheit nannte Bischof Paul-Werner Scheele die Überprüfung der inhaltlichen Gültigkeit der gegenseitigen Lehrverurteilungen aus vergangenen Jahrhunderten, die der Kardinal nicht mehr erleben durfte (1986).

Im Blick auf den letzten Besuch des Kardinals in Olpe – zwei Monate vor seinem Tod – erinnerte der Referent an vermächtnishafte Worte des Olper Ehrenbürgers: „Setzen wir auf die Gotteskraft! Hören wir auf das Gotteswort! Halten wir uns an das Gottesgebot!“

Dr. Heribert Gruß

Unter dem Bild von Lorenz Jaeger:
Pfarrer i. R. H.-J. Kurze,
Pfarrer K.-W. Müller, Bischof P.-W. Scheele und Dr. Heribert Gruß

Frau Bürgermeisterin Ohly sprach anschließend in ihrem Schlußwort von der Ehrenbürgerwürde, die dem Kardinal im Jahr 1955 auf einstimmigen Beschluß der Stadtverordneten verliehen wurde. Sie berichtete aber auch mit Offenheit von den Diskussionen, als 1985 ein ehemaliger Stadtverordneter der SPD den Antrag stellte, Lorenz Jaeger die Ehrenbürgerwürde abzuerkennen. „Er behauptete, Erzbischof Jaeger sei ein Befürworter des Nationalsozialismus und ein Kriegshetzer gewesen." In den Diskussionen in der Stadt und im Rat hätten sich Betroffenheit gezeigt und der Wille, es nicht bei einer Ablehnung wegen Formfehlers zu belassen. Nach einer bemerkenswerten Rede des Fraktionsvorsitzenden der CDU sei bei einer namentlichen Abstimmung die Mehrheit dafür gewesen, den Antrag des Herrn L. abzulehnen, drei Mitglieder der SPD hätten sich enthalten. „Das Wirken und Verhalten des Kardinals war aber durch diese Diskussion nach allen Seiten durchleuchtet worden und positiv ins rechte Licht gerückt", fuhr die Bürgermeisterin fort und erwähnte die große Hilfe, die die von Dr. Heribert Gruß verfaßte theologisch-wissenschaftliche Schrift mit dem Titel: „Lorenz Jaegers Denkschrift" gewesen sei.

Sie schloß mit einem Satz des Bischofs an die Olper, in dem er wünschte, „daß in einer Welt, die immer mehr zu Treibsand wird, die Olper heimatgebunden bleiben mögen".

Aus dem Jahresbericht 1992 der Sankt-Martinus-Gemeinde, Olpe-Biggesee

„Das Trachten des Fleisches führt zum Tod, das Trachten des Geistes aber zu Leben und Frieden." Röm 8,6
(Bischöflicher Leitspruch Lorenz Jaegers)

Zweiter Abschnitt

Was Worte sagen und verbergen – Erste Schritte des neuen Erzbischofs in totalitär bestimmter Lebenswelt

Überblick zum zweiten Abschnitt

Die im Konkordat vorgesehene Eidesformel wird von Erzbischof Jaeger am 15. September 1941 in seiner Ansprache vor dem Oberpräsidenten und Gauleiter ausgelegt. Die christliche Deutung seiner Eidesverpflichtung wird im Rahmen einer „Loyalität" vollzogen, die keine Sympathiebekundung für den NS-Staat als solchen zuläßt (Kap. 1).

Der neue Bischof wird von den Sicherheitsorganen des Regimes aufmerksam auf das hin beobachtet, was seine Vergangenheit für die Zukunft erwarten läßt. Beunruhigend ist seine am 14. September 1941 geäußerte Überzeugung, das Volk müsse jetzt wissen, wo sein wahrer Feind sei. Zur durchgehend positiven Resonanz bei Jugend und Kirchenvolk auf die Wahl kommt die in interner Ansprache betonte Bischofspflicht, eher und mehr als seine Bistumsgeistlichen für die Kirche Kerker und KZ-Haft übernehmen zu müssen (Kap. 2).

Die Weiheansprache vom 19. Oktober 1941 ist Modellfall der gleichnishaften Situationserhellung und muß deshalb ebenso wie die Jugendansprache vom Nachmittag des Weihetages auf Sinn, Hintersinn und Situation genau befragt werden. Leben und Frieden sind die Zielbestimmungen von Einsatz und Leiden, die der „gute Soldat Christi Jesu" mit dem Apostel zu tragen hat. Zum Kontext der Bischofsweihe gehören die Massenverhaftungen unter den jungen Gefolgsleuten Jaegers durch die Gestapo (Kap. 3).

Der Fastenhirtenbrief vom 11. Februar 1942 enthüllt sich im Text- und Situationszusammenhang als Versuch, mit der Chiffre des „Bolschewismus" die Zustände im eigenen Lande zu entlarven. Der Vergleich durchzieht die kirchlichen Äußerungen der Nazizeit und wird von Bevölkerung und politischer Polizei in seinem Hintersinn sofort verstanden. Vom Ordensausschuß kam der Vorschlag: Bolschewismus ist so zu schildern, daß man im eigenen Volke das Erwachen herbeiruft (Kap. 4).

Ein Schlußkapitel über Sprache im totalitären Umfeld und bei Jaeger trägt verschiedene Beobachtungen zusammen. Für die Kennzeichnung bischöflicher Sprache an die Adresse des Regimes wird die Ersetzung des ethisch vorbelasteten Wortes „Anpassung" durch die wertfrei und rein beschreibend verstandene „tangentiale Ausdrucksform" vorgeschlagen. Ihre Charakteristik ist die bewußte Vermeidung der Provokation. Ihr Gegenstück ist die „distantiale Ausdrucksform", deren höchster Sonderfall im öffentlichen Protest vorliegt (Kap. 5).

Kapitel 1

Loyalitätseid vor dem Oberpräsidenten in Münster

Das Preußenkonkordat kannte zwar eine „politische Klausel“, aber noch keinen Verfassungseid für den bischöflichen Amtsträger. Erst das Reichskonkordat führte 1933 den Loyalitätseid für das gesamte Reichsgebiet ein.[1]

Danach war der Treueid „in die Hand des Reichsstatthalters in dem zuständigen Lande bzw. des Reichspräsidenten“ zu leisten.[2] Inhalt des Eides war einmal die Achtung vor der verfassungsmäßig gebildeten Regierung durch Bischöfe und Klerus, dann aber vor allem die Abwendung jeden Schadens vom Wohl und Interesse des deutschen Staatswesens.[3] Es liegt auf der Hand, daß diese beiden Schwerpunkte der Eidesformel nicht notwendig in Harmonie standen.

Im Lande Preußen war der Träger der höchsten Regierungsverantwortung der Ministerpräsident. Hermann Göring hat den Loyalitätseid nur einmal persönlich entgegengenommen. Das war am 19. Oktober 1933 bei der Vereidigung Galens, der anschließend auch vom Reichspräsidenten von Hindenburg empfangen wurde.[4] Später wurde die Abnahme des Eides an das 1935 neugebildete Reichsministerium für die kirchlichen Angelegenheiten delegiert. Hanns Kerrl war zugleich

---

1 Golombek, Preußenkonkordat, der Wortlaut des Konkordates S. 118-131. Den fundamentalen Sicherheitsinteressen war Genüge getan in der Zusicherung des Artikels 6, der Hl. Stuhl werde keinen Bischof gegen die Bedenken der preußischen Regierung bestellen (ebd., S. 124). Hier sah das Konkordat weder explizit noch implizit eine Spezifizierung der Bedenken vor. Nach dem Reichskonkordat war der Eid vor dem Reichsstatthalter oder dem Reichspräsidenten zu leisten. Der höchste staatliche Repräsentant *Preußens* war der Ministerpräsident, der mit der einzigen Ausnahme von Galens diese Funktion an den preußischen Kirchenminister delegierte (Stasiewski, Akten II, S. 409, Art. 16).

2 Ebd.

3 Die Eidesformel wich bei Jaeger (wie auch bei Frings) von der Konkordatsform ab und nannte nur noch das Reich, nicht mehr die preußische Verfassung. (Vgl. Art. 16, ebd., S. 409.) Die Änderung war eine Folgerung aus dem neuen Reichszentralismus (Reichsstatthaltergesetz), der M. Bormann noch 1941 veranlaßte, durch das Auswärtige Amt beim Nuntius durchsetzen zu lassen, daß die Anfragen betr. Pol. Klausel künftig nicht mehr an die Reichsstatthalter, sondern an die Reichsregierung selbst zu richten seien (PA Bonn, Büro des Staatssekretärs, Akten betr. Vatikan. Schr. v. 26. 2. 1941).

4 Portmann, Kardinal von Galen, S. 372.

als preußischer Kirchenminister zuständig für die Realisierung der „politischen Klausel“ im preußischen Staatsgebiet.
So wurde Erzbischof Frings am 2. Juni 1942 im Kirchenministerium vereidigt,[5] während Erzbischof Jaeger seinen Loyalitätseid beim Oberpräsidenten in Münster ablegte, der in Personalunion Gauleiter war. Das war am 15. September 1941 in Münster.[6] Ob die unterschiedliche Bestellung der Erzbischöfe einen kirchenpolitischen Akzent verfolgte, ist nicht ersichtlich, wenngleich Jaeger in der Sicht der NS-Regierung ungleich stärker vorbelastet war.[7] Der einzige Einwand, von Göring gegen Frings erhoben und sogleich ins Ermessen des Kirchenministeriums zurückgestellt,[8] betraf einen Nebenumstand, für den Göring Frings von vornherein nicht persönlich verantwortlich machen wollte.[9]
Jaeger hatte sich hingegen durch eine jahrelange schulische Aufklärungsarbeit als einer der „gefährlichsten Gegner des Nationalsozialismus und des neuen Staates“ (Heydrich) profiliert.[10]
Als Gaukaplan des Bundes „Neudeutschland“ im Gau St. Engelbert stand er spätestens seit dem 18. September 1936 unter Dauerobservanz der

---

5 Frings, Für die Menschen bestellt, S. 18ff. Der Kardinal hat sich in seinen Erinnerungen um einen Monat geirrt. Das eigenhändig von Kardinal Bertram geführte Besucherverzeichnis nennt ihn unter dem 3. Juni 1942. So muß seine Vereidigung in Berlin nach eigenem Bericht am 2. 6. gewesen sein (S. 18). Das stimmt wiederum mit dem Großangriff vom 30./31. 5. 1942, dem Nachtangriff der 1 046 Bomber, überein, zu dem die Air Force alle Kräfte zusammengefaßt hatte (vgl. Speer, Erinnerungen, S. 291f.). Der Erzbischof brach deshalb von Düsseldorf nach Berlin auf, weil die Fernzüge das schwer getroffene Köln nicht mehr anfahren konnten.

6 Vgl. D. III.

7 Der im Dezember verstorbene Kirchenminister hatte sich bei L. Jaeger gegen die Bedenken der höchsten Polizei- und Parteiinstanzen durchzusetzen (vgl. S. 30f.).

8 Weder Parteikanzlei noch RSHA hatten gegen Frings Bedenken erhoben. Auch hatte Göring offenbar keinerlei Interesse an der Beantwortung seines Hinweises auf die bei der Durchsuchung des Bensberger Seminars gefundene Broschüre „Sturm über Rußland“, deren handschriftliche Marginalien offenbar auf den „Bolschewismus im eigenen Lande“ anspielten. So konnte das Kirchenministerium ohne neue Anfrage das Plazet aussprechen. Göring hatte Frings sogar ausdrücklich von dem Vorwurf entlastet, der lediglich das Seminar selbst betreffe (PA Bonn, Büro d. Staatssekretärs. Akten betr. Vatikan Bl. 240 327f.). Die späte Wahl von Frings (s. ebd.) am 9. oder 10. 3. 1942 scheint also weniger mit der pol. Klausel als mit internen Verzögerungen im Kölner Domkapitel zusammenzuhängen. Zum Ganzen vgl. auch von Hehl, Katholische Kirche und Nationalsozialismus im Erzbistum Köln, S. 218ff.

9 Das Kirchenministerium wußte sich nach Vorabsprache mit Göring einig, wenn es das Plazet aussprach. Vermutlich war Göring noch über den erbitterten Briefwechsel vom 5. 3. 1942 mit Berning und Galen verstimmt.

10 Jaegers Tätigkeit in den Jugendverbänden der Gemeinden und im ND war, wie wir

Gestapo, während Frings als Regens des Priesterseminars für das Erzbistum Köln ein unauffälligeres Dasein im katholischen Milieu führen konnte.[11] Auch war die aufklärende Verbandsarbeit in den Gemeinden gegenüber der Ideologie des Nationalsozialismus, die für Jaeger spätestens seit 1936 strikt verboten war, nicht ganz unbemerkt geblieben.[12] 1937 verschärfte sich die Lage deutlich.[13]

Die freiwillige Meldung zum Dienst des Seelsorgers an der Truppe war, wie gesagt wurde, einmal die Konsequenz der immer fühlbarer werdenden Beengungen seiner Tätigkeit,[14] vielleicht aber doch auch mitbestimmt durch das Gespür nahender persönlicher Bedrohung. Bedauernd hört sich die Feststellung des Inspekteurs im SD und bei der Gestapo an: Jaeger könne, wenn er wolle, jederzeit seine guten Beziehungen zu hohen Wehrmachtsoffizieren „spielen" lassen, wenn er das für notwendig erachte.[15] Das Heer bot Regimegegnern lange ein gewisses Asyl, zumal sich Wehrmachtskommandeure bis tief in den Krieg über Anfragen und Anordnungen der Gestapo großzügig hinwegsetzten.[16]

Das gegen die Bedenken der höchsten Partei- und Sicherheitsorgane des Dritten Reiches erteilte Unbedenklichkeitstestat des Kirchenministers brachte also einen Geistlichen ins Bischofsamt, dem man auf der örtlichen Parteiebene wie in der höchsten Führung mit Ablehnung gegenüberstand. Zugleich aber bescheinigte man ihm, daß seine „Klugheit und Besonnenheit" dem Staat keine bequeme Handhabe zum Einschreiten geben würden.[17] In der Phase gesteigerter Kirchenverfolgung sind die Ausfüh-

---

schon feststellten, für ihn als Beamten seit 1935 implizit, seit 1936 definitiv verboten. Die seit 1936 ausgeübte Dauerobservanz durch die Gestapo konnte ihm nicht verborgen bleiben.

11 Als Seminarregens und als Pfarrer von St. Joseph in Köln-Braunsfeld (vgl. Frings, S. 18) ist J. Frings den Instanzen des Dritten Reiches wenig aufgefallen.

12 Im Einwand der Reichsinstanzen als Arbeit in den Jugendverbänden bezeichnet (S. 24).

13 In der Entlassung von L. Wichert-Schmetz und im Ausschluß vom Studienseminar 1937 zu greifen (vgl. S. 61f. und 69ff.).

14 Seit Frühjahr 1940 endgültiger, aber lange vorbereiteter Ausfall des Religionsunterrichtes in der Mittel- und Oberstufe.

15 D. II, Z. 16-23, Jaeger an Montgomery 1945: „... alle, die nur von fern den Verdacht erregten, auch nur in Gedanken die Partei abzulehnen, standen unter ständiger Aufsicht" (D. XIX, Z. 90-94). Das galt für ein staatliches Gymnasium ungleich stärker als für eine im Kern geschlossene Kirchengemeinde.

16 Vgl. z. B. Roegele in: Eilers, Bund Neudeutschland, S. 160ff.

17 D. II, Z. 19ff.

rungen Jaegers zum Loyalitätseid vor dem Vertreter der kirchenfeindlichen Staatsmacht nicht ohne Brisanz.
Die Bedeutung des Ereignisses unterstrich der Gauleiter und Oberpräsident durch einen von ihm selbst gelenkten Pressebericht vom 16. September und einen ausführlichen Rapport an Reichsleiter M. Bormann, der sich als mächtigster Mann der Partei in Rufnähe des Führers im „Feldquartier Wolfsschanze" in Ostpreußen aufhielt.[18] Beide Berichte standen im Zeichen des Eklats, der durch die Predigten Galens in der deutschen Öffentlichkeit hervorgerufen wurde. In beruhigendem Ton stellt Meyer fest, daß die Beschlagnahme der Klöster nicht mehr die Öffentlichkeit bewege, wohl aber die „Euthanasie". „Wenngleich das Euthanasieverfahren eingestellt ist, wird natürlich eine Zeitlang noch der Bischof Gelegenheit haben, diese Frage zu behandeln, da die Benachrichtigungen der Todesfälle aus den Vollzugsanstalten noch laufen."[19] Im Bereich des Paderborner Erzbistums herrsche dagegen Ruhe.[20] Der Kapitularvikar Baumann habe sich auf einen Protest beim Landeshauptmann Kolbow beschränkt.[21] Nach der Ansicht Meyers störte dieser also keineswegs die „Ruhe": eine interessante Bestätigung der Ansicht Preysings über interne Eingaben!
Im Zeichen kirchenpolitischer Beruhigung steht auch Meyers Empfehlung, die Vereidigung des neuen Erzbischofs für die In- und Auslandspresse auszuwerten. Seine Presseaktion verrät das Bestreben, im Augenblick schärfster Konfrontation den Eindruck friedlichen Einvernehmens von Staat und Kirche zu vermitteln, den Bischof von Münster also als den Urheber aller Unruhe hinzustellen.[22] So betont er eigens die „Beteuerung" des Erzbischofs, „daß er diesen Eid ohne Vorbehalt und aus innerster Überzeugung geleistet hätte".[23] Im beigefügten Presseauszug, der von den Beteiligten überprüft werden konnte, klingt es freilich zurückhaltender. Jaeger habe in längeren Ausführungen zum Ausdruck gebracht, „diesen Eid aus innerer Überzeugung" geleistet zu haben.[24] Im

18 D. V.

19 D. V, Z. 47-50.

20 D. V, Z. 11-16.

21 D. V, Z. 13f. und Anm. 1.

22 D. V, Z. 1-9, 46-49.

23 D. V, Z. 20ff.

24 BA Koblenz R II 173 a Nr. 19; Ausschnitt aus der „Westfälischen Tageszeitung" vom 16. 9. 1941, Nr. 256.

Manuskript des Erzbischofs selbst aber steht der Schlußsatz: „So habe ich den von mir geforderten Treueid geschworen, aus ganzem Herzen und ohne Einschränkung."[25]
Die „längeren Ausführungen" Jaegers, von Meyers Pressebericht nur erwähnt und nicht referiert, müssen also Auskunft geben über den Sinn jenes „So", mit dem Jaeger seine Ansprache schließt. War der Loyalitätseid durch sie generalisiert, gesteigert oder eingeschränkt? Im letzten Falle hätte er den verbleibenden Sinn dann „ohne Einschränkung" bejahen können! Daß die Presse Jaeger in dieser Lage als Kontrastbeispiel zu Galen aufbauen wollte, ist aus dem internen Brief Meyers an Bormann bereits deutlich geworden.
Tatsächlich mußten die Leser der gelenkten Presse von Jaegers Ausführungen einen völlig irreführenden Eindruck bekommen, wie der volle Text der Ansprache es zeigen wird.[26]
Vor seiner Besprechung ist aber noch ein anderes „Anliegen" Meyers zu nennen, das er in seinem Bormann-Brief vorbringt. Meyer macht einen eher unentschlossenen Eindruck, wenn er den „Führer" durch Bormann fragen läßt, ob er der Einladung des Bischofs zur Liturgie der Weihe am 19. Oktober 1941 persönlich folgen oder seinen Stellvertreter Goedecke entsenden solle.[27] Jaeger habe ihn mehrfach in seiner Eigenschaft als Oberpräsident der Provinz Westfalen gebeten, an der Inthronisation teilzunehmen.[28] Er wäre natürlich glücklich, wenn er von der Teilnahme befreit wäre, weil sie für ihn „keine angenehme Sache" sei und er sie nur im Blick auf das Ausland und den Bischof von Münster für vertretbar halte. „Ich persönlich wäre natürlich glücklich, wenn der Führer meine Teilnahme für nicht erforderlich halten würde."[29] Der Führer erfüllte den persönlichen Wunsch seines Gauleiters, bewies damit aber zugleich auch den besseren machtpolitischen Instinkt,[30] da nach der Herausforderung durch die Galen-Predigten die Teilnahme in der Tat als Zeichen der

25 D. III, Z. 30f.

26 Freundschaftliches Einvernehmen soll besonders durch den Schlußsatz angedeutet werden: „Anschließend an die Vereidigung weilte der neue Erzbischof zu einem längeren Gedankenaustausch beim Gauleiter und Oberpräsidenten Dr. Alfred Meyer." (Vgl. Anm. 24 ebd.)

27 D. V, Z. 33-46.

28 Ebd., bes. Z. 33-36.

29 Ebd., Z. 45ff.

30 Zu diesem Zeitpunkt rechneten die Machthaber mit einem schnellen Sieg über die Sowjetunion und der dann fälligen Abrechnung mit der Kirche.

Schwäche hätte gedeutet werden können. Hitlers kategorisches Nein schloß zugleich auch jede Präsenz des Stellvertreters bei der Inthronisation aus.

In der Ansprache Jaegers, die an den Oberpräsidenten gerichtet ist und damit jede Beziehung zur Partei bewußt ignoriert, vergleicht Jaeger die „Freude“ bei seiner Eidesleistung mit der Freude, mit der er einst den Fahneneid geschworen habe.
Der Kontext mit dem Hinweis auf die Soldaten- und Offizierszeit unterstreicht, daß er den Fahneneid auf den wilhelminischen Rechtsstaat bezieht. Wie einst als Soldat und Offizier, so werde er auch jetzt im Rahmen seines geistlichen Amtes allen Schaden von Volk und Reich abwenden.[31]
Dabei ist der zeitliche Beziehungspunkt seiner gegenwärtigen Freude, die er motivisch noch spezifizieren wird, bedeutsam. „... wie einst als Soldat und Offizier ...“[32] Er liegt also nicht in den von ihm geleisteten Beamteneiden von 1929 auf die preußische und deutsche Verfassung, erst recht nicht in den Eiden, die er 1934 und 1940 auf den Führer zu leisten hatte,[33] einmal als öffentlicher Beamter des Dritten Reiches und dann wiederum als Kriegspfarrer, sondern im Fahneneid von 1914. Damals vertrat das deutsche Volk in seltener Geschlossenheit die Überzeugung, das Vaterland gegen die äußere Bedrohung verteidigen zu müssen.[34]
Bedeutsamer noch ist der Gegenstand der von dem neuernannten Erzbischof ergriffenen Verpflichtung. Nicht die Achtung vor der verfassungsmäßig gebildeten Regierung wird thematisiert, sondern „unwandelbare Einsatzbereitschaft und Hingabe“ in der Abwehr jeden Schadens von „Volk und Reich“.[35] Doch mußte der Gauleiter in der gewohnten

---

31 D. III, Z. 1-10. Divisionspfarrer, später Militärdekan Martin Zeil (77948 Friesenheim in Baden) berichtet, daß er 1940 von Gent aus mit Jaeger eine gemeinsame Fahrt nach Doorn in den Niederlanden unternommen habe, um dort dem abgedankten Kaiser Wilhelm II. einen Besuch abzustatten (gest. am 4. 6. 1941). Der Hinweis verdankt sich einem Gespräch vom 10. 3. 1992 mit dem früheren Divisionspfarrer und übernächsten Nachfolger Jaegers bei der 302. Inf.-Div., Dechant a. D. Josef Löcker.

32 D. III, Z. 6.

33 StA Münster, PSK, PA Jaeger.

34 Das Jahr 1914 gilt den Historikern als das Jahr des großen nationalen Konsenses selbst in der Kriegsproblematik.

35 D. III, Z. 6ff.

Verbindung von „Volk, Reich, Führer“ die zentrale Gestalt des Dritten Reiches vermissen.[36] Auch die Nichterwähnung des delegierenden Reichsmarschalls in seiner Eigenschaft als preußischer Ministerpräsident unterstreicht die Beschränkung auf das Notwendigste, vor allem die Auslassung aller parteilichen Beziehungen. So war der Oberpräsident nur in seiner Eigenschaft als Staatsbeamter zur Inthronisation des Paderborner Erzbischofs eingeladen worden, demgemäß nach der Intention des Einladenden in Zivil.[37]

Jaeger erwähnt dann als mitbestimmendes Motiv für seine Wahl des Priesterberufes die „Sorge um das Wohl des Vaterlandes“.

Der Erzbischof hat sich also auch durch das nationale Motiv zum Priesterberuf gedrängt gefühlt, einem zusammengebrochenen und gedemütigten Volke eine christliche Wiedergesundung zu ermöglichen.[38] Noch 1945 zeigt Jaeger in einer Denkschrift an Generalfeldmarschall Montgomery das Unheil auf, das der „Friede“ von Versailles heraufbeschworen habe.[39] Sein priesterlicher Dienst sollte in Gottesglauben und christlicher Sitte die Grundlage schaffen für einen „neuen Aufstieg“, dessen Mitte eine „innere Gesundung“ des Volkes ist. Gegenüber dem Vertreter einer neuheidnischen Ideologie bindet sich der Bischof klar an die Grundsätze christlichen Handelns, an denen die „Gesundung“ des Volkes hänge.[40]

Die jüngste Erfahrung bestätige dem neuen Bischof, daß die christlichen Aufbaukräfte dem Volk und dem einzelnen dienen und von diesen verlangt würden als Stützen sittlicher Stärke.[41] Umgekehrt würde also die Vernichtung des Christentums eine entscheidende Schwächung der Volksgemeinschaft bedeuten. Zur Zeit dieses Bekenntnisses stand noch im Bewußtsein der gläubigen Katholiken und vieler Christen das Kanzelwort der Plenarkonferenz von Fulda, das am 6. Juli 1941 von den katholischen Kanzeln im Reiche zu hören war:

---

36 Am Vortage hatte Jaeger in Dortmund vor seinen Schülern die Kirchenverfolgung im Hadrian-Vergleich auf die höchste Spitze hin personalisiert. Im Nennen wie im Verschweigen zeigt sich Konsistenz.

37 D. V, Z. 33-41.

38 D. III, Z. 11-17.

39 D. XIX, Z. 15-26.

40 D. III, Z. 14-17.

41 D. III, Z. 18-24.

„Es geht um Sein oder Nichtsein des Christentums oder der Kirche in Deutschland."[42]
In Jaegers Bekenntnis zur Unverzichtbarkeit des Christentums auch und gerade für den Soldaten ist die Folgerung eingeschlossen, daß die Vernichtung des Christentums auch seine Motivation entscheidend schwächen müsse.[43]
Im letzten Abschnitt wird der Sinn bischöflichen Wirkens aus der Verhaftung mit aktueller Kriegsproblematik gelöst und den Grundlagen christlichen Lebens in zeitloser Gültigkeit zugeordnet. Im Jahre des Klostersturms und der Euthanasiemorde wird in christlicher Sitte und Tugend, also in christlicher Ethik schlechthin, „die beste Bürgschaft für das Glück und Gedeihen des deutschen Volkes" gesehen.[44] Werden die aktuellen Tagesereignisse hier auch überstiegen, so ist es doch nicht bedeutungslos, daß dem Frieden das letzte Wort gilt.[45]
„So habe ich den von mir geforderten Treueid geschworen, aus ganzem Herzen und ohne Einschränkung."[46]
Das „So" des Schlußsatzes ist also, wie nun ganz klar hervortritt, durch die Ansprache des Vereidigten eindeutig spezifiziert und in dieser Abgrenzung dann freilich uneingeschränkt übernommen. Daß der Gauleiter die von dem neuen Erzbischof vorgenommenen Abgrenzungen hätte überhören können, ist kaum anzunehmen.
Daß er in seinem lancierten Pressebericht dennoch versucht, in zugespitzter kirchenpolitischer Lage im Blick auf In- und Ausland Kapital zu schlagen, ist uns nun über sein Eingeständnis vor Bormann hinaus aus dem Textvergleich faßbar geworden.[47] Wie weit der Gauleiter selbst sein Schlußwort aufrichtig meinen konnte, ist nicht zu untersuchen:
„Ich danke Ihnen, Herr Erzbischof, und wünsche, daß es Ihnen gelingen möge, Ihr hohes Amt zum Segen von Volk und Reich auszuüben."[47]

Das klare Bekenntnis des Erzbischofs war umdunkelt von der Lügenhaftigkeit der gelenkten Presse: „Darauf verlas Oberregierungsrat Otters-

---

42 Volk, Akten deutscher Bischöfe V, S. 466.

43 Das Motiv kehrt am Ende des Bonner Kurzprotestes vom 20. 3. 1942 wieder. D. XVII, Z. 166-186.

44 D. III, Z. 27-29.

45 D. III, Z. 29.

46 Vgl. D. III, Z. 30f.

47 Siehe S. 86.

bach die Niederschrift der Vereidigung. Erzbischof Lorenz Jaeger antwortete in längeren Ausführungen, in denen er u. a. zum Ausdruck brachte, daß er diesen Eid aus innerer Überzeugung geleistet habe. Anschließend an die Vereidigung weilte der neue Erzbischof zu einem längeren Gedankenaustausch beim Gauleiter und Oberpräsidenten Dr. Alfred Meyer."[48]

Dem Selbstdarstellungsbedürfnis des Oberpräsidenten entsprach das beigegebene Pressefoto. Es zeigt den uniformierten und ordensgeschmückten Gauleiter ganz und frontal, den Erzbischof selbst aber – eigentlich Mittelpunkt der Szenerie – in reduzierter Rückenansicht.[49]

Meyer war wie Jaeger und der Reichskirchenminister ein dekorierter Frontoffizier des Ersten Weltkrieges und älter als das Gros der Gauleiter aus den jüngeren Parteikadern. Wie Kerrl galt auch Meyer als belesen und bibelfest.[50]

Einer abschließenden Betrachtung stellt sich die Frage, ob der neue Bischof nicht um einiges zu freundlich gewesen sei in einer Situation, in der die rigorose Abwürgung des kirchlichen Lebens den Bischof von Münster in den offenen Protest trieb. Unsere Frage bekommt zusätzliches Gewicht durch die feststellbare Tendenz des Gauleiters, durch Vortäuschung einer nicht bestehenden Harmonie den Bischof von Münster als den eigentlichen Friedensstörer anzuprangern.[51]

Um gerecht zu sein, hat man den Akzent der Ansprache auf dem inhaltlichen Teil des Eides zu sehen, der sich auf die Abwehr jedes Schadens bezieht. Ohne Zweifel ist die Rede hier ganz auf die Verpflichtung des Bischofs für die Wertordnung des Christentums abgestellt und übergeht den Teil, der Achtung und Loyalität vor der Regierung umfaßt.[52] Sie kann aber nicht ungeschehen machen, daß dies in der von Meyer auch in der Presse voll abgedruckten Eidesformel ausgesprochen wird, während Jaegers Ansprache durch das vorgeschaltete Filter des Gauleiters von christlichem „Schadstoff" gereinigt wurde. Wir dürfen

---

48 Ebd.

49 Ebd.

50 Vgl. Broszat, Der Staat Hitlers, S. 53. Zur Bibelkenntnis A. Meyers vgl. Portmann, Kardinal von Galen, S. 87. Zu H. Kerrl vgl. Conway, Nationalsozialistische Kirchenpolitik, S. 148, Anm. 25.

51 D. V, Z. 1-9, 28-32, 41-50.

52 Ihre Nichterwähnung im Kontext des „freudig" geleisteten Eides war für den Gauleiter nicht zu übersehen (vgl. D. III).

also nicht übersehen, daß die totalitäre Mediensituation nicht vom vereidigten Erzbischof, sondern allein vom Gauleiter beherrscht wurde.
Aber auch jede künftige Verpflichtung wird von Jaeger an die christlichen Grundwerte gebunden. Die Ansprache ist im Grundsätzlichen absolut klar – und eindeutig in dem, was sie sagt. Sie verdeutlicht sich ebensosehr auch in dem, was sie nicht nennt. Sie verschweigt den Beamten- und Soldateneid auf Hitler. Sie nennt nicht den Führer, auf den Jaeger laut Polizeibericht noch einen Tag zuvor im Hadrianvergleich anspielte.[53]
Der äußere Kontrast zwischen Jaegers Hadrian-Wort vom Vortage und der „Freude“ seiner Eidesleistung ist groß. Hat Jaeger hier noch einmal, nunmehr bezogen auf den Eidestext selbst, die Kunst des „positiven Abfangens“ geübt?
Die Situation der Stunde mündet, wie es scheint, in Aporien. Hätten nicht Kirchenbedrückung, Euthanasiemorde, offener Klostersturm und die Nähe des höchstbedrohten Mitbischofs von Münster die Beschränkung auf nüchterne eidliche Pflichten nahegelegt?
Wenn der neue Erzbischof aber schon die „Freude“ seiner Eidesleistung thematisieren wollte, hätte dann ein expliziter Hinweis auf die (akut bedrohten) Grundlagen und Voraussetzungen christlicher Loyalität fehlen dürfen?[54]

---

53 D. IV, Z. 22-25.

54 Hehl, Priester unter Hitlers Terror, S. LXXVIf. (Auflistung nach Diözesen gem. Häufigkeit und Zeitpunkt) und Sp. 919-1086 (Einzelnachweis). Ferner ders., Das Kirchenvolk im Dritten Reich. In: Gotto/Repgen, Die Katholiken und das Dritte Reich, S. 84, Anm. 42.

Kapitel 2

Die Gestapo nimmt Maß – der Sicherheitsdienst beobachtet

(Da das Thema im zweiten Band der Reihe behandelt wurde, begnügen wir uns mit einer Kurzfassung und verweisen zugleich auf den Dokumentenanhang unseres Buches, der alle Polizeiberichte enthält. D. II, IV, VIII, IX.)

Die allgegenwärtigen Sicherheitsorgane der politischen Polizei blieben möglichst unauffällig im Alltag der Deutschen. Die Sicherheitspolizei (Sipo) umfaßte als Untergliederungen die Kriminalpolizei (Kripo) und die Geheime Staatspolizei (Gestapo). Die Zusammenarbeit mit dem aus der SS hervorgegangenen „Sicherheitsdienst der SS" (SD) war denkbar eng.[1] Aussehen und Auftreten der Beamten – von lauernder Zurückhaltung bis zum brutalen Zugriff – sind wenig beschrieben worden.[2]
Der auf der Bevölkerung lastende terroristische Druck provozierte – selten genug – auch offene Äußerungen der Kritik,[3] so etwa beim furchtlosen Auftreten des Münsteraner Bischofs gegenüber der Gestapo in den beschlagnahmten Klöstern: Solche jungen Männer gehörten an die Front.[4] Diese erwiderten, daß auch in der Heimat zu „arbeiten" sei. Anstelle der seltener gezeigten Verlegenheit konnten auch augenblickliche Verhaftung und KZ-Haft folgen.
Der dort einsetzende Terror blieb der Bevölkerung nicht verborgen und belegte schon das Wort „Gestapo" mit einer psychischen und sprachlichen Blockade, die seine Nennung beim öffentlichen Protest der Bischöfe äußerst riskant erscheinen ließ.[5] Wer gegen den propagandistisch gepflegten schönen Schein des Dritten Reiches dessen finsterste Abgründe

---

1 Vgl. Boberach, Berichte, S. XXXIV-XXXIX.

2 Auftreten und Aussehen der Gestapobeamten sind gelegentlich in den Berichten der „Neudeutschen" erwähnt. Vgl. Eilers, Bund Neudeutschland.

3 Portmann, Kardinal von Galen, S. 182.

4 Ebd.

5 In allen Entwürfen zum Bonner Kurzwort vom 20. 3. 1942 war die Gestapo genannt. Dennoch wurde am Ende nur der Terror selbst, nicht sein Urheber genannt (vgl. D. XVII, Z. 80).

geltend machte, konnte früher oder später der Rache sicher sein.[6] Der Terror bedrückte das Daseinsgefühl der Nichtkonformen wie eine unheimliche Atmosphäre. Seine Auswirkungen bekunden sich in einer unscheinbaren Episode: Dr. L. Wichert-Schmetz arbeitete in der von Jaeger getarnten christlichen Aufklärungsbewegung als rassekundliche Referentin. Ihre Verwandten im östlichen Belgien fragten sie dort verwundert (ca. 1937): „Hast Du auch den deutschen Blick?“[7] Sie erläutert: „Diese Verhaltensform muß so allgemein gewesen sein, daß sie im deutschsprachigen Belgien auffiel.“[8] Angespannte Wachsamkeit und gutgespielte Sorglosigkeit wollten schwer zusammengehen.

Neben scharfer Wachsamkeit und steter Freundlichkeit muß Jaeger in einem unanfechtbaren Gottvertrauen seine innere Lebensform gefunden haben. Sie ließ ihn zu Wichert-Schmetz, die befürchtete, der Polizei ungewollt etwas Belastendes über ihn „verraten“ zu haben, sagen: „Das macht nichts, alles steht in Gottes Hand.“[9]

Die Polizeiberichte sind prüfungsbedürftig, weil oft eilig niedergeschrieben[10] oder unüberprüft weitergereicht.[11] Ferner spiegeln sie das ideologische Kirchenbild des Nationalsozialismus,[12] wenn Heydrich L. Jaeger der Wehrkraftzersetzung verdächtigt[13] oder bewußt nur vom „Eindruck“ des Nationalen die Rede ist.[14] Historische Kritik ist nötig, aber meist auch

6 Zum äußeren und z. T. pseudoreligiösen Glanz des Dritten Reiches vergleiche man Heiber, Joseph Goebbels, S. 147-165. Sogar die innerparteiliche Anlage von Karteien war Instrument des Terrors in den eigenen Reihen (z. B. bei M. Bormann).

7 Wichert-Schmetz, Vita et pax, S. 35.

8 Ebd.

9 Ebd., S. 34.

10 Es galt, die „Staatsfeinde“ sofort unschädlich zu machen.

11 Der Vermerk steht über dem dritten Bericht (D. IV, Anm. 1).

12 Vgl. Rösch, Kampf, S. 472: Murawski über die Jesuiten als die typischen Repräsentanten der katholischen Kirche.

13 D. I, Z. 39-47.

14 D. II, Z. 13-16. Über fesselnde Art und Beliebtheit: „Studienrat Jaeger war bei allen Schülern jeder Konfession beliebt, nicht aber bei manchen Kollegen.“ Das bezeugt als Schülermutter Frau Elisabeth Weiskittel in privaten Briefen an den Zeithistoriker Prof. U. Wagener. Daß es sich um weltanschauliche Gegensätze handelt, zeigt der Kontext, in dem Jaeger sich (vergeblich) bemüht, Eltern zu wirksamen Protesten gegen die kirchenfeindlichen Indoktrinationen aus dem Arsenal A. Rosenbergs zu bewegen. Der genaue Hintergrund zur Entfernung Jaegers aus dem Studienseminar ist nicht mehr ganz zu ermitteln. Doch könnte er auch in das Kollegium des Hindenburggymnasiums weisen. Ich habe Herrn Prof. Wagener für die vorgenannten Informationen zu danken.

relativ leicht möglich.[15] Hier werden vier Berichte aus dem Bereich des SD und der politischen Polizei ausgewertet, die den Weg des Paderborner Erzbischofs in sein Amt von verschiedenen Seiten beleuchten.

1. *Der erste Bericht* ist vom Inspekteur beider Instanzen im Wehrkreis VI verantwortet,[16] zuvor noch Führer in der Einsatzgruppe D.[17]
Die Befassung eines ranghohen SS-Führers mit dieser Aufgabe zeigt neben der Bedeutsamkeit auch die Schwierigkeiten, noch schnell an die Grundinformationen über den Erzbischof heranzukommen. Sonst führten die Inspekteure nur die Aufsicht über Sipo und SD.[18] Der schon am 21. August 1941 für den Wehrkreis verfügte Ausbau des kirchenpolitischen Nachrichtendienstes für die Beobachtung ranghoher Kirchenmänner entsprang der peinlichen Empfindung, Wissensdefizite ausgleichen zu müssen, wie zu vermuten ist. Dann könnte der verfügte Ausbau aber zugleich durch die Münsteraner Galenpredigten (13. 7. – 20. 7. – 3. 8.) mitveranlaßt sein.[19]
Der Bericht des Inspekteurs vom 20. August ist kurz und denkbar präzise, wenngleich nicht frei von Unschärfen und Unrichtigkeiten. Die am 10. August in Dortmunder Pfarrkirchen bekanntgegebene Bischofsernennung[20] ist Tatsache, die vermeintliche Reise nach Rom schon Gerücht,[21] wie sich aus Jaegers Dienstberichten ergibt, die ihn um den 1. und 10. August zweimal auf dem Wege von Paris nach Berlin zum OKH und zum Nuntius zeigen.[22]
L. Jaegers Stärke wird in der Jugendführung gesehen.[23] Die frühere Aktivität im ND-Gau St. Engelbert wird nun ergänzt durch Jaegers Bemühen, den auf den Gymnasien abgeschafften Religionsunterricht

---

15 Der Wert der Berichte liegt in ihrer innerdienstlichen Offenheit.

16 D. II, s. Überschrift.

17 Vgl. Boberach, Berichte, S. 933f.: die seine Identität belegende Verfügung vom 21. 8. 1941 über den Ausbau des Nachrichtendienstes auf kirchenpolitischem Gebiet. In Anm. 1 findet sich (S. 933) Boberachs Hinweis auf Bierkamps vorherige Tätigkeit in Rußland.

18 Ebd., S. XXXVII.

19 D. II. Boberach, Berichte, S. 934ff. Vgl. Galenakten II.

20 D. II, Z. 1-4.

21 D. II, Z. 4ff.

22 Vgl. MA Freiburg. 302. I. D. Abt. D. (Vgl. auch S. 79.)

23 D. II, Z. 6ff.

durch außerschulische Arbeitsgemeinschaften zu ersetzen.[24] Seine „fesselnde Art" mache ihn allgemein beliebt. Militärisches Auftreten und die im 1. Weltkrieg verliehenen Auszeichnungen (EK 1, 2 und Hohenzollernorden) unterstrichen den *Eindruck* nationaler Einstellung.[25] Der ideologische Hintergrund ist erneut zu spüren.[26] Die guten Verbindungen des früheren Leutnants zu höheren Offizieren passen in das zeitgerechte Bild.[27] Denn er sah die Frontkameraden des kaiserlichen Heeres bei dem kurzen, expansiven Aufbau der Wehrmacht in sehr hohe Offiziersstellungen aufrücken.[28] Das Resümee Bierkamps erwähnt bei den Parteistellen „gemischte Gefühle".[29] Jaegers „Besonnenheit und Klugheit" seien in den Parteikreisen bekannt.[30] Sein Einsatzwille aber lasse eine Stärkung der kirchlichen Position für ganz Westfalen erwarten.[31] Ob Jaeger eine öffentliche Protesthaltung wie Bischof von Galen verfolgen wird, ist hier noch kein Thema.[32] Der Referent zeichnet mehr eine Haltung kirchlicher Selbstbehauptung (Resistenz).[33]

2. *Der zweite Bericht* beginnt mit Gerüchten („Man sagt ...") über Jaegers Abschiedsbesuch bei Göring und Hitler.[34] Bei Hitler habe er die Klosterenteignungen angesprochen – Wunsch des Volkes nach furchtloser Konfrontation im Sinne Galens! Hitler habe sich jede Kritik lautstark verbeten. Jaeger habe das Gespräch für beendet gehalten und

---

24 D. II, Z. 7-11.

25 D. II, Z. 11-15.

26 Wie Anm. 12. Vgl. auch Boberach, Berichte, S. XL.

27 D. II, Z. 16ff.

28 Vgl. Haffner, Von Bismarck zu Hitler, S. 259: „In dem Millionenheer, das jetzt geschaffen wurde, wurden die Leutnants der Reichswehr Obersten, die Obersten Generale, Generale wurden Feldmarschälle, kurzum: es ging allen sehr gut."

29 D. II, Z. 20.

30 D. II, Z. 21ff.

31 D. II, Z. 24ff.

32 Vgl. mit D. IV, Z. 13-34.

33 Zum Begriff der „Resistenz" im speziellen hier verwendeten Sinne Gotto/Repgen, Die Katholiken und das Dritte Reich, S. 175ff. Zum konkreten Hintergrund vgl. man z. B. Delp, Kämpfer, Beter, Zeuge. Die Notizen aus dem Tagebuch Berliner Frauen sind Zeugnis solcher aus dem Glauben erwachsender verschwiegener Solidarität: S. 29 und fast passim.

34 D. IV, Z. 1-12.

sei „abgegangen".[35] Mehr als die Hälfte des Textes befaßt sich mit Mutmaßungen über Jaeger – ein V-Mann berichtet.[36]

Das Kirchenvolk stehe in neuer Bewegung gegen das Regime: „Dr. Jaeger habe erklärt, daß es in der bisherigen Form nicht weiterginge. Das Volk müsse jetzt erfahren, wo sein Feind sitze."[37] Die Kirche werde sich bald als „verschworene Gemeinschaft" zeigen.[38]

Weitere Teile sind *Stimmungsbericht*: die Empörung über Bonzen und Schiebertum – schlimmer als 1918; die von den „Schwarzen" zur Abrechnung vorbereiteten Listen; die mit dem Klosterraub geschehene Selbstoffenbarung des Regimes; die schon jetzt sichtbare Aufklärungstätigkeit des Klerus.[39] Die „Härte" des neuen Bischofs, die er dem Klerus gegenüber genauso geltend machen werde wie gegen das Regime und gegen sich selbst, ist zu differenzieren.[40] In seiner Klausurrede vom 23. Oktober 1941 wird dieser Bischof versuchen, seine jungen Vikare aus der kirchenpolitischen Konfrontation herauszuhalten, weil es Sache des Bischofs sei, für die Kirche Kerker und KZ zu ertragen.[41] Doch könnte ein Wort aus dem Bericht in der Substanz auf Jaeger zurückgehen: Die Nazis hätten sich mit der Auflösung der Klöster noch mehr geschadet als der Kirche. Sie hätten das Volk aufgeklärt, wohin man steuere.[42]

Man könnte den SD-Bericht im Blick auf Jaeger für eher peripher halten, enthielte er nicht noch eine Aussage, deren Informationswert sich beim genaueren Zusehen als kirchenpolitisch bedeutungsvoll herausstellen könnte, das Abschiedswort zu seinen Schülern am Eisenmarkt.[43] Es geht um die kirchenpolitische Standortbestimmung durch den Hadrian-Vergleich. Hadrian habe zur Zeit des Bar-Kochba-Aufstandes an der Stelle des zerstörten Tempels der Göttin Venus in Jerusalem ein Heiligtum errichtet (135 n. Chr).[44]

„Auch heute – so brachte Dr. Jaeger zum Ausdruck, seien wir nicht weit

35 Ebd.
36 D. IV, Z. 28-77.
37 D. IV, Z. 33f.
38 D. IV, Z. 52.
39 D. IV, Z. 57-77.
40 D. IV, Z. 44-50.
41 D. VIII, Z. 69-80.
42 D. IV, Z. 68-71.
43 D. IV, Z. 17-27.
44 D. IV, Z. 22ff.

entfernt von solchen Zuständen."[45] Der historische Irrtum[46] hinsichtlich des Tempels für den Jupiter Capitolinus ist hier unwichtig gegenüber dem Vernichtungskampf Hadrians. Doch auch dieser war im Sommerhirtenbrief von Fulda schon thematisiert worden.[47] Entscheidend ist vielmehr die Personalisierung der Verfolgung in einer höchsten Spitze.[48] Im Entwurf der Denkschrift an Hitler (18. 12. 1942) hat der Paderborner Erzbischof ähnlich *die* Regierung für die Verfolgung verantwortlich gemacht, die ja in Hitler verkörpert war. Bertram redigierte dies in der gleichen Eingabe auf untere Zivilverwaltungs- und Parteiinstanzen zurück.[49]

Hier zeigte der Erzbischof eine Diagnose, die an K. von Preysing erinnert, während C. A. von Galen[50] Hitlers Arbeitsüberlastung und Uninformiertheit für „Fehlmaßnahmen" verantwortlich machte.[51] Die Feststellung hat ihre Konsequenzen: Der Intention nach ließen die Proteste der meisten Bischöfe noch an Hitler als höchste Berufungsinstanz über allen Unterdrückungsmaßnahmen denken, während Jaeger, K. von Preysing und A. Rösch SJ als Bischofsberater sich in allen Maßnahmen unmittelbar mit Hitler selbst konfrontiert sehen mußten.[52] Das bewußte Risiko stieg also steil nach oben.

---

45 D. IV, Z. 24-27.

46 Der Tempel entsprach der schon vor dem Aufstand geplanten Siedlung Aelia Capitolina, die schon in der Planung zum Aufstand des Bar Kochba führte (vgl. H. Köster, Einführung in das Neue Testament. Berlin 1980, S. 334). Auf der Spitze des Tempelberges stand ein Standbild des Kaisers selbst (vgl. J. B. von Weiß, Weltgeschichte. Wien 1896, II, S. 329), über dem Tor nach Bethlehem zum Spotte der Juden ein Schwein. Die gerühmte Toleranz der Römer wich einem Vernichtungskampf gegen die religiöse Substanz des jüdischen Volkes. Köster (ebd., S. 334) spricht von der faktischen Vernichtung des palästinensischen Judentums.

47 Volk, Akten deutscher Bischöfe V, S. 466: „Es geht um Sein oder Nichtsein des Christentums und der Kirche in Deutschland."

48 Die Frage nach der zu folgernden Grundstrategie spaltete noch 1940 den Gesamtepiskopat und stand letztlich auch hinter den verschiedenen kirchenpolitischen Konzepten.

49 Vgl. die Fassungen der Denkschrift vom 18. 12. 1942 in D. XVIII.

50 Vgl. den Brief Galens an Lammers v. 22. 7. 1941 in: Löffler, Clemens August II, S. 864ff., bes. 865f., wo Galen im Blick auf die Schreckensherrschaft der Gestapo Hitlers Arbeitsüberlastung für die Möglichkeit mancher Rechtsübergriffe verantwortlich macht.

51 Ebd.

52 Eigentlich schon im Lagebericht vom 28. 9. 1941 (vgl. Rösch, Kampf, S. 100). Ob und wann hier eine frühe Kontaktnahme mit dem Ordensausschuß erfolgte, ist nicht faßbar. Zu diesem Zeitpunkt hat Rösch aber schon über Jaegers Einstellung günstige Urteile gehört (S. 105).

Die Gegenmeinung dazu ist bei Bertram und auch bei Nuntius Orsenigo zu greifen, der – dem Bertram-Kurs verhaftet – am guten Ende auf ein rettendes Eingreifen Hitlers zugunsten der bedrückten Kirche hofft, wie der letzte der vorgestellten Berichte es uns zeigen wird.[53] L. Jaegers Mahnung zur Treue gewinnt neben ihrem klaren Eigenprofil den Charakter einer letzten Herausforderung an den, der verdeckt bleiben wollte und seine Verantwortung noch immer verbarg.[54] Jaegers interne Ansprache vom 23. Oktober 1941 zu jungen Vikaren – auch hinter den Wänden des Ordinariats der Polizei sogleich bekannt – wird das noch unterstreichen.[55]

3. Diese Ansprache, vermutlich vom V-Mann Josef Mayer sofort weitergeleitet, paßt in diesen Kontext. Jaeger signalisierte seine Bereitschaft, im Kampf für die Rechte der Kirche ins KZ zu gehen, während er die Vikare aus der Risiko-Zone heraushalten wollte.[56] Mayers Aufzeichnung schien sich schon dem Ziel des RSHA zu nähern, nunmehr in die Ordinariate selbst einzudringen.[57]
Die längere Ansprache erlaubt drei Feststellungen:
1. Der Erzbischof verpflichtet die Vikare am Ende ihrer Cura-Prüfungen, mit täglicher Schriftlesung und einem intensiven Theologiestudium auf eine tröstende Heilsbotschaft bedacht zu sein.[58]
2. Diese Verkündigung habe sich von allem, nicht nur von unnötigem Politisieren fernzuhalten.[59]
3. Den Kampf um die Freiheitsrechte der Kirche habe der Bischof selbst zu führen. Er selbst habe für die Kirche zu kämpfen und zu leiden: „Der Bischof gehört ins KZ und nicht der Vikar."[60]
Ein anwesender Vikar bezeugt die dankbare Aufmerksamkeit der jungen

---

53 D. IX, Z. 78-93.
54 Jäckel, Hitlers Weltanschauung, S. 139f.
55 D. IX, Z. 87-102.
56 D. VIII, Z. 69-79.
57 Boberach, Berichte, S. 942: „Das Reichssicherheitshauptamt legt besonderen Wert auf Mitteilungen über das Privatleben von Bischöfen, Generalvikaren und führenden Geistlichen. Desgleichen sind geeignete V-Personen in die Dekanats- und Pressekonferenzen einzubauen und vor allem in die Ordinariate selbst" (Tagung v. 22./23. 9. 1941 in Berlin). Vgl. auch a. a. O., S. 943 über die Tagung in Düsseldorf: „Es muß uns gelingen, in die Generalvikariate selbst hereinzukommen."
58 D. VIII, Z. 45-68.
59 D. VIII, Z. 70.
60 D. VIII, Z. 77f.

Geistlichen: Früher habe man (gemeint ist wohl das Ordinariat) es umgekehrt gehalten. Man habe sie in den Kampf geschickt und bei einer Konfrontation allein gelassen oder gar gerügt. Hier nun wolle der Bischof selbst das Risiko tragen.[61]
Tatsächlich war Jaegers spontane Äußerung, den Oberhirten für die Seinen kämpfen und leiden zu lassen (Joh 10,11), nicht ganz unumstritten. Der Regensburger Bischof M. Buchberger wollte den Bischof ganz risikofrei stellen, um nicht ein führungsloses Kirchenvolk einem uneinigen Klerus zu überlassen.[62] Kardinal K. J. Schulte hat es 1937 vielleicht ähnlich gesehen.[63]

4. *Der vierte Bericht:* Am 18. Dezember 1941 übersandte Heydrich dem Reichsminister des Auswärtigen, von Ribbentrop, das Gespräch eines V-Mannes mit Nuntius Cesare Orsenigo vom 13. November 1941,[64] der in dem geistlichen „Mitbruder" einen Freund sah.
Von vielen behandelten Punkten[65] kommen hier drei in Betracht: In der Wahl des Paderborner Erzbischofs sieht der Nuntius eine „noble Geste des Vatikans".[66] In einer irrigen Reminiszenz hat der Nuntius die Tapferkeitsauszeichnung durch das Ritterkreuz des Hohenzollernordens mit einer dynastischen Bindung verwechselt, wie es etwa bei der Adelung Kardinal von Faulhabers durch den letzten Wittelsbacher König vorzustellen ist.[67] Sachlich sieht der Nuntius die Qualifikation L. Jaegers in der „besonderen Eignung, ohne Konflikte mit dem Staat auszukommen und

61 D. VIII, Z. 91ff. Prof. Dr. R. Padberg bemerkte am 21. 1. 1994 in der Kommission für Zeitgeschichte in Anwesenheit des Verfassers zu dieser Äußerung des jungen Vikars: „Das war ich selber." Er widersprach dezidiert der Aussage von A. Reineke, wahrscheinlich habe Jaeger das Wort vom Bischof, der ins KZ gehöre, nicht gesagt: „Reineke war nicht dabei. Ich war Zeuge, daß Jaeger es wörtlich gesagt hat." So erweist sich das Stenogramm des V-Mannes, der hier wörtlich zitiert, als richtig. Auf einer Pressekonferenz am 7. 2. 1994 erweiterte Reineke seine Aussagen um die Feststellung, daß man damals darin einen „Maulkorberlaß" gesehen habe. Heute ist zur damaligen Lage anzumerken: Paderborn lag mit den Maßnahmen gegen Geistliche (64,7 %) mehr als doppelt so hoch wie der deutsche Bistumsdurchschnitt (Gotto/Repgen, Katholiken, S. 115f.) Der absolute Höhepunkt aller Bestrafungen von Geistlichen wurde 1941/42 erreicht (ebd., S. 206: ca. 2 450). Das war der Hintergrund zu Jaegers Ermahnung.

62 Volk, Akten Kardinal Faulhabers II, S. 855.

63 Volk, Akten der deutschen Bischöfe IV, S. 151.

64 D. IX, Briefkopf und Z. 1-6.

65 Aufgezählt in Wagener, Erzbistum, S. 33.

66 D. IX, Z. 11ff.

67 Volk, Akten Kardinal Faulhabers I, S. XXXVI-LXXXI.

doch die Jugend auf seiner Seite" zu haben.[68] Orsenigos Aussage muß mehr Fragen aufwerfen als beantworten. Am 19. Oktober war er der Hauptkonsekrator bei der Bischofsweihe gewesen.[69]

Die Auskunft des Nuntius über seine erste Unterredung mit Jaeger wie die Schilderung Jaegers vom 19. Oktober über das gleiche Gespräch in Berlin bezeugen, daß die außerordentliche Resonanz Jaegers bei der Jugend einen geradezu programmatischen Wert für seine Bestellung ins Bischofsamt gehabt haben muß. Der Nuntius sagte dem aus Frankreich angereisten Divisionspfarrer, der über die Eröffnung seiner Bischofswahl sehr bestürzt gewesen sei: „Ich habe Ihr ganzes Leben studiert: Und wenn Sie nichts mitbringen würden als die katholische Jugend, es wäre auch das allein sehr viel."[70] So hörte es also der V-Mann vom Nuntius.

Als zweiter Punkt sei die Weigerung des Nuntius hervorzuheben, die angegliederten Gebiete vor einem Friedensschluß als Reichsgebiete anzuerkennen. Zugleich aber halte er an dem Anspruch fest, für diese „konkordatsfreien Gebiete" zuständig zu sein.[71] Der von Heydrich unterzeichnete Rapport hat hier eine handschriftliche Randnotiz E. von Weizsäckers. Sie macht die Befürchtung des Staatssekretärs deutlich, daß man dem Nuntius durch Verweigerung der Kompetenz für diese Gebiete auch jede Vermittlung entziehe. Am 10. Juni 1942 stornierte Hitler persönlich dem Nuntius und dem Vatikan alle Beziehungen zu diesen Gebieten. Die dort ausgebrochene Kirchenverfolgung gab den Anlaß zur letzten Denkschrift der Bischöfe an Hitler vom 18. Dezember 1942, die Jaeger verfaßte.[72]

An letzter Stelle sei die Ahnungslosigkeit C. Orsenigos gegenüber Hitler hervorgehoben.[73] Er konnte sich nicht vorstellen, daß Hitler hauptverantwortlich hinter der Kirchenverfolgung stand. Der V-Mann zitiert Nuntius C. Orsenigo persönlich: „Man kann hetzen und den Führer einseitig informieren – die Lage ist ja sehr bedrohlich –, aber ich sage es Ihnen

---

68 D. IX, Z. 14ff.

69 Die Ordnung leitete sich aus dem Rang der Mitkonsekratoren ab. Nur aus den Akten der Hauptaußenstelle Bielefeld ist heute noch zu ersehen, daß beide Suffragane eingeladen waren (Hildesheim, Fulda), Dietz aber durch Krankheit verhindert war. Weihbischof A. Baumann war der zweite Mitkonsekrator.

70 D. IX, Z. 20f.

71 D. IX, Z. 32-44.

72 D. XVIII.

73 Gemeint ist die Überzeugung Orsenigos von der Dominanz einer echten Staatsräson bei Hitler.

heute schon, der Führer wird einmal entscheiden, nicht weil er die Kirche liebt, sondern weil er sehr klug ist. Er ist klüger, als seine Umgebung es glaubt."[74] In dieser Äußerung Orsenigos begegnet uns ein Muster der Bertramschen Lagebeurteilung und der an sie geknüpften kirchenpolitischen Selbstbeschränkungen.[75] Jaeger und Preysing dachten hier konträr anders.[76]

Beruhigend mußten auf Hitler und das RSHA die Reflexionen des Nuntius über das Ende des Kirchenkampfes durch den „Führer" selbst in ihrer Ahnungslosigkeit wirken: Er werde, durch die Geschichte des Kulturkampfes belehrt, nicht im Frieden verspielen wollen, was er im Kriege gewonnen habe.[77] Hitler werde nach dem Siege das vollbringen, woran ihn gegenwärtig noch die Kriegsaufgaben hinderten, er werde nach dem Vorbild Bismarcks den Frieden mit der Kirche suchen, zumal die Zahl der Katholiken im Reiche größer geworden sei denn je.[78]

Aus den Unterlagen des SD und der Gestapo lassen sich über den neuen Bischof etwa folgende Mutmaßungen ableiten:

Der Bischof wird den NS-Staat nicht unnötig provozieren, aber unbeirrbar der katholischen Sache dienen.

Er wird versuchen, das Volk über seinen inneren Feind aufzuklären. Er wird besonders Bischof der „jungen Kirche" sein wollen.

Man hatte mit seiner Protest- und Leidensbereitschaft zu rechnen.

Exkurs

Der Moraltheologe Joseph Mayer und sein Dilemma

Stellung und Bedeutung des Paderborner Moraltheologen können passend in diesem sicherheitspolizeilichen Zusammenhang behandelt werden. Damit ist das Thema „Mayer" aber nicht erschöpft. Er wird nicht nur mit dem Vorwurf belastet, nachrichtendienstlich für SD und Gestapo des

---

74 D. IX, Z. 73-78.

75 Z. B. das zähe Beharren auf dem Eingabekurs und der damit zusammenhängende Glaube, Hitler durch Wohlverhalten besänftigen oder gewinnen zu können.

76 Zu Jaeger D. IV und XVIII, zu Preysing S. 155f.

77 D. IX, Z. 79ff.

78 D. IX, Z. 81ff.

Regimes als V-Mann tätig gewesen zu sein. Seine Einstellung zur Problematik der Sterilisierung von Erbgeschädigten wurde schon vor 1933 diskutiert. In der Nachgeschichte des Dritten Reiches wurde ihm eine ideelle Verstrickung in das nationalsozialistische Verbrechen der „Euthanasie" vorgeworfen. Als V-Mann wurde er am 26. Oktober 1941 „enttarnt", ohne es selbst zu erfahren. Doch zog der Erzbischof die unauffällige Isolierung Mayers einer Abberufung vor, weil ein erkannter Spion kein Spion sei. Tatsächlich wäre damit zu rechnen gewesen, daß ein neuer und unerkannter V-Mann auf den Bischof und das Ordinariat angesetzt worden wäre.
Von den genannten Problemkreisen ist die Tätigkeit des V-Mannes im Rahmen unserer Arbeit bevorzugt zu behandeln. Hat sie doch Jaegers Bischofsweg vom Anfang bis zum Ende der Hitlerzeit erschwert. Sie wurde aber auch für Mayer in den Folgen schicksalsbestimmend.[79]
1. Die Aussagen über Mayers Dienste für den SD sind zum Teil vage und widersprüchlich, selbst bei sonst guten Zeugen. Das liegt in der Natur solcher Tätigkeit und in den dadurch bedingten Unsicherheiten. Doch zeichnen sich auch ein paar brauchbare Belege ab.
Augustinus Reineke, Paderborner Diözesanjugendseelsorger, erfährt am 26. Oktober 1941 direkt durch Benediktinerpater Odo Antoni OSB (Gerleve), s. Z. als Soldat bei der Spionageabwehr des Heeres eingesetzt, vom dubiosen Wirken des Professors.[80] Sein Informant wird letztlich ein Gestapo-Mann – vielleicht aus Dortmund-Hörde – sein, wie G. Ermecke, bischöflicher Sekretär, es gehört haben wollte.[81] Die Zuverlässigkeit der Angabe P. Odos erfuhr für Reineke noch weitere Stützen: Der Benediktinerpater bekundete ein Wissen, das den üblichen Informationsstand klar übertraf und sich bald am Einzelfall bestätigte.[82] Ein weiterer Hinweis kam nach einem halben Jahr: Es gelang einer zeitweilig bei der Paderborner Gestapo-Stelle eingesetzten jungen Schreibkraft „Maria", heimliche Zusatzdurchschläge von Gestapo-Berichten herauszuschmug-

---

79 Wollasch, Joseph Mayer, S. 411-429. Reineke, Jugend, S. 148f., 152-158. SS-Obersturmbannführer Albert Hartl zählt in einer Prozeßaussage von 1961 200 Geistliche aller Konfessionen zu seinen Informanten (Boberach, Berichte, S. XXXIX). Hartl möchte nicht alle Informanten als „Spitzel" einstufen („Die Zeit" vom 2. 9. 1982). Auch das Wort „Verräter" ist mit Vorsicht zu nehmen (vgl. Reineke, Jugend, S. 148 mit Padberg, Kirche, S. 57).

80 Reineke, Jugend, S. 148.

81 Padberg, Kirche, S. 197, Anm. 105.

82 Reineke, Jugend, S. 148f., 152-158.

geln. In ihnen wird das Vorhaben Mayers thematisiert, Akten der Fuldaer Bischofskonferenz von dem ahnungslosen Bischof Maximilian Kaller (Ermland) zu beschaffen und an das RSHA zu übermitteln.[83]
Soweit die Fakten. Zur Beurteilung ist zu sagen: Diese „Gegen-Observierung" eines V-Mannes ist ein komplexes Geschehen, mehrfach zufallsbedingt und kaum erfindbar. Der Bericht ist glaubhaft: Als Zeitzeugen sind außer Reineke die beiden katholischen Jugendlichen „Hugo" und „Maria", der Erzbischof und sein Generalvikar bekannt geworden. Jaeger nahm die Durchschläge an sich.[84] Ob sie 1945 bei Mayers Entlassung verwendet wurden, ist unbekannt.
Rudolf Padberg war am 23. Oktober 1941 unter den Zeitzeugen, als Jaeger im Ordinariat zu jungen Vikaren sprach. Beim Hinausgehen tauschte Padberg mit dem anwesenden Mayer ein paar situationsbezogene und zugleich persönliche Worte aus, die sich auf die Rede des neuen Erzbischofs bezogen.[85] Das Gespräch fand sich später in den Akten der SD-Außenstelle Bielefeld wörtlich wieder.[86]
Unzweifelhaft ist demnach Mayers Einsatz als V-Mann. Undurchlichtet blieb die innere Zwangslage, aus der heraus er handelte.
2. Die Sterilisierungsproblematik ist als zweiter Themenkreis zu behandeln. Mayers Dissertation von 1927 berücksichtigte eine Fülle medizinischer, anthropologischer und juristischer Literatur. Sie war weitgespannt und fachübergreifend.[87] Dennoch hat Nuntius Pacelli die erfahrungsorientierte, aber zu wenig grundsätzliche Grenzziehung gegenüber der Sterilisierung mißfallen. Er untersagte Mayer die Verbreitung zentraler Thesen.[88] In der Folge blieb dann die grundsätzliche Ablehnung der Sterilisierung durch die Enzyklika „Casti connubii" (1930) Pius' XI. auf

---

83 Ebd., S. 152ff.

84 Ebd., S. 154.

85 Padberg, Kirche, S. 56f. – Prof. Dr. R. Padberg hat dem Verfasser bei einer Sitzung der Kommission für Zeitgeschichte im EBP (21. 1. 1994) versichert, er sei der Vikar gewesen, der mit dem Moraltheologen Dr. J. Mayer diese Worte gewechselt habe. (Vgl. Anm. 61.)

86 Vgl. D. VIII, Z. 97-102.

87 Wollasch, Mayer, S. 435f. Mayers Dissertationsthema lautete: „Sterilisation Anormaler von Staats wegen" (ebd., S. 413). Ihre Veröffentlichung in Buchform hatte das Thema: „Gesetzliche Unfruchtbarmachung Geisteskranker" (ebd.). Wollasch geht auch ohne die ausdrückliche Erwähnung der Dissertation davon aus, daß es sich um eine für die Veröffentlichung überarbeitete Fassung der Dissertation handelt (ebd., Anm. 11).

88 Volk, Akten Kardinal Faulhabers II, S. 697, Anm. 6.

Mayer nicht ohne Einfluß, wie der SD 1934 bedauernd feststellte.[89] Bei dem Versuch, das nationalsozialistische Sterilisierungsgesetz von 1933 zu verteidigen, wahrte Mayer nur äußerlich die kirchliche Position.[90] Vom 30. Mai bis 1. Juni 1934 befaßte sich die Plenarkonferenz der Bischöfe mit dem nationalsozialistischen Sterilisierungsgesetz und zugleich auch im Sonderreferat mit der Position Mayers. Eine Mitschrift notierte vom Referat des Ermländer Bischofs Maximilian Kaller: „Wir können nicht zustimmen."[91] Die von Mayer geplante Neuauflage des Buches während seines Rektorats von 1934-1936 in Paderborn löste römische Bedenken und Auflagen aus, die das Verhältnis zu „Casti connubii" betrafen.[92] Ihr Scheitern am Reichspressegesetz zeigte auch zur andern Seite hin die Grenzen des Mayerschen „Brückenbaus".[93] Faulhabers Skepsis von 1941 gegenüber Mayer in bezug auf die „Euthanasie" (1941) meinte wohl noch diesen früheren Mayer.[94]
Damit ist zum letzten Punkt der „Affäre Mayer" übergeleitet, zur nationalsozialistischen „Euthanasie"-Aktion.
3. Die Frankfurter Ärzteprozesse von 1965 und 1967 – von G. Sereny publizistisch zwar eindrucksvoll, aber umstritten kommentiert und vermittelt[95] – brachten Mayer durch Hartls Zeugenaussage erneut ins Gespräch: Auf Bestellung Hartls soll Mayer 1939 ein umfangreiches Gutachten zur ethischen Beurteilung der „Euthanasie" bei unheilbar Kranken erstellt haben. Zum Inhalt bemerkte Hartl, daß sich Mayer nicht zu einer grundsätzlichen, sondern mehr faktischen Ablehnung der

89 Boberach, Berichte, S. 9. und ebd., Anm. 2. Über H. Muckermann wird ebenfalls eine durch die Enzyklika motivierte Wandlung festgehalten (ebd.) und bedauert.

90 Wie Anm. 88, ebd.

91 Stasiewski, Akten deutscher Bischöfe I, S. 223f.: zum Sterilisierungsgesetz. Ebd., S. 237: Bischof M. Kallers Referat in der (privaten) stenographischen Mitschrift von Bischof Sebastian (Speyer).

92 Wollasch, Mayer, S. 414f. und ebd., Anm. 19.

93 Ebd. Das hat Mayer schon für das Jahr 1933 festgehalten.

94 Volk, Akten Kardinal Faulhabers II, S. 696f., Anm. 6. Obwohl die ethische Beurteilung von Sterilisation und Euthanasie auf einen ähnlichen Problemhintergrund zurückweist, empfiehlt es sich, sie in der Biographie Mayers sorgfältig zu unterscheiden (vgl. Reineke, Jugend, S. 156f.).

95 „... zu Hartls Darstellung auf dem Hintergrund zurückprojizierter Erwartungsschemata und anfechtbarer Wertungen der Autorin vgl. G. Sereny p. 65-77." In: Volk, Akten Kardinal Faulhabers II, S. 697, Anm. 6.
G. Sereny, Into that Darkness: dt.: Am Abgrund; eine Gewissenserforschung. Gespräch mit Franz Stangl, Kommandant von Treblinka, u. a., S. 65-77.

„Euthanasie“ bekannte, die Ausnahmen zuließ.[96] Zur Wirkungsgeschichte behauptete Hartl, Hitler habe auf die Feststellung, daß hier keine unfehlbare kirchliche Lehre vorliege, die berüchtigte Weisung erteilt.[97] Doch kommentiert L. Volk zutreffend: „Andererseits wird man unterstellen dürfen, daß seine [d. h. Mayers] Stellungnahme zu differenziert war, um die Legitimation für das abzugeben, was anschließend als Euthanasieaktion ablief...“[98]

Hartl berührt aber mit keinem Wort Mayers nachrichtendienstliche Tätigkeit als V-Mann des SD in Paderborn. So liegt über ihren Hintergründen wie über dem verschollenen Gutachten das gleiche Dunkel. Warum schwieg Hartl hier, wo er doch keine Bedenken trug, den erschütterten, konsternierten und auch geistig stark verstörten Achtzigjährigen mit der schrecklichen Mordaktion zu belasten? Hatte auch Hartl etwas Entscheidendes zu verbergen?

Das führt zu der weiteren Frage: Wodurch verlor Mayer seine Freiheit? War es eine „Affäre“ aus seiner Oberstdorfer Vikarszeit,[99] mit der SS-Führer und Ex-Geistlicher Hartl oder ein Emissär aus dem RSHA den Geistlichen zu erpressen verstand?[100] Oder war es ein Zusammenhang mit seinem Euthanasie-Gutachten von 1939, das bis heute unauffindbar blieb?[101] Konnte es ihn derart zwischen alle kirchlichen und staatlichen Stühle setzen, daß er erpreßbar war?[102] War es sein engagierter Einsatz in

---

96 Ebd., S. 696f., Anm. 6.

97 Wollasch, Mayer, S. 419.

98 Wie Anm. 94.

99 Ebd. Daß Hartl von ihr gewußt hat, scheint sicher. Hartls Romanentwürfe enthalten Anspielungen auf Mayers frühe Affären. Darin klingen instrumentalisierbare Details an, die Hartl zugänglich gewesen sein müssen (Wollasch, Mayer, S. 422, Anm. 53).

100 Dagegen spricht nicht Hartls Aussage, Mayer vor seinen Paderborner Besuchen nicht gekannt zu haben. Er konnte sich darauf verlassen, gegenüber dem gestört wirkenden Mayer als verläßlicher Zeuge zu gelten. Schließlich konnte er in dem halben Jahr, als das Gutachten in Paderborn entstand (1938/39), genügend erpresserischen Einfluß auf Mayer und seine Arbeit nehmen.

101 Als „Überzeugungstäter“, der noch 1967 für „humane“ Formen der „Euthanasie“ eintrat, hat Hartl vielleicht auch die Richtung der Mayerschen Arbeit zu beeinflussen gesucht.

102 Unabhängig von der Frage, wer den Moraltheologen gefügig gemacht hat, ist zu sagen: Schon das Geheimgutachten von 1939 konnte ihn in eine doppelseitige Verstrickung führen: Das RSHA konnte ihm vorwerfen, durch Fehlorientierung über den Standpunkt der Kirche die öffentlichen Euthanasie-Proteste der Bischöfe von 1941/42 herausgefordert zu haben. Der Kirche gegenüber konnte man ihn – zu Recht oder nicht – als Mitschuldigen an der „Euthanasie“ denunzieren. Beides konnte einen von Skrupeln und

der katholischen Friedensbewegung, die seinen Mitstreiter Dr. Joseph Metzger später unter das Fallbeil brachte?[103] Der Moraltheologe stand in diesen Zusammenhängen noch 1944 unter erheblichen Repressalien![104]

Nach dem Rücktritt (1945) lebte Mayer unter „Verzicht" (!) auf alle Ruhegehaltsansprüche[105] in bescheidenen Verhältnissen – mit der Schriftleitung von zwei Klerusblättern befaßt. Er starb 1967 und wurde in der Priestergruft seines Heimatortes beigesetzt.[106]

Phobien geplagten Mann (vgl. Reineke, Jugend, S. 158) zum Werkzeug disponieren. Auch Wollasch stellt die Möglichkeit, durch ein streng geheimes Gutachten selbst erpreßbar zu werden, nicht in Abrede (Wollasch, Mayer, S. 422).

103 „Am 29. 6. 1943 aufgrund der Denunziation einer Mitarbeiterin (Gestapo-Agentin ‚Babs', d. i. Dagmar Imgart), die Kontakt zu einem schwedischen Bischof erstellen sollte, verhaftet." Hinrichtung am 17. 4. 1944 (von Hehl, Priester unter Hitlers Terror, Sp. 453f.).

104 „Im März 1944 hatte ich auch vieles zu leiden, hauptsächlich wegen meiner Korrespondenz, die ich mit Herrn Dr. Metzger geführt hatte. Es ist mir eine Genugtuung, daß ich für die große Sache der Versöhnung der christlichen Konfessionen einen kleinen Teil leiden durfte" (Brief vom 15. 2. 1946 an Sr. Gertrudis in Meitingen; zit. nach Wollasch, Mayer, S. 426).

105 Mayer hat die Durchschrift seines Gesuchs an den Paderborner Erzbischof (24. 7. 1945) mit dem handschriftlichen Vermerk versehen: „Erpressung durch Drohungen" (ebd., S. 416). Das bezog sich auf sein Endgespräch mit Jaeger. „Offenkundig handelte es sich um einen erzwungenen Rücktritt, hinter welchem harte Auseinandersetzungen und außergewöhnlich schwerwiegende Gründe vermutet werden müssen" (ebd.).

106 Ebd.

Kapitel 3

Vita et pax – bonus miles Christi

Der Weihetag und was auf ihn folgte

Selten wohnten Kampf und Frieden so nahe zusammen wie in den Ansprachen der Paderborner Bischofsweihe vom 19. Oktober 1941,[1] auf den Tag genau acht Jahre nach der Vereidigung des Nachbarbischofs von Galen in Berlin.[2]

Um „Leben und Frieden" („vita et pax") kreist der Kerninhalt der Predigt, während die Rahmenaussagen vom „guten Soldaten Jesu Christi" („bonus miles Jesu Christi") geprägt sind, dem Glaubenszeugen der pazifistischen Urgemeinde.[3]

Der Kontext des bischöflichen Leitspruchs aus dem Römerbrief (8,6) lautet: „Das Trachten des Fleisches führt zum Tod, das Trachten des Geistes aber zu *Leben und Frieden*."

Die Erklärung des erzbischöflichen Leitwortes im Kern seiner Weiheansprache soll nur kurz berührt werden, während der Rahmenteil, der in den Dokumentenanhang aufgenommen wurde, als zeitgeschichtliches Zeugnis zur ausführlichen Darstellung gelangt.

Leben und Frieden sind Früchte, die aus der Verbindung mit dem Geiste Christi im erlösten Menschen durchbrechen – so verkündet der Erzbischof. Die dreifache Entfaltung des Lebens – natürlich, geistig und

---

1 Das deutsche Volk stand im dritten Kriegsjahr und im fünften Monat des Rußlandfeldzuges. Die Kriegspropaganda Hitlers hatte diesen als Präventivkrieg gegen einen bevorstehenden Überfall der Sowjetunion dargestellt. Das wurde von der Masse des deutschen Volkes geglaubt, weil Stalin 1939/40 Finnland überfallen, die baltischen Staaten und Bessarabien besetzt hatte. Das geheime Zusatzabkommen, das im Hitler-Stalin-Abkommen dem sowjetischen Diktator dazu die Voraussetzungen gab, war der Öffentlichkeit unbekannt. Nach der blutigen Christenverfolgung in Spanien und Rußland galt der Bolschewismus der Weltöffentlichkeit weithin als Prototyp antichristlicher Gewaltherrschaft. Die nationalsozialistische Propaganda verbrämte den Überfall, der fest im ideologischen Programm Hitlers verankert war, als „Kreuzzug" (vgl. Jäckel, Die Weltanschauung Hitlers, S. 43ff. Ders., Hitlers Herrschaft, S. 78-88).

2 Löffler, Clemens August I, S. LXII.

3 2 Tim 2,3: Der bonus miles Jesu Christi erduldet für seinen „Meister" Verfolgung, Gefängnis und Tod, wie der Brief es bei Paulus voraussetzt, der als Glaubensbote des Evangeliums vor dem Abschluß seines Lebens vorgestellt wird. Die Vollendung selbst liegt im Lebenseinsatz (vgl. 2 Tim 4,5ff.).

übernatürlich[4] – bereitet schon den Friedensgedanken vor, der in seiner höchsten Entfaltung, weil der Lebenssphäre Gottes zugehörig, wie das göttliche Leben Geschenk und Gnade ist: „Christus ist unser Friede“ (Eph. 2,14).[5]

In diesem Frieden der Harmonie, der alle Menschen in Liebe umfaßt, ist der absolute Gegensatz zu Hitlers Auffassung des „Friedens“, der in der Vernichtung oder bedingungslosen Unterwerfung des Gegners besteht, eingeschlossen. – Dort ist „Friede“ nur denkbar als Kampfpause zu neuer Vernichtung.[6]

Wie das eigentliche Leben uns nicht gegeben sei als Leben des Leibes, so schön und edel es ist, nicht als Leben des Geistes, so eindrucksvoll es sich in den Kulturgütern darstellt, sondern als übernatürliches Leben, so sei auch der einzige wahre Friede nur denkbar im Geiste Christi und aus ihm. Hinter der menschlichen Friedensohnmacht, die der Bischof stark hervorhebt, steht bei ihm zweifellos die Unheilserfahrung von Versailles, die sich für ihn ebensowenig unter deutschem Vorzeichen wiederholen darf, wie sie damals einen echten Frieden hatte aufkommen lassen können. An die Wiedergesundung aus christlichen Werten sah er ja seine Eidesleistung beim Oberpräsidenten in Münster gebunden.

Ist die Aufgabe des Erzbischofs in der Weitergabe des Lebens und des Friedens Christi beschlossen, so ist der „gute Soldat Jesu Christi“ der wichtigste unter den gegenwartsbezogenen Aspekten der Predigt. Ihr dominierender Hintergrund ist die Kirchenverfolgung im eigenen Lande, während die Annahme von Kriegsbegeisterung und von nationalsozialistisch gefärbten Sprachmustern sich als Mißverständnis enthüllt.[7]

Nach kurzer Würdigung des ihm zuteil gewordenen bischöflichen Auftrags begrüßt er die Anwesenden, besonders auch die Soldaten, denen er als Seelsorger im Felde nahe sein durfte. Im Blick auf ihre zahlreichen

---

4 Pdb. Amtsbl. (30. 10. 1941): Leibliches und geistiges Leben sind Voraussetzungen der Gnade, die der Bischof als übernatürliches Leben zu spenden hat.

5 Beim „diktierten“ Frieden (ebd., S. 105) ist an das Diktat von Versailles gedacht, das in der Denkschrift Jaegers an Montgomery für das Unheil der Nachkriegsentwicklung mitverantwortlich gemacht wird (vgl. D. XX – 1945 –, Z. 212-217). In seiner Friedensansprache bilden offenbar Versailles und Völkerbund den Hintergrund für die These von der Vorläufigkeit aller irdischen Friedensbemühung (Amtsbl. v. 30. 10. 1941, S. 105).

6 „Krieg wurde gewissermaßen zum Normalzustand, und es war eine untergeordnete Frage der Zweckmäßigkeit, ob man sich dabei der Waffen oder anderer Mittel bediente“ (Jäckel, Hitlers Weltanschauung, S. 106).

7 „Der Spiegel“ Nr. 48 (21. 11. 1972), S. 75f.

Zuschriften bemerkt er: „Mitten in den Strapazen dieses gewaltigen Krieges, umgeben von Tod und Gefahr, lebt Ihr das Leben der Heimat mit, um derentwillen Ihr all das Schwere ertragt; kämpft und sterbt Ihr auch, wie mir das immer wieder aus Euren Briefen entgegenklingt, für die Bewahrung des Christentums in unserem Vaterland, für die Errettung der Kirche aus der Bedrohung durch den antichristlichen Bolschewismus.“[8]

Zwei Fragen stellen sich hier: Wie sieht der Erzbischof den Ostkrieg? Weshalb erwähnt er den opferreichen Einsatz der katholischen Theologen im Ersten Weltkrieg und im gegenwärtigen Kampfe?

Bezüglich der ersten Frage stoßen wir auf die Tatsache, daß der Erzbischof die Motivation der Soldaten als vorgegebenes Faktum nimmt: „... kämpft und sterbt Ihr auch, wie mir das immer wieder aus Euren Briefen entgegenklingt, für die Bewahrung des Christentums in unserem Vaterland, für die Errettung der Kirche aus der Bedrohung durch den antichristlichen Bolschewismus.“[9] In strenger Interpretation seiner Worte bleibt der Erzbischof bei der Zitation der Soldatenbriefe stehen. Die kirchenpolitische Dimension seiner Aussage ist erst berührt, wenn wir die zweite Frage stellen – warum er dies jetzt sagt!

Die Antwort kann nicht übersehen: In entscheidender Phase des Kampfes soll den auch aus religiöser Motivation kämpfenden Soldaten von einem antichristlichen Regime und einer gleichgerichten Partei hinterrücks das Christentum genommen werden! Derselbe Vorwurf wird auch noch beim Menschenrechtsprotest begegnen (S. 197). Es geht um die Zerstörung der Volksgemeinschaft, also um eine Variante des Dolchstoßvorwurfes. Beim Hadrian-Vergleich hielt Jaeger die Stunde für gekommen, das Volk aufzuklären, wo sein wahrer Feind sitze.[10] Angesichts der kulminierenden Verfolgung beschwört der Erzbischof den Widersinn, der darin liegt, den auch für Kirche und Christentum kämpfenden Soldaten hinterrücks ihr eigenes Christentum und so ihrer Heimat die Seele zu rauben.

Situativ und kontextlich ist der tragende Hintergrund des Gleichnisses vom „guten Soldaten Christi“ der urchristliche Glaubenszeuge und Bekenner.

In einer doppelten Sinnrichtung wird das Gleichnis entfaltet. In einem

---

8 D. VI, Z. 32-37.

9 Ebd.

10 D. IV, Z. 34.

ersten Ansatz seiner Ansprache blickt der Erzbischof von dem urchristlichen Bekenner auf den Frontsoldaten hin, um dessen Haltung an jener des Glaubenszeugen zu läutern. Er sieht vier Gemeinsamkeiten: selbstlosen Dienst, vorbehaltlosen Einsatz, Bewährung aus letzter Verpflichtung, Treue bis in den Tod.[11] In der Nachmittagsansprache wird der nämliche „Soldat Christi", vom Leben und Frieden Christi erfüllt, seine Liebe allen Menschen zuwenden und schenken.

Hatte der Bischof im ersten Rahmenteil seiner Ansprache das irdische Soldatentum geläutert und an einen betont christlichen Sinn gebunden, so verdeutlicht er im Schlußteil die Grundhaltung des Christen vom Soldaten her. Er blickt also in umgekehrter Sinnrichtung von tapferer und sieghafter soldatischer Haltung zum Bekenner hinüber: „Der wahre Christ trägt das Kreuz Christi, das Siegel seiner Auserwählung, mit demselben Stolz wie der Soldat sein Eisernes Kreuz."[12] Der Bekenner hat seinen Stolz, seine Todesverachtung und seine höchste Tapferkeit. Er kämpft für seinen Herrn Jesus Christus in letzter Hingabe und Begeisterung.[13] Diese Seite des Gleichnisses wird der Bischof am Nachmittag noch einmal in einer den heutigen Leser nicht mehr ansprechenden Weise aktualisieren.[14]

Er wird gegen die propagandistisch und schikanenreich unterstützte Austrittsbewegung aus der Kirche den Heldenmut des Soldaten aufbieten, der im Sturm auf betonierte Stellungen kein Unglück, sondern die höchste Auszeichnung erblickt.[15] Heroisches Christsein in schwerster Stunde wird eingefordert.[16]

Hat der heutige Leser einmal so lebendig wie der damalige Hörer, dem alle situativen Interpretationshilfen entgegenkamen, den wesentlichen Bezug auf die verfolgte Kirche erfaßt, dann gewinnt die Ansprache Transparenz und Geschlossenheit. Es geht um eine Kirche, um ein Christentum, die sofort nach Beendigung eines steilen Siegeslaufes im Osten ihrer eigenen Vernichtung entgegengeführt werden sollten. Unter den verschiedensten Aspekten wird immer neu das eine und einzige

---

11 D. VI, Z. 46ff.

12 D. VI, Z. 61ff.

13 Vgl. Anm. 11.

14 Es geht da um den Drill des Kasernenhofes als Gleichnis für die Disziplinierung des „inneren Menschen" (D. VII, Z. 126-133).

15 D. VII, Z. 101-110.

16 D. VII, Z. 91-97.

Thema variiert: Vernichtung des Christentums durch einen „Bolschewismus“, der von innen nicht weniger droht als von außen.[17]
Auch die Substanz der Rede wird jetzt zeitbezogen: Christsein und Kirche werden vom System des Nationalsozialismus heuchlerisch mißbraucht und usurpiert für den Kampf gegen den äußeren Bolschewismus, bevor sie selbst vernichtet werden sollen. Auch die Kernpredigt kann nur vom Gegensatz her begriffen werden: Das Leben (vita) wird über alle naturhafte Dumpfheit und kulturelle Beschränktheit hinausgeführt zur schrankenlosen übernatürlichen Gottesgemeinschaft *aller Menschen*, wie sich auch der durch Jesus Christus in Gott gefundene Frieden (pax) in der Liebe des Herrn *allen Menschen zuwendet*.[18]
So ist es nicht zu verwundern, daß auch im letzten Teil der Ansprache, der sich mit den Ordensfamilien und der Ökumene befaßt, der gleiche situative Hintergrund zu gewahren ist. Gegenüber den Raubzügen Bormanns, Himmlers und Heydrichs durch die Klosterlandschaft des Reiches werden die Ordensgemeinschaften als die familiären Zellen der übernatürlichen Lebensgemeinschaft Kirche gesehen, wie die Familien ihre natürlichen Grundeinheiten bilden.[19]
Auch der ökumenische Ausblick auf die Gemeinschaft aller Christen, die zusammen 90 % der Volksgemeinschaft umfaßten, steht im Gegensatz zum Anspruch jener Ideologie, die einer in Jesus Christus konvergierenden Volksgemeinschaft eine andere Orientierung aufzwingen wollte. Das gemeinsame Ringen um die Gestaltwerdung Christi in uns allen gebe uns die Hoffnung auf eine nicht mehr ferne Zeit, „wo Gottes Weisheit uns die Wege zeigt, auf denen diese Einheit der Kirchen wiederherzustellen ist“.[20]

---

17 Im nächsten Abschnitt wird die kirchenpolitische Lage eingehend dargelegt, die sich für Erzbischof Jaeger aus Klostersturm, Euthanasie und Kirchenverfolgung des Jahres 1941 ergab. Die Lageberichte des Ordensausschusses gaben den Bischöfen Aufschluß über Vernichtungsabsichten und Strategien des Gegners. Jaegers Bischofswahl wurde vom Ordensausschuß positiv gewertet. In der Optik der Ordensleute bedeutete dies, daß er auf der Protestlinie des offensiven Bischofsflügels eingeordnet wurde (Rösch, Kampf, S. 105).

18 Besonders deutlich in D. VII, Z. 111-123: Das göttliche Leben ist *allen* Menschen weiterzuschenken. Die Vermittlung des inneren Friedens wird daran sogleich angeschlossen: Z. 123ff.

19 D. VI, Z. 65-80 werden Familie und Ordensfamilie in einem Zuge behandelt.

20 D. VI, Z. 81-98.

Der Aufblick zur „Mutter des Lebens“ und „Königin des Friedens“ läßt noch einmal vor dem Segen das bischöfliche Leitwort anklingen.[21] Zum Rahmen der Feier sei angemerkt, daß neben Nuntius Orsenigo und Weihbischof A. Baumann die beiden Suffraganbischöfe G. Machens von Hildesheim und J. B. Dietz von Fulda als Mitkonsekratoren durch das Metropolitankapitel eingeladen waren. J. B. Dietz konnte aber nicht erscheinen.[22] Vor der überlieferten und hier behandelten Ansprache lag aber nach Amtsblatt und Gestapo-Notiz ein kurzes Wort Jaegers an die Geistlichkeit, das im Dom kaum zu verstehen war. Die Resonanz des Bischofs bei der Jugend muß so stark gewesen sein, ihr Heil-Rufen so begeistert, daß Jaeger die zum Palais gefolgten Jugendlichen recht bestimmt in ihre Quartiere beschied. Er wehrte jeder Provokation.[23] Bedauernd wird im Bericht an die Hauptaußenstelle vermerkt, daß von keinem der Jugendlichen ein polizeilicher Meldezettel vorgelegen habe. Damit wird die Bereitschaft der Bevölkerung zur privaten Quartierbeschaffung ebenso kritisch vermerkt wie die Schwierigkeit der politischen Polizei, den seit 1939 endgültig in der Illegalität lebenden katholischen Jugendverbänden auf die Spur zu kommen.[24] Sicher war die mit diesem Umstand gegebene Erschwerung der Registrierung den Festteilnehmern nicht unwillkommen, wenn nicht sogar von ihnen eingeplant.

Die von der Jugend gewünschte Bischofsfeier am Nachmittag des Weihetages war wegen der Besorgnisse des Metropolitankapitels im Dom nicht durchzuführen, wurde aber kurz entschlossen und freudig vom Erzbischof aufgenommen und in die von Pfarrer Dr. F. M. Rintelen bereitgestellte Marktkirche gelegt.[25] In Dr. Rintelen fand Jaeger schon bald seinen ebenso entschiedenen wie risikobereiten und menschlich überzeugenden Generalvikar, der dem Erzbischof als Mitarbeiter zur Seite trat und später als bischöflicher Leiter des Kommissariats Magdeburg unter erneuter Diktatur in der DDR ein unverwechselbares Eigenprofil gewinnen sollte.[26]

---

21 D. VI, Z. 110-114.

22 StA Detmold, M 18, Nr. 16, Bd. II, Bl. 426: Einladung durch Dompropst P. Simon.

23 Hinsichtlich der Vorrede s. ebd., Bl. 469ff.; hinsichtlich der Weisung in die Quartiere s. D. VII, Z. 134-141.

24 StA Detmold, M 18, Nr. 16, Bd. II, Bl. 469ff.

25 Reineke, Jugend, S. 138.

26 Rintelen, Erinnerungen, S. 159-205.

Das Eingangslied der Feier erstarb beim Einzug des Erzbischofs in den Heil-Rufen der auch von der Gestapo kaum abzuschätzenden Menge begeisterter Jugend in der hoffnungslos überfüllten Barockkirche, die Jesuiten-, Markt- oder Universitätskirche heißt.[27]

Die bekenntnishaften Worte eines Jugendlichen, eines Mädchens und eines Soldaten (Kolping) enthielten an mehreren Stellen die provokativen Anreden „Führer“ (beim Jungen zweimal), „Hauptmann“ (der Soldat an Jaeger) und „oberster Feldherr“ (vom Soldaten auf Christus bezogen). – Das Propagandaministerium wachte streng über ihre Reservierung für Hitler; Jaeger indes vermied sie, wie er den Führer überhaupt ignorierte.[28]

Die sehr spontan wirkende Rede an die Jugend gliedert sich in fünf Einheiten. Jaegers Gespräch mit dem Nuntius in Berlin vom 1./2. 8. 1941 unterstreicht die besondere Zuordnung des Bischofs zur Jugend.[29] Der Bischof erwidert das Treuebekenntnis der Jugend mit dem Versprechen eigener Treue bis in den Tod.[30] Der Bischof verteidigt die frühere Arbeit der Jugendverbände und sieht sie ungeachtet ihres Verbots überall als Ferment wirksam.[31] Mit optimistischer Wendung zur Zukunft („... denn der Herrgott hat uns das Gesicht nach vorn gedreht, hat uns die Nase mitten ins Gesicht gesetzt, die uns den Weg nach vorn weist“[32]) verwehrt er der Jugend und sich alle Trauer um Vergangenes und ruft sie in den Kampf gegen eine glaubensfeindliche Zeit, wie man die besten Soldaten gegen die schwersten Stellungen ansetzt: Der Schwere der Bewährung

---

27 StA Detmold: s. o. Anm. 24, a.a.O., Bl. 472.

28 Rintelen gibt leider nicht seine Gewährsgrundlage an, wenn er einen „Gestapobeamten“ – in Wahrheit ist wohl eher der von Reineke namentlich erwähnte Benediktinerpater Odo Antoni gemeint, der zur „Abwehr“ eingezogen war (vgl. Reineke, Jugend, S. 148), – einen Bericht über die Weihe Jaegers überbringen läßt, aus dem er wörtlich zitiert: „Dieser neue Erzbischof ist für uns alle eine große Enttäuschung. Bei all den Feiern am Tage seiner Bischofsweihe ist kein einziges Mal der Führer genannt worden“ (Rintelen, Erinnerungen, S. 101). Wie immer begründet, scheint die Aussage Rintelens über den Weihetag hinaus Gültigkeit zu beanspruchen. Wir finden Hitler nur in Anspielungen wieder: im Hadrian-Vergleich (D. IV, Z. 28ff.) und in der Rede vom Übermenschen, der in seiner Machtgier alle zertrete (s. d.). Autorität sieht der Bischof im Staat als solchem (vgl. D. VII, Z. 187). Zur Überwachung der Sprachregelungen im totalitären Staat vgl. u.a. Boberach, Berichte, S. XXXIII: Christus als „höchster Führer“.

29 D. VII, Z. 1-39.

30 D. VII, Z. 40-48.

31 D. VII, Z. 61-87.

32 D. VII, Z. 88-97.

werde die Größe der Gnade entsprechen.[33] Die Vision einer sieghaften Bekennerzeit beschließt der Bischof in einem fünften und letzten Abschnitt mit dem Blick auf die Voraussetzungen eines solchen Einsatzes: die Ordnung und Disziplinierung des „inneren Menschen“, ein klassisches Thema platonisch-christlicher Anthropologie. Hier wird nun allerdings das an sich gute Ziel durch den Vergleich mit der Disziplin des Kasernenhofes über Gebühr belastet.[34] Selbst das Ethos des einfachen Soldaten wächst seit den Freiheitskriegen über den blinden Kasernenhofdrill hinaus.[35] Doch dominiert in den Ausführungen Jaegers ganz klar der Akzent der Selbsterziehung. Inhaltlich geht es um den Kampf gegen die innere Feigheit. (Warum bin gerade ich als Christ in diese schwere Lage gebracht?[36]) Jaeger macht also Front gegen die von den Nazis mit allen Mitteln betriebene Kirchenaustrittsbewegung, die mit Drohungen und Terror aller Art gegen kirchentreue Katholiken vorging.[37] Er blickt aber auch auf die von der Partei angekündigte „Endabrechnung“ und bereitet die Jugend auf ein Glaubensbekenntnis in Bedrängnis vor.

Die von Beifall und Heil-Rufen unterbrochene Ansprache hatte in der Jugend eine nachhaltige Fortwirkung, wie die Archive der Gestapo bestätigen. In ihnen taucht die Jugendansprache des Bischofs Laurentius vom „guten Soldaten Jesu Christi“ in der Form von Flugblättern auf, die von jungen Männern „getippt“ wurden und vervielfältigt „ins Feld“ gelangten.[38]

Bei einer Durchmusterung der von der Gestapo beschlagnahmten Flugblätter im Dritten Reich hatte Peter Dohm keine Schwierigkeit, die Rede des Erzbischofs genau zu bestimmen: „... u. a. Lob der soldatischen Tugenden, die in der Gnade Gottes verankert sein müssen; der soldatische

---

33 D. VII, Z. 99-110.

34 D. VII, Z. 126-141.

35 Der Kasernenhofdrill entstammt der vor der Französischen Revolution üblichen Lineartaktik, war also bis dahin gefechtsbezogen und „sinnvoll“. Losgelöst von dieser Beziehung konnte er leicht zur Schikane ausarten.
Die Voraussetzungen der christlichen Anthropologie vom „inneren Menschen“ bei Paulus und in der hellenistischen Welt erörtert Duchrow, Christenheit und Weltverantwortung, S. 59-123.

36 D. VII, Z. 103ff.

37 Vgl. den Entwurf des Ordensausschusses vom 15. 11. 1941 in: Rösch, Kampf, S. 125: Benachteiligung der Beamten.

38 HStA Düsseldorf. Akten der Gestapoleitstelle. RW 58, Nr. 9336.

Kampf ist ein Gleichnis für unseren letzten entscheidenden Einsatz in der Schlachtreihe Christi."[39] Das entspricht der doppelten Sinnrichtung, die sich aus der Analyse des Miles-Bildes ergab.
Die im Fliegerhorst Jever und in Oberhausen bezeugte und von dem Handlungsgehilfen Ludger Albert Husmann den Frontsoldaten zugeschickte Rede Jaegers hatte die Wirkung, die Jaeger über die Begeisterung der Stunde hinaus einer bedrängten Jugend weiterschenken wollte: Husmann notierte die Antworten. – Von der Nordsee am 26. 11. 1941: „Die Worte des Bischofs Laurentius gelesen. Die Begeisterung wächst. Die Verantwortung spürt man mehr und mehr. Es ist schön, allein zu stehen wie so viele meiner Kameraden." (Name) – Undatiert: „Die Predigt des Bischofs Laurentius hat mir Freude gemacht. Jetzt hat die junge Kirche ihren Bischof." (Name) – Ebenfalls undatiert: „Ihr Brief und die Worte des Bischofs Laurentius stellten mich von neuem in die Gemeinschaft der Freunde ... Wenn heute ein Sturm durch die Welt geht, dann gilt er den Dämonen und den Philistern. Und jetzt und in jeder Stunde haben wir unsere Aufgabe im Kampf, dort, wo wir hingestellt sind ..." (Name)[40]
Dankbarkeit und Begeisterung reichten weit über Ort, Bistum und Weihestunde hinaus und entzündeten sich noch – entgegen skeptischer Bestreitung[41] – am „getippten" Wort der Flugschriften.
Erzbischof Laurentius fand eine volle Akzeptanz bei der Jugend. Die psychologische Bedeutung dieses Moments tritt noch stärker hervor, wenn wir den Alptraum des jungen Berliner Domvikars W. Adolph vom 14. Oktober 1937 im Auszug zitieren: „Die Kirche wird geleitet von Greisen. Um sich versammelt haben sie ihre Räte, die ihnen oft an Alter kaum nachstehen. Die Kühnheit der Trommler der Straße, das aufreizende, packende Wort in den Massenversammlungen, die Wucht und Kraft der Propaganda, das nackte Schwert der Gewalt sind Kräfte, die sie nicht kennen, vielleicht nicht einmal begreifen können. Das Volk in den Kirchen ist arm und verängstigt. Die Besitzenden und Wissenden stehen fast immer im Hintergrund. Die Amtsträger fallen ab oder verbergen ihren Glauben."[42]
„Jetzt hat die junge Kirche ihren Bischof" (s. o.). Ein nicht mehr

39 Dohm, Flugschriften in Gestapo-Akten, S. 242.
40 HStA Düsseldorf. Akten der Gestapo-Leitstelle Düsseldorf. RW 58, Nr. 9336.
41 Tigges, Jugendjahre, S. 174f.
42 Adolph, Geheime Aufzeichnungen, S. 160.

gekannter offensiver Optimismus noch in der Verfolgung ging von dem neuen Bischof aus. Seine Tapferkeitsauszeichnungen unterstrichen seinen Mut und seine kämpferische Haltung.

Von Goebbels stammt die folgende Tagebucheintragung: „Ich vertrete dem Führer gegenüber den Standpunkt, daß die alten Kardinäle vom Schlage Faulhaber und Bertram viel weniger gefährlich sind als die jungen Pastoren, die als Feldgeistliche an der Front stehen und etwa das EK I tragen. Diese machen uns mehr zu schaffen, denn sie genießen in der Öffentlichkeit ein hohes Ansehen. Sie sind kämpferisch eingestellt und verstehen, aus dem Fronterlebnis heraus zu reden. Der Führer teilt meinen Standpunkt. Wir müssen uns solchen Klerikern gegenüber ein wenig vorsehen."[43]

Von diesem Hitler-Goebbels-Gespräch her können wir ein Bild beurteilen, das A. Reineke entschieden tadelt, da es Jaeger mit seinen Kriegsauszeichnungen auf dem Bischofsgewand zeigt. Obgleich wohl schon bald zurückgenommen, ist das Foto ein zeitgeschichtliches Dokument, das in der Mitwirkung oder doch Duldung des Erzbischofs entstanden ist.

Der angedeutete Kontext belegt zudem, wie wenig die geschichtlichen Tatbestände mit unseren heutigen Vorstellungen in Übereinstimmung zu bringen sind. Nur wer eine Vorstellung hat von der Hetzkampagne des Nationalsozialismus gegen die Kirche, ermißt, welche Wirkung von einem Foto ausging, das einen Bischof zeigte, der das Feindbild einer „unvölkischen" und „antinationalen" Kirche exemplarisch Lügen strafte. – So umfassen der wehrlose „Soldat" als Symbol der pazifistischen Urkirche und der reale Soldat des Ostkampfes die *Problematik oder Tragik christlicher Geschichte in jener Stunde.*

Welche Auffassung vom Krieg stand hinter den Bischofsworten? Bischöfe, Priester und gläubige Katholiken nahmen den Krieg als vorgegebenes Schicksal an. Deshalb griff der Erzbischof hier nur – wie auch an fast allen Stellen, die einen Kriegsbezug enthalten – die faktische Motivation der Frontsoldaten auf und läutert sie am Bild des urchristlichen Bekenners, der zugleich als Zeuge, geistiger Kämpfer und „Soldat Jesu Christi" dem eigenen kirchenfeindlichen Regime ausgesetzt war. Man kannte hier also keine Alternative zur Staatsloyalität.

Der 1945 hingerichtete Jesuitenpater Alfred Delp hat 1940 diese Lage, in

---

43 Lochner, Goebbels-Tagebücher 1942-43, S. 341.

der auch Bischöfe gefangen waren, so umschrieben: „Die Frage, die sich stellt, verlangt also eine sittliche Meisterung des Krieges, in den wir gestellt sind. Wir haben ihn nicht ausgerufen, es ist auch nicht in unsere Macht gestellt, ihn aus unserer Wirklichkeit zu entrücken. Wir müssen mit ihm fertig werden.“[44]

Ob eine solche Sicht der Kriegswirklichkeit unter dem heutigen Anspruch des menschlichen und christlichen Gewissens zu vertreten wäre, muß in einer historischen Arbeit unerörtert bleiben. Zur „sittlichen Meisterung“ gehörten für Jaeger in Entsprechung zur faktischen Motivation soldatischen Einsatzes auch die Tapferkeit und die Treue bis in den Tod (s. o.). Als Zielvorstellung konnte er nur den Frieden in der Gerechtigkeit und Liebe Jesu Christi, keinen Unterwerfungsfrieden und so auch keinen totalen Sieg des Hitler-Regimes akzeptieren, natürlich auch nicht den totalen Sieg des religionsfeindlichen Bolschewismus.

Wer eine historisch konsistente Vorstellung von Jaegers Gedankenwelt zur Kriegsproblematik sucht, darf nicht unerwähnt lassen, daß der Krieg darin auch als „Dämonie“ und größtes „Verbrechen“ fungiert (Pdb. Amtsbl. 1944, 4, S. 23f.). Deshalb dominierte der Friede in der Gerechtigkeit und Liebe Jesu Christi in der katholischen Verkündigung so stark, daß Gestapo und SD davon eine Verstärkung der Kriegsmüdigkeit befürchten mußten.

Im Rahmen kirchenpolitischer Darstellung steht mit der Weihe Jaegers noch ein Tatbestand im Zusammenhang, der hier seine Einordnung finden kann: die Verhaftungswellen gegen die jugendlichen Teilnehmer und „Demonstranten“ des Weihetages und des folgenden, noch stärker besuchten Christkönigssonntags am 26. Oktober 1941. Sie erfolgten im November und Dezember 1941.[45]

Das RSHA hatte in den Wochen der zweiten Septemberhälfte und des Oktobers Anlaß, über die Neubesetzung von Paderborn beunruhigt zu sein. Nach Berichten des SD geriet auch das Paderborner Kirchenvolk unter dem Eindruck der Galen-Predigten und in der Erwartung L. Jaegers in eine drängende Unruhe.[46] War schon die vom Inspekteur des SD und der Gestapo im Wehrkreis VI erwartete „erhebliche Stärkung“ der

---

44 Delp, Der Krieg als geistige Leistung. StdZt. 137 (1940), S. 208, zitiert bei Hürten, Katholiken, S. 464f.

45 Reineke, Jugend, S. 143ff. Boberach, Berichte, S. 601.

46 D. IV, Z. 28-77.

Kirchenposition in Westfalen beunruhigend genug, so meldete jüngst die Leitstelle Düsseldorf, daß der ernannte Erzbischof in offener Ansprache gegen die zentral gelenkte Kirchenverfolgung zu Treue, Mut und Beharrlichkeit aufgerufen hatte.[47] Noch war der Schrecken gegenüber Galens Durchbruch in die Öffentlichkeit nicht ganz abgeklungen, da kamen Meldungen, die keinen Zweifel mehr erlaubten, daß der neue und noch einzige Metropolit der beiden westdeutschen Kirchenprovinzen mit ihren neun Bistümern die Demaskierung des wahren Volksfeindes anstrebe.[48] Strategisch-taktisch stellte sich dem RSHA die Aufgabe, wie man, als in der Anspannung des Ostkampfes sich Endsieg und Abrechnung mit den Kirchen zu verzögern schienen, den neuen Metropoliten „an die Kette legen" könnte.[49]

Wo lag seine verwundbarste Stelle? Offenbar dort, wo ihn nach V-Meldung des SD aus der Nuntiatur kirchliche Weisung gerade hatte mit Mühe lösen können.[50] Das war seine katholische Jugend. Hatte man das Plazet des Kirchenministers für den verhaßten Bischof nicht verhindern können,[51] so mußte man wenigstens seinen schlimmsten Folgen zuvorkommen.[52] Gerade noch hatte diese Jugend ihm unter Heil-Rufen begeisterte Treue geschworen. Er selbst wollte ihr zugehören bis zum letzten Herzschlag.[53]

Die schlimmste Waffe des terroristischen Unrechtsstaates war die Geisel-

---

47 D. IV, Z. 22-27.

48 Bei ihrem autoritären Denken konnten die nationalsozialistischen Instanzen sofort folgern, daß der ranghöchste Bischof alle anderen Bischöfe des Konveniats mit sich reißen würde, zumal die Eingabe vom 28. 8. 1941 in der Frage der Euthanasie öffentliche Schritte angekündigt hatte (vgl. Volk, Akten deutscher Bischöfe V, S. 540).

49 Man konnte an Verhaftungen von Priestern denken. Mit ihnen traf man Galen und Faulhaber besonders hart, während Polizeiverordnungen allein nicht schnell genug wirkten.

50 Aus Orsenigos Ausführungen (D. IX, Z. 15-23) und Jaegers Worten geht die außerordentliche Anhänglichkeit an die Jugend schlagend hervor (D. VII, Z. 20-39). Jaeger betont, daß er ohne die Jugend verkümmern werde. Die Rede war sofort in Gestapo-Besitz in Bielefeld.

51 Vgl. die Abhandlung über die pol. Klausel, die ein Musterbeispiel für die Rivalitäten in einem ungeklärten Kompetenzenwirrwarr ist (S. 36).

52 Die pol. Klausel bei der Ernennung von Erzbischof Frings von Köln war offenbar frei von Komplikationen, weil die Bedenken Görings sich von vornherein auf das Priesterseminar in Bensberg und nicht auf die Person von Frings bezogen (Po A Bonn, Büro des Staatssekretärs, Akten betr. Vatikan Nr. 240 327f.).

53 D. VII, Z. 45-48.

nahme.[54] Man konnte ihre Möglichkeit wenigstens androhen. Was im November/Dezember über das Bistum und seinen Erzbischof hereinbrach, war in historisch-genetischer Betrachtung von jeder Überraschung frei. Man sieht geradezu einen Musterfall dafür, daß die vorliegenden Erinnerungsberichte der historisch-genetischen Aufhellung bedürfen.[55] Man begreift, daß auch der Terrorstaat seinem inneren Gesetz verhaftet war.

Den „Löwen von Münster" hatte man durch die Sühneopfer seiner eigenen Priester an den Felsen zu schmieden gesucht: Für ihn verhaftete die Gestapo „22 Weltpriester, von denen sechs in Konzentrationslagern umgekommen sind. Es schmerzte Galen, daß seinetwegen andere Personen Verfolgung und Bedrohung erleiden mußten: eine Tatsache übrigens, die allen Bischöfen eine besondere Verantwortung auferlegte."[56]

Pinchas Lapide bringt das bedrückende Zeugnis eines Luxemburger Priesters aus dem KZ Dachau über die Proteste von kirchlichen Stellen: „Sie spielen den Helden, und wir müssen die Rechnung bezahlen."[57]

Jaeger hatte seine Reaktion gut zu überlegen, als im November 1941 zwei und Anfang Dezember noch eine Verhaftungswelle über die Jugendlichen seines Bistums hinwegrollten.[58] Alle Gesichter waren der Gestapo vom Weihetag und vom Christkönigstag bekannt. Es stellten sich ähnliche Probleme wie bei einer modernen terroristischen Geiselnahme. Bekannt war ihm sicher die Erfahrung Galens, der diese traurigen Folgen bei

---

54 In der Phase des entfesselten Terrors im Kriege uneingeschränkt angewendet, z. B. im „Nacht-und-Nebel-Erlaß". Hier wurde der Schritt sorgfältig legal getarnt, obgleich er von vornherein als Repressalie gedacht war. Indiz dafür ist der im 19stündigen Verhör gegen den Diözesanjugendseelsorger Reineke erhobene Vorwurf, daß die Glaubensfeiern verkappte Demonstrationen gegen den Nationalsozialismus seien: „Die Paderborner Jugendfeiern aus Anlaß der Bischofsweihe seien ein schlagender Beweis dafür" (Reineke, Jugend, S. 174). Die völlige Ignorierung des Führers wurde durch Übertragung seiner „kultischen" Reservate auf das religiöse Gebiet, z. B. des Titels „oberster Feldherr", zur Herausforderung.

55 Erst die historisch-genetische Betrachtung trägt, soweit sie nicht schon in beschreibender Darstellung mitgeleistet ist, dem wissenschaftlichen Erklärungsprinzip Rechnung (vgl. P. Kern, Einführung in die Geschichtswissenschaft. Berlin 1947, S. 63-70. J. M. Bochenski, Zeitgenössische Denkmethoden. Paderborn [8]1980, S. 135f. Vgl. auch W. Pannenberg, Wissenschaftstheorie und Theologie. Frankfurt/M. 1977, S. 136-156).

56 Morsey, Clemens August Cardinal von Galen, S. 43. Vgl. auch Bleistein, Katholische Bischöfe im Widerstand, S. 589).

57 Lapide, Rom und die Juden, S. 226f.

58 Vgl. Anm. 45.

seinen Priestern nicht verhindern konnte. Daß Jaeger hier verwundbar war, zeigt seine vertrauliche Rede vom 22. Oktober 1941 im Ordinariat: Er wollte lieber selber leiden, als seine Vikare leiden zu lassen. Die Rede war dem Reichssicherheitshauptamt schon bekannt geworden.[59]

Nun traf es die Bistumsjugend. Die Untersuchungshaft für die 15- bis 18jährigen Jugendlichen galt dem Weiterbestehen der schon seit Jahren verbotenen Verbände. Der Erzbischof hatte die Vorfälle durch seinen Jugendseelsorger A. Reineke in mündlichem Vortrag beim Nuntius, bei Bischof H. Wienken als Leiter des Kommissariates und bei Kardinal Bertram in Breslau vermelden lassen.[60] Reineke kehrte mit entmutigenden Eindrücken zurück.[61] Das Ende der kurzen Haftzeit von etwa drei bis fünf Wochen kam noch vor Weihnachten. Es befreite den Erzbischof von großen Sorgen, zumal die verhängten Strafen, z. B. Schulentlassungen, später durch die in solchen Fällen einsetzenden „Gnadenerlasse des Führers" wieder ausgesetzt wurden.[62] Auch konnte freiwillige Meldung zum Wehrdienst von dem „Makel" solcher Vergangenheit wieder befreien.[63]

Was von einem Erzbischof in dieser Situation zu erwarten war, ist schwer auszumachen: Protest, Besuch, Abwarten bis zur Entlassung u. a.? Überzeugende Handlungsalternativen zu seinem Schweigen konnten nicht entwickelt werden. Man durfte auch hoffen, daß ein Gewaltregime in schwerer Kriegszeit sich nicht auf die Dauer mit der Einkerkerung von Kindern und Jugendlichen belasten konnte.[64] Jaeger zog es vor, sich von

---

59 D. VIII ist ein Durchschlag, dessen Original zum RSHA ging. Jaegers Einstellung, lieber selber zu leiden, und seine strenge Forderung an die Vikare, ihm diesen Kampf für die Freiheit der Kirche allein zu überlassen, stützen die Vermutung, daß ihm die Zusammenhänge von Anm. 57 bekannt waren (vgl. zugehörigen Haupttext).

60 Reineke, Jugend, S. 144f.

61 Ebd., S. 145.

62 Ebd., S. 147 und aus mündl. Mitteilung von Erzbischof Dr. J. J. Degenhardt v. 8. 5. 1988.

63 Aus gleicher Mitteilung.

64 Die Aktion gegenüber den jungen Menschen war in der gedrückten Stimmung des ersten Winterfeldzuges für das Regime riskant (vgl. H. Boberach, Berichte, S. 629f.). Ihre schnelle Beendigung nach den großen Rückschlägen an der Ostfront vor Weihnachten trotz angedrohter langer Haft paßt gut in den von uns behaupteten Repressionscharakter der Aktion gegen den Bischof (vgl. Reineke, Jugend, S. 302-310). Die Drohung langer KZ-Haft gegen den – damals 15jährigen – späteren Erzbischof J. J. Degenhardt steht auf S. 305 bei Reineke.

dieser terroristischen Maßnahme äußerlich nicht beeindrucken zu lassen.[65]
Die entscheidende Antwort gibt, wie in vielen Fragen, die konkrete Situation. Im November 1941 stand der vom Ordensausschuß vorbereitete öffentliche Menschenrechtsprotest der Bischöfe an. Mit ihm sollte die Gewaltherrschaft der Gestapo in nicht gekannter Radikalität angeklagt werden. Im Interesse aktionsmäßiger Konzentration hätte sich Jaeger nicht leicht einen Sonderprotest in nur partikulärem Anliegen leisten dürfen. Die Generalanklage wäre in der Öffentlichkeit leicht durch Nebenklagen entwertet worden. Zudem hatte die Gestapo diese Aktion sorgfältig vorbereitet und noch sorgsamer mit dem Anschein der Legalität umgeben.[66] Im Rahmen der Schreckensherrschaft und Kirchenverfolgung hätte die kurze Verhaftung der Jugendlichen aus dem Paderborner Erzbistum von der Propaganda als Demonstrationsfall eigener Milde und Konzilianz leicht mißbraucht werden können.[67]
Noch während die Lastkraftwagen der Gestapo die Jugendlichen in die Haftanstalten fuhren, hatte Jaeger als ranghöchster Bischof und Gastgeber für den 24./25. November 1941 jenes Paderborner Konveniat der westdeutschen Bischöfe vorzubereiten, auf dem im Auftrag des „großdeutschen" Gesamtepiskopats über den Menschenrechtsprotest des Ordensausschusses zu beraten war.[68]
Mit diesem radikalen Schritt in die Öffentlichkeit wollte der Episkopat aufs Ganze gehen. In diesem Schritt waren alle kleineren Schritte der Stunde enthalten. Vom empfundenen Risiko her stand für die Bischöfe Sein oder Nichtsein auf dem Spiel.
So drängt sich am Ende dieses Kapitels die Frage nach dem genaueren Sinn des Vergleichs vom „Soldaten Christi" noch einmal auf. Ist er als Bekenntnis oder (auch) als Martyrium gedacht? Im Rahmen der alten Trias „Martyria, Liturgia, Diakonia" ist unmittelbar natürlich an Verkündigung und mutiges Bekennen gedacht, aber doch wohl so, daß in den Ansprachen Jaegers der Grenzfall stets mitgemeint war.

---

65 Das Ignorieren gegenüber einer geiselnehmerischen Provokation war eine diskussionswerte Möglichkeit und konnte ebenfalls Drohcharakter haben.

66 Der Zusammenhang der Aktion mit der Weihe wurde auffällig früh und stark bestritten und als zufällig hingestellt. Gegenüber A. Reineke war man ein Jahr danach offener (s. o.).

67 Der „fürsorgliche" Charakter der Gestapo wurde gern betont, z. B. im Wort „Schutzhaft".

68 Volk, Akten deutscher Bischöfe V, S. 629-636.

Kapitel 4

„... fast zu Tieren entartet ...“

Das Fastenhirtenwort vom 11. Februar 1942

Auf zwei Wegen kann sich der Sinn eines Textes erschließen. Die nur im Akzent verschiedenen Ansätze ergänzen sich. Der erste geht vom Ganzen aus, der zweite von der Einzelanalyse zum größeren Zusammenhang. Hier sollen beide beschritten werden. Den ersten – mehr historischen – Weg bevorzugt dieses Kapitel. Der Medienexkurs am Ende des Buches geht mehr von der Einzelanalyse aus.

Nach der These Guenther Lewys sollte sich Erzbischof Jaeger der nationalsozialistischen Theorie vom „slawischen Untermenschen“ genähert und dem Verleumdungsfeldzug gegen ihn seine Sympathie geschenkt haben.[1] Im ersten Zugang ist nun nach dem kontextlichen und situativen Zusammenhang der vielzitierten Stelle zu fragen.

Der Hirtenbrief gliedert sich in einen lehrhaften und einen praktischen Teil. Die Texte sind – entsprechend der aufkommenden Verkündigungstheologie (vgl. S. 266f., bes. auch Anm. 41) – von starker christologischer Konzentration bestimmt: Christus als Sinnmittelpunkt der Weltgeschichte und als Maßstab und Schlüssel unseres Handelns und Leidens in ihr.

Wir beschränken uns auf den ersten Teil mit dem *Rußlandwort*. Der Mensch unterscheidet sich vom Tier durch Selbstverantwortung und freie Entscheidung.[2] Diese gipfeln in der Frage nach dem Sinn des Lebens und der Welt, vor allem auch der Weltgeschichte.[3] Die konkrete Verfaßtheit jeder Zeit aber offenbart sich an ihrer Beziehung zu Christus.[4] In der

---

1 Im Exkurs am Ende dieses Buches wird die Wirkungsgeschichte der Behauptung G. Lewys durch mehr als ein Viertel unseres Jahrhunderts in den Medien verfolgt.
Zur Stalinzeit aus heutiger Sicht sei referiert: Der russische Historiker Roy Medwedjew errechnete die Zahl der unter stalinistischen *Terrormaßnahmen* in der Zeit von 1927 bis 1953 ums Leben gekommenen Menschen auf 42-52 Millionen (FAZ v. 7. 2. 1989).
Vgl. auch D. Zlepko, Der ukrainische Hunger-Holocaust. Ausw. Amt Bonn (Berichte der dt. Konsulate in Charkow und Kiew). Ferner R. Conquest, Ernte des Todes. München 1980.

2 D. XIII, Z. 42-48.

3 D. XIII, Z. 51-74.

4 D. XIII, Z. 78-104.

Verborgenheit des Menschenherzens vollziehen sich die Entscheidungen, die später im geschichtlichen Handeln ihren Charakter offenbaren. Sie bestimmen sich am Mittelpunkt der Weltgeschichte, an Jesus Christus, dem „Licht der Welt" (Joh 8,12).[5]

Hier findet auch der zweite Teil des Hirtenbriefes seinen Ort, da er Gnade und Berufung des Christen in der nicht nur ethischen, sondern realmystischen Teilhabe am Sterben und an der Auferstehung des Herrn sieht. In dieser stillen Gegenwart Jesu Christi als Sinn-Mittelpunkt aller Geschichte vollzieht sich immer auch schon in der Gegenwart das Weltgericht. Frieden und Liebe, Unfriede und Haß unter den Menschen sind Manifestationen des schon gegenwärtigen Weltgerichtes. „Das Urteil sprechen die Menschen sich selbst. Mit Christus wählen sie Freude und Frieden, Liebe und Leben; *ohne* [*kursiv* v. H. G.] Christus aber Trostlosigkeit und Unfriede, Haß und Tod."[6]

Während aber im Zusammenhang des ersten Teils das Autonomiestreben des Menschen, das in Wissenschaft und Technik auf die Spitze getrieben wurde, zunächst nur zum Vergessen und zur Nichtbeachtung Gottes führte,[7] geht der Erzbischof in den wenigen Zeilen des Rußlandzitats über den eröffneten Zusammenhang abrupt hinaus.[8] Die vorher noch ganz weiträumig angelegte theologisch-historische Betrachtung neuzeitlicher Entwicklung nimmt unvermittelt konkrete Züge an und wechselt vom Vergessen Gottes zur Gottesfeindschaft und zum Christushaß im Stalin-Rußland über, von der erfahrenen Unfähigkeit des autonomen Menschen, die letzten Fragen zu lösen, zur „Entartung" in bestialischer

---

5 D. XIII, Z. 69-74.

6 D. XIII, Z. 97ff.

7 D. XIII, Z. 25-31 sieht der Erzbischof im Ernst der Zeit das göttliche Angebot, zur Tiefe des Lebens zurückzufinden aus der Verhaftung an die vergänglichen Güter, die im „szientistischen" Stolz ihm den Blick verstellt hatten (Z. 31-39). Der andere Verlust der Letztfragen im Taumel der Vergnügungen taucht in Z. 39ff. auf. Vom Kontext her fehlt inhaltlich der Übergang vom Vergessen zum Gottes- bzw. Christushaß.

8 „Schaut hin auf Rußland. Ist jenes arme, unglückliche Land nicht der Tummelplatz von Menschen, die durch ihre Gottfeindlichkeit und ihren Christushaß fast zu Tieren entartet sind?" Gottfeindlichkeit und Christushaß sind im ganzen vorausgehenden Text weder erwähnt noch angelegt. – Dennoch sind sie nicht ganz unvorbereitet, da es die Entscheidung für (mit) oder ohne Christus ja gibt (vgl. Z. 100ff.). Das zweite Alternativglied „gegen" bzw. „ohne" Christus bleibt ununterschieden und wechselt kontextlich ab (Z. 86-89). Gerade so wird aber ein Einschub von nur loser Kontextbindung relativ leicht möglich!

Verfolgung.[9] Der ganz unvorbereitete Wechsel zum Beginn der Rußlandpassage[10] hat zur Gegenseite eine klare Entsprechung, wenn man sie zusammen mit dem folgenden Abschnitt über Scheinchristentum und Ersatzreligion[11] aus dem Text des Hirtenbriefes herauslöst.[12]

Nach Frieden oder Haß als den Folgen der Bejahung oder Ablehnung Christi vor dem Rußlandwort schlösse sich passend an: „Wir Christen können daher nicht im Zweifel sein, woran die Welt krankt. Sie leidet nicht Mangel an technischen Errungenschaften oder äußeren Zivilisationserfolgen, auch nicht zuerst an wirtschaftlichen Nöten, an Arbeitsnot, Wohnungsnot, Familiennot, sondern sie ist krank an Christus."[13]

Nach Auslassung des Rußlandzitats bliebe der Text auf der Höhe einer damals verkündigungstheologisch sehr zeitnahen Betrachtung der neuzeitlichen Entwicklung. Sie hatte den vom Autonomieanspruch bedingten Gottes- und Christusverlust zum Gegenstand.

Die Wahrnehmung einer recht lockeren Kontextbindung wird verstärkt durch weitere Auffälligkeiten: Die Tiermetapher hat in der Rußlandstelle einen ganz anderen Sinn als im Gesamtkontext: Dumpf wie ein Tier lebt hier der Mensch, der sich nicht über den Alltag hinaus zu den letzten Sinnfragen erhebt.[14] Im Rußlandtext meint sie indes bestialische „Entartung" in Haß, Grausamkeit und blutiger Verfolgung.[15] Der Niveauverlust ist nicht zu übersehen!

---

9 Das Rußlandzitat umfaßt direkt die Z. 105-110. Die dann unmittelbar folgende Stelle der Selbsterforschung über Scheinchristentum und Ersatzreligion (Z. 111-129) soll den Textanschluß neu vermitteln. Sie findet eine auffällige Wiederholung in Z. 137-149, die nach unserer Voraussetzung zum ursprünglichen Text gehören. Jaeger hat also die Einpassung nicht mehr ganz naht- und problemlos vollziehen können.

10 Ablösbar sind also die Z. 105-129, zu schweigen von ihrem sinnhaften und sprachlichen Niveauverlust.

11 Z. 130 wäre also anzuschließen an Z. 104.

12 Das Autonomiestreben der Neuzeit ist ein in dieser Zeit häufig anzutreffendes Thema, das die Ideologien der Gegenwart auf diese Wurzel zurückführt. Vgl. z. B. R. Guardini, Welt und Person. Würzburg [4]1955 (unverändert), [1]1939, S. 84-97. Zur zeitgeschichtlichen Einordnung und Deutung dieses Werkes vgl. Hürten, Die Katholiken, S. 455.

13 Z. 131-135. Das Pastorale hätte so ein hohes, gleichwohl Wärme und Zuwendung vermittelndes Niveau gehabt. Die Rußlandpassage gibt ihm jenen Zeitbezug, der dann auch in den SD-Berichten über das Echo des Hirtenbriefes im Volke dominiert. Der kirchenpolitische Zeitbezug blieb nicht folgenlos im Blick auf die Qualität. Für die Resonanz wird auch die Systematik verantwortlich gemacht (vgl. D. XV, Z. 20ff.).

14 D. XIII, Z. 42-45.

15 D. XIII, Z. 105-108.

Eine zweite ähnliche Beobachtung stützt sich auf die offenkundige und in der klaren Systematik des Hirtenbriefs störende Verdoppelung der Selbsterforschung über die Folgen des eigenen Scheinchristentums,[16] die der Charakter des Bußwortes verlangte. Die Hinweise auf eine nur lose Kontextbindung sollen noch nicht auf die Annahme eines späteren Einschubs ihres Verfassers gedeutet werden. Diese könnten erst im erweiterten Kontext an Gewicht gewinnen. Sie seien nur als einführende Hinweise genommen, bevor *nach dem situativen* Hintergrund des Hirtenbriefs und des Rußlandwortes zu fragen ist. Der ist bedeutsam genug, um uns noch im folgenden Abschnitt ausführlicher zu beschäftigen (S. 189f., 197, 203ff.). Hier sei nur das Notwendigste herangezogen.

Am 24./25. November 1941 berieten im Namen und im Auftrag des deutschen Episkopats und ihres Vorsitzenden Kardinal Bertram die Bischöfe des westdeutschen Konveniats über den Menschenrechts-Hirtenbrief vom 15. November 1941. Er sollte im frühen Advent zur Verlesung kommen.[17] Aus Gründen, die im folgenden Abschnitt behandelt werden, beschloß das Konveniat die Umwandlung des radikalsten Protestes in der Zeit des Nationalsozialismus in eine Denkschrift, die zeitgleich mit einem Protest der evangelischen Kirchen vor Weihnachten einzureichen war.[18]
Bischof von Galen sollte die Umformung in eine Denkschrift vornehmen, gab diesen Auftrag dann an seinen Cousin Bischof von Preysing nach Berlin weiter.[19] Der Denkschriftentwurf Preysings wurde aber – entgegen L. Volks Annahme[20] – von Kardinal Bertram stark umgearbeitet[21] und am 17. Dezember 1941 zeitgleich mit der evangelischen Denkschrift

16 D. XIII, Z. 111-129 und Z. 138-146. Der Grund für die Verdoppelung im Anschluß an das Rußlandzitat dürfte in der praktischen Absicht eines Fastenhirtenbriefes liegen, die Rußland-Beobachtung als Motiv eigener Umkehr auszuwerten. Aus begreiflichen Gründen ließ der Erzbischof aber auch die übergreifende Systematik des Pastorale unverändert. So mußte die inhaltliche Verdoppelung hingenommen werden.

17 Volk, Akten deutscher Bischöfe V, S. 630f., Anm. 4.

18 Ebd.

19 Rösch, Kampf, S. 184 (Ordensausschuß nach 14. 6. 1942).

20 Volk, Akten deutscher Bischöfe V, S. 646, Anm. 1.

21 Löffler, Clemens August II, S. 926, Anm. 1.

in der Neuen Reichskanzlei durch Bischof H. Wienken und Landesbischof T. Wurm überreicht.[22]

Der in Münster greifbar gewordene Entwurf Preysings ist zum Teil noch schärfer als der schon höchst radikale Entwurf des Ordensausschusses. Er wird später genauer vorgestellt.[23] Der Textentwurf Preysings eröffnet uns einen Zugang zum Verständnis des umstrittenen Rußlandwortes vom 11. Februar 1942. Als ersten Protest enthält er den Vorwurf vom „Bolschewismus" im eigenen Land. Bischof von Preysing macht nämlich auf die Absurdität aufmerksam, daß im Rücken der Kampffront gegen den äußeren Bolschewismus ein anderer „Bolschewismus" wüte, der den äußeren Kampf in seinem Sinne wieder fraglich mache.[24]

Am 16. Dezember 1941 bestätigte Jaeger den Empfang des Berliner Entwurfs, der ihm von Osnabrück über Münster per Kurier zugestellt worden war. Mit der Bestätigung schrieb er dem Amtsbruder von Galen: „Ich bin gespannt zu hören, ob Eminenz Bertram die Denkschrift in der vorgelegten Fassung einreichen wird."[25] Solange man Bertrams Endfassung mit Preysings Entwurf etwa identisch setzte, konnte man nur Bertrams Mut mit dem geringeren Zutrauen Jaegers in diesen Mut des Kardinals vergleichen. Unter solcher Voraussetzung hätte Bertram tatsächlich den Mut gehabt, die von Jaeger genannte Fassung einzureichen. Diese Voraussetzung ist mit der Auffindung der Preysing-Fassung hinfällig geworden. Jaeger hatte die radikale und lange verschollene Preysing-Fassung gemeint.

Jaeger teilte mit seinem Nachbarbischof von Münster die gleiche Sorge gegenüber der Endredaktion des Breslauer Kardinals.[26]

Noch wußte aber der Paderborner Erzbischof am 16. Dezember nichts von der Endfassung, die Bertram der Denkschrift zu dieser Zeit schon gegeben hatte. Diese Einsicht konnte er aber spätestens am 6. Februar

---

22 Gegenüber einem verbreiteten Durcheinander bei vielen Autoren sei gesagt: Die von Bertram veränderte Denkschrift ist mit dem 10. 12. datiert und wurde am 17. 12. 1941 überreicht, wie Galen in seinem Schreiben vom 16. 3. 1942 an Göring sehr genau festhält (vgl. Löffler, Clemens August II, S. 948). Bischof T. Wurm war zum gleichen Termin gekommen.

23 D. XI; vgl. S. 196ff.

24 D. XI, Z. 16-19.

25 Volk, Akten deutscher Bischöfe V, S. 650, Anm. 2.

26 Dr. P. Löffler ist für den Zugang zur „Trümmerakte" zu danken. Der aufgefundene Preysing-Entwurf in Münster ist nicht nur für Jaegers Fastenhirtenbrief, sondern auch für das Verständnis der Konferenz von Bonn (20. März 1942) fundamental.

1942 gewinnen, als er auf einem anderen – uns unbekannten – Kurierweg die Bertramsche Endredaktion zur Weiterleitung nach Osnabrück in Händen hielt und ihr sein Geleitschreiben an Bischof Berning beifügte.[27] Seine Skepsis fand sich reich bestätigt: Bis zum Abschluß seines Fastenhirtenbriefes vom 11. Februar hatte er nicht mehr viel Zeit. Den Vorwurf vom „Bolschewismus" im eigenen Lande in direkter Form in das Pastorale zu bringen, den Kardinal Bertram selbst noch aus einer internen Denkschrift gestrichen hatte, war für den dienstjüngsten Bischof sicher zu gewagt.

Er fand aber in den Lageberichten und Handlungsvorschlägen des Ordensausschusses von 1941 unter dem 31. August folgende bedeutsame Anregung: „Vielleicht Klärung des Begriffs ‚Bolschewismus', gegen den wir mit den Waffen kämpfen, damit erkannt wird, wenn uns selbst manche Erscheinungen dieser Art anhaften."[28] Es handelte sich also um das Aufsuchen notorischer Gemeinsamkeiten.

Hier fand Jaeger in den Berichten des sich gerade konstituierenden Ordensausschusses, der möglichst viele Bischöfe für sein Aktionsprogramm zu gewinnen suchte,[29] die Anweisung für einen öffentlichen Hirtenbrief, in dem der Bolschewismus-Vorwurf in indirekter Form zur Anwendung zu bringen war. Da sollten die Hörer schon aus der Art der Schilderung des realen Bolschewismus auf die Verhältnisse in ihrem eigenen Land hingewiesen werden. Nachdem er aber wußte (6. Februar 1942), daß Bertram den Vorwurf nicht einmal in einer internen Eingabe bringen mochte, konnte der Erzbischof, über diesen Ausfall enttäuscht,[30] die vom Ordensausschuß am 31. August 1941 empfohlene indirekte Form zu erproben suchen. Kam es doch darauf an, die Hörer über den Ernst der Lage aufzuklären, mit der Bolschewismus-Chiffre das Regime treffend zu demaskieren und die katholische Bevölkerung im Blick auf die laufende und noch zu erwartende Kirchenvernichtung zu alarmieren.[31]

„Bolschewismus" war derart zu umschreiben, daß die Hörer auf die

---

27 Volk, Akten deutscher Bischöfe V, S. 672f. Zum Kurierweg vgl. ebd., Anm. 1.

28 Rösch, Kampf, S. 95.

29 Zur Intention solcher Schreiben: a. a. O., S. 89. Vgl. Volk, Akten deutscher Bischöfe V, S. 543, Anm. 1.

30 In der briefl. Mitteilung Jaegers an Galen sind Einvernehmen und Gleichklang der Erwartungen vorausgesetzt und festgehalten (Volk, Akten deutscher Bischöfe V, S. 650, Anm. 2).

31 Die Nähe dieses Vorhabens zum Inhalt und zur Absicht seiner Weiheansprachen ist

Vorgänge im eigenen Lande hingewiesen wurden. Der Preysing-Entwurf hatte an entscheidender Stelle von der „christusfeindlichen" Propaganda der Partei gesprochen. Die Bezeichnung war so ungewöhnlich, daß Bischof von Galen sie in seiner Textkorrektur in „christentumsfeindlich" änderte.[32]

Jaeger war an Preysing orientiert, wenn er Nationalsozialismus und Bolschewismus gegen die Zentren von Religion und Christentum gerichtet sah, gegen Gott und Jesus Christus. Der Kampf um die Schulkreuze in Bayern und im oldenburgischen Münsterland, die Entweihung der Kirchen und die Schändung aller Bilder und Kreuze in den annektierten Ostgebieten, die geplante Profanierung des Straßburger Münsters in ein Kunstmuseum hatten sich bereits herumgesprochen:[33] Motiv der Christenverfolgung war der Christus-Haß.

Die Ansatzpunkte ideologiebedingter Feindschaft waren im Bolschewismus „drüben" und „hüben" verschieden. Im Haß gegen Gott und Christus und in der totalen und menschenverachtenden Beanspruchung des Lebens waren sie völlig gleich. Auf Hitler und Stalin wurden zudem pseudoreligiöse Gefühle gerichtet.[34]

Jaegers Intention ist nun aus Preysings Entlarvung des „Bolschewismus" und den Erwartungen des Ordensausschusses klar.[35]

Doch bleibt die Frage zu beantworten, ob Jaeger sein Vorhaben bei den Hörern und bei der Bevölkerung auch tatsächlich erreicht hat. Wie wurde das Wort vom Hörer aufgenommen? – Der Bericht der Hauptaußenstelle Bielefeld vom 24. Februar 1942 weiß von der Spannung, die auf den ersten

---

nicht zu übersehen. Die geplante und bevorstehende Vernichtung der Kirchen noch vor Kriegsende spielt im Hirtenwort von Kevelaer und Bonn eine wichtige Rolle (vgl. Volk, Akten deutscher Bischöfe V, S. 704 u. 708). S. auch D. XI (Preysing), Z. 210-214.

32 D. XI, Z. 99f.

33 Die Dinge waren nur zu bekannt: Schon im Winter 1942 spricht Jaeger in seiner Denkschrift an Hitler (18. 12. 1942) von dem „Wall des Hasses" in den eingegliederten Grenzgebieten in Ost, West und Südost, der auf das Reich überzugreifen drohe (D. XVIII, Z. 39-43 und Z. 21-26).

34 Beispiele für den Hitlerkult bei Rösch, Kampf, S. 92. Ferner bei R. Guardini, Unterscheidung des Christlichen. Mainz 1963, bes. S. 442-452. Kult in Sowjet-Rußland: vgl. E. Sarkisyanz, Rußland und der Messianismus des Orients. Tübingen 1955, S. 168-185. I. M. Bochenski, Der sowjetrussische Dialektische Materialismus. Bern ²1956, S. 56ff. G. A. Wetter, Sowjetideologie heute. Frankfurt 1962, S. 248.

35 Das Rußlandwort wird in seinem textimmanenten Sinn auch noch ausführlich am Schluß dieses Buches (S. 338-354) befragt werden.

Hirtenbrief gerichtet war.[36] Frühere Hirtenbriefe habe man zur Kenntnis genommen. Dieser finde eine lebhafte Nachbesprechung bei Müttern, bei älteren Frauen und Männern.[37] Die lebhafte Erwartung habe selbst zu einem regeren Kirchenbesuch geführt.[38] Der klar gegliederte Inhalt habe jeden Menschen angesprochen.[39] Dann wird die doppelte Tiermetapher – dumpfes Triebleben ohne Sinnfrage und bestialische Entartung als Folge von Gottes- und Christushaß – zusammengezogen in den Satz: „Die Ordnung des menschlichen Lebens sei nur dann sichergestellt, wenn dieses Leben auf Gott und auf Christus aufgebaut sei."[40]
Endlich folgt der für uns entscheidende Satz: „Es sei an der Zeit, daß die Katholiken *in ihrem eigenen Vaterlande eine ähnliche drohende Gefahr* erkennen."[41] Jaeger hatte seine Zuhörer erreicht.
Als am 22. März 1942, also nach einem Monat, der Menschenrechtsprotest von den Kanzeln der westdeutschen Bischöfe verlesen wird, lebt Jaegers verhüllter Vergleich erneut auf. Unter dem 20. April 1942 hält das RSHA von der Hauptaußenstelle Bielefeld die Nachricht fest: „Man werde von einem Grauen befallen, wenn man daran denken müsse, welche Folgen die Entchristlichung eines ganzen Volkes haben könne. Das beste Beispiel dafür sei Rußland."[42]
So schließen sich die Indizien zu einem deutlichen Ergebnis zusammen: *Jaegers Hinweis auf Rußland meinte auch und gerade das eigene Land.* Mit Hilfe des roten Terrors wurde der braune gekennzeichnet. Für Jaegers ersten Fastenhirtenbrief wurde *„Bolschewismus" zu einer Chiffre*, mit der die unter vielen tarnenden Vorwänden betriebene Kirchenverfolgung im Dritten Reich entlarvt werden sollte.

Die Bolschewismus-Analogie hatte zu dieser Zeit schon eine längere Vorgeschichte durchlaufen. Auf die Zeit vor dem Dritten Reich bezieht sich eine Aussage Jaegers an Feldmarschall Montgomery in seiner Denkschrift vom 23. Juli 1945: „Ganz Europa war erfüllt von moralischer

36 D. XV, Z. 10-14.
37 D. XV, Z. 15-20.
38 D. XV, Z. 13-15.
39 D. XV, Z. 20ff.
40 D. XV, Z. 36-46.
41 D. XV, Z. 40ff.
42 Boberach, Berichte, S. 663.

Entrüstung über das Schreckensregiment in Rußland."[43] Nach 1933 dient der Blick auf Rußland Jahr für Jahr in wechselnden Zusammenhängen und Nuancierungen der Kennzeichnung des „braunen Bolschewismus". Die Untersuchungen dieses Kapitels ohne jeden argumentativen Anspruch mit einem Blick auf die vielseitigen Vergleichsmomente dieser Analogie abzuschließen kann nicht ohne Nutzen sein. Die Auswahl könnte ohne Mühe erweitert werden.

Eine absolute Grenze möglicher katholischer Mitgliedschaft in der Partei zieht Kardinal Faulhaber schon 1930: „Sollte sich der Nationalsozialismus zu den Methoden des Bolschewismus entwickeln, dann könnte allerdings bei den einzelnen eine bona fides nicht mehr angenommen werden, weil dann der Gotteshaß [sic!] und die dämonisch brutale Gewalttätigkeit dem einzelnen nicht mehr unbekannt sein könnten."[44]

Im Wahlkampf vor dem 5. März 1933 hieß es im Wahlaufruf der katholischen Organisationen: „Dem Bolschewismus und der Gottlosigkeit sagt man den Kampf an. Aber man versucht nicht, sie von innen her zu überwinden, wie es unsere Volksverbände in ernster Anstrengung seit Jahren getan haben. Statt dessen ahmt man Bolschewismus nach, in Wortprägungen und Losungen. Wir erfahren es: Bolschewismus kann auch werden unter nationalem Vorzeichen."[45]

Am ersten Abend des „Röhmputsches" vom 30. Juni 1934 berichtete Domvikar Adolph (Berlin) Nuntius Orsenigo, Erzbischof Gröber, den Bischöfen Berning und Bares mit Generalvikar Steinmann in der bischöflichen Kurie Berlin über die als Selbstmord getarnte Erschießung des Ministerialrates und Leiters der Katholischen Aktion, E. Klausener. Nuntius Orsenigo rief spontan: „C'est soviétique." Bischof Berning: „Bolschewismus."[46]

Der Hirtenbrief vom 20. August 1935 sagt zu einem Umzug der HJ durch das Dorf Lenggries mit der Aufforderung, die Pfaffen aufzuhängen: „Hier werden Schrittmacher des Bolschewismus gezüchtet, hier wird eine Saat gesät, die zwangsläufig auf eine blutige Ernte hinausläuft."[47]

Am 26. September 1939 schreibt Erzbischof Gröber an Minister Wacker,

---

43 Vgl. Jaeger an Montgomery 1945 in: D. XIX, Z. 52f.

44 Stasiewski, Akten deutscher Bischöfe I, S. 794.

45 Ebd., S. 4.

46 Ebd., S. 753, Anm. 4.

47 Stasiewski, Akten deutscher Bischöfe II, S. 360.

der sich darauf berief, daß noch keine Kirche in Deutschland geschlossen worden sei: „Wenn das eingetreten wäre, dann müßte man allerdings nicht bloß von deutschkirchenfeindlichen Maßnahmen, sondern geradezu von Zuständen reden, wie sie im bolschewistischen Rußland verwirklicht worden sind.“[48]

Am 12. Juli 1940 schrieb Bischof Hilfrich an Innenminister Frick einen geharnischten Protest gegen die am 1. Juli 1940 durchgeführte Aufhebung der Abtei St. Hildegard in Rüdesheim.[49] Er weist dabei auf eine im achten Jahre der Terrorherrschaft fast unglaubliche Tatsache hin: „Am Tage, da die Beschlagnahmung des Klosters und seiner Kirche hier bekannt wurde, war in der hiesigen Tageszeitung eine Abbildung der Zerstörung einer Klosterkirche durch den russischen Bolschewismus mit entsprechender Notiz.“[50] Hatte ein wachsamer Journalist mit der für seine Leser eindeutigen Bolschewismus-Chiffre die Ereignisse interpretiert und illustriert?

Im Schreiben vom 24. Juli 1941 an den Kirchenminister Kerrl weist Kapitularvikar Baumann von Paderborn auf den „niederschmetternden Eindruck“ in der katholischen Bevölkerung hin, „wenn zu gleicher Zeit, wo die Zeitungen die Greueltaten der Bolschewisten in Rußland und in Spanien gegen Klöster, Geistliche und Nonnen erneut brandmarken, aus unserem eigenen Vaterlande immer neue Klosteraufhebungen und Vertreibungen von Ordensleuten bekannt werden“.[51]

Staatssekretär E. von Weizsäcker erhält aus dem Kirchenministerium am 10. April 1942 die Mitteilung, daß die Schließung des Kölner Priesterseminars in Bensberg, das von Regens J. Frings geleitet wurde, auf ein Buch mit staatsfeindlichem Inhalt zurückgehe, das – nach den handgeschriebenen Zusätzen zu schließen – fleißig gelesen worden sei.[52] Nach den Erinnerungen des späteren Kardinals von Köln handelte es sich um eine Schilderung der Kirchenverfolgung in Rußland, deren Randbemerkungen nach der Erklärung der Gestapo auf die gleichen Zustände im eigenen Lande hinwiesen.[53]

---

48 Volk, Akten deutscher Bischöfe IV, S. 727.

49 Volk, Akten deutscher Bischöfe V, S. 480-483.

50 Ebd., S. 482.

51 StA Potsdam, Akten des Kirchenministeriums, St. 23 327 (nach schriftlicher Mitteilung von Dr. habil. H. Mohr am 12. 1. 1987).

52 PA. Bonn, Büro des Staatssekretärs – Akten betreffend Vatikan Nr. 240 327.

53 Frings, Für die Menschen bestellt, S. 36: Die Broschüre hieß: Sturm über Rußland. Eine Randglosse bemerkte: „Alles wie bei uns!“ Bemerkenswert ist, daß schon die Broschüre

Bischof Machens von Hildesheim schreibt am 6. März 1943 an Kardinal Bertram, als er ihm den gewaltsamen Abtransport von Zigeunerkindern aus katholischen Heimen in bewegten Worten klagt: „Ob die Regierung nicht auch merkt, wie sehr sie dem Defaitismus in die Arme arbeitet durch solche Maßnahmen: Wie oft wird mir berichtet von Stimmen aus allen Bevölkerungsschichten und Bekenntnissen, die dahin lauten, daß solche Maßnahmen Bolschewismus seien und es sich darum nicht lohne, gegen den russischen Bolschewismus zu kämpfen.“[54]

Zum Abschluß sei angemerkt: Die Demaskierung des hitlerschen „Bolschewismus“ war für Jaeger eine dringende Forderung der Stunde. Die *Form* ihrer Durchführung erscheint ungeachtet ihres Erfolges nicht ganz problemfrei, wenn die Texteinfügung nicht sogar durch die gebotene Eile beeinträchtigt worden ist (vgl. S. 128).

---

an sich in dem Bericht der Gestapo für das Auswärtige Amt als staatsfeindlich eingestuft wurde, obgleich sie sich offenbar auf die Zustände in Rußland beschränkte: In den Augen der politischen Polizei war der Rußlandvergleich der deutschen Bevölkerung der Spiegel für ihr eigenes schikanöses Tun, der sie in Wut brachte.

54 Volk, Akten deutscher Bischöfe VI, S. 39.

Kapitel 5

Im totalitären Sprachfeld

Mitteilungsprobleme und ihre Umschreibung

Wer dem totalitären Anspruch ausgesetzt ist, steht unter den Zwängen vielfacher Anpassung. Beispiel ist der „deutsche Gruß".

Der „*deutsche Gruß*" verkörperte den Anspruch des „Führers", das Alltagsleben zu durchdringen und zu bestimmen.[1] Die Ausführung konnte äußerst korrekt, in „strammer" Grundhaltung, wie einmal über Kardinal Faulhaber berichtet wurde,[2] oder kaum wahrnehmbar und gleichgültig vollbracht werden, wie es ein Schüler bei seinem Religionslehrer L. Jaeger durch Jahre hin beobachtete.[3] Nach Kriegsbeginn wurde seine Verweigerung nicht selten mit dem Tode bestraft.[4]

Man kann R. Guardini kaum widersprechen, wenn er im „deutschen Gruß" das Gegenstück zum althergebrachten „Gelobt sei Jesus Christus" erblickt, wenn er ferner in ihm die doppelte Heilszuwendung für Hitler und für die Grüßenden selbst heraushört.[5] Man konnte den Gruß regimekritisch pervertieren, wie es F. J. von Rintelen getan hat („Heil Du ihn")[6], oder ihm gar eine quasisakramentale Bedeutung unterstellen und von der „Spendung" des Hitlergrußes reden;[7] er griff indes unentrinnbar in das Alltagsleben ein, gewünscht oder ungewünscht, vorherge-

---

1 Heiber, Joseph Goebbels, S. 218: „Wer aber für den Führer sein wollte, hatte dies täglich unter Beweis zu stellen ..."

2 „Daß er schließlich dem Gauleiter und Innenminister Wagner bei einer Unterredung mit strammem Hitlergruß gegenübertrat, war schon vom Optischen her fragwürdig." So berichtet es L. Volk noch vom Jahre 1934 im Rahmen der Entspannungsgesten, die der Kardinal nach dem Eklat seiner berühmten Adventspredigten von 1933 für nötig hielt (in: Stimmen der Zeit 3/1966, S. 184). Zum Hintergrund vgl. die Brandrede des Ministers H. Esser, Leiter der bayerischen Staatskanzlei, und in der Folge davon die abendlichen Schüsse auf das Sprechzimmer des Kardinals bei Volk, Der bayerische Episkopat und der Nationalsozialismus, S. 174ff.

3 Vgl. S. 17, Anm. 17.

4 Hoffmann, Widerstand gegen Hitler, S. 17.

5 Guardini, Der Heilbringer in Mythos, Offenbarung und Politik. In: ders., Unterscheidung des Christlichen, S. 449f.

6 Von Rintelen, Philosophie des lebendigen Geistes, S. 11: „Auch war ich angeklagt, daß ich einem Kollegen in der Universität, der mich mit ‚Heil Hitler' begrüßte, geantwortet habe ‚Heil Du ihn', aber der Kollege war als Zeuge nicht zu finden."

7 Zeugnis eines früheren Schülers über seinen Lehrer, beide dem Verfasser bekannt.

sehen oder nicht. Er war immer eine Stellungnahme im Sinne des Pro oder Contra – oder auch der Gleichgültigkeit. Seine Unvermeidbarkeit öffnet den Blick für die anderen Zwangsläufigkeiten, die selbst noch für Proteste bestimmend bleiben mußten.

Bei *bischöflichen Eingaben und Protesten* ging es darum, den Adressaten zu einem Verhalten zu veranlassen. In der Verkündigung mußte das Kirchenvolk informiert, alarmiert oder auch mobilisiert werden – verdeckt oder offen. Die pragmatische oder praktische Dimension der Sprache ist also gefragt, anders als in der Wissenschaft, wo die gegenständliche überwiegen müßte. Auch die Beziehung zwischen den Zeichen als solchen, die syntaktische Ebene also, ist der pragmatischen absolut untergeordnet. Ambivalenter Sprachgebrauch kann erwünscht sein, wenn der Hörer es richtig versteht und der Mitteilende sein Risiko mildern kann. Ein in den Gestapo-Akten von Bielefeld festgehaltener Volkswitz zeigt die Verwendung syntaktischer Beziehungen: In der allgemeinen Flut der Ehrungen und Dekorationen des Dritten Reiches kommen die Machthaber auf die groteske Idee, auch für Gott eine spezielle Auszeichnung durch den Führer vorzusehen. Es geht um die Form der Widmung. Goebbels schlägt vor: „Dem ersten Geist des Christenreiches – der erste Geist des Dritten Reiches". Der Führer zieht die Widmung vor: „Dem lieben Gott – sein Führer". Der syntaktische Wechsel des Wortes „Gott" vom Subjekt zum Objekt des „Führens" enthüllt den pseudoreligiösen Anspruch Hitlers.[8] Die Ambivalenz auf der syntaktischen Ebene soll auch den Erzähler schützen. Eine sprachliche Ambivalenz liegt auch in der Chiffre „Bolschewismus" vor, mit der Jaeger erfolgreich operieren konnte.
Bei den kirchenpolitischen Beziehungen handelt es sich sehr häufig um die pragmatische Sprachdimension zwischen kirchlichen und politischen Verantwortungsträgern, intern oder öffentlich. Man konnte den Adressaten schonen, indem man sich über untergeordnete Instanzen beschwerte und so den Letztverantwortlichen gleichsam entlastete. Aber auch schon die Eingabe konnte ihn wissen lassen, daß er durch und durch erkannt war. Die gegenständlichen Beziehungen waren bei Bischofsprotesten immer voll im Spiel. Anklagen hatten präzise und beweisbar zu sein. „Greuelmärchen" und „Feindbegünstigung" unterlagen den schwersten Strafen.[9]

---

8 StA Detmold – Bestand SD M 18, Nr. 20, Bd. I, 24.

9 Vgl. die Auflistung der KZ-Gründe bei Volk, Akten deutscher Bischöfe V, S. 1058ff.

Auch öffentliche Verlautbarungen konnten sich direkt an die Machthaber richten und zugleich das Kirchenvolk als Appellationsinstanz meinen. Eine nachträglich veröffentlichte Denkschrift wäre als Beispiel zu nennen. Die Veröffentlichung konnte aber auch direkt an das Volk gerichtet und für die Machthaber zum Mithören bestimmt sein. Zwischen einem solchen Hirtenbrief und einer Denkschrift an die Regierung sind auch Zwischenformen denkbar, wenn etwa in einem Hirtenbrief an die Regierung appelliert wird.

Hirtenbriefe sind in jedem Falle, wie immer man die Eingaben an eine kirchenfeindliche Regierung beurteilen mag, Bestandteil des kirchlichen Verkündigungsauftrages, an dem die Kirche die Begründung wie auch die Begrenzung ihres Einsatzes findet. Aus ihrer Sendung heraus hat die Kirche unverkürzt die Botschaft des Herrn auszurichten. Zum Inhalt der Botschaft aber gehört auch sie selbst, ihr Auftrag in Lehre und Handeln. So ist der Kampf um die Freiheit der Kirche in der Erfüllung ihres Auftrages integrierender Bestandteil auch ihrer Selbstdarstellung. Eine Erweiterung erfährt dieser Einsatz im katholischen Verständnis durch ihre Bindung an die Prinzipien des Naturrechts, denen die Kirche auch im öffentlichen Leben Geltung zu verschaffen hat. Die Kirche ist zwar weder Inquisitionsgericht noch Kontrollinstanz des Staates: Sie kann aber zu offenbaren Tatbeständen allgemeinen Unrechts nicht schweigen. So weit reicht die Begründung, die auch zugleich Begrenzung bedeutet, weil sie das weite Feld des konkreten politischen Handelns nicht abdeckt.

Damit ist noch nichts gesagt über die Art der Verlautbarungen, die von der Situation und vom inneren Auftrag der Kirche gefordert sind: ob öffentlicher oder interner Protest, diplomatisch gemilderte oder konfrontative Sprachgestalt.

Im kirchenpolitischen Feld interessieren besonders die sprachlichen Beziehungen der Bischöfe zu den Instanzen des Dritten Reiches. Sie sind nun gesondert in den Blick zu nehmen. Dabei ist von der schon genannten Feststellung auszugehen, die H. Hürten wie folgt formuliert hat. Nachdem er die Form des passiven Widerstandes als typische Weise der Auseinandersetzung mit einer fremden *Besatzungsmacht* ausgegrenzt hat, sagt er: „Die damals nicht erörterte Alternative zum Leben und Wirken unter dem Nationalsozialismus, das diesen stärkte, hätte geheißen: aussteigen! Für Aussteiger bot das damalige Deutschland keinen Raum. Die Auswanderung, die mancher wählte, die aber doch nur einem begrenzten Personenkreis möglich war, bedeutete den Verzicht auf

Widerstand. Darum ist Widerstand in Deutschland regelmäßig verbunden mit einer mehr oder weniger begrenzten Anpassung an das System, welche die Voraussetzung für die Fortführung der eigenen Existenz unter den bestehenden Bedingungen war.“[10]

Der Begriff der „Anpassung“ wäre hier unverfänglicher, wenn er nicht immer wieder mit einem moralischen Defizit belastet würde. „Widerstand oder Anpassung?“ lautet der Titel einer Abhandlung von G. Denzler.[11] Hier ist die Anpassung schlicht als moralisches Versagen festgelegt und aus einer wertfrei beschreibenden Sprache ausgeschieden. *Unvermeidbare „Anpassungen“* können indes *durchaus wertneutral* sein. Sie werden hingenommen, um die Kommunikation überhaupt zu ermöglichen, wie der „deutsche Gruß“ in Galens Briefwechsel mit Göring vom 5. März 1942 oder Bernings „Heil Hitler“ in seiner zeitgleichen Auseinandersetzung mit dem preußischen Ministerpräsidenten Göring.[12] Es ist dabei gleichgültig, welcher Wortlaut unserer heutigen Optik zuträglicher erscheint.

Wenn wir eine rein deskriptive Bezeichnung für diese „Anpassungen“ suchen, bietet sich der Ausdruck „tangential“ an, der hier mit seinem Gegenbegriff „distantial“ bewußt mit „t“ zu schreiben sein wird, um ihn als speziellen Terminus eines solchen Vorgehens zu markieren. Die Tangente des Kreises hat als von Null verschiedene *dimensionale* Größe mit dem Kreis nichts gemeinsam. Jede Größe folgt ihrem eigenen Gesetz. Der Punkt ist keine dimensionale Größe mehr, sondern ihre Verneinung.

So wird eine „tangentiale Aussage“ oder ein „tangentiales Verhalten“ ein beschreibendes Mittel wertfreier Kennzeichnung für einen Umgang, der einen bestimmten Zweck unter Vermeidung jeder offenen Provokation zu erreichen sucht, während „distantial“ als Ausdruck und Verhalten auf Unterscheidung und Gegensatz abhebt. Beide Ausdrücke sind recht abstrakt und allgemein verstanden. Somit ist eine tangentiale Aussage, obwohl sie Provokation vermeidet, noch nicht notwendig eine Konzession oder eine Sympathieerklärung.

Der Protest ist hingegen aus seinem Wesen eine distantiale Ausdrucksform und geht über den schlichten Dissens hinaus, der aber ebenfalls in

---

10 Hürten, Verfolgung, Widerstand und Zeugnis, S. 65.

11 Denzler, Widerstand oder Anpassung?

12 Zu Galen vgl. Löffler, Clemens August II, S. 939f. u. 947f.; zu Berning vgl. D. XIV.

unserem abstrakten Gebrauch schon als distantial gelten muß. Der Protest zielt auf Änderung, ja fordert sie von seinem Adressaten. Er klagt an. Er fordert Rechte ein.

Natürlich können die „tangentiale“ und „distantiale“ Ausdrucksform unterschiedlich abgestuft, gesteigert oder abgeschwächt werden. Mit den genannten Begriffen soll eine allgemeine Kennzeichnung zur Anwendung kommen, mit der Texte leichter zu vergleichen sind – bis hin zur Redaktion an den Denkschrift-Entwürfen.

„Sie zeigen, daß der Kern des Gesetzes in ihr Herz geschrieben ist."
Paulus an die Römer 2,15

Dritter Abschnitt

Der Kontext: Die Kirche in Verfolgung und Gegenwehr 1941/1942 – Menschenrechtsproteste

Überblick zum dritten Abschnitt

Vom Kontext der Gesamtlage her werden Auftakt, erste Schritte und Hintergründe der Amtsausübung des Erzbischofs im Rahmen des Episkopats und der Kirche bei spärlicher Quellenlage für wichtigste Fragen und Probleme berührt. Der verschärfte Kirchenkampf von 1941 spiegelt sich im Gewissensringen des Bischofs von Galen, der sich am 26. Mai 1941 in einem Brief an Berning zum offensiveren Eintreten für die verfolgte Kirche gedrängt fühlt. Das Datum des Briefes fällt zusammen mit der Versammlung der Ordensoberen in Berlin, die nach ihrer Selbstauflösung mit der baldmöglichsten Neugründung eines beweglicheren Ordensausschusses eine wirksamere Form der kooperativen Abwehr suchen. Das Datum weist in die Nähe der Paderborner Bischofswahl vom 29. Mai 1941 (Kap. 1).

Auf bischöflicher Seite war schon seit 1937 intensiver über die Strategien des kirchlichen Abwehrkampfes nachgedacht worden. Zum Eingabe-Kurs Bertrams gesellten sich 1937/38 zwei offensivere Konzepte: Galen empfahl den Kampf nach dem Vorbild der Enzyklika von der Basis der menschlichen und christlichen Grundwerte aus. Preysing sah im überlegten Zusammenspiel von Eingabe und abgestufter Kanzelverkündigung die wirksamste Methode, das Gewalt-Regime durch öffentliche Massenreaktionen zu beeinflussen (Kap. 2).

Der Vorsitzende Kardinal Adolph Bertram verhinderte auf der Plenarkonferenz von 1940 die Diskussion der miteinander ringenden Strategiekonzepte. Die inneren Gegensätze schwelten ungeklärt in der sich radikalisierenden Kirchenverfolgung weiter. – Sie ließen schon jetzt befürchten, daß der Schritt in den offenen Protest die Einheit der Bischöfe in die Zerreißprobe führen werde (Kap. 3).

Die westdeutschen Bischöfe stellten sich nach Clemens August von Galens „Flucht in die Öffentlichkeit" neben ihren bischöflichen Amtsbruder von Münster und strebten gemeinsam und einzeln 1941/42 in den öffentlichen Protest. Nach dem fast zeitgleichen Hinscheiden ihrer Metropoliten in Paderborn und Köln – beide entschiedene Befürworter des Bertram-Kurses – war zu Beginn des Jahres 1941 eine offenere Situation entstanden, in der beide Neubesetzungen für den Kirchenkampf entscheidend wurden (Kap. 4).

Der 1941 gegründete Ordensausschuß fand im westdeutschen Konveniat durch Galens Durchbruch in die Öffentlichkeit eine größere Protestbereitschaft vor, die Berning am Ende mittrug. Die Wahlen der Erzbischöfe Jaeger und Frings wurden vom Ordensausschuß unter dem Blickwinkel des radikaleren Abwehrkampfes begrüßt (Kap. 5).

Das Konveniat beschloß in Paderborn in erster Anwesenheit von Erzbischof Jaeger auf der Konferenz vom 24./25. November 1941 die Eingabe der Denkschrift über die Menschenrechte und beim Ausbleiben einer Antwort nach zwei Monaten den öffentlichen Protest. Den Geheimbeschluß vermittelte Jaeger an alle Bischöfe (Kap. 6).

Als der gemeinsame Protestschritt (22. März 1942) des Episkopats durch Bertram verhindert wurde, beschlossen die westdeutschen Bischöfe in Bonn am 20. März 1942 den Sonderprotest. Die zunächst in allen drei Entwürfen eingeplanten Proteste Preysings wurden unter dem Eindruck der Intervention Görings aus dem Text entfernt. Galen scheint in seiner persönlichen Verlesung am Protest für die Rechte der Nichtarier und am „Bolschewismus"-Vorwurf festgehalten zu haben. Den letzten Vorwurf kann auch Jaeger nach einer SD-Notiz aus Bielefeld erhoben haben (Kap. 7).

Kapitel 1
Klostersturm und Neubesinnung

Als Jaeger im September und Oktober 1941 nach seiner Rückkehr aus Frankreich die kirchenpolitische Lage im dritten Kriegsjahre genauer zu sondieren hatte, erreichten die Unterdrückungsmaßnahmen gegen die Kirchen ungeachtet des versprochenen „Burgfriedens“ den Grad einer letzten Herausforderung. Der „Blitzkrieg“ gegen Polen, die Besetzung Dänemarks und die Eroberung Norwegens und Frankreichs gaben schon 1940 dem Regime nicht nur den Nimbus der Unwiderstehlichkeit, sondern auch den Gipfel der Popularität.[1] Die in den tiefsten Fundamenten der Ideologie Hitlers angelegte Kirchenfeindschaft[2] griff jetzt nach den Institutionen im Innenbereich der Kirche. Der „Klostersturm“ versprach leichten Erfolg und große Beute.

Methodisch muß die Darstellung zunächst den engeren biographischen Rahmen verlassen und sich dem *Ganzen des kirchlichen Leidens und Handelns* in dieser Zeit zuwenden. Auch aus der Situation des Episkopats, aus seinem Agieren und Reagieren, fällt sehr viel Licht auf die Einzelgestalt und ihre Bedeutung. Für eine Untersuchung Jaegers wird ein solcher Ansatz mehrfach favorisiert.

1. Seit 1941 übernahm das westdeutsche Bischofskonveniat zunehmend zu seinen ureigenen Aufgaben in den Kirchenprovinzen Köln und Paderborn in einer offenbaren Situation der Führungsschwäche die aus der Kirchenverfolgung erforderlichen Initiativen für den Gesamtepiskopat des „(Groß)deutschen Reiches“. Mit dem neugegründeten Ordensausschuß wurde es zum Brennpunkt der Entscheidungen. Diese Situation gab beiden Metropoliten *zusätzliche* Bedeutung.

2. Am 26. Januar 1941 starb in Paderborn Erzbischof Kaspar Klein und am 11. März 1941 in Köln Karl Joseph Kardinal Schulte, die noch als verläßliche Anhänger des Bertram-Kurses galten, als die Situation ihn bereits zu überholen begann. Die Neubesetzungen waren also für Ordensausschuß und Episkopat schicksalhaft und wurden auch so empfunden.

---

[1] Volk, Akten deutscher Bischöfe V, S. IXf.

[2] Vgl. besonders Hitler, Monologe im Führerhauptquartier 1941-1944, S. 69-99. Am instruktivsten ist die von M. Bormann tradierte Formel: „Demgemäß ist unsere nationalsozialistische Lehre völlig antijüdisch = antikommunistisch = antichristlich ...“ (ebd., S. 413).

3. Bezüglich der Quellen verweist der Verlust der Paderborner Akten auf die externen kirchlichen und staatlichen Quellen und begründet damit ein drittes Mal die hier einzuschlagende Blickrichtung.
4. Bei der Erforschung der weiteren Zusammenhänge waren neue Tatsachen und Perspektiven einzubringen. Als Tatsachen seien der Judenprotest Galens vom 22. März 1942 und Bernings Silvesterprotest von 1941 mit seinen Folgen für den Bonner Beschluß vom 20. März 1942 genannt. Ergänzende Perspektiven werden berührt bei der detaillierten Darstellung und Diskussion der Strategiekonzepte Kardinal Schultes und Bischof Preysings, ferner mit der absoluten Konsistenz in der Haltung Kardinal Bertrams für 1941/1942. Auch ist die Redaktionsarbeit des Vorsitzenden an den Denkschriftentwürfen der Jahre 1941 und 1942 (Preysing und Jaeger) nirgendwo auch nur im Ansatz analysiert worden. Die Redaktion von 1941 hatte aber ihre Auswirkungen auf den Protest vom 22. März 1942.
5. Die mit „Klostersturm", Euthanasie und Völkergenozid einsetzende Entfesselung des totalitären und fanatischen Weltanschauungsstaates stellte Kirchenführung und -volk seit 1941 vor neue Probleme und Aufgaben, deren Bedeutung und Auswirkung den engen Rahmen biographischer Thematik überstiegen. Jaegers früheste Amtszeit fordert also schon aus sich den Rückgriff auf den umfassenderen Kontext.
6. Bereitschaft und Entschluß zum öffentlichen Protest, die der 1941 gegründete Ordensausschuß bei den Bischöfen durchzusetzen versuchte, hatten im Episkopat zu diesem Zeitpunkt aber schon eine längere Vorgeschichte durchlaufen. Im Gefolge der 1937 erschienenen Enzyklika Pius' XI. „Mit brennender Sorge" hatten namentlich die beiden Bischöfe von Galen und von Preysing zwei verschiedene Strategiekonzepte für den Kirchenkampf entwickelt, die von der Enzyklika bestimmt waren, besonders von ihrem naturrechtlichen Teil. Sie standen im Gegensatz zum Bertram-Kurs, dem Kardinal Schulte schon vor der Enzyklika einen klaren und mustergültigen Ausdruck gegeben hatte. So muß dieser dritte Abschnitt auch auf die Wirkungsgeschichte der Enzyklika zurückgreifen, die sich bereits in den Strategiekonzepten von 1937/38 und im offenen Dissens zwischen Bertram und Preysing auf der Plenarkonferenz von 1940 spiegelt. Zum zeitnahen Geschehen von 1941/42 muß also der Rückgriff auf die Entwicklung von 1937 bis 1941 hinzutreten. Aus beiden Perspektiven lassen sich Profil und Bedeutung bischöflicher Initiativen in der Kriegsphase des Dritten Reiches erst voll erschließen.

Zu Beginn des Kriegsjahres 1941 hatte ein in der Initiative Bormanns ergangener Geheimerlaß die Gauleiter zum Raub am Ordensvermögen ermuntert.[3] Da schon lange mit kriegsbedingter Begründung Klosterraum profaner Nutzung unterworfen worden war,[4] wurde die Zurückhaltung der katholischen Bevölkerung als Zustimmung zur vollen Enteignung mißdeutet. „Von dieser Möglichkeit soll weitgehender Gebrauch gemacht werden."[5] So schloß M. Bormanns lakonischer Bescheid.
Der 26. Mai 1941 hat für die Zuspitzung der Situation eine symbolische Bedeutung: Zwei Ereignisse an voneinander entfernten Orten zeigen dem rückblickenden Betrachter den Besinnungsprozeß an, den die Unterdrückungs- und Vernichtungsmaßnahmen in der Kirche selbst auszulösen begannen. Bischof Clemens August von Galen wandte sich in einem Brief an seinen Amtsbruder von Osnabrück, Wilhelm Berning, als dem Vorsitzenden des westdeutschen Konveniats in der gleichzeitigen Vakanz der Metropolitensitze von Köln und Paderborn. Er beschrieb den schnell anwachsenden Gewissensdruck, von dem er sich zu einer radikalen und öffentlichen Konfrontation mit dem Gewaltstaat getrieben sah.[6]

Als nächste Reaktion auf die durch den Siegestaumel ermutigten kirchenfeindlichen Initiativen fand in Berlin am 26./27. Mai 1941 die Superioren-Vereinigung der katholischen Orden Deutschlands durch Selbstauflösung ihr plötzliches Ende. Man wollte nicht als zentrales Gremium für den Zugriff und die Zwangsanweisungen der Gestapo verfügbar sein.[7] Die

---

3 Bormann an alle Gauleiter, 13. 1. 1941. In: Volk, Akten deutscher Bischöfe V, S. 314, Anm. 2: „Es hat sich herausgestellt, daß die Bevölkerung keinerlei Unwille zeigt, wenn Klöster einer allgemein geeignet erscheinenden Verwendung zugeführt werden. Als allgemein geeignet erscheinende Verwendung kommt in Frage die Umwandlung in Krankenhäuser, Erholungsheime, nationalpolitische Erziehungsanstalten oder Adolf-Hitler-Schulen usw. Von diesen Möglichkeiten *soll* [*kursiv* v. H. G.] weitgehender Gebrauch gemacht werden."

4 Gesetz über die Sachleistungen für Reichsaufgaben vom 1. 9. 1939 (Reichsleistungsgesetz). Vgl. Rösch, Kampf, S. 170, Anm. 5.

5 Vgl. Text in Anm. 3.

6 Volk, Akten deutscher Bischöfe V, S. 362-366.
Ohne Angabe des Auffindungsdatums läßt L. Volks Beschreibung doch erkennen, daß es 1976 noch neu war (vgl. Volk, Schweigen oder Bekennen? S. 219-224, hier S. 219).

7 Vgl. Rösch, Kampf, S. 60-68, hier S. 61f. Der Klosterbeauftragte der bayerischen Bischöfe, Domkapitular J. Zinkl, war durch sehr frühe Besprechungen und Aktivitäten (seit Januar 1941) mit den Mitgliedern des späteren Ordensausschusses (Angermaier, Rösch, König und Braun) der Gestapo bei Klosterbesetzungen und Enteignungen hinderlich geworden. Seine Ausweisung sollte das bayerische Klosterreferat in seiner

Auflösung in fünf Gebietsgruppen bereitete die bald eingeleitete Bildung eines Ordensausschusses vor, der sich mit den Konsequenzen der neuen Lage befaßte und einen näheren Anschluß an die Bischöfe aufzunehmen hatte.[8]

Die letzte Tagung der Superioren-Vereinigung im Ordinariat des Berliner Bischofs war also weniger Ende als Neubeginn. Ihr neuer Generalsekretär war nach dem Tod von P. Ansgar Sinnigen OP seit 1940 der entschlußund risikofreudige P. Odilo Braun OP, der zugleich auch als entschiedener Regime-Gegner bekannt war.[9]

Augustinus Rösch SJ war der dritte Vorsitzende der Vereinigung und ebenso entschieden und wagemutig wie Odilo Braun. Noch vor der Selbstauflösung konnten beide – begünstigt durch die Abwesenheit des ersten und zweiten Vorsitzenden – in der Versammlung einen entscheidenden Kurswechsel durchsetzen.[10] Der Übergang von der defensiven zur offensiven Form des Kampfes ist darin klar vorgezeichnet: „Die Anwesenden erklärten sich bereit, und zwar ausnahmslos völlig bereit, alles auf sich zu nehmen, wenn es im Rahmen der ganzen Linie des Kampfes von seiten der Kirche, des Episkopates so gewünscht oder angewiesen werde, und dann auch – saltem moraliter – der Episkopat auch seinerseits wieder für die Haltung eintrete und sie verteidige. Wir wollen lieber untergehen als nicht folgen, und so vor dem Gewissen, vor dem Volke, vor der Geschichte, der Kirche und dem Herrgott bestehen und die katholische Ehre wahren."[11] Rösch umreißt alles in der konkreten Frage: „Wann ist der Zeitpunkt *im Rahmen des ganzen kirchlichen*

Spitze treffen. Mit wiederholten Maßnahmen gegen die organisatorische Spitze der Superioren hätte man leicht das katholische Ordenswesen von Berlin aus behindern und zentral lähmen können.

8 Ebd., S. 65f. Personelle Kontinuität zum späteren Ordensausschuß bestand beim 3. Vorsitzenden der Superiorenvereinigung, Augustinus Rösch, der als Leiter der Münchener Gebietsgruppe fungierte und schon lange in Verbindung mit Kardinal M. von Faulhaber stand (vgl. Rösch, Kampf, S. 57ff.). Auch der Generalsekretär O. Braun OP ist hier zu nennen. Durch die Selbstauflösung vom 26./27. 5. 1941 wurde er freigestellt und brachte aus seiner Tätigkeit den notwendigen Überblick über das verzweigte Ordensleben und weitreichende persönliche Kontakterfahrungen mit.

9 Seine Wahl zum Generalsekretär der Superioren (1940) ist nur unter dieser Voraussetzung vorstellbar, da sein Vorgänger P. A. Sinnigen OP (Generalsekretär von 1923 bis 1940) schon 1937 nicht entschieden genug nach Röschs Meinung, die Faulhaber an Bertram weitergab, die Anliegen der Orden in Berlin vertrat (vgl. Volk, Akten Kardinal Faulhabers II, S. 455ff.).

10 Vgl. Anm. 7.

11 Ebd., S. 66.

Kampfes da, wo man nur der eigentlichen Gewalt weichen soll, wo man erklärt: ‚Ich verlasse dieses Haus nicht'; wo man bereit ist, sich lieber einsperren zu lassen, als nur unter Protest das Haus zu verlassen?"[12] Einhelligkeit besteht darüber, daß eine solche Haltung nur mit der vollen Unterstützung des Episkopates durchzuführen und durchzuhalten sei.[13] Zwar tauchen hier und dort noch praktische Fragen auf: Solle ein Ordensoberer sich eher für das Recht einkerkern lassen, als in Freiheit für seine Herde dazusein?[14] – Analog auch ein bischöfliches Problem![15] Bedeutsam ist hier aber, daß „Gewissen" und „katholische Ehre" entscheidender sind als jeder Durchsetzungserfolg.[16] Das war die Stunde des Gewissens: Als Gewissengehorsam in kirchlicher Bindung, als Kampf und Leidensbereitschaft für Freiheit und Recht der Kirche war dieser offensive Geist auf eine zugeordnete episkopale Haltung angewiesen. Wie jedoch stand es mit ihr zu dem genannten Zeitpunkt, drei Tage vor der Wahl Jaegers zum Erzbischof (29. Mai 1941) durch das Metropolitankapitel von Paderborn?
Oder war der Eindruck von A. Rösch, den drei Benediktineräbte mit ihm teilten, doch letztlich richtig? „Sie sahen sich von den hiesigen kirchlichen Stellen bitter verlassen."[17]

Im erst spät entdeckten Brief des Bischofs von Münster, den er am 26. Mai 1941 seinem Amtsbruder Berning nach Osnabrück schrieb, sammeln sich wie im Brennpunkt einer Linse alle inneren und äußeren Probleme der kirchlichen Not. Bischof von Galen drängt Berning, der als dienstältester Bischof in der Vakanz der beiden Metropolitanstellen den Vorsitz des westdeutschen Konveniats hatte, auf eine Vorverlegung des nächsten Treffens, für das es „höchste Zeit" geworden sei. Er dankt ihm für – leider erfolglose – Bemühungen um Geistliche des Bistums Münster bei den Berliner Instanzen. Ihr schweres Schicksal zeigt ihm die Unangemessenheit einer rein passiven kirchlichen Abwehrhaltung gegen Haß

---

12 Ebd., S. 65.

13 Ebd., S. 65f.

14 Ebd., S. 65.

15 Für Bischof Buchberger stellt es kein Problem dar, insofern der Bischof als Repräsentant der Institution den größten Bewahrungsanspruch habe: Ohne ihn sei eine führungslose Herde einem uneinigen Klerus anvertraut. Nach L. Jaeger gehört indes als erster der Bischof ins KZ! Vgl. S. 99f.

16 Rösch, Kampf, S. 66.

17 Ebd., S. 68.

und Willkür des Gewaltstaates. Er nennt die letzten Repressalien vom Klostersturm bis zu den Schikanen gegenüber der Krankenhausseelsorge, von der selbstherrlichen Verfügung über kirchliche Feiertage und Gottesdienstzeiten bis zum Verbot der Seelsorge an den Polen. Dagegen mußten die „papierenen“ und der Öffentlichkeit entzogenen Proteste des Vorsitzenden ohne Wirkung bleiben.
Recht und Freiheit der Kirche stehen hier auf dem Spiel, die immer über die Verkündigung hinaus auf den Dienst am Menschen hingeordnet ist. Er fragt nach der Grenze, wo er jenseits aller sonstigen Rücksichtnahmen Leben und Freiheit zu opfern habe. Er sieht die Zeit kommen, wo er sein Gewissen nicht mehr mit Argumenten ex auctoritate zur Ruhe bringen könne.
Er blickt auf die Blutzeugen aus alter und neuerer Zeit, die einer gesetz- und sittenlosen Tyrannis entgegentraten. Mit der Liturgie des Vortages blickt er auf den Bekennerpapst Gregor VII., der – aus Rom vertrieben – in Salerno sein Grab fand.
Den entscheidenden Gleichklang mit dem Ethos der Superiorenversammlung in Berlin erreicht Galen dort, wo er seinem bischöflichen Mitbruder versicherte, mit Argumenten der moralischen Güterabwägung (ad maiora vitanda mala) und der Autorität (ex auctoritate) sein Gewissen nicht mehr zur Ruhe bringen zu können – sogar in Erwartung noch brutalerer Gegenmaßnahmen als Folge seines Protestes! Auch für den Bischof rückte die Stunde des reinen, jeder irdischen Autorität wie auch jeder Opportunität entrückten Gewissens immer näher. Er blickt auf das überlegene Alter, die Erfahrung wie auch die Tugenden der vielen Mitbischöfe und namentlich des Vorsitzenden. Er möchte sich nicht in ehrenkränkender Weise hervordrängen und vielleicht noch mehr Unheil über die Kirche bringen.
Immer wieder fallen ihm die bei Jesaja verspotteten „stummen Hunde“ ein, die nicht bellen können (Jes 56,10). Ihnen sind die Hirten gleich, die nicht aufzumerken verstehen. „Ipsi pastores ignoraverunt intelligentiam“ – „Sogar die Hirten haben die Einsicht mißachtet“ –, zitiert er nach der Vulgata, seiner liturgischen Textvorlage.[18]
Der Blick auf den Vorsitzenden in Breslau läßt den Dissens anklingen, der noch 1940 die Plenarkonferenz erschüttert hatte.[19]

---

18 Volk, Akten deutscher Bischöfe V, S. 362-366, Zitat auf S. 365.

19 Vgl. unsere Darstellung in S. 167f.

Er war nicht einmal wirklich an- oder ausgesprochen, geschweige denn ernsthaft ausdiskutiert worden. Die von Papst Pius XII. geforderte Gesinnungs- und Handlungseinheit hätte ja nur über die freimütige Diskussion der bischöflichen Strategiekonzepte hergestellt werden können.[20]

Wie sehr die Anhänger Kardinal Bertrams bemüht waren, den Dissens zu bagatellisieren, indem sie die Außenseiterrollen des Berliner oder Münsteraner Bischofs betonten,[21] so konnte doch die kirchenpolitische Entwicklung den „Protestbischöfen" eine höhere Zukunftsbedeutung geben, als es 1940 zu sehen war. Umgekehrt verweist uns der Dissens auf das Jahr 1937 zurück, in dem die Enzyklika „Mit brennender Sorge"[22] erschien. Im gleichen Jahre finden wir den Dissens schon in den verschiedenen Strategiepapieren vorgezeichnet. Vier Jahre nationalsozialistischer Gewaltherrschaft hatten Papst und Bischöfe zu eingehender kirchenpolitischer Bestandsaufnahme und seelsorglicher Planung gezwungen.

Es handelt sich um die Denkschrift des Kardinals Schulte von Köln, die wahrscheinlich am 16. Januar 1937 dem Staatssekretär E. Pacelli und den nach Rom mitgeladenen Bischöfen ausgehändigt wurde.[23] Der Bischof von Münster, Clemens August Graf von Galen, verfaßte im Anschluß an die Enzyklika zwei in der Akzentsetzung verschiedene Denkschriften.[24] In der Verantwortung des Bischofs Konrad Graf von Preysing entstand ein umfassendes Konzept der Analyse des Gegners und seiner wirksamen Bekämpfung.[25] Nach einer Skizzierung der Strategiekonzepte soll der Dissens von 1940 dargestellt werden. Der neugegründete Ordensausschuß und das westdeutsche Konveniat kooperierten dann 1941 im Kampf für die öffentliche Proklamation der naturgegebenen Rechte aller Menschen.

---

20 Schneider, Briefe Pius' XII. (6. 8. 1940!), S. 88f.

21 So Bischof Buchberger, der an den durch Krankheit an der Teilnahme gehinderten Kardinal Faulhaber am 25. 8. 1940 schreibt, daß die vom Papst angesprochene Dissonanz kaum über Berlin oder vielleicht auch Münster hinausreiche (Volk, Akten Kardinal Faulhabers II, S. 684f.). Der Regensburger Bischof war nach Kardinal Bertram der wohl entschiedenste Gegner einer offenen Konfrontation.

22 Papst Pius XI., Mit brennender Sorge. Mit einer Einführung von U. Wagener, S. 49-76.

23 Volk, Akten deutscher Bischöfe IV, S. 150-153.

24 Ebd., S. 204-209 und Volk, Akten Kardinal Faulhabers II, S. 382-386: Denkschriften vom 11. 4. und 31. 7. 1937. Vollständig auch in: Löffler, Clemens August II, S. 500-505, S. 552-558.

25 In: Adolph, Geheime Aufzeichnungen, S. 166-171.

Kapitel 2

Bischöfliche Strategiekonzepte

Der Lagebericht des Kölner Kardinals K. J. Schulte (vermutlich von Generalvikar E. David verfaßt) geht von der Absicht des nationalsozialistischen Staates aus, die Kirche zu vernichten.[1] Das Vorhaben wird verschleiert, es ergibt sich aber aus den geheimen Instruktionen innerhalb der höheren Parteikreise.[2] Als Grunddogma ist diese Absicht, weil zentral aus der Ideologie gefolgert, überall undiskutiert vorausgesetzt.[3] Nur politische Räson verzögert noch die völlige Vernichtung oder Entmachtung der Kirche.[4]

Es kommt darauf an, unter Wahrung der Staatsloyalität die Katholiken zu befähigen, jede Mitwirkung bei glaubensfeindlichen Maßnahmen zu verweigern und die Gewissensrechte mutig zu verteidigen. Diese Haltung soll durch eine zeitgemäße Verkündigung erreicht werden.[5] Die von der Bevölkerung gezogene Grenze wird der Staat je nach situativen machtpo-

---

1 Volk, Akten deutscher Bischöfe IV, S. 150f. Der Kardinal sieht eine doppelte Erkenntnissperre, die der Beobachter zu überwinden hat. Der entscheidende Willensträger im Dritten Reich ist nicht die Regierung, sondern die Partei. Die oft von taktischen Erwägungen bestimmten politischen Aktionen verschleiern ebenso wie die öffentlichen Parteiversammlungen die tieferen Absichten (ebd., S. 150).

2 Erst die „streng geheimgehaltenen einheitlichen vertraulichen Instruktionen an die Kreise der Führer", ferner die Literatur, die „zur geistigen Formierung der heutigen und zukünftigen Führerklasse verwandt wird", und die kulturpolitischen Maßnahmen lassen „sehr einheitliche und klare Grundlinien erkennen" (ebd.).

3 Die Unrevidierbarkeit auf dem Boden historischer oder ideeller Inhalte (ebd., S. 151) wird von dem Kardinal zwar uneingeschränkt angenommen, aber wohl mehr auf A. Rosenbergs „Mythus" und H. Himmlers Restaurationsversuch germanischer Religiosität bezogen als auf A. Hitler selbst.

4 Ebd., S. 151.

5 Ebd. Die Vorstellung Kardinal Schultes deckt sich weitgehend mit der Strategie Karl Barths in seiner ersten Phase: „Man kann das Entscheidende, das man als Theologe immer und so auch heute zu sagen hat, wenn es denn sein soll, wirklich auch ohne ausdrückliche Beziehung auf das, was der Monat oder das Viertel-Jahr gerade gebracht hat, ohne direkte Beleuchtung der jeweils im Vordergrund stehenden Ereignisse und Gestalten sagen, ohne darum in den ‚leeren' Raum zu reden!" (Hürten, Verfolgung, Widerstand und Zeugnis, S. 101f.) Dem Konzept entsprachen die in Köln erschienenen „Katechismuswahrheiten" vom 15. 9. 1936, die allerdings den gegensätzlichen Hintergrund, von dem sie abgehoben wurden, nicht ganz ungenannt ließen (vgl. Volk, Akten deutscher Bischöfe IV, S. 16-20). Sie werden in der Denkschrift als Beispiel genannt (ebd., S. 151).

litischen Gründen respektieren.[6] Um einen Kernraum der Seelsorge zu sichern, muß auf die Kündigung des Konkordates verzichtet werden; andernfalls würden die in demokratischen Staaten selbstverständlichsten Rechte mißachtet sein.[7]

Dieses kirchenpolitische Abwehrkonzept sieht seine Mitte im seelsorglichen Kernraum: Wort und Sakrament. Im Kernraum der Kirche ist der Klerus umgeben vom Wall abwehrbereiten gläubigen Volkes. Seine Masse soll der machtpolitische Faktor werden, den ein totalitärer Staat allein noch respektiert.[8]

Die Zurüstung des abwehrbereiten Glaubensvolkes wird durch eine zeitnahe Verkündigung geleistet. Sie bringt die gegnerische Weltanschauung indirekt ins Visier – unbeschadet der Staatsloyalität.[9] Die Geistlichkeit steht im Zentrum konkordatsgeschützter Verkündigung. Der dem Risiko direkter Abwehr ausgesetzte Laie findet seinen Schutz im Zusammenhalt des schwer angreifbaren Volkes.[10] In der Konsequenz des Bildes sieht Bischof Buchberger im Bischof die letzte Einsatz- und Einheitsgarantie eines erfolgreichen Abwehrkampfes. Folgerichtig müßte er vor größeren Risiken möglichst bewahrt bleiben. Ohne ihn wäre ein führerloses Volk einem uneinigen Klerus überlassen.[11]

---

6 Der Kampf der Bevölkerung im oldenburgischen Münsterland um die Schulkreuze dient dem Kardinal als Beispiel (ebd., Anm. 3).

7 Ebd., S. 152f.

8 Das Kölner Papier sieht in solcher Verkündigung und in der entsprechenden mutigen Verweigerung der Mitarbeit des Volkes bei glaubensfeindlichen Maßnahmen die einzige Möglichkeit wirksamer Resistenz (ebd., S. 151).

9 Aus diesem Ansatz wird verständlich, daß seitens kirchlicher Behörden Rügen ergingen, wenn die Seelsorgegeistlichkeit im Kanzelprotest kirchliche Rechte reklamierte. Die von R. Padberg beklagte Vertrauenskrise zwischen Verwaltungs- und Seelsorgeklerus („Basis und Führung") konnte entstehen (vgl. Padberg, Kirche und Nationalsozialismus, S. 56).

10 Kardinal Schulte erwähnt die spontanen Proteste der Bevölkerung im oldenburgischen Münsterland mit dem nachfolgenden Einlenken des Gauleiters Röver in der Frage der Schulkreuze ebenso wie Bischof von Preysing gegenüber Kardinal Bertram. (Vgl. zum Erstgenannten: Volk, Akten deutscher Bischöfe IV, S. 151 mit Anm. 3; und zum zweiten: von Hehl, Geheime Aufzeichnungen, S. 169 mit Anm. 14.)

11 Der Bischof begründet seine Vorbehalte gegen den Menschenrechtshirtenbrief des Ordensausschusses vom 15. 11. 1941: „Nachdem damit zu rechnen ist, daß die Bischöfe sofort der Freiheit beraubt werden, haben wir dann die Situation einer Herde, die in sich gespalten ist, der Oberhirten beraubt und einem uneinigen Klerus anvertraut" (Volk, Akten Kardinal Faulhabers II, S. 855).
In einer solchen Sorge wird Dr. Dr. G. Angermeier, der entschiedene Laie und Zuarbeiter des Ordensausschusses, eher die Verkleidung von Furcht und Eigenliebe

In der Sicht des Konzeptes gibt der Nationalsozialismus, obwohl vom Regime fanatisch festgehalten, doch genug Raum für eine von der machtpolitischen Vernunft gebotene Selbstbegrenzung. Das ist bei Schulte die nicht weiter hinterfragte Voraussetzung,[12] wie auch der genaue ideologische Grund für die geplante Vernichtung ungenannt bleibt.

Zwei Monate nach Vorlage des Konzepts eröffnete Pius XI. mit dem Weltrundschreiben „Cura ardente" („Mit brennender Sorge") ein offensiveres Vorgehen. Es ging auf direkte Demaskierung des Regimes aus. Zuerst wurde seine Vertragsunwürdigkeit,[13] dann sein neuheidnischer Gegensatz zur christlichen Wahrheit[14] und endlich seine Verachtung des natürlichen Rechts (ius nativum) enthüllt.[15] Der Ansatz konnte zum Impuls für eine Neubesinnung werden.
Vertragsbrüchigkeit, ja Vertragsunwürdigkeit des Regimes ließen nach dem Sinn künftiger Verhandlungen fragen.
Die offensive Glaubensverkündigung christlicher Wahrheit legte die Besinnung auf eine ökumenische Vergewisserung des gemeinsamen Glaubens nahe, um auf breiterer Basis dem Angriff zu begegnen.
Der naturrechtliche Teil – an alle Menschen guten Willens gerichtet – ermöglichte eine Solidarisierung weitester Schichten im Namen der Menschenrechte.
Vor diesem Problemhorizont lassen sich die seit 1937 deutlicher faßbaren Konzepte ordnen und verstehen.

1. Kardinal Bertram ging von der Tatsache aus, daß Pius XI. trotz schärfsten Protests das Reichskonkordat nicht gekündigt hatte.[16] Ähnlich

---

sehen: „Wir müssen ... uns dessen erneut bewußt werden, daß unsere Ungesichertheit und unser totales Wagnis unsere einzige, aber unerschütterliche Sicherung sind" (Volk, Akten deutscher Bischöfe V, S. 623). Der heroische Vorkämpfer im Klostersturm ist als junger Familienvater nach einem mysteriösen Zusammenstoß mit einem SS-Fahrzeug ohne ärztliche Hilfe in einem SS-Lazarett verblutet.

12 In der Tat ging der Fanatismus der Rassenideologie, wie wir noch im Zusammenhang der Denkschrift L. Jaegers an Hitler vom 18. 12. 1942 sehen werden, über die Belange machtpolitischen Denkens hinaus oder lief ihnen, besser gesagt, zuwider.

13 Vgl. Pius XI., Anm. 22, S. 49-52.

14 Ebd., S. 53-65.

15 Ebd., S. 66f.

16 Volk, Akten Kardinal Faulhabers II, S. 278f. (Nr. 606a): Gespräch Faulhaber – Pacelli. In der Audienz mit Pacelli wurde die Denkschrift Kardinal Schultes dem Kardinalstaatssekretär übergeben (ebd., S. 277f.).

hatte Hitler trotz einer spektakulären Geste auf dem Nürnberger „Reichsparteitag" reagiert.[17] Der Verhandlungsweg blieb offen, obwohl er zunächst faktisch erschwert wurde.[18] Sofern aber die Enzyklika ein Akt äußerster Distanzierung war, mußte Bertrams Interesse darauf gerichtet sein, die offensiven Thesen des Papstschreibens nicht mehr zu wiederholen. Das westdeutsche Konveniat hielt hier das genaue Gegenteil für unumgänglich.[19] Doch gab Kardinal Bertram im Blick auf die erneut heranziehenden Sittlichkeitsprozesse anderen Schwerpunkten den Vorzug.[20]

2. Der Bischof von Münster sah die Gefahr gegeben, daß die Papstworte durch die gelenkte Staatspresse totgeschwiegen und in Vergessenheit gebracht werden sollten.[21] In zwei – akzentuell verschiedenen[22] – Denkschriften entfaltete Galen die Ansätze für eine offensivere Initiative gegen das Unheilsregime. Ihm war das Neue in der Antwort des Papstes auf die Vertragsbrüchigkeit des Regimes bedeutungsvoll, die „Flucht in die Öffentlichkeit".[23] Er beschreibt es schon jetzt mit den Worten von 1941. Der Weg beider Denkschriften vom 11. April und 31. Juli 1937 wird

---

17 Volk, Die Fuldaer Bischofskonferenz II, S. 57f. Der Autor des „Mythus" wurde mit einem neugestifteten Nationalpreis geehrt.

18 „Der Anschauungsunterricht der vergangenen Jahre ... enthüllt Machenschaften, die von Anfang an kein anderes Ziel kannten als den Vernichtungskampf" (Pius XI., S. 50). Pius XI. hat sich ein Jahr später erstaunt gezeigt, daß im Münchener Abkommen durch die Westmächte die von ihm enthüllte Vertragsunwürdigkeit des Dritten Reiches ignoriert worden sei (vgl. Volk, Päpstliche Kritik an der Appeasement-Politik von 1938. Ein unveröffentlichter Bericht des britischen Vatikangesandten. In: StdZt. 1979/8, S. 532-538, mit Übersetzung des Berichts auf S. 535-537. Englische Urfassung von Osbornes Bericht in: Volk, Akten deutscher Bischöfe IV, S. 808-810).

19 Volk, Akten deutscher Bischöfe IV, S. 210f. und 223. Vgl. den Punkt 1 der Konferenz von Kevelaer vom 9. 4. 1937 ebd.

20 Ebd., S. 223.

21 Ebd., S. 207.

22 Ebd., S. 204-209 (Denkschrift v. 7. 4. 1937). Volk, Akten Kardinal Faulhabers II, S. 382-386 (Denkschrift v. 31. 7. 1937). Wir zitieren beide Denkschriften nach der neueren Ausgabe von Löffler, Clemens August I, S. 500-505; 552-556.

23 Löffler, Clemens August I, S. 552; die Formulierung kehrt wieder in dem besprochenen Brief vom 26. 5. 1941 an Bischof Berning (vgl. Volk, Akten deutscher Bischöfe V, S. 365). Die Formulierung beweist, daß der Bischof auch 1941 noch auf das Vorgehen Pius' XI. blickt.

bereits in einer Kanzelverkündigung gesehen, deren Wirkung weit über den Kirchenraum hinausdringen sollte.[24] Beide Denkschriften gehen von der gleichen Lageschilderung aus: Die Kirche wird vom „dreifachen Blockadering“ der „Einengung, Aushöhlung und Diffamierung“ bedroht.[25] Die „Einengung“ bezieht sich wohl auf das katholische Presse- und Verbandswesen,[26] die „Aushöhlung“ auf das katholische Glaubensbewußtsein, das durch Indoktrination verunsichert und in den Sittlichkeitsprozessen durch Mißtrauen zwischen Geistlichkeit und Laien geschwächt werden sollte.[27] Der „Diffamierungsangriff“ betraf die Stellung in der nichtkatholischen Gesellschaft und zielte auf Verächtlichmachung und Isolierung.[28]

Das Konzept Galens lehnt sich deutlich an die drei Themenkreise der Enzyklika an. Die Vertragsuntreue der Regierung fordert als Antwort die Flucht in den öffentlichen Protest,[29] die Solidarität eines ökumenischen Bekenntnisses gibt den Christen ein größeres Gewicht gegenüber dem feindlichen Staat,[30] das sich noch einmal steigert und ausweitet zu der

---

24 In der Denkschrift vom 11. 4. 1937 denkt der Bischof daran, den dogmatischen Teil der Enzyklika immer wieder von der Kanzel einprägen zu lassen (ebd., S. 503). In der Denkschrift vom 31. 7. 1937 liegt der besondere Akzent auf einem gemeinsamen Wort der deutschen Bischöfe, das vom Boden des allgemein anerkannten Naturrechts her den Konsens aller rechtlich Denkenden herstellen sollte (ebd., S. 555). S. 554 werden beide Ziele nacheinander genannt.

25 Ebd., S. 500 (dreifacher Blockadering), S. 505 (Mauer des Schweigens), in der zweiten Denkschrift als „Vernebelungstaktik“ bezeichnet (S. 554), ferner galt ein „Giftgasangriff“ der Treue und dem Vertrauen des Volkes gegen die Kirche (S. 556).

26 Den Kampf um die Außenwerke der Kirche sieht R. Lill in den Jahren 1933-1935 als abgeschlossen an. R. Lill, Ideologie und Kirchenpolitik des Nationalsozialismus. In: Gotto/Repgen, Die Katholiken und das Dritte Reich, S. 30ff. Er war gefolgt von der stilleren Aufräumarbeit auf dem administrativen Sektor von 1938/39. Im Blick auf die Gemeinschaftsschulen muß der Zeitraum auf regional gestaffelte Weise verlängert werden (vgl. Volk, Nationalsozialistischer Kirchenkampf und deutscher Episkopat. In: Gotto/Repgen, Die Katholiken und das Dritte Reich, S. 70ff.).

27 Wie Anm. 26 (Lill), S. 31f.

28 Die Richtung der „Diffamierung“ ist deutlich umschrieben im Schreiben vom 31. 7., wenn es darum geht, Papst, Bischöfe, Klerus, katholische Bevölkerung als Staatsfeinde, Volksfeinde und Rassenfeinde verächtlich zu machen. Es geht um die Ausgrenzung aus der Volksgemeinschaft (Löffler, Clemens August I, S. 553).

29 Vgl. Anm. 18.

30 Galens aus der Not geborener „ökumenischer“ Vorstoß sollte die Solidarität aller gläubigen Christen bewußtmachen, die über 90 % der Bevölkerung Deutschlands umfaßten.

Gemeinschaft der rechtlich Denkenden.[31] Dahinter stand die altchristliche Überzeugung, daß der Inhalt des Gesetzes den Heiden ins Herz geschrieben sei[32] und der totalitäre Unrechtsstaat bereits den Widerspruch der gesunden Menschennatur finden müsse. Zum Ende der ersten Denkschrift richtete sich deshalb auch schon die Sorge Galens über das „Seelenheil“ und das „Reich Gottes“ hinaus auf das „Volkswohl“, also den tieferen „Nutzen des Volkes“, ohne daß diese Konsequenz schon deutlich genug hervorgetreten wäre.[33] Gegenüber der Ignorierung der Enzyklika seien das christliche Bekenntnis und das „Naturrecht“ „laut in Erinnerung zu rufen“.[34] Der Bischof denkt dabei zunächst an ein Hirtenwort der Plenarkonferenz, von dem er die Aktualisierung des Papstschreibens erwartete.[35] Die rechtlich Denkenden direkt anzureden hätte sich verboten, da der Kirchenminister schon in der Anrede an alle Katholiken durch den Papst eine Gefährdung des inneren Friedens sehen wollte.[36] Der Bischof wollte also die Mobilisierung weitester Kreise allein über die katholische Verkündigung erreichen. Er dachte wohl an Hirtenworte der Plenarkonferenz, des westdeutschen Konveniats und an jede Kanzel. Immerzu solle man sich auf die Enzyklika und ihren Wortlaut berufen, während die „Beschwörung der sittlichen Ordnung und des natürlichen Rechtes“ in einem baldigen Hirtenwort geboten sei.[37] Nur so

---

31 Der Bischof scheint auch hier ein missionarisches Anliegen mitten in der Kirchenbedrükkung zu sehen, wenn die packende Darlegung der allgemein sittlichen Wahrheiten „ein sehr starkes Echo in den Herzen unzähliger finden würde, sogar solcher, die zur Zeit der Kirche fern stehen“ (ebd., S. 555).

32 Röm 2,14ff.

33 Wie Anm. 24, S. 504.

34 Besonders deutlich S. 555. In der mit der Enzyklika sich ankündigenden gemeinsamen Front der „Christentreuen“ und „Rechtlichdenkenden“ ist das offensive Konzept Galens auf einen Höhepunkt geführt. Wir hoffen, deutlich gemacht zu haben, daß die akzentuelle Verschiedenheit der beiden Denkschriften vom Grundsatz bis in die Auswirkungen recht verschieden ist und die intensive Beschäftigung Galens mit den Implikationen der Enzyklika im gedanklichen Fortschritt zeigt. L. Volk dürfte den Unterschied zu gering veranschlagen, wenn er schreibt: „Die Ausarbeitung [der Denkschrift vom 11. 4. 1937] bewegt sich weithin in den gleichen Gedankengängen wie die Denkschrift, die der Bischof von Münster Ende Juli 1937 Kardinal Faulhaber vorgelegt hat“ (Volk, Akten deutscher Bischöfe IV, S. 204, Anm. 1).

35 „Wäre es nicht möglich, jetzt im Anschluß an die Enzyklika in einem gemeinsamen Hirtenschreiben diesen letzten ‚gemeinsamen Boden‘ für jede Verhandlung und jede Verständigung einmal ganz stark herauszustellen und klar darzustellen?“ (In: Löffler, Clemens August I, S. 555).

36 Ebd., S. 503f.

37 Ebd. und S. 555.

sei der „Diffamierung“ des Papstschreibens wirksam zu begegnen.[38] Hier ist anzumerken, daß der Rückgriff auf das naturgegebene Recht[39] den späteren Übergang zum öffentlichen Protest vorbereitet.[40] Hier berührt Galens Konzept die Gedanken seines Berliner Cousins Konrad von Preysing, die als letztes Strategiekonzept vorzustellen sind.[41]

Mit Galens Programm hätten schon vor dem Krieg Charakter und Weg eines Unheilsregimes entlarvt werden können.[42] Hier enthüllt sich ein Plan, in dem Galens Durchbruch von 1941 schon nach Form und Inhalt angelegt war, wenn auch noch nicht als Einzelprotest.[43]

Hier fand der Münsteraner Bischof die entscheidende Hilfe in der Anlehnung an das päpstliche Vorbild.[44] Seine Denkschriften zeigen Galen als einen hellsichtigen Pragmatiker.[45] Die vier Grundrechte im Hirtenwortentwurf des Ordensausschusses vom 15. November 1941 finden sich denn auch schon im Entwurf des Hirtenwortes von Kevelaer (August 1938), das sich ganz im Gedankenkreis Galens bewegt.[46] Fast wäre es im

---

38 Ebd.

39 Ebd.

40 Ebd.

41 Das Strategiekonzept Galens ist in mehrfachem Sinne „offensiv“. In der doppelten Solidarisierung über den Kirchenraum hinaus begrenzt es den Anspruch eines totalitären Staates. Im Protest gegen die Verletzung von Grundrechten im Namen der Menschenwürde enthält es gewichtige Elemente einer fundamentalen Ablehnung von Partei und Bewegung und, soweit von diesen erfaßt, auch des Staates. Ferner nimmt die „Demaskierung“ im Sinne eines Unrechtsstaates den propagandistisch beanspruchten Nimbus, den „schönen Schein“, des Dritten Reiches hinweg.

42 Man darf mit L. Volk aber fragen, ob das Jahr 1937 oder 1938 schon geeignet war, auf dem Höhepunkt aller innen- und außenpolitischen Erfolge des Hitlerreiches die angestrebte Solidarisierung breitester Massen im Namen der Menschenrechte zu erreichen (vgl. Volk, Die Enzyklika „Mit brennender Sorge“, S. 193f.).

43 Portmann, Kardinal von Galen, S. 177ff.

44 „Ich habe außerdem den hinreichenden Verdacht, daß Galen nicht nur nach oben (Kölner Kardinal) hundertprozentiger Autoritätsmensch ist, sondern auch nach unten. Diese Herren erreicht selten ein kritisches Wort...“ (Adolph, Geheime Aufzeichnungen, S. 186).

45 Wenn Galens Brief an Lammers (vgl. Löffler, Clemens August II, S. 865f.) nicht nur taktische Finesse sein soll, hat der Bischof noch 1941 eine Ansicht über die Zuständigkeiten der höchsten Führungsspitzen im NS-System vertreten, die sich in nichts von Bertrams Ansichten und denen von Nuntius Orsenigo unterscheiden, wie wir sie im Bertram-Preysing-Dissens antreffen.

46 „Der Mensch ist eine *freie, sittliche Persönlichkeit* und hat darum das Recht *der seelischen und körperlichen Unantastbarkeit*. Er kann verlangen, daß man ihm die Freiheit läßt, Gottes Gebote zu erfüllen. Er hat das Recht *auf Eigentum* und *guten Namen* [*kursiv* v. H. G.], auf die Erziehung seiner Kinder usw., vorausgesetzt, daß er nicht das Recht

Pogromjahr 1938 das Wort der Plenarkonferenz geworden. Freilich war der Einsatz des Bischofs mehr vom pragmatischen Einzelanlaß bestimmt[47] als von langfristiger Strategie. Dem entsprach auch der Durchbruch vom Sommer 1941.[48]

3. Im Gegensatz zum Kampfkonzept des Bischofs von Galen ist das Strategiepapier des Bischofs von Preysing schon vom Ansatz her auch Analyse. In der Diagnose des Nationalsozialismus greift es tiefer als Schultes Angaben. Der Grund für Haß und Feindschaft der NSDAP gegen die christliche Offenbarung liegt im Glauben an die Allgenügsamkeit und Allmacht der Partei für das menschliche Leben.[49] Gegenüber den „Konkurrenten“ ist der Nationalsozialismus aus sich keiner Machtbegrenzung fähig, sondern unbegrenzt totalitär.[50] Er nimmt allenfalls taktische Rücksicht, und auch sie gilt nur auf Zeit. In zwei Institutionen

---

durch schwere Schuld verwirkt“ (Volk, Akten deutscher Bischöfe V, S. 572).

Galen wird, wie im Kapitel 6 dieses Abschnittes darzulegen ist, den Entwurf des Ordensausschusses vom 15. 11. 1941 umredigieren von der Reihenfolge: Eigentum, Ehre, Leben und Freiheit in die Reihenfolge unseres Textes (s. o): Freiheit, Leben, Eigentum und Ehre. Der Bischof gab seinen Änderungswunsch an ein Berliner Redaktionskomitee weiter, in dem wahrscheinlich Berning die Umstellung veranlaßte (vgl. Volk, Akten deutscher Bischöfe V, S. 650).

Umgekehrt spricht Galens Einsatz im Sinne dieser Reihenfolge dafür, daß er auch den noch nicht zugeordneten Hirtenbriefentwurf vom August 1938 selber verfaßt hat oder verfassen ließ.

Der obengenannte Text zeigt prägnant die dem Bischof von Münster vorschwebenden Fundierungsverhältnisse unter den vier Grundrechten in den Protesten vom 10. 12. 1941 (Breslau) und vom 22. 3. 1942 (Kevelaer und Bonn).

47 W. Adolph sah als der entscheidende Berater des Berliner Bischofs in Kardinal Schulte das unüberwindbare Hindernis auf dem Wege zu einer offensiveren Kirchenpolitik. Zugleich bedauerte er beim Bischof in Münster das Fehlen einer tieferen Einsicht in die „Gefährlichkeit der Situation“ vom Grundsätzlichen her. Adolph, Geheime Aufzeichnungen, S. 185: „Er wendet sich immer nur gegen einzelne Ereignisse, dann aber mit Offenheit und Schärfe, und bringt so das Münsterländer Volk auf die Beine. Es besteht aber die Gefahr, daß die durch seine Predigten mobilisierten Kräfte des katholischen Volkes durch die mangelnde Führung nicht zum entscheidenden Einsatz für die gesamte katholische Kirche in Deutschland kommen.“

48 Vgl. das vorige Kapitel.

49 Wir zitieren die Denkschrift Preysings (Memorandum Adolphs) nach der Ausgabe von Hehls: Adolph, Geheime Aufzeichnungen, S. 166-171, weil im gleichen Werk der situative Kontext entfaltet wird: nicht nur der Begleitbrief Preysings an Bertram, sondern auch Bertrams Gespräch mit W. Adolph und der Bericht des Letztgenannten an Preysing. Nur Preysings Begleitbrief findet sich mit dem Memorandum Adolphs bei Volk, Akten deutscher Bischöfe IV, S. 356-362; 364f. Zitat hier bei Hehl, S. 166.

50 Ebd. (Hehl).

tritt dieser Charakter unverhüllt hervor: im Propagandaministerium als Institution geistiger Vernichtung durch Verleumdung, in der SS als neugermanischer Kultform.[51] Die Vernichtungsabsicht ist im ureigenen Ansatz enthalten.

Für die Taktik des Abwehrkampfes gelten fünf Grundsätze:

1. Keine Verhandlungen bis zu einem „Waffenstillstand“, d. h. bis zur Einstellung der kirchenfeindlichen Maßnahmen.
2. Entlarvung der geistigen Kräfte, Aufdeckung der tatsächlichen Vorgänge und ihre Zurückführung auf die Verantwortlichen.
3. Offensive Auseinandersetzung mit frontaler Spitze gegen die Kirchenfeindlichkeit des Systems.
4. Weitergabe aller kirchenpolitisch wichtigen Schreiben (z. B. der Eingaben) an die Geistlichkeit.
5. Instruktion der Gemeinden durch kurze und aktuelle Hirtenworte.

Öffentlichkeit und Massenreaktionen sind die allein von der nationalsozialistischen Führung respektierten Faktoren.[52]

Bisher habe nur die Kirchentreue des katholischen Volkes, der Geistlichkeit und einiger (sic) Bischöfe die Vernichtung ferngehalten.[53] Die geheimen Aufzeichnungen des Bischofsberaters und Domvikars Walther Adolph enthalten seine und seines Bischofs kritische Einschätzung der kirchlichen Abwehrbereitschaft.[54]

Selbst im Vernichtungsfall – er könnte ja durch das offensive Vorgehen näher rücken – ist es besser, im kämpferischen Widerstand für die Freiheit der Kirche zu unterliegen, als mit entehrenden Verhandlungen der Partei in die Hände zu arbeiten.[55]

L. Volk hält Preysing für den „Moltke“ des Kirchenkampfes,[56] obwohl

---

51 Ebd., S. 167f.

52 Ebd., S. 170f.

53 Ebd., S. 169.

54 Diese Lageeinschätzung hinsichtlich der Tragkraft des gläubigen katholischen Volkes und der Verläßlichkeit nur einiger Bischöfe korrespondiert in bestürzender Weise mit dem Konzept Kardinal Schultes, der die Kampffront der Festung Kirche beim Kirchenvolk sieht und Bischof und Klerus im Innenraum der Festung postiert. Das defensive Konzept Schultes (und Bertrams) wird geradezu gespenstisch beleuchtet durch die Einschätzung Preysings, der im Jahr der Entwürfe, also 1937, bekanntlich der einzige Bischof ist, der schon jetzt das Zeugnis im Untergang einer lächerlich wirkenden Ahnungslosigkeit vorzieht. Beim Klerus sieht der Bischof die Treue der überwiegenden Zahl als gegeben an: Also stehen die breite Masse des katholischen Volkes, mehr als die Hälfte des Klerus und ein Teil der Bischöfe bedingungslos zum Glauben!

55 Ebd., S. 170.

56 Volk, Fuldaer Bischofskonferenz II, S. 94.

sein Konzept erst spät und nur zum Teil verifiziert wurde.[57] Es scheint wichtig, auf die Nuancen der Strategie zu achten: offensive und totale Demaskierung durch Eingaben bis zur Einsicht des Gegners, ganz und gar durchschaut zu sein[58] – *stufenweise* anschließende Publikation bei Klerus und Volk.[59] Erst beim Eintritt eines echten „Waffenstillstandes" könnten dann erneut Verhandlungen aufgenommen werden.[60] Faktische Verhandlungserfolge wären – so sei einzuräumen – nur über ein erhöhtes Risiko zu erreichen.[61]

---

57 Volk, Kirchenkampf, S. 101 und Anm. 12-14. – Hier trafen die Eingaben gegen die Trennung der arisch-jüdischen Mischehen zusammen mit einem bereitliegenden Wort aller Bischöfe zu dieser Frage und mit der von Preysing (und vielleicht auch von H. Wienken) im RSHA genährten Erwartung einer allgemein-öffentlichen Erklärung. Der endgültige Erfolg, die Bewahrung von etwa 150 000 Betroffenen vor Deportation und Tod, verteilt sich auf drei Gegebenheiten: auf die von den Bischöfen mitgeschaffene Situation, auf innere Regimedifferenzen über die näheren Modalitäten und auf den Stehprotest der Berliner Frauen vor dem Sammellager ihrer Ehemänner (ebd.).

58 „Die große Propagandawelle anläßlich der Sittlichkeitsprozesse scheiterte, weil das katholische Volk die Tendenz ablehnte und deshalb im wesentlichen um ihre Wirksamkeit brachte. Hinzu kam noch, daß zunächst im internen Schriftverkehr klar Aufbau, Durchführung und Ziel der Propaganda der Reichsregierung überzeugend dargelegt war, so daß sie sich in ihren hinterhältigen Zielen durchschaut sehen mußte" (Adolph, Geheime Aufzeichnungen, S. 170).

59 Punkt 4 und 5 des Preysingschen Konzepts sehen eine gestufte Teilveröffentlichung vor. Punkt 4: „Alle wichtigen kirchenpolitischen Schreiben an die Reichsregierung sind nach einer bestimmten Frist dem Klerus zur Kenntnis zu bringen. Damit erreichen sie einen auch heute noch wirksamen Grad der Publizität."
Punkt 5: „Das katholische Volk ist durch kurze, aktuelle und den Kirchenkampf in seinen wahren Motiven und Vorgängen aufzeigende Hirtenworte aufzuklären" (ebd., S. 171).
Im Lichte dieser Strategie ist die Abschwächung der Proteste im Menschenrechtseinspruch von 1941/42 von der Eingabe bis zur Kanzelpublikation zu würdigen. Der Ordensausschuß sah hier einzig nur die Abschwächung. Diese hatte aber durchaus ihren guten Sinn.

60 In der Bereitschaft zum kalkulierten Risiko lag die Besonderheit der Berliner Überlegungen W. Adolphs und seines Bischofs. „Nur bewiesene Macht wird sie evtl. veranlassen, ihren Feldzug gegen die Kirche einzustellen. Es ist nicht ausgeschlossen, daß der radikalste Flügel der Partei unter Führung der SS auf jeden Fall den Vernichtungskampf gegen die Kirche bis zum Ende treibt. Aber auch in diesem Fall ist es vorzuziehen, für die Freiheit der Kirche unter Widerstand bis zum letzten unterzugehen, als mit entehrenden und im Grunde lächerlichen Verhandlungen der Partei ihre Arbeit noch zu erleichtern" (ebd., S. 170). Der Berührungspunkt mit der „katholischen Ehre", die es zu verteidigen gelte, auf der Superiorentagung vom 26. 5. 1941 (vgl. Rösch, Kampf, S. 66) ist hier besonders auffällig. Bekanntlich war Bischof von Preysing hier als geladener Gast und Gastgeber zugegen (ebd., S. 63).

61 Vgl. Anm. 60.

Zur Würdigung der Konzepte darf gesagt werden:
Bertram formulierte den gegenteiligen Standort so: „Solange verhandelt wird, wird nicht geschossen."[62] Tatsächlich wurde aber bei allen bisherigen Verhandlungen mit allen Mitteln (Repressalien) des Regimes weitergeschossen, wie L. Volk einwendet.[63] Bertram diente in der Tat nur einer irreführenden Fiktion und arbeitete ungewollt dem Regime in die Hände.[64]
Der zweite Gegensatz betraf die Kirche als Institution. *Bertram* wollte in der Erinnerung an den Kulturkampf keinen Katholiken ohne sakramentalen Beistand seiner Kirche sterben lassen. *Preysing* sah eine Kirche, die ohne prophetischen Mut im Schweigen verharre, in Gefahr, die Wertschätzung der Gläubigen endgültig zu verlieren. Keiner werde mehr ihren Trost im Sterben begehren.[65]
Ein Vergleich der Denkschriften zeigt ferner: Nur Kardinal Schulte und Bischof von Preysing verbinden eine Lageanalyse *mit* einer Strategieanweisung. Preysing nennt einen ideologischen und zudem totalitären Grund der Kirchenfeindlichkeit. Schultes Schreiben – noch vor der Enzyklika verfaßt – ist methodisch defensiv, während Preysings öffentliche Protestbereitschaft die Kirche über ein offensiveres Vorgehen zu entlasten sucht. Die hinter den Konzepten stehende unterschiedliche Schuldzuweisung oder Entlastung Hitlers durch Bertram, Orsenigo[66] oder Wienken, den Leiter des bischöflichen Kommissariats in Berlin,[67]

---

62 Volk, Fuldaer Bischofskonferenz II, S. 77f.

63 Ebd., S. 96.

64 Ebd.

65 „Gestern besuchte ein Jesuitenpater unseren Bischof und erzählte ihm über die Verhältnisse im Erzbistum Breslau folgendes: Der Klerus sei sehr unzufrieden mit dem Kardinal. Er vergleiche die Situation mit der Reformationszeit, in der die Glaubensgegner durch die Nachlässigkeit der Bischöfe so viel gewannen. Der Kardinal hat sich geäußert, daß er den Kulturkampf mitgemacht habe und sich nicht dazu entschließen könne, es dazu kommen zu lassen, daß wieder Gläubige ohne Geistlichen sterben müßten. Dazu bemerkte unser Bischof, daß es unter der Taktik des Kardinals dahin kommen könne, daß zwar Geistliche da seien, aber die Gläubigen ohne Geistlichen stürben, weil sie ihn nicht wollten" (Adolph, Geheime Aufzeichnungen, S. 29).

66 Das von Heydrich selbst signierte Schreiben an Außenminister von Ribbentrop vom 18. 12. 1941 muß im Hintergrund aller „tangentialen" Bemühungen und Verlautbarungen der gemäßigten kirchlichen Führungskreise gesehen werden, die durch Wohlverhalten und „Petitionen" Hitler zu einer kirchengünstigen Entscheidung zu bewegen hofften. Vgl. D. IX, Z. 78-85.

67 Löffler, Clemens August II, S. 864ff. In der Sicht Galens konnte Hitler aus „Geschäftsüberhäufung" nicht alle Maßnahmen der Gestapo im Blick behalten (ebd., S. 865f.).

durch Galen und Preysing ist mitzusehen. Sie bestimmte die Geburtstagsglückwünsche Bertrams, mit denen er die „Sperrkreise" des „Feldquartiers" durchbrach und die Beschwerden des katholischen Volkes jährlich bei Hitler vorbrachte.[68] Sie entsprach aber auch der Rolle, die Hitler selbst noch in der Öffentlichkeit spielen wollte.[69] Für Preysing gab es in der Schuldzuweisung wohl niemals eine Illusion.

Hinsichtlich der pragmatischen Stärke ist Galens Konzept anerkannt, weniger in der analytischen Schärfe. Er konnte es so weit realisieren, daß es für weite Kreise unbestreitbar wurde.[70] Das gilt um so mehr, als er es im Alleingang erproben mußte.[71]

Das Berliner Konzept steht analytisch und praktisch an der Spitze. Der Gegner wird fast richtig taxiert, weil seine Kirchenfeindschaft in einem fanatischen Ideologie-Moment gesehen wird.[72]

Preysings Konzept umfaßt Schultes und Galens Anliegen. Es verbindet die Erhaltung der Institution Kirche mit einer effektiven Verteidigung,

---

68 So rechtfertigte Kardinal Schulte den Geburtstagsglückwunsch seines Breslauer Amtskollegen von 1940 schon mit dem Gelingen einer unmittelbaren Information des Führers (Volk, Akten deutscher Bischöfe V, S. 179).

69 Hier hat ein großer Teil der Bischöfe seinen Anteil an den Paradoxien, in die sich die Deutschen überhaupt hinsichtlich ihres Verhältnisse zu Hitler verstrickten: „Überhaupt beruhte das Verhältnis der Deutschen zu Hitler weithin auf Täuschung, auf bewußter Täuschung von seiner und auf Selbsttäuschung von ihrer Seite. Er verheimlichte ihnen seine Pläne, obwohl er genau wußte, was er wollte, und sie erkannten ihn nicht einmal dann als Urheber, wenn er seine Absichten in die Tat umsetzte. Sie vergalten ihm seine Täuschung mit Vertrauen und vertrauten selbst im Schlimmsten noch darauf, nicht sie würden getäuscht, sondern er" (Jäckel, Hitlers Weltanschauung, S. 139f.). Der Verfasser erläutert diesen Tatbestand im Zusammenhang eines konkreten Beispiels zur Euthanasie (ebd., S. 139).

70 Das gilt für den Stopp im Klostersturm genauso unbestreitbar wie bei der Euthanasie. Schon die Parallelität der beiden Stoppanordnungen und ihre zeitliche Nähe zu den Predigten sprechen gegen S. Haffners Annahme, Hitler habe die zur Durchführung der Morde bestimmte Organisation T 4 nun schon zur Judenliquidierung benötigt, so daß der kirchliche Protest nur den mutmaßlich kleineren Anteil an dem Stopperlaß vom 24. 8. 1941 habe (Haffner, Anmerkungen zu Hitler, S. 166).

71 Bischof von Galen sah nach eigenem Geständnis selbst in Kardinal Bertram eine unantastbare Autorität in kirchenpolitischen Fragen und begründete die eigene Einstellung mit seiner „autoritären" Haltung. Im gleichen Gespräch vom 19. 2. 1938 hatte sein Vetter von Preysing aber offenbar schon einen kritischen Anstoß weitergegeben, als er Bertrams Verhältnis zur päpstlichen Enzyklika beleuchtete (Adolph, Geheime Aufzeichnungen, S. 232).

72 Die enge Bindung Hitlers an ideologische Grundelemente ist durch E. Jäckels bahnbrechende Forschungsarbeit über jeden Zweifel gestellt worden (vgl. Jäckel, Hitlers Weltanschauung, S. 11-28).

ohne das Risiko überspannen zu müssen. Es eröffnet – flexibel gehandhabt – eine reelle Chance, einem überlegenen Gegner ein gewisses Maß von Verhandlungsbereitschaft abzunötigen.
Bertrams Antwort auf das Berliner Konzept zeigt, daß er das sehr differenzierte Strategiepapier in entscheidenden Details mißverstand oder ignorierte.[73]
Jaeger stand 1941 vor der Aufgabe, auf dem Höhepunkt der Verfolgung sich mit den Konzepten und Gruppierungen des Episkopats vertraut zu machen, um an ihren Problemen verantwortlich teilzunehmen. Im aktiven Gremium der westdeutschen Bischöfe war ihm Galen ein naher Gesprächspartner, Preysing ein häufiger Besucher.[74]

---

73 Bertram hat sich offenbar durch eine starke Aversion gegen jede Kritik die Möglichkeit genommen, auf Preysing zu hören: „Als ich von meinem Bischof sagte, daß ich annehme, Eminenz [Bertram] und er stimmen in der tatsächlichen Beurteilung überein, antwortete der Kardinal, er würde auch gut schlafen, wenn sie nicht übereinstimmen würden." Das hält W. Adolph am 22. 5. 1941 fest, als Klostersturm und Euthanasie sich ersten Gipfelpunkten näherten (Adolph, Geheime Aufzeichnungen, S. 280).

74 Das Paderborner Konveniat vom 24. und 25. 11. 1941 hatte den Berliner Bischof zum ersten Mal überhaupt als Gast in seiner Mitte. Ferner besuchte er die Konveniats vom 1. und 2. 6. 1942 in Bonn, vom 18. und 19. 11. 1942 in Kevelaer, vom 17. und 18. 3. 1943 und 10. und 11. 11. 1943 in Paderborn (vgl. Volk, Akten deutscher Bischöfe IV und V).

Kapitel 3

Der Bertram-Preysing-Dissens von 1940

Mit der Plenarkonferenz vom Sommer 1940 bot sich die letzte Gelegenheit, die Meinungsverschiedenheiten über den kirchenpolitischen Kurs gegenüber dem Regime zu beraten und beizulegen. Bald sollten Klostersturm und „Euthanasie" den „Burgfrieden" kriegsbedingter Zurückhaltung zerstören. Mißlang die Klärung, dann drohten eine schwere Führungskrise und durch sie der Zerfall der bischöflichen Aktionseinheit.[1] Im Konflikt zwischen Bertram und Preysing brachen schon länger schwelende Empfindlichkeiten durch, die auch das Verhältnis Bertrams zu Galen betrafen. Schon 1937 hatte Kardinal Bertram den Bischof von Münster in Rom und in Fulda brüskiert.[2] Nach der Enzyklika kamen auf den Vorsitzenden Initiativen zu, deren Zusammenhang mit Galens Denkschrift vom 7. April 1937, auch wenn Kardinal Schulte sie als Vorsitzender des westdeutschen Konveniats formulierte, doch nur auf Galen als Urheber zurückwies. Zunächst wurde vorgeschlagen, den dogmatischen Teil der Enzyklika durch ein Fuldaer Hirtenwort im Bewußtsein der Gläubigen tiefer zu verankern.[3] Später kam der Vorschlag, die acht Thesen der römischen Studienkongregation zur Rassenlehre in ein gemeinsames Hirtenwort zu überführen.[4] Daß Bertram dies alles trotz Schultes Federführung ignorierte, verriet die Tiefe des Gegensatzes.[5]

---

1 Die vom Ordensausschuß geforderte Vorverlegung der Plenarkonferenz von *1941* bezeugt dies ebenso wie das Debakel um die Menschenrechte *1941/42*, die Schwierigkeiten um die Wahl eines Tagungsleiters für *1942* tun dies ebenso wie die Kompromißbemühungen um die beiden Hirtenbriefe vom Sommer *1943*, hinter denen sich der Gegensatz der „westdeutschen" Bischöfe mit Kardinal Faulhaber einerseits zu Buchberger/Bertram andererseits verbarg.

2 Vgl. Adolph, Geheime Aufzeichnungen, S. 38f. (Fulda), S. 40f. (Rom).

3 Volk, Akten deutscher Bischöfe IV, S. 202: Protokoll von Kevelaer, 9. 4. 1937. Vgl. Denkschrift Galen vom 11. 4. 1937, S. 207ff.

4 Ebd., S. 471: aus dem Protokoll von Kevelaer vom 13. 6. 1938.

5 Hier handelt es sich um die Grundsatzentscheidung Bertrams gegen eine Fortsetzung des päpstlichen Weges auf der bischöflichen Ebene, die er seiner Art gemäß ein wenig verklausuliert. Gegenüber W. Adolph sagt er zum Thema öffentlicher Verlautbarungen zum Kirchenkampf, „daß er nach der wuchtigen Sprache und dem Inhalt der Enzyklika es nicht für angebracht gehalten habe, noch mit solchen Hirtenbriefen nachzuhinken" (Hehl, Geheime Aufzeichnungen, S. 177). Bei der Erörterung der von Preysing

Der Entwurf des Hirtenwortes zur Rassenlehre (1938)[6] verrät Galens Hand schon in der Reihenfolge der natürlichen Grundrechte, die dann 1941 von ihm beim Menschenrechtsprotest durchgesetzt wurden.[7] Sie sind schon zur These VII von 1938 zu finden: Freiheit, Leben, Eigentum und Ehre.[8] Ein direkter Protest Galens gegen die Willkür der Gestapo vom 9. Juni 1939 enthält sie ebenfalls.[9] Das Konzept Preysings entfernte sich von Bertrams Auffassungen,[10] aber auch von Galens Vorgehen durch seine Systematik.[11] Bertram schien keinen Unterschied zu gewahren. Er sah nur, daß Preysing 1938 mit einem scharfen Hirtenwort zu „münstern" begann.[12] Nach 1937 erreichte auch kein Vorschlag aus Berlin das Ohr Bertrams mehr.[13] Der Gegensatz Breslau – Münster könnte älter sein als der von Breslau zu Berlin,[14] an Schärfe war er gleich.

---

erhobenen Forderung nach „Waffenstillstand" erwartet er vom Staat den Einwand, erst müsse der „Enzyklikaton" aufgegeben werden (ebd., S. 176).

6 Volk, Akten deutscher Bischöfe IV, S. 564-577.

7 Volk, Akten deutscher Bischöfe V, S. 650: Die von Bischof Berning berichtete Änderung an der Vorlage des Ordensausschusses stimmt mit der Korrektur, die Galen an seinem Preysing-Exemplar vorgenommen hatte, überein.

8 Volk, Akten deutscher Bischöfe IV, S. 572.

9 Volk, Akten deutscher Bischöfe IV, S. 646. Hier werden Freiheit, Leben und Eigentum genannt, während im Entwurf zum Hirtenwort über die Rassenlehre (ebd., S. 572) noch der „gute Name" hinzukommt, später dann im Menschenrechtshirtenwort durch „Ehre" ersetzt. Der Topos dient uns dazu, die von L. Volk offengelassene Frage (ebd., S. 564, Anm. 1) nach dem Ursprung des Entwurfs zur Rassenlehre zumindest im engsten Umkreis des Bischofs von Münster zu sehen. Nach Rangordnung und Fundierung ist die Reihenfolge sachlich unanfechtbar.

10 Wir legen die Annahme zugrunde, daß Kardinal Schultes Gutachten vom Januar 1937 voll mit Bertrams Auffassung konform ist (ebd., S. 150-153).

11 Die Darlegung der Strategiekonzepte der Bischöfe von Münster und Berlin zeigt, daß Galen sein Vorgehen an die Enzyklika anlehnt, während Preysings Instrumentarium originell ist und jede Mobilisierung der Massen von vornherein konkreten Verhandlungszielen unterordnet.

12 Adolph, Geheime Aufzeichnungen, S. 219.

13 Vgl. Briefwechsel Schulte – Bertram vom 13. 4. und 30. 4. 1937 (Volk, Akten deutscher Bischöfe IV, S. 210 und 223). Der Entwurf zur Rassenlehre scheint von Bertram nicht beachtet worden zu sein. Nachdem Bertram am 19. 10. 1937 nur noch „positive", das heißt seiner kirchenpolitischen Grundrichtung konforme Vorschläge W. Adolph gegenüber willkommen hieß, sind ihm alternative Entwürfe zum Kirchenkampf nicht mehr diskutabel (Adolph, Geheime Aufzeichnungen, S. 177).

14 Bei einer schon früh spürbaren Antipathie Bertrams gegenüber Galen scheint der Breslauer Kardinal sich erst im zweiten Anlauf zu der Wahrnehmung durchgerungen zu haben, daß Bischof von Preysing sich nun auch (1940) kirchenpolitisch von ihm distanzierte, wie der Gedankenaustausch vor dem Eklat noch zeigen wird. Auch die Bemerkung, daß Berlin zu „münstern" beginne, scheint dies zu erhärten. Hingegen wird

Der offene Dissens war ausgelöst durch Bertrams Gratulationsschreiben von 1940 zum Geburtstag Hitlers. Herkömmlich verband Bertram mit ihm geschickt die Klagen des katholischen Volksteils über die Kirchenverfolgung.
Jetzt fielen zwei Unterschiede auf: Bertram holte für seine Gratulation im Namen aller Bischöfe nicht mehr deren Zustimmung ein und erprobte im Gratulationstext „den Wandel durch Annäherung“ (L. Volk), d. h., er leitete den kirchlichen Einsatz für die Erhaltung des Christentums aus dem Programm der Partei und aus der Regierungserklärung Hitlers ab. Damit überschritt er das von Preysing als zumutbar empfundene Maß.[15] Preysing legte das Pressereferat nieder[16] und klärte den überraschten Kardinal in einem folgenden Briefwechsel über die Gründe auf. Er könne Bertrams Linie grundsätzlich und praktisch nicht teilen.[17] Von dem weiteren Schritt, nämlich das Bischofsamt niederzulegen,[18] konnte ihn nur noch der Papst abhalten, wie ihr interner Briefwechsel belegt.[19]

Bertram noch 1937 unter mancherlei Verbindlichkeiten oder „Masken“ (ebd., S. 174) die Hoffnung gehegt haben, Berlin auf seine Linie zu bringen. Vgl. den Bericht vom 20. 10. 1937: „Der Bischof [Preysing] solle sich die Sache nur ruhig überlegen, dann käme er schon zu dem Resultat, zu dem der Kardinal gekommen sei, und dann sei wieder die Einheit des Handelns gewonnen“ (ebd.). Diese Worte Bertrams kennzeichnen die unerschütterliche Sicherheit, mit der er an seiner Richtung festhielt, worüber die Diplomatie mancher Äußerungen leicht hinwegtäuschen konnte.

15 Im Schreiben vom 6. 5. 1940, also 7 Tage nach Hitlers Anwort (Volk, Akten deutscher Bischöfe V, S. 57, Anm. 1). Preysing hatte seinen Schritt begründet mit grundsätzlichen wie praktischen Auffassungsverschiedenheiten („... wie bezüglich der von Fall zu Fall zu unternehmenden Schritte ...“) – ebd.

16 Ebd.

17 Zu den Versuchen des Kardinals, sich im Schreiben vom 9. 5. 1940 selbst zu erforschen (ebd., S. 57), verdeutlicht der Berliner Bischof am 16. 5., daß die grundsätzlichen Verschiedenheiten schon in der Vergangenheit sich „in etwa gezeigt“ hätten (ebd., S. 59). Nunmehr hätten sie sich im Geburtstagsglückwunsch des Kardinals „programmatischen Ausdruck gegeben“ (ebd.). Gemeint ist hier wohl die von Bertram gehegte Hoffnung auf eine friedliche Koexistenz.

18 Am 29. 5. 1940 schreibt Preysing dem Papst: „Das Zerwürfnis in prinzipieller Sache mit Breslau meinerseits, die daraus entstehende Spaltung im Episkopat, noch mehr die sichere Voraussicht, daß die Regierung ihre Gegnerschaft gegen mich in absehbarer Zeit mir und meiner Diözese fühlbar machen wird, machen es mir wahrscheinlich, daß meine Tätigkeit in Berlin auf die Dauer nicht tragbar sein wird“ (Schneider, Briefe Pius' XII., S. 74, Anm. 2).

19 Brief Pius' XII. an Preysing vom 12. 6. 1940. Dabei erweckte der Papst die Hoffnung auf eine „freimütige und abgeklärte Aussprache im Gremium von Fulda“ (ebd., S. 74f.). Die Aufforderung zum „Geist apostolischen Freimuts und brüderlicher Offenheit“ stellte der Papst am 6. 8. 1940 gleichsam wie eine Präambel der nächsten Plenarkonferenz voran (ebd., S. 88).

Bertram wollte auf der nächsten Plenarkonferenz prüfen, ob seine Arbeitsweise grundsätzlich oder nur praktisch von den Auffassungen des Hl. Stuhls und der Bischofskonferenz abweiche. Er sprach zugleich von der damit verbundenen organisatorischen Konsequenz und spielte damit nach verbreiteter Auffassung auf seinen Rücktritt für den Fall eines grundsätzlichen Dissenses an.[20] Nur zögernd scheint sich Bertram zu der Einsicht durchgerungen zu haben, daß sich die Meinungsunterschiede auf Grundauffassungen bezogen. Es ging um die Grundeinstellung des Regimes zur Kirche und die unlösbar damit verbundenen Fragen der kirchenpolitischen Auseinandersetzung.[21] Beide Fragen in sich und in ihrem gegenseitigen Zusammenhang waren für Preysing von grundsätzlicher Natur.[22]

Einen Monat später will sich Bertram in einem Briefwechsel mit Schulte über das Glückwunschtelegramm zunächst der Zustimmung des Kölner Kardinals vergewissern. Er erinnert ihn an eine frühere Anerkennung seines Vorgehens und erläutert das Telegramm.[23] Am Schluß seines Glückwunschschreibens habe er noch „markig betont", daß „unser Streben unzertrennlich ist von den Wünschen, die die Oberhirten für Volk und Vaterland, für Staat und Kirche hegten".[24] Das genannte Streben hatte sich auf die Erhaltung des Christentums und der Kirche im deutschen Volk bezogen. Die freie Wiedergabe dieser Stelle durch den Kardinal klingt jetzt tatsächlich ein wenig „markig", während das Original anstelle der kategorischen Unzertrennlichkeit eine diplomatische Bitte formuliert und diese Bitte noch mit einem gefühlsbetonten „innig"

---

20 Bertram an Preysing vom 21. 5. 1940 in: Adolph, Hirtenamt, S. 167. Nach einem Gespräch mit Bischof Wienken notierte sich der Osnabrücker Bischof W. Berning am 9. 7. 1940: „Es soll in Fulda die Sache entschieden werden. Der Kardinal will eventuell den Vorsitz niederlegen. Er hat dem Kardinal von Köln nähere Mitteilung gemacht" (Volk, Akten deutscher Bischöfe V, S. 75, Anm. 8).

21 Die noch im Schreiben des Kardinals vom 21. 5. 1940 betonte Disjunktion „in grundsätzlicher oder praktischer Richtung" als Entscheidungsfrage für die organisatorische Konsequenz in Fulda wird in den beiden Schreiben vom 25. 6. und 14. 7. 1940 (ebd., S. 66 und 74f.) nicht mehr erwähnt.

22 Preysing sieht die grundsätzlichen und praktischen Verschiedenheiten schon in den letzten Jahren als „in etwa gezeigt" an (ebd., S. 59).

23 Mit der Erinnerung an ein früheres Lob Schultes von 1937 will der Kardinal sich zugleich auch des Kevelaerer Konveniats unter Schultes Vorsitz vergewissern und erörtert ausführlich seine Intention mit dem Glückwunschschreiben an Hitler (Volk, Akten deutscher Bischöfe V, S. 47f., 56, 66f., 70f., 74f.).

24 Ebd., S. 67.

schmückt: „Ich bitte, diese Zeilen nicht als unangebracht am Glückwunschtage zu betrachten, sondern als unzertrennlich von den *innigen* Wünschen ...“ (kursiv v. Verf.).[25]
Kardinal Schulte konnte ihm den Hinweis auf die Doppeldeutigkeit seiner Berufung auf das Parteiprogramm der NSDAP nicht ersparen. Hitler hatte sie flugs von der Nicht-Widersprüchlichkeit in den Einklang der Kirche mit der völkischen Bewegung uminterpretiert, um die Kirche – propagandistisch geschickt – im Kielwasser der „Bewegung“ zu zeigen.[26] Das war zwar nach Schulte durch den Kontext nicht gedeckt, aber doch durch die genannte Doppeldeutigkeit ermöglicht worden.[27]
Kardinal Bertram war nun auch durch seinen Kölner Amtsbruder auf die von Preysing gemeinten Schwächen hingewiesen worden. In spürbarer Betroffenheit verdeutlicht er sein Kursverhalten auf der bevorstehenden Plenarkonferenz.[28] Es geht jetzt nicht mehr – wie gegenüber Preysing – um „grundsätzlich oder praktisch“, sondern um sein Verhältnis zur Konferenz überhaupt, wenn er noch einmal die „organisatorische Frage“ anklingen läßt. Ob Diskussion oder Übergehen mit Schweigen, möge Schulte für sich erwägen.[29] Er selbst werde an keiner Diskussion teilnehmen noch an ihren Ergebnissen interessiert sein.[30] Damit hatte der Kardinal seinen unbeirrbaren Handlungswillen – man erinnere sich der hellsichtigen Formulierung W. Adolphs (1937) – erneut bekundet.[31] Mehr noch: Er hatte der Konferenz jede kirchenpolitische Kursänderung in Einheitlichkeit unmöglich gemacht. Im Zeichen dieses Führungs-Desasters ging die Kirche in die Phase ihrer größten Bedrängnis. Die Metropoliten Jaeger (1941) und Frings (1942) gingen in eine verfahrene Situation. *Was jetzt noch gelingen konnte und gelang, lag außerhalb aller normalen Erwartungen.*

Die Konferenz selbst: Kardinal Schulte, von Bertram zum üblichen kirchlichen Lagebericht am Anfang der Plenarkonferenz gebeten, erwähnte kurz den positiven Aspekt des Glückwunsches, der höchsten Instanz des Reiches die Klagen des katholischen Volksteils zu Gehör

25 Ebd., S. 48.
26 Ebd., S. 70f.
27 Ebd.
28 Ebd., S. 74f.
29 Ebd.
30 Ebd.
31 Adolph, Geheime Aufzeichnungen, S. 174.

gebracht zu haben, läßt aber neben der „mehrfacher Deutung“ fähigen Antwort Hitlers Bertrams Telegramm als ihren Auslöser unerwähnt.[32] Schulte *schont* und deckt Bertram: Die Antwort Hitlers ist nämlich in Wahrheit eindeutig,[33] ihre Veranlassung bestand aber in der Ambivalenz der Bertramschen Formulierung, die Schulte vorher selbst im Brief an Bertram genannt hatte.[34] Er *deckt* ihn sogar, indem er den guten Sinn der Eingabe als unvergleichlich bedeutsamer hervorhebt.[35] Preysing hatte erst die Möglichkeit, sich beim Tagesordnungspunkt 13 (Presse) zu Wort zu melden.[36] Da Bertram aber schon vor der Konferenz mit Erzbischof Gröber übereingekommen war, daß über das Telegramm im Plenum keine Diskussion zu führen sei,[37] hatte der Berliner Bischof nur die Möglichkeit, die Grundsatzdiskussion als Erklärung zur Niederlegung seines Pressereferates einzuführen.[38] Preysing erwähnte unter ausdrücklichem Verzicht auf eine Erörterung des Glückwunschtelegramms selbst die Existenz zweier Beurteilungen des NS-Staates. Die eine Gruppe halte ein auskömmliches Verhältnis zum totalitären Staat für erreichbar, die andere Gruppe sehe den Gegensatz als unüberbrückbar an.[39]
Bei der Erwähnung der kirchenpolitischen Gegensätze muß der zunächst ruhig zuhörende Bertram die Gesichtsfarbe gewechselt haben. Kurz darauf erhob er sich und verließ den Saal mit der nicht voll verstandenen Bemerkung, die Konferenz könne darüber weiterdiskutieren, während er selbst sich nach draußen begeben wolle.[40]
In der nun folgenden ungeheuren Erregung, entstanden durch die

32 Volk, Akten deutscher Bischöfe V, S. 179.

33 Ebd., S. 56: „... im Einklang steht mit der großen völkischen und politischen Bewegung ...“, so lautete Hitlers Interpretation Bertrams.

34 Er hatte den Begriff „Programm der NS-Partei“ allein für sich als „doppelsinnig“ bezeichnet, je nachdem man es auf die programmatische Grundsatzerklärung oder auf die Praxis der Partei beziehe (ebd., S. 70).

35 Wie Anm. 32, ebd., S. 179.

36 Ebd., S. 92. Das war zeitlich gemäß Bischof Sebastians stenographischer Mitschrift am 2. Tage (21. 8.) abends. An dieser Stelle hat Sebastian eine Bemerkung von Berlin stehengelassen: „Was ist dem totalen Staat gegenüber zu tun? Er ist inhuman.“ Bertrams Erklärung vom nächsten Morgen, also nach dem Eklat, steht in der Aufzeichnung des Speyrer Bischofs hingegen am Anfang, so daß sie wie ein Vorspann zu Schultes Lagebericht wirkt.

37 Adolph, Geheime Aufzeichnungen, S. 274.

38 Ebd.

39 Ebd.

40 Ebd.

Meinung, Bertram habe den Vorsitz niedergelegt, erklärte Kardinal Schulte die Sitzung für geschlossen, weil die Konferenz ohne den Vorsitzenden nicht verhandlungsfähig sei.[41] Durch diese Reaktion Schultes war die Diskussion unmöglich geworden. Bertram hatte die Reaktion Schultes aber schon durch sein Schreiben vom 14. Juli festgelegt. Indem er nämlich seinen bisherigen kirchenpolitischen Eingabekurs für undiskutierbar erklärte und sich am Ergebnis der Grundsatzdiskussion für seine Person uninteressiert zeigte, stand die Einheit des deutschen Episkopats auf dem Spiel.[42]

Unter Verzicht auf die Grundsatzdiskussion konnte Bertram von den Bischöfen zur Fortführung der Konferenz am nächsten Morgen bewegt werden.[43] Er verzichtete künftig auf die Glückwünsche zum Führergeburtstag im Namen aller Bischöfe, begründete den Glückwunsch 1940 aber mit der Stärkung kleiner, eher gemäßigter Gruppen der Partei bei ihrer Einflußnahme auf Hitler.[44] Hier hatte der Kardinal zwar konkrete Vorstellungen, er irrte aber in der realen Einschätzung ihres Einflusses auf Hitler.[45]

Der Vorsitzende hatte dank einer klugen Vorbereitung der Konferenz

---

41 Ebd. So erfuhr es W. Adolph von dem Eichstädter Bischof M. Rackl, der neben einem späteren Bericht Preysings die ausführlichste Darstellung gibt. Nach ihm entstand der Irrtum so: „Das Gremium glaubte nämlich, daß Eminenz Adolph in seiner Erklärung, die nicht überall verständlich gewesen war, den Vorsitz niedergelegt habe" (ebd.).

42 Volk, Akten deutscher Bischöfe V, S. 75: „Ich darf es Ihnen überlassen, ob *Sie* für gut halten, diese diskrete Angelegenheit in Fulda ohne meine Anwesenheit zu berühren, oder ob es richtiger ist, schweigend darüber hinwegzugehen. Ich habe kein Interesse an einem Ja oder Nein zu dieser Frage. *Eine Antwort erwarte oder wünsche ich nicht*" (kursive Stellen von Bertram selbst unterstrichen).

43 M. Rackl nach W. Adolph: „Am nächsten Tag aber nahm Eminenz Adolph wieder, ohne etwas merken zu lassen, den Vorsitz ein und leitete die Versammlung. Auf seine Frage, ob jemand noch etwas zu bemerken habe, schwiegen sie alle" (ebd.).
Bischof M. Buchberger sieht den Kardinal tiefer beeindruckt, als er an den wegen Krankheit abwesenden Kardinal Faulhaber schrieb: „Eminenz Bertram war sehr leidend und konnte sein Schlußwort kaum mehr sprechen. Der ehrwürdige Greis konnte die Tränen nicht mehr zurückhalten. Sehr drückte ihn auch der Vorwurf von einer Seite, daß sein bekanntes Schreiben nicht im Namen der Bischofskonferenz hätte gemacht werden dürfen. Das anliegende Schreiben des Hl. Vaters nimmt Bezug auf diese Dissonanz im Episkopat, die aber nach meinem Eindruck sich über Berlin und Münster kaum hinausstreckt" (Volk, Akten Kardinal Faulhabers II, S. 685).

44 Adolph, Geheime Aufzeichnungen, S. 275.

45 Volk, Akten deutscher Bischöfe V, S. 180 u. Anm. 1 (eine undatierte Aufstellung Bertrams). Die offenkundige Fehleinschätzung des Kardinals bezog sich sowohl auf den Einfluß dieser acht namentlich angeführten Personen als überhaupt auf die Beeinflußbarkeit Hitlers.

noch einen Sieg davongetragen, doch bestand angesichts der von ihm offenkundig zu günstig beurteilten kirchenpolitischen Situation die Gefahr, daß sein äußerer Erfolg, sollten die Bischöfe noch deutlicher von der Wirklichkeit der weiteren Entwicklung überholt werden, vielleicht doch nur ein „Pyrrhus-Sieg“ sein würde. Bald schon beklagte er seine zunehmende Vereinsamung im Episkopat.[46] Auch etwas Weiteres stand fest: Ein Durchbruch zu einer anderen Methode kirchlicher Selbstverteidigung konnte nur ohne den Vorsitzenden und im Gegensatz zu ihm durchgeführt werden, also mehr oder weniger im Sondergang.[47]
Die Feststellung ist wichtig, weil sie uns den Schlüssel an die Hand gibt für die Beurteilung mancher Schritte und Worte des Breslauer Kardinals, die sonst eher geeignet wären, seinen klaren Handlungswillen zu verschleiern: So ungern er in seinen Regierungseingaben den diplomatischen Stil verließ, der jede Brüskierung vermied, so nachdrücklich verhinderte er im Episkopat jede tiefer gehende Auseinandersetzung durch ein Arsenal taktischer Überlegtheiten. Er hatte seinen bischöflichen Gegenspieler zwar zum Schweigen gebracht. Ob er aber ohne Herzklopfen an Papst Pius XII., der an die Bischöfe die Ermunterung zu offener brüderlicher Aussprache gerichtet hatte,[48] schreiben konnte, was wir nach Kenntnis des großen Verlaufs der Konferenz von 1940 in seinem Brief an den Papst lesen müssen, sei offengelassen.
Er schreibt: „Dankbar sind wir nicht minder dafür, daß Ew. Heiligkeit es verstehen, wenn die deutschen Bischöfe in offenster gegenseitiger Aussprache die verschiedenen Auffassungen über die praktischen Fragen zur Geltung bringen: eine Offenheit, die Zeugnis gibt von dem ehrlichen

---

46 Volk, Akten Kardinal Faulhabers II, S. 759f. Kardinal Bertram bedankt sich für Faulhabers Anwesenheit auf der Plenarkonferenz 1941, „besonders ich selbst, weil ich mich, seit 1906 zur Konferenz gehörig, mehr und mehr vereinsamt fühle“.
Schon am 21. 3. 1941 hatte er Faulhaber gestanden, daß er den Tod von Erzbischof Klein und Kardinal Schulte nicht verwinde (ebd., Anm. 1). In ihnen konnte der Breslauer Vorsitzende die verläßlichen Partner seiner Richtung sehen.

47 Die Alternative, Bertram durch einen Nachfolger abzulösen, war erschwert durch den eingespielten Wechsel zwischen Köln und Breslau einerseits und durch die geforderte längere Einarbeitungsphase des spät gewählten und zudem – für Köln ungewohnt – nicht-bischöflichen Nachfolgers für Kardinal Schulte. Führungsautorität konnte erst mit der Zeit erwachsen. Schon die Schwierigkeit, einen Tagungsleiter für 1942 zu bestellen, sprach dafür, sich mit dem greisen Kardinal auch in der Abwesenheit zu bescheiden: Der vermittlungsbereite W. Berning wurde trotz absoluter, wenngleich nur auf Mehrheit einer Stimme beruhenden Wahl 1942 von dem stürmischen K. Gröber geradezu verdrängt (Volk, Akten deutscher Bischöfe V, S. 835f., Anm. 6).

48 Schneider, Briefe Pius' XII., S. 88f.

Streben aller. Von den 35 Jahren, die ich an den Fuldaer Bischofskonferenzen teilgenommen habe, kann ich bezeugen, daß stets eine volle und herzliche Einigkeit geherrscht hat, auch wenn nicht jeder Vorschlag oder Versuch jedem voll gefiel."[49] Hier war die „volle und herzliche Einigkeit" durch Unterdrückung oder Ausmanövrierung der Aussprache erreicht! Interessant ist nun aber, daß Pius XII., der in seinem Antwortbrief an Bertram den Dissens nicht anspricht,[50] in seinem Brief an Bischof Preysing vom 15. Dezember 1940 sogar eine konkrete Kenntnis der Gruppierungen zu erkennen gibt. „Du bedauerst es, daß diese Auseinandersetzung nicht zum vollen Austrage gebracht wurde. Es wird immer schwer sein, in Fällen, wo sachliche Gründe und persönliche Rücksichten sich überkreuzen, wo überdies zwischen grundsätzlichen Motiven und Erwägungen der Zweckmäßigkeit Spannungen aufgekommen sind, bis zu letzter beschlußmäßiger Klarheit vorzudringen. Andere Konferenzteilnehmer waren, trotzdem sie insgesamt oder mehrheitlich Deine grundsätzliche Einstellung teilten, der Auffassung, daß, so wie die Dinge lagen, eine Vertiefung der Aussprache und eine abschließende Klärung des Falles nicht rätlich, ja auch nicht mehr nötig sei."[51]

Der Papst kennt also eine Gruppe von Bischöfen, die Preysings grundsätzliche Einstellung teilten. Aber selbst diese hielten die Vertiefung der Aussprache auf die praktischen Konsequenzen hin nicht für ratsam. Wenn Pius XII. mit diesen Worten den Berliner Bischof beschwichtigen wollte, so lief er doch schon mit dem Hinweis auf die Verzichtbarkeit dieser Debatte – sofern er sich mit dieser Meinung selbst identifizierte – Gefahr, schon schnell von den Ereignissen überholt zu werden. Ging es doch um mehr als das Ob und Wie eines Glückwunsches! Noch zum Ende 1940 brach der Klostersturm[52] herein. Immer mehr häuften sich die Anzeichen der „Euthanasie".[53] Unter diesem Decknamen erfolgte die

---

49 Volk, Akten deutscher Bischöfe V, S. 182.

50 Schneider, Briefe Pius' XII, S. 104-108.

51 Ebd., S. 109.

52 Vgl. die erste Liste der von Bertram am 22. 4. 1941 genannten Ordenshäuser. 6 von den 10 genannten Häusern fallen in den Bereich der westdeutschen Bischöfe, 1 in die Erzdiözese Paderborn (das Benediktiner-Priorat Meschede). Den Anfang bildet in der offenbar zeitlich geordneten Liste Fulda (Dezember 1940).

53 Seit Januar 1940 in überwiegend evangelischen Gegenden begonnen (Pommern, Brandenburg/Berlin, Sachsen, Hamburg und Württemberg), hatte, während noch die evangelischen Recherchen liefen, als erster Kirchenmann Erzbischof Gröber bei der dem Lande Baden benachbarten Vernichtungsstätte Greifeneck Verdacht geschöpft und bei

Massenvernichtung an Schwachen, unheilbar Kranken und Geistesgestörten. In den annektierten Grenzgebieten wurde zudem bereits der reine NS-Staat der Zukunft erprobt.[54] Der „Moltke“ des Kirchenkampfes hatte seinen Vorstoß zu einer Neubesinnung im Abwehrkampf der Kirche kurz vor zwölf Uhr versucht.

Der offene Dissens des Jahres 1940 räumte nicht die inneren Differenzen der Bischöfe aus, während die ebenfalls wichtige Einheit des Episkopates nicht einmal äußerlich gewahrt blieb.

Heydrichs Geheimdienst hatte bereits Kenntnis von den Vorgängen, wie vielleicht auch den Bischöfen selbst schon bald mit Schrecken bekannt wurde. Aus einem abgefangenen Brief des Trierer Bischofs Bornewasser an den Bischof Stohr von Mainz erfuhr der Chef der Sicherheitspolizei auch schon bald von den Emotionen einzelner Bischöfe: Bischof Bornewasser sei nicht in der Lage gewesen, am nächsten Morgen (Do., 22. 8.) die Messe zu lesen, und habe die Konferenz verlassen wollen. Bertram, Schulte und Berning seien ebenso erschüttert gewesen. Heydrich stufte sie als gemäßigte Kompromißbischöfe ein. Selbst ihr aktiver Gegenspieler, der Freiburger Erzbischof Gröber, sei vor Kardinal Schulte in Tränen ausgebrochen.[55]

Daß die Zerklüftung des Episkopates auch nach außen gedrungen sein muß, ergibt sich ferner aus einer sonst recht dunklen stenographischen Notiz Kardinal Faulhabers. Nach ihr hielt er von einem Gespräch mit dem Historiker der Gregoriana in Rom, J. Grisar, am 29. Oktober 1941 fest: „Ob es wahr sei, daß außerhalb der Bischofskreise Fulda bekannt? Ja, das ist sicher cf. Passau.“[56] Die Frage Grisars hatte der Kardinal also bejaht mit der (für den Herausgeber der Faulhaber-Akten unklaren[57]) Erwähnung von Passau, also von Bischof Landersdorfer (gem. dem

---

dem badischen Innenministerium nach der Häufung der Todesfälle gefragt. Ihm folgte am 19. 7. Landesbischof Wurm mit einer Anfrage im Reichsinnenministerium (vgl. Volk, Kirchenkampf I, S. 87). An offenen Diskussionsanstößen hätte es auf der Plenarkonferenz bei der frühen Kenntnis des Freiburger Erzbischofs also nicht gefehlt.

54 Am 17. 12. 1940 berichtet der Limburger Bischof Hilfrich der Reichskanzlei über die Reden von Funktionären, die im Blick auf den Warthegau und die Auflösung der Kirchen dort die Zukunftsplanungen des Regimes erläuterten. Er finde bei Soldaten und ihren Angehörigen die Empörung darüber verbreitet, daß man versuche, noch während des Krieges die Kirche zu vernichten (Volk, Akten deutscher Bischöfe V, S. 295ff.).

55 Heydrich an Ribbentrop vom 10. 9. 1940. In: Volk, Akten deutscher Bischöfe V, S. 1006ff.

56 Volk, Akten Kardinal Faulhabers II, S. 688.

57 Ebd., Anm. 5.

Sprachgebrauch von Faulhaber). Darf vielleicht vermutet werden, daß ein nicht seltener „Besucher“ dieses Bischofs, der seit 1935 im Reichssicherheitshauptamt tätige Ex-Geistliche A. Hartl,[58] über den Dissens durch Bischof Landersdorfer Näheres zu erfahren suchte? Dabei könnten dem Bischof Interesse und Kenntnisnahme des zurückliegenden Eklats durch den SD und die Gestapo aufgefallen sein.[59] G. Denzler hat den 1982 verstorbenen Hartl noch ausführlich befragen können. Da Stellung und Funktion des SS-Standartenführers den Bischöfen längst bekannt waren, wird Landersdorfer – entgegen der Schilderung Hartls, den der Bischof duzte – zurückhaltend gewesen sein.

Weniger zurückhaltend war Nuntius Orsenigo gegenüber seinem „Freund“, einem V-Mann der Gestapo, dem er offenbar volles Vertrauen schenkte.[60] Spätestens seit 1941 lebte die Plenarkonferenz mit dem Bewußtsein, in ihrer Mitte ein „Leck“ zu haben.[61]

Der Dissens des Jahres 1940 zeigt schon mit voller Klarheit, daß Kardinal Bertram keine Änderung seiner kirchenpolitischen Linie hinzunehmen bereit war. Eine Aussprache über sie würde er zu verhindern suchen. Auch sein schon signalisierter Rücktritt würde die Situation nicht ändern, weil er sich einer neuen kirchenpolitischen Orientierung der Plenarkonferenz nicht anschließen könnte. Andere Bischöfe würden ihm Gefolgschaft leisten.

Der hochbetagte Vorsitzende war offenbar mit den bald aufbrechenden Erfordernissen des radikalisierten Kirchenkampfes an seine Grenze gelangt.

Eine Änderung der kirchenpolitischen Grundlinie in Richtung Berlin und Münster hätte nur bei voller Einheitlichkeit Erfolg versprechen können. „Die überlieferte Kirchenorganisation brachte es mit sich, daß die Bischöfe dem reichseinheitlich angreifenden Totalitarismus in diözesaner Vereinzelung gegenüberstanden. Zu einem achtunggebietenden Faktor wurden sie für das Regime in dem Maße, wie sie selbst zur Einmütigkeit gelangten. Innere Geschlossenheit war die einzige Verteidigungswaffe des Episkopats, sofern sie auf den Gegner gerichtet wurde, das Unvermögen

---

58 Ebd., S. 696, Anm. 6.

59 Zu Hartls Kontakten vgl. die Wochenzeitung „Die Zeit“ vom 2. 9. 1982, S. 5 – Verf. G. Denzler.

60 PA Bonn – Büro Staatssekretär Vatikan E 226424 (433865), E 226428 (433869), vgl. D. IX.

61 Volk, Akten deutscher Bischöfe V, S. 863, Anm. 8.

aber, ganzheitlich zu reagieren, die am meisten zu fürchtende Schwäche."[62]

An der Plenarkonferenz von 1940 nahm in Vertretung des erkrankten Erzbischofs von Paderborn sein Generalvikar C. Gierse teil.[63] Was er dem neuen Erzbischof im Herbst 1941 über die internen Probleme dieser Plenarkonferenz zu sagen hatte, ist nicht bekannt. Die Konferenz von 1941 wurde von Kapitularvikar A. Baumann besucht.[64] Sie war die letzte unter dem Vorsitz des Kardinals Bertram und verlief äußerlich harmonisch, aber auch unter Verzicht auf jede Erörterung kirchenpolitischer Strategien. Ihr von Kardinal Faulhaber verfaßtes Hirtenwort war offener als je zuvor. Die Kirchenverfolgung wurde nicht verschwiegen: „Es geht um Sein oder Nichtsein der Kirche in Deutschland."[65] Das 5. Gebot wurde gegen die Euthanasie, ohne sie explizit zu nennen, nachdrücklich eingeschärft: „... nie darf er [der Mensch] außerhalb des Krieges und der gerechten Notwehr einen Unschuldigen töten ..."[66] Der inzwischen zusammengetretene Ordensausschuß berichtet: „Der Hirtenbrief der deutschen Bischöfe am 26. Juni 1941 (Fulda) wirkt bei den Gläubigen ungemein befreiend und erlösend: Endlich wird mal was gesagt. Bei der Partei und der Regierung erregt er ungeheueren Ärger."[67]

Ein Bischof hingegen bemerkte bei der Verlesung des gemeinsamen Hirtenwortes am 6. Juli 1941, „daß gewisse allgemeine Ausführungen der Konkretisierung bedürften".[68] Clemens August Graf von Galen, der dies sagte, fand acht Tage später den Durchbruch zum öffentlichen Einzelprotest.[69]

62 Volk, Fuldaer Bischofskonferenz II, S. 81f.

63 Volk, Akten deutscher Bischöfe V, S. 94.

64 Ebd., S. 414.

65 Ebd., S. 466, vgl. mit S. 451.

66 Ebd., S. 466.

67 Rösch, Kampf, S. 98.

68 Volk, Kirchenkampf I, S. 94.

69 Löffler (Hg.), Clemens August II, S. 843-851: Predigt vom 13. 7. in der Lambertikirche; S. 855-863: Predigt vom 20. 7. in der Überwasserkirche; S. 874-883: Predigt vom 3. 8. in der Lambertikirche (über Euthanasie).

Kapitel 4

Das Westdeutsche Bischofskonveniat

Auf der Suche nach einer Orientierung über bischöfliche Führungsprobleme konnte dem neuen Paderborner Metropoliten der aufgebrochene Dissens nicht lange verborgen bleiben.[1] Dem Vorsitzenden Kardinal Bertram in Breslau stellte sich Erzbischof Jaeger am 4. September 1941 vor.[2] Ob er auf einer der beiden Berlinfahrten um den 2. oder 10. August herum neben Nuntius C. Orsenigo auch den Berliner Bischof K. Graf von Preysing aufgesucht hat, ist nicht bekannt.[3] Er hatte sich in Berlin auch beim OKH in der Bendlerstraße einzufinden. Den Nachbarbischof in Münster wird er spätestens am Tage seiner Vereidigung vor dem Oberpräsidenten am 15. September 1941 aufgesucht haben.

Erleichtert wurde ihm die Orientierung durch seine Zugehörigkeit zum „Westdeutschen Bischofskonveniat", der „Konferenz von Kevelaer". Dazu gehörten die Bischöfe der Kirchenprovinzen Köln und Paderborn. Dem Erzbistum Köln waren durch das Preußenkonkordat (1929) die Suffraganbistümer Aachen, Limburg, Münster, Osnabrück und Trier, dem Erzbistum Paderborn die Bistümer Fulda und Hildesheim zugeordnet worden. Das Konveniat war aus den Konferenzen hervorgegangen, zu denen Kardinal Schulte 1934 und 1935 die leitenden Bischöfe der Kölner Kirchenprovinz nach Bensberg eingeladen hatte. Bei beiden war Erzbischof K. Klein schon als Gast und Vertreter der Nachbarprovinz anwesend.[4] Als vollständiges „Westdeutsches Konveniat", manchmal auch im Blick auf seine nach Norddeutschland reichenden Diasporagebiete „Nordwestdeutsches Konveniat" oder nach seinem bevorzugten Treffpunkt „Konveniat von Kevelaer" genannt, nahm es seine Arbeit am 18. November 1935 mit den Bischöfen der beiden Kirchenprovinzen auf.[5]

---

1 Vgl. das vorstehende Kapitel 3.

2 Volk, Akten deutscher Bischöfe V, S. XXIII.

3 Mil. A. Freiburg RH 26-302 IV d Bericht über 1.-20. 8. 1941: Der Divisionspfarrer war vom 31. 7. bis 3. 8. 1941 und vom 9. 8. bis 12. 8. 1941 nach Berlin beschieden. Allerdings findet sich in den Aufzeichnungen W. Adolphs keine Spur davon. Das ist auch wieder nicht von Bedeutung, weil diese Aufzeichnungen für 1941 ohnehin äußerst spärlich sind. Vgl. auch die Ansprache Jaegers vom 19. 10. 1941 in der Marktkirche (Jaegers Gespräch mit Orsenigo von „Anfang August").

4 Stasiewski, Akten deutscher Bischöfe I, S. 590; II, S. 137.

5 Ebd., III, S. 110-113.

Die Bündelung der großen und volkreichen Bistümer in jährlich mehreren Konferenzen begegnete der mißlichen Lage, daß die meisten übrigen Bischöfe (außer Bayern) dem totalitären Druck in der langen Zeit zwischen den Plenarkonferenzen vereinzelt ausgeliefert waren.[6]
Die Sorge um einheitliches Vorgehen hatte Erzbischof Klein schon früh bewogen, die Einführung des Mehrheitsprinzips für die Entscheidungsfindung der Plenarkonferenz anzuregen.[7] Der nicht aufgegriffene Vorschlag hätte den Bischöfen eine nicht abzusehende Aktionseinheit gegenüber dem reichseinheitlich angreifenden Totalitarismus gegeben, aber vielleicht auch mutige Sonderinitiativen unterbunden.
Vielleicht hat Erzbischof Kaspar Klein den Zusammenschluß von Kevelaer als den zweitbesten Weg für eine raschere Entscheidungsfindung angesehen. Bis zum Kriegsende 1945 trat das Konveniat 28mal zusammen, im Durchschnitt also dreimal im Jahr zusätzlich zu den Plenarkonferenzen in Fulda.[8] Um industrielle Ballungszentren gruppiert und doch der ländlichen Bevölkerung verbunden, konnten die Auswirkungen der Kirchenbedrückung in gebotener Breite beobachtet und beraten werden. Hier gewann Jaeger, als das Gremium im Sommer 1941 in eine Neubesinnung eintrat, ein bedeutsames Informations- und Aktionsfeld. Konferenzorte waren: Kevelaer (17mal), Paderborn (4mal), Bonn (3mal), Honnef (2mal), Fulda (1mal) und Köln (1mal).[9] Das Konveniat war nach Ort und Zeit beweglich. Sein Leiter war durch keine Satzung festgelegt. Kardinal Schulte war sein ständiger Vorsitzender, der es noch wenige Tage vor dem eigenen Tode einberief.[10] Bald raffte ihn sein Herzleiden während eines Bombenangriffs dahin.[11] In der Vakanz hatte Bischof

---

6 Von den 65,2 Millionen Deutschen gehörten nach der Volkszählung vom 16. 1. 1933 21,2 Millionen zur römisch.-kath. Kirche (Witetschek, Das Überleben der Kirche, S. 929). W. Berning von Osnabrück beruft sich in der Eingabe gegen die Euthanasie vom 28. 8. 1941 auf 10 Millionen Katholiken, für die das Westdeutsche Bischofskonveniat spreche, also fast 50 % der Katholiken in Deutschland überhaupt (Volk, Akten deutscher Bischöfe V, S. 539).

7 Stasiewski, Akten deutscher Bischöfe I, S. 869ff. Erzbischof Klein schlug Bertram auch wenigstens Metropolitentreffen vor. Es fehle das Bild überzeugender Einheit (ebd., S. 870). Vgl. auch Volk, Fuldaer Bischofskonferenz I, S. 18f.

8 Stasiewski/Volk, Akten deutscher Bischöfe I-VI, Dokumentenverzeichnisse.

9 Vgl. Anm. 8.

10 3./4. 3. 1941. In: Volk, Akten deutscher Bischöfe V, S. 319.

11 Der Kardinal verstarb nach einem heftigen Fliegerangriff in der Nacht zum 11. 3. 1941, der zu akuten Atembeschwerden und inneren Blutungen führte. U. von Hehl resümiert, er habe seinen Fuldaer Amtsbrüdern zwar eine mühsam gekittete Einheit hinterlassen,

Berning als dienstältester Bischof den Vorsitz inne und behielt ihn auch über den 19. Oktober 1941 hinaus noch eine Zeitlang.[12] Als „preußischer Staatsrat“[13] hatte Berning einen besonderen Eid auf die preußische Verfassung zu leisten, an den ihn Ministerpräsident H. Göring in entscheidender Stunde mit schneidender Schärfe erinnern sollte.[14] Berning galt den Bischöfen als gewichtiger Kontaktmann zu den Berliner Instanzen. Nach der Vakanz lösten sich die Erzbischöfe J. Frings und L. Jaeger im Vorsitz ab.[15]

Die Metropoliten Schulte und Klein waren überzeugte und achtungsvolle Anhänger des Bertram-Kurses gewesen. Schultes meisterhafte Lageanalyse von 1937 kann als Strategiepapier des Bertram-Kurses gelten. Seine Frage richtete sich auch früh auf das Verhältnis Hitlers zu Rosenberg. Hitler war der eindringlichen Frage des Kardinals bei seinem Berlin-Besuch 1934 ausgewichen, wie er sich notiert hatte.[16] Wollte Hitler noch unschlüssig wirken?

Erzbischof K. Klein erbot sich noch viel später gegenüber dem Domvikar W. Adolph, für jedes Ressort der kirchenpolitischen Auseinandersetzung dem Breslauer Vorsitzenden volle Entlastung zu geben.[17] Die Mitarbeiter des Berliner Bischofs von Preysing hätten über eine solche Gläubigkeit gelächelt, berichtete der Berliner Domvikar.[18]

Doch zeigte der Einsatz Kleins, daß er im Unterschied zu Bertrams Zurückhaltung den öffentlichen Protest nicht scheute. Sein hirtenbrieflicher Einspruch von 1937 gegen die Auflösung der Jungmännerverbände

---

erkauft aber durch Ausklammern der Gegensätze und in wenig tragfähiger Einheit (Hehl, Katholische Kirche und Nationalsozialismus im Erzbistum Köln 1933-1945, S. 209).

12 Volk, Akten deutscher Bischöfe V, S. 537, 629, 679.

13 BA Koblenz R 43 II/173a. Vgl. D. XVI, Briefköpfe (Görings Grund für die Ernennung ist unbekannt).

14 Ebd.

15 Volk, Akten deutscher Bischöfe V und VI, vgl. Protokolle seit Sommer 1942.

16 Stasiewski, Akten deutscher Bischöfe I, S. 539f.

17 Adolph, Geheime Aufzeichnungen, S. 22: „Darauf erwiderte der Bischof, daß er sich wundere, von mir ein solches Urteil zu hören, und erklärte sich bereit, mir nachzuweisen, daß der Episkopat in aller Schärfe und Entschlossenheit und einheitlich die Rechte und Forderungen der Kirche bei der Regierung vertreten hätte.“ Vgl. auch S. 200f.: „Er meinte, daß die Eingaben des Kardinals in ihrem Inhalt immer schlagend seien. Dagegen habe er sich schon einige Male über den Schluß der Schreiben der Breslauer Eminenz geärgert. Diese seien zu schwach und enthielten zuviel das Wort ‚bitten‘.“

18 Ebd., S. 22.

im Erzbistum war singulär und so entschieden, daß ihn L. Volk in die Akten deutscher Bischöfe aufnahm.[19] Der siebzigjährige Erzbischof zog erste tätliche Angriffe verhetzter Jugendlicher in Hamm/Westf. auf sich.[20] Ein weiteres Detail: Nach einer Aufstellung des Kirchenministeriums zur Volksabstimmung (20. April 1938) über den Anschluß Österreichs erließen nur zwei Metropoliten keinen „Wahlaufruf": Klein und Gröber.[21] J. B. Sproll wagte mehr, als er nicht zur Volksabstimmung erschien und in der Folge durch Terror aus seinem Bistum Rottenburg vertrieben wurde.[22] Zahlreiche Bistümer übernahmen unter teilweise sogar reißerischen Überschriften die (umstrittene) feierliche Erklärung der österreichischen Bischöfe Innitzer und Waitz.[23]

Obwohl Kardinal Schulte ein verläßlicher und starker Vertreter Bertrams war, wiesen doch seit 1940 immer mehr Indizien auf einen unumgänglichen Kurswechsel hin.[24]

Eine offenere Situation trat 1941 mit dem Tod von Erzbischof Klein

---

19 Volk, Akten deutscher Bischöfe IV, S. 253-256. Der fünffache öffentliche Protest des Erzbischofs Klein war in seiner Form ungewöhnlich. Zwischen der Zentrale der Gestapoleitstelle Dortmund-Hörde und dem RSHA stand nur noch die generelle Gestapoleitstelle West.

20 Stasiewski, Akten deutscher Bischöfe II, S. 224, Anm. 3. Vernehmungsnotizen im StA Münster deuten an, daß Hitler-Jungen den Erzbischof zu bespeien versuchten und nur durch das Eingreifen katholischer Männer von unmittelbaren Tätlichkeiten abgehalten wurden. Nach Conway (S. 174) hatte nur noch Bischof Bornewasser ähnliche Aktionen hinzunehmen. Die Aussagen der herangezogenen Zeugen kamen nicht zu einhelliger Klärung.

21 Die folgenden Angaben entstammen den Akten des Reichsministers für die kirchlichen Angelegenheiten, für deren frühe Erhebung und Mitteilung aus dem Zentralen Potsdamer Staatsarchiv ich Herrn Dr. phil. habil. Hubert Mohr zu danken habe.

22 Kopf/Miller, Die Vertreibung von Bischof Johannes Baptista Sproll. Zu der unter Druck verordneten Wahlpropaganda in Kirchenblättern vgl. Volk, Akten deutscher Bischöfe IV, S. 444, Anm. 5.

23 Vgl. Anm. 21. Wir haben zu bedenken, daß auch Bischof Preysing die Wahlpropaganda in seinem Kirchenblatte nicht verhindern konnte, sich aber von ihr distanzierte (ebd.) und dies den anderen Ordinarien mitteilte (Adolph, Geheime Aufzeichnungen, S. 244-247). Zur Problematik vgl. auch Stohr an Gröber (2. 4. 1938) in: Volk, Akten deutscher Bischöfe IV, S. 444f.

24 „Innerhalb des Episkopats waren gegen die Vertretbarkeit dieser Grundeinstellung Bedenken laut geworden, je mehr sich dem NS-Regime gegenüber das Instrument des internen Protestes trotz intensiver Nutzung durch Bertram als stumpfe Waffe erwiesen hatte. Solange jedoch der Kölner Erzbischof Kardinal Schulte die Eingabenpolitik des Vorsitzenden deckte, war an eine Revision des Bertram-Kurses nicht zu denken" (Volk, Kirchenkampf I, S. 598f.).

(26. Januar) und Kardinal Schulte (11. März) ein.[25] Der schon als Generalvikar entschlußfreudige und aktive Emmerich David leitete ein Jahr das Kölner Erzbistum als Kapitularvikar.[26] Lorenz Jaeger war acht Monate der ranghöchste Bischof im Konveniat, wenngleich die nächsten Konferenzen noch vom Osnabrücker Bischof Wilhelm Berning als dienstältestem Bischof des Konveniats geleitet wurden.[27] Noch schien der Vorsitz Bernings ideal der Erwartung Bertrams zu entsprechen. Er maß ihm als Verbindungsmann zu den Berliner Regierungsstellen die größte Kompetenz zu, verband damit aber auch die Erwartung, daß Berning das Konveniat auf der Breslauer Linie halten würde.[28]

In der Doppelvakanz erfolgte Galens „Flucht in die Öffentlichkeit" mit den Predigten zur Klosterenteignung (13. und 20. Juli 1941) und zur „Euthanasie" (3. August 1941).[29] Galen hatte in seinem schweren Gewissensringen Berning ins Vertrauen gezogen (26. Mai 1941).[30] Beide Aktionen wurden durch Führerbefehle vom 30. Juli und 24. August 1941 vorerst gebremst.[31] In Bernings Denken und Handeln spiegeln sich die Wandlungen des Konveniats in diesem entscheidenden Jahr 1941. Galens

---

25 U. von Hehl sieht den merkwürdigen Kontrast zwischen den von Köln ausgegangenen Anti-NS-Aktivitäten und der Zurückhaltung und Vorsicht des Kardinals. In: Albrecht, Katholische Kirche, S. 244. Konsequent dazu trug Kapitularvikar E. David im Einzelprotest wie im Verband der westdeutschen Bischöfe deren Neuorientierung 1941 mit. Gegen die Schließung des Priesterseminars in Bensberg protestierte er öffentlich am 18. 1. 1942 (vgl. Hehl, Katholische Kirche, S. 219). L. Volk sieht Kardinal Schultes durch Herzerkrankung bedingte Zurückhaltung weithin ausgeglichen „durch einen effizienten Mitarbeiterstab unter dem klarsichtigen und energischen Generalvikar Emmerich David" (Gotto/Repgen, Katholiken, S. 59). Auch sieht er als tragende Stützen die Stadtdechanten von Köln, Düsseldorf und Essen (ebd.). Nach U. von Hehl handelt es sich um Hermann Löbbel und (seit 1943) Robert Grosche (Köln), Schulte-Pelkum (Essen) und Max Döhmer (Düsseldorf) (Hehl, Köln, S. 255-265: Register).

26 Vgl. die Protokolle der westdeutschen Bischöfe 1941-1942 bei Volk, Akten deutscher Bischöfe V, S. 319, 378, 537, 629, 679, 754. Die Anzahl der von E. David mitverantworteten Konveniats, auf dessen letztem er wegen Erkrankung vertreten werden mußte (S. 754), zeigt seinen Anteil in dieser entscheidungsvollen Zeit.

27 Ebd., S. 629 u. 679.

28 Wie immer man sich Kardinal Bertrams innere Reaktion auf den „vertraulichen" Zusatzbeschluß zum Paderborner Konveniat vom 24./25. 11. 1941 vorstellen mag, den Jaeger an andere Bischöfe weitergab, nämlich nach zwei Monaten an die Öffentlichkeit zu gehen, er hatte genügend Zeit, jene Bedenken und Maßnahmen aufzubauen, mit denen er das Hirtenwort von Kevelaer zu verhindern gedachte.

29 Löffler, Clemens August II, S. 843-851; 855-863; 874-883.

30 Ebd., S. 837f. (ungekürzt in Volk, Akten deutscher Bischöfe V, S. 362-366).

31 Rösch, Kampf, S. 98, Anm. 4 und S. 218f., Anm. 5 (betr. Weitergeltung des Stopperlasses).

Vertrauen galt Berning als dem Vorsitzenden des Konveniats, dem Kontaktmann nach Berlin und vor allem dem Menschen, seiner Diskretion und Aufgeschlossenheit.[32] Es ist nicht bekannt, daß Berning seinem schwer mit sich ringenden Amtsbruder vom Gang in die Öffentlichkeit abgeraten hätte. In der Silvesterpredigt von 1941 schritt Berning selbst zum öffentlichen Protest.[33] Obwohl dem Kurs Bertrams ungleich stärker zuneigend, sah er sich zu tieferer Revision veranlaßt.[34]
Mehr noch: Im Augenblick höchster Gefährdung für Galen, als Gröber (s. u.) eine Solidarisierung der Bischöfe anmahnte, der Bertram sich ausdrücklich versagte, schritt Berning zur Tat. Er stellte sich im Namen des Konveniats am 28. August 1941 hinter Galen.[35] Die energische Eingabe an das Innen-, Justiz-, Kirchenministerium und die Reichskanzlei schloß mit dem vielsagenden Satz: „Wir sehen uns genötigt, zur Aufklärung und Belehrung des katholischen Volkes auch öffentlich dagegen Stellung zu nehmen, damit unser Volk nicht an den Grundsätzen der wahren Sittlichkeit irre wird."[36] Rückblickend wird in der präsentisch gefaßten Erklärung Galens Einsatz gedeckt und zugleich ein weiteres öffentliches Vorgehen in Aussicht gestellt. Dieser Einspruch Bernings und des Westdeutschen Konveniats ist in der zeitgeschichtlichen Forschung kaum beachtet worden. Zu seiner Wertung sei hier gesagt: Berning griff mit der Eingabe die Sorgen Gröbers auf, der Faulhaber ermahnte, die bayerischen Bischöfe zur Solidaritätsbekundung zu bewegen.[37] Er entsprach den besorgten Erwartungen des Ordensausschusses, der in seinem Bericht nach dem 23. April 1942 festhielt, daß Kardinal Bertram für den Fall einer Verhaftung Galens seine Bereitschaft für ein gemeinsames Eintreten mit allen Bischöfen verweigert habe: „Kardinal Bertram lehnt explizite ab."[38]

---

32 Wir halten dafür, daß die zeitgeschichtliche Zeichnung Bernings einer Überprüfung bedarf. Unsere späte „Entdeckung" seines Silvesterprotestes von 1941 legt uns überhaupt große Zurückhaltung hinsichtlich unseres Wissensstandes auf (BA Koblenz R 43 II/173 a).

33 BA Koblenz R 43/173 a.

34 Wir werden der Umorientierung Bernings im folgenden Kapitel genauer nachgehen.

35 Volk, Akten deutscher Bischöfe V, S. 539f.

36 Ebd., S. 540.

37 Volk, Akten Kardinal Faulhabers II, S. 768f.: Gröber an Faulhaber v. 30. 7. 1941. Vgl. auch S. 769, Anm. 1: Faulhaber an bayer. Episkopat v. 2. 8. 1941.

38 Rösch, Kampf, S. 171.

Hatte Berning in der Eingabe eine Konkretisierung des Kernsatzes aus dem Hirtenwort von Fulda (24.-26. Juni 1941) zum 5. Gebot des Mosaischen Gesetzeswerkes gesehen, so knüpfte der Trierer Bischof Bornewasser an den Schlußabschnitt der Eingabe Bernings an, als er am 14. September 1941 zum öffentlichen Angriff auf die „Euthanasie" ansetzte.[39] Bischof von Galen griff wiederum auf die Berning-Eingabe zurück, als er im September den gleichen Angriff in das oldenburgische Münsterland vorantrug.[40] Godehard Machens hatte aber bereits am 17. August 1941 mit einem umfassenden Situationsbericht „Klostersturm" und „Euthanasie" öffentlich angeprangert.[41]

Die Verschränkung der Aktionen zeigt die – auch noch später sich bewährende – innere Einheit der westdeutschen Bischöfe und die Bedeutung schneller Reaktionen. Abgesprochen oder nicht abgestimmt – entsprach das Vorgehen faktisch recht genau der Strategie Preysings.[42]

Der Bonner Entschluß vom 20. März 1942 zum Alleingang der beiden Kirchenprovinzen für den 22. März und den 7. April war also nur der Abschluß einer Neuorientierung, die sich schon in mehreren Einzelprotesten angekündigt hatte (Münster, Hildesheim, Trier, Osnabrück, Köln).[43] Nimmt man die Aktion des Limburger Bischofs Hilfrich hinzu, der den Protest vom 22. (29.?) März 1942 mit der *Einzelverurteilung* der Beschlagnahme des Benediktinerinnenklosters in Rüdesheim-Eibingen im Frankfurter Dom verband, ist wie in einem Signal angezeigt, daß sich das Regime einer entscheidenden Grenze näherte. Nach dem Sondergottesdienst verharrten die Kirchenbesucher in lautstarker Demonstration

---

39 Bornewasser, Fels im Sturm, S. 443.

40 Volk, Akten deutscher Bischöfe V, S. 541, Anm. 2.

41 Ebd., S. 530-537.

42 Vgl. dazu S. 156.

43 *In Münster*: Predigten gegen Klosterenteignungen und Vertreibung von Ordensleuten am 13. 7. in St. Lamberti und am 20. 7. 1941 in der Liebfrauenkirche (Überwasser); am 13. 8. 1941 gegen die „Euthanasie" in der St.-Lamberti-Kirche.
In Hildesheim: Predigt am 17. 8. 1941 gegen „Klostersturm" und „Euthanasie".
In Trier: Predigt gegen den „Klostersturm" am 31. 8. 1941, am 14. 9. 1941 gegen die „Euthanasie".
In Osnabrück: Predigt am 31. 12. 1941 (Silvesterprotest) gegen den „Klostersturm".
In Köln: Protest am 16. 1. 1942 gegen die Beschlagnahme des Priesterseminars in Bensberg.

auf dem Domplatz,[44] ähnlich wie nach der Verlesung durch Bischof Ehrenfried vor dem Würzburger Dom (S. 212).[45]
Bis zum Ende des ersten Jahresviertels von 1942 haben also in 6 von 9 westdeutschen Bistümern die verantwortlichen Kirchenführer den Weg des öffentlichen *Einzelprotestes* beschritten. Zwei Drittel des westdeutschen Konveniats haben im Verlauf von dreiviertel Jahren den Kurs Bertrams in eigener Verantwortung verlassen. Der Ordensausschuß stand vor der Aufgabe, die episkopale Protestbereitschaft auf eine Gesamtaktion hin zu mobilisieren.

---

44 Der SD-Bericht unterstreicht die Wirksamkeit des allgemeinen Hirtenwortes in Verbindung mit der Klosterenteignung und der Verhaftung eines Stadtpfarrers (ebd.).

45 In Würzburg, wo die Fassung von Kevelaer zur Verlesung kam, heißt es: „Die katholischen Kreise sind durch das Hirtenwort in Kampfstimmung versetzt worden" (ebd.).

Kapitel 5
Ordensausschuß und Bischöfe

Die Auflösung der Superiorenvereinigung der deutschen katholischen Ordensgemeinschaften auf ihrer letzten Berlin-Tagung war Ende und Neubeginn. Unter den Sturmzeichen verstärkter Kirchenverfolgung bekundeten die bedrängten Ordensgemeinschaften ihren Überlebens- und Abwehrwillen.[1]

Die neuen Gebietsgruppen von Berlin, Breslau, Köln, München und Wien[2] sollten monatlich unter der Leitung eines Provinzials tagen. Diese sollten die anderen Tagungsleiter treffen.[3] Bedeutsamer als diese auf A. Rösch, den Jesuitenprovinzial der oberdeutschen Ordensprovinz, zurückgehende Initiative wurde ein Kreis, der sich schon seit Jahresbeginn als beweglicher Aktionsausschuß mit allen anfallenden Fragen des Klostersturms befaßte. Dazu gehörten: der Laie DDr. Georg Angermaier (1914-1945), Justitiar der Bistümer Bamberg und Würzburg, P. Augustinus Rösch (1893-1961), der Jesuitenpater Dr. rer. pol. Lothar König (1906-1946), der Dominikanerprovinzial Laurentius Siemer (1888-1956) und der (bisherige) Generalsekretär der Superiorenvereinigung, der Dominikanerpater Odilo Braun (1899-1981).[4] Domkapitular Johannes Zinkl war als Beauftragter der bayerischen Bischöfe in diesem Aktionskreis nur kurz tätig, bevor ihn die Gestapo ausschaltete.[5] Die vier Ordensmänner – alle von außergewöhnlichem Format, Mut und von radikalem Einsatzwillen – haben ein Kapitel kirchlicher Zeitgeschichte „geschrieben". Ihr Inspirator und juristischer Berater war Justitiar G. Angermaier. Die Ordensleute sind im bald konstituierten „Ordensausschuß" genannt,[6] während der Status Angermaiers weniger fest umrissen war. In den Augen Gröbers fungierte er klar als Mitarbeiter des

---

1 Rösch, Kampf, S. 62f.

2 Ebd.

3 „Wenn nötig, treffen sich alle wieder zusammen" (ebd.).

4 Dr. Georg Angermaier war als Jurist der einzige Laie und aus seiner Fachkompetenz und seinem schonungslosen Einsatz von besonderem Gewicht. Obwohl nicht „Mitglied", wurde er schon von C. Gröber als Mitarbeiter zum Beratungsstab gezählt (19. 8. – Gröber an Dietz, vgl. Volk, Akten deutscher Bischöfe V, S. 543, Anm. 4), Rösch, Kampf, S. 34f.

5 Rösch, Kampf, S. 61f., Anm. 5. Ausweisung am 4. 5. 1941.

6 Volk, Akten deutscher Bischöfe V, S. 543, Anm. 1.

Ausschusses, während er selber wohl in einer mehr verdeckten Position bleiben wollte. Sein mysteriöser Tod 1945 läßt sein hohes Lebensrisiko ahnen.

Vielleicht war auch der Entschluß vom 26. Mai 1941 zur Auflösung der Superiorenvereinigung schon Bestandteil eines fertigen Konzepts.[7] Es ging darum, die Bischöfe zum schnellen Protest gegen den Klosterraub der Gestapo zu bringen. Dazu mußte die Plenarkonferenz vorverlegt werden. Die auf den 15. Juni geplante Vorverlegung mißlang. Die am 24. Juni eröffnete Konferenz wurde unter den Fanfaren des Rußlandüberfalls kaum wahrgenommen.[8] Die wichtige und für einen wirksamen Kanzelprotest benötigte ungeteilte Aufmerksamkeit des katholischen Volksteils wurde von den Kriegsereignissen überlagert.

Zu dieser Zeit wurde bereits ein Kurierdienst aufgebaut, der den Informationsaustausch von der gestapoüberwachten Post befreien sollte.[9] Es lag auch schon eine erste Information vor, das Muster der späteren Schriften des Ausschusses – mit Lagebericht und Aktionsplan.[10] Gefordert wird: In der Bedrohung von außen ist das einheitliche Handeln *aller* Bischöfe notwendig. Eine Protesteingabe soll alle Rechtsverletzungen beim Regime einklagen. Sie soll mit der Angabe einer Antwort-Frist durch zwei oder drei Bischöfe der Regierung übergeben werden.[11] Im Falle der Nicht-Beantwortung bleibe nur der Weg in die Öffentlichkeit.[12]

---

7 Rösch, Kampf, S. 65ff., S. 255ff. Hinsichtlich der Willkürmaßnahme der Gestapo ging G. Angermaiers Konzept darauf hinaus, gegenläufige Gerichtsentscheide durch Anzeige und Anklage zu erreichen und die Rücknahme der Gestapoanordnungen zu veranlassen. Die Hoffnung der Ordensleute richtete sich vornehmlich auf *den öffentlichen Protest* der Bischöfe. Hinsichtlich der dabei zu verwendenden Schritte und der Sprache könnte aus den Denkschriften des Ausschusses eine ganze Methodologie kirchlicher Abwehr erarbeitet werden.

8 Volk, Fuldaer Bischofskonferenz II, S. 66. Der Hinweis des Verfassers auf O. Braun als den Überbringer der Mitteilung aus den Kreisen der Militäropposition (Halder!) von der bevorstehenden großen militärischen Aktion (S. 66, Anm. 35), um die Plenarkonferenz vorzulegen, zeigt in diesem frühen Stadium die Leute des Ausschusses schon bemüht, Einfluß auf die Bischöfe zu gewinnen (ebd.).

9 Volk, Akten deutscher Bischöfe V, S. 548. – Als häufig beanspruchter Kurier Jaegers vornehmlich zu Galen hin stellte sich, wie dem Verfasser nachträglich bekannt wurde, Dr. Ferdinand Graf von Spee (Schloß Ahausen bei Attendorn), damals Oberleutnant d. R. in Paderborn, dem Erzbischof zur Verfügung (mündliche Mitteilung seines Sohnes Stephan vom 19. 2. 1994).

10 Volk, Akten deutscher Bischöfe V, S. 401-407.

11 Ebd., S. 400f.

12 Ebd., S. 401.

Ungewöhnlich ist die Sprache: „Wenn der Kampf gegen das Christentum und die Kirche und die Verhetzung urteilsloser Menschen so weitergehen, dann kann unmöglich das deutsche Volk diese Notzeit glücklich überstehen.“ Der zu erwartende Vorwurf des „Dolchstoßes“ in den Rücken der Front wird zurückgegeben mit der Wendung, daß viel mehr die kirchenfeindlichen Kräfte die innere Einheit bedrohten, indem sie den Führer des Volkes zum „wortbrüchigen Lügner“ machten.[13] Bei Nicht-Beantwortung sollen alle Mittel ergriffen werden, „um dem deutschen Volk das Christentum zu erhalten“.[14]

Am 31. August konnte Rösch in seinem nächsten Lagebericht auf bedeutsame Fakten blicken. Auf der Plenarkonferenz vom 24.-26. Juni war Bischof Landersdorfer von Passau – selbst Benediktinermönch – das Ordensreferat übertragen worden.[15] Vielleicht ist es auch zur Verlesung des (ersten, s. o.) Lageberichtes durch ihn gekommen.[16] Aber außer einem deutlicheren Hirtenwort,[17] zu dem Galen bei der Verlesung am 6. Juli Ergänzungen ankündigte,[18] war in Richtung des Ordensausschusses noch nichts geschehen, wie Berning später mit Recht festhielt.[19]

Der wurde erst am 8. August durch Bertram bestätigt, der Landersdorfer auf eigene Bitte von der Aufgabe (zu weite Entfernung!) entlastete und Bischof Dietz (Fulda) mit ihr betraute.[20] Neben den fünf „Mitarbeitern“

---

13 Rösch, Kampf, S. 86. Daß die Denkschrift sich zum Anwalt der Ehre des Führers gegen die Desavouierung durch die Gestapo macht, gehört zu den unvermeidlichen tangentialen Elementen in einem Volk, daß zwischen Täuschung und Selbsttäuschung leben muß.

14 Ebd., S. 86f. (über den Bischofseid).

15 Auf der Plenarkonferenz hatte sich schon Bischof von Preysing gegenüber dem Leiter des Referates zur Mitarbeit bereit erklärt (Volk, Akten deutscher Bischöfe V, S. 420f.). Auch die Bitte Landersdorfers, aus räumlichen Gründen den zentraler wohnenden Bischof Dietz mit der Leitung des Ausschusses zu betrauen, entsprach mit Sicherheit den Intentionen der Ordensleute und ist vielleicht sogar von ihnen bewerkstelligt worden, da sie Landersdorfer nicht wie Dietz und Preysing dem härteren Flügel zurechneten (vgl. den Bericht vom 28. 9. 1941 bei Rösch, Kampf, S. 192).

16 Daß der Lagebericht vom 20. 6. 1941 und vielleicht auch der Denkschriftentwurf vom 22. 6. durch den Leiter des Referates ganz verlesen wurden, ist zwar wenig wahrscheinlich (vgl. Volk, Akten deutscher Bischöfe V, S. 420 und Anm. 4), denn sie lagen beide nicht auf seiner kirchenpolitischen Linie, kann aber auch nicht ganz ausgeschlossen werden. Wahrscheinlicher ist ihre selektive inhaltliche Verwendung.

17 Volk, Akten deutscher Bischöfe V, S. 462-469 (Zum Verfasser vgl. den Bericht von P. J. Kipp. In: Volk, Akten deutscher Bischöfe V, S. 519ff.)

18 Volk, Kirchenkampf I. In: StdZt. 1980/9, S. 607.

19 Volk, Akten deutscher Bischöfe V, S. 543, Anm. 1.

20 Ebd. und S. 494f. (30. 7. 1941: Landersdorfer an Bertram). Landersdorfer bittet auch um

wurden als bischöfliche Mitglieder Preysing, Gröber und (auf Bertrams Wunsch!) Berning hinzugenommen, während Landersdorfer ihm als Mitglied verblieb.[21] Berning fungierte als Vertreter der westdeutschen Bischöfe und war nach L. Volk ein wohl eher ungeliebter Gast.[22] Bertram aber sah in ihm noch einen unbeirrbaren Vertreter des eigenen Eingabekurses.

Hatte Bertram Zweifel am Erfolg des Ordensausschusses geäußert,[23] so weckte Berning noch geraume Zeit nach seiner „gleichsam konstituierenden Sitzung“ vom 1. September im Dompfarrhaus[24] zu Frankfurt, der einzigen, die in voller Besetzung zusammentrat, Zweifel an seiner Existenz. „Eine solche Kommission, die auf der Bischofskonferenz gestartet [oder: gestattet?] sein soll, gibt es nicht.“[25] So berichtet es Prälat Kreutz am 2. Oktober an seine Freiburger Zentrale. Die Antwort wirkt wie eine gereizte Abwehrgeste, die den Fragenden indes nur im Zeitpunkt korrigierte: Der „Start“ der Kommission war nicht auf der Plenarkonferenz, sondern erst am 9. August erfolgt.[26] Berning hatte *etwas* Richtiges gesagt. Sein Unmut hatte wohl zwei Gründe: Er war den eindringlichen

---

die Ausstattung mit besonderen Vollmachten, die durch die Exemtion vieler Orden benötigt sei (ebd.). Am deutlichsten wird die bischöfliche Struktur der von Landersdorfer erbetenen Kommission beschrieben in dem (Anfang) August 1942 verfaßten Bericht, Berning als Vertreter der westdeutschen Diözesen hinzunehmen (Volk, Akten Kardinal Faulhabers II, S. 940-945, hier: S. 941).

21 Zu den bischöflichen Mitgliedern vgl. ebd.
Die Frage der nichtbischöflichen Mitglieder reduziert sich auf die genannten vier: Im Gespräch von O. Braun und A. Rösch mit Gröber, über das der Freiburger Erzbischof am 19. 8. 1941 an Dietz schreibt, finden wir den Justitiar Angermaier als zur Zeit in Urlaub befindlichen Mitarbeiter geführt, der im Zusammenhang der komplizierten Rechtsmaterie offenbar von den Besuchern Gröbers und von diesem selbst als dazugehörig gesehen wird (Volk, Akten deutscher Bischöfe V, S. 543, Anm. 4). Der auf den Versammlungen der „Kommission“ vom 26. 8. und 1. 9. 1941 anwesende Abt B. Ebel von St. Matthias in Trier (soeben aufgelöst!) spielt später keine Rolle (Volk, Akten deutscher Bischöfe V, S. 543, Anm. 1 und Volk, Akten Kardinal Faulhabers II, S. 804, Anm. 4 bezüglich der Teilnahme Ebels am 26. 8. und 1. 9.).
Auch der Justitiar Angermaier wird als Teilnehmer nicht mehr genannt. Er muß aber im Hintergrund der meisten Aktivitäten des Ausschusses gesehen werden. Diese mehr verdeckte Beteiligung Angermaiers entsprach wohl seinem eigenen Wunsche, der wohlüberlegter Strategie übergreifender rechtlicher Koordinierung entsprang (vgl. Volk, Akten Kardinal Faulhabers II, S. 859, 861).

22 Volk, Fuldaer Bischofskonferenz II, S. 81.

23 Volk, Akten deutscher Bischöfe V, S. 544, Anm. 5.

24 Ebd., S. 543, Anm. 1.

25 Ebd.

26 Ebd.

Versuchen Lothar Königs ausgesetzt, den Sachwalter Bertrams vom Eingabekurs abzubringen.[27] Schließlich war Berning in der ersten Vollversammlung des Ausschusses im Dompfarrhaus zu Frankfurt den bischöflichen und nichtbischöflichen Vertretern des Ordensausschusses argumentativ unterlegen gewesen (1. September 1941).[28]
Die beiden Berichte darüber vom November 1941 und April 1942 lassen in ihrer Unausgeglichenheit einen stürmischen Verlauf erahnen. Nach dem früheren Bericht hat Berning von vornherein den Eingabekurs verlassen und für ein Hirtenwort ohne vorherige Eingabe votiert. Nach der späteren Darstellung hat er nur zögernd dem Eingabekurs widersprochen und für ein Hirtenwort plädiert.[29] Wenn wir die Berichte widerspruchsfrei deuten, hat ein Kompromiß die konstituierende Sitzung beschlossen: Demnach hat Berning den Eingabekurs unter dem Druck der Argumente verlassen und einen Hirtenbrief befürwortet – entsprechend dem späteren Bericht.[30] Dagegen hätte er sich aber dezidiert gegen die ultimative Verbindung beider Formen gewandt[31] – entsprechend der

27 Ebd.: „Der rührige Pater König, der dem Bischof auch sehr auf die Nerven geht, hat zu einer solchen Konferenz nach Frankfurt eingeladen. Bischof Landersdorfer, der Benediktiner ist, sollte den Vorsitz übernehmen, hat ihn aber abgelehnt und dem Bischof Dietz von Fulda, da zentral gelegen, übertragen." So faßt Kreutz am 2. 10. 1941 sein Gespräch mit Bischof Berning zusammen.

28 Volk, Akten Kardinal Faulhabers II, S. 915f.; Rösch, Kampf, S. 171f. Nach der Auskunft R. Leibers ist Rösch mit Sicherheit der Verfasser des Berichts von Ende (nach dem 23.) April 1942.

29 Rösch, Kampf, S. 147-152, hier S. 149. Der Verfasser steht nicht so genau fest. Wenn es, wie vermutet, Rösch wäre, hätte er den erst im Anlauf gewonnenen Standpunkt Bernings aus Rücksichtnahme oder auch aus taktischer Überlegung (für die anderen Bischöfe) zunächst „entproblematisiert", um ein halbes Jahr später die genauere Beschreibung zu geben. Bei einem anderen Verfasser würden die konkreten Umstände vom November den Unterschied der Beschreibung noch leichter erklären: Der Berichterstatter war als Informant des Episkopats gut beraten, wenn er den Vorsitzenden der Westdeutschen Bischofskonferenz von vornherein auf der Seite des öffentlichen Protestkurses zeigte.

30 Vgl. Rösch, Kampf, S. 171. Lagebericht vom 23. 4. 1942: „Bischof Berning ist zunächst für eine neue allgemeine Eingabe an die Reichsbehörde – Endergebnis: Es soll ein Hirtenbrief für ganz Deutschland erscheinen." Ferner S. 172: „Auffassung von Berning, Bischof: Eine Eingabe des Gesamtepiskopates sei das gegebene. Dem gegenüber alle übrigen: Diese Eingabe wird ergebnislos sein wie alle andern, also solle ein Hirtenbrief (= H. Br.) über kirchliche Gesamtlage und dabei auch über Ordensangelegenheiten (Beschlagnahmungen, Enteignungen) verfaßt werden. Diese Auffassung dringt durch."

31 Der Bericht nach dem 25. 11. 1941 (Verfasser vielleicht A. Rösch) hält fest: „Eine Denkschrift allein wird im günstigsten Falle eine aufschiebende Antwort erhalten, die den Bischöfen in verbindlichster Form manche Zugeständnisse zu machen scheint, aber auf Jahre hinaus die Handlungsfreiheit nimmt. Von diesem Gedanken ausgehend hat der

früheren Fassung, die nach einer Wartefrist von drei Wochen zum öffentlichen Protest übergehen wollte.[32] Damit hätte er sich von dem schärfsten „Instrument“ Preysings distanziert.[33] Dennoch müßte dieser Kompromiß Berning so verärgert haben, daß er in seinem Unmut die Kompetenz jener „Kommission“ abwertete, die auch in der Tat erst am 9. August von Bertram gutgeheißen wurde.[34] Mit Sicherheit beobachtete Bertram voll Zurückhaltung und Skepsis den Protestkurs des Ordensausschusses, und Berning hätte zunächst beides geteilt.[35]

Zwischen dem Vorsitzenden in Breslau und dem Ordensausschuß zu vermitteln stellte Berning vor unlösbare Aufgaben. Sie konnten dem „ehrlichen Makler“ keinen Dank einbringen.[36] So wundert es nicht, daß Berning beim Ordensausschuß keinen günstigen Eindruck hinterließ.[37] Andererseits war Berning Galens Vertrauter in seinem einsamen Ringen

---

Vorsitzende der Konferenz der westdeutschen Bischöfe, der hochwürdigste Herr Bischof von Osnabrück, Exzellenz Berning, als Mitglied des Gremiums für Ordensangelegenheiten in der Besprechung in Frankfurt am Main am 1. September 1941 dem Vorschlag einer derartigen Eingabe widersprochen und als einzige Lösung die Verlesung eines Hirtenbriefes ohne vorherige Eingabe vorgeschlagen.“ Man achte auf die zweifache Abgrenzung, die Berning nach diesem Bericht vorgenommen hat.

32 Ebd., S. 78 (Entwurf einer Denkschrift des Episkopates vor dem 22. 6. 1941).

33 Zu Preysings Kombination von Eingabe und öffentlichem Protest vgl. Adolph, Geheime Aufzeichnungen, S. 170f. Das Risiko des Vorgehens lag darin, daß der Gegner zum Einlenken kommen oder zum Vernichtungskampf antreten mußte.

34 Am 27. 8. 1941 schrieb Bertram an Landersdorfer: „Je mehr ich das ganze Gewicht der dargelegten Folgen fühle, desto schmerzlicher vermisse ich den Ausblick auf Wege, die bei der bekannten Einstellung der maßgebenden Stellen Hoffnung auf Erfolg bieten. Ebenso wird wohl der Hochwürdigste Bischof von Fulda fühlen, von dem ich eine Äußerung noch nicht erhalten habe“ (Volk, Akten deutscher Bischöfe V, S. 544, Anm. 5). Bischof Dietz ist aber das Beispiel für einen im offenen Protest eher zurückhaltenden Bischof, der aber wohl der entschiedenste Sachwalter der Ordensleute und dem politischen Widerstand eng verbunden war.

35 Die zuerst von J. Kipp SJ vorgenommene Dreiteilung des Episkopats in eine weiche, gemäßigt harte und harte Gruppe (Anfang August 1941 – Volk, Akten deutscher Bischöfe V, S. 519) ist für die Flügel leicht zu definieren: nichtöffentlicher und öffentlicher Protestkurs.

36 Bernings „Mitte“ kann allenfalls beschrieben werden als der Versuch, das Auseinanderdriften der Flügel zu verhinden. Auch *Bismarcks Rolle des ehrlichen Maklers* auf dem Berliner Kongreß von 1878 konnte nicht verhindern, daß die Freundschaft mit Rußland seither gefährdet blieb (vgl. Haffner, Von Bismarck zu Hitler, S. 73-80).

37 Nach dem Bericht vom 28. 9. 1941 sieht der Ordensausschuß in den Bischöfen von Galen, Bornewasser, Machens, Gröber, von Preysing, Dietz und Ehrenfried die Vertreter einer harten Linie, während es von Berning – bezeichnend für die schwere Bestimmbarkeit – heißt, daß er „die schärfere Richtung nicht zu vertreten“ scheine (Rösch, Kampf, S. 104).

vom 26. Mai 1941. – Sachwalter Bertrams und Vertrauter Galens, wurde Berning auf der Plenarkonferenz von 1942 in erster Abwesenheit Kardinal Bertrams zum Tagungsleiter gewählt. Man sah in ihm den Vertreter einer gemäßigt harten Linie. Als Gröber sich brüskiert zeigte, trat Berning sofort zurück.[38]

Am 25./26. November 1941 enttäuschte Berning die Ordensvertreter durch die Rückverwandlung des Menschenrechts-Hirtenwortes in eine Denkschrift.[39] Dennoch wurde 1942 unter seinem Vorsitz der Bonner Protest zu den Grundrechten beschlossen und in seiner besonderen Verantwortung in die Öffentlichkeit getragen, nachdem Bertram sich dieser Konsequenz versagt hatte.[40]

Wenn nicht alles täuscht, war Berning vor allem der Gewährsmann der episkopalen Einheit in einer Entwicklung, die den Vorsitzenden in Breslau nach seinem Pyrrhus-Sieg von 1940 schon bald an die Peripherie des Bischofskollegiums rücken sollte (1943).[41] Berning war sich wohl wie kaum ein anderer der Bedeutung episkopaler Aktionseinheit in den Stunden größter Gefahr bewußt.[42]

Beim Bonner Protest wahrte er Bertrams Auflagen und hielt ihm die Möglichkeit der nachträglichen Beteiligung offen.[43] Doch war Bertram durch das Drängen des Ordensausschusses auf einen offensiven Kurs an seine dreifache Grenze gelangt: die Solidarität mit seinem Volk, die Loyalität zur Obrigkeit und die Bewahrung der Kirche als Institution.[44] Berning aber war zwischen unvereinbare Positionen gestellt.

Im Bericht des Ordensausschusses vom 28. September 1941 wird er von

---

38 Volk, Akten deutscher Bischöfe V, S. 836, Anm. 4.
Wir erwähnen diese Begebenheit vom Sommer 1942 hier, weil sie inhaltlich (Wahlergebnis!) wie formal (Rücktritt zugunsten Gröbers!) zeigt, in welchem Ausmaß Bischof Berning nicht nur *die Mitte*, sondern auch *die Einheit und Solidarität des Episkopates vertrat*. Die sonst nicht leicht zu bestimmende Reaktionsfolge in Bernings kirchenpolitischem Handeln schlüsselt sich von hier aus auf.

39 Vgl. Rösch, Kampf, S. 172ff. (Bericht Röschs nach dem 23. 4. 1942).

40 Ebd., S. 175-180.

41 Vgl. S. 241f.

42 Volk, Fuldaer Bischofskonferenz II, S. 82.

43 Hier ist an Bernings Versuch zu denken, den Auflagen Bertrams, z. B. keinen Bezug auf die von Bertram unterzeichnete Denkschrift vom 10. 12. 1941 zu nehmen, Rechnung zu tragen.

44 Volk, Fuldaer Bischofskonferenz II, S. 77-81. Mehr noch als die Obrigkeitsachtung macht L. Volk die eigenwillige Güterabschätzung für den kirchenpolitischen Kurs des Breslauer Kardinals verantwortlich (ebd., S. 97).

den Erwartungen eines offensiveren Vorgehens her ungünstig bewertet. Vom Verfasser (Rösch) wird bemerkt, daß er die schärfere Richtung nicht zu unterstützen scheine.[45] Nach der positiven Erwähnung des Seminarregens Joseph Frings für die Kölner Besetzung wird zum ersten Mal der neuernannte Erzbischof von Paderborn, Lorenz Jaeger, in das Blickfeld der Betrachtung gerückt: *„Über die Besetzung von Paderborn hört man günstige Urteile.“*[46]

Was kann dies im Erwartungshorizont des Ordensgremiums bedeuten, das den Episkopat zum radikalen öffentlichen Protest bewegen mußte? Jaegers Forderung nach der Kennzeichnung des wirklichen, aber noch getarnten Volksfeindes brauchte noch keinen konfrontativen öffentlichen Protestkurs zu beinhalten, war aber nach den Galen-Predigten wahrscheinlich ein Indiz.[47] Ob auch der Hadrian-Vergleich Röschs günstiges Urteil beeinflußte, ist nicht zu entscheiden.[48] Röschs Einschätzung steht hier fest: „Ebenso eindeutig klar ist, daß der eigentliche und in allem entscheidende Urheber die allerhöchste Spitze selber ist. Er inspiriert alles und hat einen glühenden Haß gegen alles Christliche.“[49]

Wenn Jaegers Dortmunder Wort, daß die „Nazis“ sich mit der Offenlegung ihrer Ziele in den Augen des katholischen Volkes tiefer geschadet hätten als der Kirche, authentisch wäre, enthielte diese Aussage eine ebenso klare Parteinahme für die Orden wie eine Warnung an die Kirchenfeinde. Kontextlich konnte es sich nur um den Klostersturm handeln.[50]

---

45 Rösch, Kampf, S. 104.

46 Ebd., S. 105.

47 Auch die Besetzung von Köln sieht der Ordensausschuß als entscheidend an für die Frage der einheitlichen Durchsetzung eines schärferen Kurses des Episkopats. Die Einstellung der beiden neuen Metropoliten gewinnt von daher ihre Bedeutung (Rösch, Kampf, S. 104).

48 D. IV, Z. 22-25.

49 Rösch, Kampf, S. 161 (Rösch an Brust v. 22. 4. 1942).

50 D. IV, Z. 68-71. Zum Zeitpunkt des 14. 9. 1941 zeichnete sich der Umfang der Klosterenteignungen und anderer kircheneigener Gebäude im Erzbistum bereits ab. Vgl. den Überblick in: N. Hannappel SAC, Menschen im Widerstand – Olpe am 19. Juni 1941. Olpe 1992 (als Manuskr. gedr.), Bd. 2, S. 194: Schon vor 1941 geschlossen: Kloster Heilandsfriede und das Herz-Jesu-Institut in Germete.
19. 3. 1941: Priorat Königsmünster in Meschede.
9. 4. 1941: das zugeordnete Studienheim der Fratres in Paderborn.
19. 6. 1941: Kloster, Noviziat und Exerzitienhaus der Pallottiner in Olpe.
26. 6. 1941: Kloster der Missionsbenediktinerinnen in Olpe bei Meschede.
21. 7. 1941: Redemptoristenkloster in Bochum.

So kritisch es auch empfunden werden kann: Zum Verständnis der folgenden Jaeger-Aussage ist ein Blick auf den Nuntius nötig. Die ambivalente Rolle Orsenigos wurde in den Augen der Superioren vielleicht richtiger gesehen und gewertet, als es bisher zu greifen war. Nuntius C. Orsenigo wurde bekanntlich von einem V-Mann beschattet. Seine Äußerung zu einem Ordensoberen, der sich in der Not an ihn um Hilfe wandte, ist bekannt: Die Kirche sei wie einst – so auch heute – für einige Jahrhunderte ganz gut ohne Ordensleben vorstellbar. Er lehnte die Interventionsbitte beim RSHA ab.[51] Das brachte ihm den Vorwurf des Missionswissenschaftlers J. Schmidlin in Münster ein, der im August 1941 eine Denkschrift an die Bischöfe richtete: Die Kirche habe früher auch viel besser ohne Nuntius bestanden, vor allem, wenn es sich um einen so unfähigen und tatenlosen Mann handle wie Orsenigo. Schmidlin wurde 1941 in das KZ Schirmeck verschleppt und am 10. Juli 1944 zu Tode mißhandelt.[52] Zu Orsenigo ist indes zu ergänzen, daß er über seinen einzigen diplomatischen Kanal, das Auswärtige Amt, von 1938 bis 1942 35mal in Besitzangelegenheiten der Kirche intervenierte, aber nur 8mal mit klar feststellbarem Erfolg.[53] Das RSHA brauchte ihn als auswärtigen Diplomaten nicht vorzulassen.

Eine Stelle in Jaegers Weiheansprache am Morgen des 19. Oktober gewinnt nun aber eine tiefere Bedeutung: Jaeger grüßte die Ordensleute. Er sah die Ordensfamilien durch die evangelischen Räte so organisch mit der übernatürlichen Lebensgemeinschaft Kirche verbunden, wie die Familien ihre natürlichen Grundzellen bildeten.[54] – War der Gegensatz

---

21. 7. 1941: Franziskanerkloster in Bochum.
31. 7. 1941: Kloster der Herz-Jesu-Missionare in Bad Hamm.
In Olpe, Hamm und Bochum wurden auch die zugehörigen Kirchen geschlossen. Nur die Christkönigskirche der Franziskaner wurde später wieder freigegeben. Sonstige kircheneigene Gebäude:
11. 7. 1941: Schwestern- und Gemeindehaus in Dortmund-Berghofen.
30. 7. 1941: großes Pfarrheim in Delbrück.
Am 30. 7. 1941 erging die Stoppverordnung Hitlers, von Bormann an die Gauleiter ausgerichtet (Rösch, Kampf, S. 98, Anm. 4). Bis dahin waren im Reich 123 größere Komplexe konfisziert worden (Volk, Kirchenkampf I, S. 93).

51 Adolph, Geheime Aufzeichnungen, S. 496. Vgl. das Protokoll der Unterredung zwischen Abt Burkard Utz und P. Rainer Kengel vom 11. 11. 1946 (OA Münsterschwarzach IX, D 4,5).

52 Volk, Akten deutscher Bischöfe V, S. 496, Anm. 4. Zu Schmidlins Tod Hehl, Priester unter Hitlers Terror, Sp. 875.

53 Hürten, Katholiken, S. 483.

54 D. VI, Z. 65-80.

in der Ordensfrage noch klarer zu artikulieren? Dekoratives Detail oder Lebensausdruck der Kirche?
Ob Jaeger in der Optik der bedrängten Ordensleute mit seinem Wort vor den jungen Vikaren, der Bischof gehöre ins KZ und nicht der Vikar, eine Assoziation mit ähnlichen Problemen der Superioren-Versammlung der deutschen Orden in Berlin vom 26./27. Mai 1941 bei Rösch wachgerufen hat, kann offenbleiben.[55] Bekanntlich nahm Rösch, der Verfasser des zitierten Lageberichts, an der Berliner Versammlung persönlich teil. Das Wort Jaegers aus dem Ordinariat aber ist authentisch: Die Aussage des V-Mannes ist durch einen unmittelbaren und noch (1995) lebenden Zeitzeugen (Prof. Dr. Rudolf Padberg, Paderborn) verbürgt.
Die günstige Beurteilung Jaegers und der Ausblick auf die erwartete Kölner Neubesetzung durch Frings[56] erweisen den Ordensausschuß als wohlinformiert.

---

55 D. VIII, Z. 69-80.

56 Rösch, Kampf, S. 104.

Kapitel 6

Die Menschenrechtseingabe vom 10. Dezember 1941

Auf dem Konveniat vom 24./25. November 1941 in Paderborn hatten die westdeutschen Bischöfe unter dem Vorsitz des Osnabrücker Oberhirten Berning auftragsgemäß für das Fuldaer Bischofskollegium den weiteren Weg des Hirtenbriefentwurfs aus dem Ordensausschuß zu den Konkordats- und Menschenrechten zu beraten.[1]

Der mit dem 15. November 1941 datierte Entwurf sollte nach dem Vorschlag des Ordensausschusses am zweiten Adventssonntag, dem 7. Dezember 1941, von allen Kanzeln des Großdeutschen Reiches verlesen werden.[2] Die Zustimmung etwa 24 bis dahin informierter und befragter Bischöfe war sichergestellt.[3] Verklausuliert wirkte hingegen die Stellungnahme des Breslauer Kardinals. Er wolle seine Zustimmung von Bernings Entscheidung und dem einhelligen Votum der westdeutschen Bischöfe abhängig machen, deren Konveniat er sich immer besonders verbunden gewußt habe.[4]

Während Volk aus Bertrams „Vorwegermächtigung" die entschiedene Neigung zu einem Nein heraushört,[5] sieht Bleistein in ihr sogar ein „Veto" gegen den Weg in die Öffentlichkeit.[6] Bertrams formale Ermächtigung war in der Tat ein taktisch geschickt verbrämtes Nein, das von seiner vorher und nachher klar faßbaren kirchenpolitischen Grundrichtung nicht abwich.[7] Bertram hatte dieses Hirtenwort, das in Entsprechung zum

---

1 Das Hirtenwort war konzipiert nach dem Frankfurter Beschluß vom 1. 9. 1941, also ohne vorherige Eingabe. Das „Neue" sah A. Rösch (Kampf, S. 187) in drei Momenten: Der öffentliche Aufruf rechtfertigt sich aus der *Vergeblichkeit aller stillen Proteste*; die angenommene akute Absicht, die Kirche noch vor Kriegsende zu vernichten, zwingt die Bischöfe, um der höchsten Güter des Volkes willen noch im laufenden Krieg zu sprechen, also *ohne Rücksicht auf Dolchstoßvorwurf* und *Mißbrauch durch Feindpropaganda* (vgl. Abschnitt IV des Hirtenwortentwurfs, ebd., S. 131ff.); D. X, Z. 158-185.

2 Vgl. Anlage 2 zum Hirtenwort (ebd., S. 133ff., wo bei nicht rechtzeitiger Zustellung der 14. 12. als Verlesungstag vorgesehen ist).

3 Rösch, Kampf, S. 181ff. mit der differenziertesten Aufrechnung im Bericht vom April 1942, ebd., S. 183.

4 Volk, Akten Kardinal Faulhabers II, S. 850, Anm. 5.

5 Volk, Fuldaer Bischofskonferenz II, S. 68.

6 Bei Rösch, Kampf, S. 35.

7 Wir stützen unsere Annahme auf die sonst schwer zu deutende Maßnahme Kardinal Bertrams, der dem öffentlichen Protest, der auf der Paderborner Konferenz vom

Frankfurter Kompromiß ohne gleichzeitige oder vorausgehende Eingabe an die Regierung geplant war, nach seiner Meinung mit der Bindung an Bernings Entscheidung hinreichend auf dem Wege in die Öffentlichkeit abgeblockt. Die Dominanz Bernings war ihm darüber hinaus auch für die Mitbischöfe plausibel begründet mit dessen Stellung als Verhandlungspartner zu den Berliner Regierungsstellen, die das Interesse auch aller anderen Bischöfe berührte.[8] Der Hinweis Bertrams auf diese besondere Legitimation des Osnabrücker Bischofs implizierte sicher auch die Mahnung, so vorzugehen, daß die letzten Kontakte nach Berlin nicht zerstört würden. Bertram erwartete unter dem Anschein zugestandener Entscheidungsfreiheit von Berning also das Votum gegen den Protest-Hirtenbrief zugunsten einer Eingabe.[9]

Ob Berning den unter verschiedenen Verkleidungen und in wechselnden Szenerien unbeirrbar bleibenden Handlungswillen des Breslauer Kardinals so tief durchschaut hatte, wie es W. Adolph als scharfsichtigem Beobachter schon 1937 gelungen war, steht dahin.[10] An der Grundintention des Vorsitzenden der Fuldaer Bischofskonferenz wird er kaum Zweifel gehegt haben. Doch würde er ohne die Annahme einer gewissen Entscheidungsbreite sich wohl kaum schon auf den Kompromiß von Frankfurt eingelassen haben. Die Ablehnung der Kombination von Eingabe und öffentlichem Protest, die Preysing als das schärfste Instrument erkannt hatte, beruhte bei Berning sicher auch auf der Einsicht in das Risiko eines solchen Vorgehens, das den Gegner zum Einlenken oder zum Gegen- oder gar Vernichtungsschlag treiben konnte, wenn es galt, die Demaskierungsoffensive der Bischöfe rechtzeitig zu verhindern.[11]

Als Berning nun Anfang November das Anerbieten der evangelischen Landeskirchen zu einem zeitgleichen Eingabenprotest in Berlin aufgrei-

---

24./25. 11. 1941 vertraulich beschlossen wurde, schon gleich die Voraussetzung zu entziehen suchte, indem er die Eingabe auf die Reichskanzlei beschränkte (vgl. Volk, Akten deutscher Bischöfe V, S. 680, Anm. 4).

8 Die Vermittlungsfunktion Bernings in Berlin wurde von anderen Bischöfen für sehr wichtig gehalten, z. B. auch von Bischof von Galen (vgl. von Hehl, Bischof Berning und das Bistum Osnabrück im Dritten Reich, S. 103f.).

9 Diese Erwartung ist für den Rückblickenden im Gesamtüberblick heute leichter zu sehen als für Bischof Berning selbst.

10 „Zugleich legte der Kardinal durch die verschiedenen Anworten die vielfache Maske seiner Formulierungen dar, hinter denen ein klarer, unbeirrbarer Wille des Handelns steht“ (Adolph, Geheime Aufzeichnungen, S. 174).

11 S. 156ff.

fen konnte, gewann er die Argumente, die zugunsten einer Eingabe ins Gewicht fielen: Man konnte mit dieser gemeinsamen Offensive die unbestreitbare christliche Mehrheit des deutschen Volkes auf der eigenen Seite wissen, der Eingabe den größtmöglichen Nachdruck verschaffen und zugleich jedem künftigen „Dolchstoßvorwurf" in den Rücken der Front vorbeugen.[12] Daß Berning bei einer Strategie stufenweiser Steigerung im Zusammenschluß kirchlicher Großgruppen auf der internen Ebene noch eine Chance sah, kann ihm kaum verdacht werden. Obwohl von der Wirklichkeit bald schon widerlegt, hatten doch auch die Bischöfe von Berlin und Fulda dem Vorschlag Bernings zugestimmt.[13]

Das Paderborner Protokoll vom 24./25. November 1941 gibt über den genaueren Verhandlungsverlauf nichts her.[14] Nur das Ergebnis steht fest: Berning setzte sich mit der Rückverwandlung des radikalen Hirtenbriefentwurfs in eine Eingabe durch. Doch gelang ihm dies nicht bei der Frage, was im Falle einer Nichtbeantwortung der Eingabe durch die Regierung zu geschehen habe. Hier wurde beschlossen, nach einer ergebnislosen Zweimonatsfrist mit dem Inhalt der Denkschrift an die Öffentlichkeit zu appellieren.[15] Damit war Berning durch das Gewicht der Situation von seiner ursprünglichen Frankfurter Ausgangslage[16] noch weiter abgedrängt worden. Aus der Eingabe war zunächst ein Hirtenbrief geworden, daraus aber in Paderborn eine Eingabe mit befristet nachfolgendem Kanzelprotest. Am Wechsel der Positionen Bernings ist die Schwere seiner Vermittlungsaufgaben abzulesen.
Vielleicht hat der Bischof von Osnabrück das Ergebnis der Paderborner Verhandlungen selbst als Herausforderung verstanden. Jedenfalls trat er schon fünf Wochen später im Osnabrücker Dom zum öffentlichen Einzelprotest auf die Kanzel. Im Silvestergottesdienst 1941 legte er Verwahrung ein gegen die Auflösung von sieben Klöstern in seinem

12 Volk, Fuldaer Bischofskonferenz II, S. 69f.).

13 Rösch, Kampf, S. 173.

14 Volk, Akten deutscher Bischöfe V, S. 630f.

15 Volk, Akten Kardinal Faulhabers II, S. 850, Anm. 3.

16 Rösch, Kampf, S. 171f. *und* S. 149. Die „vertrauliche Mitteilung" Erzbischof Jaegers ist konzipiert als „Beschluß" des Konveniats von Paderborn, nach zwei Monaten dem Episkopat den Weg in die Öffentlichkeit vorzuschlagen (s. o. Anm. 15).

Bistum.[17] Die Heftigkeit seines Protestes, dessen Folgen noch im nächsten Kapitel behandelt werden, bestätigte ihm der Reichsmarschall Hermann Göring, der ihm mit Schreiben vom 5. März 1942 vorwarf, „die Maßnahmen der nationalsozialistischen Staatsführung in einer der Volksgemeinschaft abträglichen Weise und in gehässiger Form kritisiert zu haben".[18] Er hatte sich gegen den in einem beigelegten „Auszug" seiner Rede enthaltenen Vorwurf zu wehren, „eine Clique am Ruder" zu sehen, „die sich in ihrer Machtgier mit Gott gleichstellt und nichts Höheres neben sich duldet". Ferner habe er sich zu dem Ausbruch verstiegen, „diese Ereignisse müssen in das deutsche Volk hineingeschrieen werden".[19] Mit seinem Protest ging Berning über das hinaus, was er in Frankfurt konzediert hatte: Er schritt selbst zum Einzelprotest. Weil der Bischof seine erste Antwort an Göring erst am 14. März 1942 verfaßte,[20] ist davon auszugehen, daß er die Rüge des Reichsmarschalls, die er wie Galen mit dem 5. März datiert, ebenfalls kaum vor dem 12. März erhalten hat.[21] Durch eine bevorstehende achttägige Dienstreise sieht sich Berning genötigt, die ausführliche Richtigstellung zum beigefügten angeblichen Auszug seiner Silvesterpredigt auf den 26. März 1942 zu verschieben.[22] Die Antwort auf die detaillierten Vorwürfe Görings ist aber nicht „kleinlaut", wie es das Tagebuch von Goebbels für beide behauptet,[23] sondern sachlich und entschieden. In seiner ersten Antwort an Göring weist Berning den Vorwurf der Kritik an der „Staatsführung selbst" zurück, konzediert aber, daß er sich schon in früheren Predigten (sic!) gegen „kirchenfeindliche Maßnahmen und Angriffe einzelner Kreise gewandt habe".[24] Berning betont also über die Frage Görings hinaus, daß er schon früher keine Abstinenz vom öffentlichen Kanzelprotest geübt

---

17 Die Predigt ist zwar noch nicht ermittelt. Aber ihr wesentlicher Inhalt ist aus Bernings Zurückweisung der Anschuldigungen Görings zu erschließen (vgl. weiter unten).

18 BA Koblenz R. 43 II/173 a Bl. 86; D. XVI, Z. 1-15, hier 5f.

19 Ebd., Bl. 93; D. XVI, Z. 77-82.

20 D. XVI, 1. Briefkopf.

21 Löffler, Clemens August II, S. 947.

22 D. XVI, 2. Briefkopf u. Z. 26ff.

23 Lochner, Goebbels-Tagebücher, S. 137: „Es treffen gerade in meiner Anwesenheit die Antworten auf diesen Brief ein. Diese sind verhältnismäßig kleinlaut. Die Herren Bischöfe versuchen sich zwar herauszureden und mit verklausulierten Wendungen zu beweisen, daß sie doch ihren Eid gehalten hätten."

24 Anm. 18, ebd., Bl. 90 (Schreiben vom 14. 3. 1942) und Bl. 94 (Schreiben vom 26. 3. 1942); D. XVI, Z. 28-35, hier 30ff., 55-63.

habe. Am Ende bittet er Göring dringend, seinen großen Einfluß dahin geltend zu machen, „daß diese Angriffe und Maßnahmen aufhören".[25]
Wir haben an dieser Stelle den bisher nicht wahrgenommenen Protestschritt Bischof Bernings behandelt, obgleich er erst in dem späteren Briefwechsel vom März 1942 greifbar geworden ist, da Görings Schreiben an Galen und Berning die Bonner Konferenz vom 20. März 1942 über den Menschenrechtsprotest bestimmen sollten.[26]
Es läßt sich nämlich ein psychologischer Zusammenhang zwischen dem noch Bertram-konformen Einsatz Bernings in Paderborn und seinem persönlichen Protest im Silvestergottesdienst zu Osnabrück vermuten. Daß er dem Klostersturm erst so spät in seinem Bistum entgegentrat, war wohl nicht nur in dem gewohnten Anlaß zu einem Jahresrückblick zu sehen, wie Göring gegenüber betont wurde, sondern persönlich vielleicht auch in einer gewissen moralischen Bedrängnis, in die ihn der entschiedene Wille und die Risikobereitschaft des Ordensausschusses und seiner Mitbischöfe auf dem Konveniat von Paderborn gebracht hatten.

Die in Paderborn beschlossene Rückverwandlung des Entwurfs aus dem Ordensausschuß in eine Denkschrift wurde zunächst an Galen übertragen, von diesem aber an seinen Vetter Preysing weitergegeben.[27] Von dem lange Zeit „nicht ermittelten Entwurf"[28] bemerkt Volk, er scheine sich von der Endfassung bei Bertram nur geringfügig zu unterscheiden.[29] Diesen Eindruck scheint Volk aus einer Bemerkung Bernings gewonnen zu haben, der am 8. Dezember 1941 in Berlin zusammen mit den Bischöfen Preysing, Machens und Wienken den Entwurf „an einzelnen Stellen systematisch"[30] geändert und am folgenden Tage in Breslau bei grundsätzlichem Einverständnis von seiten Bertrams notiert hatte, daß dieser „noch einige stilistische Änderungen und kleine Zusätze machen" konnte, „ohne den Inhalt und die Form zu ändern".[31] Ferner hatte der

25 D. XVI, Z. 131ff.

26 Vgl. S. 204f.

27 Volk, Akten deutscher Bischöfe V, S. 646 u. Anm. 4, besonders aber Rösch, Kampf, S. 184: „Mit der Abfassung der Denkschrift an die Reichsregierung wurde in Paderborn der Bischof von Münster betraut, der die Ausarbeitung an den Bischof von Berlin weitergibt" (Bericht des Ordensausschusses nach dem 14. 6. 1942).

28 Volk, Akten deutscher Bischöfe V, S. 646, Anm. 1.

29 Ebd.

30 Ebd., S. 650.

31 Ebd.

Kardinal über leichte Ermüdbarkeit geklagt, die ihn nicht abschätzen lasse, „wann er mit der Durchsicht des Entwurfs fertig sei".[32] Da er aber auf jeden Fall dafür sorgen wolle, daß der Entwurf am Freitag schon nach Berlin komme (12. 12.)[33], sah Volk kaum noch eine Möglichkeit für tiefere Eingriffe Bertrams. – Die inzwischen in der „Trümmerakte" in Münster ermittelte Originalfassung Preysings zeigt die tiefe Umgestaltung, die Bertram an den Vorlagen vorgenommen hat.[34] P. Löffler sieht in seiner Galen-Edition Bertrams Endredaktion vom Stempel „bürokratischen Stils" geprägt, „so daß die ursprüngliche offene und rückhaltlose Darstellung der Tatsachen und Forderungen weitgehend verloren gegangen ist".[35]

Mit dem früher vorgeschlagenen Instrumentarium sind die Unterschiede detailgetreu zu verfolgen: Das Maximum „distantialer Aussagen" im Denkschriftentwurf Preysings wurde von Bertram ausgelassen, geschwächt oder „tangential" umgewandelt. Während Preysing den Hirtenwortentwurf des Ordensausschusses ohne Ausdrucksverlust – eher noch verschärfend – in die Form einer Denkschrift gebracht hatte, versuchte Bertram sie zugunsten einer höheren „Tangentialität" abzuändern.[36]

Der Unterschied sei an drei Beispielen erläutert:

1. Der Ordensausschuß hatte im ersten Teil seines Hirtenwortentwurfes zwei Vorhaltungen des Kirchenministeriums abgewiesen: den Vorwurf mangelnder Vermittlung kämpferischer Haltung zum Ostfeldzug 1941 und die Anklage, das Vertrauen in die deutsche Führung zu untergraben.[37]

Der Abweisung des ersten Vorwurfs gilt der Hinweis auf die schon zum Teil vor 1933 ergangenen päpstlichen und bischöflichen Verlautbarungen gegen den Bolschewismus. Der Gegensatz ist also älter als jede Verhältnisbestimmung zum Dritten Reich und unabhängig vom Ostfeldzug. Die Vermeidung jeder „Tangentialität" wird hier mit Händen greifbar.

---

32 Ebd.

33 Ebd.

34 Wir haben sie in unseren Dokumentenanhang aufgenommen und danken Herrn Dr. P. Löffler für bereitwillige Hilfe. BA Münster. Bischöfl. Sekr., Neues Archiv. O-62. Bl. 69-76.

35 Löffler, Clemens August II, S. 926, Anm. 1.

36 Vgl. S. 137f.

37 Rösch, Kampf, S. 121ff.

Der zweite Vorwurf wird an die Regierung zurückgegeben, die Haltungen zeige, „die denen des Bolschewismus manchmal zum Verwechseln ähnlich sehen. Es darf nicht sein, daß hinter der Front wächst und wuchert, was die Front zerschlägt und vernichtet."[38]

Während nun Preysing den Vorwurf vom „Bolschewismus im eigenen Land" aus dem Komplex dieser Aussagen löst und in der Einleitung seines Entwurfs wie einen gewaltigen Block in sich sprechen läßt,[39] hat Kardinal Bertram beide Zurückweisungen des Ordensausschusses durch die Gemeinsamkeit des antibolschewistischen Einsatzes von Reich und Kirche in Vergangenheit und Gegenwart ersetzt.[40]

Ein in der doppelten Zurückweisung absolut „distantialer" Gedankenkomplex ist „tangential" umgewandelt.

2. Zum Grundrecht der Freiheit sagen Hirtenwortvorlage und Denkschriftentwurf: „Tausende von Männern und Frauen schmachten in den Sammellagern der Geheimen Staatspolizei, ohne jemals vor einem unabhängigen Richter einer Schuld überführt zu sein."[41]

Der rein für sich sprechende Status absoluter Rechtsbeugung in den KZ-Lagern wird bei Bertram zunächst durch die kasuistisch wirkende Aufzählung aller moralisch notwendigen Freiheitsbegrenzungen zugunsten der Gemeinschaft eingerahmt – fast ein Gedankenarsenal für die Gegenseite.[42]

Bertram schwächt auch die Zahlenangabe auf eine unbestimmt „große Zahl" ab. – Zugleich umrahmt er die KZ-Haft, die allein schon Hitlers Diktatur kennzeichnet, durch die Aufzählung aller – auch milderen (!) – Strafen wie Verbannung, Vertreibung, Gefangenschaft (Gefängnis?) und Mißhandlung, ohne sie selbst klar zu nennen. Wenn so nicht der Schikanenreichtum des Systems hier angeprangert werden soll, was eher unwahrscheinlich ist, kann durch den Anschein sachangemessener Strafabstufung nur die absolute Recht-

---

38 Ebd., S. 123; D. X, Z. 62-67.

39 „Er [der Krieg] findet uns bedrängt und bedrückt durch Maßnahmen, die von einer den Gesinnungen des Bolschewismus verwandten inneren Haltung verursacht sind. Hinter der Front wächst und wuchert, was die Front zerschlägt und vernichtet" (D. XI, Z. 16-19).

40 Volk, Akten deutscher Bischöfe V, S. 651. D. XII, Z. 9-16.

41 D. X, Z. 123-126; D. XI, Z. 172-175 (Rösch, Kampf, S. 129).

42 Volk, Akten deutscher Bischöfe V, S. 655. D. XII, Z. 31-34.

losigkeit verschleiert werden.[43] Eine unverrückbare „distantiale“ Feststellung wird geschickt gemildert.
3. Preysing hatte die Menschenrechte – über den Entwurf des Ordensausschusses hinausgreifend – ausdrücklich auch auf Nichtarier und Feindvölker bezogen, eine bei laufender „Endlösung“ der Judenfrage hochaktuelle Forderung, die das innerste Zentrum der nationalsozialistischen Ideologie treffen mußte.[44]
Bertram läßt diesen Passus ersatzlos fallen, obwohl er noch 1943 im Blick auf interne Eingaben gegenüber Rom versicherte, die Reichsregierung nehme die schwersten Vorwürfe ruhig hin, wenn sie nur nicht zur Kenntnis des Feindes und der eigenen Bevölkerung gelangten.[45]
Im Vergleich dazu nimmt sich die von Berning berichtete Berliner Änderung vom 8. Dezember sekundär aus. Es handelt sich offenbar um die von Galen vorgenommene und vorgeschlagene Umstellung der Menschenrechte in die spätere Reihenfolge Freiheit, Leben, Eigentum und Ehre.[46] Ordensausschuß- und Preysingentwurf hatten die Folge Eigentum, Ehre, Freiheit und Leben.[47] Galens Vorschlag wurde aufgegriffen und beibehalten.
Die Textdifferenzen zwischen der Vorlage des Ordensausschusses vom 15. November 1941, dem Denkschriftentwurf Preysings für den 10. Dezember 1941 und der Endredaktion Bertrams in Breslau haben ihre Bedeutung für den Fortgang des Menschenrechtsprotestes. Denn der Text des Hirtenworts von Kevelaer, mit dem der geheime Zusatzbeschluß vom 24./25. November 1941 eingelöst werden sollte, folgt in der Textmasse Bertram, lehnt sich aber in der Einleitung an den Entwurf des

---

43 Ebd., D. XII, Z. 34-40.

44 „Es handelt sich um die Verletzung von Gesetzen [des Naturrechts], die nicht nur den deutschen Volksgenossen, sondern auch Menschen fremden Blutes gegenüber nicht verletzt werden dürfen, wie es heute an der Tagesordnung ist. Dies fordert die deutsche Ehre, sei es, daß es sich um Nichtarier oder um Angehörige von Völkern handelt, mit denen das Reich im Kriegszustand ist oder war“ (D. XI, Z. 121-126).

45 Volk, Akten deutscher Bischöfe VI, S. 208f., hier: S. 209.

46 In die uns vorliegenden Kopie der Preysing-Fassung hat Bischof von Galen die Änderung der Reihenfolge als Korrektur eingearbeitet. Berning hatte zuvor seinen Wunsch mitgeteilt, daß die Änderungswünsche ihm am folgenden Tage oder danach (4. oder 5. 12.) bei seinem Besuch in Osnabrück mündlich mitgeteilt werden möchten (Löffler, Clemens August II, S. 926.) Die Umstellung selbst erfolgte am 8. 12. 1941 in Berlin, wobei auch Bischof von Preysing anwesend war (Volk, Akten deutscher Bischöfe V, S. 650).

47 Rösch, Kampf, S. 127-130. Vgl. auch D. X, Z. 78-141; D. XI, Z. 127-189.

Ordensausschusses an.[48] Durch seine dramatische Einleitung gewinnt er die aufrüttelnde Wirkung. Die nach dem Scheitern des Kevelarer Wortes von den westdeutschen Bischöfen in Bonn am 20. März 1942 beratenen Protestentwürfe sind aber an entscheidenden Stellen, die wir in diesem Kapitel analysiert haben, am *radikalen Preysing-Text* orientiert, während auch hier die übrige Textmasse der Bertram-Fassung folgt.[49]
Daß und warum die drei Proteste Preysings in der Bonner Konferenz dennoch dem Stift der westdeutschen Bischöfe zum Opfer fielen, gehört zu den fragenswerten Problemen des Bonner Menschenrechtsprotestes, der im Frühjahr 1942 die Grundrechte der menschlichen Person allgemein und öffentlich einforderte.[50]

---

48 „Seit Jahren tobt nun in unserem Vaterland ein Kampf gegen Christentum und Kirche, wie er in dieser Schärfe noch nicht geführt wurde" (aus dem Hirtenwort von Kevelaer. In: Volk, Akten deutscher Bischöfe V, S. 700). „Auch in der Heimat tobt ein Kampf, ein Kampf der Geister um die unsterblichen Seelen" (aus dem Entwurf des Ordensausschusses vom 15. 11. 1941. In: Volk, Akten Kardinal Faulhabers II, S. 827 und Rösch, Kampf, S. 120f.). Vgl. auch D. XIV, Z. 2-20 und D. X, Z. 9-18.

49 Wir nennen die drei von uns herausgegriffenen Stellen, die sich so zuerst im Denkschriftentwurf Preysings vereinigt finden, obwohl zwei von ihnen auch im Hirtenwortentwurf des Ordensausschusses anzutreffen sind, die Gipfelproteste Preysings. In dieser Zusammenstellung bestimmen sie auch die drei Entwürfe von Bonn (vgl. S. 202f.).

50 D. XVII. Zu den Textabhängigkeiten vgl. S. 466.

Kapitel 7

„Aktive Kampfansage gegen das Reich" (SD Bielefeld) Der öffentliche Menschenrechtsprotest vom Passionssonntag 1942

Als der Breslauer Kardinal am 3. März 1942 seinem Amtsbruder von Osnabrück überraschend mitteilte, das Hirtenwort von Kevelaer weder mitverantworten noch verlesen zu können, begann ein neuer Abschnitt seiner taktischen Versuche, den Schritt des Bischofskollegiums in die Öffentlichkeit zu verhindern.[1]

Während der für den Menschenrechtsprotest vorgesehene Passionssonntag (22. März 1942) heranrückte, schürzte sich am 11. März 1942 der Knoten. An diesem Tage setzte Kardinal Bertram den in Breslau erschienenen Bischöfen Berning und Wienken ein noch entschiedeneres Nein entgegen.[2]

Zugleich aber beschloß an diesem Tage die Bayerische Bischofskonferenz unter Kardinal Faulhaber, der den Hirtenbriefentwurf des Ordensausschusses schon früher als „Ambrosiustat" gepriesen und nach dessen auf dem Paderborner Konveniat vom 24./25. November 1941 erfolgten Scheitern einen Versuch zu dessen Rettung unternommen hatte, mit dem Wort von Kevelaer am Passionssonntag 1942 an die Öffentlichkeit zu gehen.[3] Während Berning unter dem Eindruck des unverrückbaren Breslauer Neins zunächst resigniert aufgab und für den Passionssonntag Einzelhirtenbriefe empfahl,[4] liefen im Süden mit Rücksicht auf die langen und schwierigen Kurierwege zu einigen Pfarreien schon bald in wenig-

---

1 Volk, Akten deutscher Bischöfe V, S. 680, Anm. 4.

2 Volk, Akten deutscher Bischöfe V, S. 695f., Anm. 10. Bertram zieht wohl Einzelhirtenbriefe in Betracht, die bei einer Nennung der Denkschrift jedoch ihr Datum und ihren Empfänger verschweigen sollen (ebd., S. 696, Anm. 4). An Galen berichtet Berning (13. 3.), daß er in dieser Konsequenz und auf einen Einspruch Gröbers hin nur noch ein eigenes kurzes Hirtenwort herausgeben werde (ebd.).

3 Volk, Akten Kardinal Faulhabers II, S. 871. Faulhabers Hinweis auf die „Ambrosiustat" – (ebd., S. 826, Anm. 1, Schreiben an Dietz v. 17. 12. 1941) – zeigt, daß Bischof Ambrosius ihm durchaus als bischöfliche Leitgestalt in der Verfolgung vorschwebte. H. Hürten sieht Ambrosius als von der Emigration empfohlenes Leitbild (Hürten, Verfolgung, S. 98ff.).

4 Vgl. Anm. 2.

stens drei Bistümern der Vervielfältigungs- und Verteilerapparat an,[5] sehr im Gegensatz zu den Richtlinien des Ordensausschusses. Dieser hatte auf die Bedeutung zeitknapper Kurierwege gesetzt und nahm es mit Rücksicht auf die allgegenwärtige Gestapo lieber in Kauf, wenn in Sonderfällen eine um acht Tage verzögerte Verlesung nicht mehr zu vermeiden war.[6] In die anlaufende Aktion der süddeutschen Bischöfe platzte also die durch Breslau veranlaßte Gegenorder. Die Überkreuzung beider Initiativen stiftete jene „größte Verwirrung", die Volk beklagte und der Verantwortung des Breslauer Kardinals zuschrieb.[7] Wenn er zugleich bemerkte, daß auch Wienkens und Bernings Umstimmungsversuch vom 11. März 1942 in Breslau nicht hartnäckig gewesen sei,[8] läßt sich mit Recht fragen, ob überhaupt ein Versuch anderer Art den Kardinal, der hier an seine Grenze gelangt war, zu einer Änderung seiner Weigerung hätte bewegen können. Auch Bernings Resignation ist nach dem Verlust der Handlungseinheit zu verstehen.[9]

Vielleicht hatte aber Berning die unbeirrbare Entschlossenheit seiner westdeutschen Amtsbrüder doch zu einem wesentlichen Teil unterschätzt. Schon früh versuchte Bischof Bornewasser von Trier, der in Kontakt mit Kardinal Faulhaber stand, eine Aktionsgemeinschaft der Westdeutschen zu retten, und zwar zunächst für den Palmsonntag (29. März 1942).[10] Als er aber erfuhr, daß Faulhaber in Solidarität mit den drei Bistümern und noch zusätzlichen Pfarreien, die auf die Gegenorder aus Breslau nicht mehr reagieren konnten, am 22. März 1942 zur persönlichen Verlesung in München schreiten werde, brachte er unverzüglich das Konveniat der westdeutschen Bischöfe am 20. März 1942 im Leoninum in Bonn zustande, um schon am 22. März 1942 den Protest wenigstens in den Bischofsstädten der Öffentlichkeit kundgeben zu können.[11]

Probleme und Ablauf der Bonner Konferenz vom 20. März 1942 stellen sich passend in drei Abschnitten dar.

---

5 Volk, Akten Kardinal Faulhabers II, S. 879f. (Nr. 865).

6 Ebd., S. 836 (Nr. 845b, 2d).

7 „Mit seinem verklausulierten Veto, das die Vereinbarung von Kevelaer illusorisch machte, verursachte Bertram die größte Verwirrung" (Volk, Fuldaer Bischofskonferenz II, S. 70).

8 Ebd.

9 Vgl. die Belege unter Anm. 2.

10 Volk, Akten Kardinal Faulhabers II, S. 879f. (18. 3. – Ehrenfried an Faulhaber), ferner ebd., S. 876 (17. 3. – Bornewasser an Faulhaber).

11 Ebd., S. 904ff. (15. 4. – Faulhaber an Bornewasser).

1. Im Vorfeld der Bonner Konferenz steht eine dokumentarische Tatsache. Der offensive Flügel des deutschen Episkopats, zu einem guten Teil im Westdeutschen Bischofskonveniat der Kölner und Paderborner Kirchenprovinz verkörpert, ging am 20. März 1942 auf Sonderkurs. Das Vorhaben, am 22. März in den Bischofsstädten und am 6. April in allen Kirchen der Kölner und Paderborner Kirchenprovinz für vier menschliche Grundrechte zu protestieren,[12] war durch drei Entwürfe vorbereitet: Vor der Bonner Konferenz waren am 15. März in Trier durch Bischof Bornewasser, in Münster durch Bischof von Galen und wohl am gleichen Tage in Köln (undatiert!) durch Kapitularvikar David drei Textvorlagen erstellt worden, über deren Verwendung die Konferenz am 20. März 1942 in Bonn zu entscheiden hatte.[13]

Vom Bonner Konveniat ist kein Protokoll bekannt. Es hätte in dieser Zeit ohnehin nichts von den internen Vorgängen festgehalten, die vor dem Zugriff der Gestapo zu schützen waren. Private Aufzeichnungen von den Bonner Beratungen sind gleichfalls unbekannt. Durch einen Glücksfall sind in Münster jedoch die Bonner Entwürfe aufbewahrt worden.[14] Das dort aufgehobene Kölner Exemplar muß Galen in Bonn als Arbeitspapier benutzt haben, während die erarbeitete textliche Endform schon 1947 von W. Corsten ediert wurde.[15] Sie ist darum als Corsten-Fassung benannt. Die Entwürfe haben in den Unterschieden drei Gemeinsamkeiten, die wohl auf eine vorausgegangene Übereinkunft der westdeutschen Bischöfe zurückzuführen sind: Sie enthalten die drei radikalen Proteste Preysings, die Kardinal Bertram aus seinem Denkschriftentwurf entfernt oder doch entschärft hatte, bevor die Eingabe vom 10. Dezember 1941 am 17. Dezember 1941 in der Reichskanzlei überreicht wurde.[16] Die Denkschrift

---

12 Volk, Fuldaer Bischofskonferenz II, S. 65-69.

13 Volk, Akten deutscher Bischöfe V, S. 705, Anm. 1.

14 BA Münster, Bischöfl. Sekr., Neues Archiv, 0-62, Bl. 105-110: Entwurf von Trier; Bl. 114-123: Entwurf von Köln (undatiert). Löffler, Clemens August II, S. 941-946: Entwurf von Münster. Die Entwürfe von Münster und Trier sind mit dem 15. 3. 1942 datiert. Der undatierte Kölner Text wurde in Bonn als Protestgrundlage angenommen und durchberaten. Herrn Dr. P. Löffler ist hier für seine Hilfe unter schwierigen Erhaltungs- bzw. Restaurationsbedingungen herzlich zu danken.

15 Die Endgestalt steht bei Volk, Akten deutscher Bischöfe V, S. 705-708, nach ihrer ersten Edition als Corsten-Text bezeichnet (Corsten, Kölner Aktenstücke).

16 Die einzig genaue und richtige Datierung für die Übergabe der beiden Denkschriften von katholischer und evangelischer Seite tradiert Galen in seiner Antwort an Göring mit dem 17. 12. 1941 (vgl. Löffler, Clemens August II, S. 948 mit Volk, Akten deutscher Bischöfe V, S. 650, Anm. 2, deren Auswertung im vollen Kontext auf den 17. 12. weist).

war also – Volk konnte den Sachverhalt aus seinen Quellen offenbar noch nicht ersehen – gegenüber dem Entwurf Preysings stark gemildert. Preysings Entwurf für die Berliner Denkschrift war zum Teil noch radikaler als der Entwurf des Ordensausschusses, wie aus der „Trümmerakte“ von Münster zu ersehen ist.

Bei den Protesten Preysings handelt es sich

(1.) um den Protest gegen den (braunen) Bolschewismus im eigenen Land,

(2.) um die Terrorherrschaft der namentlich beschuldigten Gestapo und

(3.) um den Menschenrechtsprotest für die Nichtarier (Juden).[17]

Dabei ist Preysings Eintreten für die Nichtarier seine eigene Zutat. Mit ihm ging er über den Ordensausschuß hinaus. Dieser hatte aber das Schreckensregiment der Gestapo in bisher nicht gekannter Offenheit angeprangert und den (braunen) „Bolschewismus“ als Chiffre der Entlarvung eingesetzt. Den ersten und letzten Protest löschte Bertram, während der Gestapo-Protest gemildert war. Der Ordensausschuß hatte mehr als Preysing den Klostersturm akzentuiert.[18]

Der Rückgriff der drei Bonner Textvorlagen auf die Proteste des Preysingentwurfs zeigt die zunächst klare Absicht der Konferenzteilnehmer: Man wollte im Sinne Preysings die Öffentlichkeit aufrütteln.

2. Über den Konferenzverlauf selbst ist zu berichten: In Bonn wurde am 20. März 1942 beschlossen, die aus dem Entwurf Preysings stammenden Aussagen fortzulassen.

Der verbliebene Text wirkt dadurch gegenüber der Fassung von Kevelaer vom 23./24. Februar 1942 schwächer. Doch ist sein Wert darin zu sehen, daß die Bonner Endfassung immerhin in zwei großen Kirchenprovinzen mit neun Bistümern, darunter den dichtbesiedelten des Ruhrgebiets, die Kirchenbesucher erreichte, während die Veröffentlichung des Wortes

---

17 Wir beschränken uns auf den Kölner Text, der fast nur naturrechtlich begründet ist und schließlich in Bonn beschlossen wurde, während die anderen Fassungen mit der Aufteilung in konkordatsrechtlich und naturrechtlich begründete Proteste weniger innere Geschlossenheit hatten. In der Kölner Fassung enthält der Punkt 9 den ausdrücklichen Verweis auf die Willkürherrschaft der beim Namen behafteten Gestapo, während Punkt 13 in zusammenfassender Passage die Mißachtung der Judenrechte („Blutsfremde“) und den Vorwurf vom Bolschewismus im eigenen Lande in den Protest einbezieht (BA Münster, Bischöfl. Sekr., Neues Archiv, 0-62).

18 Das zeigt sich schon in der Voranstellung der Eigentumsfrage beim Protest gegen den Klostersturm (Rösch, Kampf, S. 127f.), vielleicht aber auch in der Auslassung der nicht explizit genannten Nichtarierrechte, die dann aus Gründen der in den Einsprüchen oft für notwendig gehaltenen Konzentrierung zurücktreten mußten.

von Kevelaer durch Bertram nahezu verhindert wurde.[19] Der Abschwächung des Bonner Wortes durch den Ausfall der Preysing-Aussagen stand aber eine geschlossene Zurückführung seiner Proteste auf das Naturrecht in der Kölner Fassung gegenüber. Der Konkordatsbezug trat zurück. Weshalb aber wurden die Textpassagen Preysings aus der Bonner Vorlage gestrichen? Dafür gab es nur einen situativen Grund: Mit Schreiben vom 5. März 1942 hatte Reichsmarschall Hermann Göring in schneidender Schärfe die beiden Bischöfe von Galen und Berning zur Rechenschaft über ihren Loyalitätseid gezogen. Beide hatten von der Kanzel öffentlich Protest erhoben. Während aber Galens Briefwechsel mit Göring längst veröffentlicht ist, blieben Bernings Protest und der anschließende Briefwechsel Göring – Berning bis heute unbekannt oder jedenfalls nicht beachtet.[20] Der Bischof von Münster wurde für seine Sommerpredigten von 1941, der Bischof von Osnabrück für seine Protestpredigt vom Silvesterabend 1941 gegen den Klostersturm zur Rechenschaft aufgefordert.[21]

Indes konnten die Schreiben Görings die Adressaten nicht bewegen, die schon genannten Entwürfe, mit denen die Bonner Konferenz vom 20. März 1942 vorbereitet wurde, von vornherein abzulehnen. Das ist zumindest für Galen sicher,[22] der einen dieser Entwürfe noch nach dem 12. März anfertigte, dürfte aber auch für Berning anzunehmen sein, der mit ihm in enger Verbindung stand.

Der Beschluß zur Streichung der drei Preysing-Aussagen muß erst auf der Konferenz selbst gefaßt worden sein, von der Kardinal Faulhaber in privater stenografischer Notiz festgehalten hat:

„Größere Initiative in Bonn besonders deshalb unter einem dunklen Stern, weil vorher Reichsmarschall nach Münster und Osnabrück geschrieben hatte: Für Sie gibt es nur eine Obrigkeit und das ist die staatliche. Scharfe Rüge wegen Predigten. Köln arbeitet um und nahm den kirchen- und naturrechtlichen Teil zusammen mit großer Kürzung“ (nach 10. 4. 1942).[23] Vielleicht darf vermutet werden, daß die Konferenz,

---

19 Köln mit Trier, Aachen, Limburg, Münster und Osnabrück; Paderborn mit Hildesheim und Fulda. Davon tangierten Paderborn, Köln und Münster besonders das Ruhrgebiet.

20 S. Dokumententeil D. XVI (BA Koblenz, R 43II/173a Bl. 86-95). Zu Galen vgl. Löffler, Clemens August II, S. 938f.

21 Vgl. Anm. 20

22 Vgl. Löffler, Clemens August II, S. 941-946, besonders S. 944.

23 Volk, Akten Kardinal Faulhabers II, S. 901.

wenn nicht auf Wunsch Bernings, so doch mit Rücksicht auf ihn, die Proteste Preysings entfernt hat.[24]
So unterblieben zum Beginn des Genozids 1942 der Protest von seiten des Konveniats für die Grundrechte der Nichtarier, der öffentliche Einspruch gegen die ausdrücklich genannte Terrorherrschaft der Gestapo und die Anklage gegen den braunen „Bolschewismus“ im Deutschen Reich. Inhaltlich und situativ wäre der Bonner Protest zum Gipfel kirchlicher Widerstandshaltung in der Stunde des allgemeinen Rechtszerfalls geworden, wenn er zu den vier Grundrechten auf Freiheit, Leben, Eigentum und Ehre auch die Proteste Preysings in die Öffentlichkeit getragen hätte.[25]
Die Auslassung der Nichtarierrechte hat den Bonner Protest weniger in der logischen Substanz als in der menschlich-zeugnishaften Dimension tangiert. Doch wurde in Bonn mit Sicherheit um die Probleme der Verkürzung gerungen. Die Verfasser aller Bonner Textentwürfe hatten Preysings Akzente eingearbeitet. Sie werden also nicht leicht auf sie verzichtet haben.
3. Wir wenden uns jetzt dem Handexemplar des Bischofs Clemens August zu, der bisher wohl einzigen Ausgabe des unverkürzten Kölner Entwurfs. Die auf der Bonner Konferenz vorgenommenen Streichungen und die beschlossenen Änderungen hat Galen vollständig zu erfassen gesucht. Bei den Streichungen konnte dies leicht gelingen, bei den Änderungen nicht immer. Wir müssen sie aus der Corsten-Ausgabe ergänzen.[26] Ganz geringfügige Abweichungen können wir unberücksichtigt lassen. Das Handexemplar weist die Merkmale eines Arbeitspapiers auf, das bei der Konferenz korrigiert wurde. Einmal finden wir das Wort „Sittlichkeit“ gestrichen und schließlich – nach anderem Gesprächsver-

24 Berning war in den Augen der Bischöfe, ob berechtigt oder nicht, in Gnadensachen ein Hoffnungsträger, der auch gegenüber den Angehörigen der Verurteilten genannt werden konnte.

25 Am Beginn des Judengenozids und der Ausrottungsaktionen der Einsatzgruppen im Osten sowie wenige Wochen nach der Wannseekonferenz lag der Protest situativ äußerst zeitgerecht (Longerich, Die Ermordung der europäischen Juden, S. 65-73: Vorbereitung und Organisierung der „Endlösung“). Lange vor der Wannsee-Konferenz (20. 1. 1942) war der Mord beschlossene Sache. Die Konferenz bildet durch die Einbeziehung von Organisationen außerhalb des Machtbereichs von R. Heydrich den Übergang zur Großorganisation des Genozids im Osten (ebd., S. 69). Durch W. Berning war schon im Februar 1942 etwas über Judenmorde in den baltischen Staaten zu erfahren (Volk, Akten deutscher Bischöfe V, S. 675-678).

26 In dem Kölner Entwurf unter der Ziffer 11, Bl. 119. Vgl. D. XVII, Z. 110ff.

lauf – wieder handschriftlich darübergesetzt, Zeichen außerordentlicher Sorgfalt in lebhaft verlaufender Diskussion.[27] Die Handschrift ist jener gleich, mit der auch die Korrekturen im Denkschrift-Entwurf Preysings vorgenommen wurden, wo sie nachweislich von Galen stammen.[28]

Gehen wir nun von der begründeten Voraussetzung aus, hier das Arbeitspapier des Bischofs in Bonn vor uns zu haben, dann erhebt sich die Frage, warum Galen den Abschnitt Nr. 13 des Kölner Entwurfs in voller Länge stehenließ. Wir machen in der Wiedergabe des Textes die von der Bonner Konferenz gestrichenen, aber bei Galen nicht durchgestrichenen Sätze durch Kursivdruck kenntlich:

„An der Achtung und Erhaltung dieser natürlichen Menschenrechte ist jeder ehrenhafte Mensch interessiert; ohne sie muß die ganze abendländische Kultur zusammenbrechen. *Durch die Mißachtung nicht nur des Christentums, sondern auch der von Gott mit der Menschennatur gegebenen Persönlichkeitsrechte erscheint solche Geisteshaltung in Ursprung und Auswirkung dem gottlosen Bolschewismus verwandt, gegen den unsere deutschen Brüder im Soldatenrock heldenmütig kämpfen. So kommt es dazu, daß hinter der Kampffront wächst und wuchert, was die Kampffront in gewaltigem Ringen zerschlägt und hoffentlich in Rußland für immer vernichtet, – die grauenhaften Folgerungen einer widerchristlichen Lehre, die mit der Leugnung des überweltlichen persönlichen Gottes und seiner Herrscherrechte zu leicht die unsterbliche Menschenseele und die damit jedem Menschen, auch dem Blutsfremden und den Angehörigen von Feindvölkern von Gott verliehenen Persönlichkeitsrechte vergißt und mißachtet.*“[29]

Bei den drei Protesten Preysings hat Galen am Ende lediglich auf die ausdrückliche Nennung der Gestapo (Abschnitt 8) verzichtet. Ihr Name ist zwar gestrichen, und ihre Untaten werden nicht mehr aus-

---

27 Am Ende der Ziffer 5, Bl. 119. Vgl. D. XVII, Z. 39.

28 Nach P. Löffler in briefl. Mitteilung. Die Authentizität der handschriftlichen Korrekturen Galens am Kölner Entwurf wurde dem Verfasser am 29. 8. 1991 von Dr. Löffler bei gemeinsamer Einsichtnahme in die Originalakte bestätigt. Daß diese, wie hier vorausgesetzt wurde, Galen als Hand- bzw. Arbeitsexemplar auf der Bonner Konferenz gedient hat, hält der Direktor und Bistumsarchivar für nahezu selbstverständlich. Der Verfasser hatte auf Grund von Kopien, die Dr. P. Löffler noch vor der Restaurierung der Akte 1989 beschafft hatte, diese Annahme seinem Galen-Artikel zugrunde gelegt (Gruß,Clemens August Graf von Galen, S. 368ff.).

29 Text unter der Ziffer 13, Bl. 120ff. D. XVII, Z. 134-148.

drücklich genannt, aber doch in der Forderung nach gerichtlicher Nachprüfung aller Strafmaßnahmen vorausgesetzt.[30]
Wie aber ist die Unterlassung der entscheidenden Streichung im Abschnitt 13 des bischöflichen Arbeitsexemplars zu deuten? Weshalb hat Galen seinen an dieser Stelle ungekürzten Text über die schon zur Nachtzeit durchgeführte Vervielfältigung der gemeinsam erarbeiteten Corsten-Fassung hinaus, von der Faulhaber ebenfalls schon unterrichtet war,[31] nach Münster mitgenommen und trotz ihrer Brisanz aufbewahrt, wenn er sie nicht am Passionssonntag (22. März) persönlich verwenden wollte?
Alternative Deutungen scheiden wohl aus. Daß der sensibelste Wächter der Menschenrechte gewollt oder ungewollt an der Beratung dieser zentralen Stelle nicht teilnahm, ist undenkbar, zumal er gleich im nächsten Abschnitt 14 weiterregistrierte. Hätte er kurz die Konferenz verlassen, wäre es leicht möglich gewesen, bis zu seiner Rückkehr den Verhandlungsfortgang zu unterbrechen – gerade auch bei diesem hochbedeutsamen Textabschnitt.
Textbearbeitung und -aufbewahrung drängen zu der Annahme, daß Galen die Bonner Kürzung an dieser Stelle nicht übernehmen konnte und – vielleicht schon im Konferenzverlauf selbst – den Entschluß faßte, den Textabschnitt 13 im Sondergang ungekürzt zu verlesen. Dann wären in Münster die gleichen Grundrechte für die Menschen „fremden Blutes", für die Nichtarier also, ausdrücklich zur Sprache gekommen. Sein Alleingang selbst im Sonderprotest von Bonn bewies: Der Bischof hatte hier wie schon im Vorjahre realisiert, daß zu dieser Zeit die Stunde der einsamen Gewissensentscheide angebrochen war.[32]
Hat sein öffentlicher Alleingang die Zuhörer erreicht? Hier ist nach Indizien zu fragen, die als Bestätigung der Beobachtungen am Bonner Arbeitspapier gelten müssen. Dabei kann es sich um normale Kirchenbesucher wie um „Zuhorcher" (Faulhaber) des Sicherheitsdienstes der SS gehandelt haben.

---

30 Vgl. unter Ziffer 9, Bl. 117f. D. XVII, Z. 78-81.

31 Volk, Akten Kardinal Faulhabers II, S. 900: „Dort wird Freitag abend Hirtenwort in Bonn beschlossen, in der Nacht vervielfältigt worden [20. 3.]. Judica [22. 3.] in den Bischofsstädten verlesen, in den Pfarreien Ostermontag [7. 4. 1942]."

32 Vgl. seinen Brief an den Amtsbruder von Osnabrück vom 26. 5. 1941; vollständiger Text in: Volk, Clemens August Graf von Galen, S. 220-223 bzw. ders., Akten deutscher Bischöfe V, S. 362-366; Auszug in Löffler, Clemens August II, S. 837f.

Bischof Wienken hatte in dieser Zeit als argloser Mittelsmann, vielleicht aber auch als allzu williger Zubringer ein paar Fragen des Reichssicherheitshauptamtes an die Bischöfe zu überbringen, die sich auf die Texte der Menschenrechtsproteste von Kevelaer und von Bonn bezogen. Sie waren für die Gestapo schnell geklärt, wenngleich diese die Hintergründe des bischöflichen Desasters, die in Breslau zu suchen waren, wohl nicht erkannt haben dürfte. Auch auf die Sonderform Faulhabers bezog sich eine Frage, die der Münchener Kardinal beantwortete, nicht ohne der höchsten Instanz der politischen Polizei ausdrücklich die Kompetenz für solche Fragen zu bestreiten.[33]

Der Bischof von Münster bekam indes durch Wienken eine Frage vorgelegt, die zu denken geben muß. Der Leiter des bischöflichen Kommissariats in Berlin, dessen Brief *jüngstvergangene und bevorstehende „Verhandlungen" mit dem RSHA* als Grund nennt, fragte, ob Galen eine andere als die Bonner Fassung verlesen habe.[34] Daß es nur um Galen ging, ist neben dem Wortlaut aus dem Datum der Frage Wienkens, dem 4. April 1942, das nur die Beziehung auf den 22. März 1942 zulassen konnte, und aus der Antwort Galens vom 7. April ersichtlich, die sich der Anfrage entsprechend auf seine persönliche Verlesung vom 22. März bezog und erst dann die allgemeine Verlesung vom 6. April – offenbar ungefragt – zur Sprache brachte.

Die Rückfrage Wienkens ist vor ihrem Hintergrund, den Gestapo-Recherchen, auffällig: Sie richtet sich auf die *persönliche Verlesung Galens in St. Lamberti und auf deren Verhältnis zum Bonner Beschlußtext*. Wenn Volk sie auf eine „Fehlinformation" zurückführt,[35] ist daran zu erinnern, daß er zu den erst spät auftauchenden Informationen noch keinen Zugang hatte. So mußte er die Rückfragen auf Textdifferenzen von Bonn und Kevelaer oder auf Fehlinformationen beziehen, zumal Galens Nein vorzuliegen schien.

Noch bemerkenswerter als Wienkens Anfrage vom 4. März ist die Antwort Galens vom 7. April, die Volk wiedergibt: Wienkens Berichterstatter müsse geträumt haben. „Ich habe am 23. März in St. Lamberti den am 20. März gemeinsam beschlossenen Text wörtlich und ohne Zusatz verlesen; ferner in Ausführung des gemeinsamen Beschlusses am 6. April

33 Vgl. Faulhaber an Wienken v. 10. 4. 1942. In: Volk, Akten Kardinal Faulhabers II, S. 895ff.

34 Volk, Akten deutscher Bischöfe V, S. 708, Anm. 4.

35 Ebd.

den Dir zugesandten Text, in dem nur ein paar Schönheitsfehler korrigiert sind, in allen Kirchen der Diözese verlesen lassen."[36]

An der Antwort Galens vom 7. April 1942 fällt dreierlei auf:

a) Galen spricht von dem am 22. durch ihn persönlich verlesenen Text (der 23. März ist als Versehen Volks zu identifizieren) und von dem Text, den seine Geistlichkeit am 7. April verlesen hat. Die vom Klerus verlesene Fassung ist nur unwesentlich korrigiert (ein paar Schönheitsfehler!). Dieser Text ist Wienken zugeschickt worden und stellt die Ausführung des gemeinsamen Bonner Beschlusses dar. Nach Galens Schilderung und in Wirklichkeit stimmt er (mit Ausnahme der Korrektur von „Schönheitsfehlern") mit der Corsten-Fassung überein.[37]

b) Die Textfassung vom 22. März sei nun ebenfalls als in Bonn beschlossener Text in der bischöflichen Verlesung ohne „Zusatz" und „wörtlich" verkündet worden – so will es Galen verstanden wissen. Wienken sollte mithin weitergeben, daß die beiden Texte (fast) identisch gewesen seien, daß Galen also auf einem „Nein" bestehe.

Weshalb wurde dazu aber so weit ausgeholt? Warum ist Galens Antwort als weit ausgreifende und z.T. ungefragte Doppelerklärung gegeben worden, wenn es nur um ein einfaches „Nein" gehen konnte?

Wenn Galens Verlesung vom 22. aber den Bonner Beschlußtext erheblich verließ und der Folgen wegen unbedingt zu verschleiern war, konnte die Antwort nicht mehr einfach ausfallen. (Daß die Gestapo nicht nach der Korrektur von „Schönheitsfehlern" gefragt hatte, ist ja aus der Anfrage wie auch aus der Interessenrichtung der Polizei zu folgern.) Also kann folgendes nicht überraschen:

c) Galens Beschreibung ist nämlich tatsächlich, obwohl Wienken und Gestapo Identität heraushören sollten, mit einer ungekürzten Verlesung des Abschnittes 13 voll vereinbar: Dann hätte er den in Bonn aus den Entwürfen von Köln, Münster und Trier gewählten und beschlossenen Kölner Text „wörtlich und ohne Zusatz" am 22. März verlesen und von seinem Klerus *gemäß* dem Bonner Beschluß, wie wir es für den 7. April verstehen können (also gekürzt!), verlesen lassen.[38] Bei voller oder nahezu

---

36 Volk, Akten deutscher Bischöfe V, S. 708f., Anm. 4. Zu den moraltheologischen Grundlagen der hier nach unserer Meinung angewendeten „restrictio mentalis" vergleiche das zur Zeit Galens akzeptierte Standardwerk des Münsteraner Moraltheologen J. Mausbach, Katholische Moraltheologie, Bd. 3. Münster 1930, S. 246ff.

37 Volk, Akten deutscher Bischöfe V, S. 708f.

38 Ebd.

voller Identität der Texte vom 22. März und 7. April aber wäre seine Formulierung, wäre sie nur der Ausdruck einer (fast) vollen Identität der beiden Texte, ganz unnötig kompliziert und zum guten Teil auch noch ungefragt.

Die komplizierte Doppelaussage bewahrt den Bischof vor einer „Lüge", soll aber äußerlich wie eine betonte Identitätserklärung wirken. Hatte der Bischof doch hinreichend Zeit, seine Antwort im Schreiben an Wienken auf die Folgen hin genau zu durchdenken. Zumindest sperrt sich also seine Antwort nicht gegen die Annahme des Doppelsinnes. Ohne sie direkt zu erzwingen, fällt sie doch in sich durch eine besondere Langatmigkeit auf, die sich sogleich aus der Absicht einer Verschleierung erklärt, weil sie dann dem kasuistisch nicht ganz leichten Problemfeld des „geistigen Vorbehalts" (restrictio mentalis) in der Moral angehört. Galens Ethik forderte, selbst noch in der Verschleierung keine objektive Unwahrheit zu sagen, während die Täuschung des mit böser Absicht (dolus) vorgehenden Gegners (Gestapo!) zugelassen werden durfte.

Das argumentative Eigengewicht des letzten dieser drei Indizien (Galens Konferenzpapier, Wienkens Rückfrage, „geistiger Vorbehalt" oder „restrictio mentalis") wird sich dem erschließen, der den diffizilen Verschleierungsversuch Galens mit seiner Bindung an die objektive Wahrheit zusammensieht. Der Aufbau solcher Konstruktion verlangt genaues Nachdenken und kann nicht leicht dem Zufall entspringen.

Auffällig ist auch die unter Vermeidung eines klaren Ja oder Nein von dem Bischof vorgezogene Umschreibung, Wienkens Berichterstatter müsse geträumt haben. Die Antwort gibt sich eher unverbindlich und ausweichend, wenngleich eine Spitze gegen den Informanten oder den Fragesteller nicht auszuschließen ist.[39]

Dabei ist offenzulassen, ob Wienkens Informant vom 22. März in St. Lamberti ein V-Mann gewesen ist. Das ist nicht unmöglich, da schon

---

39 Ebd. Es kann nicht ausgeschlossen werden, daß der Bischof hier zugleich eine Spitze gegen seinen allzu beflissenen Amtsbruder vom bischöflichen Kommissariat in Berlin richten will. Zumindest könnte ein deutlicher Unwille mitschwingen. Es fällt auf, daß Bischof von Galen in seinem Handschreiben an Wienken ohne jeden Gruß nur mit seinem abgekürzten Namen (C. A.) signiert, während H. Wienken mit sehr herzlichen Ostergrüßen und -wünschen geschlossen hatte (BA Münster, Bischöfl. Sekr., 0-18). Wienkens Beflissenheit hatte ihre Gefahren in sich! Der von Wienken genannte „Herr Kolk", der in der Frühe von Coesfeld aufbrach und auf der Reise nach Berlin der Verlesung in St. Lamberti beiwohnte, hatte *u. a.* aus Galens Mund bei der Verlesung auch die Clemens-Kirche in Berlin herausgehört. Der Hintergrund seiner Beobachtungen ist ungeklärt.

Rösch im April 1942 wußte, daß die bevorstehende Bekanntgabe des Menschenrechtsprotestes dem RSHA bereits am Vortage, dem 21. März, zur Kenntnis gekommen war. Es konnte also ein V-Mann noch zur Kontrolle abgeordnet werden.[40] Wenn aber der von Coesfeld über Münster nach Berlin gereiste Bekannte Wienkens kein V-Mann gewesen wäre, wirkte die Antwort noch auffälliger. Der Mann hatte nämlich u. a. die Erwähnung von *St. Clemens in Berlin* herausgehört, während Galen mit seiner wohlkonstruierten Erklärung allen weiteren Fragen des RSHA, seines mittelbaren Adressaten, *allgemein und definitiv* zuvorzukommen versuchte. Sein Verschleierungsversuch würde in diesem Falle mit noch stärkerem indizialen Eigengewicht hervortreten, weil er die Frage weit überschreitet.

Daß die Gestapo damals Galens humanen Täuschungsversuch noch nicht mit elektronischen Mikro-Horchgeräten feststellen konnte, sondern mit stichwortgestützten Gedächtnisprotokollen oder Stenogrammen arbeiten mußte, war den Bischöfen zu geläufig, um eigens begründet zu werden. Berning mußte gegenüber Göring einige grobe Irrmeldungen über seinen Silvesterprotest korrigieren.[41]

Der Protest des Bischofs Clemens August von Galen ist, falls er stattgefunden hat, von ihm selbst als äußerst gewagt empfunden worden. Das ist an seiner Sorge abzulesen, das Risiko seines Einzelprotestes auf seine eigene Person zu beschränken und seine Mitbischöfe wie auch seine Diözesanpriester und nicht zuletzt die vom Abtransport bedrohten katholischen und nichtkatholischen jüdischen Mitbürger vor den schlimmen Folgen seines Wagnisses zu bewahren.[42]

---

40 Die Benachrichtigung über den bevorstehenden öffentlichen Protest erreichte das RSHA am Samstag, dem 21. 3. 1942 (vgl. Rösch, Kampf, S. 178).

41 D. XVI, Z. 71-120. Der spät aufgefundene Briefwechsel im BA Koblenz, R 43II / 173a, Bl. 86-95, hier die Richtigstellungen auf Bl. 93ff. Jedoch schien es sich in diesem Falle um einen schlichten Denunzianten zu handeln. Zur Technik vgl. J. Pütz (Hg.), Einführung in die Elektronik. Köln 1972, S. 87f.: Geschichtlicher Rückblick zur Halbleiterdiode (von H. Frisch).

42 So wünschenswert es wäre, über die genannten Indizien und Überlegungen hinaus ein genaueres Wissen zu bekommen, das auf direkte Zeitzeugnisse abgestützt wäre, so ist doch nur eine recht vage Äußerung bekannt geworden: Prof. Ulrich Wagener hörte von dem inzwischen verstorbenen Schulleiter des Gymnasiums der Abtei Königsmünster in Meschede, P. Winfried Kämpfer OSB, geb. 1920, eine klar bezeugte Erinnerung: Galen habe von der Kanzel in Münster, wenngleich nicht mehr datierbar, jedenfalls in der Kriegszeit, vom bedrohten Lebensrecht der Juden gesprochen.

Doch ist auch der allgemeine Menschenrechtsprotest keinesfalls abzuwerten. Wirkte die Fassung von Kevelaer dort, wo sie verlesen wurde, durch ihre fordernde und anklagende Einleitung, so das Bonner Wort durch seine kurze, prägnante und vom natürlichen Recht her gewonnene Geschlossenheit.

Nach der Bekanntgabe am Sonntag morgen versammelte sich eine große Menge von Gottesdienstbesuchern vor dem Frankfurter Dom, in dem Bischof Hilfrich den Protest verlesen hatte, zu anhaltenden Hochrufen auf ihren Oberhirten.[43]

Für die Wirkung auch der Form von Kevelaer, die in drei Bistümern der Gegenorder aus Breslau davongelaufen war, stehe die Reaktion in Würzburg:[44] Danach hat nach der mit großer Begeisterung aufgenommenen Verlesung durch Bischof Ehrenfried eine Demonstration vor dem Domhof stattgefunden, bei der vier evangelische Dekanstöchter aus Hamburg, alle auf dem Konversionswege, laut riefen: „... es werden noch andere [Protestschritte?] folgen. Die katholische Jugend konnte sie kaum beruhigen."[45]

Berlin erfuhr von den SD-Außenstellen in Bielefeld und Saarbrücken, daß in der Folge des Protestes der Topos vom Bolschewismus im eigenen Land auflebte. Beide Orte weisen auf die zuständigen Bischöfe von Paderborn und Trier.[46] Deshalb könnte sich auch für die konkrete Verlesung des Menschenrechtsprotestes durch die anderen Bischöfe des Westdeutschen Konveniats ähnlich wie bei Galen ein bisher angenommenes Schweigen der Quellen als „Schweigen" unserer Wissenslücken selbst erweisen. Für Jaeger deuten zum Beispiel die Gestapoberichte über den Vorwurf vom „Bolschewismus" im eigenen Lande sowohl auf den Fastenhirtenbrief vom 11. Februar wie auch auf den 22. März 1942 hin, wie eine Sondernotiz vom 20. April 1942 ausdrücklich erkennen läßt.[47]

Die Inland-Wirkung des Bonner Protests beschrieb Bormann dahin, daß er alle bisherigen Proteste an Schärfe übertreffe und deshalb geeignet sei, das Volk erneut gegen Regierung und Partei aufzubringen.[48] Die Wirkung

---

43 Boberach, Berichte, S. 663.

44 Volk, Akten Kardinal Faulhabers II, S. 894, 900. Vgl. auch Boberach, Berichte, S. 663f.

45 Wie Anm. 44.

46 Wie Anm. 43.

47 Ebd.

48 Volk, Fuldaer Konferenz II, S. 71, Anm. 64 unter Berufung auf BA Koblenz, R 43II/178a.

im Ausland wurde schon im Januar des nächsten Jahres vom Kirchenministerium mit erbitterten Vorwürfen an Bertram als „dolus eventualis“ zum Landesverrat eingestuft.[49]

Der Bericht des Sicherheitsdienstes aus Berlin erreichte noch am gleichen Tag das *Führerhauptquartier*. Bormann ließ ihn sogleich dem Führer vorlegen:

Hitler mußte die Vorwürfe und Proteste der katholischen Bischöfe lesen. Die Regierung breche den „Kriegs-Burgfrieden“, obwohl 93 Prozent des deutschen Volkes christlich seien und zahllose glaubenstreue Katholiken mit Auszeichnungen und Heldentum in vorderster Front kämpften.[50]

Das Regime war so nachhaltig und öffentlich getroffen, daß Hitler sofort jede Polemik gegen das Hirtenwort verbot. Dafür sollte die enge Verbindung zwischen Front und Heimat herausgestellt werden, die nach dem Vorwurf der Bischöfe hinterrücks zerstört wurde.[51]

Die Macht der Wahrheit hatte sich Geltung verschafft.

In Frankfurt manifestiert sich die Ereignisfolge dieses dritten Abschnitts durch zwei lokal benachbarte Geschehnisse:

Im Dompfarrhaus erfolgte am 1. September 1941 die quasikonstituierende Sitzung des Ordensausschusses, in der Bischof Berning das Zugeständnis eines Hirtenwortes abgerungen wurde.[52]

Am 22. März 1942 war der Frankfurter Domplatz angefüllt mit jenen demonstrierenden Menschen, die der Limburger Bischof Hilfrich mit dem Bonner Protestwort mobilisiert hatte.[53]

---

49 Volk, Akten deutscher Bischöfe VI, S. 3f.

50 Picker, Hitlers Tischgespräche, S. 131.

51 Ebd.

52 Rösch, Kampf, S. 103, 149, 171f.

53 Boberach, Berichte, S. 663. Es ging zugleich um das Benediktinerinnen-Kloster Rüdesheim-Eibingen, aus dem schon 1941 insgesamt 113 Ordensschwestern vertrieben worden waren, und um die von Bischof Hilfrich bekanntgegebene Verhaftung eines Stadtpfarrers. Der Bischof hatte den Menschenrechtsprotest wirkungsvoll konkretisiert.

„Es gibt nicht mehr Juden und Griechen, nicht Sklaven und Freie, nicht Mann und Frau; denn Ihr seid ‚einer' in Christus Jesus." Paulus an die Galater 3,28
(Aus dem Entwurf für das Dekalog-Pastorale)

Vierter Abschnitt

Stunde der Wahrheit – Völkermord und Kriegswende – Zusammenbruch und Neubeginn

Überblick zum vierten Abschnitt

Auf den Höhepunkt von Verfolgung und kirchlicher Abwehr folgen größte Machtexpansion und Zusammenbruch des Dritten Reiches. Die Fertigstellung der Denkschrift Jaegers an Hitler erfolgte zur Zeit der größten Expansionsphase des Sommers 1942 und erreichte die Reichskanzlei beim Beginn der Wende. Ihre Wirkung stieg durch die Veröffentlichung in der Feindpresse, durch Flugblätter im Inland, besonders aber durch die Wende selbst. Sie wurde situativ zum „Menetekel" über das Reich Hitlers (Kap. 1).

Das Dekalog-Hirtenwort und seine Vorgeschichte zeigen die Handlungseinheit des Konveniats mit seinen Metropoliten Frings und Jaeger auf dem Höhepunkt. Die radikalen Textvorlagen konnten zwar nicht ohne erhebliche Einbußen die Zustimmung der Plenarkonferenz erlangen, leisteten aber ungeachtet der Abschwächung einen entscheidenden Beitrag zur Ehrenrettung des Episkopats (Kap. 2).

Mit fließenden Übergängen zu den überdiözesanen Perspektiven finden sich im Bistums- und Stadtbereich Paderborns alle Probleme der Zeit gespiegelt: die Juden- und die Gefangenentragödie; der Luftterror, das Chaos der brennenden Stadt und die Schließung des Ruhrkessels; aber auch der Aufbruch zu neuen liturgischen Aktionen, mit denen Lorenz Jaeger die Gemeinden über die Jugend zu erreichen sucht. Endlich stoßen wir auch auf die Spuren, die Erzbischof und Generalvikar in den Bannkreis des auf einen baldigen Sturz des Regimes gerichteten Widerstandes hineinziehen (Kap. 3).

Vor dem stolzen und selbstbewußten Sieger, dem Feldmarschall Montgomery, spricht Jaeger im Auftrag der westdeutschen Bischöfe, zugleich im Namen des besiegten, irregeführten, doch auch befreiten deutschen Volkes. Er erinnert den Vertreter der Sieger an das Unheil des Versailler Diktats, berichtet mit biographischen Details den Alltag des Dritten Reiches und zeigt daran die Absurdität der Kollektivschuldbehauptung unter einem System, das gerade die Fundamente jeder Schuld für sich usurpierte: Freiheit und Selbstbestimmung. Zugleich zeigen die kenntnisreichen geschichtlichen Exkurse, in denen Jaeger die Abgründe des Dritten Reiches mit den Schrecknissen der Vergangenheit vergleicht, daß die wahren Dimensionen des Regimes sich den Deutschen nur zögernd erschlossen (Kap. 4).

Das Uranliegen der Menschenrechte ließ die westdeutschen Bischöfe im März 1946 noch einmal das Wort erheben gegen die allem Recht hohnsprechenden Kollektivierungsmaßnahmen in Mitteldeutschland. In einem Hirtenbrief, der von den Alliierten verboten wurde, beschworen sie die Gefahren, die entstehen müßten, wenn Millionen Deutsche in diesen Regionen ihre Heimat nicht mehr als Vaterland akzeptieren könnten. Während die Bischöfe das Wort in Werl verabschiedeten, nahmen zahllose Menschenscharen am offenen Sarg des Bischofs von Münster Abschied von dem furchtlosen Vorkämpfer der Menschenrechte. Das Werler Wort ist dem Bonner Protest gleichrangig. Doch gehört es zur Versuchung selbstbewußter Machtausübung, sich dem machtfreien „Menetekel“ zu verschließen. Seine Einlösung blieb also der zweiten Jahrhunderthälfte aufgegeben (D. XX).

Kapitel 1

Die Menetekel-Denkschrift Lorenz Jaegers vom 18. Dezember 1942 an Adolf Hitler[1]

Der Reichsminister für Volksaufklärung und Propaganda, Dr. Joseph Goebbels, vertraute seinem Tagebuch unter dem 16. Mai 1943 diese Eintragung an: „Mir wird eine Denkschrift der katholischen Bischöfe an die Reichsregierung vorgelegt, die von Kardinal Bertram unterzeichnet ist. In dieser Denkschrift wird in einer Tonart Beschwerde über das Verhältnis zwischen Staat und Kirche geführt, die alles Maß verloren hat. Es ist bezeichnend, daß diese Denkschrift, kurz nachdem sie verfaßt worden ist, schon in der amerikanischen Presse wiedergefunden wird. Die katholische Klerisei arbeitet mit den Landesfeinden in einer geradezu verräterischen Weise zusammen. Man könnte vor Wut zerplatzen, wenn man sich vergegenwärtigt, daß wir heute keine Möglichkeit haben, die Schuldigen zur Rechenschaft zu ziehen. Wir müssen unser Strafgericht auf später vertagen."[2]

Mit der von Goebbels vermerkten Tonart, die alles Maß verloren habe,[3] macht sich im Bischofskollegium eine neue Stimme bemerkbar, ein Bischof, der bei der Übernahme dieser Aufgabe gerade seit einem Jahr ernannt war und erst seit dreiviertel Jahren das Bischofsamt ausübte.[4] Auf der Plenarkonferenz von Fulda (18.-20. 8. 1942) hatte sich Lorenz Jaeger bei der dritten Sitzung am Nachmittag des 19. August bereit erklärt,[5] auf

---

1 Dieses Kapitel findet sich in knappen Auszügen vorabgedruckt in „Theologie und Glaube", Paderborn 1988/1, S. 3-15. Die Denkschrift Jaegers vom 18. 12. 1942 ist in quellenkritischer Aufarbeitung ihrer drei Fassungen in D. XVIII zu lesen. Zur Zeit der Veröffentlichung in „Theologie und Glaube" standen diese dem Verfasser noch nicht zur Verfügung. Schon dadurch ist dieses Kapitel wesentlich eine Neufasssung.

2 Lochner, Goebbels-Tagebücher, S. 348.

3 Ebd.

4 Die Bischofsernennung wurde unter dem 10. 8. 1941 offiziell bekanntgegeben, die Weihe am 19. 10. 1941 vollzogen.

5 Volk, Akten deutscher Bischöfe V, S. 837, vgl. auch Anm. 12 ebd.: „Diese Aufgabe übernahm Erzbischof Jaeger (Paderborn)." Quellenkritisch ist seine Urheberschaft gesichert durch Jaegers Begleitschreiben an Bertram (ebd., S. 946, Anm. 2. Dort die Angabe EA Breslau Ia 25 d 2). Weitere Prüfungsexemplare gingen an die Kardinäle Faulhaber und Innitzer und den Kapitularvikar von Klagenfurt (Nähe Marburg – Slowenien), ebd., Anm. 12.
Kard. Faulhaber antwortete umgehend, daß er keine Änderungsvorschläge zu machen

der Grundlage verschiedener Lageberichte aus Elsaß-Lothringen, Luxemburg, dem Wartheland und Slowenien eine Denkschrift an die Reichsregierung zu verfassen.[6] In den vom Reich nach der Eroberung sofort annektierten Grenzgebieten hatte neben einer brutalen völkischen Flurbereinigung im Sinne der Rassenideologie Hitlers eine alles Bisherige übertreffende Unterdrückung der Kirche eingesetzt.[7]
Diese letzte und radikalste Denkschrift brachte den Propagandaminister zu einem Wutanfall. Sie widerlegt die Annahme Kardinal Bertrams, der noch am 21. August 1943 in einem Brief an Staatssekretär Maglione davon ausging, daß der Ton interner Eingaben Berlin niemals aus der Fassung bringe, wohl aber ihre Verbreitung beim Feind und bei der Reichsbevölkerung das Regime im höchsten Grade provoziere.[8]
Die beiden letztgenannten Umstände waren nun aber zusätzlich eingetreten. So fand die Denkschrift noch kurz vor der Plenarkonferenz vom August 1943 nach langer Zeit der Ignorierung von Eingaben überraschend eine scharfe und doch seltsame Antwort aus der Reichskanzlei. H. Lammers, Reichsminister und Chef der Reichskanzlei, verweigerte im Schreiben vom 13. August 1943 eine Erörterung der einzelnen Beschwerden, weil sie bereits in der feindlichen Presse zu finden und in Form von Flugblättern in einzelnen Teilen des Reiches verteilt worden seien.[9] Die Brisanz des Schreibens lag in der Anschuldigung der „Feindbegünsti-

---

habe, vielmehr „unseren verehrten Vorsitzenden" bitten werde, „die Eingabe ohne Änderung weiterzuleiten" (Volk, Akten Kard. Faulhabers II, S. 960).

6 Das Sitzungsprotokoll vermerkt Berichte über alle Regionen mit Ausnahme des Warthelandes (Volk, Akten deutscher Bischöfe V, S. 837). Zum Wartheland vgl. etwa Bd. V, S. 407, 1010ff., 1042-1045. Auch der Entwurf des Ordensausschusses vom 15. 11. 1941 schildert die Verhältnisse in Posen (Volk, Akten Kard. Faulhabers II, S. 830). Aber weder dieser Entwurf noch seine späteren Umarbeitungen scheinen vorauszusetzen, daß die Gebiete als konkordatsfrei anzusehen waren. Sonst hätten sie die Verstöße nicht im konkordatsrechtlichen Teil ihrer Texte angeführt. Ob Jaeger dies zutreffender sieht oder ob er im Blick auf den rechtsverachtenden Gegner einfach pragmatisch-machtpolitisch argumentiert, braucht hier nicht entschieden zu werden.

7 Das Wartheland sollte unter der Regie des Gauleiters A. Greiser der kirchenpolitische Exerzierplatz des künftigen NS-Reiches werden, während die Gewaltmaßnahmen in den anderen Gebieten teilweise stärker als Auswirkung rassistischer Planungen zu sehen sind, wie etwa in Slowenien.

8 Volk, Akten deutscher Bischöfe VI, S. 208. Deutsche Übersetzung des lateinischen Schreibens in: Stimmen der Zeit, 10/1980, S. 701 (Art. v. L. Volk).

9 Ebd., S. 130f., bes. auch Anm. 6. Genannt sind die New York Times v. 13. 5. 1943 und die „Apologetischen Blätter" (Zürich) Nr. 10. vom 24. 5. 1943. Die Flugblätter müßten einer illegalen Aktion der Bevölkerung entspringen, da sie bei der Royal Air Force nicht ermittelt sind.

gung", eines Tatbestandes, der in Nähe des todeswürdigen Hoch- und Landesverrats zu sehen war.[10] Erschrocken entzog Kardinal Bertram der schon tagenden Plenarkonferenz ein für die Gläubigen bestimmtes Papstschreiben, weil es auf die Kirchenbedrückung anspielte.[11] Unbekümmert um die Befürchtungen des durch Krankheit verhinderten Vorsitzenden, bereitete Fulda unter Kardinal Faulhabers Leitung die Veröffentlichung des Briefes und des Dekalog-Hirtenwortes vor und hatte die Verlesung des Papstschreibens bereits beschlossen.[12] Bei seinem unerwarteten Rückruf der Botschaft betonte Bertram der Konferenz gegenüber die Notwendigkeit einer erneuten Befragung der Kurie, während er ihr gegenüber für die unterbleibende Veröffentlichung des Papstschreibens, das schon zum Jahresanfang bei ihm gelegen hatte, Sorgen aus Fulda vorgab.[13]

Lammers' Anschuldigung der „Feindbegünstigung" beleuchtet eine weitere Denkwürdigkeit des Schreibens. Schon im Sommer 1942 hatte die Konferenz über das „Leck" beraten müssen, durch das im Vorjahr Nachrichten nach außen gedrungen waren.[14]

Jaegers Entschluß zur Abfassung seiner radikalen Denkschrift vollzog sich also bereits im Sommer 1942 im Horizont eines konkreten Wissens um dieses „Leck".[15] Sein Entschluß stand mithin unter einem hohen Risiko. Das muß gegen die pauschale Abwertung von Denkschriften gesagt werden. In der Kriegszeit verringerte sich der Risiko-Abstand zu den öffentlichen Protesten nicht unerheblich.[16]

---

10 Im Schreiben vom 12. 1. 1943 erklärt sich das Kirchenministerium die Behandlung kirchlicher Schreiben in der feindlichen Presse durch Fahrlässigkeit kirchlicher Stellen und stellt sie unter den dolus eventualis auf Landesverrat (Volk, Akten deutscher Bischöfe VI, S. 3f.). „Feindbegünstigung" war also die sichere, „Landesverrat" die mögliche Schuldzuweisung, die Kardinal Bertram ängstigen mußte.

11 Ebd., S. 129f. (Rückruf des Papstschreibens durch Bertram) u. S. 208f. (Schreiben Bertrams v. 22. 8. 1943 an Maglione: „Tacere non possum, in prima parte venerandae Epistolae Sanctissimi Domini occurrere quaedam verba, quibus acerbissima ira tam Gubernii quam Factionis nationalsocialisticae incenderetur." Ebd., S. 209).

12 Volk, Kirchenkampf II, S. 106.

13 Ebd.

14 Volk, Akten deutscher Bischöfe V, S. 832f., Anm. 5.

15 Die durch das „Leck" bekanntgewordene Ergebenheitsadresse hatte Parteidrohungen ausgelöst, die jede Kritik an kirchenfeindlichen Maßnahmen als Führerkritik werteten und drohten, die Kritiker zu gegebener Zeit durch die SA „zusammenzuschlagen" (ebd.).

16 Feindliche Nachrichtendienste, Gestapo und SD im Innern waren auf allen erdenklichen Wegen auf Nachrichten aus. Dabei verwischten sich die Herkünfte der Nachrichtendienste, da auch das RSHA gezielt für die Weiterverbreitung von innerkirchlichen

Seit der Verfasser die textliche Urgestalt und eine Überarbeitung durch Jaeger selbst im Erzbischöflichen Archiv identifizieren konnte, sind uns zusammen mit der „Trümmerakte“ von Münster zwei redaktionelle Überarbeitungen von Bertrams Hand erkennbar geworden: die Bearbeitung des Preysing-Entwurfs von 1941 und die der Jaeger-Fassung von 1942.[17] Jaeger hatte die Möglichkeit, an der Preysing-Fassung von 1941 die Tendenzen des Vorsitzenden zu studieren. Nach der Übernahme der Aufgabe, eine Denkschrift zu verfassen, wird er versucht haben, die Radikalität des Protestes bis in die Komposition hinein fest zu verankern. So steigert sich die Empörung der Bevölkerung von den Westgebieten über das Wartheland bis zum Partisanenkampf der Slowenen empor.
Ein „tangentialer“ Versuch Bertrams, die Eingabe durch einen längeren Zusatz von den Folgen der Kirchenbedrückung für das Altreich zu begründen, schlägt durch die wohlbedachte Komposition Jaegers ins Gegenteil um: Der Aufstand der Slowenen konnte als Gipfel der rings um das Reich sich aufbauenden Verbitterung nun gar als drohender Zündstoff für eine offene Empörung der Deutschen im Altreich aufgefaßt werden. Das war eine „Besorgnis“ von unerhörter defätistischer Provokation, die der Vorsitzende ungewollt in den Text brachte – der seltene Fall einer distantialen Steigerung aus der Hand des Kardinals.[18]
Die Art und Weise der Redaktionsarbeit A. Bertrams konnte der neue Erzbischof am Menschenrechtsprotest des Vorjahres studieren.[19] Dabei mochte er zu der Überzeugung kommen, daß die Möglichkeiten einer Denkschrift durch Bertrams diplomatischen Stil noch nicht erschöpft waren. Nach Preysings Strategie sollte sich der Gegner ganz und gar durchschaut sehen.[20] Während aber der Ordensausschuß und die Umarbeitung Preysings das Pathos der Menschenrechte um Freiheit, Leben, Eigentum und Ehre bemühten, geht Jaeger sofort auf die machtpoliti-

---

Nachrichten sorgen konnte, um Tatbestände des Landesverrats für die „Endabrechnung“ vorgeben zu können. Als Beispiel für solche Verbreitung durch R. Heydrich vgl. ebd.

17 D. XI und XVIII. Wir haben diese Beispiele als Muster redaktioneller Bearbeitung in den Dokumentenanhang aufgenommen.

18 D. XVIII, Z. 18-29 ist ein längerer Einschub Bertrams und will in tangentialer Formulierung („lieber Erinnerung“, Z. 26f.) das Eintreten für die Grenzgebiete begründen.

19 Vgl. D. XI und D. XII, die Jaeger am 16. 12. 1941 bzw. etwa am 5. 2. 1942 vorliegen mußten.

20 Vgl. Adolph, Geheime Aufzeichnungen, S. 170.

schen Folgen der Rechtsverletzungen ein: „Enttäuschung“, „Verbitterung“, „Haß“ und „Feindschaft“ der Unterdrückten.[21] Die pragmatische Art der Argumentation Jaegers macht auch den Bezug auf das Reichskonkordat entbehrlich. Denn einmal waren die Machthaber ohnehin blind für die Geltungshoheit von Rechten, weil für sie allein die brutale Übermacht ein „Recht“ begründen konnte.[22] Zum anderen hatte Hitler in der Praxis schon längst die Konsequenzen aus der Kompetenzbegrenzung des Reichskonkordats auf die Gebiete von 1933 gezogen, als er sie am 10. Juni 1942 im Führerhauptquartier als Weisung an das Auswärtige Amt formulierte: mit dem Vatikan nur noch für den Teil des Reiches Beziehungen zu unterhalten, für den das Konkordat geschlossen sei.[23] Über die im Kriege annektierten Gebiete hinaus sollte dieses Verhältnis nun auch hergestellt werden für die vor dem 1. September 1939 zum Reich gekommenen Gebiete, also das Saargebiet (1935), Österreich (1938), das Sudetenland (1938), das Memelgebiet (1939) und das Reichsprotektorat (1939).[24] Durch die Weigerung des Vatikans, die im Kriege eingetretenen Veränderungen anzuerkennen, habe der Vatikan jede Verhandlungsgrundlage für diese Regionen verloren.[25] Nach dem Text der Denkschrift ist es nicht wahrscheinlich, daß die „Aussperrung“ des Vatikans von diesen Gebieten, die selbst der Nuntius in Berlin nicht gleich wahrhaben wollte, Jaeger bei der Abfassung geläufig war.[26] Um so glücklicher ist die pragmatische Argumentationsform, die den Konkordatsbezug verläßt und in harter Sprache die machtpolitische Blindheit des „Siegers“ anprangert.

---

21 D. XVIII, Z. 40f., 86, 165, 170, 172.

22 Jäckel, Hitlers Weltanschauung, S. 104ff.

23 Albrecht, Katholische Kirche, S. 128f.

24 Vgl. H. Grams, Europa zwischen den Kriegen. München ^{7}1979, S. 357-385.

25 Vgl. o. Anm. 23 ebd.

26 Wenn Bertram effektiv von der Aussperrung des Vatikans aus den Grenzgebieten Kenntnis hatte, konnte er schlecht den Nuntius als Visitator für die Gebiete vorschlagen, wie er es in einem eingefügten Textabschnitt der Denkschrift tatsächlich tut (vgl. D. XVIII, Z. 141-150, hier bes. 146). Auch bei Jaeger wird man dieses Wissen kaum voraussetzen können, zumal selbst der Nuntius geraume Zeit brauchte, um die ungeheuerlichen Konsequenzen dieser Maßnahme zu begreifen und zu akzeptieren, wie wiederholte Erinnerungen E. von Weizsäckers unterstreichen (vgl. Conway, Die nationalsozialistische Kirchenpolitik, S. 324 u. Anm. 59 u. 60). Danach erfolgte die Information des Nuntius am 25. 6. und eine erste Erinnerung am 24. 7. 1942.

In Analogie zu der vorjährigen Gegenüberstellung von Konkordatsversprechen und Wirklichkeit werden die Machthaber jetzt behaftet mit der Diskrepanz zwischen propagandistisch hochgespannten Verheißungen und der Wirklichkeit eines Reiches, das die heiligsten Rechte seiner neugewonnenen Bürger mißachtete.[27]
Jaeger benennt jenseits der Rechtsüberlegungen, die er nicht unerwähnt läßt, vor allem die von den Nazis besonders gefürchteten Massenreaktionen. Sie allein zählten in der Optik der Gewalthaber, wie es Preysing schon 1938 gesehen hatte.[28] So ist von der Enttäuschung, der Verbitterung, dem Haß der Grenzbewohner bis zum Bandenkrieg der Slowenen in realitätsnaher Sprache eine düstere Szenerie rings um das Reich vorgeführt, die dem Reichsminister für „Volksaufklärung" keine geistige Ausflucht mehr ließ. In dieser Treffgenauigkeit ist die adäquate „Tonart" zu sehen, die einen der intelligentesten Machthaber im Dritten Reich zu einem Aufschrei der Betroffenheit und der Wut brachte.[29]
Eine Besonderheit des Schreibens liegt auch darin, daß es nicht bei den Deutschen und Volksdeutschen als den Opfern der Kirchenverfolgung stehenbleibt, sondern auch die Angehörigen anderen Volkstums einbezieht, welche die gleichen Regionen mit den Deutschen bewohnten: Polen, Slowenen, Elsässer, Lothringer und Luxemburger.[30] Zunächst schon um der argumentativen Wirksamkeit willen auf die Deutschen und Volksdeutschen bezogen, wird die seit der Besetzung (1939-1941) wachsende Enttäuschung sofort auch in eine weitere Perspektive gerückt, die Jaeger im Anschluß an die längere Bertram-Passage formuliert hat: „Wir können uns nicht der großen Not dieser deutschen Menschen verschließen und müssen unsere Stimmen erheben auch um des Ansehens des deutschen Namens willen."[31] Die Berufung auf das Ansehen des deutschen Namens scheint bereits den Eindruck der Maßnahmen bei den nichtdeutschen Volkselementen zu meinen. Die Schilderungen selbst

---

27 D. XVIII, Z. 34-39.

28 Adolph, Geheime Aufzeichnungen, S. 170.

29 Vgl. o. Anm. 2. Der Verfasser kennt einen Zeitzeugen und aufmerksamen Leser der Nachkriegsliteratur, der die gedruckten *Erinnerungen einer Sekretärin Goebbels'* gelesen hat. Sie versichert, daß der Wutausbruch so heftig gewesen sei, daß sie aus persönlichem Interesse als bischöflichen Verfasser der Denkschrift L. Jaeger ermittelt habe. Leider blieben die ausgedehnten Nachforschungen des Verfassers nach dem Buch dieser Sekretärin noch immer ohne Ergebnis.

30 Z. B. D. XVIII, Z. 105-116.

31 D. XVIII, Z. 29ff.

beenden jeden Zweifel an der Einbeziehung der Franzosen, Polen und Slowenen.[32] In der Denkschrift wird also jede Form der Ab- oder Ausgrenzung ignoriert.
Die Beschäftigung mit der unter kirchenfeindlichen Maßnahmen leidenden Bevölkerung jenseits der alten Reichsgrenzen wird begründet mit den gemeinsamen christlichen und volksmäßigen Lebensinteressen, deren Verletzung nicht ohne Einfluß auf das kirchliche Leben im Altreich bleiben könnte.[33]
Obgleich von Bertram mit der von ihm eingefügten Passage sicher nicht beabsichtigt, liegt ihr nächster Sinn nach dem Zusammenhang in der Befürchtung, daß die in jenen Räumen aufgestaute Erbitterung auf die Bevölkerung des Altreiches übergreifen könnte.[34]
Bertram selbst wollte aber wohl dies sagen: Wie schon längst in Parteiversammlungen und Reden angesagt, sollte der Warthegau für die Kirchenpolitik der Zukunft modellhafte Bedeutung haben.[35]
In jenen konkordatsfreien Räumen war die Kirche, nunmehr z. B. in polnische, slowenische und deutsche Kirchenverbände gegliedert, besser, in sie aufgelöst und von Rom weitgehend getrennt, zu Vereinen privaten Rechts herabgestuft, von Gnaden der Gestapo bis in die Gestaltung des Kirchenetats abhängig geworden und umfassender Gleichschaltung verfallen.[36] Das schloß nicht aus, wie gelegentlich gar praktiziert, daß nach eigenem Gutdünken bei Wohlverhalten oder zur Beruhigung der kirchlichen Szene auch Zuschüsse und Spenden fließen konnten.[37] Nur jener von Hitler ausdrücklich gewünschte Zustand sollte eintreten, daß der Kirchenführer dem Gauleiter „aus der Hand fraß".[38] Der erst mit der Volljährigkeit erlaubte und mit entsprechenden Auflagen verbundene Eintritt in eine Kirche sollte diese zum Absterben verurteilen.[39] Dann

32 D. XVIII, Z. 155-171 über das als nichtgermanisches Volkstum besonders wichtige Slowenien. Aus der Rassismusideologie des Nationalsozialismus ist das Problem nur bei den slawischen Völkern gegeben.

33 D. XVIII, Z. 24ff.

34 Die Bedrohung der Volksgemeinschaft würde so in neuer Perspektive zu früheren Verlautbarungen aufgewiesen (vgl. z. B. Volk, Akten deutscher Bischöfe V, S. 704 u. 708).

35 Vgl. Hürten, NS-Regime und Zukunft der Kirche, S. 542.

36 Ebd., S. 543ff.

37 Ebd., S. 544.

38 Ebd., S. 543.

39 Ebd., S. 543ff.

könnte Kardinal Bertram gemeint haben, daß bald schon auch die Gauleiter des Altreichs sich dem Modell anschließen und versuchen könnten, in weichere Zonen ihres Gebietes einzubrechen und sich ihre eigenen Meriten zu erwerben.[40]
Der erste größere Bertram-Zusatz begründet das Eintreten der deutschen Bischöfe für die gemeinsamen christlichen und volksmäßigen Lebensinteressen auch noch durch die historische Verbundenheit dieser Regionen mit der Konferenz von Fulda.[41] Damit ist an Elsaß-Lothringen und Westpreußen vor dem Vertrag von Versailles (28. 6. 1919) gedacht.[42] An den ähnlichen Zusammenhang der slowenischen Gebiete vor dem Vertrag von St. Germain (10. 9. 1919) mit dem österreichischen Episkopat, der seit 1938 ja ebenfalls der Konferenz von Fulda angehörte, hat Bertram wohl nicht gedacht, wenn hier auch eine analoge Beziehung vorausgesetzt werden kann.[43] So greift der Vorsitzende wohl eher auf seine persönliche Erinnerung zurück.[44] Ob die sorgfältige Begründung den Schluß rechtfertigt, daß man im Unterschied zur vorjährigen Denkschrift[45] nun in Fulda davon ausgeht, daß es sich hier um „konkordatsfreie" Gebiete handelt, ist nicht klar zu sehen.

Wir dürfen in Kenntnis der von der Gestapo schon früh erkannten[46] Klugheit und Besonnenheit Jaegers davon ausgehen, daß er das Für und Wider einer Denkschrift sorgfältig erwogen hat.
Für die nochmalige Wiederholung einer Eingabe sprachen folgende Gründe:
1. Bei dem öffentlichen Protest vom 22. März 1942 hatte sich der Episkopat durch das massive und unerwartete Nein des Vorsitzenden

---

40 Es fehlt nicht an Beispielen, daß auch im Altreich radikale Elemente jederzeit versuchen konnten (z. B. M. Bormann), die taktisch für die Kriegszeit von Hitler gezogenen Grenzen zu überschreiten und sich auf eigene Faust ihre Erfolge zu verschaffen (z. B. im Klostersturm). Nach Bischof Hilfrich von Limburg verkündeten schon 1940 Funktionäre im Regierungsbezirk Wiesbaden die Maßnahmen im Wartheland als Modell zukünftiger Kirchenpolitik (Volk, Akten deutscher Bischöfe V, S. 295f.).

41 D. XVIII, Z. 18-29.

42 Schulz, Revolutionen und Friedensschlüsse, S. 217-239.

43 Zu diesem Teil des Vertrages von St. Germain-en-Laye vgl. ebd., S. 244f. Es handelt sich um Gebiete von Untersteiermark, Kärnten und Krain.

44 D. XIII, Z. 26-29.

45 Volk, Akten deutscher Bischöfe V, S. 653. Ferner D. IX, X, XI.

46 D. II, Z. 20-23.

gespalten. Einheit war also bisher nur in Denkschriften zu erzielen gewesen.[47]
2. Der Sonderprotest der westdeutschen Bischöfe, der ungeplant noch von einigen süddeutschen Bischöfen unterstützt wurde, war in wenigstens 12 Bistümern zu hören gewesen. Er hatte gezeigt, daß eine Denkschrift (10. 12. 1941!) auch öffentliche Folgen haben konnte.[48] Die Verbindung von Eingabe und offenem Protest war schon von Preysing als schärfstes Instrument gegen den totalitären Feind erkannt worden.[49]
3. Eine Denkschrift hatte nunmehr also für den Gegner die unausgesprochene Drohung des nächsten Schritts in die Öffentlichkeit hinter sich. Vielleicht nahm die NS-Spitze die Eingabe als eine erste Warnung. Was Jaeger besser wußte, nämlich die Schwäche des Episkopats, konnte jedenfalls nach außen bei einem noch uninformierten Gegner eine andere Wirkung haben und einer Denkschrift noch einmal neue Chancen eröffnen.[50]
4. Freilich mußte diese Denkschrift eine andere Sprache finden. Da war nun der Vorsitzende in Breslau nicht zu umgehen, der jede Eingabe redigierte und unterschrieb.
Jaeger hatte zwei Möglichkeiten. Soweit wir sehen können, hat er beide genutzt. Er konnte, wie schon bemerkt, die Schärfe außer in der Sprache auch noch in der Komposition der Schrift verankern und so den Vorsitzenden zwingen, die Schrift entweder zu akzeptieren oder eine eigene zu schreiben. Zum letztgenannten Schritt hätte er sich indes selbst den Auftrag geben müssen, was er aber als Vorsitzender immer strikt abgelehnt hat.[51]
Jaeger mußte – zweite Möglichkeit – einen ranghohen Fürsprecher

47 Vgl. Volk, Fuldaer Bischofskonferenz II, S. 84-87.

48 Die Hintergründe der unterschiedlichen Verlesung der Worte von Kevelaer oder Bonn sind von Gestapo und SD nicht durchschaut worden, zumal Faulhabers und Galens Sonderformen noch weitere Komplikationen hinzubrachten (vgl. den vorigen Abschnitt).

49 Adolph, Geheime Aufzeichnungen, S. 171.

50 Zum Menschenrechtsprotest auch in der partiellen Form hielt M. Bormann für die Reichskanzlei fest, „das Hirtenschreiben übertreffe in seinen Ausführungen und in seiner Schärfe alle bisherigen gemeinsamen Hirtenbriefe“ (Volk, Fuldaer Bischofskonferenz II, S. 87, Anm. 64 unter Angabe von R 43 II/178a).

51 Trotz mancher Eigenwilligkeit muß man den Willen Bertrams zur Kollegialität respektieren.

seiner Denkschrift hinzugewinnen, der sich für ihre unveränderte Weitergabe durch den Vorsitzenden verwendete.
Diesen Mitstreiter gewann Jaeger jetzt und später in Kardinal Michael von Faulhaber, der als früherer Feldpropst wohl ohnehin dem Weltkriegsoffizier und Divisionspfarrer in Sympathie zugetan war. Faulhaber schrieb an Bertram: „Ich habe dem Verfasser umgehend geantwortet, daß ich keine Änderungsvorschläge zum vorstehenden Text mache, daß ich vielmehr unseren verehrten Vorsitzenden bitten würde, die Eingabe ohne Änderung weiter zu leiten."[52] Damit verbürgt sich Faulhaber in geschickter Weise auch Jaeger gegenüber so für die Denkschrift, daß Bertram bei eigensinnigem Verhalten auch Faulhaber diskreditiert hätte. War selbst auf diesem Wege auch keine letzte Sicherheit zu erlangen, den Vorsitzenden zum Verzicht auf seinen „tangentialen" Korrekturstift zu bewegen, so war doch wenigstens eine gewisse Hemmschwelle gelegt.

Jaegers Denkschrift wurde zur letzten und vielleicht wirkungsvollsten Eingabe des Episkopats in der Kriegsphase des Dritten Reiches. Von drei „tangential" gemeinten Einschüben des Vorsitzenden enthielt der erste ungewollt eine „distantiale" Verschärfung.[53] Die anderen Texteingriffe Bertrams entsprechen der Beschreibung Volks: „Der Entwurf stammte von Erzbischof Jaeger und war von Bertram nur geringfügig geändert worden."[54]
Doch ist noch anzufügen, daß eine Stelle von Bertrams Redaktion erfaßt wurde, die kirchenpolitische Grundauffassungen berührte. Jaeger spricht von dem „allen gesetzlichen Bestimmungen und Versprechungen zuwiderlaufenden Vorgehen *der Regierung*" (kursiv v. H. G.), während Bertram nur das „Vorgehen *mancher* Partei- und Regierungsstellen" (kursiv v. H. G.) beklagt.[55] Auch hier personalisiert Jaeger die Verantwortung für das Böse in einer höchsten Spitze.[56] Damit verdeutlicht er

52 Volk, Akten Kard. Faulhabers II, S. 960f.

53 Der längste Einschub ist in den Zeilen 18-29, wo der Kardinal den Einsatz der Fuldaer Konferenz für die Grenzgebiete begründet. Z. 43-52 versichert Bertram die Glaubwürdigkeit seiner Berichtsgrundlagen. Z. 143-149 betont er die Notwendigkeit neutraler Beobachter, evtl. des Nuntius.

54 Volk, Akten deutscher Bischöfe V, S. 967, Anm. 1.

55 D. XVIII, Z. 4-9, hier 7.

56 Rösch, Kampf, S. 161.

noch einmal seine im Hadrian-Vergleich schon früh geäußerte Auffassung.[57]

Bewußt beschränkt sich die Denkschrift entsprechend der Intention Erzbischof Jaegers auf die Optik reiner Gewaltverhältnisse, um in den Verantwortlichen etwas zu bewegen. Je elementarer die verletzten Rechte, um so tiefer die Empörung der Unterdrückten.[58] So präsentiert sich der Lagebericht in einem Rahmen, der auch fanatische Rasseideologen beunruhigen mußte, wenn anders sie nicht auch noch auf der reinen Gewaltebene mit völliger Blindheit geschlagen waren: „Es ist eine Erfahrung, die zu allen Zeiten gemacht worden ist, daß nichts aufreizender wirkt, nichts gewaltigere Verbitterung und glühendere Feindschaft weckt, als wenn ein Siegervolk dem Besiegten die Religion zu nehmen versucht."[59]

Die Sprache ist eindringlich. Von der „Bitte" reicht der Spannungsbogen über die „Forderung" bis zum „Verlangen".[60]

So ist die Bevölkerung von Elsaß-Lothringen nach anfänglicher Begeisterung tief enttäuscht. Die deutsche Verwaltung hat die antikirchlichen Gesetze, welche nicht einmal die französische Regierung nach 1919 auf diese Gebiete zu übertragen wagte, durch ihre Praxis bei weitem überboten und „das im tiefsten religiöse lothringische Volk in seiner Liebe zum deutschen Vaterland empfindlichst getroffen".[61] Nach Jaeger war in beiden Entwürfen die Liebe sogar „tödlich getroffen" worden![62]

„Noch schlimmer" findet die Denkschrift „die feindselige Ablehnung alles Deutschen, die in Luxemburg großgezogen worden ist".[63]

Nach anfänglich freundlicher Aufnahme der deutschen Truppen durch die Luxemburger bilden rücksichtslos durchgeführte Klosteraufhebungen, die Unterbindung der Seelsorgsarbeit des Klerus und der religiösen Betätigung der Gläubigen, die zahlreichen Landesverweisungen von Geistlichen und Ordensleuten und die Verschleppung zahlreicher angesehener Luxemburger Bürger in Konzentrationslager, die des öfteren schon

---

57 D. IV, Z. 22-25.

58 So könnte man den Grundsatz formulieren, der den Hintergrund der Denkschrift bildet.

59 D. XVIII, Z. 167-171.

60 D. XVIII, Z. 14 und 18.

61 D. XVIII, Z. 70ff.

62 D. XVIII, Anm. „j".

63 D. XVIII, Z. 71f.

bald den Tod des Eingelieferten zur Folge hatten, den Hintergrund für diese verantwortungslos herbeigeführte Haltung.[64]

In einer Eskalation der Trostlosigkeiten werden dann die Gravamina entrollt, die sich in den Ostgebieten gegen das Dritte Reich erhoben haben. Im Wartheland habe der Haß der Parteileute Kirchen zweckentfremdet und geschändet, beraubt und zerstört.[65] Volksdeutsche und polnische Bevölkerung seien im tiefsten verletzt, beide durch die sinnlose Zerstörung aller Kreuze und Heiligenbilder an den öffentlichen Straßen der Diözese Litzmannstadt,[66] die polnische zudem durch die Verhaftung und Überführung fast aller Geistlichen in Konzentrationslager, darunter auch solcher Priester, die sich schon unter dem polnischen Staat vorbildlich für die Deutschen eingesetzt hätten, wie etwa durch Gottesdienste in deutscher Sprache.[67]

Hatte der Bericht über das Wartheland deutsche und polnische Bevölkerung in gleicher Empörung gezeigt, so überschritt Jaeger im Übergang zur Balkanproblematik noch einmal den bisherigen Ansatz. Nunmehr geht es ausschließlich um die Slowenen, ein nichtgermanisches Volk.[68] Ihre Liebe und Deutschfreundlichkeit seien durch die Unterdrückungsmaßnahmen in einen Haß umgeschlagen, der sie in den Partisanenkampf getrieben habe.[69] Nach zwanzigjähriger Zugehörigkeit zu Jugoslawien habe man nach ihrer Eingliederung in das Reich fast alle Ordensleute und Priester in das italienisch besetzte Gebiet vertrieben oder in Konzentrationslager gebracht.[70] Das gesamte Kirchenvermögen sei beschlagnahmt, auch das stiftungsmäßig (z. B. karitativ – H. G.) belastete.[71] Das Resümee könne hier nur lauten: „Diese Behandlung der tiefgläubigen und religiös eifrigen Slowenen hat die Begeisterung für Deutschland, die nach dem Urteil von Kennern des Landes bei 90 % der Bevölkerung vorhanden war, in Deutschenhaß umschlagen lassen. Dazu trug auch noch besonders bei die Aussiedlung zahlreicher Slowenen, wie auch ihre Einweisung in Konzentrationslager. So ist es dort zum Bandenkrieg gekommen, der wieder

64 D. XVIII, Z. 73-82.
65 D. XVIII, Z. 83-107.
66 D. XVIII, Z. 100-107.
67 D. XVIII, Z. 105-116.
68 D. XVIII, Z. 155ff.
69 D. XVIII, Z. 155-167.
70 D. XVIII, Z. 156-159.
71 D. XVIII, Z. 159f.

blutige Gegenmaßnahmen ausgelöst hat, die auch den noch ruhigen Teil der Bevölkerung in die Verzweiflung treiben."[72]
So gipfelt die Eskalation der Trostlosigkeiten an den deutschen Grenzen in der wechselseitigen Eskalation von Gewalt und Gegengewalt.

Damit stellt sich die radikalste Rahmenaussage als wohlbegründet dar, die sich noch auf der Höhe militärischer Machtentfaltung geradezu gleich einem prophetischen Menetekel[73] über dem Dritten Reich erhebt. Mit ihr hatte der Verfasser seinen dramatischen Report über die Verhältnisse in den seit Kriegsbeginn annektierten Gebieten eingeleitet:
„Rings um Deutschland herum baut sich in allen besetzten Gebieten ein Wall von Erbitterung und Feindschaft auf, der zum guten Teil entstanden ist durch die rücksichtslosen Eingriffe der deutschen Partei- und Zivilverwaltungsbehörden in die Gewissensfreiheit und das Glaubensleben der Bevölkerung."[74]
Der „Wall", der sich aus Erbitterung und glühender Feindschaft rings um das Reich erhebt, ist als Metapher ebenso eindringlich, wie er als Argumentationsform exemplarisch zu sein scheint: Das Bild, das Jaeger vielleicht sogar dem biblisch-apokalyptischen Motiv des belagerten Jerusalem vom Jahre 70 n. Chr. entnommen hat (Lk 19,43) – die Römer umschlossen die belagerte Stadt mit einem Wall, der kein Entrinnen mehr zuließ –, soll den verblendeten Gewaltherrschern zu mehr Realismus verhelfen.
1942 war das Jahr der größten Expansion der Dreierpaktmächte. Mit weitgespannten Operationen griff die Wehrmacht im Sommer 1942 nach den Küsten des Kaspischen Meeres im Osten und im Bund mit Italien nach dem Suez-Kanal in Ägypten. Japan langte nach der Schlüsselstellung der Midway-Inseln im Pazifik aus.[75]
Doch ist das gleiche Deutschland schon umgeben von einem Wall des

---

72 D. XVIII, Z. 167-171.

73 Mene – Tekel – Phares: Die von geheimnisvoller Hand an die Wand geschriebenen aramäischen Worte bedeuten nach der Auslegung von Daniel 5,11ff. für Belsazars Herrschaft: „Gezählt" sind seine Tage, „gewogen" ist sein sittlicher Unwert, „geteilt" wird sein Reich. Im letzten Umstand ist uns das Menetekel fast ein halbes Jahrhundert gefolgt!

74 D. XVIII, Z. 39-43.

75 Vgl. Gruchmann, Der Zweite Weltkrieg, S. 176-199; Michalka, Der Zweite Weltkrieg, z. B. S. 652-666.

Hasses, der sich ringsum in den unterjochten Völkern erhebt. Jaeger hatte von „glühender Feindschaft“[76] gesprochen.
Die Argumentationsform schreitet von der partikulären Prämisse zum allgemeinen Schlußsatz: Einige weit auseinander liegende Gebiete werden genannt, *ein Wall* umgibt das Reich. Wo liegt die Berechtigung für den Übergang? Hier spiegelt sich der chronische Notstand wider, in dem sich die Bischöfe hinsichtlich ihrer Informationsmöglichkeiten in einem totalitären Staate befanden. Bald sollte schon die Eisenbahnfahrt genehmigungspflichtig werden,[77] da nach allgemeinem propagandistischem Slogan alle Räder für den Sieg zu rollen hatten, von den Kontrollen der Gestapo und des SD ganz zu schweigen.[78]
Man geht also von Inseln sicherer Information aus und extrapoliert sie in Kenntnis der NS-Ideologie zu einer Gesamtaussage. Das dem induktiven Schluß zugrundeliegende Gesetz leitet sich aus den Zwängen ideologiebestimmter Selbstverwirklichung her, die den totalitären Anspruch bilden. Wir werden einem ähnlichen Tatbestand in dem Hirtenbrief zu den Zehn Geboten im Sommer 1943 begegnen, dem Untersuchungsgegenstand des nächsten Kapitels (S. 237ff.).
In zwei Einschüben denkt Kardinal Bertram über den Gewißheitsgrad der geschilderten Unterdrückungsmaßnahmen nach.[79] Er empfiehlt den braunen Machthabern selbst die Nachprüfung,[80] schlägt zuverlässige und unparteiische Beobachter vor[81] und bedauert, daß selbst die Nuntiatur keinen Zugang zu den fraglichen Gebieten habe.[82]
Die Wut des Propagandaministers, der selber gewisse Exzesse der Kirchenfeindlichkeit in den besetzten Gebieten für die Kriegszeit mißbilligte, konnte durch solche Bemühung jetzt nicht mehr beschwichtigt werden.[83]
Noch einmal wird das Reich an seinen eigenen Versprechungen, seien sie nun illusionär oder schlicht verlogen, gemessen, wenn es heißt: „Man kann nicht arbeitsfrohe und lebenstüchtige Menschen für Deutschland

---

76 D. XVIII, Z. 170.

77 Volk, Akten deutscher Bischöfe VI, S. 409.

78 Rösch, Kampf, S. 257.

79 D. XVIII, Z. 43-51 und 141-150.

80 D. XVIII, Z. 48-51.

81 D. XVIII, Z. 141-145.

82 D. XVIII, Z. 146f.

83 Vgl. Haupttext zu Anm. 2.

gewinnen und ihnen gleichzeitig das Glück ihres Herzens und die Quelle ihrer Kraft zerstören wollen. Man kann nicht ein neues und schöneres Europa aufbauen und gleichzeitig das Christentum vernichten wollen."[84] Treffsicherheit und Situationsnähe der Argumentation bestätigen sich an dem von Gauleiter Saukel seit dem 31. März 1942 durchgeführten Arbeitseinsatz für die Rüstungsproduktion in den besetzten Gebieten.[85] Seither ergänzte man die Kreuzzugsidee des Ostkampfes durch die Verheißung eines neuen und besseren Europa, um die Arbeitsmoral zu steigern.[86]

Bevor wir nach dem historischen Ort der Menetekel-Denkschrift fragen, ist noch zu untersuchen, ob und wie sie ihren Adressaten Hitler erreichte. Das Tagebuch von Goebbels berichtet unter dem 12. Mai 1943: „Der Führer hat einen Brief von Kardinal Bertram bekommen, in dem dieser bitter Klage über die angebliche Unterdrückung der Kirchen führt. Der Führer hat die Absicht, diesen Brief zu beantworten und Bertram dabei vor allem mitzuteilen, daß eine ganze Reihe von Geistlichen der katholischen Kirche dem Krieg gegenüber eine so landesverräterische Stellung einnehmen, daß der Kardinal besser daran täte, sich um diese Dinge zu kümmern, als Zustände zu beklagen, die auch der Führer beklagt und die abzustellen auch sein stetes Bemühen sei."[87]
Volk notiert zum vorstehenden Text: „Bertrams Gratulationsschreiben war bei einem Besuch von Goebbels im Führerhauptquartier am 12. Mai 1943 zur Sprache gekommen."[88] Die Zuordnung des Historikers auf Bertrams Glückwunschschreiben zum Geburtstag Hitlers (20. 4.) ist wohl allein aus der Zeitfolge zu erklären; Volk sucht für den Goebbels-Text zwischen dem Gratulationsschreiben Bertrams vom 10. April und seiner Beantwortung vom 1. Juni 1943 eine passende zeitliche Einordnung.[89]
Doch sind die inhaltlichen und sachlichen Schwierigkeiten dieser Einord-

---

84 D. XVIII, Z. 180-184.

85 Gruchmann, Der Zweite Weltkrieg, S. 213ff. Die Ernennung Fritz Sauckels (Gauleiter von Thüringen) zum „Generalbevollmächtigten für den Arbeitseinsatz" erfolgte am 21. 3. 1942. Die Höchstzahl der eingesetzten fremdländischen Arbeitskräfte wurde im Laufe des Jahres 1944 mit 7,5 Millionen erreicht (ebd., S. 212f.).

86 Ebd., S. 213.

87 Lochner, Goebbels-Tagebücher, S. 341.

88 Volk, Akten deutscher Bischöfe VI, S. 78, Anm. 1.

89 Ebd., S. 59f., 78f. und 78, Anm. 1.

nung so groß, daß wir nach einer besseren Erklärung Ausschau halten müssen.
Sicher scheint zu sein, daß Hitler hier kein Gratulationsschreiben Bertrams gemeint haben kann. Diese blieben sich von 1941 bis 1943 zu ähnlich, um eine so einschneidende Änderung in der Beantwortung zu begründen.[90]
Die Gratulationsschreiben Bertrams wurden regelmäßig beantwortet, während Eingaben und Denkschriften bis dahin fast ebenso regelmäßig unbeantwortet blieben. So weist das empörte Vorhaben Hitlers, den Brief des Breslauer Kardinals scharf und mit einem Gegenvorwurf zu beantworten, auf eine Ausnahmesituation hin, wie sie nur mit einer anderen Eingabe Bertrams verbunden sein konnte: Das war im zeitlichen Kontext allein die von Jaeger verfaßte Denkschrift vom 18. Dezember 1942.
Auch zeigt Hitlers Antwort vom 1. Juni auf die Gratulation keine Spur unterdrückter Empörung, sondern die eher moderate Zusage: „Sie können, Herr Kardinal, sicher sein, daß Ihre Anliegen immer mit besonderer Eindringlichkeit geprüft werden."[91]
Zorn dringt aber ungehemmt durch, als Lammers im Auftrag Hitlers sich am 13. August 1943 in schneidender Schärfe weigert, die Denkschrift Jaegers zu beantworten.[92]
Auf die Denkschrift Jaegers weisen übereinstimmende Charakteristika bei Hitler und Goebbels im Blick auf die Sprache. Für Hitler hatte Bertram sich „bitter" über die Unterdrückung der Kirchen beklagt, nach Goebbels in einer „Tonart, die alles Maß" vermissen ließ.[93]
Hitlers Äußerung fiel am 12. Mai vor Goebbels, als noch keine Reaktion der Feindpresse vorlag, während der Wutanfall des Reichspropagandaministers vom 16. Mai sich außer an der Sprache auch an der Veröffentlichung in der Auslandspresse entzündete, die gerade erfolgt war.[94] So könnten sich die fast benachbarten Tagebuchnotizen auf eine Schrift beziehen, die bei Hitler und Goebbels ähnliche Reaktionen ausgelöst hatte: bei Hitler den Wunsch, dem Fuldaer Vorsitzenden das landesverrä-

---

90 Volk, Akten deutscher Bischöfe V, S. 339f. u. 352 (1941); S. 717 u. 751 (1942); VI, S. 59f. u. 78f. (1943).

91 Ebd., VI, S. 78.

92 Ebd., VI, S. 131.

93 Lochner, Goebbels-Tagebücher, S. 348.

94 Ebd. Die Veröffentlichung i. d. New York Times erfolgte am 13. 5. 1943 (vgl. Volk, Akten deutscher Bischöfe VI, S. 131).

terische Verhalten seiner Geistlichen vorzuhalten, bei Goebbels neben dem Wutanfall die stille Selbstvertröstung auf die spätere Rache.[95] Nach der Goebbels-Notiz vom 16. Mai 1943 war dies eindeutig die Denkschrift Jaegers vom 18. Dezember 1942.[96]

Ist es jedoch denkbar, daß erst am 12. Mai, also nach fast einem halben Jahr, Jaegers Denkschrift zwischen Hitler und Goebbels zur Verhandlung kam? Hier könnte Volk die Hauptschwierigkeit gesehen haben.[97] Doch ist Volk hier eine irrige Lokalisierung unterlaufen, wenn er das Gespräch Hitlers mit Goebbels vom 12. Mai 1943 in das Führerhauptquartier verlegt.[98] Das Gespräch fand während eines Mittagsmahles in der Reichskanzlei statt, zu dem Goebbels geladen war.[99] Das erste ruhigere Gespräch mit dem Propagandaminister in Berlin nach dem Teilzusammenbruch der Front im Süden Rußlands und ihrem langsamen Wieder-

---

95 Lochner, Goebbels-Tagebücher, S. 341 u. 348.

96 D. XVIII.

97 Vertreter der Reichskanzlei befanden sich freilich immer auch in Rufweite Hitlers im Führerhauptquartier. Doch erklären die besonderen Umstände des Frühjahrs 1943 den späten Gedankenaustausch beim Mittagsmahl in der Reichskanzlei. Wir werden auf das bewegte Itinerar Hitlers zu dieser Zeit noch zurückkommen. Zur Struktur und den Einsatzformen des OKW und namentlich seiner Feldstaffel vgl. Schott, Der Wehrmachtsführungsstab; mit einem Itinerar Hitlers und der anderen Führungsorgane in der Kriegszeit als Beilage.

98 Volk, Akten deutscher Bischöfe VI, S. 78, Anm. 1.

99 Zu Hitlers Aufenthalten nach dem Zusammenbruch der Südfront sei nach und in Ergänzung zu F. J. Schott (Anm. 97) festgehalten: Vom 17.-19. 2. 1943 besucht Hitler das Hauptquartier der Heeresgruppe Süd (Manstein) in Saporoshje und entgeht beim Abflug knapp den russischen Panzerspitzen. Am 10. 3. finden wir Hitler erneut in Saporoshje (vgl. Manstein/Fuchs, Soldat im 20. Jahrhundert, S. 171), wo die Südfront am 14. 3. nach der Wiedereinnahme von Charkow als wiederhergestellt gilt. Am 13. 3. Besuch Hitlers im Mittelabschnitt bei Smolensk, wo er beim Rückflug zur „Wolfsschanze" in Ostpreußen dem Bombenattentat des Obersten von Schlabrendorff entgeht. Anfang April fährt Hitler mit dem Führerzug nach Berchtesgaden, wo er am 7. 4. Mussolini auf dem Obersalzberg empfängt (vgl. Toland, Adolf Hitler, S. 921). Am 7. Mai nimmt Hitler an der Beisetzung des Stabschefs der SA, Viktor Lutze, in Berlin teil (ebd.), während wir ihn erst Mitte Juni wieder in der „Wolfsschanze" bei Rastenburg finden (ebd., S. 924). Ein ganz kurzer Berlinaufenthalt Hitlers um den 20. 3., wo Hitler dem Bombenanschlag des Obersten von Gersdorf im Zeughaus durch plötzlichen Aufbruch entgeht, hat zu keinem Treffen mit Goebbels geführt (ebd.). Erst im Mai findet Hitler beim längeren Berlinaufenthalt die Zeit zu ausführlichen Besprechungen der innen- und kirchenpolitischen Fragen mit seinem Propagandaminister, wie es Goebbels Tagebuch ausweist, der zu ihnen in die neue Reichskanzlei geladen wurde. Das Itinerar Hitlers in der Zeit der Kriegswende erklärt also leicht die späte Erörterung der Denkschrift L. Jaegers mit Goebbels. Wir haben ohne Anspruch auf Vollständigkeit nur einige Fixpunkte genannt.

aufbau durch Generalfeldmarschall von Manstein hatte also die wichtigsten innenpolitischen Ereignisse der Zwischenzeit zum Gegenstand.[100] Das Itinerar Hitlers ist für das 1. Jahresviertel 1943 besetzt mit teilweise risikoreichen Besuchen bei den Heeresgruppen, vor allem in Saporoshje am Dnjepr, die er in der zermürbenden Phase unternahm.[101] Noch vor der Einkesselung Stalingrads waren die Amerikaner in Afrika gelandet.[102] Die Zuspitzung an den Fronten hatte Hitlers Arbeitskraft voll beansprucht und alle innenpolitischen Probleme in den Hintergrund gedrängt. – Andererseits war auch Goebbels seit Februar 1943 voll mit der Ankurbelung des „totalen Krieges" befaßt. Der erste längere Aufenthalt Hitlers in Berlin ist aus Goebbels Tagebüchern und anderen Quellen für die Zeit vom 7. bis 12. Mai 1943 mühelos zu sichern.[103] Ein früheres Zusammensein Goebbels mit Hitler am 8. März 1943 im Hauptquartier diente nach Speers „Erinnerungen" nur der Entspannung Hitlers in seiner persönlichen „Führerkrise", die von den Rückschlägen an den Fronten herrührte. Hier ging es darum, den niedergeschlagenen und nervösen Hitler abzulenken und aufzuheitern.[104]

Wenn man ferner in Erwägung zieht, daß auch schon im Winter 1942/43 sich das Triumvirat Keitel – Lammers – Bormann bildete, um Hitler in seiner persönlichen „Führerkrise" von unerwünschten Einflüssen und dem selbstverursachten Chaos seiner Sondervollmachten fernzuhalten,[105] wäre bei dem wachsenden Einfluß Bormanns als „Sekretär des Führers" nicht ganz undenkbar, wenngleich nicht wahrscheinlich, daß die Denkschrift Hitler zu einem späteren Zeitpunkt erreicht hätte.[106]

---

100 Zu vergessen ist auch nicht die Beanspruchung Goebbels' als des Sonderbevollmächtigten für den „Totalen Krieg" (vgl. Lochner, Goebbels-Tagebücher, S. 340).

101 Zuletzt am 8. 9. 1943 besuchte Hitler den Generalfeldmarschall in Saporoshje im Dnjepr-Bogen der gefährdeten Südfront, der ihm am 20.-23. 3. 1944 den Abschied anbot und am 30. 3. 1944 durch von Kleist abgelöst wurde.

102 Die Einkesselung Stalingrads war am 22. 11. 1942 den beiden Stoßkeilen bei Kalatsch am Don gelungen, während die Amerikaner schon am 7./8. 11. 1942 in Algier gelandet waren (vgl. Gruchmann, Der Zweite Weltkrieg, S. 191 bzw. S. 186).

103 In der Zeit vom 9.-12. Mai scheint Goebbels wenigstens zwei ausführliche Gespräche mit Hitler geführt zu haben (vgl. Lochner, Goebbels-Tagebücher, S. 329-343).

104 Speer, Erinnerungen, S. 271 und S. 274f.

105 „Im Winter 1942, während der Krise um Stalingrad, beschlossen Bormann, Keitel und Lammers, den Ring um Hitler enger zu schließen" (Speer, Erinnerungen, S. 265).

106 Die Ernennung M. Bormanns zum „Sekretär des Führers" vom 12. 4. 1943 schloß eine längere Entwicklung ab, die zur Entmachtung des Triumvirats vom Winter 1942 geführt hatte (vgl. Broszat, Der Staat Hitlers, S. 393f.).

Doch sind solche Überlegungen entbehrlich, obgleich auch sie schon einen Anhalt im Wortlaut der Empfangsbestätigung durch den Chef der Reichskanzlei in der erstmals gebrauchten Formulierung Lammers' hätten, er werde um eine Vorlage beim Führer „bemüht" sein,[107] während er bei der Denkschrift des Vorjahres nur geantwortet hatte, daß er sie dem Führer vorlegen werde.[108]

Sind einmal die Schwierigkeiten für die zeitliche Zuordnung des Hitlerschen Zornes auf die Denkschrift vom 18. Dezember 1942 ausgeräumt, dann fallen zwei Spuren auf, die etwa in die gleiche Richtung weisen könnten. Hitler hatte – laut Goebbels – Bertrams Klage über die Verfolgung der Kirchen zur Sprache gebracht.[109] Volk hat nun in der Wiedergabe den Plural „Kirchen" in den Singular „Kirche" korrigiert.[110] Doch dürfte Goebbels Hitler hier richtig gehört haben. Die Denkschrift hatte sich für alle nationalen Volkstümer ohne jeden Unterschied verwendet, in welche die Nazis die Kirche aufgelöst hatten. So wird der Plural „Kirchen" von Hitler so gebraucht und von Goebbels richtig gehört worden sein. Seine bewußte Ignorierung durch die Denkschrift war ein Attentat auf die nationalsozialistische Kirchenpolitik in den annektierten Gebieten und wurde deshalb als Provokation empfunden.[111] Während der Schwerpunkt der Denkschrift vom 18. Dezember 1942 in dem Einsatz für alle Nationalitäten in den Grenzgebieten gelegen hatte, nahm die Gratulation Bertrams vom 10. April 1943 indes nur allgemein auf die Verfolgung Bezug.[112]

Hitler und Goebbels dachten an jenem 12. Mai 1943 in Berlin im gleichen Mittagsgespräch auch noch über ein anderes Thema nach: über bischöfliche Ausstrahlung.[113] In der schon früher vollständig zitierten Goebbels-Eintragung (S. 117) wurden bekanntlich die jungen Pastoren gegenüber den älteren Kardinälen wie Faulhaber und Bertram als gefährlicher eingestuft, wenn sie an der Front stehen und etwa das EK I tragen.

---

107 Volk, Akten deutscher Bischöfe V, S. 972, Anm. 1.

108 Ebd., S. 673 und S. 672, Anm. 2.

109 Lochner, Goebbels-Tagebücher, S. 341.

110 Volk, Akten deutscher Bischöfe VI, S. 78, Anm. 1.

111 Anm. 112 ebd.: Sie war ein Verrat an der Nationalität im Sinne der Rassenideologie und veranlaßte Hitler zum Gegenvorwurf des landesverräterischen Verhaltens der Geistlichkeit (ebd.).

112 Volk, Akten deutscher Bischöfe VI, S. 60.

113 Lochner, Goebbels-Tagebücher, S. 341.

Ihr Ansehen in der Öffentlichkeit gebe ihrem Wort einen viel größeren Nachdruck, dazu ihre kämpferische Einstellung und ihre Fähigkeit, aus dem Fronterlebnis heraus zu reden. Hitler und Goebbels teilten den Standpunkt, daß von diesen Klerikern eine Gefahr ausgehe, die wohl zu beachten sei.[114]

Sprache, Inhalt und Situation weisen der letzten Denkschrift des deutschen Episkopats an Hitler und die Reichsregierung die Stellung eines *Menetekels* zu. Im Kontext der Proteste, die von den katholischen deutschen Bischöfen an die Öffentlichkeit drangen oder wenigstens das Ohr der Verantwortlichen erreichten, läßt keine so schonungslos das apokalyptische Ende des Dritten Reiches anklingen, das im herannahenden Zusammenbruch von jenem Haß eingeholt werden mußte, den es durch eigenen zynischen Vernichtungswillen heraufbeschworen hatte.[115]

---

114 Ebd.

115 Zur evtl. Auswirkung der Denkschrift sei hingewiesen auf Schneider, Die Briefe Pius' XII., S. 224f. Der Papst beantwortete am 17. 2. 1943 den Bericht Kapitularvikar Rohrachers, daß die Lage in den ihm unterstellten Gebieten sich beruhigt habe, daß Ein- und Ausreisen in diese Teile Kärntens und Krains zur seelsorglichen Aushilfe durch Geistliche aus Klagenfurt und Villach möglich seien (ebd., S. 225, Anm. 1).
Über die Kritik, die Goebbels schon am 27. 2. 1943 unter Hinweis auf die Führerkrise übte, hält A. Speer fest: „Seine Kritik zeigte, was Stalingrad in Wirklichkeit bedeutete. Goebbels hatte begonnen, am Stern Hitlers und damit an seinem Sieg zu zweifeln – und wir mit ihm" (Speer, Erinnerungen, S. 271).
Die wichtigsten Angaben mögen einer Orientierung dienen:
1. Stalingrad (22. 11. 1942 bis 2. 2. 1943).
2. Die siegreiche Gegenoffensive Montgomerys bei El Alamein (23. 10. 1942).
3. Die Landung der Alliierten in Nordwestafrika (8. 11. 1942).
4. Im U-Boot-Krieg kann man in der Umkehr des Verhältnisses Schiffsneubauten / -versenkungen den „strategischen Wendepunkt" erblicken: Seit März 1943 sind die Neubauten in der Führung (Hillgruber, Der Zweite Weltkrieg, S. 98).
5. Die Schlacht vor den Midway-Inseln um die Schlüsselstellung im Pazifik endete mit dem Untergang der Kernmacht der japanischen Trägerflotte. – Zum Ganzen vgl. Gruchmann, Der Zweite Weltkrieg, S. 176-199.

Kapitel 2
„Es ist dir nicht erlaubt" – Das Dekalog-Pastorale

Die am 18. Dezember 1942 in der Reichskanzlei überreichte Denkschrift des deutschen Episkopats war von L. Jaeger verfaßt und vom westdeutschen Konveniat am 18./19. November 1942 in Kevelaer beraten worden.[1] Das nächste Konveniat der westdeutschen Bischöfe beschloß am 17./18. März 1943 unter dem Vorsitz von Erzbischof Jaeger in Paderborn die Abfassung eines Hirtenbriefs über die Zehn Gebote (Dekalog) als Grundlage der Ordnung der Völker.[2]
Hatte die Denkschrift die machtpolitische Borniertheit des Regimes am Beispiel der Kirchenverfolgung in den Grenzregionen demonstriert, so kehrte man, wie die Fassung der Überschrift schon erkennen läßt, nun wieder zum Thema der vorstaatlichen Grundrechte zurück: vom Kampf um Freiheit und Überleben der Kirche zum Einsatz für die Rechte des Menschen überhaupt. Die Thematik der Gebote und Verbote vom Sinai leitete wie von selbst über zur öffentlichen Markierung dessen, was in sich Verbrechen ist und immer bleibt. 1942 hatte der Genozid an den Juden begonnen, jedoch im Dunkel eines perfekt organisierten Schweigens und über jedes vorstellbare Maß hinausgreifend.[3] Die Verbotstafeln des Dekalogs gaben dem Verkündigungsauftrag der Kirche das innere Recht, auch jenes Dunkel zu beleuchten, das jenseits ihrer Grenzen lagerte. Die „Felsblöcke vom Sinai" – so Kardinal Faulhaber[4] – waren Israels göttliches Geschenk an die Welt. Mußten sie nicht dem beispiellosen Verbrechen am gleichen Volke entgegengetürmt werden?

Die Vorgeschichte des Hirtenwortes beginnt mit einem bewegten Brief des Hildesheimer Bischofs Godehard Machens an Kardinal Bertram.[5] Sein ethischer und kirchenpolitischer Gehalt ist wegen seiner eminenten Bedeutung zu behandeln. Der Bischof hatte bereits im Sommer 1941

---

1 Volk, Akten deutscher Bischöfe V, S. 946-950.
2 Ebd., VI, S. 43-51.
3 Jäckel, Hitlers Herrschaft, S. 89-122.
4 Volk, Akten Kard. Faulhabers II, S. 1005.
5 Volk, Akten deutscher Bischöfe VI, S. 39f.

Euthanasie und Klostersturm öffentlich angeklagt.[6] Der Nachfolger Bertrams auf dem Hildesheimer Bischofsstuhl meldete dem Breslauer Kardinal den Abtransport von Zigeunerkindern aus vier Heimen und Pflegestätten seines Bistums.[7] Zunächst hatte er die Abholung dieser nichtarischen Kinder noch in Bertrams Eingabe vom 2. März 1943 mitangesprochen gefunden,[8] doch trieb ihn die Verantwortung des Deutschen jetzt weiter: „Aus Liebe zum Deutschtum und zur nationalen Würde müssen wir nicht nur zur Regierung in Ehrerbietung und Offenheit reden, sondern ebenso zu unseren Gläubigen. Die armen Opfer dürfen nicht den Vorwurf erheben können, daß nicht alles geschehen sei. Es darf in der deutschen Öffentlichkeit nicht der Eindruck entstehen, als wagten wir nicht laut das ‚*Non licet tibi*' zu sprechen, oder als sei es das deutsche Volk selbst, das hinter den Maßnahmen gegen die Nichtarier stehe. Die Regierung selber muß es wissen, daß die Bischöfe genötigt sind, laut zu ihren Gläubigen zu sprechen, wenn diese Maßnahmen fortgesetzt werden, weil sie diese Belehrung ihrer Herde schuldig sind und von Gott zu Schützern der Bedrängten bestellt sind."[9]

Der Brief von G. Machens ist in dreifacher Hinsicht bedenkenswert. Hatte Galen in seinen Reflexionen vor dem öffentlichen Protest auf Thomas Becket, Stanislaus von Krakau und Thomas Morus als Vorbilder geblickt,[10] hatte Faulhaber den Bekennermut des spätantiken Bischofs Ambrosius vor dem gewalttätigen Kaiser Theodosius als Leitgestalt für den fälligen Menschenrechtsprotest vor Augen,[11] so läßt Machens das prophetische Moment biblischer Ethik im Wort Johannes' des Täufers vor Herodes aufklingen: „Es ist dir nicht erlaubt ..." (Mk 16,18; Mt 14,4: „Non licet tibi" in der Vulgata-Übersetzung). Auch wurzelt der Auftrag, „Schützer der Bedrängten" zu sein, in der Tradition der alttestamentlichen Propheten (vgl. Jer. 7,6). Der genuin biblische Ansatz trug Bischof Godehard über alle konkordatären Grenzen und Bedenken hinaus.[12]

Ferner empfindet der Bischof eine doppelte Verpflichtung zum Handeln: In einer Eingabe nach Berlin soll die Gefahr des Defätismus den Machtha-

---

6 Ebd., V, S. 530-537.

7 Ebd., VI, S. 39.

8 Ebd.

9 Ebd.

10 Volk, Akten deutscher Bischöfe V, S. 363 u. S. 365.

11 Volk, Akten Kard. Faulhabers II, S. 826, Anm. 1.

12 Volk, Akten deutscher Bischöfe VI, bes. S. 39.

bern aus ihrer eigenen Optik heraus Einhalt gebieten, während der bischöfliche Hirte seinen Gläubigen unter jeder Bedrohung die offene Wahrheit schuldet, wie der Hinweis auf den Täufer und sein Schicksal unter Herodes Antipas dokumentiert.

Hier entläßt die biblisch begründete Hirtenverantwortung aus sich den *prophetischen Auftrag an Herrscher und Volk*. Neben dem Ringen Galens im Mai 1941 erscheint der Brief von Godehard Machens an Kardinal Bertram vom März 1943 als das bedeutsamste Zeugnis bischöflichen Gewissenskampfes im Dritten Reich.[13]

Bertram antwortete auf das Zeugnis beklemmender Gewissensnot mit dem Vorschlag eines Hirtenbriefs über die Zehn Gebote.[14] Der kirchenpolitische Akzent verschiebt sich in seiner Antwort bedeutend. Klingt in Machens' Schreiben der prophetische Auftrag zum „Schutz der Bedrängten" an, so geht es Bertram um die Frage, „was zur Klarhaltung der Stellungnahme der Kirche gegenüber den beregten Maßnahmen geschehen könne, ohne noch schädlichere Folgen herbeizuführen".[15] Bischof Godehards prophetischer Auftrag, das „du darfst nicht ...", wird überführt in eine kirchenpolitische Güterabwägung. Sein unmittelbarer Schutzauftrag wird mediatisiert zu einer positiven, ohne „aggressive Tendenz" durchzuführenden *Darlegung* des Schutzes, den der Dekalog dem Leben gewähren soll.[16] Nur mittelbar geht es noch um den Schutz des Lebens selbst, vielmehr – in pointierter Formulierung – um den Schutz der Kirche zur „Klarhaltung" ihrer „Stellungnahme".[17]

Für das damit angeregte gemeinsame Wort, dessen Ausrichtung der Breslauer Kardinal allein den westdeutschen Bischöfen zugedacht hatte, und zwar schon zwischen Ostern und Pfingsten (!),[18] hat er nun aber eine Reihe von Vorschlägen zu machen, die sich wie Auflagen ausnehmen.

Von einer Behandlung in Fulda rät er aufgrund der schon aufgetretenen Schwierigkeiten ab.

Aber auch das Gremium der westdeutschen Bischöfe soll seine gemeinsa-

---

13 Ebd., S. 362-366 zu Galens Kampf, bezeichnenderweise nicht an Bertram, sondern an Berning gerichtet.

14 Volk, Akten deutscher Bischöfe VI, S. 40ff.

15 Ebd., S. 40.

16 Ebd.

17 Ebd., S. 41.

18 Ebd., S. 41. Der nahe Zeitpunkt soll wohl in Bertrams Absicht das Konveniat der Westdeutschen auf sich selbst beschränken.

men Beschlüsse nun nicht mehr als eigene Konferenzbeschlüsse kennzeichnen, um nicht den Eindruck einer eigenen Institution neben Fulda zu erwecken, sondern ihre gleichlautenden Hirtenworte nur noch einzeln für ihr Bistum signieren.
Eine zwei bis drei Wochen vor der Veröffentlichung erfolgte Zusendung des im Konveniat der Westdeutschen beschlossenen Wortes soll auch den anderen Bischöfen Gelegenheit geben, sich je nach Umständen selbst der Verlautbarung anzuschließen.
Die von Kardinal Bertram mit diesen Vorschlägen angezielte „Atomisierung“ bischöflicher Stellungnahmen zum Gewaltregime Hitlers hätte nicht nur den Breslauer Vorsitzenden selbst vor jedem Solidaritätsdruck bewahrt, der künftig noch von dem aktiven und risikobereiten Konveniat zu befürchten war, er hätte den Episkopat in eine totale Lähmung versetzt. Ohne die exemplarische Einheit der westdeutschen Bischöfe war, wie die bisherige Erfahrung lehrte, auch in Fulda nichts mehr zu bewegen.[19] Vielmehr wäre nun auch die innere Einheit der Westdeutschen in Gefahr geraten, wenn der wie selbstverständlich eröffnete Ausstieg einzelner Mitglieder des Konveniats zu einem sprunghaften Anstieg der Risiken bei den protestwilligen Bischöfen geführt hätte.[20]
Vielleicht wäre es aber eine Überinterpretation der Intentionen des Breslauer Kardinals, wenn man ihm solche Attentatspläne auf die Handlungsfähigkeit des Episkopats zutrauen würde. Ebensogut könnte sich der Kardinal schon in einer Außenseiterposition gesehen haben, in der es ihm nur noch um die Bewahrung seiner eigenen, von Loyalitätsskrupeln bestimmten Abneigung gegenüber öffentlichen Protesten ging: 1940 hatte er mit Mühe den Episkopat auf seiner Linie zu halten gewußt.[21] 1943 war

---

19 Schon der Wirrwarr um den öffentlichen Menschenrechtsprotest hatte die Bischöfe auf Bertram als den Urheber verwiesen, während die Westdeutschen die Kraft ihrer Einheit zeigten.

20 Auch das westdeutsche Konveniat war nicht völlig homogen zu sehen, wie die Situation der Bonner Konferenz vom 20. 3. 1942 deutlich in unserer Darstellung zeigte. Noch schärfer kam die Gefahr bei der Übernahme eines Hirtenwortes, das aus der Feder Bischof von Preysings stammte, zum Jahresende 1942 hervor. Es wurde aus letztlich nicht mehr aufzuhellenden Gründen nur vereinzelt in der Kölner Kirchenprovinz verlesen (Limburg, in Köln nicht in allen Messen, in Münster stark verändert, in Osnabrück im letzten Moment zurückgerufen usw.).
Sein Ausfall in der Paderborner Kirchenprovinz liegt sicher nicht gänzlich außerhalb der Verantwortung ihres Metropoliten L. Jaeger. (Zum Ganzen vgl. Volk, Akten deutscher Bischöfe V, S. 959-964.)

21 Volk, Die Fuldaer Bischofskonferenz II, S. 62-65.

er in die Defensive geraten, nachdem es ihm im Frühjahr 1942 noch gelungen war, den bereits von einer großen Mehrheit angenommenen Menschenrechtsprotest als Gesamtaktion zu verhindern.[22] Sowenig man ihm List und diplomatische Schlauheit absprechen könnte,[23] so scheint doch auch vielleicht die Annahme zu genügen, daß der stärker gewordene Druck der Episkopatsmehrheit den Vorsitzenden in eine Richtung drängte, die ihn überforderte.[24]

In der Antwort Erzbischof Jaegers, der als Vorsitzender des in Paderborn tagenden Konveniats vom 17./18. März 1943 den Vorschlag des Breslauer Kardinals zu beantworten hatte, ging es zuletzt um Handlungseinheit und Handlungsfähigkeit des Konveniats und des Episkopats zu öffentlichen Protesten.[25] Jaeger hält im Namen des Konveniats unbeirrt an der bisherigen Praxis gemeinsamer Verlautbarungen fest, will aber durch vorherige Benachrichtigung den anderen Bischöfen die Gelegenheit bieten, sich anzuschließen.[26] Die Umdeutung oder Reduktion des Bertram-Wunsches auf eine vorauslaufende Mitteilung an die anderen Bischöfe spiegelt das moralische Ansehen, dessen sich das Westdeutsche Konveniat inzwischen sicher sein konnte, wenn es sich solchen destruktiven Wünschen nicht mehr beugte.[27] – Es ging insofern sogar über Bertrams Wunsch hinaus, als es nicht nur den „ostdeutschen“, sondern allen Bischöfen seine Hirtenschreiben vorher zusenden wollte.[28]

Bertram bestätigte erneut die gewandelten Verhältnisse, wenn er noch vor der Plenarkonferenz vom August 1943 seine Ablehnung des Kölner Dekalog-Entwurfs Faulhaber gegenüber begründete und in der Bitterkeit

---

22 Ebd., S. 65-72.

23 „Wer jedoch aus persönlichen Abwehrhaltungen gegenüber dem NS-Regime allgemeinere Schlüsse zu ziehen versucht, wer etwa die Reaktionsweisen Galens und Bertrams nebeneinanderhält, dem will scheinen, daß sich die Tugend des Starkmuts der Taubeneinfalt des Evangeliums leichter zuzugesellen pflegte als einer allzu reflexen Schlangenklugheit“ (ebd., S. 80).

24 Ebd., S. 78ff.

25 Volk, Akten deutscher Bischöfe VI, S. 51ff.

26 Ebd.

27 Ebd., S. 52.

28 Im Schreiben Bertrams an Machens waren nur die „ostdeutschen Provinzen“ genannt (Volk, Akten deutscher Bischöfe V, S. 41). Jaeger nennt mit der Vorlegefrist von zwei bis drei Wochen die „übrigen Metropoliten“ (ebd., S. 52).

seiner Formulierungen zu erkennen gab, daß er sich des moralischen Rückhalts im Episkopat nicht mehr sicher war.[29]
Er teilte die Ansicht des nicht genannten Regensburger Bischofs Buchberger, daß der Entwurf zur Zeit „Sprengpulver" sei.[30] Jaeger scheint unter dem Eindruck des Schreibens zunächst an der Durchsetzbarkeit des Dekalog-Hirtenwortes in Fulda gezweifelt zu haben. Das scheint Pater Alfred Delp ausdrücken zu wollen, der nach der Ablehnung Bertrams die erste Reaktion Jaegers mit den Worten umschreibt: „Paderborn wankend".[31] Delp versuchte nunmehr, über Rösch als Mittelsmann aus dem Ordensausschuß Kardinal Faulhaber, der als Tagungsleiter für Fulda vorgesehen war, zum Einsatz für das Pastorale zu aktivieren.[32] Die Anregung zu dieser Strategie konnte nach den Erfahrungen mit der Denkschrift von 1942[33] von Paderborn mitgetragen sein. Jaeger wird wohl kaum durch den Einwand Bertrams beeindruckt gewesen sein, es bestehe die Gefahr des Mißbrauchs durch die Feindpropaganda.[34] Er gehörte ja zum Redaktionskomitee, das für die scharfe Form des Dekalog-Entwurfs verantwortlich zeichnete und noch am Vorabend der Plenarkonferenz über ihre Durchsetzung auf der Konferenz mit dem Tagungsleiter Faulhaber beriet.[35] Im Vorjahre hatte ihn auch das Wissen um das „Leck" der Konferenz nicht gehindert, seine Denkschrift an Hitler auszuarbeiten.[36] So wird ihn eher die Sorge bewegt haben, die Konferenz könne durch die Gegenaktion aus Breslau zum „Umkippen" oder gar zur

29 Volk, Akten Kard. Faulhabers II, S. 994: Bertram spricht von der „Bitterkeit" seiner Stunden in Fulda und erwägt seinen Rücktritt.

30 Volk, Akten deutscher Bischöfe VI, S. 123.

31 Delp war auf einer Reise in Fulda, Münster und Mainz und erfuhr wahrscheinlich in Fulda von Bertrams ablehnendem Brief zum Dekalog-Pastorale aus der Weitergabe Jaegers an seinen Suffragan-Bischof. In München hinterließ er am 1. 8. 1943 eine Notiz für A. Rösch als maßgebende Persönlichkeit im Ordensausschuß, von dem er eine Einwirkung auf Kardinal von Faulhaber erwartete (vgl. Volk, Akten deutscher Bischöfe VI, S. 122, Anm. 1).

32 Ebd.

33 Volk, Akten Kard. Faulhabers II, S. 960f.

34 Volk, Akten deutscher Bischöfe V, S. 107.

35 Ebd., VI, S. 122, Anm. 1.

36 Vgl. das vorige Kapitel.

Spaltung getrieben werden.[37] Die Sorge war nicht unberechtigt, wie der Konferenzverlauf zeigen sollte.[38]
Schon hatte Buchberger, wohl auf Anregung Bertrams und durch den Dekalog-Entwurf aus Köln beunruhigt, den er zur Zeit für „Sprengpulver" hielt,[39] einen Gegenvorschlag ausgearbeitet, den der Breslauer Kardinal ungesäumt unterstützte, weil er ihn für „pastoral" und „unpolitisch", also für völlig ungefährlich halten konnte.[40]
Faulhabers Hilfe bestand zunächst in einem Brief an Bertram, in dem er den Entwurf über die Zehn Gebote sehr lobte und als geschuldete Fortsetzung der bisherigen Schritte empfahl.[41] Ferner wies er auf die Schärfe eines päpstlichen Radioprotestes gegen eine verleumderische Sendung des (nazigeleiteten) Senders Paris und auf den mutigen Protest der Bischöfe aus dem „Lande des hl. Ludwig" (= Frankreich) gegen die Deportation von Arbeitern aus dem „Zentralmassiv" (= Auvergne) hin.[42]
Bertram berief sich dagegen auf Kardinalstaatssekretär Maglione, der die Veröffentlichung des Papstschreibens an die deutschen Katholiken, in dem auf die Kirchenverfolgung angespielt wurde, in kluger Zurückhaltung dem Ermessen des Breslauer Vorsitzenden überlassen habe.[43] So stellte er der Berufung auf einen päpstlichen Protest das Risiko-Bewußtsein des vatikanischen Staatssekretärs entgegen.
Wir sind dem Ablauf der Ereignisse vorausgeeilt. Hatte das Konveniat der Westdeutschen vom 17./18. März 1943 den Wunsch des Vorsitzenden schon frei umgedeutet, so ging Frings in der Zusendung des Entwurfs vom 28. Juni 1943 noch weiter, wenn er den von den Professoren Donders und Tischleder gefertigten Text unter absoluter Geheimhaltung den Metropoliten zur Weitergabe an die Bischöfe überstellte und als Vorschlag der westdeutschen Bischöfe für das gemeinsame Hirtenwort von

---

37 Der von Bertram nachdrücklich befürwortete Gegen-Hirtenbrief M. Buchbergers sollte mit ausgesprochen seelsorglicher Akzentuierung das prophetische „Non licet tibi" verdrängen!

38 Schon der ungewöhnliche Kompromiß auf zwei Hirtenschreiben hin deutet auf die Brisanz der Situation!

39 Volk, Akten Kard. Faulhabers II, S. 994 u. Anm. 3.

40 Volk, Akten deutscher Bischöfe VI, S. 136, Anm. 9, III.

41 Wie Anm. 40, S. 122, Anm. 1: Der Brief Faulhabers an Bertram liegt nur in stenographischer Skizze vor.

42 Ebd.

43 Volk, Akten deutscher Bischöfe VI, S. 113: „... ne quis ullo modo suspicetur Augustum Pontificem, bello saeviente, aliquid agere velle, quod Germaniae populo nocere possit."

Fulda empfahl.[44] Aus Gründen strikter Geheimhaltung ist der Kölner Entwurf auch nicht im Protokoll des von Frings geleiteten Bonner Konveniats der Westdeutschen vom 8./9. Juni 1943 erwähnt, obwohl er den wichtigsten Gegenstand ihrer Beratungen dargestellt haben muß.[45] Kardinal Faulhaber betont bei seiner Weitergabe des Entwurfs an die bayerischen Bischöfe am 17. Juli 1943, daß keine Rückäußerung erwartet und das letzte Wort in Fulda gesprochen werde.[46] Am gleichen Tage setzte er sich bei Bertram nachdrücklich in einem Brief für den Entwurf ein: „In diesem Entwurf wird, wie mir scheint, einiges von dem eingelöst, was in der Denkschrift von 1942 in Aussicht gestellt wurde."[47]

Bertrams Ablehnung des Kölner Entwurfs liegt uns in zwei Ausführungen vor: im Schreiben an die Metropoliten vom 24. Juli 1943 und in einem Begleitbrief für seinen Vertreter in Fulda, den er am Ende aber zurückgehalten und durchgestrichen hat.[48]

Im ersten Schreiben lesen wir: „Als ich den Wunsch aussprach, es möge – sei es vom Gesamtepiskopat, sei es vom Köln-Paderborner Konveniat – ein Hirtenwort ausgearbeitet werden über den Wert des Dekalogs für das Volksleben, dachte ich an ein aufbauendes, richtungsweisendes, ganz positiv eingestelltes, rein pastorales Hirtenschreiben nach Art meines 1914 erschienenen Hirtenbriefes ‚Kampf um den Sonntag', der von verschiedenen Organisationen in vielen Tausend Exemplaren verbreitet ist. Der jetzt vorliegende Entwurf aber hat eine andere Einstellung gewählt. Es erscheint darin neben der klaren belehrenden Darlegung eine Behandlung von aktuellen Maßnahmen, die fast zu betrachten ist als kritische Abrechnung mit verschiedenen Akten und Bestrebungen des öffentlichen Lebens, die von den maßgebenden Kreisen als politisch wird betrachtet werden."[49]

Nach dem Hinweis auf den Mißbrauch durch das feindliche Ausland und die damit zu fürchtenden schweren Vorwürfe bittet Bertram, von ihm keine Unterschrift zu erwarten.[50]

Schärfer formuliert Bertram seine Vorbehalte in seinem einbehaltenen

---

44 Volk, Akten Kard. Faulhabers II, S. 987 u. Anm. 1.

45 Volk, Akten deutscher Bischöfe VI, S. 79ff.

46 Volk, Akten Kard. Faulhabers II, S. 987, Anm. 2.

47 Ebd., S. 987f., hier 988.

48 Volk, Akten deutscher Bischöfe VI, S. 106f., bes. auch Anm. 2; ebd., S. 136, Anm. 9.

49 Volk, Akten Kard. Faulhabers II, S. 988f.

50 Ebd., S. 989.

Schreiben für seinen Vertreter in Fulda: „Der Entwurf geht über meinen Wunsch hinaus und hält Abrechnung mit Regierung und Partei.“[51] Hier kritisiert er die „Abrechnung“ mit den Institutionen Partei und Regierung! Damit hat Kardinal Bertram den westdeutschen Bischöfen in der historischen Dimension die höchste Anerkennung ausgesprochen, die heute denkbar ist!

Die Realität dieser Perspektive wird durch das exklusive Lob für Buchbergers Schreiben noch unterstrichen: „Es ist zeitgemäß und unpolitisch.“[52] Dieses ist in historischer Sicht jedoch vergessen, während das von den westdeutschen Bischöfen geschaffene Dekalog-Hirtenwort selbst in seiner durch Fulda reduzierten Form bis heute dem Episkopat zur Ehre gereicht.[53]

Eine seit 1940 tiefgreifend gewandelte Situation hatte den Breslauer Vorsitzenden in die Stellung des Außenseiters verwiesen.

Aus der gleichen Position erhob er auch nach der Plenarkonferenz für sich und andere Bischöfe den Anspruch, bei gegebener örtlicher Indikation einzelne Passagen auszulassen, wie er an J. M. Nathan schrieb.[54] Für diesen Fall schlug er die Unterschrift vor: „Die deutschen Bischöfe. Für die Diözese N: Bischof NN“. In auffallender Asymmetrie zu dieser Freiheit der Auslassungen, die ja das persönliche Risiko anderer Bischöfe nur erhöhen konnte, steht seine Erklärung, jede in eigener Verantwortung erfolgte Hinzufügung sei mit der Berufung auf die „deutschen Bischöfe“ unvereinbar.[55] Die minimalistische Grundtendenz ist offenkundig!

So waren, als sich am Vorabend der Plenarversammlung die Bischöfe des Redaktionskomitees mit dem Tagungsleiter Kardinal Faulhaber zur Vorbesprechung trafen, zugleich die entscheidenden Weichen für die folgenden Tage zu stellen.[56]

---

51 Volk, Akten deutscher Bischöfe VI, S. 136, Anm. 9.

52 Ebd.

53 Z. B. bei R. Bleistein. Dieser bezeichnet den Dekalog-Text als die „schärfste Äußerung der deutschen Bischöfe in ihrer Gesamtheit“ (in: Rösch, Kampf, S. 35f.). Zugleich zitiert er L. Volk, der in der Denkschrift von 1941, der Kundgebung vom Passionssonntag und dem Dekalog-Hirtenbrief „fast so etwas wie eine Ehrenrettung des Bischofsgremiums“ erblickt (ebd., S. 36).

54 Volk, Akten deutscher Bischöfe VI, S. 171, Anm. 10.

55 Ebd.

56 Wir setzen voraus, daß der von P. Delp in München übermittelte Wunsch der Ortsbischöfe von Mainz und Fulda, dem sich der Mitverfasser des Dekalog-Pastorale,

Konkret ging es nach dem entschiedenen Einsatz Faulhabers und des westdeutschen Konveniats für das Dekalog-Pastorale und der Gegenaktion aus Breslau und Regensburg um eine gleichsam generalstabsmäßige Vorbereitung in unwegsamer Situations- und Sachproblematik: Im Gegensatz zum Vorjahre war möglichst reibungslos ein neuer Tagungsleiter zu wählen und das Dekalog-Hirtenwort durchzusetzen. Man muß dabei gegenwärtig halten, daß die Konstruktion der Plenarkonferenz keine bindende Mehrheitsentscheidung kannte, ein Defizit, dessen Beseitigung der Paderborner Erzbischof Kaspar Klein schon seit 1933 erfolglos angestrebt hatte.[57]
Das Redaktionskomitee mit seinen Bischöfen Stohr, Galen, Jaeger und Dietz muß mit Kardinal Faulhaber klug vorausgeplant haben. Das wohl auch mit anderen Bischöfen abgesprochene Akklamationsverfahren vermied alle Unzuträglichkeiten des Vorjahres,[58] so daß noch am gleichen Vormittag auch der Grundbeschluß über die anliegenden Entwürfe zum Hirtenwort gefallen war: Das Entweder-Oder der kontroversen Richtungen wurde in ein Sowohl-Als-auch verwandelt.[59] Nachdem das päpstliche Ermutigungsschreiben vom 3. Januar 1943 unter dem Eindruck der schneidend-scharfen Note aus der Reichskanzlei durch Bertram nach Breslau zurückbeordert war – sie hatte bekanntlich mit Jaegers Denkschrift an Hitler zu tun –, machte die Datierung von zwei Kanzelverkündigungen der Bischöfe überhaupt keine Schwierigkeit.[60] Der 29. August bzw. 5. September wurde für das Schreiben Buchbergers in Aussicht genommen, während das Hirtenwort über die Zehn Gebote am 12. September 1943 verlesen werden sollte.[61] Ein sehr bemerkenswertes Hirtenwort aus der Feder von

A. Donders, zugesellt hatte, am Vorabend eine Besprechung mit den Mitgliedern des Redaktionskomitees zu halten, realisiert wurde (vgl. Volk, Akten deutscher Bischöfe VI, S. 122, Anm. 1, Punkt 4 der Aufzeichnung Delps). Der zügige Ablauf der Konferenz schon am ersten Verhandlungstag ist eine Bestätigung. Mitglieder des Komitees waren neben Faulhaber Galen, Stohr, Jaeger und Dietz (ebd.).

57 Stasiewski, Akten deutscher Bischöfe I, S. 869ff. (Anhang). Die Besorgnis Kleins über das Auseinanderbrechen der Konferenz gründete im eigenmächtigen Vorgehen des hier ungenannten Freiburger Bischofs in der Verbandsfrage (vgl. Volk, Die Fuldaer Bischofskonferenz, S. 18).

58 Volk, Akten deutscher Bischöfe VI, S. 135 und ebd., Anm. 4.

59 Ebd., S. 136 und S. 171.

60 Eine Schwierigkeit hätte wohl nur in der an drei Sonntagen nacheinander erfolgten Verlesung von je längeren Schreiben gelegen.

61 Volk, Akten deutscher Bischöfe VI, S. 171.

Erzbischof J. Frings sollte in das vorgesehene Buchberger-Wort eingearbeitet werden.[62]
Es klingt wie ein erleichtertes Aufatmen des Tagungsleiters, der sich über das Dekalog-Wort stenographisch notiert:
„In Fulda wurde das Dekalog-Pastorale am 1. Tag verlesen und grundsätzlich angenommen. Vorher bereits hatte Bischof von Münster den Eingang und den Schluß (mit den 5 Appendizes) neu fassen lassen, und mit vielen Änderungen wurde das Pastorale angenommen."[63]

Der Kölner Dekalog-Entwurf, auf dem Paderborner Konveniat vom 17./18. März 1943 gemeinsam geplant, von den Professoren Donders und Tischleder aus Münster entworfen, auf dem Bonner Konveniat vom 8./9. Juni 1943 verabschiedet und von Erzbischof Frings unter strenger Geheimhaltung an die Metropoliten versandt (28. Juni 1943), ist uns eine grundlegend bedeutsame Quelle für die Haltung und Gesinnung der Oberhirten des westdeutschen Konveniats, also der Kölner und Paderborner Kirchenprovinzen.
Vom bewegenden Notruf ihres Hildesheimer Amtsbruders Machens in die Pflicht genommen, ergreifen sie mit unbeirrbarer Konsequenz eine Sonderinitiative und halten an ihr bis in die Endbeschlüsse der Plenarkonferenz fest – gegen den Vorsitzenden und gegen den von Breslau aus organisierten Widerstand ihrer Mitbischöfe.[64]
Im Gegensatz zu der Neigung, den Episkopat nur an seinen Gesamtleistungen zu messen und darüber zu wenig seine kollegiale Struktur zu sehen,[65] scheint die Frage nach seinen Gruppierungen und Sonderinitiativen angebrachter – auch im Sinne der Nachlebenden. Geht es letztlich doch auch um Situationen, Haltungen und Wege von paradigmatischer Bedeutung.

---

62 Ebd.

63 Ebd.

64 Wir denken hier an die begründete Vermutung Faulhabers, daß Buchbergers „unpolitisches" Wort von Bertram selbst „im voraus angeregt" worden sei (ebd., S. 171).

65 Eine solche situationsfremde Betrachtung ist bei dem evangelischen Kirchenhistoriker K. Scholder anzutreffen, der den Einsatz der Bischöfe unter dem Postulat der Einheitlichkeit als „Versagen" qualifizierte, während er unter der beliebten Voraussetzung „einer Ökumene des Versagens" (Volk) alle Sonderaktionen, selbst die von Galen, mit Vehemenz entwertete (vgl. K. Scholder, Politischer Widerstand oder Selbstbehauptung als Problem der Kirchenleitungen. In: J. Schmädeke / P. Steinbach, Widerstand gegen den Nationalsozialismus, S. 258; vgl. dort auch S. 1126f.). Bei Scholder bleibt der Dekalog-Hirtenbrief in diesem Abriß unerwähnt.

Wir fragen nach dem Sondergut der „westdeutschen Bischöfe", nach dem, was sie dachten und wollten, als sie die Plenarkonferenz zu ihrer letzten Gesamtinitiative anspornten und mitrissen. Wir sehen es an ihren Vorentwürfen und begleiten es durch die „Reinigungsanlagen" der Plenarkonferenz. Das Bild stammt nicht vom Verfasser, es kommt von der maßgebenden Mitte des Kreisauer Verschwörerkreises, von H. J. von Moltke. Sein Gewährsmann ist der Bischof von Berlin, über den das Haupt der Kreisauer nach Preysings Heimkehr von Fulda seiner Frau Freya berichtet:

„Conrad war wohlgemut und voller Bosheiten aus Fulda zurückgekommen. Es ist das Schlimmste verhütet worden und das, was wir wollten, soll Ende September kommen, aber, sagte C.: es ist chemisch gereinigt: die letzten Flecken sind heraus, aber die Farbe auch. Traurig, nicht wahr. Sonst gab es da nichts Neues."[66]

Moltkes vertrauliche Äußerung an seine Gattin, die auf dem Gut Kreisau lebte, zeigt uns, wie erwartungsvoll auch außerkatholische Kreise auf Fulda geblickt haben. Sie läßt uns aber auch nach der „Farbe" fragen, die im Durchgang durch die Plenarkonferenz verlorenging. Diese verlorene „Farbe" gibt uns Einblick in das Denken und Wollen einer Bischofsgruppe, die ihren Dekalog-Entwurf im Bonner Konveniat einträchtig verabschiedete.[67] Wir erfahren, daß der von Preysing empfundene Farbverlust auch die Nähe des Berliner Bischofs, der ja ständiger Gast ihrer Konveniats war,[68] zu den „Westdeutschen Bischöfen" offenbart.

Wir können uns auch mit Volk so fragen: Wenn den Bemühungen von

---

66 Von Moltke, Briefe an Freya 1939-1945, S. 531.

67 Auf dem Konveniat vom 17./18. 3. 1943 wurde ein Dekalog-Hirtenwort beschlossen (Volk, Akten deutscher Bischöfe VI, S. 52). Am 28. 6. 1943 wurde es als Vorschlag des westdeutschen Konveniats für Fulda an die Metropoliten versandt (Volk, Akten Kard. Faulhabers II, S. 987). Folglich muß es, obwohl im Protokoll aus Geheimhaltungsgründen nicht genannt, auf dem Konveniat von Bonn am 8./9. 6. 1943 (ebd.) beraten worden sein.

68 Seit der Paderborner Konferenz vom 24./25. 11. 1941 scheint K. von Preysing für 1942 nur der Konferenz von Kevelaer vom 23./24. 2. 1942 krankheitsbedingt ferngeblieben zu sein (vgl. Volk, Akten deutscher Bischöfe V, S. 629, 679, 754, 946). Für 1943 ist seine Anwesenheit auf allen Konveniats bezeugt (vgl. ebd., VI, S. 43, 79, 273). Sein Fehlen am 13./15. 3. 1944 – Honnef – erklärt sich aus der ortsgebundenen Thematik, während er das westdeutsche Konveniat in Fulda vom 5./6. 6. 1944 noch einmal besuchen konnte (vgl. ebd., VI, S. 327, 357, 403). Zu einer Zeit, da die Luftangriffe den Ausfall der Plenarkonferenz erzwangen, besuchte der Berliner Bischof also das Konveniat in Fulda! – Wenn er fehlte, konnte jedesmal der dann anwesende Berliner Kommissariatsleiter und Weihbischof H. Wienken ihm berichten.

Ordensausschuß und westdeutschem Konveniat „fast“ die „Rehabilitierung“ des ganzen Bischofsgremiums gelang,[69] was ist dann von diesem Konveniat und von jenem Ordensausschuß in sich selbst zu sagen, deren Initiativen alles zu danken ist?
Nachdem ihr Protest vom 22. März 1942 durch widrige Umstände, nämlich durch die Intervention Görings, drei seiner geplanten Gipfel verloren hatte, ist hier noch einmal Gelegenheit, ihrem Versuch zu folgen, die eigene Gewissensunruhe auf die Plenarkonferenz zu übertragen und sie endlich zu gemeinsamer öffentlicher Aktion zu bewegen.[70]

Bei einem äußerlichen Textvergleich fällt auf, daß der Entwurf, den Erzbischof Frings mit Schreiben vom 28. Juni 1943 den Metropoliten als Hirtenwort für die Plenarkonferenz vorschlug, etwa um ein Drittel länger war als das beschlossene Hirtenwort.[71] Tilgten also die Einsprüche der Mitbischöfe alles das, was nach der Ansicht des Berliner Bischofs „Farbe“ hatte?
Nach Faulhabers Notiz hatte Bischof von Galen schon vor Beginn der Beratungen den Anfang und den Schluß mit den Appendizes neu fassen lassen, bevor die Konferenz in eintägiger Beratung den weiteren Text mit „vielen Änderungen“ annahm.[72] Wir müssen davon ausgehen, daß auch die Änderungen Galens unter dem Eindruck früher und heftiger Einsprüche erfolgten. Bei der Betrachtung dieser gestrichenen Texte fällt auf, daß sie die Grundordnung des menschlichen Lebens in den allgemeinen und öffentlichen Verkündigungsauftrag der Bischöfe einbeziehen: „Wir deutschen Bischöfe könnten nicht vor Gott, vor der Geschichte sowie vor unserem Gewissen bestehen, wenn wir bei klarer Erkenntnis der Wurzel aller Übel, unter denen die Menschheit leidet, schweigen würden, anstatt die Völker aufzurufen, daß sie heimkehren zu den Geboten des Herrn.“[73]
Am Schluß wurde wohl als zu brisant empfunden, was Bischof Hilarius

---

69 Volk, Fuldaer Bischofskonferenz II, S. 82 (L. Volk spricht von einer „Ehrenrettung“).

70 Hatte der Sonderprotest vom 22. 3. 1942 die gleichen Lebensrechte der Nichtarier thematisieren sollen, so mußte jetzt ungeachtet der Beweisnot der Holocaust irgendwie zur Sprache gebracht werden, nach J. Frings und den Westdeutschen sogar in der Sprache des Protestes (vgl. das Wort zum Bombenterror in: Volk, Akten deutscher Bischöfe VI, S. 175f.).

71 Vgl. den Entwurf ebd., S. 184-197 mit dem Text von Fulda ebd., S. 197-205.

72 Ebd., S. 170f.

73 Ebd., S. 185.

zu Kaiser Konstantius gesagt hatte: „Ich bin Bischof. Nun ist die Zeit zu sprechen, denn die Zeit des Schweigens ist vorbei. Länger zu schweigen ist Feigheit, keine Bescheidenheit. Denn es ist ebenso gefährlich, immer zu schweigen als nie. Wir sprechen nicht unüberlegt, weil wir lange geschwiegen haben. Auch jetzt sprechen wir um keines anderen Grundes als um Christi willen.
Johannes sagte auch zu Herodes: ‚Es ist dir nicht erlaubt, solches zu tun.'"[74]
Mit diesen Worten wird klar auf die Obrigkeit (Herodes) verwiesen, der das „non licet tibi" gilt. Hier lag der Ausgangsort von Bischof Machens.
Mit dem Hinweis auf die Obrigkeit ist die inhaltliche Brücke geschlagen zum Vergleich des vieldiskutierten Textes, der das 5. Gebot konkretisiert. Im Entwurf liest man: „Mord bliebe Mord, auch wenn er auf Befehl der Obrigkeit angeblich im Interesse des Gemeinwohls ausgeübt würde: an schuld- und wehrlosen Geistesschwachen und -kranken, an unheilbar Siechen und tödlich Verletzten, an erblich Belasteten und lebensuntüchtigen Neugeborenen, an unschuldigen Geiseln und entwaffneten Kriegsgefangenen, an Menschen fremder Rasse und Abstammung, an Strafgefangenen, die nicht mit vollem Recht wegen eines todeswürdigen Verbrechens zum Tode verurteilt sind."[75]
Der verabschiedete Text lautet: „Tötung ist in sich schlecht, auch wenn sie angeblich im Interesse des Gemeinwohls verübt würde: an schuld- und wehrlosen Geistesschwachen und -kranken ..."[76]
An dieser zentralen Stelle wird die Frage nach Sinn und Tragweite der Endformulierung besonders dringlich. Vom Inhalt her sind beide Aussagen – so überraschend es klingen mag – absolut sinngleich. Mord am „lebensunwerten Leben" darf von keiner Obrigkeit befohlen werden – er bliebe Mord! „Tötung ist *in sich schlecht* ..." beinhaltet als mitgegebene Konsequenz, daß ihre Unerlaubtheit auch der Obrigkeit aus dem eigenen Handlungsinhalt vorgegeben und absolut unverfügbar ist. Der Bezug auf die Obrigkeit bleibt indes nur noch dem Kenner der Moraltheologie als ungenannte Konsequenz erkennbar.[77] Sie klingt allenfalls noch undeutlich im „angeblichen" Gemeinwohl an. Ihm sind nach der christlichen

---

74 Ebd., S. 196.

75 Ebd., S. 190.

76 Ebd., S. 201.

77 Was als Vorgegebenheit unverfügbar ist, bleibt es auch für die Obrigkeit. Die Morde des

Sozialethik aber alle verpflichtet.[78] Trotz der logisch-inhaltlichen Gleichheit ist der kommunikative Aussagewert ein anderer, ob die Obrigkeit in ihrer Hauptverantwortung genannt und in ihre Grenzen gewiesen oder ob sie unausdrücklich von den Konsequenzen nur mitbetroffen wird. Man darf hinter dem Wort „Obrigkeit" eine ähnliche Brisanz vermuten wie hinter dem früher behandelten Kürzel „Gestapo".[79]

So wird man Preysing und seinem bald verhafteten und hingerichteten Freund Moltke beipflichten müssen, daß mit der Verhüllung einiger regimebelastender Flecken dem Text an zentraler Stelle entscheidende „Farbe" genommen wurde. Der psychologische Orientierungswert des Textes mußte beeinträchtigt sein.[80] Doch kann – im Bilde gesprochen – nicht daran gerüttelt werden, daß die „Umrisse" oder „Konturen" des zu Sagenden beibehalten wurden: Dadurch waren die „Felsblöcke vom Sinai" dem Suchenden im Nebel aller Verworrenheiten erkennbar geblieben. Im „Nebel" der allgemeinen Kriegsschrecken war immerhin auf weit schlimmere Ruchlosigkeiten verwiesen worden.[81]

So begreift man leicht die unterschiedlichen Umschreibungen, die bei Volk vorkommen. Die Aussage*absicht* der Bischöfe hat Volk 1980 in einer „maximalen" Interpretation herausgestellt: „Nicht ohne Vorbedacht begannen die Unterzeichner ihre scheinbar bloß theoretische Aufzählung möglicher Gebotsverletzungen mit der Wendung gegen die Euthanasiemorde, an deren Realität nicht zu zweifeln war. Unausdrücklich aber taten sie noch mehr, und zwar etwas sehr Entscheidendes. Indem sie in dem Katalog der Gebotsverletzungen vom unbestreitbar Erwiesenen (Euthanasie) zum vage Gewußten oder ungläubig Geahnten (Judenmord) fortschritten, bürgten sie mit ihrer Bischofsautorität für die Tatsächlichkeit der aufgezählten Greuel, so sehr sie den Wahrheitsbeweis im

---

NS-Regimes waren von der höchsten Spitze befohlen und nach der enttäuschenden Erfahrung mit der Euthanasie bewußt verheimlicht. Vgl. Longerich, Die Ermordung der europäischen Juden, S. 427-430.

78 J. Messner, Das Gemeinwohl. Osnabrück 1962, S. 37ff.

79 Eine Untersuchung der Tabuzonen und Tabubegriffe des Dritten Reiches steht noch aus.

80 Hier war nun allerdings auch das Urteil der Bischöfe unterschiedlich: Faulhaber nahm Hitler von den Verbrechen aus, Preysing nicht.

81 Man fügt den Zeitgenossen jener Schrecknisse kein Unrecht zu, wenn man z. B. die Wahrnehmungsschranke vieler Deutscher unter dem Eindruck des Bombenterrors und der vielen Bevölkerungsbewegungen erhöht sieht. L. Volk weist darauf hin, daß der Abtransport der Juden z.B. in Bayern weithin nicht bemerkt worden sei (vgl. Volk, Kirchenkampf II, S. 98, Anm. 2; S. 111, Anm. 137). Vgl. auch das Kapitel „Kenntnis und Apathie" in Longerich, Die Ermordung der europäischen Juden, S. 427-451).

einzelnen hätten schuldig bleiben müssen."[82] Die Grenze ihrer Aussage liegt in der kasuistischen Textgestalt und in der hypothetischen Form, bedingt durch die Beweisnot, in der sie standen. Das bleibt auch bestehen, wenn man die von Volk angeführte Beobachtung hinzunimmt, daß als Ausgangspunkt die tatsächliche „Euthanasie" genannt wird. Volk kann also sagen: „Zu einem öffentlichen Einspruch [= Protest] der Bischöfe gegen die Judenvernichtung ist es allerdings nicht gekommen."[83] Hier wird von Volk der fundamentale Unterschied von Protest und lehrhafter Erörterung vorausgesetzt, den wir uns zu eigen machen. 1980 heißt es: „Je nach individueller Prädisposition begriffen die Zuhörer unter der Kanzel, auf welche konkreten Untaten der Staatsführung die Bischofsworte zielten, oder wurden zumindest auf die richtige Spur gebracht."[84] Hier ist die Vorkenntnis entscheidend für das Verständnis. Es reicht von der Ahnung, die eine ausgelegte Spur aufgreifen kann, bis zum Wissen, das nur der moralischen Verschärfung bedarf.
1981 ist zu lesen: „Erschließen konnte sich der *volle* Bedeutungsgehalt dieser Aussage freilich nur dem, der von der Judenvernichtung und dem Massensterben in deutschen Kriegsgefangenenlagern im Osten bereits wußte."[85] In jedem Falle aber gibt Volk den unterschiedlichen Wissensstand der Zuhörer als Hindernis dafür an, daß den Juden in ihrer beispiellosen Not kein „zweiter Galen" zur Hilfe eilte.[86] Volk ist der Meinung, daß hier kein ähnlicher Mobilisierungseffekt in der Öffentlichkeit zu erzielen war, weil der Judengenozid den Wissens- und Vorstellungshorizont der normalen Menschen überstieg und zugleich durch einen undurchdringlichen Kordon des organisierten Schweigens geschützt war. Man verfehlt den Standpunkt des Historikers, wenn man mit ihm den Ausfall des „zweiten Galen" beklagt und unerwähnt läßt, daß

---

82 Volk, Kirchenkampf II, S. 105.

83 Handbuch der Kirchengeschichte VII (nach K. Repgen S. VIII 1976 fertiggestellt), S. 550f.

84 L. Volk, Nationalsozialismus. In: ders., Katholische Kirche und Nationalsozialismus. Mainz 1987, S. 105.

85 Ebd., S. 140.

86 Vgl. dazu die Unterscheidung des konventionellen und des unkonventionellen Staatsapparates bei Jäckel. Der letztere kannte nur mündliche Anweisungen unter der Auflage absoluten Stillschweigens. Schriftliche Niederschläge waren nur an den Nahtstellen zum konventionellen Staatsapparat zu erwarten, z.B. im Oberkommando der Wehrmacht. So finden wir etwa H. J. von Moltke wenigstens teilinformiert (vgl. Jäckel, Hitlers Herrschaft, S. 104f.).

es diesen nach der ausführlichen Darlegung Volks in der vorgegebenen Situation des Judengenozids nicht geben konnte.[87]
Im Kölner Entwurf wurde ausdrücklich betont, daß auch der Befehl der Obrigkeit keinen Mord je sanktionieren könne. Hier wurde die Spur natürlich viel deutlicher ausgelegt, weil auf befehlende und befohlene Mörder hingewiesen worden war. Doch bliebe auch jetzt der Wesensunterschied zum öffentlichen *Protest* als solchem bestehen. So scheint der von H. J. von Moltke und Preysing beklagte Verlust der „Farbe" in der Endfassung zwar keinen logischen Unterschied zu bedeuten, doch ist das prophetische „non licet *tibi*" fast tödlich verblaßt. Die Differenz zeigt deutlich den Mut und die Risikobereitschaft der westdeutschen Bischöfe wie auch die Schwere ihres Verzichtes auf einen geplanten Text, der zudem die Hoffnung der Kreisauer gewesen war. Die westdeutschen Bischöfe leisteten ihren Verzicht zugunsten der gesamtepiskopalen Einheit.[88]
Nehmen wir Bertrams Absicht, den Standpunkt der Kirche von Mißdeutungen reinzuhalten, und Machens' Willen, den Bedrängten zu helfen, als Kriterium der Tendenzen in der Textgestaltung, dann vollzog sich in Fulda am 17. August 1943 eine Annäherung an die Absicht des Breslauer Vorsitzenden, der den umgestalteten Text für annehmbar hielt.[89] Doch behielt er sich auch jetzt noch örtlich bedingte Auslassungen vor.[90]

---

87 „In der Tat liegt ein echter und beklagenswerter Unterschied darin, daß den Juden in ihrer Bedrängnis kein zweiter Bischof von Galen erstanden ist" (Volk, Kirchenkampf II, S. 110). Das auch von Historikern aller Richtungen gern zitierte Wort wird kaum jemals mit den sofort folgenden Ausführungen Volks kommentiert. Diese zeigen aber, daß bei den Judenvernichtungen die Hauptvoraussetzung der Euthanasiepredigt fehlt: eine durch Information und Empörung disponierte Zuhörerschaft. Auch fehlte den Bischöfen ein demonstrierbares Wissen (ebd., S. 110f., bes. auch Anm. 37).

88 Die einschlägigen Erfahrungen waren für die Bischöfe schwer sortierbar: das tragische Schicksal J. B. Sprolls von Rottenburg (P. Kopf, Johannes Baptista Sproll. Sigmaringen 1988) und von Galens situationsbedingte Verschonung. Sie waren die notorischen Einzelgänger des Episkopats gewesen, ungebrochen beide, doch der eine im Psychoterror gelähmt und vereinzelt, der andere erfolgreich und vom Volk getragen.

89 Volk, Akten deutscher Bischöfe VI, S. 171, Anm. 10: „Der Hirtenbrief betr. Dekalog in seiner ersten Form fand nicht meine Zustimmung. In der jetzt aus Fulda mitgebrachten neuen Gestaltung halte ich ihn für annehmbar."

90 Ebd.: „Auch halte ich für angängig, wenn einzelne Stellen unerwünscht erscheinen bei Vorliegen bedeutsamer Bedenken aus örtlichen und dergleichen Gründen, sie zu streichen. Das ändert die Zustimmung zum Gesamten nicht." Im Klartext könnte das bedeuten, der Breslauer Kardinal habe die Lösung seiner Außenseiterprobleme in einer

Mit Anleihen aus dem Entwurf des Dekalog-Pastorale wurde nun auch der Buchberger-Text brisanter gestaltet, auch mit Stücken aus dem Hirtenwortentwurf des Erzbischofs Frings zum Bombenkrieg.[91] Hier scheint wieder die schon genannte Regel zu gelten, den Provokationsgehalt aller verabschiedeten Texte auf einer konstant bleibenden Summe zu halten. Das aussageschwache Buchberger-Papier wird verstärkt, während das Dekalog-Wort verblaßt erscheint.[92] Da Buchbergers Entwurf jetzt Kontur aus den Kölner Texten gewinnt, schlägt auch hier die offensive Haltung der westdeutschen Bischöfe in den Konferenzergebnissen durch.[93] Wie diese „Mischung“ auf die Hörer, den SD und die Gestapo wirkte, wird uns in der Würdigung des nächsten Abschnitts (S. 321) begegnen.[94]

Es sei aber nicht versäumt, auf eine Verschärfung des Buchberger-Textes aufmerksam zu machen, die offenbar der Hand des Kardinals Faulhaber entstammt. Faulhaber hatte in seinem Handexemplar „Gottlosigkeit, Seelenlosigkeit, Verelendung und Versklavung“ angetroffen.[95] Dazu notierte er sich stenographisch: „Darum unverständlich, auf Jugend Gewissensdruck ausgeübt, Warthegau, landverschickte Kinder, Abhaltung von Gottesdienst auch heute unter Ausnahmerecht.“[96] Im verabschiedeten ersten Hirtenwort der Plenarkonferenz lesen wir: „Aber leider müssen wir mit tiefem Bedauern feststellen, daß der Kampf gegen Christentum und Kirche immer noch fortgeht, daß Unterricht und Schulung in weitem Umfange in den Dienst der Entchristlichung des

---

nur noch partiellen Zustimmung zum Dekalog-Wort von Fulda gefunden. Von der Ausschließung anderer Bischofsmeinungen (Preysing) bis zum verzweifelten Kampf um eigene Reservatrechte waren nur drei Jahre vergangen.

91 Ob man von dem verabschiedeten Dekalog-Wort auch noch mit Kardinal von Faulhaber sagen kann, was er selbst vom Kölner Entwurf an Bertram geschrieben hatte, muß dahinstehen. Er schrieb: „Ich war über das Dekalog-Pastorale, seinen reichen Inhalt, seine würdige Form, seine praktischen Anwendungen hocherfreut.“ (Volk, Akten Kard. Faulhabers II, S. 122, Anm. 1). – H. J. von Moltke resümierte im Geiste Preysings: „Traurig, nicht wahr. Doch gab es da nichts Neues“ (von Moltke, Briefe an Freya, S. 531). – Das der Stunde angemessene Wort hatte J. Frings in seinem Entwurf zum Bombenterror gefunden (Volk, Akten deutscher Bischöfe VI, S. 176).

92 Die Ausführungen des Entwurfs sind eine eindrucksvolle Fortsetzung des Kampfes gegen die Apotheose des rassistischen Neuheidentums, während die Endfassung sich in Allgemeinheiten verliert (vgl. ebd., S. 186 und 198).

93 Volk, Akten deutscher Bischöfe VI, S. 178-184.

94 Ebd., S. 192 und S. 202, wo der Endtext die explizit genannten Juden ausläßt.

95 Ebd., S. 173.

96 Ebd., Anm. a-b als stenographischer Randvermerk Faulhabers.

Volkes, besonders der Jugend gestellt wird; ... daß auf viele Christen immer noch ein schwerer Gewissensdruck ausgeübt wird, der im Warthegau einer fast völligen Unterdrückung der christlichen Religion gleichkommt."[97]

Ein sehr instruktives Beispiel für die Tendenzen in der Plenarkonferenz ist ein Text aus der ersten Kölner Vorlage zum alliierten Luftterror gegen die Zivilbevölkerung.[98] Der Text bezeugt in seiner Ausgewogenheit und Offenheit, daß ethische Gehalte die kriegsbedingten Grenzen überschreiten müssen. Mit der Wendung gegen den alliierten Bombenterror setzt die Anklage ein: „Wir deutschen Bischöfe legen feierlich Verwahrung ein gegen eine solche barbarische Art der Kriegsführung, gegen dieses Hinmorden von unschuldigen Frauen, Kindern und Greisen, gegen diese wahnwitzige Zerstörung von Kunstwerken und Heiligtümern, die der ganzen Welt gehören. Wir legen Verwahrung dagegen ein, wie wir auch Verwahrung einlegten und einlegen gegen jede Vergewaltigung des fünften Gottesgebotes, gegen die Tötung von Menschen, nur weil sie fremder Rasse sind, gegen die Tötungen von Kriegsgefangenen und Geiseln, die persönlich ohne Schuld sind, gegen die Ausmerzung angeblich lebensunwerten Lebens. Gott allein ist der Herr des Lebens, wie er alles erschaffen hat."[99]

Wir stehen hier vor der beklagenswerten Tatsache, daß ein von den westdeutschen Bischöfen getragener Text uns heute noch wie ein Leuchtfeuer erscheinen muß, das in der Plenarkonferenz zum Erlöschen kam. Der verabschiedete Text kann durch seinen Wortreichtum die inhaltliche Entleerung nicht verhüllen: „Wir können es uns endlich auch nicht versagen, unserem tiefsten Schmerz und Grauen Ausdruck zu verleihen über die wahrhaft unmenschlichen Formen, in die der Krieg ausgeartet ist. Krieg ist der ritterliche Kampf zwischen kämpfenden Gegnern, aber Massenmorde an unschuldigen Nichtkämpfern, sogar an Kindern, Greisen und Kranken, Zerstörung von Gotteshäusern, von Werken der Kultur und christlichen Liebe, die bisher jeder Feind verschont hat, das kann nicht mehr als Krieg bezeichnet werden, dafür ist dieses furchtbare Wort noch viel zu gut. Es liegt nicht in unserer Macht, diesem schrecklichen Zerstörungswerk Einhalt zu gebieten, aber wir erheben dagegen

97 Ebd., S. 182.

98 Ebd., S. 175-178.

99 Ebd., S. 175f.

mahnend, warnend und bittend unsere Stimme, *wie wir es immer und gegenüber allen getan haben, die in das Recht Gottes über das menschliche Leben eingegriffen haben*“ (kursiv v. H. G.).[100]
Von der genauen und vollständigen Auflistung der Nazigreuel bleibt ein nichtssagender Allgemeinplatz (vgl. die kursive Stelle), während der Kriegsterror der Alliierten der Goebbels-Propaganda als willkommene Offerte zugereicht wird.
Hier sind die Nazi-Verbrechen ins Ungreifbare verflüchtigt, während der Entwurf von Frings über den Krieg in exemplarischer Neutralität, die keine ethische Neutralität ist, Verbrechen hüben und Verbrechen drüben namhaft macht.
Aus vielen Abschwächungen sei noch eine genannt, in der sich die Richtungskämpfe in der von Kardinal Faulhaber mit Energie, Geschick und Mut geleiteten Konferenz geradezu versinnbildet haben: die Kürzung der *Schriftstelle aus dem Galaterbrief* zur grenz- und völkerüberschreitenden Befreiungstat Christi. Das Fehlen des notwendigen Muts, dem Vorschlag des westdeutschen Konveniats zu folgen und das aktuellste Bibelwort des N. T. zur Judenfrage im Rahmen des konkordatären Verkündigungsauftrages vollständig zu zitieren, berührt schmerzlich. Wir stellen in der Zitation die westdeutsche und die Fuldaer Form nebeneinander.[101] Beide Zitate sind bezogen auf die Ehe mit den christlichen Juden, welche nach der Scheidung umgebracht werden sollten. Gemeinsam ist beiden Vorlagen das Wort: „Was Gott verbunden hat, das darf der Mensch nicht trennen“ (Mt 19,6).
In der westdeutschen Vorlage lesen wir sodann aus dem Galaterbrief 3,26ff.: „Ihr alle seid durch den Glauben Söhne Gottes in Christus Jesus. Alle, die ihr auf Christus getauft seid, habt Christus angezogen. *Da ist nicht mehr Jude noch Grieche, nicht mehr Sklave noch Freier, nicht mehr Mann und Weib*; ihr alle seid einer in Christus Jesus.“[102]
Im endgültigen Hirtenwort finden wir davon nur dies: „Ihr alle seid durch den Glauben Söhne Gottes in Christus Jesus. Alle, die ihr auf Christus getauft seid, habt Christus angezogen.“ Als Schriftverweis finden wir dann eine Merkwürdigkeit, nämlich Gal. 3,26*ff*. Nach gewohnter Zitation wäre zu erwarten: Gal. 3,26*f*. Man mag sich den Kopf darüber

---

100 Ebd., S. 182f.

101 Volk, Akten deutscher Bischöfe VI, S. 192 u. S. 202.

102 Ebd., S. 192.

zerbrechen, ob das ein Versehen ist oder ob das stehengebliebene „ff“ den Leser oder Hörer des Wortes auffordern sollte, zu dem gekürzten Zitat daheim den Vers 28 nachzuschlagen.[103] Die entscheidende Aussage ist ausgelassen! Es bleibt bei der allgemeinen Aussage: „Ihr alle seid Söhne Gottes ...“ Man könnte hier auf eine Analogie zum Menschenrechtsprotest der westdeutschen Bischöfe verweisen (S. 205). In ihm nannte Bischof von Galen die Nichtarier, während seine Mitbischöfe bei den Grundrechten *aller* Menschen stehenblieben. In jedem Falle gilt aber, daß der Protest in beiden Fällen konkrete Verbrechen voraussetzte, während die Lehrverkündigung des Dekalogs sie in den hypothetischen Konjunktiv versetzte. Unabhängig aber von solchen Überlegungen, war die Zitation zentraler Schriftstellen des Neuen Testamentes ein Bestandteil konkordatär zugestandener Glaubensverkündigung. Die Schriftstelle *Gal 3,26ff.* ist ohne Zweifel eine der zentralsten Erlösungsaussagen, die in dieser grauenvollen Zeitlage weniger denn je eine solche Kürzung vertrug! So hat die bedauernswerte Auslassung bis heute im Nachweis (= „ff.“) der Stelle ihr Symbol.[104] Sehen wir die Situation auch noch im Blickwinkel der betroffenen christlichen Nichtarier, die von der Anrede „Ihr alle“ dieser Stelle erfaßt waren. Durch die selektive Auslassung des Verses mußte sich das jüdisch-christliche Gemeindemitglied in besonders schmerzlicher Weise allein gelassen fühlen.[105]

Über öffentliche evangelische Stellungnahmen von 1943 im Sinne des 5. Gebotes berichtet U. von Hehl im Anschluß an das Dekalog-Pastorale von Fulda: „Vier Wochen später erging ein ähnlicher Mahnruf der zwölften Bekenntnissynode der Evangelischen Kirche der altpreußischen Union in Breslau, während Landesbischof Wurm in Stuttgart am 1. Oktober 1943 öffentlich feststellte: ‚(Unser Volk) hat große Schuld auf

103 Ebd., S. 202.

104 Mit Sicherheit ist es wohl eine Auslassung, da kaum ein Lektor des Hirtenwortes die Schriftstelle nach der Art exegetischer Zitation mit „folgender ...“ oder „folgende ...“ kenntlich gemacht hätte. So könnte es allenfalls für den Vorlesenden selbst ein Hinweis gewesen sein. Doch dürfte es sich bei dem doppelten „f“ wahrscheinlich um ein Versehen handeln.

105 Reichskonkordat Art. 1 (Stasiewski, Akten deutscher Bischöfe II, S. 405). Schon am 27. 10. 1941 schrieb W. Berning an Bertram von der Beobachtung oder Sorge, daß die christlichen Nichtarier sich, obgleich kaum (sic!) Schwierigkeiten durch Gläubige entstanden seien, doch aus dem Gottesdienst zurückziehen würden (Volk, Akten deutscher Bischöfe V, S. 583f.).

sich geladen durch die Art, wie der Kampf gegen die Angehörigen anderer Rassen und Völker vor dem Krieg und im Krieg geführt worden ist. ... Können wir uns wundern, wenn wir das nun auch zu spüren bekommen? Und wenn wir's nicht gebilligt haben, so haben wir doch oft geschwiegen, wo wir hätten reden sollen!'«[106]

106 Hehl, Die Kirchen in der NS-Diktatur, S. 178f.

Kapitel 3

Paderbornensia im Zweiten Weltkrieg

Die Führungsschwerpunkte Lorenz Jaegers müssen sich schon bald von denen seines Vorgängers unterschieden haben. Im kirchenpolitischen Felde war der Wille der Seelsorger zum Widerstand gegen polizeiliche Schikanen immer wieder an der Loyalitätsbindung gegenüber der weltlichen Obrigkeit zum Erliegen gekommen.[1] Dabei hatte sich wohl eine gewisse Resignation gegenüber dem eigenen Ordinariat gebildet.[2] Im Hintergrund stand dominierend die Bindung an den Loyalitätskurs von Breslau.[3] Die Zahl der KZ-Einweisungen und sonstigen Polizeistrafen lag weit über dem Durchschnitt der Bistümer.[4]

Es wirkt im Rückblick realistisch, wenn Jaeger bereits im November in Paderborn die Konflikte seiner Priester mit dem Hinweis auf den moraltheologischen Ausweg der „Epikie" beantwortet hat. Als Tugend der Tapferkeit verwandt, sei sie der Mut zur eigenverantwortlichen Entscheidung im Konflikt mit entgegenstehenden staatlichen Gesetzen.[5] Im eigenständigen Gewissensentscheid, aber in Bindung an das Ganze von Evangelium und Kirche dispensiere sich der Mensch vom entgegenstehenden staatlichen Gesetz. Die sichere Beherrschung und Empfehlung

---

1 Vgl. z. B. D. VIII, Z. 97-102.

2 Ebd.

3 In der grundsätzlichen Bejahung des Bertram-Kurses scheint kein wesentlicher Unterschied zwischen Kardinal Schulte und Erzbischof Klein bestanden zu haben. Mit dem Tode beider Metropoliten trat im Sommer 1941 eine offenere Lage ein.

4 Hehl, Das Kirchenvolk im Dritten Reich; Gotto/Repgen, Die Katholiken und das Dritte Reich, S. 84, Anm. 42. Paderborn liegt hier mit 60 % betroffener Geistlicher an der Spitze. Vgl. auch U. von Hehl, Priester unter Hitlers Terror. Mainz 1984, S. LXXIII-XC. Paderborn liegt immer im ersten Drittel.

5 Reineke, Jugend, S. 177. Die „excusatio" vom positiven menschlichen Gesetz (staatlich und kirchlich) ist hier nach Thomas vollkommener als die buchstäbliche Rechtlichkeit, weil sie der *Idee* der Gerechtigkeit folgt. Ihre Auslegung von der Tapferkeit her war im Blick auf den totalitären Zwangsstaat situations- und sachgerecht. (Vgl. J. Mausbach, Katholische Moraltheologie. Münster 1927, I, S. 88f.)
Jaegers Auslegung der Epikie ist also ähnlich der an Thomas angelehnten Tugendlehre von Mausbach an der Idee der Gerechtigkeit orientiert, nicht an der „intentio ipsissima" als der tieferen Absicht des Gesetzgebers wie in der Scholastik der Neuzeit. Die letztgenannte Auslegung führt sich am Totalitarismus ad absurdum (vgl. hier auch besonders LThK 3, 1959, Sp. 934f.).

dieser Lehre imponierte Reineke.[6] Demnach stellte sie wohl ein geübtes, bewährtes und durchreflektiertes Verhalten aus Jaegers vorbischöflicher Zeit dar, als den Staatsbeamten eine Unzahl schikanöser totalitärer Gesetze in der Ausübung seiner seelsorglichen Aufgaben an Jugend und Gemeinde behindern sollte.[7] In eigener Sache hat er also dem spektakulären Protest die schlichte Nichtbeachtung vorgezogen. Im totalitären Verständnis war ein solches Vorgehen ruinös und landesverräterisch. Von einer totalitären Auslegung seines Beamten- und Soldateneides, der ja auf Hitler persönlich zu leisten war, muß er schon immer durch Lichtjahre getrennt gewesen sein.[8] Doch ist dieses von der „Epikie“ bestimmte Verhalten Jaegers auch generell ein Hinweis, daß er gleichfalls in der Dortmunder Zeit hinsichtlich des illegalen Charakters seiner vielfältigen außerschulischen Tätigkeiten keineswegs ahnungslos gewesen sein konnte. Er hatte seinen Weg gefunden und im Lichte der für ihn gültigen moraltheologischen Prinzipien zu rechtfertigen gewußt.

Die aus der liturgischen Bewegung hervorgegangene aktive Beteiligung der Jugend an den gottesdienstlichen Vollzügen, die von M. Kassiepe und C. Gröber als Gefährdung kirchlichen Lebens bekämpft wurde, lieferte Jaeger das Modell, auf das die ganze Gemeinde hinzuführen sei.[9] Der Ertrag der liturgischen Erneuerung sollte also die ganze übrige Gemeinde bestimmen. A. Reineke hatte vorsorglich dahin zu wirken, überall das Gespür zu wecken, es gehe nicht „um revolutionäre Veränderungen“.[10] Tatsächlich kann es aber wohl keinen Zweifel daran geben, daß diese Richtung zur Mehrheit des deutschen Episkopates im diametralen Gegensatz stand. Die Jugendbewegung kämpfte in der Kirche noch um eine bescheidene Sonderdomäne, als Jaeger in ihrem liturgischen Bemühen schon die Zukunft der Gemeinde sah. Da hier ein ganzes Bündel

---

6 Reineke, Jugend.

7 Das „Sündenregister“ Jaegers aus seiner Dortmunder Zeit führte bekanntlich zum Einwand des RSHA (vgl. S. 29). Gestapo und Parteikanzlei sahen freilich nur die Spitze des Eisberges. Der für Tapferkeit vor dem Feinde ausgezeichnete Offizier verschmähte gegenüber diesem verschlagenen und kriminellen Gegner nicht das Instrument der Tarnung, das die Methode des „positiven Abfangens“ bestimmte.

8 Bei Jaegers enger kirchlicher Bindung war die Verpflichtung jedes Eides an die klassischen Voraussetzungen der katholischen Moral gebunden, besonders an die sittliche Erlaubtheit der geforderten Tat. Vgl. auch Epikie.

9 Reineke, Jugend, S. 185-192. Schon in der Weiheansprache in der Marktkirche ist es als Aufforderung an die Jugend enthalten (vgl. D. VII, Z. 144-148).

10 Reineke, Jugend, S. 152.

kirchlicher Vorschriften im Wege stand, waren wohl auch, obgleich von Jaeger im Gegensatz zu Reineke nicht genannt, Anwendungen innerkirchlicher „Epikie“ nicht zu umgehen.[11]
Die allgegenwärtige Gestapo gewahrte sogleich, daß der Erzbischof versuchte, durch Aktivierung der Jugendarbeit in den Gemeinden die Erwachsenen zu beeinflussen. Sie berichtet in Düsseldorf: „Es ist aber weiter bekannt geworden, daß Lorenz Jaeger immer mehr in geschickter Form, z. B. durch die Aktivierung der Jugendarbeit und Abhaltung von Dekanatskonferenzen, bei denen er zum Teil selbst zugegen ist, gegen die Belange des Großdeutschen Reiches arbeitet.“[12]

Nach Reineke lag eine doppelter Schatten über dem Amtsantritt Jaegers: die Verhaftungswelle gegen Mitglieder verbotener Jugendverbände[13] und das Wissen um einen nahen Mitgeistlichen als V-Mann des SD.[14] Nach dem Bericht des Generalvikars F. M. Rintelen senkte sich ein weitaus tieferes Dunkel nieder: der Abtransport der jüdischen Mitbürger.[15] Der Generalvikar erfuhr kurz nach dem 8. Dezember 1941 – während einer Firmreise des Erzbischofs – von ihrem geplanten Abtransport.[16] Sein Gewissen stellte ihm die Frage, ob er am nächsten Sonntag – noch in Abwesenheit des Erzbischofs – gegen Abtransport und Mitwirkung bei ihm Einspruch von den Kanzeln zu erheben habe. Ihm war klar, daß nur vor der Aktion noch etwas zu bewegen gewesen wäre.[17] Der rasche Abtransport überholte jede Möglichkeit.[18]
Der Generalvikar sah den traurigen Marsch der mit ihrem Koffer

---

11 Ebd., S. 193.

12 StA Düsseldorf, RW 58 (2503).

13 Reineke, Jugend, S. 143-148.

14 Ebd., S. 148f. u. S. 152-158.

15 Rintelen, Erinnerungen, S. 101ff. (Ern.: 7. 11., Dienstantr.: 8. 12. 1941, S. 90 u. S. 101).

16 Ebd.

17 Ebd.

18 Ebd. Vgl. zu den Auskünften Rintelens, der hier als Augenzeuge spricht, die Angaben bei Klaus Himmelstein (Ortserkundung, Paderborn 1994, S. 30ff.). Hier ist zur ersten der fünf Deportationen (10. 12. 41; 30. 3. 42; 8. u. 11. 7. 42; 28. 7. 42; 1. 3. 43) als Station der Nordbahnhof, nicht der Bahnhof am Kasseler Tor genannt. Indes kann Rintelen hier kaum irren, da er selbst am Kasseler Tor den Vorgang beobachtet hat. Jede Verwechselung mit späteren Deportationen von diesem Bahnhof (am 30. 3. u. 28. 7. 1942) entfällt, weil seine Erinnerung mit ganz besonderen Lebensumständen verwoben war: Der gerade seinen Dienst aufnehmende Generalvikar stand in Abwesenheit des Erzbischofs sogleich vor einer singulären Entscheidung.

Dahinziehenden. Er wußte, daß der mit Gepäck gefüllte Schlußwaggon schon auf dem Bahnhof am Kasseler Tor abgekoppelt worden war. Auch hörte er die gezielte Version, „sie seien zur Arbeit nach dem Osten gebracht worden".[19] Doch konnten seine dunklen Ahnungen nicht den Beweisnotstand beheben, den der dichte Kordon des Schweigens um die Ereignisse legte.
Rintelens Angaben finden ihre Bestätigung in den Akten der Außenstelle Bielefeld: Am 16. Dezember 1941 verließen 400 Juden den Regierungsbezirk Minden, ihr Wohngebiet, nachdem am Donnerstag, dem 11. Dezember 1941, ihre Todesfahrt in den einzelnen Orten am frühesten Morgen begonnen hatte. Ziel und Bestimmungsort der Transporte wurden verschwiegen und verschleiert.[20]
Als der Paderborner Erzbischof vor Weihnachten von der Firmreise zurückkam, hielt er am 16. Dezember 1941 den durch Kurier von Münster überbrachten Denkschriftentwurf in Händen,[21] den Preysing aus dem Menschenrechtshirtenwort vom 15. November 1941 für die Eingabe geformt hatte.[22] Er sollte das Protestwort der Bischöfe bestimmen, das beim Ausbleiben einer Antwort nach zwei Monaten in allen katholischen Kirchen zur Verlesung zu bringen war.[23] In ihm sah er neben dem Vorwurf vom „Bolschewismus" im eigenen Land auch das Lebensrecht der Nichtarier eingefordert.[24] Dem Schritt in die Öffentlichkeit hatte Kardinal Bertram zu dieser Zeit (anscheinend oder nur scheinbar?) zugestimmt (S. 191f.).
Durfte der Erzbischof hoffen, daß die gemeinsame Berufung auf die gleichen Lebensrechte der Nichtarier schon nach zwei Monaten Kirchenbesucher und Bevölkerung erreichen würde (S. 193)?
Eben dieser 16. Dezember 1941 stürzt nicht nur alle Deutschen dieser Region in Schmerz und Betroffenheit, er ist auch ein Signal für die Christen und alle Menschen, die das Nachdenken heute wie damals nicht

---

19 Ebd., S. 102.

20 Ebd. StA Detmold. M 18, Nr. 17, Bl. 164. – Longerich, Die Ermordung der europäischen Juden, S. 155f. Zu Theresienstadt: Diese Ausnahmeregelung geschah im Hinblick auf mögliche Nachfragen und Interventionen (ebd.). Ferner: Frankemölle, Opfer und Täter.

21 D. XI.

22 Volk, Akten Faulhabers II, S. 853, Anm. 3.

23 Ebd., S. 850, Anm. 3.

24 D. XI, Z. 16ff., 121-126.

scheuen. Der Menschenverächter, der in zügelloser Hybris nach den jüdischen Mitbürgern griff, der die Sowjetunion unter dem Vorwand des Präventivkrieges überfiel und ihre Menschen auszurotten begann, wurde jetzt von den ersten Vorzeichen der Nemesis eingeholt.

Eben der 16. Dezember 1941 signalisiert allen Nachdenklichen, daß mit dem Kältesturz eines russischen Jahrhundertwinters das große Sterben des Ostheeres begonnen hatte. Kein Standhaltebefehl Hitlers konnte seine frevelhaft unterlassene Winterplanung und -ausrüstung wiedergutmachen. Hybris und Nemesis begannen ihr Bündnis immer sichtbarer und fühlbarer zu vollstrecken.

Neben verborgenen Hilfen, von denen halbverlorene Spuren zeugen, ist eine Gestapo-Rüge zu nennen, die festhält, daß die Bevölkerung des Hochstifts sich gegen die antisemitische „Aufklärung" taub zeige. Auch die propagandistische Hetze gegen die russischen Gefangenen (s. u.) wurde gestartet, um eine offenkundige Unruhe der Bevölkerung zu dämpfen.

So bedrückend wie der rasche und unauffällige Abtransport jüdischer Mitbürger – Endstation einer langen Verfemung, die ihre Dokumentation im Judenstern (1. 9. 1941) gefunden hatte – war die Konzentrierung und Dezimierung der russischen Kriegsgefangenen in Hövelhof (1942). Ohne Obdach und Nahrung vegetierten sie dahin![25] Nachdem ihre Reihen schon im Osten ausgelichtet waren, wurden die Reste zum Arbeitseinsatz bestimmt. In einer großangelegten Verleumdungskampagne des Propagandapparates mußten nun die angeblichen „Untaten" dieser „slawischen Untermenschen" ihr leidvolles Los „rechtfertigen".[26] Auch hier hat es verschwiegene Helfer und Hilfen gegeben, freilich nur Tropfen in einem Meer der Qual. Auch hierzu haben die Bischöfe – ebenso wie zur Judenermordung – nicht geschwiegen (S. 250). Wer aber von den Deutschen im damaligen Unheilsreich Hitlers hat in dieser Endphase außer den Bischöfen überhaupt öffentlich die Nazi-Verbrechen verurteilt?

Zu vorschnell wissen zu wollen, welche Hilfen unterblieben sind, ist als „Argument aus dem Schweigen" mit einem Irrtumsrisiko belastet. Die nach dem Zeugnis des Trierer Diözesanpriesters Hugo Pfeil von Jaeger an

25 StA. Detmold. M. 18, Nr. 19, Bl. 50.

26 C. Streit, Sowjetische Kriegsgefangene – Massendeportationen – Zwangsarbeiter. In: Michalka, Der Zweite Weltkrieg, S. 747-760. Ferner wie Anm. 25, ebd. Vgl. speziell: Hüser/Otto, Das Stammlager 326.

seine Dachauer Priester gerichteten und persönlich beschrifteten Pakete blieben durch ein halbes Jahrhundert unthematisiert (S. 271, Anm. 66).

Mit dem Führerstopp zur „Euthanasie“ vom 24. August 1941 begann die Verlegung der dafür bestimmten Mordkommandos in die Ostgebiete: Die *planmäßige* Vollstreckung des Genozids an den Juden lief an. Im Reichsgebiet setzte die Phase der „wilden Euthanasie“ ein, gekennzeichnet durch äußerlich regellose Hin- und Hertransporte, bei denen durch Hunger und Todesspritze noch viele Tausend ermordet wurden, belastet auch durch erschwerten Beweisnotstand der Bischöfe! Vorher waren auf die Überstellung in notorische Tötungsanstalten die Todesmeldungen eingegangen.
Beunruhigt durch private Meldungen aus den Anstalten, fragte Erzbischof Jaeger am 8. Oktober 1943 nach den aus Warstein fortgeschafften Patienten bei Landeshauptmann Kolbow an. Indizien deuteten auf ungewöhnliche Todesraten in den Bestimmungsorten.[27]

Die Verschärfung des Luftkrieges im Westen traf die dichtbewohnten Regionen des Ruhrgebietes seit 1943 mit steigender Wucht. Not und Angst in der ständigen Lebensgefahr verwiesen die Seelsorge auf die Trost- und Kraftquellen des Glaubens für die leidende Bevölkerung. Die Erzbischöfe Frings und Jaeger schrieben am 1. Juni 1943 an Hitler: „Man kann es schlechthin nicht fassen, daß in einer solchen für Sein und Nichtsein unseres Volkes entscheidungsvollen Zeit, in der mit Recht Einheit und Geschlossenheit der Volksgenossen verlangt werden, nur denen, die außer ihrem persönlichen Können durch Besuch des Gottesdienstes auch die Kräfte einer höheren Welt für sich und ihr Volk einzusetzen suchen, Beschränkungen in der Ausübung ihrer Religion auferlegt werden sollten.“[28]
Man erinnere sich, daß die Beschränkung der morgendlichen Gottesdienste nach nächtlichem Fliegeralarm auf die Zeit nach 10 Uhr auf einen persönlichen Führerbefehl zurückging, den Kerrl am 29. Oktober 1940 weitergab.[29] Bischof von Galen bezeichnete ihn im Schreiben vom 26. Mai

---

27 Vgl. W. Tröster, „Die ganze Front stand voller Neugieriger, die aber lautlos zusahen.“ „Euthanasie“ an Geisteskranken, dargestellt am Beispiel der Heilanstalt Warstein. In: Wagener, Erzbistum Paderborn, S. 333-363, besonders S. 338 und 353.

28 Volk, Akten deutscher Bischöfe VI, S. 76ff.

29 Ebd., V, S. 234, Anm. 1.

1941 an den Bischof von Osnabrück als fast untragbaren Eingriff in die Freiheit der Kirche,[30] als er ihm kurz vor seinem Durchbruch in die Öffentlichkeit seine drängende Gewissensnot offenbarte.[31] Frings und Jaeger[32] zeichneten die Eingabe auch im Namen der Bischöfe von Trier, Münster, Limburg und Mainz, das dem Konveniat selbst nicht angehörte.[33] Die unterzeichneten Suffraganbischöfe traten durch eine besondere Aktivität im Kirchenkampf hervor.[34] Eine Antwort auf die an Hitler gerichtete Eingabe ist nicht ermittelt worden.[35] Die schikanöse Bestimmung zeigt unverblümt neben Hitlers radikaler Kirchenfeindschaft seine absolut egozentrische Menschenverachtung. Wie anders konnte er der schwergeprüften Bevölkerung an Ruhr und Rhein dieses religiöse Refugium vorenthalten?

Zu den Paderbornensia im engeren Sinne sind im Bereich der seelsorglichen Richtungskämpfe auch die beiden von Jaeger verantworteten Positionspapiere zu nennen, die uns gleichfalls in zeithistorischer Perspektive bedeutsam erscheinen müssen. Die von Reineke anschaulich beschriebene Rücknahme aller früheren Verbandsaktivitäten auf den seelsorglichen Kernraum[36] förderte drei Tendenzen im Leben der Gemeinden:
Die Aktionen der katholischen Jugend richteten sich stärker auf die Mitgestaltung der Liturgie in den „Gemeinschaftsmessen“, generell auf aktivere Teilnahme an den Lebensäußerungen der Kirche in religiöser Heimabendgestaltung und Volksfrömmigkeit.[37]
Die Rückbesinnung auf die existentiellen Grundlagen des Glaubenslebens förderte entscheidend die biblische Vertiefung in Schriftlesung und Meditation.[38]

---

30 Ebd., S. 263, 366, hier S. 364.

31 Ebd.

32 Der hier mit dem Doktortitel vorgestellte Lorenz Jaeger war inzwischen an der Theologischen Fakultät der Wilhelms-Universität zum Dr. theol. promoviert worden. In den Gestapoberichten der Dortmunder Zeit wird er immer mit diesem Titel genannt. Sicher ist, daß er schon in der Dortmunder Zeit seine Arbeit begonnen hatte (mdl. Mitteilung von Franz Hüpper – 1989, Olpe –, früher Studienrat in Dortmund, † 1991).

33 Volk, Akten deutscher Bischöfe VI, S. 76-78.

34 Ebd., S. 78.

35 Ebd., Anm. 3.

36 Reineke, Jugend, S. 103-121.

37 Ebd., S. 184f.

38 Ebd.

Der in den Jugendverbänden gepflegte Umgang begünstigte einen nun auch in das kirchliche Leben übernommenen spontan-unmittelbaren und brüderlichen Umgangsstil zwischen den Geistlichen und ihren Gemeinden.[39]
Die Gegenbewegung dazu formierte sich in den drei polemischen Gegenangriffen von M. Kassiepe, A. Doerner und in der Petition C. Gröbers an den Papst. Im Geiste „zeitloser Orthodoxie“ wurden diese Ansätze im Sinne bewährter überkommener Seelsorge denunziert und verdächtigt.[40]
Die Positionspapiere Jaegers nehmen sowohl den liturgischen Aufbruch wie auch die ihn begründenden theologischen Ansätze in Schutz: die Lösung vom rationalistischen Einschlag der Neuscholastik zugunsten einer bibel- und verkündigungsnahen Theologie, wie auch die von einer zu juridisch aufgefaßten Kirche als einer „vollkommenen Gesellschaft“ von allein hierarchisch veranworteter Gestaltung auf eine mystische und brüderliche Gnadengemeinschaft in Christus hin.[41] In diesen Ansätzen wurden spätere Entwicklungen vorbereitet.[42]
Die Initiatoren dieser Richtung konnten sich schon gleichsam auf eine „Paderborner Schule“ berufen, von welcher diese Neubesinnung mitgetragen war: Dompropst Paul Simon[43] stand in einem vielseitigen – auch ökumenischen – Beziehungsfeld und war von ebenso vielseitiger Ausstrahlung. Nur Abt Ildefons Herwegen sei an dieser Stelle genannt. Die dogmengeschichtlichen Ansätze von Bernhard Bartmann und die bibelwissenschaftlichen Forschungen des Alttestamentlers Norbert Peters hatten schon früher manche zeitverhaftete traditionelle Erstarrung zu lösen versucht, während das fast vergessene monumentale Werk des Paderborner Kirchenhistorikers Adolf Herte von 1943 zusammen mit der

---

39 Die neuen Verhältnisse ergaben sich nicht nur aus der Jugendbewegung, sondern ebensosehr aus der gemeinsamen Verfolgungssituation, die Jugend und Geistlichkeit in gemeinsame Illegalitäten zwang. Die analoge Entwicklung entstand aus der Gefahrengemeinschaft der Soldaten an der Front.

40 Reineke, Jugend, S. 185-188.

41 An dieser Orientierung sind viele beteiligt: von F. Jürgensmeier bis R. Guardini, von K. Adam bis zu den Theologen der Innsbrucker Schule wie F. Dander, F. Lakner, H. und K. Rahner und J. A. Jungmann.

42 Sie bündeln sich namentlich in der Konstitution „Lumen gentium“ des II. Vat. Konzils (vgl. LThK, Ergänzungsbände: Das II. Vat. Konzil I, S. 144, 146, 176, 201 usw. über „Lumen gentium“. Zum Dekret über den Ökumenismus II, S. 11, 20, 30 usw.).

43 Zu Simon vgl. Riesenberger, Dompropst Paul Simon.

bahnbrechenden Arbeit von Joseph Lortz der katholischen Lutherforschung eine ökumenische Neuorientierung eröffnete.[44]

„Es ist selbstverständlich, daß ich bei einer so positiven Haltung des Erzbischofs und seiner engsten Berater und Mitarbeiter einer erneuerten Seelsorge gegenüber als Diözesanjugendseelsorger einen viel besseren Stand hatte als die meisten meiner Kollegen", sagt Reineke.[45] Wie sehr sich Erzbischof Gröber bei allem sonstigen Mut den fälligen Erneuerungsbestrebungen verschloß, zeigt auch seine frühe Abneigung gegenüber dem verdienstvollen Paderborner und späteren Münchener Religionspädagogen Theoderich Kampmann. Zu erinnern wäre hier auch an die Spannungen des Mainzer Jugendbischofs Stohr zu seinem Freiburger Metropoliten C. Gröber.[46]

Hatte der neue Paderborner Erzbischof mit seiner Auslegung und konkreten Anwendung der Epikie in seinen Seelsorgern schon bald den Mut zu selbständiger Verantwortung geweckt, so ist mit seiner von der Jugend ausgehenden Erneuerungsbewegung in den Gemeinden ein Akzent gesetzt, der dem charismatischen Jugendseelsorger wohl eine besondere Stellung im Episkopat seiner Zeit gibt: Die Gemeinde auf die Lebensform der Jugend hin zu öffnen und liturgisch zu erneuern war ein Werk, das über sein Erzbistum hinausreichte und zuletzt auf eine spätere Weiterführung verwies.[47]

Demgegenüber scheint unter den Paderbornensia der Besuch von Landesbischof (genauer: „Landeskirchenführer"[48]) Walter Schultz am 25. März 1943 in der Wohnung des Erzbischofs keine weiterreichende Bedeutung erlangt zu haben. Der deutsch-christliche Kirchenführer, der auf den

---

44 A. Herte, Das katholische Lutherbild im Banne der Lutherkommentare des Cochläus. Münster 1943 (3 Bände). J. Lortz, Die Reformation in Deutschland. Freiburg 1939/40. „Gemeinsam haben die beiden Autoren die oben erwähnte grundlegende Wandlung bewirkt" (P. Manns im Nachwort von 1982, S. 354). Im Gegensatz zum „Brückenbauer" Lortz von 1933 blieb A. Herte bis zu seinem Tode (1970) unrehabilitiert.

45 Reineke, Jugend, S. 191.

46 Volk, Akten deutscher Bischöfe V, S. 172: „Kampmann imponiert mir nicht, sagt Erzbischof Freiburg. Adam ein hervorragender Dogmatiker, aber Gröber hat dagegen auch eine Ansprache gehalten" (aus den Aufzeichnungen Bischof Sebastians). S. auch ebd., S. 239-243 (Stohr an Gröber), bes. S. 241.

47 „Wenn sich die offiziellen Stellen der Kirche nur kritisch, d. h. nur abgrenzend im Hinblick auf die Wahrung der Rubriken, mit der Liturgischen Bewegung beschäftigen, würde diese nicht ihre wertvollen Früchte zeitigen können" (aus dem zweiten Paderborner Positionspapier, zitiert nach Reineke, Jugend, S. 191f.).

48 Scholder, Die Kirchen und das Dritte Reich, S. 607.

Gütern Mecklenburgs zu Beginn 1941 von dem Divisionspfarrer Jaeger als einem „durch und durch deutschen Manne“ gehört hatte,[49] wollte den nunmehrigen Erzbischof zu einem ökumenischen Hirtenbrief gegen den Bolschewismus bewegen.[50] Jaeger zeigte bei seiner zwar freundlichen, aber klaren Ablehnung des Vorhabens einen realistischen Blick für die desolate Situation der „Reichskirche“ wie auch für das hoffnungslose „Aus“ zwischen katholischer Kirche und NS-Regime.[51] Erstaunlich bleibt das Geschick, mit dem der Landesbischof sich in menschlicher Verbindlichkeit und Zufriedenheit verabschiedet sehen konnte.[52] Jaeger fügt dem vertraulichen Bericht an seinen Generalvikar die wohl auch zum Landesbischof geäußerte Ansicht bei, daß der Weg zur „Una sancta“ noch weit sei.[53]

Vom Anlaß her mehr begrenzt, aber kirchenpolitisch nicht ohne Interesse ist Jaegers Bemühung, den geistlichen Theologiestudenten die Laufbahn des Reserveoffiziers offenzuhalten. Hitler hatte sie mit Erlaß vom 18. Februar 1942 von der Offizierslaufbahn ausgeschlossen, da in Ausführung des Reichskonkordates ihre jederzeitige Verwendung im Waffendienst nicht gewährleistet sei.[54] Während Kardinal von Faulhaber darin noch „eines von den ungelösten Rätseln der Kriegszeit“[55] sah, betonte das westdeutsche Konveniat in seinem Protokoll „die schwere Zurücksetzung unserer Theologiestudenten“, die vorbildlich ihre Pflicht vor dem Feind erfüllt hätten.[56] Jaeger betont in seinem Begleitschreiben zum Protokoll an Bertram wohl zu Recht die „Diffamierung“, unter der die Theologen und noch mehr ihre Eltern litten. Aber auch die Kameraden und die westdeutsche Bevölkerung sähen darin eine „unerträgliche Maßnahme“.[57]
Man muß Erzbischof Jaegers Einsatz in dieser Frage wohl auch vor dem

49 EA Paderborn (Aktennotiz zur vertraulichen Kenntnisnahme an den Generalvikar vom 25. 3. 1943).

50 Ebd.

51 Ebd.

52 Ebd.

53 Ebd.

54 Volk, Akten Kardinal Faulhabers II, S. 923, Anm. 1.

55 Ebd.

56 Volk, Akten deutscher Bischöfe VI, S. 47.

57 Ebd., S. 52.

kirchenfeindlichen Hintergrund dieser Maßnahme Hitlers sehen. Die Wehrunwürdigkeitserklärung der Jesuiten vom Vorjahre kommentiert Rösch mit der Bemerkung: Erst die Juden, dann die Jesuiten.[58] Für die geplante „Endabrechnung" war der Schutz, den Rang und Auszeichnung der Wehrmacht in den Augen des Volkes gaben, nur ein Hindernis, das es zu beseitigen galt. Zu übersehen ist auch nicht die Absicht Hitlers, von Keitel ausgesprochen, aus jedem Offizier einen politischen Kommissar zu machen.[59] Diesen auf die spätere „Endlösung" zielenden Maßnahmen stand Kardinal Bertram ahnungslos gegenüber. Er akzeptierte die vom Regime vorgetäuschte Begründung und sah in der ganzen Sache ein mehr dekoratives Detail.[60] Jaegers Befürchtungen wurden indes bestätigt durch die Entfernung (1944) der Theologen-Offiziere aus dem Wehrdienst.[61]

Die Katastrophe von Stalingrad markierte neben der Wende des Krieges auch den entscheidenden Einbruch in die Siegeszuversicht der deutschen Bevölkerung und in ihr Vertrauen zur Führung.[62]
Am Sonntag, dem 7. Februar 1943, wurden mit der (nachgeholten) Lichtmeßfeier auch Gedenkfeiern in den Kirchen der Paderstadt für die

---

58 Rösch, Kampf, S. 110-117, bes. S. 112, wo es ausgesagt ist: „... die klare Absicht, wenn alle aus dem Heer entlassen sind, dann um so brutaler gegen die Häuser, gegen die Kommunitäten vorzugehen, wobei man immer wieder die Parallele zu den Juden hört ..."

59 Keitels Aussage fiel auf der Tagung über „Wehrgeistige Führung" am 1. Okt. 1943 in Bad Schachen (Volk, Akten deutscher Bischöfe VI, S. 298).

60 Bertrams Einschätzung zum OKW-Erlaß vom 18. 2. 1942 (Volk, Akten Kard. Faulhabers II, S. 923, Anm. 1), den Theologiestudenten den Zugang zur Laufbahn des Reserveoffiziers zu versperren (vgl. auch Volk, Akten deutscher Bischöfe VI, S. 47, Anm. 17).

61 Beendigung des Wehrverhältnisses: a. a. O., S. 447, Anm. 2. So einseitig es wäre, dem Erzbischof auf diesem Felde auch die nationalen und soldatischen Motive abzusprechen, die seinen Einsatz bei Kardinal Bertram mitbestimmten, so ist hier doch den Unterstellungen aus späterer Zeit zu widersprechen. Ein Leserbrief in der „Neuen Westfälischen" vom 12. 2. 1994 will von Schikanen wissen, die Militärpfarrer Joseph Kayser wegen seiner Mitarbeit im „Nationalkomitee Freies Deutschland" vom Paderborner Ordinariat später zugefügt worden seien! – Der Verfasser bekam 1985 einen Anruf vom Päpstl. Ehrenkaplan Geistl. Rat Kayser, in dem dieser ihm den spontanen Dank aussprach für ein Presseinterview zugunsten Jaegers. Im Blick auf seine eigenen Erfahrungen mit Jaeger nach seiner Rückkehr sagte er: Nach anfänglichem Erschrecken habe ihm L. Jaeger ein überraschendes Verständnis für seinen Weg in und aus der russischen Gefangenschaft bewiesen. Dafür sei er ihm bis zur Stunde dankbar: Jaeger habe ihm in der Angelegenheit keinen Vorwurf gemacht (vgl. Richter, Prälat Josef Kayser).

62 Boberach, Berichte, S. 785, 828, 881.

„Vermißten“ von Stalingrad gehalten.[63] Ein vor dem Hochaltar aufgestellter Katafalk galt zusammen mit dem vom Domchor angestimmten Miserere den Gefallenen der verlorenen Kesselschlacht.

Der Bericht der Gestapo-Leitstelle Münster vom 8. Februar 1943 hält von der Ansprache Jaegers im mäßig gefüllten Dom fest, daß der Erzbischof sich „erstmalig in dieser Rede positiv zum gegenwärtigen Kriegsgeschehen bekannte“. Der Eindruck auf die Anwesenden sei gut gewesen.[64] Die Erwähnung einer Siegeshoffnung steht in folgendem, offenbar mitstenographiertem Kontext:

„Die Welt lebt vom Opfer, und wir dürfen hoffen, daß gerade dieses Opfer, das uns die toten Helden gebracht haben, nicht umsonst sein wird, daß es führt zum Siege auch für unser deutsches Volk, oder daß auf ihre Fürsprache das deutsche Volk sich doch wieder zusammenfinde in enger, innigster Gemeinschaft, daß doch die vielen, die es heute wahrlich nicht mehr sehen, von Gott die Gnade bekommen möchten, wieder hin zu finden zu unserem Herrn und Heiland, um in ihm alles Leben, allen Trost und allen Frieden zu finden.“[65]

Das späte, nach der Empfindung des Gestapo-Spitzels allzu späte Wort Jaegers zum „Sieg auch des deutschen Volkes“ steht im Kontext der ersten Großniederlage der Wehrmacht. Es ist in seiner Mehrschichtigkeit genau und besonnen zu interpretieren.

Jaeger setzt wie oft bei der Opfermotivation christlicher und katholischer Soldaten an. Daß echte Hingabe und lautere Gesinnung nicht „umsonst“ sein können, ist unanfechtbare altchristliche Überzeugung. Als reine Glaubensüberzeugung steht sie indes jenseits aller irdischen Folgerungen, die hier immer „privat“ bleiben müssen.

Entsprechend zurückhaltend sind Jaegers Aussagen formuliert: Eine totale Niederlage würde das Ende des Christentums unter dem antichristlichen roten Bolschewismus bedeuten. Die sieg- oder erfolgreiche Abwehr dieser Gefahr führt umgekehrt aber die Schrecken des „braunen“ Bolschewismus herbei. In verhüllten Worten spielt Jaeger mit der Erwägung des Sieges sofort auf diese Bedrohung der Volksgemeinschaft durch das NS-Regime an. Kurz nach dem Krieg hat Jaeger die Situation vieler Deutscher so formuliert: „Sie konnten und wollten ihrem Volke nichts

---

63 StA Münster. Bstd. Oberpräsid. 5311, Bericht vom 8. 2. 1943.

64 Ebd.

65 Ebd.

Böses wünschen, und sie wünschten trotzdem nichts so wenig wie den [totalen] Sieg" (S. 285).

Von Bedeutung für den Weg eines Bischofs unter den Schrecken des Regimes war sein Verhältnis zu denen, die als Opfer von Strafmaßnahmen Kerker, KZ und Todesstrafe erlitten, Priestern und Laien. Der Pfarrer Peter Grebe war am 16. Januar 1944 wegen Wehrkraftzersetzung vom Volksgerichtshof zum Tode verurteilt worden.
In der 19monatigen Haft bis zur Befreiung durch die Russen konnte der Erzbischof in Berlin nur einmal seinen Priester besuchen, der, an Händen und Füßen gefesselt, in der Todeszelle lag.[66]
In mutigem und mühevollem Einsatz erreichte Generalvikar F. M. Rintelen Grebes Begnadigung zu zehn Jahren Zuchthaus.[67]
Erfolglos blieben Jaegers Bemühungen um den Franziskanerpater Kilian Kirchhoff durch persönliche Vorsprache beim Justizminister. Der namhafte Byzantologe und Hymnenübersetzer starb ungeachtet vieler Gnadengesuche am 14. April 1944 unter dem Fallbeil.[68]

Eine Frage von grundlegender Bedeutung für Erzbischof Jaeger ist berührt, wenn wir nach seinen Beziehungen zum aktiven Widerstand in der Wehrmacht fragen. Durch die Kaltenbrunner-Berichte[69] wissen wir von den Einblicken, die sich der Gestapo in ihren gnadenlosen Folterverhören schon wenige Wochen nach dem Attentat vom 20. Juli 1944 über die Verbindungen von Widerstandskreisen zu einzelnen Bischöfen eröff-

---

66 Scheele, Paderbornensis Ecclesia, S. 722, Anm. 16. Eine am 1. 3. 1994 den Verfasser erreichende Information kann vor der Drucklegung des Werkes nur als Nachtrag zum KZ-Aufenthalt der 22 (mit Friedrich Karl Petersen, dem in Freiburg/S. für das Bistum Soissons geweihten Priester, † am 8. 11. 1944 im KZ Dachau) *Paderborner* Priester übermittelt werden. In einem Brief über das Versäumnis der amtl. Caritas schreibt 1945 der Trierer Diözesanpriester Hugo Pfeil der Bistums-Caritas: „Der Erzbischof von Paderborn hat sich nicht gescheut, selbst die Anschriften auf die Pakete zu schreiben, die er seinen Diözesangeistlichen schickte..." (BA. Trier: Personalakte Hugo Pfeil. In: Imprimatur vom 25. 2. 1994, Jg. 27, Nr. 1, S. 18). Hugo Pfeil war vom 14. 12. 1940 bis zum 9. 4. 1945 im KZ Dachau. Da der Brief sich auf Dachau bezieht und Erzbischof Kaspar Klein schon am 26. 1. 1941 verstarb, kann nur Lorenz Jaeger gemeint sein (vgl. Hehl, Priester, Sp. 1366).

67 Rintelen, Erinnerungen, S. 106-112.

68 O. Mund, Kilian Kirchhoff. Werl 1983, S. 36; ders., P. Kilian Kirchhoff OFM. „Zeuge des Glaubens und Arbeiter der Versöhnung des Ostens und des Westens". Zum 100. Geburtstag. In: Wagener, Das Erzbistum Paderborn, S. 183-214.

69 Jacobsen, Kaltenbrunner-Berichte, bes. S. 390ff.

neten. Wir nennen in Anlehnung an Bleistein die Kontakte Goerdeler – Galen; Goerdeler – Gröber; Goerdeler – Preysing; Stauffenberg – Preysing.[70]
Weitere Bestätigungen ergaben sich aus der Edition der Briefe des Grafen H. J. von Moltke an Freya.[71] Das Haupt des Kreisauer Kreises unterhielt enge und ständige Verbindung zu Bischof K. von Preysing[72] und stand ebenfalls mit Bischof Dietz von Fulda im Kontakt.[73] Über ihre Planungen für ein nazifreies Nachkriegsdeutschland hinaus, die den Kreisauern den Tod am Galgen brachten, war Kardinal Faulhaber verstrickt durch seinen Kontakt zu C. Goerdeler, dem Haupt der militärisch-bürgerlichen Umsturzbewegung gegen das Regime.[74] Bleistein sieht Kardinal Faulhaber im Gestapo-Verhör sehr taktieren.[75] Doch sieht auch er kein Indiz dafür, daß Faulhaber für Goerdeler in dem Gespräch vor Jahresfrist eine Gesprächschance eröffnet habe.[76]
Bei Jaeger haben sich aus den Kontakten zu den Offizieren der 302. Inf.-Division bis zur Stunde keinerlei Anhaltspunkte für Verbindungen zum aktiven militärischen Widerstand ergeben. Die Division war seit der Sommeroffensive 1942 im Fronteinsatz, gelangte bis in den Kaukasus und wurde am Ende eines langen und verlustreichen Rückzuges auf dem Balkan 1944 aufgerieben.[77] Konspirative Kontakte sind schon der Distanz wegen nicht sehr wahrscheinlich.
Dennoch hat Jaeger, wenn nicht alle Anzeichen trügen, Informationen aus dem aktiven Widerstand gehabt. „Im Juni 1944, etwa 4 Wochen vor dem Attentat auf Hitler am 20. Juli, kam Freiherr von Lüning [!] zu mir,

---

70 Bleistein, Katholische Bischöfe im Widerstand, S. 579-590.

71 Von Moltke, Briefe an Freya.

72 Ebd., S. 13 (Vorwort Beate Ruhm von Oppen).

73 Ebd.; ferner stehen Beziehungen zu den Jesuitenpatres A. Rösch, A. Delp und L. König und später zu Bischof C. Gröber von Freiburg fest (ebd.).

74 Volk, Akten Kardinal Faulhabers II, S. 1028ff.: das Protokoll der Gestapo über ein Verhör durch Regierungsrat Pflüger über Goerdeler vor dem 20. 7. 1944. Vgl. W. Heinemann, Außenpolitische Illusionen des nationalkonservativen Widerstands in den Monaten vor dem Attentat. In: Schmädeke/Steinbach, Widerstand gegen den Nationalsozialismus, S. 1061-1070.

75 Bleistein, Katholische Bischöfe im Widerstand, S. 587, rechnet aber auch mit einer starken Reserve Faulhabers gegen Goerdeler.

76 Der etwa gleiche Respekt vor Führer und Obrigkeit scheint M. von Faulhaber und A. Bertram zu verbinden.

77 Nach Aussage von L. Jaegers übernächstem Nachfolger in der 302. Infanteriedivision, dem Pfarrer und Dechanten a. D. Josef Löcker.

ehemaliger Oberpräsident in Düsseldorf. Ich kannte ihn bis dahin persönlich nicht."[78] Diese Mitteilung des Paderborner Generalvikars ist wegen ihrer Unmittelbarkeit ein wertvolles Zeugnis. Ihre von Rintelen nicht korrigierten Fehler und Ungenauigkeiten geben den Kernaussagen um so mehr Gewicht. Ferdinand Freiherr von Lüninck und sein Bruder Hermann von Lüninck wurden 1933 Oberpräsidenten von Westfalen bzw. der Rheinprovinz mit Sitz in Münster bzw. Koblenz. Hier kommt nur der Bruder Ferdinand in Betracht, der später, wie Rintelen richtig weiß, als Mitwisser und Beteiligter des Umsturzes erhängt wurde.[79]
Ferdinand von Lüninck war vor 1933 auch wirklich, wie sich der frühere Generalvikar noch im Jahre 1982 erinnert hatte, bei Düsseldorf tätig gewesen, zwar nicht als Oberpräsident, der seinen Sitz in Koblenz hatte, sondern als Landrat in Neuss. Rintelen konnte dies nur aus der Unterredung wissen, da er sich in allen anderen Fragen, sogar in der Schreibung des Namens, uninformiert zeigt.[80]
„Er stellte sich mir vor und fing an, fürchterlich auf Hitler zu schimpfen."[81] Der bis dahin völlig unbekannte Besucher kommt mit einer *geradezu verwegenen Offenheit* zu Rintelen. Woher erwuchs ihm diese gar nicht selbstverständliche Vertraulichkeit?
Daß Freiherr von Lüninck vorher den Erzbischof besucht haben muß, hat gute Gründe für sich und ist mehr als nur wahrscheinlich: Einmal verlangen es der bürgerliche und erst recht der adlige Verhaltenskodex, im Sinne der vorgegebenen Rangordnung vorzugehen. Dann zog Jaeger in heiklen Angelegenheiten gern den Generalvikar als Mitwisser oder Zeugen hinzu, wie etwa 1945 beim Besuch des stellvertretenden Gauleiters.[82]
Hier fand er einen Mitwisser in der brisantesten Loyalitätsangelegenheit, die sich denken läßt: vor einem Umsturz! Die auch vor Rintelen gewahrte Anonymität sollte wohl beide schützen!
Dies alles gilt um so mehr, als Major a. D. Freiherr von Lüninck eine

---

78 Rintelen, Erinnerungen, S. 114f.

79 Zur Überprüfung vgl. den kurzen Überblick von Ilse, Ferdinand Freiherr von Lüninck, Sp. 406-411 mit Literaturangaben. Ferner Schmädeke/Steinbach, Widerstand gegen den Nationalsozialismus, S. 936; Ekkehard Klausa, Vom Bündnispartner zum „Hochverräter". Der Weg des konservativen Widerstandskämpfers Ferdinand von Lüninck. In: Westfäl. Forschungen 43/1993, S. 530-571.

80 Vgl. den Text Rintelens in „Erinnerungen", S. 114ff. Zur Landratsstelle in Neuss s. Ilse, Ferdinand Freiherr von Lüninck, Sp. 407.

81 Rintelen, Erinnerungen, S. 115.

82 Ebd., S. 127f.

Angelegenheit vortrug, welche die Bistumsführung insgesamt betraf: die Ordnungsaufgaben gegenüber dem Chaos, das der in vier Wochen bevorstehende Umsturz auslösen konnte.[83]
Nach seinem Rücktritt vom Amt des Oberpräsidenten (1938) war Lüninck 1939 Bataillonskommandeur in Soest und danach in Potsdam geworden. Dort gehörte sein Bataillon dem Infanterieregiment 9 an, aus dem nicht wenige Offiziere an den Umsturzplänen beteiligt waren.[84] Zur Zeit seines konspirativen Besuches bei Rintelen arbeitete er, wegen Erkrankung aus dem Wehrdienst entlassen, auf seinem Gut Ostwig bei Meschede. Dort gewann ihn Goerdeler spät im Jahre 1943 für seine Umsturzpläne. Lüninck hatte sich an führender Stelle zur Verwaltung Westpreußens bereit erklärt und stand in den Planungsentwürfen der Verschwörer. Sein konkretes Wissen um den Zeitpunkt des Umsturzes läßt an keine beliebige Randposition in ihren Kreisen denken. Seine namentliche Aufnahme in ihre Entwürfe legte früh sein Risiko fest. Ferdinand von Lüninck war ein nationalkonservativer, kirchentreuer und bekennender Katholik.[85] Das Wissen um den Umsturz gibt der Paderbor-

---

83 Gründe der Empörung Lünincks sind gewesen: Hitlers Schuld an der Katastrophe der 6. Armee, die Hölle der Konzentrationslager, die Judenmorde.
Den Zweck seines Besuches erklärte Lüninck so: „Ich könne mich darauf verlassen, daß jetzt bald irgend etwas passiere. Er sei zu mir gekommen, mich auf diesen Tag vorzubereiten. Sobald dieser Tag herangekommen sei, sei es notwendig, daß die Wehrmacht, die beiden christlichen Konfessionen und der gesunde Teil der Arbeiterschaft zusammenstünden, um das Chaos aufzufangen und eine neue Ordnung zu schaffen" (ebd., S. 115). Das „Spiegelbild" der Kaltenbrunner-Berichte bestätigt alle drei Momente, die Militäropposition, die kirchliche Motivation (ebd., S. 168) wie auch den Kontakt mit dem sofort (14. 11. 1944, nur eine Stunde später) mitverurteilten Arbeitersekretär Letterhaus (ebd., S. 548). Es bestätigt ferner, daß Lüninck vorgesehen war als politischer Beauftragter für den Wehrbezirk XX in Westpreußen, den er sofort nach dem 20. Juli aufzusuchen hatte (ebd., S. 81). Nach dem Minimalprinzip Goerdelers erfuhr Lüninck nur das Notwendigste, also den geplanten Umsturz, nicht unbedingt das Attentat (ebd., S. 137), obwohl nicht auszuschließen ist, daß Lüninck aus Militärkreisen mehr erfahren hatte. Ein Mitstreiter hält ein Wort Lünincks aus der Haft fest: „Was aus uns wird, ist gleichgültig. Aber was wird aus Deutschland?" (ebd., S. 969).

84 E. Klausa, Preußische Soldatentradition und Widerstand – Das Potsdamer Infanterieregiment 9 zwischen dem „Tag von Potsdam" und dem 20. Juli 1944. In: Schmädeke/ Steinbach, S. 533-545.

85 Lüninck zeigte nach dem Scheitern des Attentats eine heroische Gesinnung: Zur Zeit des Attentats war er bei seinem Bruder Franz in Salzburg. Eine naheliegende Flucht in die Schweiz schlug er aus, um seine Familie keiner Sippenhaft auszuliefern. Er kehrte zurück und wurde sogleich auf dem Bahnhof Bestwig verhaftet (26. 7. 1944). Im Gestapo-Verhör bekannte er ohne Umschweife seine Beteiligung und stand uneingeschränkt zu ihr. Nach sehr kurzer Verhandlung wurde Freiherr von Lüninck von Freisler zum Tode verurteilt und qualvoll erhängt. B. Letterhaus erfuhr in unmittelbarer Nähe zu Lüninck

ner Führungsspitze innerhalb des Episkopats ohne Zweifel eine gewisse Sonderposition. Faulhaber beantwortete laut Protokoll die Frage des vernehmenden Gestapo-Beamten nach der Anzeigepflicht gegenüber einem Verschwörer ohne Zögern positiv.[86] Er konnte es, weil Goerdeler sein Anliegen in dem – laut Kardinal – abrupt beendeten Gespräch nicht vorbringen konnte.[87] Das Schweigen in Paderborn ist also beredt.

Das Kriegsende 1945 ließ trotz jahrelanger Verschonung ein durch die Luftangriffe der Westmächte völlig zerstörtes Paderborn zurück. Nachdem schon Anfang 1943 die Bahnhofsgegend getroffen wurde, vollendeten die Bombenangriffe vom 17. Januar, 23. Februar, 22. und 27. März 1945 ihr Zerstörungswerk an der Bischofsstadt. Die ungewöhnlich heftigen Bombardements hatten mit der strategischen Absicht der Alliierten zu tun, die Einkesselung des Ruhrgebietes im Zangenangriff mit der Vereinigung der beiden Angriffsspitzen im Raum Paderborn zu beschließen.[88] Seit dem 24. März lief die nördliche Angriffsoperation bei den Rheinübergängen um Wesel an, während der amerikanische Angriff aus dem Brückenkopf Remagen einen Tag später begann. Am 1. April 1945 vollzog sich die Vereinigung der Angriffsspitzen an dem hartnäckig verteidigten Paderborn vorbei in Lippstadt.[89]

Erzbischof Jaeger bekam nach dem Bericht seines Generalvikars bereits in der zweiten Januarhälfte, als die deutschen Truppen noch auf der linken Rheinseite kämpften, einen Besuch des stellvertretenden Gauleiters aus Münster. Dieser legte im Beisein des als Zeugen hinzugezogenen F. M. Rintelen die zu erwartenden feindlichen Operationen mit ihrem Abschluß bei Paderborn dar, um die erforderlichen Warnmaßnahmen (Glockengeläute!) für den Fall von Luftlandeoperationen mit dem Erzbischof zu besprechen.[90]

Die strategische Planung muß von der deutschen Führung recht früh einkalkuliert worden sein, wie sich auch schon mit dem Vorschlag von Generalfeldmarschall Model an Hitler bestätigt, das Ruhrgebiet rechtzei-

---

das gleiche Schicksal. Sogar im zynischen Kaltenbrunner-Report wird bekannt, daß Lünincks „Abgang“ „anständig“ war. – Vgl. Ilse, Ferdinand Freiherr von Lüninck, Sp. 409f.

86 Volk, Akten Kard. Faulhabers II, S. 1029.

87 Ebd.

88 Gruchmann, Der Zweite Weltkrieg, S. 424-428.

89 Ebd., S. 428.

90 Rintelen, Erinnerungen, S. 127.

tig zu räumen. Hitler lehnte ihn ab.[91] Zu den erwarteten Luftlandeunternehmungen mit ihren Konsequenzen ist es im Raum von Paderborn nicht mehr gekommen.
Der Abendangriff vom 27. März 1945 zerstörte das Palais des Erzbischofs bis auf die Grundmauern und tauchte Paderborn und seinen Dom in ein Feuermeer. Der Generalvikar verließ sein Haus in nördlicher, der Bischof floh mit dem Fahrrad in südlicher Richtung. F. M. Rintelen fand sein Unterkommen im Pfarrhaus von St. Bonifatius, während der Erzbischof, kaum dem eigenen Tode entronnen, eine schnelle Hilfsaktion für die an den Stadtrand ins Freie geflüchtete überwiegend ältere Bevölkerung unternahm. Nach einem schweren Sturz auf abschüssiger Straße am Haxtergrund mußte er zu Fuß weiterlaufen. Er mobilisierte zur Nachtstunde das völlig ahnungslose Dorf Dörenhagen zur Quartiermache und zum Abtransport der Paderborner Bevölkerung in die geschaffenen Notunterkünfte. Noch in der gleichen Nacht fuhr der Bischof auf einem geliehenen Fahrrad in die brennende Stadt zurück, um ratlos umherirrenden Menschen die am Bahneinschnitt unversehrt gebliebenen Häuser als Notquartiere zu vermitteln und anzuweisen. Erst gegen Morgen fand Jaeger nach der Erinnerung seines Generalvikars an der Warburger Straße einen Stuhl zu kurzer Rast.[92]
Der letzte Luftangriff auf Paderborn stellte nicht nur den Erzbischof auf eine harte Probe, er schuf auch jene katastrophale Quellenlage, die der Historiker heute zu überwinden hat, wenn er dem Wirken des späteren Kardinals nachzugehen sucht.
Der Tag der Befreiung vom NS-Terror brach für die Paderstadt am 1. April 1945 an: „In der Krypta des Domes wird an diesem Ostermorgen noch eine Auferstehungsmesse gefeiert, während das Maschinengewehrfeuer bereits um die Mauern und Ruinen in unmittelbarer Nähe peitscht.“[93] Der Historiker des Ruhrkessels sah darin einen tiefen Sinn: „Für die Paderborner waren Krieg und NS-Terror zu Ende; für sie war dieser erste Ostertag in jeder Hinsicht ein ‚Auferstehungstag‘.“[94]

---

91 Gruchmann, Der Zweite Weltkrieg, S. 428.

92 Vgl. die beiden Berichte Rintelens: Paderborn 1945 – Erinnerungen an die Zerstörung der Bischofsstadt. In: Scheele, Paderbornensis Ecclesia, S. 747-759. Ferner Rintelen, Erinnerungen, S. 127-143.

93 W. Mues, Der große Kessel. Eine Dokumentation über das Ende des Zweiten Weltkrieges zwischen Lippe und Ruhr/Sieg und Lenne. Erwitte – Lippstadt 1987, S. 150f.

94 Ebd., S. 151.

Nach dem Abklingen der örtlichen Kampfhandlungen begab sich der Erzbischof von seinem Notquartier im Pfarrhaus zu Iggenhausen möglichst rasch in seine Bischofsstadt, um bei deren Neuaufbau keine Zeit zu versäumen. Er wohnte im erzbischöflichen Waisenhaus bei der St.-Bonifatius-Kirche im Nordosten der Stadt.[95]
Die Bilanz der Zerstörung kirchlicher Gebäude in der Bischofsstadt zieht Jaeger am 24. April 1945 in einem ersten Brief an C. A. von Galen. Er spricht im Blick auf die Verheerungen Münsters dem Nachbarbischof sein inniges Beileid aus. „Nun sind wir beide ganz arm an äußeren Gütern und Hilfsmitteln für die Erfüllung der großen Aufgaben, die die Zukunft uns stellen wird.
Paderborn ist ebenfalls bis auf einige Randbezirke 100%ig vernichtet durch die Luftangriffe im März und namentlich durch den Angriff vom 27. März. Der Dom gleicht einer Ruine. Alle Diözesananstalten sowie das Generalvikariat sind vernichtet. Alle Klöster und Mutterhäuser sind zerstört mit Ausnahme der Klarissen, die mit großen Dach- und Scheibenschäden davongekommen sind. Die Einwohnerschaft ist von 47 000 auf 6 000 gesunken. Zur Zeit strömen die Menschen wieder in die Stadt zurück. Sie hausen zum größten Teil in den Kellern. Das Wetter war diesen Ärmsten bisher günstig. Wenn aber die Witterung umschlägt, dann zerstört der Regen auch noch das Wenige, das stehen geblieben ist. Das Generalvikariat wird sich auswärts eine andere Wirkungsstätte suchen müssen. Ich bleibe hier. Ein Kaplan hat mir am Stadtrand seine zwei Zimmer zur Verfügung gestellt, bis ich nach Verlust von allem und jedem mich wieder etwas etablieren kann."[96]
Die Zerstörung der Bischofsstadt war nur ein Gleichnis jener größeren Zerstörung, die Erzbischof Jaeger sich bewußtmachen mußte, wenn sein Blick auf den tödlich erkrankten Breslauer Kardinal A. Bertram auf Schloß Johannesburg und auf das Schicksal der Mitbischöfe seines schwer getroffenen Vaterlandes fiel.
Volk beschrieb es so: „In der Tat bedeutete die Besetzung Deutschlands und was aus ihr im nächsten Jahrfünft erwachsen sollte, von West nach Ost etwas sehr Verschiedenes. In Münster brachte sie nach einer Zwischenpause demokratische Freiheit, in Leipzig Befreiung zu neuer Unfreiheit und in Breslau Vertreibung aus Heimat und Besitz."[97]

---

95 Rintelen, Erinnerungen, S. 141.
96 Volk, Akten deutscher Bischöfe VI, S. 465f.
97 Volk, Episkopat II, S. 112.

Kapitel 4

Vor dem Sieger – Denkschrift L. Jaegers an Feldmarschall B. L. Montgomery

Auf dem ersten Westdeutschen Konveniat nach der Kapitulation, das unter der Leitung von Erzbischof Jaeger am 4.-6. Mai 1945 im fast unzerstörten Marienwallfahrtsort Werl zusammenkam, wurde in Punkt II, 10 der Tagesordnung die Kontaktaufnahme zur obersten Militärverwaltung erörtert.[1] Ein aufschlußreiches Dokument dieser Kontakte ist die Denkschrift des Paderborner Oberhirten an Feldmarschall Bernard Montgomery, den Sieger von El Alamein, Befehlshaber der britischen Besatzungszone und Mitglied des alliierten Kontrollrates in Berlin.[2] Die Denkschrift stellt sich in der Überschrift die Frage: *Ist das deutsche Volk in seiner Gesamtheit verantwortlich für diesen Krieg und für alle Kriegsverbrechen?*[3]

Der Enthüllungsschock zeigte die Siegermächte in der Pose selbstgewisser Kollektivanklage. Er zeigte die wie von bösen Träumen zu böserer Wirklichkeit Erwachten, denen das Ausmaß ihrer schicksal- oder schuldhaften Verstrickung in kaum ahnbare Scheußlichkeiten und Verbrechen gegenübertrat. Die von Entsetzen förmlich Gelähmten vermochten nicht zu fassen, wie sich die behauptete Schuld mit dem fast völligen Freiheitsverlust reime, den ihnen der totalitäre Staat mit allen Mitteln auferlegt hatte: vom Verlust der Informationsfreiheit bis zu dem der Meinungsäußerung und des Demonstrationsrechtes.

Das Thema ist mit dem „Historikerstreit"[4] noch immer nicht erschöpft.

---

1 Volk, Akten deutscher Bischöfe VI, S. 512, Anm. 4.

2 Nach dem Zusammenbruch aller Staatlichkeit hatten die Besatzungsmächte faktisch und rechtlich alle Gewalt in ihrer Hand.

3 D. XIX, Einführung. Die Auffassung des englischen Siegers bekam Galen durch einen Obersten am 24. 7. 1946 in Warendorf klargemacht: Das deutsche Volk sei in seiner Gesamtheit für Taten und Untaten seiner Regierung verantwortlich. Unschuldig sei nur, wer aktiven Widerstand geleistet habe. Bei allen anderen werde kein Unterschied gemacht. „... denn Unterlassung ist Beauftragung" („omission is commission") (Volk, Akten deutscher Bischöfe VI, S. 598-603, hier 599).

4 Der „Historikerstreit" knüpfte an einen Artikel des bekannten Faschismusforschers E. Nolte an, der am 6. 6. 1986 in der „Frankfurter Allgemeinen" erschien: „Vergangenheit, die nicht vergehen will". Das von Nolte statuierte Ursachenverhältnis zwischen den Revolutionsgreueln des in Hitlers Augen jüdisch-marxistischen Bolschewismus und dem Judengenozid ist in Hitlers Vorstellungswelt zu suchen: als wahnhaft-fixierter

Vor solchem Hintergrund steht die Denkschrift Jaegers: Ein Bischof hält inmitten einer Trümmerwüste eine Besinnung über die größte physische und moralische Katastrophe seines Volkes. Er hat die Schrecknisse des Ersten Weltkrieges vier Jahre in vorderster Front erlitten und seither einen entschiedenen Friedenswillen zum Leitstern seines Lebens erhoben: Vita et Pax.

Er hatte in seiner Menetekel-Denkschrift den Unheilsführern des deutschen Volkes ihre machtpolitische Blindheit bis zum ohnmächtigen Wutanfall demonstriert, und zwar so, daß Flugblätter das Menetekel ins deutsche Volk trugen, Flugblätter, die gleich den Galen-Worten vom Volke selbst verbreitet wurden. Er hat den Leidensweg Deutschlands, Europas und der Welt nach dem Ersten Weltkrieg mit leidenschaftlichem Interesse verfolgt und auf seine Ursachen befragt.

In zeitlicher Hinsicht hat Jaeger die Tyrannis des Dritten Reiches zu zwei Dritteln zeitnah als Religionspädagoge, Staatsbeamter und geistlicher Jugendführer erlebt und beobachtet.

Schon der *autobiographische Wert* der Denkschrift rechtfertigt es, ihr einen Platz im Dokumentenanhang dieser Arbeit zu geben, um dem Interessierten detaillierte Auskunft anzubieten.

Demgegenüber tritt die nach fast einem halben Jahrhundert vorauszusetzende historische Korrekturbedürftigkeit zurück. Ein Vergleich mit der Denkschrift des anderen westdeutschen Metropoliten Frings vom August 1945 zeigt, daß diese mehr den ethischen Aspekt anschneidet. Beide Schreiben ergänzen sich.[5]

Die Denkschrift Jaegers geht von drei Vorwürfen aus, die gegen das deutsche Volk insgesamt erhoben werden, während ihm selbst jede Diskussion darüber verboten sei: die Kollektivschuld am Kriege, die Verbrechen während des Krieges, die „Scheußlichkeiten“ in den Konzentrationslagern.[6]

In der Kriegsschuldfrage will sie von allgemeinen und unbestreitbaren Tatsachen ausgehen. In der Kriegsschuldthese des Versailler Vertrages

---

Abwehrmechanismus (vgl. E. Nolte, Vergangenheit, die nicht vergehen will. In: Historikerstreit. München [5]1987, S. 39-47, hier: S. 45ff.). Schon 1980 forderte Nolte die Überwindung der unhistorischen Betrachtung des Nationalsozialismus als eines statuarisch-negativen „Mythos“ (ebd., S. 13-35).

5 Die begrifflich saubere und klare Denkschrift von Erzbischof J. Frings ist mit keinem Adressaten versehen. Vielleicht war sie eine Handreichung für Klerus und Volk (Volk, Akten deutscher Bischöfe VI, S. 625-628).

6 D. XIX, Z. 5-10.

sieht Jaeger eine folgenreiche „moralische Diskriminierung" des ganzen deutschen Volkes.[7] Obwohl von Zeitgenossen wie Keynes kritisiert, wurde sie doch zum Rechtfertigungsgrund unerträglicher Reparationslasten.[8] Die größten Folgen hatte jedoch die nationale Ehrabschneidung gegenüber einem ganzen Volke.[9]

Dann lenkt die Schrift den Blick auf die beiden Diktaturen, die der des Dritten Reiches vorausgegangen waren und rührt damit an Diskussionspunkte unseres modernen „Historikerstreits".[10]

Lenin wie auch Mussolini seien beeinflußt vom Gedankengut des französischen Philosophen Georges Sorel (Réflexions sur la violence).[11] Im Gegensatz zu früheren Tyrannen gab diesen eine raum- und zeitüberbrückende Technik alle Möglichkeiten zum Ausbau eines unübertrefflichen Polizeiapparates.[12] Seit Gladstones[13] Anprangerung der Gewaltherrschaft in den Königreichen beider Sizilien habe es noch nicht wieder soviel Literatur und Empörung über eine Schreckensherrschaft gegeben wie vor 1933 über die Verhältnisse in Rußland.[14] Der Mann auf der Straße habe gefragt, warum es in Rußland nicht Menschen gebe, die ein solches System stürzten.[15]

---

7 D. XIX, Z. 15-26.

8 D. XIX, Z. 26-35. Keynes of Tilton, John Maynard (1883-1946), Begründer der „Cambridger Schule".

9 D. XIX, Z. 167-171.

10 Das gilt nach Nolte mindestens für das bolschewistische Vorbild. „Vollbrachten die Nationalsozialisten, vollbrachte Hitler eine ‚asiatische' Tat vielleicht nur deshalb, weil sie sich und ihresgleichen als potentielle oder wirkliche Opfer einer ‚asiatischen' Tat betrachteten?" In: Nolte, Historikerstreit, S. 45.

11 D. XIX, Z. 35-42. Georges Sorel (1847-1922) war Kulturphilosoph und trat für eine aus den Werten der Tradition hervorgehende sittliche Erneuerung in Gesellschaft, Wirtschaft und Politik ein (Herders Staatslexikon. Freiburg 1967, Bd. VII, Sp. 132ff.). Seine Studien der Verfallserscheinungen der Gesellschaft hatten wie bei Niccolo Macchiavelli einen moralischen Hintergrund und konnten dem Gegenteil nutzbar gemacht werden.

12 D. XIX, Z. 42-47.

13 William Ewart Gladstone (1809-1898) genoß als englischer Staatsmann hohes Ansehen, weil ihm Menschlichkeit und Moral höchstes Anliegen seiner Politik blieben. Seine Kritik an dem Königreich beider Sizilien rief eine einhellige Ablehnung der dortigen Gewaltherrschaft in Europa hervor wie später die bolschewistische. Der Kontext von D. XIX, Z. 57-62 meint aber das faschistische Italien („Inseln" = Liparische Inseln – E. Nolte, Die faschistischen Bewegungen, S. 84).

14 D. XIX, Z. 49-53. L. Jaeger zeigt sich versiert in der Vorgeschichte der deutschen Diktatur und verrät mit dem Hinweis auf die allgemeine Diskussion des Bolschewismus in den 20er Jahren Quellen und Hintergründe seines inkriminierten Rußlandwortes vom 11. 2. 1942 (s. d.).

15 D. XIX, Z. 55-59.

Auf die gleiche Frage habe man als Reisender in Italien, wenn die Terrorlager der Liparischen Inseln zur Sprache gekommen seien, nur gehört, daß Widerstand gegen ein solches System unmöglich sei: Man müsse auf eine äußere Katastrophe oder den Tod des Tyrannen warten.[16]

Jaeger sieht die Zuspitzung der deutschen Entwicklung auf eine radikale Lösung durchaus richtig, bringt sie aber zu ausschließlich mit Versailles und seinen Reparationen in Zusammenhang, was von der Mehrzahl der Historiker bestritten wird.[17] Erst ein fahrlässiges und unnötiges Auseinanderfallen der demokratischen Parteien machte 1930 radikalen Richtungen den Weg frei.[18] Auch dies gelang nur vor dem Hintergrund eines allgemeineren Patts zwischen den konservativ-monarchischen und den demokratischen Parteien, das die seit langem schwächeren Konservativen auf abenteuerlichen und außerparlamentarischen Wegen zur Regierungsverantwortung greifen ließ.[19]

Mit Recht vergleicht die Denkschrift auch die unheilvolle Kriegsschuldthese von Versailles mit der Großzügigkeit des Wiener Kongresses nach

---

16 D. XIX, Z. 58-62. Jaeger übergeht hier ganz die Massenfaszination, die Hitler ausübte und der die zweite große nationale Sammlungsbewegung der Deutschen seit 1914 entsprang: die vom März und Sommer 1933 (vgl. Haffner, Von Bismarck zu Hitler, S. 238f.). Dadurch stellte sich das Problem jedes Widerstandes wesentlich komplizierter dar. Von Mussolini ist zeitweise Analoges zu sagen.

17 Keiner hat so nachdrücklich die günstigen äußeren Bedingungen der Weimarer Republik herausgearbeitet wie S. Haffner, der sie für besser hält als in der Zeit vor 1914 (Haffner, Von Bismarck zu Hitler, S. 180ff.).

18 Das Ende der „großen Koalition" an der Erhöhung der Beiträge zur Arbeitslosenversicherung *oder* der Senkung ihrer Leistungen kam einer freiwilligen Abdankung der Demokratie gleich und löste überhaupt nicht das anstehende Problem.

19 Das Patt ist von E. Jäckel geschichtlich überzeugend dargestellt und als Bedingung der Möglichkeit dritter Kräfte aufgezeigt worden, wobei die dritte Kraft *an sich* auch der Kommunismus werden konnte (Jäckel, Hitlers Herrschaft, S. 11-37). Zum geschichtlichen Hintergrund dieser Pattsituation sagt Jäckel mit Blick auf Versailles: „Es verdient übrigens Beachtung, daß dies nicht allein eine Folge des verlorenen Krieges oder gar des Versailler Vertrages war. Denn die Verschiebung in der deutschen Sozialstruktur, vor allem der Aufstieg der Arbeiterklasse, politisch sichtbar in der ständigen Zunahme der SPD, die schon 1912 die stärkste Reichstagsfraktion gestellt hatte, diese Verschiebung, die die Hauptursache der Pattsituation war, ging natürlich weit ins 19. Jahrhundert zurück und war längst vor dem Kriege das schwerste Problem der inneren Struktur der deutschen Gesellschaft gewesen, das eines Tages so oder so gelöst werden mußte." (Jäckel, Hitlers Weltanschauung, S. 153).

den blutigen Jahrzehnten der französischen Revolutionskriege und den Eroberungszügen Napoleons.[20]
Hitler bedeutete für den Informierten den Krieg. Von dieser Voraussetzung her wirft Jaeger den Alliierten eine Politik der Tolerierung gegenüber dem Nationalsozialismus vor, die fast an Mitwirkung grenze.[21]
Der Vorwurf ist auf die Anfangszeit des Dritten Reiches bezogen, gilt aber sicher auch für später.[22] Nach dieser kontextlichen historischen „Einbindung" des Dritten Reiches nach Ost und West wendet sich der Erzbischof der behaupteten kollektiven Schuld des deutschen Volkes an den Greueln dieses Reiches zu, nicht ohne zuvor das deutsche Volk durch fehlende Kriegs- und Siegesstimmung möglichst zu entlasten.[23] So lauter und ehrenhaft Jaegers Absicht hier auch ist, wird doch seine Argumentation durch Irrtümer zum Teil wieder geschwächt.[24] Tatsächlich haben Glocken für die Siege der Wehrmacht auf Bischofsgeheiß geläutet.[25]
Was der Paderborner Erzbischof dann über totalitäre Methoden, Zerstörung der Privatsphäre, Gesinnungsterror und Konzentrationslager erzählt, läßt Nähe und Nachbarschaft zu den Phänomenen durchblicken und ist lesenswert – auch und gerade wegen seiner noch unmittelbaren zeitlichen Frische.[26] Er zitiert Ugo Folcolo, der seine Schilderung der Herrschaft Österreichs in Norditalien von 1802 in Jaegers Zitat mit den Worten beschließt: „... weder Talent noch Ansehen noch Unbescholtenheit des Wandels boten einen Schutz, und wehe dem, der es wagte, einen Funken Mut zu verraten."[27] Der vom Grauen des NS-Terrors in Dort-

---

20 D. XIX, Z. 157-160.

21 D. XIX, Z. 67-69, 117-122.

22 Die Konferenz von München 1938 war ein von Pius XI. sehr bedauertes Nachgeben, das nach der Vertragsbrüchigkeit des Nationalsozialismus gegenüber dem Konkordat und ihrer öffentlichen Enthüllung durch die Enzyklika „Mit brennender Sorge" von päpstlicher Seite kaum für möglich gehalten wurde.

23 D. XIX, Z. 181-192.

24 Die Stimmung war bei Kriegsbeginn sehr bedrückt, nach dem Frankreichfeldzug 1940 zuversichtlich, ja begeistert. Sie wurde bei wachsender Härte des Ostfeldzuges besorgter und ging zum Kriegsende in wachsende Apathie über (vgl. Boberach, Berichte).

25 Vgl. zu diesem Irrtum Jaegers Volk, Akten deutscher Bischöfe VI, S. 592, Anm. 6: „Diese Auffassung Jaegers ist unzutreffend..." Laut Kirchenministerium wurde nach dem Polenfeldzug und nach dem Frankreichfeldzug auf Aufforderung geläutet (ebd.). Jaegers Erinnerung dürfte aber zutreffend sein und das Verhalten der Bischöfe für 1941 und 1942 richtig festhalten.

26 D. XIX, Z. 72-94.

27 D. XIX, Z. 95-107.

mund fühlbar Mitbetroffene versäumt nicht, immer wieder der Übermacht des Systems die Ohnmacht und Entrechtung des Volkes und die unbegreifliche „Mitwirkung“ des Auslandes gegenüberzustellen. Es würdigte das Regime noch normaler Beziehungen selbst dann, als der „Röhmputsch“ seinen Charakter längst entlarvt haben mußte.[28]

Bei ihrem Bemühen, das Volk von Kollektivschuld freizuhalten, gerät die Denkschrift in eine apologetische Engführung, wenn sie neben der Entmachtung des Volkes seine Begeisterungsstürme für den „Führer“ in der Erfolgsphase ungenannt läßt, aber auch das Mitgefühl, das ihn noch in der Phase der großen Rückschläge, der klaren Mißerfolge und Attentate umgab.[29] In dieser Zuwendung breitester Volkskreise lag ja eine entscheidende Schwierigkeit, die den Umsturzversuch vom 20. Juli 1944 bis in die jüngste Gegenwart unvergleichbar mit allen anderen Umsturzaktionen macht.[30]

Auch läßt die Denkschrift die wirtschaftlichen Erfolge der Friedenszeit aus, die sich zu einem guten Teil der Wiederaufrüstung verdankten, aber doch den Menschen im Alltag bei aller Kritik auch Anerkennung abnötigten.[31]

Damit ist ganz und gar die Bedeutung der Haltung zu vereinbaren, die wir als „Resistenz“ oder Nichtanpassung bezeichneten:[32] „Wir machen darauf aufmerksam, daß die Mehrheit des Volkes sich schon dadurch gegen den Nationalsozialismus gewehrt hat, daß es der christlichen Religion treu blieb.“[33] Diese Treue wird unterstrichen durch den ständi-

---

28 D. XIX, Z. 111-115.

29 Vgl. bei Jäckel, Hitlers Weltanschauung, das Kapitel: „Hitler und die Deutschen“, bes. S. 143ff.

30 „Doch mußte aller Volkswiderstand, der nicht allgemein wurde, ohne entscheidende Wirkung bleiben in einem Polizeistaat, der auf breiter Zustimmung ruhte, solange seine Macht nicht zu zerfallen begann“ (Hoffmann, Widerstand gegen Hitler, S. 19). Daraus wird dann gefolgert: „Wirksamer Widerstand muß also definiert werden als ‚zum Sturz des Regimes führend‘“ (ebd.). Damit war der Umsturz nicht nur auf Tarnung vor dem Regime, sondern vor dem Volke angewiesen. Er hatte kein Element, in dem er sich „bewegen“ konnte. Die zu Befreienden mußten zum guten Teil selbst überlistet werden.

31 Vgl. Haffner, Anmerkungen zu Hitler, S. 38-43.

32 Der Begriff der Resistenz wird in einem eigenen Kapitel des nächsten Abschnittes erörtert.

33 D. XIX, Z. 126ff. Gegenüber einer vereinfachenden Reduzierung des Widerstandes auf den aktiven Umsturz liegt Jaegers Argument genau auf der modernen Linie der Forschung, die H. Hürten vertritt (vgl. Hürten, Verfolgung, Widerstand und Zeugnis, S. 71ff.).

gen Druck, der auf den Beamten lastete. Man stellte ihnen das unweigerliche Ende der Kirche vor Augen und drohte mit Entlassung, wenn sie sich nicht schon vorher zu einem bestimmten Termin von der Kirche abgemeldet hätten.[34]

Eine selbst für Kenner des Historikerstreits in unserem Jahrzehnt überraschende These stellt Jaeger zum Judenmord auf. Einen – mit Recht bestrittenen – Zusammenhang zwischen bolschewistischen Morden der 20er Jahre und Judengenozid hatte 1980 E. Nolte statuiert und in jenem das zeitliche und logische „prius" für diesen gesehen.[35] Diese These kann als widerlegt gelten, da Hitlers Ideologie nach genauerer Kenntnis, die E. Jäckel gefördert hat,[36] für einen solchen jüdisch-bolschewistischen Angstkomplex keinen Raum übrigläßt. Seine Unterschätzung des bolschewistischen Rußland wurde Hitler gerade zum Verhängnis.[37]

Jaeger greift im Gegensatz dazu auf die Versailler Kollektivschuldthese zurück, die ihm deshalb ungeheuerlich erscheint, weil sie geschichtlich ohne Beispiel ist und theologisch als freventliche Anmaßung der Allwissenheit Gottes gelten muß.[38] Dieses Attentat auf die Souveränitätsrechte Gottes löste dann im Nationalsozialismus eine noch zynischere Reaktion aus: „Die Theorie von der Kollektivschuld oder Alleinschuld eines Volkes hat sich der Nationalsozialismus zu eigen gemacht, und er beging nun seinerseits die ungeheuerlichsten Verbrechen gegen ein Volk, das er in seiner Gesamtheit für schuldig erklärte."[39] Dann zeigt der Verfasser die Gefahr einer Kettenreaktion: „Wenn man jetzt wiederum von alliierter Seite das gesamte deutsche Volk für moralisch schuldig erklärt und diffamiert, so gibt man den nationalsozialistischen Theoretikern recht."[40] Der Sinn dieser Ausführungen verdeutlicht sich sogleich: „Bei

---

34 D. XIX, Z. 128-140. Die Schilderung Jaegers über die Lage der Beamten verrät nicht nur autobiographische Nähe zu den Gegebenheiten, sondern zeigt auch, daß Resistenz über die Haltung hinaus ein Tun ist, ein „Schwimmen gegen den Strom".

35 Nolte, Historikerstreit, S. 45ff.

36 Jäckel, Die Weltanschauung Hitlers. Zu Rußland vgl. Jäckel im „Historikerstreit", S. 121f.

37 Schon im Sommer 1941 stellte Hitler die deutsche Rüstung wieder auf den Westkrieg um. Das Ostreich war aber noch nicht reif zum Zusammenbruch, wie er es in „Mein Kampf" prophezeit hatte, um seine Soldaten unausgerüstet in den russischen Winterkrieg zu schicken (Jäckel, ebd., S. 121).

38 D. XIX, Z. 163-166.

39 D. XIX, Z. 167-171.

40 D. XIX, Z. 171ff.

der Schnelligkeit der modernen Zeit wird es nicht lange dauern, bis die Theorie von der Alleinschuld eines Volkes auch im deutschen Volk wieder Auferstehung feiert."[41] Der beinahe drohende Unterton des letzten Satzes verlangt zu seinem vollen Verständnis die tief besorgte Absicht des Verfassers, nun endlich die Eskalation der kollektiven Schuldbehauptungen zu beenden.[42] Mit ihnen bestätige man die Kriegspropaganda Hitlers und kultiviere den Mythus seiner Unfehlbarkeit.[43] Am Ende solcher Politik stehe wieder die gegenseitige Vernichtung.

Das Verlangen nach dem gesicherten Frieden, der nicht wieder die Spannungen zu einem neuen Krieg in sich birgt, ist Jaegers Anliegen gegenüber einem führenden Militärbefehlshaber der Siegermächte. War dieses Ansinnen aber glaubwürdig, wo das besiegte Volk mit blindem Fanatismus für den totalen Sieg gekämpft hatte? – Die Antwort gibt Jaeger in einem gern zitierten Satz seiner Denkschrift: „Millionen von Deutschen waren in einem ungeheuren seelischen Zwiespalt. Sie konnten und wollten ihrem Volke nichts Böses wünschen, und sie wünschten trotzdem nichts so wenig wie den Sieg."[44]

Der autobiographische Gehalt der Aussage ist zu diskutieren. Man bete nicht für den Sieg, so wird über die Regionen des Hochstiftes geklagt, sondern für den Frieden. Auf Defätismus sei das Beten der Kirche gestimmt.[45] Die Gebetsaufforderung Jaegers nennt den gerechten Frieden, den Frieden in der Gerechtigkeit und Liebe Christi, als das Ziel des Kampfes.[46] Das zielte auf die augustinische „Ruhe in der Ordnung" (tranquillitas ordinis), nicht auf den Unterwerfungsfrieden Hitlers.[47] Das Unrechtssystem konnte keinen wahren Frieden schaffen. Es war nicht friedensfähig. „Sieghafte Tapferkeit" will der Erzbischof also nur

---

41 D. XIX, Z. 173-176.

42 „Eine solche Politik wird man so lange fortsetzen, bis die europäischen Staaten sich gegenseitig vernichtet haben" (D. XIX, Z. 178ff.).

43 D. XIX, Z. 176ff.

44 D. XIX, Z. 192-195. Jaeger weist auf die ständige Rüge der Partei hin, die Kirche bete nicht für den Sieg, sondern für den Frieden: Das traf auf ihn mit Sicherheit zu. Er wies auf das Verhalten der Deutschen, die oft erleichtert durch die von Alliierten verwüsteten Städte gegangen seien, vom Bewußtsein getragen, aus der Versklavung einer Partei befreit zu sein (D. XIX, Z. 196-200).

45 StA Detmold. Bericht der Hauptaußenstelle Bielefeld: Die Friedensliebe der katholischen Kirche begünstige die Kriegsmüdigkeit (M 18, Nr. 19, Bl. 47 – Anfang 1942!).

46 D. XIII, Z. 154-173.

47 Aus der Weiheansprache vom 19. 10. 1941: Amtsblatt 1941/19, S. 104 unter Berufung auf Augustinus, De civitate Dei 19,13. Vgl. dazu E. Jäckels Zitat aus „Mein Kampf":

als Lauterkeit ethischer Motivation, nicht als militärischen Allein- und Totalsieg eines Unrechtsstaates anerkennen.[48] Die Probleme des Dritten Reiches mündeten allerorts in Aporien.
Jaegers These über die historische Mitbedingtheit des Judenmordes durch das Versailler Diktat scheitert an Hitlers Rassenlehre. Am Anfang hätte Hitler vielleicht noch ein Strafgericht über die „jüdische Weltverschwörung" von Versailles im Blick haben können.[49] Die Rassenlehre von „Mein Kampf" und aus dem „Zweiten Buch" aber hat sich definitiv von jeder Schulderwägung gelöst. Jetzt ging es nur noch um die „Todesparasiten" der Welt.[50] Nunmehr war – modern gesprochen – Judengenozid also gleichzusetzen mit „Bewahrung der Schöpfung".[51]

Ungeachtet seiner zeitbedingten Mängel ist Jaegers Versuch, die Sieger im Blick auf die Vergangenheit von der Wiederholung alter Fehler abzubringen und ihre ethische Verantwortung vor einem weiten geschichtlichen Horizont anzusprechen, von programmatischer Bedeutung für die Nachkriegszeit: „Die Tatsachen haben bewiesen, daß die Völker Europas, ja alle Nationen der Erde leiden, wenn ein großes Volk leiden muß. Es ist eine unbestreitbare Tatsache, daß die Sieger von 1918

„Was die Natur allenthalben ‚wünscht, ist der Sieg des Stärkeren und die Vernichtung des Schwachen oder seine bedingungslose Unterwerfung'" (Hitlers Weltanschauung, S. 103. Zitat: „Mein Kampf". München 1943, S. 372).

48 Was immer L. Jaeger von dem Ausgang eines Blitzfeldzuges gedacht haben mag, sein Trachten ging nicht auf Sieg, der ja nur Unterwerfungsfrieden bedeuten konnte, sondern auf ehrenvollen und gerechten Frieden. So wird er wie sein Generalvikar die Umsturzbotschaft des Freiherrn Ferdinand von Lüninck mit Schrecken, aber vielleicht nicht ohne Hoffnung vernommen haben.

49 Der jüdisch-marxistische Geist hatte angeblich 1918 den Dolchstoß geführt, als Hitler im Pasewalker Lazarett beschloß, Politiker zu werden. Der rassistische Hintergrund dazu hat sich erst später voll ausgebildet (Jäckel, Hitlers Weltanschauung, S. 121-136).

50 Weil die Juden nach Hitlers skurriler Auffassung nicht teilnahmen am Kampf um den Lebensraum, konnten sie nur „parasitär" am Wirtskörper anderer Völker leben und ihn zugrunde richten. „Siegt der Jude mit Hilfe seines marxistischen Glaubensbekenntnisses über die Völker dieser Welt, dann wird seine Krone der Totenkranz der Menschheit sein, dann wird dieser Planet wieder wie einst vor Jahrtausenden menschenleer durch den Äther ziehen." So liest man in der Erstausgabe, die Jäckel in „Hitlers Weltanschauung" (S. 64) zitiert. In späteren Ausgaben als der Erstausgabe von 1925 (Bd. 1) und 1927 (Bd. 2) liest man zwei Änderungen: „... dann wird seine Krone der Totentanz der Menschheit sein, dann wird dieser Planet wieder wie einst vor Jahr*millionen* menschenleer durch den Äther ziehen" (München 1943, 876-880 Tsd., S. 69f.).

51 Ebd., S. 70: „So glaube ich heute im Sinne des allmächtigen Schöpfers zu handeln: *Indem ich mich der Juden erwehre, kämpfe ich für das Werk des Herrn.*"

von ihrem Siege keinerlei Vorteile, sondern nur Unruhe, Arbeitslosigkeit und wirtschaftliche Not geerntet haben."[52]
Hier korrespondiert in der Sicht des Erzbischofs der Tatsächlichkeit des *ersten wirklichen Weltkrieges*, als den wir den „Zweiten Weltkrieg" ansehen müssen, weil seine verheerenden Kriegsschauplätze in nicht gekannter Weite unseren Planeten umspannt und in beispielloser Tiefe seine Bewohner ins Leid gestürzt haben,[53] die Notwendigkeit weltweiter Solidarität und Verantwortung.

---

52 D. XIX, Z. 254-258.

53 Die Bilanz des Zweiten Weltkrieges als eines Mörders der Menschheit zeigt sich darin, daß die Forschung 50 Jahre nach Kriegsende nicht in der Lage ist, die Opfer des Krieges, den Hitler begonnen hat, auf deutscher Seite auch nur annähernd exakt zu ermitteln (R. Overmanns, Die Toten des Zweiten Weltkriegs in Deutschland. In: Michalka, Der Zweite Weltkrieg, S. 869f.).

„Eine unpathetische, geistige, personale Tapferkeit, welche sich dem heraufdrohenden Chaos entgegenstellt. Sie muß reiner und stärker sein, als die vor Atombomben und Bakterienstreuern ...“
Romano Guardini

Fünfter Abschnitt
„Zwischen Sturm und Sturm“ (J. H. Newman) – Versuch einer kritischen Würdigung

Überblick zum fünften Abschnitt

Mit der methodischen Selbstbeschränkung aller empirischen Wissenschaften auf die „matter of facts“ sind absolute Moralurteile des Historikers unvereinbar. Doch kann ihm das Recht auf eine relative Wertung kaum abgesprochen werden. Die Legitimation zu ihr kann er nur der Normenwelt der handelnden Menschen selbst entnehmen, im Falle der Kirche ihrer eigenen Tradition. Sie ist mit aller gebotenen Sorgfalt zu ermitteln. Wertansprüche für kirchliche Persönlichkeiten stellen sich in den Leitbildern vor, die in Lesehoren oder Kalendarien des Stundengebets stehen: Ambrosius, Thomas Morus, Thomas Becket, Stanislaus von Krakau, Gregor VII., Johannes d. T. (Kap. 1).

Biographische Forschung füllt und legitimiert den Resistenzbegriff mit einem konkreten Inhalt. Das gilt für die Risikoseite ebenso wie für die Ideenwelt, die den Aufbau des gegensätzlichen Wertsystems motiviert und trägt. Die „Resistenz“ läßt Theorie und Praxis der Gestapo und des SD (SS) verständlich werden, die sie mit ungeheurem Aufwand zu bekämpfen hatten. Die Einlinigkeit des Widerstandsbegriffs wird abgelöst durch Stufen des Widerstandes, die voneinander abzugrenzen und doch analog aufeinander zu beziehen sind (Kap. 2).

Der Protest als höchste Form geistiger Distanzierung wird in seiner radikalsten Spitze nur noch von Umsturzaktionen übertroffen. Ob kirchlicher Protest immer partieller Natur war, darf bei den Grundrechten gefragt werden. Aus der getroffenen Wertung des Protestes ergibt sich von selbst die Höherstufung des Menschenrechtsprotestes vom 22. März 1942 über das Dekalog-Pastorale vom Sommer 1943. Bischöfliche Kontakte zum aktiven Widerstand sind erwiesen und lassen nach dem inneren Verhältnis auch zu dieser Aktionsform fragen (Kap. 3).

Jaegers menschliche und kirchliche Haltung zum Reich Hitlers ist eindeutig. Eine entschiedene „Resistenz" in allen Tätigkeitsfeldern durchzieht sein Leben für die Dauer des Regimes, gerade dort, wo er – wie anfangs – empfahl, „bremsend mitzuwirken". Auch die Protestform wurde von Jaeger in allen Stadien bischöflicher Verantwortung mitgetragen, von der Denkschrift bis zum Eintreten für Menschenrecht und Gottesgebot. – Ungelöste Grenzfragen erreichten sein Ordinariat mit dem Vorwissen um den 20. Juli 1944 durch F. von Lüninck. – Die Ausstrahlung des späteren Kardinals wurde wohl richtig begründet vom Chef der Sicherheitspolizei, R. Heydrich, der die vielseitig entfaltete Persönlichkeit Jaegers mit ihrer klaren Grundrichtung ineinssetzte: Er sah L. Jaeger „von unermüdlichem Streben für die Ziele der ... Kirche besessen" (Kap. 4).

Kapitel 1

Zeitgeschichte und ethische Bewertung bischöflichen Handelns

Der Ansatz der historischen Methode entzieht nach H. Hürten dem Historiker jedes moralische Urteil über die Kirche.[1] Wertsetzungen moralischer Art lägen außerhalb der historischen „Objektivität", folgert er mit K. Kluxen.[2] Der Historiker kann einen Vorgang nur nach seiner wirkungsgeschichtlichen Tragweite beurteilen. Urteile der „persönlichen Betroffenheit", mit denen der Historiker wie jeder Mensch auf „eine der größten moralischen Katastrophen unserer abendländischen Welt" antwortet,[3] sind der methodischen Reflexion anderer Disziplinen, der Moraltheologie oder der philosophischen Ethik, zu überlassen.[4] Ungeachtet aller Kompetenzfragen ist aber unbestritten, daß die Kirche sich wie schon nach der Verfolgung unter Decius (249-251 n. Chr.) unter die Forderung ehrlicher Selbsterforschung gestellt sehen muß. Bekanntlich hatten sich in Afrika vier Bischöfe den Decianischen Edikten gebeugt.[5] Laien hatten sich oft besser bewährt als die Amtsträger der Kirche.[6] Solche Besinnung wurde die Grundlage für das Bestehen der viel längeren und grausameren Verfolgungen unter Diokletian und seinen Mitkaisern.[7]
Sind dem Urteil des Historikers auch Grenzen gesetzt, so ist nicht zu bestreiten, daß sich gerade in der Behandlung des Dritten Reiches die moralische Frage an die Kirche mit unentrinnbarer Wucht erhebt.[8] Im

---

1 Hürten, Verfolgung, Widerstand und Zeugnis, S. 13ff.

2 Ebd., S. 14 (vgl. K. Kluxen, Vorlesungen zur Geschichtstheorie. Paderborn 1981, S. 224).

3 Ebd., S. 15.

4 Die „anderen Disziplinen" (ebd.), denen er das Urteil zugesteht, müssen Moraltheologie und philosophische Ethik sein.

5 Vgl. K. Baus, Von der Urkirche zur frühchristlichen Großkirche. In: Handbuch der Kirchengeschichte, S. 256.

6 Das ergibt sich nicht nur aus den einschlägigen Darstellungen (vgl. ebd., S. 257), sondern aus frühen Märtyrerlisten.

7 Ebd., S. 258.

8 H. Hürten berichtet über eine Stellungnahme im „Parlament", in der seine Selbstbegrenzung in der historischen Kompetenz mit der Feststellung kommentiert wurde: „Historia taceat in ecclesia" (Das Parlament Nr. 40/41 v. 5. 10. 1985), ebd., wie Anm. 1, S. 14, Anm. 2.

„Historikerstreit" der achtziger Jahre war sie die bestimmende Mitte der Diskussion über die „Singularität" der nationalsozialistischen Verbrechen und der Beteiligung des deutschen Volkes an ihnen. Bei genauerer Betrachtung der Begründung Hürtens darf aber gefragt werden, ob nicht der Historiker – gerade auch als Kulturhistoriker – befähigt ist, nach einer wenigstens relativen Wertung gerade auch im historischen Feld zu fragen. Sie müßte dabei „immanente" Maßstäbe voraussetzen.[9] Aber auch diese liegen im historischen Feld und sind als Quellen christlicher Tradition der historischen Methode nicht verschlossen.[10]
Schon der immanente Ansatz der historischen Methode ruft hier aus sich nach dem umfassenderen Kontext. Der Historiker kann die Kirche zu ihren Wertvorstellungen in Beziehung setzen, wenn er diese in methodisch sachgemäßer Form erarbeitet hat.[11] So darf er im Sinne Hürtens fragen,·ob nicht schon erkennbar sei, daß die Kirche vor dem Widerstand zur Verkündigung verpflichtet sei.[12] Er begreift, daß nach ihrem Selbstverständnis weite Bereiche ihrer Existenz den innerweltlichen Maßstäben entzogen sind.[13] Auch kann er sich mit der Frage befassen, ob die *Verpflichtung zur öffentlichen Verkündigung* es ins Belieben der Kirche stelle, über sich als Institution zu verfügen, wie K. Scholder erwägt und K. Repgen entschieden und mit Recht verneint.[14]

---

9 Eine Teilnahme an dieser Diskussion kann keinem verwehrt werden, der die Voraussetzungen seiner Wertung hinreichend reflektiert und begründet.

10 Die Relation zu den Maßstäben katholischer Überlieferung, die in Moraltheologie und Dogmatik aufzusuchen sind, wird ihn vor allzu apodiktischen Behauptungen bewahren, vor allem in den Fragen, die zur Zeit bischöflichen Handelns selbst noch kontrovers waren. So gab es in der Bejahung der Notwendigkeit eines aktiven Widerstandes und seiner ethischen Erlaubtheit in der ersten Jahrhunderthälfte eine fast einhellige Ablehnung (vgl. J. Mausbach, Katholische Moraltheologie. Münster [6]1927, S. 116).

11 Die Tradition der Kirche ist eine historisch faßbare Größe und in zahlreichen Handbüchern für jede Epoche greifbar.

12 Das Zeugnis (Martyria) ist in der Apologetik oder Fundamentaltheologie Wesenseigenschaft der „wahren Kirche Christi" und Zeichen ihrer göttlichen Sendung (vgl. F. Schlagenhaufen, De vera religione. In: L. Lercher, Institutiones Theologiae dogmaticae, Bd. I. Barcelona [4]1945, S. 139-142).

13 Die Auffassung, daß ihr wahres Politeuma (Gemeinwesen) im Himmel sei, wo sie in den Bürgerlisten ihres Herrn eingetragen sei, bestimmte die Auffassung der frühen Kirche bis in die tägliche Praxis der Liturgie (vgl. M. Theobald, „Wir haben keine bleibende Stadt, sondern suchen die zukünftige" (Hebr 13,14) – Die Stadt als Ort der frühen christlichen Gemeinde. In: Theologie und Glaube. Paderborn 1988/1, S. 16-40).

14 In: Schmädeke/Steinbach, Der Widerstand gegen den Nationalsozialismus, S. 1127: „... ob der Erhalt einer Großgruppe Grund dafür biete, stolz sein zu können, wenn – während Katholiken und Protestanten den Bestand ihrer Kirche sicherten – zu

K. Barth hatte schon das regelmäßige Stundengebet der Mönche in Maria Laach für einen unaufgebbaren Dienst gehalten.[15]
Die inhaltliche Nähe zu ethischen Fragestellungen ergibt sich schon aus der Tatsache, daß die Bewertung des kirchlichen Verhaltens einen gut brauchbaren Maßstab liefert für die Gliederung der zeitgeschichtlichen Darstellungen nach dem Zweiten Weltkrieg.[16]
Eine erste, „positive" Phase hielt bewußt, daß die Kirche mit schweren Einbußen durch die Verfolgung gegangen war und sich entschieden gewehrt hatte. Die im Zusammenbruch aller gesellschaftlichen Institutionen monumental überdauernde deutsche Kirche blickte mit Erleichterung auf ihre jüngste Bewährung.[17]
Ein strenger Revisionismus löste schon vor Ende der 50er Jahre diese Sichtweise ab. Einerseits zeigte der nun auf den Beginn des Dritten Reiches gerichtete Blick gewisse Anpassungs- und Konzessionsbereitschaft. H. Müller und W. Böckenförde leiteten mit ihrer Kritik[18] eine Welle von Publikationen ein, in denen die Bedingungen totalitären

---

gleicher Zeit viele Juden vertrieben, entrechtet und schließlich umgebracht worden seien."
K. Repgen betont gegenüber jeder vorschnellen Preisgabe den Auftrag der Großgruppe Kirche zur öffentlichen Verkündigung, der ihre Erhaltung als Institution zur Voraussetzung hat (Repgen, Katholizismus und Nationalsozialismus, S. 10). Wiederum kann eingewendet werden, daß „Predigt" „opportune" und „importune" zu erfolgen hat (2 Tim 4,2) und der Gegenschlag des Verfolgers unsicherer sein kann als die akute Verkündigungspflicht.

15 In der ersten Phase der nationalsozialistischen Herrschaft (bis 1938) setzte K. Barth auf die integrale Verkündigung christlicher Botschaft und verglich sie als direkte kirchenpolitische Stellungnahme, die indirekt sogar eine politische sei, mit dem Horengesang der Benediktiner in Maria Laach (vgl. H. Hürten, wie Anm. 1, S. 101). Zu diesem Zeitpunkt erkannte Dietrich Bonhoeffer in letzter Konsequenz angesichts der einsetzenden Judenbedrängnis die Pflicht, „dem Rad selbst in die Speichen zu fallen" (vgl. Hürten, ebd., S. 108).

16 Die Phase „heroischer" Geschichtserzählung in den 50er Jahren war keineswegs von der Absicht her apologetisch gestimmt, sondern schon um eine – wenigstens vorläufige – Quellensicherung bemüht, während die Phase moralischer Rigidität in den 60er Jahren eher die Tendenz verriet, kirchliches Versagen vor eine steil aufgerichtete „Schandmauer" (Volk) zu stellen. (Zum Überblick vgl. Hehl, Kirche, Katholizismus und das nationalsozialistische Deutschland. In: Albrecht, Katholische Kirche im Dritten Reich, S. 219-251, hier bes. S. 250f.)

17 U. von Hehl sieht die Notwendigkeit der Überprüfung dieser frühen Phase auch schon gegeben mit quellenkritischen Mängeln, mit fehlendem Abstand vom Terror des Dritten Reiches usw. (ebd.).

18 E. W. Böckenförde, Der deutsche Katholizismus im Jahre 1933. Eine kritische Betrachtung. In: Hochland 53 (1960/61), S. 215-239. Ferner: ders., Der Deutsche

Lebens zu oft verkannt wurden: R. Hochhuths Stellvertreter,[19] G. C. Zahns und S. Friedländers Publikationen[20], besonders aber G. Lewy.[21] Sie riefen nach einer Erweiterung und Vertiefung der Forschung aus genuinen Quellen. Das strenge methodische Postulat Hürtens ist nötig.[22] Der geringe Zeitabstand ließ die qualitative Distanz zum „Totalitären" vergessen!
Hürtens Bedenken weisen zu Recht die Gefahren im historischen Feld auf. Der noch in den 60er Jahren einsetzende dritte Abschnitt der zeitgeschichtlichen Forschung muß also geprägt sein von umfassender Quellenerschließung und gründlicher Strukturanalyse totalitärer Lebensbedingungen. Kirchliche Zeitgeschichte hat hier auch die Protest- und Verkündigungssprache zu untersuchen.[23]

Der Blick auf Leitbilder, die in dieser Zeit für die Bischöfe von Bedeutung waren, zeigt die Wertvorstellungen, die sie in ihrem Ringen begleiteten. Solche Leitbilder sind wertorientiert. Sie haben ihr Maß in der Bibel und der christlichen Tradition.[24]
Kardinal Faulhabers entschiedenes „Ja" zur „Ambrosiustat" des Menschenrechts-Hirtenwortes vom 15. November 1941[25] versteht sich vor dem Hintergrund der Bluttat von Thessalonike, die der Bischof von Mailand Theodosius, dem machtgewaltigsten Kaiser des spätrömischen Weltreiches, entgegenhielt. Im Blick auf das Bekenntnis des Bischofs trug der Vergleich des Kardinals realitätsnahe Züge, wenn der Hirtenbrief als Wort aller Bischöfe die Öffentlichkeit erreichen sollte. Zwei Drittel der katholischen deutschen Bischöfe hatten das zu diesem Zeitpunkt

---

Katholizismus im Jahre 1933. Stellungnahme zu einer Diskussion. In: Hochland 54 (1961/62), S. 217-245. Beide wiederabgedruckt in: ders., Kirchlicher Auftrag und politische Entscheidung. Freiburg 1973, S. 30-104.

19 Hochhuth, Der Stellvertreter.

20 S. Friedländer, Pius XII. und das Dritte Reich. Hamburg 1965. G. C. Zahn, German Catholics and Hitler's War.

21 G. Lewy, The Catholic Church and Nazi Germany. New York 1964. Dt.: Die katholische Kirche und das Dritte Reich.

22 Vgl. Anm. 1 und zugehörigen Haupttext.

23 S. 135-138.

24 Jene Leitbilder werden auch den Gemeinden durch das liturgische Kirchenjahr vermittelt.

25 Volk, Akten Kardinal Faulhabers, S. 826, Anm. 1. M. von Faulhaber nennt an zitierter Stelle den Hirtenbrief des Ordensgremiums eine „Ambrosiustat" (Faulhaber an Dietz v. 17. 11. 1941). Hürten scheint den Text übersehen zu haben.

gewünscht.[26] Aber auch die Verteidigung der Gotteshäuser gegen die arianische „Enteignung“ paßt analog in den Zusammenhang des „Klostersturms“.[27] Anders verhielt es sich bei den Wirren um die jüdische Synagoge von Kallinikon am Euphrat. Dort erschien der Mailänder Bischof und Kirchenlehrer im Banne eines fanatischen Antijudaismus.[28] Liegt hier der Grund für die bischöfliche Zurückhaltung gegenüber einer Beanspruchung des mutigen Kirchenvaters, während die Emigration schon 1934 Ambrosius als Leitgestalt empfahl? Damals hatten die gesetzlosen Erschießungen des „Röhm-Putsches“ die Öffentlichkeit aufgeschreckt.[29]

Bischof von Galen fühlte sich eher schon den Blutzeugen Thomas Becket, Stanislaus von Krakau und dem Lordkanzler Thomas Morus schicksalsverwandt, die alle weltlicher Machtwillkür zum Opfer fielen.[30]

---

26 Die bedauernswerte Unterlassung war bekanntlich bedingt durch den Wunsch der evangelischen Kirchen, zeitgleich eine Denkschrift einzureichen. Anzumerken ist hier noch: Der „Genozid“ an der Stadtbevölkerung in Thessalonike und das „Veto“ des Bischofs gegenüber dem Kaiser stellten sich recht gut zum Vergleich mit der Gegenwart.

27 Der „Basilikenstreit“ von Mailand mit den Arianern zeigte den Bischof im Kampf um die Rechte der Kirche. Der Vergleich zur Gegenwart, besonders zum Klostersturm, lag nicht fern. Vgl. zu beiden Eklats W. Gessel, Kirche und Staat in der alten Kirche. In: G. Denzler (Hg.), Kirche und Staat auf Distanz. München 1977, S. 35ff.

28 K. Baus, Die Kirche von Nikaia bis Chalkedon. Wie Anm. 5, S. 230, 410.

29 Vgl. Hürten, Katholiken, S. 325. Wenn Hürten in seinem Resümee die Vorbildlichkeit der „Ambrosiustat“ auf antike oder spezielle Rechtstradition einschränken möchte (ebd., S. 545), um die Zeitgebundenheit zu betonen, hat er zwei Fakten gegen sich: 1. den expliziten Bezug Kardinal Faulhabers von 1941, mit dem er sogar die Aktion vom Nov./Dez. 1941 zu retten versuchte, 2. die Lesehore des kirchlichen Stundengebets, in der Theodosius durch den öffentlichen Bußruf des Mailänder Bischofs eingeholt wurde. Die Tat wird ausdrücklich beschrieben und damit exemplarisch gewürdigt.

30 Thomas Becket, ermordet in der Kathedrale von Canterbury am 29. 12. 1170, heiliggesprochen 1173, verteidigte nach seiner Bischofsernennung Recht und Freiheit der Kirche gegen Heinrich II., dessen Lordkanzler er zuvor gewesen war.
Stanislaus von Krakau, Bischof von Krakau, ermordet am 8. 5. 1079 durch König Boleslaus II., wird mit Johannes dem Täufer verglichen, weil er Gewaltmißbrauch und Ehebruch seines Königs mit dem Kirchenbann belegte. Beide Heilige fielen durch gesetzlosen Mord von der Hand ihres eigenen Königs.
Thomas More, englischer Lordkanzler, hingerichtet am 6. 7. 1535 auf Betreiben Heinrichs VIII., weigerte sich standhaft, die Gesetzesbeugungen seines Königs durch den Suprematseid zu beschwören und dadurch seinen sittenlosen König als obersten Herrn der Kirche anzuerkennen. Nach Freigabe seiner Gerichtsakten durch die englische Regierung konnte er unter Pius XI. heiliggesprochen werden. Im Gegensatz zu dem „erfolgreichen“ Ambrosius waren Galens Leitbilder Blutzeugen. Thomas More war 1935 – zwei Jahre nach Galens Bischofsberufung – heiliggesprochen worden (vgl. die einschlägigen Hagiographien).

Godehard Machens sah sich im Namen der aus kirchlichen Heimen verschleppten Zigeunerkinder verpflichtet, den Machthabern des verbrecherischen Gewaltsystems das „non licet tibi“ des Neuen Testaments entgegenzuschleudern.[31] Damit erinnert er an das Wort Johannes' des Täufers zu Herodes Antipas.[32] Die genannten Beispiele zeigen uns in konkreter Weise die Wertvorstellungen an, die den Bischöfen aus den Lesungen ihres kirchlichen Stundengebetes verbindlich entgegentraten.[33] Die Leitgestalten stehen ebenso ein für die Lebens- und Freiheitsrechte der Kirche wie auch für die allgemeinen Menschenrechte.[34] Es ging in jedem Fall um drängende Gebote der Stunde, um Klostersturm und Euthanasie, um Menschenrechte und Kirchenfreiheit, um wehrlose Kinder und verfolgte Minderheiten. Godehard Machens gab bekanntlich den Anstoß zum Dekalog-Hirtenbrief der Bischöfe von 1943.[35]

Der Zeugnischarakter dieser Lesehoren legt nahe, daß die Worte und Textvorschläge der Bischöfe von Fulda nicht als gleichrangig anzusehen sind. Die Textgestaltung gemeinsamer Hirtenworte wird in den auftauchenden Meinungsverschiedenheiten nicht immer Stimmen gleichen Niveaus angetroffen haben,[36] sondern auch – wie in der Verfolgung des Decius – Bischöfe in Halbherzigkeit, Angst und Schwäche. Ihre Argumente konnten deshalb nicht frei bleiben von den persönlichen Vorgegebenheiten ihrer Entscheidungen.[37]

---

31 Volk, Akten deutscher Bischöfe VI, S. 39.

32 Mk 6,18 in der Wiedergabe der Vulgata.

33 Die an den Todestagen in den kirchlichen Horen zu betenden Lebensbeschreibungen der Tagesheiligen waren eine kaum zu überschätzende Anregung für auch kirchenpolitische und ethische Grundsatzbetrachtungen.

34 Ambrosius wird in der Tat in den Lesehoren der betenden Kirche mit dem Bußruf an Kaiser Theodosius für die Bluttat von Thessalonike vorgestellt, während der Basilikenstreit und der Eklat um die von Christen zerstörte Synagoge von Kallinikon unerwähnt bleiben (vgl. Breviarium Romanum. Pars hiemalis. Regensburg 1928, S. 693f.).

35 Volk, Akten deutscher Bischöfe VI, S. 39f.: Der Brief von Godehard Machens ist durch seinen mutigen Einsatzwillen ebenso beachtlich wie durch seine mitfühlende Menschlichkeit.

36 Wir halten die Kürzung der Stelle aus Gal 3,26ff. über die Gleichstellung von Juden und Griechen (3,28) für einen Beweis im Sinne solcher Beurteilung (S. 256f.). Leider fehlen alle Anhaltspunkte über die dabei gehaltenen Diskussionen.

37 M. Buchbergers Ausweichen vor der öffentlichen Verlesung am 22. 3. 1942 fand die ironische Glossierung Faulhabers, der Regensburger Bischof „sah Himmel und Erde einstürzen“ (Volk, Akten Kardinal Faulhabers II, S. 905, Faulhaber an Bornewasser am 15. 4. 1942).

Aber schon hier zeigen sich die Defizite unseres Wissens, das in weiten Bereichen noch fragmentarisch ist. Mit späten Entdeckungen – wie bei Bischof W. Berning – ist zu rechnen.[38] Wir sahen es an den Indizien für Galens Eintreten zugunsten der Nichtarier in der Verlesung des Menschenrechts-Hirtenbriefes am 22. März 1942 in Münster.[39] Beides ist für unser Wissen über Galen[40] und Berning[41] nicht unwichtig, auch nicht für das Argument aus dem Schweigen.[42]

Die ethischen Wertungen sind im subjektiven Bereich erschwert durch das Fehlen breiter Untersuchungen über den durchschnittlichen Wissensstand der Deutschen in der Kriegsphase des Dritten Reiches. Bei den Bischöfen sind die Schwierigkeiten keinesfalls gering zu veranschlagen.[43]
Hier sei erinnert, daß Helmuth James von Moltke, führender Kopf des Kreisauer Kreises, der als Mitarbeiter im Oberkommando der Wehrmacht überdurchschnittliche Informationsmöglichkeiten hatte, erst seit 1943 über den Tod von *Hunderttausenden* von Juden Kenntnis bekam, also spät und ohne Vorstellung der wahren Dimensionen. Er zweifelte an der Möglichkeit, die ihm bekannten Fakten an seine deutschen Mitbürger vermitteln zu können. Man würde ihm die Greuelmeldungen der englischen Kriegspropaganda aus dem Ersten Weltkrieg entgegenhalten und ihm den Vorwurf nicht ersparen, ihr zu später Stunde noch einmal verfallen zu sein.[44] Moltke wußte, wie leicht man der „Feindbegünstigung“ und des „Landesver-

---

38 Wir rechnen noch damit, daß W. Bernings Silvesterpredigt aufgefunden wird. Über ihren wesentlichen Inhalt sind wir durch seinen Briefwechsel mit Göring informiert.

39 Die „Trümmerakte“ (P. Löffler in briefl. Mitteilung) zeugt vom „labilen“ Charakter des vorhandenen Materials. Vgl. D. XVII.

40 Vgl. K. Repgen, 1938 – Judenpogrom und katholischer Kirchenkampf. In: Brakelmann/Rosowski, Antisemitismus. Göttingen 1989, S. 119.

41 S. 193ff. und D. XVI.

42 Die Verstrickung einiger Bischöfe in Kontakte zu Männern des 20. 7. 1944 gehört bei ihren staatsethischen Traditionen zu den unerwartbaren Überraschungen.

43 Volk beklagte noch 1980 den unzulänglichen Informationsstand der Forschung hinsichtlich des Wissens der Bischöfe und der Deutschen in der Kriegszeit über den Holocaust (Kirchenkampf II, S. 110ff. Erstveröffentlichung in „Stimmen der Zeit“, 1980).

44 Ebd., S. 111, Anm. 37.

rats" bezichtigt werden konnte.[45] Volk weist auf ein ähnliches Risiko der Bischöfe beim Dekalog-Pastorale hin.[46]

Bei der Frage nach der Richtigkeit der ethischen Entscheidungen lag die Schwierigkeit in der Vielseitigkeit der konkurrierenden und kaum zu vereinbarenden Pflichten. So hatte ein öffentlicher Protest der Bischöfe hinsichtlich der eingeklagten Rechte seine Wirkung abzuwägen gegenüber den sofort einsetzenden Repressalien an den Priesterhäftlingen und den bekenntnistreuen Christen in den KZs. Damit wußte man die Bischöfe wirksam zu treffen.[47] Kardinal Faulhaber beklagt dies tief.[48] Jaeger war hier mitbetroffen.
Mit keinem Protest gegen diese Erpressungen hatte Galen Erfolg, als er schließlich ein paar Dutzend seiner Priester im KZ festgehalten und geschunden wußte.[49] Todesmutigste Zeugen waren gegenüber solchen Maßnahmen äußerst sensibel, wie ja die „Sippenhaft" eine der wirksamsten Repressalien der Gewalthaber war.
Zu denken ist ferner an Einzelaktionen und Hilfswerke, die nicht gefährdet werden durften.[50] Papst Pius XII. hatte solche Rücksicht zu

---

45 Vgl. die Aufzählung bei Volk, Akten deutscher Bischöfe V, S. 1058ff. über Schutzhaftgründe bei Geistlichen, die in KZ-Haft kamen. Darunter befindet sich auch die Weitergabe von schlichten Tatsachen, die Verweigerung des deutschen Grußes und das Abhören feindlicher Sender (ebd., S. 1060).

46 Volk, Kirchenkampf II, S. 105.

47 Bleistein, Katholische Bischöfe im Widerstand, S. 589. Auch R. Morsey, Clemens August Kardinal von Galen (1878-1946). In: ders., Zeitgeschichte in Lebensbildern, Bd. 2. Mainz 1975, S. 43. Wirksame Ansatzpunkte, um Bischöfe gefügig zu halten, waren auch die Gnadengesuche für die zum Tode Verurteilten. Vgl. z. B. die Bittfahrt L. Jaegers nach Berlin um die Begnadigung des Franziskanerpaters und Hymnenübersetzers Kilian Kirchhoff (Mund, Blumen auf den Trümmern, S. 40). Ferner ders., in: Wagener, Das Erzbistum Paderborn in der Zeit des Nationalsozialismus, S. 183-214.

48 Volk, Akten Kardinal Faulhabers II, S. 688 (Faulhaber zu Grisar am 29. 10. 1940. Im stenographischen Gedächtnisprotokoll zu Fragen Euthanasie beruft er sich auch auf Bischof Bornewassers Erfahrungen).

49 Bleistein (wie Anm. 47), ebd.

50 Die von den Hilfswerken unter großen Gefahren zu besorgenden Hilfsmaßnahmen standen im Konflikt zu den öffentlichen Protesten, deren praktische Wirksamkeit mit wachsender Nähe zu den nationalsozialistischen Reizzentren unwahrscheinlicher wurde. Die „Entfernung" der Juden war eines der zentralen Ziele Hitlers gewesen (vgl. Jäckel, Hitlers Weltanschauung, S. 55-78). Die Unvereinbarkeit öffentlicher Proteste mit Hilfsmaßnahmen erfahren ähnliche Hilfswerke zusammen mit Amnesty International auch heute noch, wenn sie sich gehalten sehen, im Interesse konkreter Einsätze auf

nehmen,[51] wie auch Preysing auf das letzte Refugium jüdischer Hoffnungen in Berlin.[52] Dennoch brachte er noch im Dezember 1942 die Rechte der Nichtarier öffentlich zur Sprache. Zutiefst ist mit L. Volk zu beklagen, daß den Juden in ihrer Bedrängnis kein Bischof von Galen zur Seite getreten ist,[53] ein Irrtum, wenn diese Untersuchung sich bestätigen sollte. Aber die Autoren, welche das Wort Volks gern übernehmen und wiederholen, lassen durchgehend die Erklärung fort, die der Historiker der Bischöfe seiner Feststellung folgen ließ.[54] Er wies darauf hin, daß Galens Bischofswort zur „Euthanasie" ein schon vorinformiertes Kirchenvolk antraf, das nur noch auf das zündende Wort wartete.[55]
Dagegen war der Judengenozid durch den Kordon des Schweigens und durch seine unvorstellbare Singularität abgeschottet.[56] Himmler vermied den „Dilettantismus" der „Euthanasie" und vollzog den grausigen Völkermord in den entlegeneren Ostgebieten.[57]
Es ist nicht zu übersehen, daß alle Bischöfe die Erhaltung des kirchlichen

---

jede öffentliche Konfrontation zu verzichten (vgl. Hürten, Verfolgung, Widerstand und Zeugnis, S. 86: „... so wie heute Amnesty International zur Politik der Verfolger keine Stellung nimmt, um ihre Hilfe für die Verfolgten nicht zu gefährden ...").

51 Leiber, Pius XII. und die Juden in Rom, S. 428-436. Die Zahl der allein in Ordenshäusern untergebrachten Juden beläuft sich nach Leiber auf 3 767 Personen (ebd., S. 429f.), nicht gerechnet die zahlreichen in anderen kirchlichen Instituten in Rom Untergebrachten. Die R. Leiber von den Orden her vorliegende Liste stammte von 1945 (ebd., S. 430).

52 Zum „Berliner Hilfswerk beim Bischöflichen Ordinariat Berlin" (HBOB) vgl. W. Knauft, Einsatz für verfolgte Juden 1938-1945. In: Stimmen der Zeit, 1988/9, S. 591-603. Zum Hirtenbrief K. von Preysings und der westdeutschen Bischöfe, dessen Verlesung in der Paderborner Kirchenprovinz aus nicht geklärten Gründen unterblieb und in den Kölner Suffraganbistümern uneinheitlich erfolgte, teilweise auch gar nicht (Osnabrück), vgl. Volk, Akten deutscher Bischöfe V, S. 959, Anm. 1. Der unbekannte Berichterstatter tadelt das erneute Desaster und verzweifelt an einheitlichen Lösungen für die Zukunft. Uns scheint der letzte Grund in dem hohen Risiko zu liegen, das man mit dem Eintreten für die Rechte der Nichtarier verband.

53 Volk, Kirchenkampf II, S. 110f.

54 Ebd., S. 110f.

55 Ebd.

56 Ebd., S. 98.

57 Ebd. Vgl. auch Jäckel, Hitlers Herrschaft, S. 104-112: Der mündliche und interne Befehlsapparat wird nach Jäckel nur an den Berührungsstellen mit Wehrmacht und Staat dokumentarisch greifbar. Die eigentlichen Vernichtungszentren sollten ungreifbar bleiben, die Spuren der Evakuierten sich im Osten verlieren. Zum Ganzen: Longerich, Die Ermordung der europäischen Juden.

Kernraums als Ankergrund der Resistenz ansahen.[58] Der Auftrag zu öffentlicher Verkündigung forderte die institutionelle Selbsterhaltung ebenso wie den mutigen Einsatz: Ob man das *Wagnis* des öffentlichen Protestes überschätzte, weil man die Lebensdauer des Hitler-Reiches zu hoch ansetzte, ist zweitrangig.[59] Ob das Risiko der Selbstaufopferung für letzte Grenzfälle bleibt, kann und muß hier nicht generell entschieden werden.[60]

Hier ist passend K. Repgens aus Denken und Verhalten der Bischöfe erhobenes Modell bischöflichen Reagierens zu erwähnen, das seine Orientierung zwischen den Polen der zu schützenden Menschen oder Gruppen und der Institution Kirche zu finden suchte.[61] Die erste Frage laute, ob ein Einschreiten (Protest) den Betroffenen helfe. Die zweite Frage gehe an die Kirche selbst, ob sie sich den Einsatz leisten könne.[62] Indes erwägt auch Repgen einen Gewissensentscheid, der sich über alle Folgen erheben müßte.[63]

Die Überlegungen von Godehard Machens führten wohl in die Nähe eines solchen Einsatzes,[64] freilich ohne Erfolg in Fulda.[65] Machens fühlte

---

58 Sowohl in der Alltagswirklichkeit der politischen Totalität wie in der Verborgenheit des Menschenherzens: Nur bei recht einseitiger Spiritualisierung einer Theologie der Kirche wird man den sakramentalen Kernraum kirchlichen Lebens *problemlos* zu opfern bereit sein. K. Scholder scheint das damit gegebene Problem sehr gering einzuschätzen (vgl. Schmädeke/Steinbach, Der Widerstand gegen den Nationalsozialismus, S. 1127), wenn er schon im Protest einen höheren Wert sieht. Doch scheinen die Bischöfe mit ihrer sorgsamen Güterabwägung der verschiedenen Handlungsalternativen, besonders aber der mutige Bischof von Preysing, hier einen unanfechtbaren Standort einzunehmen.

59 Wir besitzen hier kein gesichertes Wissen, weil der todeswürdige Tatbestand „defätistischer Haltung“ selbst vertraulichen Äußerungen enge Grenzen setzte.

60 Man könnte sich einen Grenzfall denken, in dem der NS-Staat der Kirche ihr Zeugnis und ihr integrales Glaubensbekenntnis unter Androhung ihrer völligen Zerstörung entwinden möchte. Hier könnte sie um keinen Preis ihrem Auftrag untreu werden.

61 K. Repgen, 1938 – Judenpogrom und katholischer Kirchenkampf. In: Brakelmann/Rosowski, Antisemitismus, S. 121.

62 Ebd.

63 Ebd., S. 135f. „Aber gibt es nicht Situationen, in denen einfach Zeugnis verlangt wird?“

64 Volk, Akten deutscher Bischöfe VI, S. 185: Die Bischöfe bekennen im Kölner Entwurf einfachhin, nicht schweigen zu können. Allein das Warten auf spätere bessere Zeiten wäre Sünde.

65 Ebd., S. 204 ist die Verpflichtung nur abstrakt wiederholt.

sich an das Leitbild Johannes' des Täufers gebunden.[66] Sein Protest gegen Herodes war rein auf innere Moralität gegründet,[67] sei er vor dem Hofstaat,[68] sei er in den Jordan-Auen erfolgt.[69]

---

66 Machens will von der deutschen Öffentlichkeit den Eindruck fernhalten, als wagten die Bischöfe nicht, laut das „non licet tibi" zu sprechen. Zum von Machens intendierten Allgemeinbild des Bischofs gehört wohl das Reden, das sich vom Blick auf die Folgen gelöst hat, die jedoch in anderen Zusammenhängen des gleichen Briefes eine Rolle spielen (ebd., S. 39f.).

67 Das „non licet tibi" des Neuen Testamentes ist der biblisch gültige Ausdruck des prophetischen Protestes, weil er Gottes Willen im menschlichen Handeln zur Geltung bringt.

68 Hier läge die Analogie zur Eingabe an auch andere Ministerien außer der obligatorischen Reichskanzlei.

69 Wenn das „non licet tibi" des Johannes vor allem Volke gesprochen worden wäre – was hier nicht zu entscheiden ist.

Kapitel 2

Widerstand, Resistenz, Résistance – Stufen des Widerstandes

K. Repgen gab eine treffende Inhaltsbestimmung: „Widerstand ist ein soziales Verhalten, das ein Nein zu einem System beinhaltet und daher mit Risiko, mit Verfolgung verbunden ist."[1] Den allgemeinen Wortgebrauch und damit auch den Umfang und Geltungsbereich beschrieb P. Hoffmann so: „Widerstand – der Ausdruck ist erst 1945 über den französischen Begriff der Résistance geläufig geworden – war vielgestaltig und reichte über ein weites Spektrum von Gesten am Rande der Öffentlichkeit bis zu extremen Gegenhandlungen auf Reichs- und Regierungsebene."[2] Im einzelnen: Verweigerung des „deutschen Grußes" (= Heil Hitler), illegale Flugblattaktionen (1936 = 1 643 000 Flugblätter), Fluchthilfe für Juden und andere Verfolgte, defätistische Reden, Ausdruck der Enttäuschung über ein fehlgeschlagenes Attentat, Sabotage in der Industrie und beim Militär, Weitergabe von militärisch brauchbaren Mitteilungen an den Feind, geheime Arbeit als Kriegsorganisation des feindlichen Nachrichtendienstes und Hochverrat, der mit Umsturz und Mordanschlägen auf die Führungsspitzen zielte.[3]

Den in allen Schichten des Volkes offen und verborgen auftretenden Widerstand habe die Führung stets mit Sorge beobachtet.[4] Ihm ordnet Hoffmann den *kirchlichen Widerstand* zu: „1941 gelang es den Kirchen mit ihren amtlichen und öffentlichen Protesten, die Einstellung des 1939 begonnenen, fast unverhüllten ‚Euthanasie-Programms' zu erreichen. Der Kampf gegen Christentum und Kirchen wurde ausdrücklich verschoben auf die Zeit nach dem Kriege; ..."[5]

Doch mißt Hoffmann dem „Volkswiderstand" in einem Polizeistaat, der auf breiter Zustimmung ruhe, keine entscheidende Wirkung zu, solange seine Macht nicht selbst zu verfallen beginne.[6] Hier faßt der Verfasser

---

1 Repgen, Katholizismus und Nationalsozialismus, S. 11.

2 Hoffmann, Widerstand gegen Hitler, S. 17.

3 Ebd., S. 17f.

4 Ebd., S. 18.

5 Ebd.

6 Ebd., S. 19.

Phänomene zusammen, welche die zeitgeschichtliche Erforschung der Kirchenverfolgung weiter differenzieren mußte:[7]
„Ein historisch brauchbarer Widerstandsbegriff muß stets auf die konkreten Rahmenbedingungen des zugehörigen Herrschaftssystems bezogen sein. Wichtigste Rahmenbedingung des Nationalsozialismus war sein totalitärer Herrschaftsanspruch. Das System war kein Monolith, aber es beanspruchte mehr als ein Monopol auf politische Willensbildung im Rahmen der traditionellen Staatszuständigkeiten: Es erhob totalen Anspruch auf Kontrolle der Bevölkerung, auf Erfassung der gesamten menschlichen Existenz, auf Sinngebung des Lebens und auf Gewissensformung."[8]
In den Rahmen einer „brauchbaren" Begriffsbestimmung gehört für die Zeit des Dritten Reiches auch noch eine Verschärfung zum Begriff des Totalitären, die wie folgt umschrieben wurde:
„Wenn heute gesagt wird, der Nationalsozialismus wolle den totalen Staat, so ist nichts falscher als das. Er will nicht die Totalität des Staates, sondern die der Idee."[9] Von dieser aber sagt der nämliche Verfasser, Propagandaminister J. Goebbels: „Es ist ein großer Irrtum zu glauben, daß der Nationalsozialismus nur eine politische Lehre sei. Der Nationalsozialismus ist eine neue totale Auffassung des menschlichen Lebens, und weil er total ist, deshalb bezieht er alle Bereiche des menschlichen Denkens, Fühlens und Handelns in seinen Wirkungskreis mit ein."[10] Nach Hürten läßt diese Totalität der „Bewegung" oder „Idee" die faschistische Totalität des Staates weit hinter sich.[11] Vor diesem Hintergrund läßt sich eine vierfache Unterteilung treffen, die selbst noch weitere Differenzierungen erlaubt.[12]
Die punktuelle Nonkonformität umfaßte Unmutshandlungen, die in

7 Wir referieren hier die Stufen des Widerstandes, über die sich in der kirchlichen Zeitgeschichte ein Konsens gebildet hat. Zusammenfassend dargestellt bei: Gotto/Hockerts/Repgen, Nationalsozialistische Herausforderung und christlicher Glaube. In: Gotto/Repgen, Die Katholiken und das Dritte Reich, S. 173-190.

8 Ebd., S. 173f.

9 J. Goebbels, zitiert bei Hürten, Verfolgung, Widerstand und Zeugnis, S. 31, Anm. 20.

10 Ebd., S. 62f.

11 Ebd., S. 63.

12 Gotto/Repgen, Die Katholiken und das Dritte Reich, S. 175f.

nichttotalitären Staaten bedeutungslos wären.[13] Empörung über Preise war Widerstand und im Kriege höchst riskant.[14]
Eindeutiger war die zweite Stufe des Widerstandes, die als *Resistenz, Nicht-Anpassung oder „gesellschaftliche Verweigerung"* bezeichnet werden kann.[15] Von ihrem inneren Ziele her, das mehr oder minder deutlich in das Bewußtsein treten konnte, wird sie als Selbstbehauptung beschrieben, als ein Festhalten an der eigenen Identität.[16] Im propagandistischen Totalangriff der nationalsozialistischen Ideologie ist diese Selbstbehauptung bei Religionsgemeinschaften mit dem offenen Glaubenszeugnis oder dem praktischen Mitvollzug des kirchlichen Lebens verbunden.[17] In der Beteiligung an kirchlichen Veranstaltungen sah das Regime demonstrative Herausforderungen.[18] K. Repgen ordnet die Verweigerung in seiner Typik fließender Übergänge besonders der Großgruppe zu, deren Risiko-Palette durch vielfältige Repressalien weit gefächert war.[19]
Eine dritte und höhere Stufe war gegeben mit dem *öffentlichen oder dem auf mögliche Veröffentlichung hingeordneten amtlichen Protest.*[20] Der Protest wird als partielle Offensivhandlung von der defensiven Resistenz abgehoben. Doch hat Repgen auch hier mit der Typik fließender Übergänge einen offensiven Zug in der Auseinandersetzung mit der nationalsozialistischen Ideologie auf der Resistenzebene nicht ausgeschlossen,

---

13 Ebd., S. 175.

14 Ebd.

15 Die Verweigerung des „deutschen Grußes" wurde bei Geistlichen mit Schutzhaft (KZ) geahndet, so auch das Nichtgrüßen des Reichsmarschalls Göring in einem Lokal durch zwei Geistliche (vgl. Volk, Akten deutscher Bischöfe V, S. 1058ff.).

16 Wie Anm. 7, ebd.

17 Ebd.

18 Ebd.

19 Ebd.

20 Die dritte Stufe wurde bewußt im Blick auf die bischöflichen Eingaben als amtlicher, aber nichtöffentlicher oder öffentlicher Protest beschrieben, weil man die internen Eingaben, die nicht selten auch in persönlicher Vorsprache erfolgten, sonst leicht mit privaten Äußerungen verwechselt. Die persönliche Vorsprache eines Bischofs konnte mit dem Überreichen eines amtlichen Schreibens (Denkschriften vom 9. bzw. 10. 12. 1941, am 17. 12. von Landesbischof T. Wurm und Bischof H. Wienken gemeinsam überreicht) oder (später) als persönliche, aber amtliche Nachfrage Wienkens zu den kath.-jüdischen Mischehen erfolgen (Vorsprache Bischof H. Wienkens vom 4. 3. 1943 bei Eichmann und Eingabe Kardinal A. Bertrams vom 2. 3. 1943 an das Innen-, Justiz-, Kirchenministerium, die Reichskanzlei und das Reichssicherheitshauptamt). Sie betraf das Überleben von 150 000 christlichen Nichtariern und war einer der seltenen Verhandlungserfolge.

ebensowenig auch die Möglichkeit eines generellen Loyalitätsentzuges durch die Großgruppe, wenngleich er sie wenig thematisierte.[21] Der kaum beachtete Fall einer internen Eingabe mit der Ankündigung des Ganges in die Öffentlichkeit war gegeben mit der Euthanasie-Eingabe des Westdeutschen Bischofskonveniats von Köln, die unter dem Vorsitz von W. Berning am 28. August 1941 beschlossen wurde. Der Stopp-Befehl Hitlers vom 24. 8. zur Euthanasie kam dem zuvor, obgleich er den Bischöfen nicht gleich bekannt geworden ist.[22] Durch den wichtigen Schritt stellten sich die Bischöfe des westdeutschen Konveniats hinter die Predigt des Bischofs von Galen gegen die „Euthanasie" (3. August 1941).[23]

Zur Wertung dieser Proteste, seien sie intern oder öffentlich gewesen, darf schon jetzt gesagt werden, daß auch bereits interne Eingaben trotz ihrer offiziellen Nichtbeachtung keineswegs bedeutungslos waren, soweit in ihrem Hintergrund der Bezug auf die Öffentlichkeit in irgendeiner Weise aktuell blieb.[24] Dieser Bezug konnte im Kriege auch durch die feindliche Presse und durch Flugblattaktionen der Royal Air Force gegeben sein.[25] Auch interne Eingaben bargen in sich riskante Aspekte, wenn es sich etwa, wie nicht selten bekannt war, um einen Führerbefehl

---

21 Er ist „unter den Bedingungen des totalitären Systems kaum möglich" (Repgen, S. 12, Anm. 70).

22 Der Stopp im Führerhauptquartier erging am 24. 8. 1941 (vgl. Jäckel, Hitlers Herrschaft, S. 115). Wann er zur Kenntnis der Bischöfe gelangte, ist nicht zu ermitteln. Im Unterschied zum Stopp des Klostersturms (30. 7. 1941), der erstmals von Bischof Bornewasser am 18. 8. 1941 erwähnt wurde (Volk, Akten deutscher Bischöfe V, S. 545, Anm. 1) sind Euthanasie-Stopp wie Euthanasiebefehl als geheime Führersache behandelt worden. Dieser Verschleierungstendenz entspricht es, wenn die Angaben lange schwankten.

23 Dieser Akt der Solidarisierung wurde vom Ordensausschuß dringend gefordert, aber nur vom westdeutschen Bischofskonveniat eingelöst, von Kardinal Bertram verweigert.

24 Wie lange dieser Bezug noch nach dem Weltrundschreiben „Mit brennender Sorge" gegeben war, das ein vierjähriges öffentliches Schweigen beendet hatte, ist nicht leicht zu sagen. Die Sorge um ein „Einschlafen" dieses Impulses hatte die Denkschriften Preysings und Galens von 1938 ausgelöst. Sicher ist, daß der Sonderprotest vom 22. 3. 1942 und das Hirtenwort vom August 1943 allen folgenden Eingaben den erforderlichen Nachdruck gaben.

25 Wie bei den Galen-Predigten! (Vgl. Gotto/Repgen, Die Katholiken und das Dritte Reich, S. 63.) Ob auch L. Jaegers Denkschrift, wie Lammers Vorwurf es sagte, als Flugblattaktion der R. A. F. verwendet wurde, konnte noch nicht sicher geklärt werden (Volk, Akten deutscher Bischöfe VI, S. 130ff.).

handelte[26] und die Eingabe an die Reichskanzlei *und* andere Instanzen ging. Wer den Führer kritisiere, werde von der SA zur gegebenen Stunde zusammengeschlagen, mußten Bischöfe in aller Deutlichkeit hören.[27] Vor den anderen Instanzen wurde also der Führer kritisiert.[28]

Das Verhältnis des Protestes zur mehr defensiven Resistenz entscheidet sich an der Analyse beider Formen. Der Menschenrechtsprotest vom 22. März 1942 war ebenso wie die Galen-Predigten eine Offensive gegen die Grundlagen des Regimes, ein Frontalangriff. Das Verbot von F. v. Schillers „Wilhelm Tell“, das auf einen persönlichen Führerbefehl vom Juni 1941 zurückging, hatte nicht nur mit der Befürchtung eines „Geßler-Attentats“ zu tun, sondern auch mit Rechten, die Schiller mit den „ewigen Sternen“ verglich.[29]

Wenn es bei diesem Protest um wesentliche Grundrechte ging, dann stellt sich die Frage, ob er „partieller Protest“ sein konnte. Hürten hält es für bedeutsam, daß aus der Kölner Vorlage für den 22. März 1942 eine Passage gestrichen wurde, die zur Erfüllung der Pflicht gegenüber dem Vaterland aufrief.[30] Das kann aber eine *nur* stilistische Verbesserung sein, weil eine ähnliche Ermahnung noch vor dem Ende des Hirtenwortes erging. Bedeutsam dürfte jedoch die Wortwahl sein, die von „vaterländischer“ und „nationaler“ Pflicht sprach, nicht aber von der Regierung, unter deren Regie die Menschenrechte

---

26 Dieser Gesichtspunkt könnte A. Bertram bestimmt haben, die brisante Eingabe vom 10. 12. 1941 zunächst nur an die Reichskanzlei zu richten (vgl. Volk, Akten deutscher Bischöfe V, S. 699, Anm. 2).

27 Von dieser Androhung wurde wohl kaum ein Bischof verschont.

28 Volk, Akten deutscher Bischöfe V, S. 699: An das Kirchen-, Justiz-, Erziehungs- und Innenministerium.

29 Friedrich von Schiller, Wilhelm Tell, zweiter Aufzug, Szene 2:
„Nein, eine Grenze hat Tyrannenmacht:
Wenn der Gedrückte nirgends Recht kann finden,
Wenn unerträglich wird die Last – greift er
Hinauf getrosten Mutes in den Himmel
Und holt herunter seine ewgen Rechte,
Die droben hangen unveräußerlich
Und unzerbrechlich wie die Sterne selbst –“. In: Klassische deutsche Dichtung. Bd. 16, Freiburg 1964, S. 259.

30 Hürten, Verfolgung, Widerstand und Zeugnis, S. 90, Anm. 21. Zur Streichung vgl. Volk, Akten deutscher Bischöfe V, S. 705, Anm. 2.

mißachtet wurden.[31] Die entfernte Möglichkeit eines generellen Loyalitätsbruchs gegenüber dem Regime könnte aber in diesem mutigen Protest durchaus anklingen.[32]

Der aktive Widerstand umfaßt als höchste Stufe die Handlungen, die auf den gewaltsamen Umsturz des Regimes zielten.[33] An ihm waren nur ganz wenige Bischöfe *als Mitwisser* beteiligt, und dies in *sehr unterschiedlicher Nähe*: C. A. von Galen (Goerdeler), M. von Faulhaber (Goerdeler), C. Gröber (Goerdeler), K. von Preysing (Stauffenberg und Goerdeler), L. Jaeger (Lüninck), J. Frings (Goerdeler-Kreis). Die „Kreisauer" bleiben hier ungenannt, da ihr Planungsschwerpunkt mehr auf dem Neuaufbau nach einem Zusammenbruch lag. Ihnen allen drohte, wie Jaegers Generalvikar F. M. Rintelen sehr wohl wußte, als wissentlich Mitbeteiligten, welche die sofortige Anzeigepflicht versäumt hatten, die Todesstrafe.[34]

Die wissentliche Nähe zum Umsturz scheint in Paderborn durch den Abstand von nur vier Wochen besonders intensiv gewesen zu sein, vergleichbar allenfalls mit Preysing, der aber auch wie Bischof Dietz noch durch Kontakte mit Kreisau belastet war.[35]

Dieser Überblick kann die naheliegende Vermutung stützen, daß eine innere Verwandtschaft die Stufen des Widerstandes verbindet. Sie führte selbst in Bischofskreisen die Befürworter einer entschiedenen Resistenz

---

31 „Was wir Bischöfe heute aus schmerzlich bewegter Seele euch sagen mußten, darf aber für niemanden ein Vorwand werden, seine nationalen Pflichten zu vernachlässigen. Im Gegenteil: Mit der ganzen Autorität unseres heiligen Amtes rufen wir auch heute euch wieder zu: Erfüllet in dieser Kriegszeit eure vaterländischen Pflichten aufs treueste!" (Volk, ebd., S. 708).

32 Der Bezug auf das Vaterland läßt die Frage nach dem Weiterbestehen des Regimes unthematisiert.

33 Gotto/Repgen, Katholiken und das Dritte Reich, S. 124f.

34 Für die Bischöfe außer L. Jaeger verweisen wir auf Bleistein, Katholische Bischöfe im Widerstand, S. 579-590, bes. 586ff. Es handelt sich besonders um Preysing, der durch Kontakte mit dem aktiven konspirativen Widerstand extrem gefährdet war (während Faulhabers und Galens Kontakt mit Goerdeler weit zurücklag), aber auch um Preysings Verbindung zum weniger konspirativen Moltke. – Jaeger hat mit seinem Generalvikar Rintelen vielleicht als einziger Bischof von dem kurz bevorstehenden Umsturz Kenntnis gehabt: Während Preysings Kontakt zu Stauffenberg schon im Frühjahr lag, war Jaeger einen Monat vor dem 20. Juli 1944 mit seinem Generalvikar durch F. von Lüninck bereits in Paderborn von dem Umsturz vorinformiert. Zu Lüninck vgl. K. Teppe, Oberpräsidenten der Provinz Westfalen. In: Mentalitäten und Lebensverhältnisse. Beispiele aus der Sozialgeschichte der Neuzeit. Göttingen 1982. Rintelen, Erinnerungen, S. 114f. Jakobsen, „Spiegelbild einer Verschwörung", S. 53, 81, 137, 168.

35 Bleistein, Katholische Bischöfe im Widerstand, S. 588.

über Zwischenformen in den Bannkreis der Résistance und deutet in der Personalunion der Stufen innere Zusammenhänge an, deren Verständnis leicht durch allzu theoretische Schwierigkeiten verstellt wird,[36] wie auch Repgen voraussetzt.[37]

Über Wert und Bedeutung dieser Formen hat sich in der zeitgeschichtlichen Forschung der letzten Jahre eine *Diskussion* erhoben, die hier nicht mehr ganz übergangen werden kann. In der Schlußbetrachtung des Berliner Symposiums von 1984 hat Walther Hofer gegen die Ausweitung des Widerstandsbegriffs über den aktiven Widerstand hinaus Front gemacht. Er hat gegen seine Anwendung auf andere Formen des Dissenses und der Opposition Bedenken angemeldet und besonders auch den Resistenzbegriff kritisiert: Einige Forscher gingen mehr vom *Begriff* „Widerstand" aus. Sie blickten mehr auf traditionelle Parteien und Verbände. Andere gingen mehr wirkungsgeschichtlich und „von unten" vor, von der Alltagsgeschichte des Dritten Reiches. Diese hätten den Begriff der Resistenz eingeführt und damit mehr Verwirrung als Klärung gebracht.[38] Äußerlich dem Begriff „resistenza" und „résistance" zum Verwechseln ähnlich, meine er doch etwas ganz anderes, hier eine Immunität im Sinne der Selbsterhaltung, dort den aktiven Widerstand mit der Waffe gegen die Besatzungsmacht. Dadurch sei eine Konfusion begünstigt worden, weil die „Resistenz" von ausländischen Forschern eher als Kollaboration bezeichnet werde.[39] Zum aktiven Widerstand hin sei der Resistenzbegriff eine Grenzverwischung, während er andererseits durch seinen rein wirkungsgeschichtlichen Aspekt auch nach der anderen Seite hin jedes „dysfunktionale Verhalten" dem „Widerstand" eingliedere, also auch den Schwarzschlächter und den Kriegsschieber. Auch der behindere die Selbstverwirklichung des totalitären Staates und stelle für diesen einen Widerstand dar, den er mit strengen Strafen ahnde.[40] Ferner entleere der Ansatz die tödliche Bedrohung durch das menschenverach-

---

36 Ein Bischof, der die grundlegenden Menschenrechte öffentlich einklagen muß, kann diesen Staat als solchen nur bedingt bejahen, während „vaterländische Pflichten" unberührt bleiben können.

37 Repgen, Katholizismus und Nationalsozialismus, S. 11f.

38 Schmädeke/Steinbach, Der Widerstand gegen den Nationalsozialismus, S. 1120f.

39 Ebd., S. 1121.

40 Es gab Todesurteile für Lebensmittelhändler, denen kleine Vorräte im Kriege verdorben waren (persönliche Erinnerung des Verfassers).

tende System. Angesichts solcher vielfachen und breitgestreuten Behinderungen sei er nicht tödlich totalitär, sondern eher schwach.[41] Seine Unheilslehre und Ruchlosigkeit seien geradezu entdämonisiert.[42]

Die gewichtigen Einwände des Züricher Historikers zeigen die Bedeutung der bei jedem Begriff mitschwingenden Bezugssysteme. „Resistenz" hat ihren sinnvollen Ort nur in einem totalitären System.[43] Sonst verblaßt sie zur Opposition, der Hofer in der Tat die „Resistenz" annähert.[44] Der Wesensbezug auf das Totalitäre verlangt, daß Widerstand, *wenn er politisch* gewertet werden soll, auch intentional auf ein totalitäres System bezogen ist. Schwarzschlächterei stand unter keiner wertgebenden politischen Motivation. Dennoch war dieses Verhalten im Bezugsfeld totalitärer Ansprüche ein „Widerstand", freilich nicht im politischen Sinne.[45]

Die punktuelle Unzufriedenheit, über die Gestapo und SD sorgfältig zu berichten hatten, ist ebenso zu sehen. Bei welchem Grade der Summierung sie einen relevanten „Widerstand" formieren kann, weil das Leben unter dem Regime als unerträglich empfunden wird, ist nicht leicht zu beantworten. Verbunden mit dem Freiheitsanspruch, kann sie aber politische Bedeutung und Tiefe gewinnen. Im Detail spiegelt sich dann das Ganze.[46]

Resistenz als Selbstbewahrung, Nicht-Anpassung, von Löwenthal auch

---

41 Hofer in: Schmädeke/Steinbach, Widerstand gegen den Nationalsozialismus, S. 1121.

42 Ebd.

43 Ebd., vgl. auch Gotto/Repgen, Die Katholiken und das Dritte Reich, S. 122f.

44 S. 1120 gebraucht W. Hofer Resistenz und Opposition in einer Aufzählung synonym nebeneinander. Um hier zu differenzieren, ist der Resistenzbegriff gerade doch eingeführt worden.

45 Im zeitgeschichtlichen Bereich ist es sinnvoll, „Widerstand" auf ein totalitäres Beziehungsfeld festzulegen und damit den Begriff von allen Formen der politischen Opposition im demokratischen Staat abzugrenzen. Aber auch in dieser Eingrenzung kann Widerstand noch als materieller oder formeller Widerstand auftreten. Der „Schwarzschlächter" oder Kriegsschieber steht objektiv der Selbstverwirklichung eines totalitären Systems entgegen, hat aber als solcher, solange er nicht bewußt angelegte Sabotage betreibt, kein eigentlich „widerständiges" Ziel. Resistenz im Sinne gesellschaftlicher Verweigerung kann nur formeller Widerstand als Behauptung und Bewahrung eines eigenen gesellschaftlichen Wertsystems sein. Ihr defensiver Grundcharakter hält sie von der Intention des Umsturzes fern, kann aber, wenn die Entlarvung eines menschenfeindlichen Systems zur unvermeidlichen Folge wird, Umsturz vorbereiten.

46 Hier lag der Grund für die Beobachtung der Stimmung im Volke durch Gestapo und Sicherheitsdienst. – Die langjährige Summierung punktueller Unzufriedenheit mit eruptiver Entladung konnte zum Jahresende 1989 an der Bevölkerung der DDR beobachtet werden.

treffend als „gesellschaftliche Verweigerung" bezeichnet, ist recht gut am *Beispiel L. Jaegers in Dortmund zu studieren.*
Bei der ersten Begegnung mit Wichert-Schmetz sprach Jaeger bereits von seinem Plan, katholisches Leben in den Gemeinden bewußtzumachen.[47] Der konkrete Zeitbezug tritt uns entgegen in dem Anliegen Jaegers an die in Eugenik und Rassenlehre bewanderte Biologin, die ihre ethische Orientierung aus der Universitätsbiologie F. Muckermanns gewonnen hatte.[48] Die Darlegung der katholischen Moral erfolgte also in Selbstabgrenzung und Auseinandersetzung mit der nationalsozialistischen Rassenlehre, wie sie in Hitlers „Mein Kampf", in A. Rosenbergs „Mythus des 20. Jahrhunderts", in gewissem Maße auch bei H. Günther zu finden waren.[49]
L. Jaegers „religiöse" oder „christliche Untergrundbewegung" wird von Wichert-Schmetz als Aufklärungsaktion in und um Dortmund geschildert, die um Unauffälligkeit und Sachbezogenheit bemüht war.[50] Sie setzte voraus, daß es ein relativ sicheres katholisches Milieu gab. Risiko und Gefährdung spiegelten sich in der sorgsam gewahrten Anonymität.[51] Im Einklang mit der Sachbezogenheit[52] der Aktion stand die Beschreibung durch Gestapo und SD, die Jaegers Stellungnahmen als „Kritik" von der „Gehässigkeit" des Moraltheologen und späteren Freiburger Erzbischofs Rauch abhoben.[53] Die Methode des „positiven Abfangens" war nach der Beschreibung orientiert an einer Vermittlung der katholischen Glaubenslehre in Abhebung und Gegensatz, in welche die gegnerischen Positionen mehr indirekt einbezogen wurden. Jaegers „Bewegung" suchte keine, aber sie war eine Provokation.[54] Die Ausdrucksmuster waren nach unseren Festlegungen eher tangential, wenngleich in der inhaltlichen Abgrenzung klar und richtungsweisend.[55] Jeder wußte, wo

---

47 Wichert-Schmetz, Vita et pax, S. 11.

48 Ebd., S. 10.

49 Ebd., S. 11.

50 Ebd., S. 10.

51 Im mündlichen Gespräch äußerte Frau Dr. L. Wichert-Schmetz, daß die Fahrer der Initiative Mitglieder des Älteren-Bundes aus der katholischen Schülerorganisation „Neudeutschland" gewesen sein müßten (Tonbandaufzeichnung im Besitz d. Verf.).

52 Wichert-Schmetz, Vita et pax, S. 12f.

53 Vgl. S. 26f. (über die „pol. Klausel").

54 Dies war der für „Resistenz" im Dritten Reich immer zahlbare Preis!

55 Vgl. bes. S. 61ff.

Jaeger stand. Solche Einstellung ließ keine Zugehörigkeit zu nationalsozialistisch geprägten Verbänden zu.
Bei der konkreten Beschreibung des Resistenzverhaltens sind zwei Einwände zu berücksichtigen, die auf dem gleichen Symposium erhoben worden sind. Es heißt im Tagungsbericht: „M. Steinert lehnte den Resistenzbegriff entschieden ab, weil er in der Regel stumme Hinnahme, Resignation, Apathie bedeute und keineswegs eine Integration in das Regime ausschließe."[56] Dazu ist zu sagen, daß der Resistenzbegriff geradezu gebildet wurde, um Apathie und reaktionslose Hinnahme auszuschließen. In dem „Nein" zur Integration liegt das Wesensmerkmal dieser Haltung, der „gesellschaftlichen Verweigerung" R. Löwenthals. Am konkreten Beispiel demonstriert: Wer Jaegers Stellungnahme zum Glauben an den Führer bedenkt, kann sich nicht zur „Apathie" oder „Resignation" veranlaßt sehen, sondern zu größerer Wachsamkeit und zu mehr Kritikbereitschaft.[57]
Wie ernst diese Widerstandsform von den Machthabern genommen wurde, zeigt das Schicksal der Mitarbeiterin Wichert-Schmetz. Sie verlor 1937 Amt und Stellung und stand unter Dauerobservanz.[58]
Wie sehr Resistenz im Sog des totalitären Milieus aktive Selbstbehauptung erforderte, zeigte die Eigenmächtigkeit der nationalsozialistischen Schulleiterin, die sie ohne jede Rückfrage im NSLB angemeldet hatte.[59] Proteste bewegten die auf Erfolgsmeldungen festgelegte Beamtin nicht. So kam die Biologin nur durch renitentes Verhalten von dieser Parteiorganisation los.[60]
Auch für Jaeger ist nahezu sicher zu belegen, daß seine Beitrittsverweigerung zum NSLB oder zur NSDAP seine Entfernung von der Fachleiterstelle am Studienseminar in Dortmund zur Folge hatte.[61] Beides geschah 1937, als nach Aufhebung der Aufnahmesperre von 1933, die den Massenandrang der Opportunisten abhalten sollte, auf alle Beamten ein außerordentlicher Druck zum Eintritt in die NSDAP ausgeübt wurde.[62]

---

56 Schmädeke/Steinbach, Widerstand gegen den Nationalsozialismus, Anm. 14, S. 1122.

57 Siehe S. 62ff.

58 Wichert-Schmetz, Vita et pax, S. 29.

59 Ebd., S. 28.

60 Ebd., S. 28f.

61 Siehe S. 67f.

62 Ebd.

Die Gleichsetzung der Resistenz mit Apathie, Resignation und Hinnahme läßt auch vermuten, daß Steinert die umfassende Analyse U. von Hehls nicht zur Beschreibung der Resistenzhaltung benutzt hat. In ihr ist die Vielfalt der Repressalien sichtbar, mit denen das Regime die Mannigfaltigkeit der resistenten Verhaltensformen unter den katholischen Geistlichen zu ahnden suchte. Hehl belegt damit das hohe Risiko der Verweigerung, aber auch Erfindungsreichtum und Vielgestaltigkeit des Terrors unter Hitler.[63]

Aus ganz anderer Richtung kommen jene Überlegungen, die den Begriff des „Untergrundes“ für das Gebiet des deutschen Reiches bestreiten und nur den besetzten Gebieten zubilligen wollen.[64] Sicherlich gab es in Deutschland keine Untergrundbewegung von der Art der französischen Résistance mit klar umschriebenem Gegner, der Besatzungsmacht, mit deutlich abgegrenzten geographischen oder gesellschaftlichen Feldern, mit einer Methode des bewaffneten Kampfes im Dunkel.[65] Doch spricht auch Hürten, der diesen Gegebenheiten seine besondere Aufmerksamkeit zugewendet hat, von einem katholischen Milieu, das zwar nicht absolut dicht war, aber doch nach allen Untersuchungen einen konstanten und verläßlichen Schutz und Rückhalt bieten konnte für alle, die mit ihrer Distanz zum Regime Anlehnung suchten.[66] C. Amerys Milieutheorie einer Affinität der katholischen Bevölkerung zum Dritten Reich blieb durchgehend in den neuerdings breitangesetzten Regionaluntersuchungen unbestätigt.[67] Die Berichte von Gestapo und SD standen Amerys Thesen schon frühzeitig im Wege.

So ist mit guter Sachgrundlage ein analoger Begriff des „Untergrundes“ zu bilden, der mit einer breitgestreuten Resistenz der katholischen Bevölkerung in den Kerngemeinden rechnen kann und damit zu erklären vermag,

---

63 Hehl, Priester unter Hitlers Terror, listet etwa 8 000 „Straftaten“ auf.

64 Hürten, Verfolgung, Widerstand, Zeugnis, S. 56-59.

65 Ebd., S. 57.

66 Die Erinnerung von Walter Dirks an die noch 1944 ergangene Aufforderung eines katholischen Verlags, Vorschläge für die literarische Produktion nach Kriegsende zu machen, ein hochbrisantes Unternehmen, zeigt dem katholischen Publizisten, „wie selbstverständlich man im Kreise von Katholiken, die man nicht kannte, aber als seriös und anständig einschätzte, auf die Opposition gegen den Nazismus und auf Verschwiegenheit rechnen konnte“ (vgl. Hürten, Verfolgung, Widerstand und Zeugnis, S. 80, Anm. 5 unter Berufung auf R. Löwenthal und P. von zur Mühlen [Hg.], Widerstand und Verweigerung in Deutschland 1933-1945. Bonn 1982, S. 143).

67 Ebd. (Hürten), S. 81-84.

was die Zeitzeugin Dr. L. Wichert-Schmetz über Jaegers Wirken in und um Dortmund zu berichten weiß.[68] Ziel und Motive enthalten weitere Vergleichspunkte, während das *Risiko der Résistance* dagegen oft von der Zivilbevölkerung zu tragen war.

Der Resistenz-Begriff hat die Forschung gefördert. Er hat auf dem Wege der Analogie erhellende Gesichtspunkte eingebracht. Mit dem Resistenz-Begriff traten wichtige Aspekte des Widerstandes gegen Hitler klarer vor den Blick der zeitgeschichtlichen Forschung.

68 Wichert-Schmetz, Vita et pax, S. 10-15.

Kapitel 3

Der Protest als geistig-moralische Distanzierung

Während „Resistenz“ als Selbstbehauptung gegenüber dem totalitären Zugriff den Gegner mehr indirekt anvisierte, meinte der Protest maßgebend Verantwortliche, namentlich oder nicht. Geistige „Resistenz“ wehrte bestimmte ideologische Thesen ab. Die Frage nach den verantwortlichen Vertretern der abzuwehrenden Behauptungen brauchte nicht immer gestellt zu werden. Die Verhältnisse im Dritten Reich begünstigten solche Auseinandersetzungen durch bewußt gehegte Unklarheiten in der Zuordnung führender Vertreter zu den ideologischen Grundlehren des Nationalsozialismus.

Schon vor 1933 hatte sich Hitler von „Mein Kampf“ öffentlich distanziert.[1] Der „Mythus des 20. Jahrhunderts“, der sich mit Grundansichten aus Hitlers Buch „Mein Kampf“ weitgehend deckte, war als „Privatarbeit“ Rosenbergs deklariert. Gleichwohl wurde Rosenberg zum höchsten Schulungsleiter der Partei ernannt.

Den vom Kölner Kardinal Schulte im direkten Gespräch mit Hitler angeschnittenen Widerspruch beantwortete dieser mit der Unterscheidung zwischen seinem Schulungsleiter und dem Verfasser des umstrittenen Buches.[2] Faktisch wurden aber mit Rosenbergs Auslassungen auch wesentliche Gedanken Hitlers in die lebhafte Auseinandersetzung um den „Mythus“ seines höchsten Schulungsleiters einbezogen.

So erklärt sich die Meinung mancher Bischöfe, auch die des Kardinals Bertram und des Nuntius, daß Hitler seinen endgültigen Standort in der Kirchenfrage und der Kirchenpolitik noch nicht gefunden habe und noch

---

1 Jäckel, Hitlers Weltanschauung, S. 135: „Seit 1930, als der große Wahlerfolg die Macht erstmals in greifbare Nähe rückte, verschwieg Hitler sein Programm vor der Öffentlichkeit, und auf Fragen von Ausländern leugnete er mehrfach, daß ‚Mein Kampf‘ noch die Richtlinie seiner Politik bilde.“

2 Stasiewski, Akten deutscher Bischöfe I, S. 539f. Die Aufzeichnung Schultes über das Gespräch vom 7. 2. 1934, dem Tag der Unterredung selbst, zeigt die Perfidie und Verstellungskunst Hitlers, der am 24. 1. 1934 A. Rosenberg die Überwachung der geistigen und weltanschaulichen Schulung und Erziehung der NSDAP übertragen hatte. Als Hitler Rosenbergs Buch ablehnte, hielt ihm Schulte vor, das könne er nach der jüngsten Beauftragung Rosenbergs nicht mehr sagen. Darauf Hitler: „Jawohl, ich identifiziere mich mit Herrn Rosenberg, aber nicht mit dem Verfasser des Buches ‚Mythus‘“ (ebd., S. 540.).

durch Wohlverhalten zu gewinnen sei.[3] Das gleiche Problem begegnet uns bei der Frage, wo die Letztverantwortlichen für die kirchenfeindlichen Maßnahmen des Regimes zu suchen seien, bei Gauleitern oder Ministern, in der Partei- oder in der Reichskanzlei, im Reichssicherheitshauptamt, bei Himmler und Heydrich – oder am Ende gar bei der höchsten Spitze des Polizei- und Führerstaates selbst.
Dem entsprach es, wenn Kardinal Bertram in seinen Eingaben an Hitler (stets über die Reichskanzlei) immer die untergeordneten Instanzen mit der Verantwortung für kirchenfeindliche Maßnahmen behaftete,[4] während L. Jaegers Denkschriftentwurf aus seiner anderen Einschätzung heraus einfach die Regierung nannte und damit auch sofort den redaktionellen Korrekturstift Bertrams in Bewegung setzte.[5]

Der bereits genannte Hadrian-Vergleich ist nun für Jaegers Fazit genauer auszulegen. Jaegers pädagogisch-anschauliche Darstellungsart verlangt ein genaueres Hinsehen, das auch hier den entlegeneren zeitgeschichtlichen Kontext einbezieht. Vergleiche sind zudem Chiffren im totalitären Sprachfeld, die enthüllen und zugleich verhüllen. Es handelte sich ja um ein öffentliches Wort:
1. Ein erstes Moment liegt in der Errichtung des Venusheiligtums am Ort des zerstörten Tempels.[6] Jaegers geschichtlicher Irrtum[7] zielt hier wohl zuerst auf die biologistische Sexualmoral der Nazis, öffentlich vertreten von R. Heß im Brief „An eine unverheiratete Mutter“ zu Weihnachten 1939 (Venustempel).[8]
2. Das nächste Vergleichsmoment scheint in der radikalen Vernichtung

3 Zwar enthielt Hitlers „Mein Kampf“ nichts von den Ausfällen Rosenbergs gegen Papsttum und Kirche, es stimmte aber in der Geschichtsauffassung und in der Rassenlehre mit Hitlers Weltanschauung völlig überein; auch war, wie sich später zeigte, die fanatische Kirchenfeindschaft des Buches auch Hitlers Einstellung, die er jedoch zunächst sorgsam verbarg.

4 Unser Dokumentenanhang enthält erstmalig eine quellenkritische Edition und Aufarbeitung der Denkschriftentwürfe Preysings und Jaegers.

5 Scheele, Paderbornensis Ecclesia, S. 742ff. Vgl. D. IV, Z. 22-25 und D. XVIII, Z. 7f.

6 In Wahrheit stand jedoch im Gegensatz zu Jaegers Aussage auf dem Tempelberg eine Kaiserstatue Hadrians und an der Stelle des Herodianischen Tempels wahrscheinlich das Heiligtum des Jupiter Capitolinus, das den Stadtnamen Aelia Capitolina motivierte. Der Grund für diesen Irrtum wurde nicht ermittelt.

7 Wohl könnte nach archäologischer Vermutung am Ort der späteren Grabeskirche ein (nicht datierter) Tempel der Göttin Venus (griechisch: Aphrodite) gestanden haben.

8 Conwey, Kirchenpolitik, S. 288.

der Institutionen des Judentums im Bar-Kochba-Krieg zu bestehen, die Hadrian mit Konsequenz betrieb. Sie erinnert an die Zuspitzung der Kirchenverfolgung im Klostersturm.[9]

3. Unternommen wurde die Verfolgung von dem römischen Kaiser in ureigener Verantwortung. Diese letzte Anwendung des Hadrian-Vergleichs auf Hitler wird nahegelegt durch fünf weitere Beobachtungen:

a. Jaeger hat die Nennung Hitlers oder des „Führers“ in allen Ansprachen vermieden, eine Konsequenz, die im Vergleich zu fast allen Bischöfen zu denken gibt.[10]

b. Jaeger nannte im Entwurf der Eingabe für den 18. Dezember 1942 schlicht *die Regierung* als verantwortlich für die Verfolgung, keine untergeordnete Instanz. Die Regierung und Hitler waren im totalitären Führerstaat identisch, wie Rösch wußte.[11]

c. Jaeger betete nur für einen *gerechten* Frieden. Er teilte nicht die Illusion Orsenigos, daß Hitler nach einem Sieg nicht das verspielen werde, was er im Kriege gewonnen habe, daß er also für die Kirche eingreifen werde.[12] Jaeger erwartete also im Falle eines totalen Sieges von Hitler für die Kirche nichts Gutes.[13]

d. Der im Frühjahr 1942 vom SD notierte Topos Jaegers vom Bolschewismus im eigenen Land legte nach der Analogie Rußlands unter dem Despoten Stalin die Identität mit Hitler mindestens nahe.[14]

e. Der Topos vom Bolschewismus im eigenen Land wurde den Bischöfen von Rösch im Namen des Ordensausschusses als Chiffre der Entlarvung empfohlen. Auch Rösch sah in Hitler die letztverantwortliche Spitze der Verfolgung![15]

---

9 Der „Klostersturm“ ist im Kontext ausdrücklich als Selbstentlarvung des Regimes angesprochen (vgl. D. IV, Z. 68-71).

10 In den Ansprachen am Weihetag wird Hitler nicht erwähnt (D. VI und VII), nicht einmal in der Ansprache zur Vereidigung vor dem Oberpräsidenten und Gauleiter in Münster (D. III).

11 D. XVIII, Z. 7f. (Denkschrift). Zur Identität: Rösch, Kampf, S. 186: Der Führer *ist* die Regierung.

12 D. IX, Z. 73-84.

13 D. XIX, Z. 192-195 (Denkschrift an Montgomery).

14 Vgl. D. XV, Z. 40ff. (Gestapo Bielefeld zum Hirtenbrief Jaegers vom 11. 2. 1942), ferner Boberach, Berichte, S. 663 (zum Bonner Menschenrechtsprotest vom 22. 3. 1942).

15 Rösch, Kampf, S. 100: Hitler als Letztverantwortlicher für die Verfolgung; S. 95: „Bolschewismus“ als Chiffre für die Entlarvung.

f. „Christushaß“ statt Christenverfolgung kam aus der Sprache und Denkschrift Preysings. Auch er hatte Hitler richtig identifiziert.
g. Im Fastenhirtenbrief von 1945 sah Jaeger im „Übermenschen“ von F. Nietzsche und im Kollektivismus östlicher Prägung die beiden Hauptfeinde des Christentums. Die nationalsozialistische Deutung sah im „Übermenschen“ – von Nietzsche als Typusbegriff gemeint – Hitler als die bislang höchste Verkörperung des Menschentums.[16]
Damit ist nicht nur eine akademische Frage berührt. Bertram mochte mit Nuntius Orsenigo und vielen Bischöfen die Hoffnung teilen, durch die Vermeidung schlimmerer Eskalation doch noch ein Einlenken und einen Ausgleich mit dem „Führer“ zu erlangen.[17] Der gegenteiligen kirchenpolitischen Einschätzung lag das Bild vom „guten Soldaten Christi“, dem Bekenner der Urkirche, näher.[18]
Hier drängt sich die Frage nach der dahinterstehenden zu optimistischen Theologie des Staates bei vielen Bischöfen auf.[19]
Wohl hatte Kardinal M. Faulhaber schon früh die Loyalitätsbindung selbst einem „Nero“ gegenüber betont.[20] Doch neigte auch er dazu, über den ungezügelten Unterinstanzen letztlich einen uninformierten und unentschiedenen Hitler anzunehmen.[21]

---

16 Paderborner Amtsblatt 82/2, S. 8 (5. 2. 1945).

17 Am klarsten fiel die Äußerung noch auf der Plenarkonferenz 1940 (vgl. Volk, Akten deutscher Bischöfe V, S. 180: Erklärung Bertrams v. 22. 8. 1941).

18 Vgl. D. VI u. VII.

19 Volk, Kardinal Michael von Faulhaber. In: Katholische Kirche und Nationalsozialismus (Hg. D. Albrecht), S. 244: „An der Erkenntnis von Hitlers Rolle und Wesen hinderte ihn einmal ein Rest von Bewunderung für die staatsmännische Aura, die der Gastgeber auf dem Obersalzberg zu verbreiten gewußt hatte, mehr noch aber die im Kern unzerstörbare Loyalität gegenüber dem Träger der höchsten Staatsgewalt, der ‚gottgesetzten Obrigkeit‘.“

20 Vgl. L. Volk, Kardinal Faulhabers Stellung zur Weimarer Republik und zum NS-Staat. In: Stimmen der Zeit, Bd. 177, 1966/3, S. 182: Das Wort war noch vor der „Machtergreifung“ im Fastenhirtenwort von 1933 formuliert (ebd.).

21 Faulhabers augenblickliche Zurückweisung K. Goerdelers beim geahnten Ansinnen tieferer Kritik entsprach seiner Loyalitätsauffassung und war kein taktischer Entlastungsversuch beim Gestapoverhör (vgl. Volk, Akten Kardinal Faulhabers II, S. 1028ff.: Gestapo-Protokoll durch Rg.-Rt. Pflüger vom 21. 8. 1944, während Goerdelers Besuch selbst wohl schon im März 1943 stattgefunden hatte – ebd., S. 1029, Anm. 1). Wieweit seine Gedächtnislücken (betr. Namen, Amt und Besuchstermin) ihn von der versäumten Anzeigepflicht entlasten konnten, bleibt offen. – Auch ist die persönliche Verehrung für den Führer, so abenteuerlich sie noch zu diesem Zeitpunkt wirken mag, nicht gespielt (ebd., S. 1028).

Der öffentliche Protest als Waffe gegen das unmenschliche Regime, das mit hohem Moralanspruch auftrat, stieß bei den Bischöfen auf zunächst unüberwindliche Vorbehalte.[22] Man möchte fast vermuten, daß erst die Enzyklika „Mit brennender Sorge" größeren Kreisen des Episkopats zum Anlaß wurde, über öffentliche Proteste ernsthaft nachzudenken.[23] Ihr Einsatz durch Papst Pius XI. und ihre ebenso entschiedene Ablehnung durch Kardinal Bertram führten zu einem Patt, das sich erst 1941 zugunsten eines Protestkurses zu lösen begann.[24] Der Sinneswandel wurde vorübergehend durch die Überzeugung mitbegünstigt, daß auch Bertram dem öffentlichen Protest nicht mehr abgeneigt sei.[25] Diesen Eindruck hatte der Kardinal durch sein scheinbares Abwarten gegenüber dem Paderborner Konveniat vom 24./25. November 1941 hervorgerufen.[26]

Der Breslauer Kardinal war kein Opportunist. Der Kurs der internen Eingaben, der nach seiner Form eher als Petitionskurs zu bezeichnen wäre, entsprach seiner kirchenpolitischen Einschätzung des Gegners, seiner tiefen Loyalitätsauffassung von Volk und Obrigkeit und seiner Rücksichtnahme in den Bedrängnissen des Krieges.[27] Seine Eingaben verschärften sich aber inhaltlich in einem Maße, daß selbst der auf einen radikalen Protestkurs drängende Ordensausschuß den Mut des Kardinals lobte (1942/43).[28]

Keine Eingabe von Landesbischof Wurm hat eine solche Reaktion ausgelöst wie Bertrams Eingabe vom 18. Dezember 1942. Für 1941/42 finden wir oft bei dem „Euthanasie"-Thema in den Darstellungen Galen

---

22 Das spiegelt sich in der noch 1940 überwiegenden Meinung, Kardinal Bertram habe mit seinem Eingabekurs das überhaupt Menschenmögliche getan, wie es Erzbischof K. Klein sagte.

23 Vgl. S. 152ff.

24 Rösch, Kampf, S. 169-180, bes. S. 172 (24 Zustimmungen!).

25 Vgl. die Aussage Bertrams, er wolle das Paderborner Beratungsergebnis abwarten (Volk, Akten Kardinal Faulhabers II, S. 850, Anm. 5), mit den Bedingungen der Einstimmigkeit und der Übereinstimmung mit Berning. Bertram fühlte sich sicher, wenn er bereits (21. 11. 41) um Bernings Vorsitz wußte und seine Einstellung sicher voraussetzen durfte (ebd.).

26 Das Ergebnis der Vorsondierungen des Ordensausschusses zeigte bereits, daß Bertram in die Minderheitsposition geraten war (vgl. Anm. 24).

27 Vgl. Volk, Fuldaer Konferenz II, S. 95-99.

28 Rösch, Kampf, S. 219, wo Bertram bei der Neuaufnahme des Klostersturms noch 1943 einen neuen Stopp-Bescheid und die Rückgabe der geraubten Objekte an ihn erreichte.

und Wurm in einem Atemzuge genannt.[29] Doch darf man nie den Wesensunterschied zwischen Eingaben (Galen: „nur papierene Proteste") und öffentlicher Verwahrung verwischen: Bertram hat radikale Entwürfe in der Substanz belassen![30] Zu bedauern ist indes, daß die Eingabe vom 10. Dezember 1941 nicht die Form Preysings hatte.[31]

Was nun der Gesamtepiskopat in seiner Pattsituation nicht vermochte, das erreichten die westdeutschen Bischöfe im risikoreichen Alleingang. Sie traten aus dem Bischofskollegium hervor und stellten sich neben Galen. Sie solidarisierten sich mit seinen öffentlichen Protesten.[32]

Die Bonner Entwürfe zum Konveniat vom 20. März 1942 zeigen aber noch mehr; sie belegen in allen Textvorschlägen, denen von Trier, Münster und Köln, das Vorhaben der westdeutschen Bischöfe, die drei Proteste Bischof von Preysings in die Öffentlichkeit zu tragen: *den Vorwurf vom Bolschewismus im eigenen Land, den Einsatz für die Menschenrechte der Nichtarier und die öffentliche Anklage gegen die Willkürherrschaft der Gestapo!*[33]

In der Situation der Stunde war es bedauerlich, daß durch den Göring-Angriff vom 5. März 1942[34] – Kardinal Faulhaber sah ihn als dunklen Stern über Bonn – der Menschenrechtsprotest dieser drei Gipfel beraubt worden ist,[35] vielleicht mit Rücksicht auf Berning als unentbehrlichen Kontaktmann für Berlin. Der Protest war gemäß der „Summenformel" in den übrigen Teilen schwächer gehalten, so daß er ohne die Aussagen Preysings um etliche Grade geschwächt erscheint.[36]

---

29 Als Beispiel für die Mittelstufe der Gymnasien sei genannt: Grundzüge der Geschichte. Frankfurt, 1968, S. 220. Ferner: Zeiten und Menschen. Paderborn, 1968, S. 175. Genau dagegen in dem Oberstufenwerk des gleichen Verlages: Zeiten und Menschen. Paderborn 1983, S. 122. Kein ökumenischer Gesichtspunkt darf die geschichtliche Wahrheit verdunkeln: Bischof von Galen erreichte im Einzelgang durch öffentlichen Protest Hitlers Stopp-Anweisung zur Euthanasie vom 24. 8. 1941, was bekanntlich nicht die völlige Sistierung bedeutete, während alle vorherigen amtlichen Eingaben wirkungslos waren.

30 Volk, Akten deutscher Bischöfe V, S. 651, Anm. 1, S. 967, Anm. 2.

31 D. XI und XII im Vergleich!

32 D. XVII.

33 D. XVII, Z. 71-81, 134-148.

34 Vgl. Portmann, Kardinal von Galen, Anhang S. 331-366.

35 Vgl. S. 203ff. u. D. XVII.

36 Die situative „Überrumpelung" der Bischöfe durch Göring mußte in ihren Augen nach der öffentlichen Führerwarnung vom 9. November 1941 (wie Anm. 34, S. 192) die letzte Androhung vor dem Vergeltungsschlag darstellen.

Galens Sonderprotest vom 22. März 1942 steht hier auf einsamer Höhe, wenn die Hypothese dieser Arbeit sich bewahrheitet.
In Anlehnung an eine Betrachtung Volks, der den Fuldaer Episkopat durch die Initiativen von 1942 und 1943 im Vergleich zu früheren Versäumnissen für „fast“ rehabilitiert hält, ist zu sagen, daß für die Bischöfe des Konveniats keine Einschränkung gelten kann.[37] Wenn ihre Initiativen und Entwürfe sich im gesamten Bischofskollegium auch nur geschwächt durchsetzen konnten, bleibt ihr risikobereites Eintreten für alle Entrechteten und Bedrängten über den Kirchenraum hinaus doch immerdar ein Zeugnis der Solidarität im Namen einer Kirche, die selber in Bedrängnis stand.

Im formalen Vergleich der bischöflichen Stellungnahmen zu den Verbrechen des nationalsozialistischen Regimes könnte der Menschenrechtsprotest vielleicht als Gipfel der Verlautbarungen gegen die nationalsozialistischen Verbrechen erscheinen. Das läßt sich, wie es scheint, begründen: Als Protest für Grundrechte setzt er reale Verstöße voraus. Inhaltlich ist das Dekalog-Wort durch umfassende Auflistung aller Verbrechensfälle, selbst den Genozid nicht ausgenommen, dem Bonner Protest überlegen. Doch ist es geschwächt durch die Rücknahme in den kasuistisch-hypothetischen Konjunktiv.
Der Menschenrechtsprotest richtet sich deutlicher an seinen Adressaten, Regierung und Partei, als das Dekalog-Pastorale.
Situativ ist der Protest vom 22. März 1942 entschieden mutiger. Er wurde durchgehalten als partikulärer Sonderprotest sowie unter der extrem aggressiven Bedrohung durch den Reichsmarschall Hermann Göring. Die Höhe des Risikos wird durch Preysings Unterlassung der Verlesung unterstrichen.
Das Dekalog-Pastorale von Fulda stand nicht unter dieser Last. Der Bonner Protest stand am Anfang des Genozids. Er bedeutete eine Enthüllung des verbrecherischen Systems, das sich gerade im Verborgenen zu seiner größten Ruchlosigkeit anschickte.

---

37 Der gernzitierte Satz L. Volks, in dem er an die absolute Fixierung Bertrams an den Eingabekurs anknüpft, lautet: „Der Aktionsbehinderung des Gesamtepiskopats suchten seit 1941 der Ausschuß für Ordensangelegenheiten und die westdeutsche Bischofskonferenz mit Erfolg abzuhelfen. Ihren Anstrengungen waren die Denkschrift vom Dezember 1941, die Kundgebung vom Passionssonntag 1942 sowie der Dekaloghirtenbrief 1943 zu verdanken. Davon ergingen die Kanzelverlautbarungen, die mutigsten unter den Dokumenten der Kriegszeit und fast so etwas wie eine Ehrenrettung des Bischofsgremiums, ohne, ja gegen den Willen des Fuldaer Konferenzvorsitzenden“ (Volk, Fuldaer Konferenz II, S. 101).

Das Dekalog-Wort wurde in der geschwächten und hypothetischen Form zwar durch eine Plenarkonferenz gedeckt. Es erging aber erst zu später Stunde des Genozids.

Der Protest von Bonn ist durch seine Gründung im Naturrecht in sich geschlossen und spiegelt so die innere Einheit des Konveniats wider.

Das Dekalog-Pastorale zeigt in seinen heterogenen Textergebnissen Möglichkeiten und Grenzen der Plenarkonferenz vom Sommer 1943. Das bemerkten bereits die Polizei-Berichte, während Bormann im Bonner Protestwort den bisher schärfsten Einspruch sah.

Moltke und Preysing bemerkten, das Pastorale sei chemisch gereinigt, habe aber mit den „Flecken" auch die Farbe verloren.

Im Blick auf die Verbreitung des Dekalog-Pastorale, die aus sich einen größeren Radius aufwies, ist auf den Bertram-Vorbehalt an Titularbischof Nathan hinzuweisen, das Pastorale aus örtlichen Interessen zu kürzen. Demnach wissen wir nicht, wieweit das ohnehin geschwächte Wort – sogar Kardinal Bertram fand es annehmbar – die Öffentlichkeit erreichte.

Dadurch relativiert sich der Abstand zum begrenzteren Radius des Bonner Protestes, der aber auch über sich hinausreichte, z. B. nach Mainz (hier sogar in der Bonner Textform). In der Form von Kevelaer umfaßte es bekanntlich auch die Bistümer Bamberg, Würzburg und Speyer.

Demonstrative Resonanzen des Protestes wie vor den Domen von Frankfurt und Würzburg sind beim Dekalog-Wort unbekannt. So scheint eine positivere Bilanz hier nicht unbegründet.

Man müßte die Texte von 1942/43 auch ganzheitlich betrachten und nach ihrem Orientierungswert für einen Kirchenbesucher befragen, der sie beide z. B. in der Rheinprovinz im März/April 1942 und im September 1943 zu hören bekam: Der Protest für Freiheit, Leben, Eigentum und Ehre im Namen *aller* Menschen fände seine Konkretisierung dann in einem nahezu vollständigen nationalsozialistischen Lasterkatalog.

Der erste Bundeskanzler K. Adenauer beklagte in seinem Brief an B. Custodis vom 23. Februar 1946 das Fehlen eines gemeinsamen öffentlichen Protests der deutschen katholischen Bischöfe.[38] Adenauer hätte am Montag, 6. April 1942, und am Sonntag, 12. September 1943, besser informiert sein können.[39] Seine Behauptung, durch den gemeinsamen

[38] Zit. bei H. Küng, Das Judentum. Die religiöse Situation der Zeit. München 1991, S. 303.

[39] Der Bonner Protest wurde Sonntag, 22. 3. 1942 in allen Kölner Kirchen und am Ostermontag, 6. 4. 1942 in den Kirchen der Erzdiözese Köln, außerdem in den übrigen

Protest sei vieles zu verhindern gewesen, ist unsicher. Hitler verbot sofort jede Polemik gegen das Wort vom 22. März 1942. Das war alles: Dabei war ihm nicht einmal klar, daß das Wort ein Teilprotest war. K. Adenauer hatte Hitlers Fanatismus weit unterschätzt!

---

acht (Erz-)Bistümern der beiden westdeutschen Kirchenprovinzen verlesen. Das Dekalog-Hirtenwort war für Sonntag, 12. 9. 1943 bestimmt.

Kapitel 4

Lorenz Jaeger im Dritten Reich – Fazit

Kritisch gelesen und bedachtsam ausgewertet, zeichnen bereits die Akten der Sicherheitspolizei ein instruktives Bild.[1] In formaler Hinsicht steht es in der Nähe einer Beobachtung, die U. Wagener, ohne schon einen Überblick über die Berichte haben zu können, im Nachruf der ND-Bundeszeitschrift „Hirschberg" 1975 beschrieb. „Er vereinigte in sich Eigenschaften, die – äußerlich betrachtet – kaum in ein und derselben Persönlichkeit zusammengehen wollen ..."[2] Das gegenüber den Zeitanfechtungen „scheinbar ... immune Festhalten" an der Grundgestalt seines Glaubens habe sich mit großer Wachsamkeit und Aufgeschlossenheit für die Fragen der Zeit, für Ökumene und neue Pastoral verbunden.

Wagener sieht Jaegers soldatische Strenge gegen sich selbst – sogar unter extremer gesundheitlicher Belastung – mit Toleranz und Weitherzigkeit gegenüber den „Lebensformen und Meinungen" anderer Menschen gepaart.[3]

In den Berichten der Gestapo findet sich seine „imposante" und „fesselnde Art" mit „bescheidenem Auftreten" vereint.[4] Man findet ihn „vielseitig gebildet", „erfahren", „lebensgewandt" und doch „von unermüdlichem Streben und Arbeitseifer für die Ziele der katholischen Kirche besessen".[5] Er verstehe es, die Jugend durch Erzählungen aus dem Weltkrieg, aus seinen persönlichen Fronterlebnissen zu fesseln und für sich zu begeistern, und erstrebe doch nichts anderes als ihre Beeinflussung im Sinne der Kirche.[6] Die „allseits betriebene Hinwendung" zum Nationalsozialismus suchte Jaeger „vorsichtig" zu behindern.[7] Dennoch machte seine konfrontative Klärung der nationalsozialistischen Grundbe-

---

1 Vgl. S. 96-101.
2 Mitteilungen aus dem Bundesarchiv des ND in Köln. – Zit. aus „Hirschberg" 1975/5.
3 Ebd.
4 Vgl. D. I, Z. 11, und D. II, Z. 12f.
5 D. I, Z. 7-12.
6 D. I, Z. 12-20.
7 Vgl. S. 94f.

griffe an den Gegebenheiten des katholischen Glaubens einen starken Eindruck „auf alle (!) Jugendlichen“.[8]

Hinter der Vokabel „vorsichtig“ könnte sich also die möglichst unkonfrontative Methode des „positiven Abfangens“ verbergen,[9] die aus nüchterner Sachbezogenheit besonders nachhaltig wirken mußte.

Zwei weitere Beobachtungen, die von V-Männern an die Gestapo gelangten, weisen in verwandte Richtung: Nuntius Orsenigo fand bei Jaeger ein konfliktfreies Auskommen mit dem NS-Staat verbunden mit der Gabe, dennoch die (katholische?) Jugend auf seiner Seite zu haben.[10] Hier könnte man freilich nur von der Vermeidung des *offenen* Konfliktes sprechen.

Ein Kriegskamerad Jaegers aus dem Rheinland berichtete von einem Mitsoldaten aus der Kompanie Jaegers, der als religiös-kirchlich distanziert galt und Jaeger sehr schätzte. Dieser habe es gar nicht fassen können, als er in den zwanziger Jahren seinen früheren Kompaniechef in Dortmund als Priester auf der Straße getroffen habe.[11] In welche Detailrichtung man immer das Erstaunen des Veteranen auslegen möchte, ob es der auch sonst bemerkte nationale Eindruck war, den der Inspekteur der Sipo sah,[12] der „durch und durch deutsche Mann“, der Adligen und evangelischen Kirchenführern auf den Rittergütern Pommerns auffiel,[13] oder der Offizier, dessen imginäres Sporenklirren Reineke noch durch die bischöflichen Bereitschaftserklärungen am Weihetag bei jedem Aufstehen des neuen Erzbischofs zu hören meinte,[14] – Wagener dürfte etwas Richtiges gesehen haben.[15]

Diese mehr dem militärischen Führungsstil zugeordnete Umgangsform findet ihre kontrapunktische Entsprechung in der persönlichen, herzlichen Zuwendung zu Schülern, Soldaten und seinen „Neudeutschen“, die

---

8 Ebd. Daß er auf Hitlerjugend, die Söhne von Parteiführern und die Schüler anderer Konfessionen übergriff, bezeugt St.-Dir. Heinz Lillteich 1986 aus Dortmund, ehemaliger Schüler und dort wohnhaft (mdl. Mitteilung).

9 Vgl. S. 60-65.

10 D. IX, Z. 11-16.

11 StA Düsseldorf. RW 58 (12503).

12 D. II, Z. 15.

13 Vgl. S. 76.

14 Reineke, Jugend, S. 141.

15 Man könnte noch anfügen: L. Wichert-Schmetz nannte den eloquenten Mann einen „großen Schweiger“ (Wichert-Schmetz, Vita et pax, S. 14).

er lebenslang durchhielt.[16] Hier war er jederzeit „im Dienst",[17] während er sich nach der Erinnerung seines Generalvikars in dessen gesamter Dienstperiode keine Plauderstunde beim Glas Wein gönnte.[18]
Als Erzbischof hielt er die Empfangsbereitschaft der Dortmunder Jahre auch später uneingeschränkt aufrecht.[19]

Jaegers Weg ins Bischofsamt war im Sinne des Nationalsozialismus stark vorbelastet. Kerrl erteilte sein Plazet gegen die höchsten Instanzen der Partei und der politischen Polizei.[20]
Im Vergleich dazu hatte der acht Monate später geweihte Kölner Erzbischof Josef Frings kaum mit Schwierigkeiten zu tun. Dem Regens des Bensberger Priesterseminars war nichts vorzuhalten als eine Broschüre über den Bolschewismus, die in der Seminarbücherei durch die Gestapo aufgefunden wurde. Nach Frings, der sich gänzlich entlastete, waren es mehr die handgeschriebenen Randglossen der Leser, die auf den „Bolschewismus" im Dritten Reich anspielten,[21] als der Fund selbst.[22] Göring, der als Ministerpräsident des Landes Preußen die Bedenken geltend machte, nahm sie schon vorweg mit der Bemerkung zurück, daß dem Seminarregens daraus kein persönlicher Vorwurf zu machen sei.[23] Von Gestapo und Partei sind keine Einwände erhoben worden. Die lange Vakanz weist eher auf Verzögerungen im innerkirchlichen Bereich zurück.[24]

---

16 „Spontane Besuche waren beim EB Jaeger stets möglich. Er hielt alte Verbindungen aufrecht" (Brief vom 8. 8. 1988 von Dr. Adolf Schmidt, Arnsberg).

17 Von A. Schmidt mit Foto (von 1941) der durchreisenden „Neudeutschen" im erzbischöflichen Garten festgehalten (s. o. Anm. 16).

18 Rintelen, Erinnerungen, S. 94.

19 Wichert-Schmetz, Vita et pax, passim.

20 Vgl. S. 24, ferner D. I, II, IV.

21 Josef Kardinal Frings, Für die Menschen bestellt, S. 36: „Es waren Randbemerkungen darin, wie: ‚Alles wie bei uns'".

22 Auch diese Version ist festgehalten im PA. Bonn, Vatikan, Büro des Staatssekretärs im Auswärtigen Amt (Bl. 240327): Laut Mitteilung des Kirchenministeriums an das Auswärtige Amt war die Broschüre, die nach Frings die Kirchenverfolgung in Rußland beschrieb, selbst auch staatsfeindlich. Demnach konnte schon eine Beschreibung russischer Verhältnisse als „staatsfeindliche" Darstellung über das eigene Land gelten.

23 Ebd.

24 Ebd. Die Daten im Ablauf der beiden Vakanzen von Paderborn und Köln seien zum Vergleich gestellt:

Bei Jaeger hatten die Bedenken gegen die Bischofswahl nur die äußerste Spitze eines Eisberges berührt. Jaegers „religiöse“ oder „christliche Untergrundbewegung“ zeigte den Geistlichen in einem Beziehungsfeld, das seine zugewiesenen Arbeitsgebiete einfachhin überstieg und ihn in übergreifender Verantwortung für die Kirche als solche zeigte. Wenn irgendwo, dann wird schon hier so etwas wie eine *bischöfliche Verantwortungsweite in vorbischöflicher Zeit* faßbar.[25] Die Bedrängnis der Zeit, die Not und Orientierungslosigkeit des Kirchenvolkes beim Heraufziehen des Dritten Reiches, trieb den Priester nicht nur stundenlang in das intensive Beichtgespräch, sondern mit seinem Referententeam durch die Gemeinden des Ruhrgebietes.[26] Seine ungeheure physische Arbeitskraft verband sich mit einem verzehrenden Eifer für die bedrängte Kirche. Eine so weitgespannte Aufklärungstätigkeit gegen das neue Heidentum konnte sich nur unter schützender Tarnung vollziehen. Jaeger vermied die Provokation, die Ausfälligkeit, die schneidende Pointe – die ins KZ führen konnten. Doch gaben sich politische Polizei und Partei über die bis

---

Historische Angaben	Lorenz Jaeger	Josef Frings
Tod des Vorgängers:	26. 1. 1941	11. 3. 1941
Bischofswahl:	29. 5. 1941	9. (?) 3. 1942
Meldung nach Berlin:	30. 5. 1941	10.(?) 3. 1942
Erteilung des Plazets:	22. 7. 1941	17. 4. 1942
Wartezeit für das Plazet:	52 Tage	38 Tage
Fristüberschreitung:	32 Tage	18 Tage
Amtl. Mittlg. i. Oss. Rom:	10. 8. 1941	4. 5. 1942
Antrittsbes. in Breslau:	4. 9. 1941	3. 6. 1942
Vereidigung:	15. 9. 1941	2. 6. 1942
Vereidigungsorte:	Münster i. W.	Berlin
Weihe:	19. 10. 1941	21. 6. 1942
Dauer der Vakanz:	¾ Jahre	5/4 Jahre

Die in der Erinnerung von Kardinal Frings z. T. stark verschobenen Daten lassen sich an drei Punkten chronologisch festmachen: 1. Amtl. Mitteilung des Osservatore Romano am 4. 5. 1942 (PA. Bonn, Büro des Staatssekr., Akten betr. Vatikan, Bl. 240357); 2. Berlinreise von J. Frings nach dem ersten Großangriff in der Nacht zum 31. 5. 1942 auf Köln („Angriff der 1000 Bomber“, vgl. A. Speer, Erinnerungen, S. 291f.) am 1. 6. 1942; 3. der am Tage nach der Vereidigung (2. 6.) anzusetzende Antrittsbesuch von Erzbischof Frings in Breslau, den Bertram persönlich in seinem Besucherverzeichnis für den 3. 6. 1942 notierte (vgl. Volk, Akten deutscher Bischöfe V, S. XXIV und Frings, Für die Menschen bestellt, S. 17ff.). Die Vergleichsdaten begünstigen die Annahme, daß keine politischen Komplikationen, sondern eher interne Schwierigkeiten des Kölner Domkapitels einem frühen Wahlkonsens im Wege standen (vgl. Rösch, Kampf, S. 104; Schneider, Die Briefe Pius' XII. an die deutschen Bischöfe 1934-1944. Mainz 1966, Nr. 82; ferner Hehl, Katholische Kirche und Nationalsozialismus, S. 227ff.).

25 Vgl. S. 59-65.

26 Vgl. S. 61.

in den Unterricht faßbare Frontstellung gegen den Nationalsozialismus keiner Illusion hin. Die von der Polizei gerügte Gegenüberstellung der Positionen in den Grundbegriffen vermittelten für Jugend und Gemeinden Klarheit.[27] Der erste Düsseldorfer Polizeibericht läßt in Parteikreisen von dem außerordentlich aktiven Mann eine Stärkung der kirchlichen Position in Westfalen befürchten.[28] Die für notwendig angesehene Volksaufklärung über den wirklichen Feind des Volkes wird auch im Reichssicherheitshauptamt einige Beunruhigung ausgelöst haben.[29]

Ein Rückblick auf Jaegers vorbischöfliche Zeit läßt ein gewisses, zuletzt erstaunliches Mißverhältnis zwischen der früh erkannten und erbitterten Gegnerschaft Jaegers zum NS-Staat und der lange geübten Zurückhaltung der Staatspolizei hervortreten. Heydrichs Polizeibericht spricht von einem tiefgreifenden Einfluß Jaegers auf *alle* Jugendlichen.[30] Die erfolgreiche, fast hundertprozentige Führung katholischer Schüler zum sakramentalen Leben und zu den Exerzitien am Wochenende waren für die HJ-Führung deprimierende Erfahrungen, denen sie gern Gleichwertiges auf ihrer Seite entgegengesetzt hätte.[31]

Seine Reisen mit der Jugend per Fahrrad bis ins Ausland begründeten ein Vertrauensverhältnis, das nach dem Bericht der Gestapo-Leitstelle Dortmund-Hörde die Schüler fest an ihren Religionslehrer und „Vikar“ band.[32]

Die Grenze für Partei und Gestapo ist – ungeachtet des Faktums, daß Jaeger laut Heydrich einer der fanatischsten und gefährlichsten Gegner von NS-Ideologie und NS-Staat war – markiert durch seine gruppenübergreifende Beliebtheit. Vorsicht, Besonnenheit und Klugheit, diszipliniert und soldatisch wirkende Männlichkeit verbanden sich mit fesselnder Darstellungsweise und Bescheidenheit.[33] Diese Trias schwer zu vereinbarender Eigenschaften („Besonnenheit“, „fesselnde, imponierende“ Art und „bescheidenes Auftreten“) wurde überboten von einer nicht leicht zu ermüdenden Fürsorge und Zuwendung zur Jugend.[34]

---

27 Ebd., bes. D. I, Z. 21-29.

28 D. II, Z. 24ff.

29 D. IV, Z. 34.

30 Vgl. zu Anm. 8.

31 H. StA Potsdam, RKM Nr. 22234, Bl. 00210.

32 Ebd.

33 D. I, Z. 11f.; D. II, Z. 12-16.

34 H. StA Potsdam, RKM Nr. 22234, Bl. 00209. Vgl. auch StA Münster, PSK, PAJ.

Ungewollt schrieb ihm der Chef der Sipo und spätere „Todesgott" (C. J. Burckhardt) von Böhmen und Mähren,[35] das entscheidende Diagramm für die Dortmunder Zeit: „Bei seinem Umgang mit der Jugend, *deren Lenkung und Beeinflussung fast ausschließlich der Inhalt seiner bisherigen Lebensarbeit war*, trat sein außerordentlich psychologisches Geschick und sein starker persönlicher Einfluß, den er auf alle Jugendlichen ausübte, besonders augenfällig in Erscheinung."[36]
Jaegers Entschluß, sich nach Kriegsausbruch als Feldgeistlicher freiwillig zum Heer zu melden, war durch die Situation gegeben. Der Religionsunterricht an Berufs- und höheren Schulen war durch restriktive Erlasse immer mehr eingeschränkt. Die 1940 erreichte Phase schied den Geistlichen aus dem Religionsunterricht der Mittel- und Oberstufe aus. Die Einrichtung von Arbeitsgemeinschaften der Schüler für ganz Dortmund zeigt wieder den *umfassenden Verantwortungssinn* des Religionslehrers.[37] Der Bund „Neudeutschland" war bereits seit 1939 verboten. Der engagierte Jugendseelsorger suchte ein neues und weiteres Einsatzgebiet.[38] Jaeger durfte hoffen, im Heer als konservativster Waffengattung ein neues Aufgabenfeld zu finden. Vom Lazaretteinsatz kam er zum Jahresbeginn 1941 in die 302. Infanteriedivision, die im Raum Stettin und den Landschaften Brandenburg, Mecklenburg und Pommern aufgebaut wurde. Ihre Verlegung nach Nordfrankreich im April 1941 führte Jaeger auf alte Kriegsschauplätze. Die Ernennung zum Erzbischof von Paderborn ließ ihn das Leitwort „Vita et Pax" wählen, das schon, wie der Besuch in Bierville 1929, die Freundschaft mit F. Stock und dessen Vertretungen in Paris glaubhaft machten, seine Lebensthematik geworden war. Wiederum setzte Jaeger seine ganze Arbeitskraft ein, um den jungen Soldaten in Kasernenstunden und Feldgottesdiensten die übernatürlichen Lebensquellen seiner Kirche zu vermitteln. Er fand eine große Resonanz.[39]

Mit dem Eintritt Jaegers in das Bischofskollegium betreten wir quellenmäßig eine Landschaft, die uns den Weg des Erzbischofs nur durch

35 Vgl. Gruchmann, Der Zweite Weltkrieg, S. 325.

36 D. I, Z. 12-17.

37 Vgl. zu Anm. 25.

38 Die Betreuung seiner 302. Inf.-Division forderte einen weitgespannten Einsatz.

39 Vgl. S. 76f.

gelegentliche Auskünfte und immer für begrenzte Strecken sichtbar macht. Es ist im grundlosen Terrain nur gleichsam von Stein zu Stein zu kommen. Während ein erster Durchgang den Kontext des Verfolgungshöhepunktes von 1941 nach seinen Voraussetzungen und im Weitergang zum Menschenrechtsprotest breiter darstellen mußte und nur sporadisch einen Blick auf Jaeger gestattete, muß nun der Erzbischof gesondert betrachtet werden, während der situative Hintergrund vorausgesetzt werden darf. Die erste und wichtigste Frage, unter der Jaeger in Paderborner Kreisen gesehen worden ist,[40] richtete sich auf seinen kirchenpolitischen Kurs. Die Indizien, die seine kirchenpolitische Ansicht und Einstellung als Bischof erkennen oder vermuten lassen, bedürfen nun der auswertenden Erinnerung. Der in der Not der Klosteraufhebungen nach bischöflicher Hilfe ausschauende Ordensausschuß beurteilte Jaegers Bischofsberufung als „günstige Nachricht".[41] Da die Erwartung der Ordensleute darauf gerichtet war, Bischöfe zum öffentlichen Protest zu bewegen, muß sich Jaeger schon vor dieser recht frühen Notiz des Ordensausschusses vom 30. September 1941 positiv in seinem Sinne geäußert haben.[42] Dem entsprechen wichtige Zeugnisse.[43]

Alle späteren Indizien wirken in sich verhaltener. Als nach dem Umwandlungsbeschluß vom 24.-25. November 1941[44] die Eingabe für die Menschenrechte zuerst nach Berlin ging, besorgte Jaeger die „vertrauliche Mitteilung" jener Empfehlung des Konveniats an die Einzelbischöfe, befristet an die Öffentlichkeit zu appellieren. Diese Empfehlung war Beschluß des Konveniats.[45] Das Konveniat und zwei Drittel des Episkopats hatten schon die sofortige Veröffentlichung des Menschenrechts-Hirtenwortes bejaht.[46]

Da zu diesem Zeitpunkt der Breslauer Kardinal noch eine abwartende Stellung zum Beschluß der Veröffentlichung einzunehmen schien,[47] ist

40 D. IV, Z. 1-27.

41 Rösch, Kampf, S. 105.

42 Die erste Kontaktnahme des Ordensausschusses zum neuen Erzbischof ist quellenmäßig nicht mit Sicherheit greifbar. Sie könnte in Dortmund stattgefunden haben.

43 D. IV, Z. 28-34.

44 Volk, Akten deutscher Bischöfe V, S. 629-636, bes. Anm. 4.

45 Volk, Akten Kardinal Faulhabers II, S. 850, Anm. 3.

46 Ebd., S. 916.

47 Ebd., S. 850, Anm. 5.

Jaegers Stellungnahme im wechselvollen Verlauf des Menschenrechtsprotestes an den einzelnen Stationen (Hirtenwort – Denkschrift – Hirtenwort) gesondert zu erfragen.[48]

Nach der Umwandlung des Hirtenwortes vom 15. November 1941 in eine Eingabe hat Jaeger die Preysing-Fassung der Denkschrift im Einvernehmen mit seinem Nachbarbischof von Münster bejaht und mit Skepsis auf ihre Weiterleitung durch Bertram geblickt.[49] In Entsprechung dazu hat er, als ihn im Februar die Bertram-Fassung erreichte, die Gelegenheit ergriffen, im ersten Fastenwort den Hinweis auf den „Bolschewismus" als Chiffre der Entlarvung einzusetzen, den Bertram aus Preysings Denkschriftentwurf getilgt hatte.[50]

Zu der aus Preysings Entwurf gestrichenen Passage über die Nichtarier haben wir keine separate Äußerung Jaegers vorliegen. Doch dürfen wir analog dazu vermuten, daß Jaeger auch den Fortfall der anderen Proteste im Einklang mit Galen und Preysing bedauert hat.[51]

Keine Willkür läge in der Annahme, daß der Erzbischof hier die gleiche Einstellung und Empfindung wie Generalvikar Rintelen gehabt hätte. Dessen Erwägung über einen Protest gegen den Abtransport der Juden – zu schnell von den Ereignissen überholt – *wird auch Jaegers* Haltung entsprochen haben, den er vertrat.[52]

Den Protest gegen den Terror der Gestapo hatte Bertram nicht gestrichen, sondern nur geschwächt, so daß Jaeger hier nicht gesondert befragt zu werden braucht.[53]

Auch das Wort von Kevelaer, beschlossen am 23./24. Februar 1942, ist,

---

48 Wir bitten den Leser um Verständnis für die Notwendigkeit der folgenden Einzelanalysen, die nur unter Verwendung unseres „neuen" Quellenmaterials in D. XI und D. XVII durchzuführen sind. Zu den einzelnen Textabhängigkeiten vgl. S. 466.

49 Volk, Akten deutscher Bischöfe V, S. 650, Anm. 2: „Ich bin gespannt zu hören, ob Eminenz Bertram die Denkschrift in der vorgelegten Form einreichen wird" (Jaeger an Galen, 16. 12. 1941).

50 Vgl. D. XI, Z. 16ff., mit D. XII, Z. 1-25: Preysing- und Bertram-Fassung. Vgl. auch D. XIII, Z. 105-110: Jaegers umstrittenes Rußlandwort im ersten Fastenhirtenbrief.

51 Das Wort Jaegers an Galen (s. o. Anm. 49) setzt sicher ein tieferes Einvernehmen mit ihm voraus. Doch verwehrt es aus sich noch nicht die Annahme, daß Jaeger nicht auch zugleich Bertrams Befürchtungen geteilt hätte. Die gesuchte Klarheit ergibt sich erst aus den späteren Überlegungen.

52 Rintelen, Erinnerungen. Der Generalvikar befand sich in „einem schweren Gewissenskonflikt. Mußte ich am Sonntag von den Kanzeln der Stadt gegen den Abtransport der Juden protestieren?" (S. 102)

53 Vgl. D. XI, Z. 171-175 mit D. XII, Z. 31-41.

solange es als Wort des Gesamtepiskopats geplant war, sicherlich von Jaeger mitgetragen worden.[54]

Das Verhältnis Jaegers zum Bonner Sonderprotest ist differenzierter zu betrachten. Zunächst geben die drei Bonner Vorentwürfe schon einen wichtigen Hinweis zur Frage der „Nichtarier". Sofern die Übereinstimmung der Entwürfe in den drei Gipfelprotesten Preysings (S. 202f.) eine Vorabsprache des Westdeutschen Konveniats voraussetzt, ist die Frage nach Jaegers Absicht, alle Nichtarier (z. B. Juden und Russen) in den Menschenrechtsprotest einzubeziehen, klar mit Ja zu beantworten.[55] Es war offenbar die Linie des Konveniats selbst, die von Jaeger mitgetragen wurde.[56] Damit beantwortet sich aber auch die Frage nach dem *Nichtarier-Protest* des Preysing-*Entwurfs* zum 10. Dezember 1941 im Rückblick *eindeutig positiv*.[57] Da nach dem Novemberbeschluß des Konveniats die Denkschrift recht schnell die Öffentlichkeit erreichen sollte, konnte Jaeger noch zur Zeit der Judendeportation aus dem Raum Paderborn darauf hoffen, daß auch der Protest für die Nichtarier schon in nächster Zeit von allen katholischen Kanzeln des Reiches verlesen würde. Soweit der Rückschluß aus der Bonner Vorgeschichte auf die Paderborner Situation vom November/Dezember 1941.
Wie war nun das Verhältnis zum Bonner Sonderprotest zu sehen, nachdem auf die Drohung des Reichsmarschalls die drei Proteste Preysings wieder gestrichen waren?[58] Es wurde bereits gesagt:[59] Der Bonner Protest vom 20. März, verlesen am 22. März, war nach Form und Inhalt das mutigste Bischofswort nach den Galen-Predigten in der deutschen

---

54 Vgl. D. XIV.

55 Vgl. hier den Kölner Entwurf, der in den Gipfelprotesten mit dem Preysingentwurf und mit den beiden anderen „Bonner" Vorentwürfen von Münster und Trier übereinstimmt, s. in D. XVII, Z. 77-81, 133-148.

56 Tatsächlich ist diese Übereinstimmung der Vorentwürfe, die sich in der Textmasse an Bertrams Denkschrift und in den drei Gipfelaussagen an Preysings Entwurf orientierten, ohne Vorabsprache wohl nicht möglich.

57 Wenn Jaeger vor der Bonner Konferenz vom 20. 3. 1942 den offenen Protest für die Nichtarier mittrug, mußte er ihn auch für die risikoärmere Denkschrift vom 10. 12. 1941 bejaht haben.

58 Die Bonner Konferenz vom 20. 3. 1942 hat kein Protokoll hinterlassen. Aber auch ein solches hätte keine internen Vorgänge aufgenommen. Von den *benutzten* Arbeitspapieren ist nur Galens Kölner Entwurf bekannt (D. XVII.)

59 Vgl. S. 320.

Öffentlichkeit der Hitler-Diktatur.[60] Situativ war er, weil zum Beginn des Judengenozids,[61] mit der Proklamation der Menschenrechte auf Freiheit, Leben, Eigentum und Ehre *für alle Menschen* das Wort der Stunde. Hätte er die Nichtarier auch explizit genannt, würde die formulierte These wohl nicht dem geringsten Zweifel begegnen. Wenn hier aber auf einen Mitbischof Rücksicht genommen wurde (Berning als Staatsrat, Kontaktmann und Unterhändler), war dies Bestandteil einer nachvollziehbaren Grenzsituation, die fürwahr unter einem „dunklen Stern" gestanden hat (Faulhaber).[62]

Wo hat in dieser entscheidenden Stunde der Erzbischof von Paderborn gestanden? Die Quellen sind nicht einhellig. Nach der Fehlanzeige der Pfarrarchive hätte Jaeger das Bonner Wort nur in der Bischofsstadt verlesen und nur dort auch noch von seinen Geistlichen verlesen lassen.[63] Nach Auskunft des Ordensausschusses vom April 1942 haben die Diözesen Mainz' und sämtliche Diözesen der Kölner und Paderborner Kirchenprovinz den Hirtenbrief (offenbar in der Bonner Fassung) in allen Pfarreien verlesen lassen.[64] Wo liegt die Wahrheit?

Gegen die erste, negative Vermutung ließe sich einwenden, daß Jaeger die Weisung gegeben haben könnte, das brisante Papier nach der Verlesung zu verbrennen.[65]

Gegen die zweite, positive Auskunft ließe sich geltend machen, daß der Bericht des Ordensausschusses zu diesem Zeitpunkt von der Absicht

---

60 Ebd.

61 Die Wannseekonferenz markiert den Beginn europaweiter Ausdehnung der Evakuierungsmaßnahmen zwecks Vergasung der Juden (20. 1. 1942). Das RSHA griff jetzt weit über den eigenen Organisationsbereich hinaus (vgl. Longerich, Die Ermordung der europäischen Juden, S. 69).
Sogleich im Anschluß an den Bonner Protest vom 22. 3. 1942 berichten Broszat/Frei, Das Dritte Reich im Überblick, S. 271: „Ende März – Erste Judentransporte aus Westeuropa und dem Reichsgebiet nach Auschwitz."

62 Der Galen-Protest vom 22. 1. 1942 ist vom Verfasser ausführlich behandelt in „Theologie und Glaube." Paderborn 1991/3, S. 368-385.

63 Die begrenzte Kontrollbasis gewährt keine letzte Sicherheit.

64 Rösch, Kampf, S. 179 (Ordensausschuß vom Ende April).

65 Ähnlich eine Anweisung Faulhabers vom 10. 4. 1942: „Beiblatt, das ich zu vernichten bitte" (Volk, Akten Kardinal Faulhabers II, S. 894).

mitbestimmt war, weitere Bischöfe zum Nachholen des Protestes zu bewegen, also tendenzbestimmt gewesen sein könnte.[66]
In methodischer Hinsicht müßte man das Argument aus dem Schweigen (argumentum e silentio) gegenüber einer sonst bewährten Quelle, der Berichterstattung des Ordensausschusses, an die zweite Stelle beordern.[67] Dann wäre auch die allgemeine Verlesung am 7. April 1942 erfolgt.
Der Verfasser neigt ungeachtet seiner Skepsis gegenüber dem Argument aus dem Schweigen der Auffassung zu, daß Erzbischof Jaeger die Verlesung auf die Paderstadt begrenzt hat. Es scheint ihm undenkbar, daß sowohl der Kurierdienst als auch die Vernichtungsorder ohne jede Spur „vom Winde verweht" worden sind.
Sosehr die Absicht L. Jaegers zu respektieren wäre, seinen weit überdurchschnittlich mit Repressalien belasteten[68] Klerus zu schonen und dem Bischof allein das um so höhere Einsatzrisiko vorzubehalten,[69] so hätte er dabei zugleich doch auch zu bedenken gehabt, daß eine einzelne Teilrücknahme das Risiko seiner bischöflichen Amtsbrüder und ihrer Priester erhöhen mußte.[70]
Der Blick auf seinen Nachbarbischof von Galen zeigt dann, daß dieser den Bonner Beschluß überschritt und daß jener hinter ihm zurückblieb. Die Situation der anderen Bistümer in beiden Kirchenprovinzen wäre noch zu klären. Trotz dieses „dunklen Sterns" mußte aber die zuständige SD-Stelle Bielefeld nach Berlin melden, bei diesem Protest handle es sich um „eine aktive Kampfansage gegen das Dritte Reich".[71]

Auf seiner ersten Plenarkonferenz in Fulda (18.-21. 8. 1942) übernahm der neue Erzbischof die Abfassung einer Denkschrift an Hitler.[72] Sie galt

66 „Es möchten doch alle Bischöfe, die nicht verlesen haben, sorgen, daß der gesamte Klerus ihrer Diözese den Hirtenbrief noch kundgibt" (Rösch, Kampf, S. 179: Bericht nach 21. 4. 1942).

67 Der methodische Grund läßt den Zweifel keineswegs schweigen.

68 Vgl. Hehl, Das Kirchenvolk im Dritten Reich. In: Gotto/Repgen, Die Katholiken und das Dritte Reich, S. 84, Anm. 42: Köln 17,5 %; Osnabrück 12,4 %; Passau 40,4 %; *Paderborn 60 %*. In der 3. Aufl. von 1990 entfallen.

69 Vgl. D. VIII, Z. 69-79.

70 A. Rösch mahnt: „Die Solidarität für die Bischöfe, die verlesen haben und verlesen ließen; sonst größte Gefahr, daß noch gegen sie um der Verkündigung des Hirtenbriefes wegen bald sehr schwer vorgegangen wird" (Rösch, Kampf, S. 180).

71 Vgl. S. 212: Abschluß und Überschrift. Ferner beachtlich Boberach, Berichte, S. 663.

72 D. XVIII.

der Kirchenverfolgung in den annektierten Gebieten im Westen, Osten und Südosten des Dritten Reiches und wurde durch die Radikalität ihrer Sprache und ihre situative Treffsicherheit zum Menetekel über das Reich Hitlers.[73] Als sie am 18. Dezember 1942 die Reichskanzlei erreichte, zeichnete sich in Stalingrad, in Nordafrika und im Fernen Osten die Kriegswende ab.[74]

Ihr Erscheinen in der amerikanischen Presse und die Verbreitung durch Flugblätter sorgten zusammen mit einem Wutanfall des Reichsministers Goebbels dafür, daß die Verantwortlichen in die Endabrechnung einbezogen werden sollten.[75]

Das „Leck" der Bischofskonferenz ließ Kardinal Bertram in die unmittelbare Nähe einer handlungslähmenden Grenze gelangen.[76] Eingaben und offene Proteste waren durch die feindlichen Nachrichtendienste nach Provokation und Risiko dichter zusammengerückt.[77] Dahinter standen die Anklagen der Feindbegünstigung und des Landesverrats.[78] Für die möglichst unveränderte Weitergabe der Denkschrift durch den Vorsitzenden trat mit Nachdruck und Geschick, vielleicht nach Vorabsprache, Kardinal Faulhaber ein.[79]

Den Kardinal hat das Westdeutsche Bischofskonveniat jedenfalls spätestens bei der Vorlage des Dekalog-Pastorale mit Erfolg eingesetzt.[80] Schon auf dem Märzkonveniat von 1943 formulierte Jaeger dem Breslauer Vorsitzenden gegenüber das feste Vorhaben der westdeutschen Bischöfe, am öffentlichen Protestkurs unabhängig von den Reaktionen der übrigen

---

73 S. 229f.

74 Ihre Entstehung vom Sommer 1942 bis zum Jahreswechsel fällt zusammen mit den größten Territorialgewinnen der Dreierpaktmächte und den ersten entscheidenden Niederlagen. In dieser Zeit fallen auch in den Schulungskursen des NS blasphemische Vergleiche der Leistungen Hitlers und Jesu Christi: „Was hat der Führer in noch nicht 10 Jahren vollbracht, was euer Christus in 2 000 Jahren?" (Berichte von Zeitzeugen liegen dem Verf. vor.)

75 Lochner, Goebbels-Tagebücher, S. 348: „Wir müssen unser Strafgericht auf später vertagen."

76 Zur Behandlung des Papstschreibens vom Januar 1943 vgl. Volk, Akten deutscher Bischöfe VI, S. 129f., wo Bertrams tiefe Verunsicherung und Unentschlossenheit hervortreten.

77 Dazu vgl. ebd., S. 3f. (Muhs am 12. 1. 1943 an Bertram über öffentlichen Hirtenbrief v. 22. 3. 1942) und S. 130f. (Lammers an Bertram über Jaegers Denkschrift v. 18. 12. 1942).

78 Ebd.

79 Volk, Akten Kardinal Faulhabers II, S. 960f.

80 Volk, Akten deutscher Bischöfe VI, S. 122f., Anm. 1.

Bischöfe festzuhalten, ihnen aber die Gelegenheit zu geben, sich anzuschließen.[81]
Wurden die kirchenpolitische Einstellung und das Verhalten Jaegers in der Phase des Menschenrechtsprotestes für das Konveniat wichtig, so übte der Kölner Oberhirte einen offenbar tiefgreifenden Einfluß auf die Dekalog-Vorlagen vom Sommer 1943 aus.[82]

Betrachten wir Jaegers Position mehr im Vergleich mit den anderen Bischöfen des Konveniats, dann ergibt sich eine gewisse Stufenfolge.
Galens Protest für die Menschenrechte der Nichtarier am 22. März 1942, hier als begründete Annahme vertreten, enthüllt *Größe und Grenze* bischöflicher Intervention überhaupt.
Nach Galen wären mit einem Vorsprung des an erster Stelle Genannten die Bischöfe Franz Rudolf Bornewasser von Trier und Godehard Machens von Hildesheim zu nennen.[83]
Der Topos vom „Bolschewismus im eigenen Land", der zu den genannten drei Gipfelprotesten der Preysing-Fassung zählt, ist für Bielefeld und Saarbrücken in den Meldungen an das RSHA bezeugt.[84] Da er im Zusammenhange der Bonner Menschenrechtsentwürfe auftritt, könnten Jaeger und Bornewasser als die zuständigen Bischöfe dieser Regionen ihn zusätzlich am 22. März / 6. April oder kurz darauf eingesetzt haben. Da wir den Grad seiner „Chiffrierung" nicht kennen, gibt er uns kein eigenes Kriterium an die Hand.
Nach Machens und Bornewasser sind Antonius Hilfrich von Limburg und Wilhelm Berning von Osnabrück zu nennen, die beide öffentliche Sonderproteste zum Klostersturm unternahmen. Hilfrich verband ihn mit dem Bonner Hirtenwort vom 22. März 1942, Berning mit dem Silvester-Bericht 1941, Hilfrich unter lautem Applaus der Bevölkerung,[85] Berning mit schärfster Reaktion von Göring am 5. März 1942,[86] die ähnlich auch Galen traf.[87]
Die spät in das Konveniat eintretenden Erzbischöfe Jaeger und Frings

81 Ebd., S. 51ff.

82 S. 193, bes. Anm. 16; S. 243-247.

83 Beide protestierten einzeln und öffentlich gegen Euthanasie und Klostersturm.

84 Boberach, Berichte, S. 663.

85 Zu Hilfrich ebd.

86 Zu Berning D. XVI.

87 Löffler, Clemens August II, S. 938f. und S. 947f.

waren gut beraten, zunächst mit öffentlichen Sonderprotesten zurückhaltend zu sein.[88]

Jaegers Bolschewismus-Vergleich vom 11. Februar 1942 rief in Anlehnung an einen detaillierten Vorschlag des Ordensgremiums den Topos vom „Bolschewismus im eigenen Land" ins Bewußtsein.[89] Es ging darum, das in Kriegsnöten und -sorgen befangene Kirchenvolk auf die laufende Kirchenverfolgung aufmerksam zu machen. Das Regime und Hitler selbst bestritten sie öffentlich und kaschierten die Repressalien mit Kriegsnotwendigkeiten. Wer von Verfolgung sprach, war „Landesverräter" für die Auslandspresse.

Frings sprach am Weihnachtstage 1943 für Feindesliebe und gegen Rassenhaß, gegen Mord an Menschen fremder Völker und Rassen im Sinne des Dekalog-Entwurfes vom vergangenen Sommer.[90]

Im Fastenwort 1945 kennzeichnete Jaeger die beiden Erzfeinde des Christentums, den „Übermenschen" Nietzsches, der in seiner Machtgier alles zertrete, und den Kollektivismus, der Recht und Existenz der Einzelperson leugne[91] – kurz vor den „Nero-Befehlen" Hitlers zum deutschen Genozid.[92] Zum letzten Mal signalisierte der Erzbischof, wo der „Feind" des Volkes stand,[93] der es in „Gottes- und Christushaß" verfolgte.[94]

Nach diesen Überlegungen ist es nur ein Erfordernis systematischer Vollständigkeit, das Leben und Wirken Lorenz Jaegers unter den verschiedenen Kategorien des Widerstandes zu sehen, die in der zeitgeschichtlichen Forschung diskutiert sind.

---

88 Vgl. Anm. 82.

89 D. XIII, Z. 105-110 und S. 127.

90 Corsten, Kölner Aktenstücke, S. 310.

91 Fastenhirtenbrief vom 7. 1. 1945 in: Paderb. Amtsbl. 1945/2, S. 8.

92 Haffner, Anmerkungen zu Hitler, S. 196f.; Speer, Erinnerungen, S. 444-449. In Speers Erinnerungen treten zwei Motive für den „Nero-Befehl" hervor: Nach dem Bericht des Oberbefehlshabers West, Kesselring, habe sich die Zivilbevölkerung gewehrt, wenn die Wehrmacht ihre Orte in Verteidigungsbereitschaft versetzt habe. Hitler habe also daraufhin die Evakuierung befohlen (S. 444f.). Später äußert Hitler als tieferen Grund, das deutsche Volk habe im Falle seiner Niederlage die Lebensberechtigung verloren (ebd., S. 446).

93 D. IV, Z. 34.

94 Der „Übermensch" ist für Nietzsche ein Typus, für Jaeger ein konkretes Individuum, das im Führerstaat den höchsten Rang beansprucht (vgl. Jäckel, Hitlers Weltanschauung, S. 108f.).

Für Lorenz Kardinal Jaeger als geistlichen Studienrat und Religionslehrer, als Gaukaplan, als Fachleiter, als Gemeindeseelsorger und Priester, als Kriegs- und Divisionspfarrer, als Bischof und Metropolit ergibt sich in den zwölf Jahren eines „tausendjährigen Reiches" eine weitgespannte und vielseitige kategoriale Erstreckung von Verhaltensformen, die aus Quellen und Aussagen der Zeitzeugen erhoben werden konnten. Lorenz Jaeger erschien nach- und nebeneinander:

– als Vertreter einer *weiten Resistenz* im Dortmunder Bildungssektor, in den Gemeinden, Jugendgruppen und in der Wehrmacht, wo er im totalitären Umfeld katholische und christliche Haltung bewußtmachte und aufbaute; „gefährlich" für ein menschenverachtendes System, weil er Entschiedenheit mit Beliebtheit verband;

– als entschiedener und aktiver Gegner in der *geistigen Auseinandersetzung* mit der Ideologie des Nationalsozialismus, vor allem des „Mythus des 20. Jahrhunderts" von Rosenberg, die er in einer eigens für diese Situation geschaffenen Methode des „positiven Abfangens" frühzeitig bekämpfte;

– als *bischöflicher Führer* eines Kirchenvolkes, der wußte, daß der Wut enthemmter Kirchenhasser nur der überlegene Mut der Zeugen in Wahrheit und Liebe entgegenzusetzen ist; der im Bekenner und Zeugen der pazifistischen Urkirche, dem „bonus miles Christi Jesu", die Verheißung der größeren Stärke gegenüber allen Mächten sah;

– als *bischöflicher Wächter*, der in Protest und Verkündigung Gottes und der Menschen Sache zu vertreten hatte, als in der verheerenden Schlußphase des Dritten Reiches die Grundrechte des Menschen gegen den allgemeinen Rechtszerfall aufzurichten waren;

– als *prophetischer Zeuge*, der gegen die Hybris des skrupellosesten Tyrannen des Jahrhunderts das göttliche Menetekel aufrichtete;

– als *Mitwisser des geplanten Umsturzes*, den das „Böse" in Person in den Untergang des „Verbrechers" hinabstoßen konnte.

Kapitel 5

Medienexkurs zu Kardinal Jaeger

Von Medienaffären der Gegenwart den Weg in das Dritte Reich zu suchen wäre in unserm Falle nicht unangebracht gewesen. Wir hätten dann freilich weniger Einblick in diese Zeit selber als in unser eigenes Verhältnis zu ihr gewonnen. Vielleicht wären auf diesem Wege aber einige Probleme erfahrbar geworden, die eine objektive Annäherung an die totalitären Lebensbedingungen erschweren.[1] Wir haben dem Leser diesen Umweg erspart und bringen den Medienexkurs erst jetzt.

Kardinal L. Jaeger, Paderborner Erzbischof von 1941 bis 1973, ist länger als ein Vierteljahrhundert durch die Medien gegangen.[2] Man zitierte ihn als einen Bischof, der am nationalsozialistischen Verleumdungsfeldzug gegen Rußland teilgenommen habe.[3] Er habe die Russen „fast zu Tieren entartet" genannt.[4] Von 1964 bis heute ist es so weitergesagt worden, zunächst in Büchern und Zeitschriften, dann im Fernsehen und auf parlamentarischer Ebene, am Ende sogar im Aufsatz des Historikers.[5]

Wer diese „Nachgeschichte" zur Geschichte des Dritten Reiches bedachtsam verfolgt, stößt auf *ein einziges Wort Jaegers*, von dem alles seinen Ausgang nahm. Die Auslegung dieses Wortes übertrug sich auf andere Aussagen. Am Ende stand ein Zusammenhang, eine Gedankenkonstruktion, ein Bild, scheinbar so einleuchtend, daß keiner sie in Frage zu stellen wagte, wollte er nicht zur Nachhut des Dritten Reiches gehören.

Am Beginn stand die Auslegung eines Wortes von Jaeger durch einen

---

1 Den sprachlichen Besonderheiten in den kirchlich-bischöflichen Verlautbarungen wurde ein eigenes Kapitel gewidmet, hier besonders S. 135.

2 Von der Veröffentlichung des Buches von Guenther Lewy, The Catholic Church and Nazi Germany (New York – Toronto 1964), schon im Frühjahr 1965 in einer Folge des Magazins „Der Spiegel" herausgebracht, bis zu J. Schmitt, der 1989 Lewys Jaeger-Wort noch einmal sinngleich tradierte (Imprimatur 22, Trier 1989, S. 264-270, hier: S. 269).

3 Lewy, The Catholic Church and Nazi Germany, S. 231; dt. Übersetzung: Die Katholische Kirche und das Dritte Reich, S. 255. Der im englischen Text nur gesperrte Ausdruck „Untermensch" ist in der deutschen Übersetzung in die gleichen Anführungsstriche gesetzt, mit denen das wörtliche Jaeger-Zitat des gleichen Satzes gekennzeichnet ist. Jaeger gebraucht aber dieses Wort nirgendwo!

4 Ebd.

5 Vgl. Anm. 2 und die Wirkungsgeschichte der Lewy-Interpretation in den deutschen Medien.

Politologen, der nach Judenverfolgung und Genozid – er entging dem Schlimmsten durch Emigration[6] – aus seiner Wahlheimat zurückkam und deutsche Archive durchforschte.[7] Er wollte der Unheilsgeschichte seiner Jugend auf die Spur kommen, weniger den Tätern und ihren Helfern als jenen, die er an der geistigen Mitverantwortung jenes furchtbaren Geschehens beteiligt sah: die katholische Kirche und ihren Episkopat.[8] G. Lewy kam nach Deutschland, um Quellen und Ursprüngen jenes Unheils nachzugehen. Seine Wiedergabe des Jaeger-Wortes löste dann selber eine Geschichte aus, die bis heute nicht abgeschlossen zu sein scheint.[9] Deshalb muß ihr genauer nachgegangen werden.
Am Anfang sollen das Jaeger-Wort selbst und sein unmittelbarer Sinn sprechen.[10] Dann folgt zum Vergleich die Auslegung des Bischofswortes durch Lewy, eine Auslegung, die so selbstverständlich übernommen wurde, daß man nach dem wirklichen Wort Jaegers nicht mehr fragte.[11]
Die umstrittene Aussage steht im ersten Fastenhirtenbrief Jaegers. Ein Hirtenwort zur Fastenzeit ruft die Mitchristen zur Besinnung, Buße und Besserung ihres Lebens auf. Mitte und Maß des christlichen Lebens und Leidens ist Jesus Christus. In diesem ersten Fastenhirtenwort vom 11. Februar 1942 wählte Lorenz Jaeger, der am 19. Oktober 1941 die Bischofsweihe empfangen hatte, das Thema: Jesus Christus als Sinn und Mitte des Zeitgeschehens und unseres Menschenlebens.[12] Mit Christus findet die Menschheit „Leben und Frieden" (das programmatische Leitwort des Bischofs aus dem Römerbrief des Paulus – 8,6), ohne seinen Geist verfällt sie in Haß, Unfrieden und Streit.[13] Dann heißt es: *„Schaut hin auf Rußland! Ist jenes arme, unglückliche Land nicht der Tummelplatz von Menschen, die durch ihre Gottfeindlichkeit und ihren Christushaß fast zu Tieren entartet sind?"*[14]
Die Auslegung ist, bleibt man am unmittelbaren Wortsinn, zunächst ganz

6 L. Volk, Zwischen Geschichtsschreibung und Hochhuthprosa. In: ders., Katholische Kirche und Nationalsozialismus. Mainz 1987, S. 335.

7 Ebd., S. 335ff.

8 Ebd.

9 S. o. Anm. 2. und u. Anm. 99.

10 S. 126-129 ist es in seinen historischen Kontext gestellt.

11 Vgl. den Haupttext zu den Anmerkungen 22 und 23.

12 D. XIII, Z. 75-104.

13 Ebd., Z. 97-104.

14 Ebd., Z. 105-108.

einfach. Rußland ist als „armes, unglückliches Land“ vorgestellt, also, wie oft in der Umgangssprache, als Wohnraum von Menschen, deren beklagenswertes Schicksal das Unglück dieses armen Landes im eigentlichen Sinn und Wesen ausmacht und bildet: Der Grund liegt aber darin, daß Land und Bevölkerung zum „Tummelplatz“ geworden sind – von Haß, Feindschaft und Grausamkeit.

Wer „tummelt“ sich dort? Es sind Menschen, deren „Gottfeindlichkeit“ und „Christushaß“ sie „fast zu Tieren“ „entarten“ ließen.[15] Was erleidet aber die zum „Tummelplatz“ gewordene Bevölkerung des Landes von jenen anderen, die auf sie Haß und Feindseligkeit gerichtet haben? Ihr aus Haß und Feindschaft hervorgehendes Tun richtet sich gegen jene, die zu „Gott“ und „Christus“ in einer lebensbestimmenden Beziehung stehen.[16] Festzuhalten ist, daß „Rußland“ also bei Jaeger als ein religiöses und *christliches Volk* vorausgesetzt wird, auf das sich die Verfolgung durch Stalin[17] und die bolschewistische Revolution gerichtet hat.[18] In der Denkschrift an Feldmarschall B. L. Montgomery wird Jaeger 1945 über die russische Diktatur schreiben: „Ganz Europa war erfüllt von moralischer Entrüstung über das Schreckensregiment in Rußland.“[19] Die Aussage ist auf die Terrorherrschaft der bolschewistischen Revolution bezogen, besonders auf die Stalin-Ära. Die Berechtigung der Empörung wie ihr geschichtlicher Grund sind im heutigen Rußland unbestritten.[20] – Die Vernichtung der Religion war nach Theorie und Praxis ein fester Bestandteil dieser Revolution und ihrer Ideologie.[21]

Guenther Lewy gibt nun die Aussage Jaegers so wieder: “Archbishop Jäger [!] even showed sympathy for the Nazis’ campaign of vilification against the Slavic *Untermenschen* (subhumans) and characterized Russia as a country, whose people, ‘because of hostility to God and their hatred

15 Ebd., Z. 110.

16 „Bestialische Entartung“ wäre hier also die psychologische Folge des Hasses gegen Religion (= Gott) und Christus (= Kirchen).

17 Dazu J. M. Bochenski und G. Niemeyer (Hg.), Handbuch des Weltkommunismus. Fribourg 1958, S. 552-557.

18 Ebd.

19 D. XIX, Z. 51ff.

20 FAZ v. 7. 2. 1989 (U. Engelbrecht, 52 Millionen Stalin-Opfer? – Ein sowjetischer Historiker legt eine Statistik vor). R. Conquest, Ernte des Todes. Stalins Holocaust in der Ukraine. („Seinen Anfang nahm es bei Lenin.“) München 1988. Zit. aus FAZ v. 31. 1. 1989, S. 31.

21 Vgl. Anm. 17 ebd.

of Christ, had almost degenerated into animals'."[22] („Erzbischof Jäger [!] bekundete sogar seine Sympathie für die Verleumdungskampagne der Nationalsozialisten gegen den slawischen ‚Untermenschen' und bezeichnete Rußland als ein Land, dessen Menschen ‚durch ihre Gottfeindlichkeit und durch ihren Christushaß fast zu Tieren entartet sind'."[23])
Der unmittelbare Vergleich zwischen Jaegers Wort und Lewys Wiedergabe zeigt die Sinnverwandlung, die hier vor sich ging: Das „arme" und „unglückliche" Land mit seiner gequälten und verfolgten (christlichen) Bevölkerung, „Tummelplatz" von fanatischen Revolutionären und Ideologen – in haßerfüllter Grausamkeit bestialisch „entartet" – ist nun plötzlich selbst ein Volk von slawischen „Untermenschen" geworden (subhumans). Dabei suggerieren die Kennzeichnungen der englischen Wiedergabe, aber erst recht die der deutschen Übersetzung, daß hier eine wörtliche Wiedergabe des Jaeger-Textes durch den Leser angenommen werden soll.[24]
Wie aber konnte die entscheidende Sinnverwandlung vor sich gehen? Lewy hat Rußland als geophysische Realität von seiner Bevölkerung getrennt, während Jaeger das „arme, unglückliche Land" *mit* seiner Bevölkerung im Blick hat.[25] Deshalb ist dieses Volk bei Jaeger das Opfer von Religionsverfolgung und Unterdrückung, während Lewys Deutung es in sich selbst durch Gottfeindlichkeit und Christushaß „entartet" sieht. Zu diesem doppelten Auslegungsfehler tritt die Ausdeutung des Begriffs der „Entartung", die Lewy im Kontext rassistischer Unterstellungen vornimmt, während Jaeger der Alltagssprache folgt, ohne genügend zu bedenken, daß der Begriff damals „vorbelastet" war.
Hätte Lewy den ersten Teil der rhetorischen Frage Jaegers nach dem „armen, unglücklichen Land" vollständig zitiert und nicht nur (fehl)deutend umschrieben, dann wären seine Leser in der Lage gewesen, den Irrtum schon am Text zu erkennen. Sie hätten darauf kommen können, daß Jaeger von der Religions- und Christenverfolgung der Stalinzeit gesprochen hat und nicht von den Russen als „Untermenschen" (subhumans)[26] – ein Wort, das man bei Jaeger vergeblich sucht.
Warum Lewy das Zitat nicht bringt, soll nicht untersucht werden. Es ist

22 Lewy, The Catholic Church , S. 231.
23 Lewy, Die katholische Kirche, S. 255.
24 Vgl. Anm. 3.
25 D. XIII, Z. 105f.
26 Ebd.

hier nur zu konstatieren. Unvermeidbare Folge ist nun aber, daß Jaeger als „Sympathisant“ der nationalsozialistischen Rassendiskriminierung erscheinen muß.

Die Wendung „fast zu Tieren entartet“[27] hat jedoch nichts mit der Ideologie des Nationalsozialismus zu tun. Sie ist aus dem Topos von der „bestialischen Entartung“, der uns in Dichtung und Alltagssprache begegnet, übernommen.[28] Jene Unmenschlichkeit ist nicht genetisch determiniert, sondern zu verantworten, wie auch der Haß gegen Menschen aus Freiheit kommt.[29] Das ergibt sich neben dem Wortsinn aus dem Kontext des Briefes, der in Sinnfrage und Willensfreiheit die Menschenwürde begründet und in der Christusentscheidung den Sinn der Weltgeschichte sieht.[30] In der Entscheidung zum Haß betritt man den Weg zur Unmenschlichkeit.[31]

Dieser Haß ist als Renegatenhaß in einem ursprünglich christlichen Lande um so ruinöser, als er sich gegen eine Geschichte von Jahrhunderten richtet, deren gewachsene Gestalt nur durch gewaltsame Zerstörung zu beseitigen ist. So fährt Jaeger im gleichen Zitat fort: „Erleben unsere Soldaten dort nicht ein Elend und Unglück sondergleichen? Und warum? Weil man die Ordnung des menschlichen Lebens dort nicht auf Christus,

---

27 Ebd.

28 Dazu ein unverdächtiges Beispiel: Unverkennbar tendiert die Beschreibung der dehumanisierenden Tendenzen in die Richtung tierischer Entartung in der christlichen Résistance Frankreichs: „Die Menschheit ist noch nie in ihrer Geschichte so unverhüllt (deutlich) vor der Entscheidung gestanden zwischen einem Leben mit Gott, das wahrhaft human ist, oder einem Leben ohne Gott, das tierisch und dämonisch ist“ Charles Journet, Exigence chrétiennes en politique. Paris 1945, S. 341. Vgl. auch den Topos in der Dichtung: „Da werden Weiber zu Hyänen ... “ (aus F. Schillers Glocke).

29 Nach neutestamentlicher Ethik fällt die Grundentscheidung zwischen Liebe und Haß (vgl. 1 Joh 2,9-11).
Der von Hitler den Juden unterstellte Haß ist nach Hitlers rassistischer Doktrin ein Merkmal der jüdischen „Rasse“ als solcher, also naturhaft determiniert (Jäckel, Die Weltanschauung Hitlers, S. 64.) Die aus der Parasitologie entlehnten Ausdrücke legen Notwendigkeit und Methoden der Bekämpfung für Hitler fest (ebd., S. 69ff.).

30 L. Jaeger sieht in seinem ersten Fastenhirtenbrief in der eigenen verantwortlichen Stellungnahme zum Sinn und Ziel des Menschenlebens den Adel seines Geistes ausgedrückt (vgl. D. XIII, Z. 43-46). Weil aber Christus Sinnmittelpunkt der Weltgeschichte ist, entscheidet sich an ihm auch das Geschick der Völker zu Frieden oder Unfrieden (ebd., Z. 86-102) in Freiheit und Selbstverantwortung (ebd., Z. 43-46).

31 Bekanntlich sieht auch die Bergpredigt in der gedanklichen und verbalen Verneinung des Mitmenschen seine Ermordung angelegt (Mt 5,21f.).

sondern auf Judas aufgebaut hat.“[32] Der antichristliche Haß der Verfolger wird mit dem Christushaß des Judas in Vergleich gesetzt, wie das Leiden der christlichen Bevölkerung ja auch den Leidensweg Christi widerspiegeln kann. Jaeger warnt also – so das vorläufige Ergebnis – vor einer Entwicklung, die am Beispiel Rußlands zeigt, wohin die haßerfüllte Feindschaft gegen Religion und Christentum in einem herkömmlich religiösen und christlichen Lande führen muß.

Genau dies ist der von der pastoralen Ausrichtung eines Fastenhirtenwortes gemeinte Sinn: Selbsterforschung, Wachsamkeit, Entscheidung für Christus als Sinn des Menschenlebens und der Geschichte, Entscheidung für Frieden, Gerechtigkeit und Liebe im Leben der Völker.

Fünf Thesen können das von Jaeger Gemeinte zusammenfassen:

1. Rußland ist als „armes und unglückliches Land“ der Inbegriff eines geographischen Wohnraums unter Einbeziehung der Bewohner.
2. Das in diesem Raum lebende russische Volk ist zum „Tummelplatz“ von Menschen geworden, die es grausam unterdrücken.
3. Die Motive von Unterdrückung und Verfolgung sind „Gottfeindlichkeit“ und „Christushaß“.
4. Da die Würde des Menschen in seiner Freiheit liegt, ist der Haß der Verfolger nicht rassisch determiniert, sondern ethisch verantwortet.
5. Haß erzeugt Unmenschlichkeit. Die Stalin-Ära ist im Blick. Aus der unmittelbaren Auswertung des Bischofwortes und seiner Wiedergabe durch Lewy ergibt sich, daß die „Sympathie“ Jaegers für die Verleumdungskampagne der Nationalsozialisten gegen das russische Volk textlich nicht begründet ist.[33]

---

32 S. Anm. 14. Schon hier kann der Vergleich mit den Kriegspredigten in der katholischen Feldgeistlichkeit der Wehrmacht bemerken: Jaeger hebt nicht schlicht auf Gottlosigkeit und Glaubensverlust ab, sondern auf den Haß der Verfolger und ihre im Haß sich selbst zugefügte Dehumanisierung. Schon dieser Akzent macht deutlich, daß der Topos der Gestapo und des SD, der Hinweis auf Rußland sei ein Hinweis auf das Dritte Reich, in der Akzentsetzung des Bischofs angelegt ist (vgl. Missalla, Für Volk und Vaterland, S. 162).
Sehr zutreffend sagt L. Volk über Lewys Arbeitsweise: „Seine Wünschelrute schlägt heftig aus, sobald er sich einer Wasserkammer nähert, deren Gefälle dorthin weist, wo die Mühlen seines Zornes rotieren. Dagegen kann seine Aufmerksamkeit abrupt erlöschen, wo regimekritische Untertöne zu erschließen wären.“ (Volk, Zwischen Geschichtsschreibung und Hochhuthprosa, S. 338).

33 Unser Beispiel von 1945 kann zeigen, daß Volks Urteil zu moderat ist: Die Amtsblätter eines Monats (Januar 1945) werden im einen Fall mißdeutet, indem das literarische

Eine ähnliche Umdeutung ist Jaeger von Lewy später widerfahren. Das nächste Beispiel ist eine Bestätigung der angegebenen Tendenz, die von einem so geschaffenen „psychologischen Gravitationsfeld" auszugehen vermag: "... as late as January 1945 Archbishop Jäger admonished the Catholics to do their share in the struggle against Germany's two great enemies – 'liberalism and individualism on one side, collectivism on the other'."[34] („... noch im Januar 1945 rief ... Jaeger die Katholiken auf, ihren Beitrag im Kampf gegen die beiden größten Feinde Deutschlands – ‚Liberalismus und Individualismus auf der einen, Kollektivismus auf der anderen Seite' – zu leisten."[35]) Hier will G. Lewy, indem er unter „Liberalismus" den westlichen, unter „Kollektivismus" den östlichen Kriegsgegner als von Jaeger gemeinte Feinde einführen will, zu einem nach beiden Seiten zu führenden Endkampf durch bischöfliches Wort aufgerufen sehen. Hierbei fällt G. Lewy nun aber selber seinem irrtümlichen Ausgangsort zum Opfer: Der von ihm zitierte Text ist nämlich gar kein Hirtenwort im üblichen Sinne, sondern das jährliche Grußwort an den Klerus, in dem seine eigene Schulungsaufgabe für 1945 umrissen wird.[36] Hatte sie im Vorjahre auf der Erneuerung des „Gebetsapostolates" gelegen,[37] so sollte nun die Gemeindearbeit sich der Erneuerung aus den Grundsätzen der christlichen Soziallehre zuwenden.[38] Der klassische Weg katholischer wie zumal päpstlicher Soziallehre war immer zwischen

---

Genus übersehen wird, im andern Fall einfach ausgelassen. Ähnliche Mißverständnisse begleiten Jaegers Medienschicksal. Eine Paderborner Tageszeitung vom 8. 2. 1994 zitiert an erster Stelle: „Eine tödliche Gefahr für unsere ganze Kultur ist an uns vorübergegangen, beinahe wäre es Wirklichkeit geworden, der so oft beschriebene ‚Untergang des Abendlandes'. Vom Osten her drängten ungeheure Massen heran, bereit, die Welt unserer Kultur zu zerstören. Im kraftvollen Gegenstoß sind sie abgewiesen worden. Noch schlagen ihre Wogen gegen den schützenden lebendigen Wall." Darunter schreibt das Blatt: Lorenz Jaeger in einem Hirtenwort im März 1942. Hier liegt kein authentisches Jaeger-Wort vor, sondern eine gemeinsame Bischofserklärung, die Jaeger vorgefertigt übernahm und als Materialsammlung zur „Nüchternheitswoche" weitergab, ohne ihre Verlesung anzuordnen. Er konnte sie als dienstjüngster Bischof nicht boykottieren. Jaegers Äußerungen selbst geben sich durch *ihre Konzentration auf die faktische Motivation christlicher Soldaten zu erkennen*. Das Ziel ist deutlich (vgl. S. 110).

34 Lewy, Catholic Church, S. 232.

35 Lewy, Die katholische Kirche, S. 255.

36 Paderborner Amtsblatt 88/1 (16. 1. 1945), S. 1-3, hier S. 2.

37 Ebd.

38 Ebd.

den Extremen des Liberalismus und Kommunismus gesucht worden.[39] Diese traditionelle Lehre hat Lewy also zur modernen Kriegsideologie Jaegers umgedeutet.

Das Mißverständnis erklärt vielleicht, daß der Autor in selektiver Blickverengung eine Aussage Jaegers aus dem Fastenwort von 1945 übersieht, das auf den Familiensonntag des Monats Januar datiert ist. Jaeger verdeutlicht hier einen „Individualismus", der neben dem „Kollektivismus" als der zweite Hauptgegner des Christentums angesehen werden müsse. Dieser „Individualismus" gipfele im „Übermenschen Nietzsches", der alles zertrete, um „seine Machtgier zu befriedigen".[40] Hier werden die „Weisen dieser Welt", also die selbsternannten irdischen Heilsbringer und Hauptfeinde des Christentums, auf den „Übermenschen" und jenen „unheimlichen Kollektivismus[41] zurückgeführt, der die gottgegebenen Rechte und Werte der menschlichen Persönlichkeit verneint".[42] Beide können „die Welt von heute aus ihrer Not" nicht „befreien", wie Jaeger betont.[43] Wird man auch den von Jaeger eingeführten „Übermenschen" aus der Philosophie F. Nietzsches zunächst als Typusbegriff zu verstehen haben, mit dem der Geschichte ein Ziel gesetzt wird, so weisen doch alle Zeichen der Zeit – vom Führerkult bis zur bedingungslosen Gehorsamsforderung im Eid und in der Realität – auf Hitler, den „Führer".

Damit wird klar: Hier wird den Christen zwei Monate vor den berüchtigten „Nero-Befehlen" Hitlers, mit denen er dem im Kriege erfolglosen deutschen Volk[44] seinen eigenen Genozid bereiten wollte, unter der Chiffre des „Übermenschen" der wahre Feind in seiner schlimmsten Konkretisierung erkennbar gemacht, ein Beispiel, das die christliche Résistance in Frankreich dem direkten geistigen Widerstand gegen Hitler

---

39 Vgl. Roos, Kirche, Politik, soziale Frage ... In: Rauscher/Roos, Die soziale Verantwortung der Kirche, S. 27-39.

40 Paderborner Amtsblatt 88/2 (5. 2. 1945), S. 8.

41 Ebd.

42 Ebd. Im „verruchten Hunger nach Gold" wird die Ursache der Irrungen gesehen, welche die „Weisen der Welt" nicht zu erkennen vermögen.

43 „Befreien" kann von der „maßlosen Diesseitigkeit" nur Christus als „Arzt".

44 Vom 18. und 19. 3. 1945. „... für Hitlers Denken ist dieser Befehl charakteristisch. Wenn er schon nicht der Urheber des größten deutschen Sieges sein konnte, dann wollte er offenbar wenigstens der Urheber der Vernichtung Deutschlands werden" (Haffner, Von Bismark zu Hitler, S. 301). Auf Hitler scheint das Motiv bei Haffner eher zuzutreffen als der „Hunger nach Gold" (Anm. 42).

selbst zugeordnet hat.[45] Der Text, der dem von Lewy mißverstandenen Liberalismus-Zitat benachbart liegt, ist sehr zum Schaden einer objektiven Orientierung unbeachtet geblieben.[46]
Ludwig Volk, der Historiker der deutschen Bischofsgeschichte im Dritten Reich, kennzeichnet Lewys Versuch einer ersten Gesamtdarstellung als „Schußfahrt durch zwölf Jahre Hitlerherrschaft", für die der Autor sich „Schwung am schiefen Hang katholischer Nachkriegspublikationen" geholt habe, „die, auf klare Linien bedacht und einseitig der Abwehrhaltung zugekehrt, die Phasen und Momente kompromißbereiter Koexistenz zurücktreten ließen oder ganz ausklammerten".[47]

Ohne jemals ernsthaft überprüft worden zu sein, initiierte Lewy mit seiner tendenzbestimmten „Zitation" eine folgenreiche Wirkungsgeschichte.[48]
Seine irreführende Textauslegung lebte erneut auf, als R. Augstein sich in einem offenen Brief vom 8. November 1972 an Kardinal L. Jaeger wandte,[49] der in seiner Allerheiligenpredigt 1972 im Dom von Paderborn R. Augsteins jüngst erschienenes Buch „Jesus – Menschensohn" mit A. Rosenbergs „Mythus des 20. Jahrhunderts" verglichen hatte.[50]
Im Vergleich der glaubensfeindlichen Bücher nannte Jaeger drei Gemeinsamkeiten: den zentralen und massiven Angriff auf den christlichen Glauben, den Aufwand oder doch wenigstens Anspruch von Wissenschaftlichkeit und die für das Glaubensverständnis des Christen verletzende und zum Teil sogar beleidigende Sprache.[51] Der Vergleich Jaegers gewann zusätzliche Aktualität durch die im Wahlkreis Paderborn durchgeführte Bewerbung R. Augsteins für eine Kandidatur im Bundestag.[52]

---

45 Vgl. Hürten, Verfolgung, Widerstand und Zeugnis. Mainz 1987, S. 115-120: Die Zeitschrift „Témoignage Chrétien" als Beispiel eines über das Politische hinausgreifenden und aus der Mitte des Christlichen formierten geistigen Widerstandes.

46 Vgl. Anm. 34.

47 Albrecht, Katholische Kirche im Dritten Reich, S. 196 (336).

48 Ebd., S. 194 (335) zu den Lebensdaten des Autors.

49 „Dokument II" der Presse- und Informationsstelle des Erzbischöflichen Generalvikariates Paderborn v. 5. 12. 1972.

50 Ebd., „Dokument I", Spalte 2. (Nicht zu verwechseln mit unserm Dokumentenanhang D I bis D XX!)

51 Ebd.

52 Ebd., „Dokument IV" (Ablichtung des „Spiegel" Nr. 48 vom 21. 11. 1972, S. 17, Sp. 1).

Um eine ebenso brisante Replik bemüht, dehnte Augstein – die Intention des Kardinals offensichtlich verfehlend – den Vergleich Jaegers, der streng auf den „Mythus“ beschränkt war, auf Rosenberg „als Reichsminister für die besetzten Ostgebiete“ aus.[53]
„Sie haben es für richtig gehalten, mein Buch mit dem ‚Mythus des 20. Jahrhunderts‘ von Alfred Rosenberg zu vergleichen – jenes Alfred Rosenbergs, der als ‚Reichsminister für die besetzten Ostgebiete‘ für Massenmorde verantwortlich gemacht und nach den Nürnberger Gerichtssprüchen hingerichtet worden ist.“[54]
Damit ist die vorläufige Spitze der Konfrontation eingeleitet: „Rosenberg war verantwortlich für Massenmorde in besetzten Gebieten, erobert in einem Krieg gegen die Sowjet-Union, den Sie – Sie, Herr Kardinal! – 1941 wörtlich als notwendig ‚für die Bewahrung des Christentums in unserem Vaterland, für die Errettung der Kirche aus der Bedrohung durch den antichristlichen Bolschewismus‘ propagiert haben. Ein Krieg gegen die Russen, die nach Ihren Worten aus dem Jahre 1942 ‚durch ihre Gottfeindlichkeit und durch ihren Christushaß fast zu Tieren entartet sind‘. Dies allerdings ist der Ton Alfred Rosenbergs, und dies allerdings ist gewiß nicht der Ton, in dem sich christliche Verantwortung artikuliert.“[55]
Die von Lewy behauptete Sympathie Jaegers für die Verleumdungskampagne gegen die slawischen „Untermenschen“ hat sich zum „Ton Alfred Rosenbergs“ gesteigert. Jetzt sind nicht nur alle Russen zu Tieren degeneriert, nunmehr soll auch von Jaeger die Notwendigkeit des Krieges gegen den Bolschewismus schon in einer Ansprache vom Weihetag (19. 10. 1941) behauptet worden sein.[56] Es muß sogleich um der geschichtlichen Wahrheit willen festgehalten werden, daß Jaeger hier nur von der Motivation der deutschen Soldaten gesprochen hat: Sie *glaubten*, für Kirche und Christentum in Deutschland kämpfen zu müssen.[57] Denn

---

53 Ebd., „Dokument II“.

54 Ebd.

55 Ebd.

56 Ebd.

57 Ebd., „Dokument IV“, Sp. 2 unten und Sp. 3: Der im offenen Brief Augsteins mißdeutete Textausschnitt in Sp. 2 oben wird für jeden Leser offenkundig durch Jaegers von Augstein vollständig zitierte Worte in der Spalte 2 unten und der Spalte 3 oben widerlegt, ohne daß Augstein und der „Spiegel“ den Widerspruch bemerkt hätten. Weil Augsteins falsche Wiedergabe bereits in unserem Haupttext zu lesen ist (vgl. zu Anm. 55), bringen wir den vom „Spiegel“ richtig gebrachten Text in der Spiegel-

Jaegers Aussage hat einen deutlichen Hintergrund: Es geht immer wieder um die Vernichtung der Kirche im Rücken der auch aus christlicher Motivation kämpfenden Soldaten, also um den „braunen Bolschewismus" – eine wahrhafte Absurdität.[58]
Ein „Schneeballeffekt" ist zu konstatieren. Lewys Ausgangszitat bestimmt nun die Interpretation anderer Aussagen und polt sie gleichsam im neuen „Kraftfeld" kontextunabhängig um.[59]
Das geschieht auch sogar dort, wo der erweiterte Kontext mitzitierter Sätze eine sachgerechte Deutung nahelegt, ja erzwingt.[60]
So sekundiert die Nr. 68 des „Spiegel" vom 21. November 1972 ihrem zum Bundestagswahlkampf 1972 im Wahlkreis Paderborn beurlaubten Herausgeber mit entscheidenden Texterweiterungen aus der Weiheansprache und dem Fastenhirtenwort 1942, dem ersten Pastorale des neuen Erzbischofs.[61] Die Weiheansprache läßt in der Zitation nun erkennen, daß Jaeger die christlichen Beweggründe katholischer Soldaten im Rußlandfeldzug als unhinterfragtes Faktum erwähnt und die Notwendigkeit des

---

Wiedergabe: „Mitten in den Strapazen dieses gewaltigen Krieges ... kämpft und sterbt ihr auch, wie mir das immer wieder aus euren Briefen entgegenklingt, für die Bewahrung des Christentums in unserem Vaterland, für die Errettung der Kirche aus der Bedrohung durch den antichristlichen Bolschewismus ... "
Die in der gleichen Spalte enthaltene Behauptung, *Jaeger selbst* habe in dem Sammelband „Einheit und Gemeinschaft" zum 80. Geburtstag unpassende Passagen durch den Herausgeber Paul Werner Scheele streichen *lassen*, ist unhaltbar (ebd., Sp. 2). Ein Festband ist ein Geschenk, auf das der Beschenkte in aller Regel keinen Einfluß nimmt. Die Auslassungen gehen also zu Lasten des Herausgebers und sind, wenn als Auslassungen nicht gekennzeichnet, ein bedauernswerter Verstoß *gegen die wissenschaftliche Zitationsweise* (ähnlich zuvor bei F. Hengsbach). Die sofortige Veröffentlichung der vollständigen Texte in der Dokumentation vom 5. 12. 1972 war ein Auftrag von Kardinal L. Jaeger selbst.

58 Die Motivationen der in Rußland kämpfenden Soldaten werden von Jaeger wiederholt herangezogen, um die Sinnlosigkeit der kirchenfeindlichen Maßnahmen im Rücken der für Kirche und Christentum kämpfenden Truppen zu zeigen (ebd., „Dokumentation V" mit der Weiheansprache Jaegers vom 19. 10. 1941, S. 103, Sp. 2; S. 104, Sp. 1; Sp. 3; S. 105, Sp. 2.) Wir konnten bereits im historischen Kontext verdeutlichen, daß der Sinnbezug dieser Aussagen viel mehr auf den Kirchenkampf in Deutschland hinweist als auf den „Kreuzzug" im Osten (vgl. auch D. VI, Z. 61f.).

59 Dies scheint vor allem bei R. Augstein faßbar zu sein, der offenbar Lewys Statements in uneingeschränkter Gläubigkeit übernommen hat.

60 Vgl. „Dokument IV" und unsere Anm. 57.

61 Ebd.

Ostkampfes dieser Motivation einordnet.[62] Auch der Fastenhirtenbrief wird nun mit dem Zitat, das wir benutzen, vorgestellt.[63]
Der Wahrheit ist jetzt wenigstens ein größerer Raum eröffnet, wenn es heißt: „Nur mit äußerstem Wohlwollen läßt sich der Text so interpretieren, wie ihn der Kardinal heute (!) verstanden wissen möchte, aber wie ihn der Zuhörer von damals kaum verstehen konnte: daß mit den russischen ‚Tieren' nur die in Rußland herrschenden Tyrannen gemeint sein sollten."[64]
Die Worte Jaegers konnten indes damals nach der Meinung des „Spiegel" kaum so verstanden werden.[65]
Nun werden wir aber das Verständnis „der Zuhörer von damals" eher dem historischen Kontext selbst zu entnehmen haben, der uns inzwischen in den detaillierten Berichten des Sicherheitsdienstes und der Gestapo zur Verfügung steht. Sie gewähren uns Einblick in die Deutungen und Verstehensweisen der katholischen Bevölkerung, an die Erzbischof Jaeger sein erstes Fastenpastorale richtete und von denen er sich auch verstanden wußte.[66]
Solche Erfahrungen sind ein dringlicher Hinweis darauf, daß uns die Texte einer jüngst vergangenen Epoche aus den andersartigen Bedingungen ihrer Zeit heraus mit Verstehensproblemen konfrontieren, die zu großer Vorsicht in der Deutung und zu umfassender Einordnung in den geschichtlichen Gesamtzusammenhang nötigen.[67]
Diese Forderung erhob Jaeger schon 1965 gegenüber G. Lewys Darstellung.[68]

Um uns der nächsten Medienaffäre um Kardinal Jaeger zu nähern, überspringen wir 13 Jahre und kommen in das Jahr, da des 40. Jahrestages der deutschen Kapitulation vom 7. und 8. Mai 1945 gedacht wurde.[69] Franz Alt, seit 1972 Leiter und Moderator des politischen Fernsehmaga-

---

62 Ebd.

63 Ebd.

64 „Dokument IV", a.a.O., S. 75ff. im abgelichteten „Spiegel".

65 „Dokument IV", S. 76.

66 Z. B. Boberach, Berichte des SD, S. 663 (vgl. die Topoi von Saarbrücken und Bielefel!).

67 Dem wurde ein eigenes Kapitel gewidmet (vgl. S. 134-138).

68 „Spiegel" vom 5. 4. 1965 (15/1965), S. 103.

69 Wir danken Dr. Franz Alt für das Manuskript der Sendung „Report", das wir als Report-Niederschrift (Manuskript) zitieren werden.

zins „Report“, stellte die Sendung vom 7. Mai 1985 unter das von Jörg Friedrich entlehnte Thema: Die kalte Amnestie. Er gibt der Sendung den Untertitel: NS-Täter in der Bundesrepublik.[70]
Das *Anliegen* der Sendung als solches ist ebenso aktuell wie ehrenhaft: „Unsere dringendste Frage an die Sieger von 1945 heißt heute, 40 Jahre später: Wäre es nicht viel vernünftiger, das Wettrüsten auf der Erde zu beenden, als es noch in den Weltraum auszudehnen? Wenn aus der Antihitlerkoalition eine Antihungerkoalition geworden wäre, dann hätten die Alliierten von damals und ihre Verbündeten von heute wirklich aus der Geschichte gelernt.“[71]
Alts kritische Spitze richtet sich gegen den zur öffentlichen Diskussion gestellten „Nato-Doppelbeschluß“.[72] Alts Motive sind festgehalten in seinem 1983 erschienenen Buch: Frieden ist möglich. Die Politik der Bergpredigt.[73] In ihm führt Alt ausdrücklich die jenseits der fachwissenschaftlich-exegetischen Diskussion gewonnenen Handlungsentwürfe in den weltpolitischen Alltag ein.[74] Der seit 1978 in seinem Inneren ins Rollen gekommene Stein[75] zeigt ihm als innere Konsequenz der Bergpredigt die Forderung, daß Abrüstung in jeder Form alle anderen Postulate herkömmlicher Politik an Wert und Dringlichkeit übertrifft.[76] Selbst der Unterschied freiheitlicher und totalitärer Lebensformen wird ihm vor der Forderung nach der Vernichtung der Vernichtungswaffen zweitrangig.[77]
Im Anschluß an das Buch Friedrichs stellt „Report“ die zweite Garnitur der NS-Täter vor, die nach der Erhängung der letzten 1951 zum Tode verurteilten Nazis zu schon bald auf dem Begnadigungswege beendeten Gefängnis- und Zuchthausstrafen verurteilt worden waren: Krupp, Flick,

---

70 Ebd. und J. Friedrich, Die kalte Amnestie – NS-Täter in der Bundesrepublik. Hamburg ^{2}1986.

71 Ebd., S. 2.

72 F. Alt, Friede ist möglich. Die Politik der Bergpredigt. München ^{10}1983, S. 12. Mit den Voraussetzungen dieses Ansatzes setzt sich gründlich und instruktiv der Politologe M. Hättig auseinander: Weltfrieden durch Friedfertigkeit? Eine Antwort an Franz Alt. München 1983.

73 Ebd.

74 Vgl. vor allem den Abschnitt „Die neue Politik“, S. 77-117. Zur Unabhängigkeit von der Fachexegese vgl. S. 11.

75 Anm, 72 ebd.

76 Ebd.

77 Ebd.

Ter Mer, Bentz, Six, Höhn, von Grundherr, Kowalski, Illers.[78] Den Managern folgen die Juristen, ihnen die Verwaltungsbeamten und die Gestapo. Vom Management in der Kriegswirtschaft bis zur Blutjustiz ziehen Friedrichs und Alt die Lebenskurve der Angeprangerten in die bundesrepublikanische Nachkriegskarriere aus.[79] Diese Täter sind nach Alt gut weggekommen.[80] Erstaunlich sei überhaupt, daß von den 10 Millionen Deutschen, die nach Alt in der Partei oder einer anderen NS-Organisation gestanden hätten, nur 1 700 „Hauptschuldige" übrigblieben, von denen nur 760 mit dem Tode bestraft worden seien.[81]
So bedenklich diese lineare Betrachtung der Mitgliedschaften in den NS-Organisationen für die globale Schuldzuweisung auch in sich schon ist,[82] so wird sie doch bei weitem übertroffen durch die Schnellgerichtsbarkeit, mit der den genannten Angeklagten nun auch die „geistigen Nazi-Täter" an die Seite gestellt werden.[83] Für den kirchlichen Bereich wird zusammen mit Erzbischof Gröber als dem „braunen Konrad" Lorenz Jaeger als zweites Beispiel genannt.[84] Da heißt es: „Lorenz Jaeger, bis 1941 Divisionspfarrer, danach bis 1973 Erzbischof und Kardinal von Paderborn, hatte nach dem deutschen Überfall auf Rußland die Sowjetunion als ‚Tummelplatz von Menschen' bezeichnet, die durch ihre Gottfeindlichkeit ‚fast zu Tieren entartet sind'."[85] Hier liegen die Irrtümer Lewys noch nach 20 Jahren unverändert vor.[86]
Der Zusammenhang verschärft indes die Verurteilung der Bischöfe wesentlich. Werden sie doch jetzt auch den blutigen „Tätertypen" gleichgestellt, da zu Unrecht die „geistigen Wegbereiter und Stützen des braunen Terrorsystems ... ihre Hände meist in Unschuld" waschen.[87]
Daß der Buchautor für diese Ausweitung nicht verantwortlich ist, zeigt

78 Report-Manuskript, S. 3ff. und Friedrich, Die kalte Amnestie, S. 103-112.

79 Report-Manuskript, S. 3-9.

80 Wenn wir F. Alt richtig verstehen, bezieht sich das auf die problemlose Karriere nach 1950.

81 Ebd., S. 3.

82 Ebd.

83 Ebd., S. 6ff. Es handelt sich hier um Künstler, Kirchenführer, Schauspieler usw.

84 Ebd., S. 6.

85 Ebd.

86 Bei Alt degenerieren die gottfeindlichen Menschen als solche schon zu Tieren, deren Tummelplatz die Sowjetunion ist (ebd.). Das entfernt sich bedeutend von Jaegers Aussage.

87 Ebd., S. 6.

der Satz: „Dieses Buch von Jörg Friedrich: ‚Die kalte Amnestie', war Grundlage des Berichts von Wolfgang Moser, soweit er sich mit strafrechtlichen Aspekten von NS-Tätern beschäftigt hat."[88]
Es ist nicht verwunderlich, daß in solcher Form der Weitergabe nun auch der Irrtum möglich wird, Jaeger habe das Wort als Divisionspfarrer zu seinen Soldaten im Felde gesprochen, wie es schon bald eine in Südwestfalen verbreitete Tageszeitung schrieb.[89] Das Wort würde so zur Kampfmotivation für deutsche Soldaten. Der Kontext eines bischöflichen Fastenhirtenbriefes, in dem zur Selbstbesinnung, Einkehr und Buße aufgerufen wird, wäre völlig unberücksichtigt.
Dieser – vorerst – letzte Gipfel der Medienaffären vollzog sich in der südsauerländischen Kreisstadt Olpe, die mit Ratsbeschluß vom 25. November 1954 ihrem Erzbischof, der dort einen Teil seiner Kindheit und Jugend verbracht hatte, die Ehrenbürgerschaft verlieh. Ein früherer Stadtverordneter stellte 1985 den Antrag auf eine Wiederaberkennung dieser Würde, wie sie schon 1946 gegen Hitler und Göring erfolgt sei. Hier wurde nun aber auch zum ersten Mal die Frage nach der geschichtlichen Wahrheit selbst erhoben. Man versuchte, Jaegers Vergangenheit klären zu lassen.[90]
In rückblickender Zusammenfassung den Wandel und die Steigerung der Perspektiven nachzuzeichnen kann nicht ohne sachlichen Nutzen sein. Man sieht an einem prägnanten Beispiel, wie leicht die ungeprüft tradierten, aber tagespolitisch instrumentalisierbaren Behauptungen jenseits aller historischen Wahrheit ein Eigenleben entfalten können, das sich zu einem fast unkorrigierbaren Vor-Urteil zu verhärten vermag.
Bei Lewy hatte der Paderborner Erzbischof Sympathie bekundet „für die

---

88 Ebd., S. 9.

89 „Westfalenpost" v. 28. 8. 1985. Der unklare Text von F. Alt hat offenbar das Mißverständnis begünstigt, Jaeger habe kurz nach dem Überfall auf Rußland das Wort zu deutschen Soldaten gesprochen, wobei man sich vielfach eine Feldansprache in Rußland vorstellte. Der Divisionsgeistliche Jaeger war aber bis zum 21. 8. 1941 bei der 302. Infanteriedivision in Nordfrankreich (bei Amiens) tätig und trat von dort seine Reise nach Dortmund und Paderborn an.
Es ist in der Tat von entscheidender Bedeutung, daß die Worte Jaegers über Rußland im Zusammenhang einer Fastenbetrachtung stehen, die in Christus Sinn und Mittelpunkt der Weltgeschichte sieht, in der dieser zentrale Bezug sich gegen den die deutsche Öffentlichkeit bestimmenden Führerkult richten mußte. Der „Christushaß" der Verfolger, den Jaeger hinter der Kirchenverfolgung sieht, scheint in die gleiche Richtung des jede „Konkurrenz" ausschließenden Führungsanspruchs zu weisen.

90 „Theologie und Glaube". Paderborn 1986 (76. Jg.), S. 324.

Verleumdungskampagne der Nationalsozialisten gegen die slawischen ‚Untermenschen'".[91] Der „Spiegel" fand trotz gewisser Konzessionen gegenüber der Ausgangsäußerung nun aber den weiteren Vorwurf berechtigt, daß Jaegers damalige Reden von rußlandfeindlichen Äußerungen „wimmeln" sollten.[92] Bei Franz Alt, der eine „Politik der Bergpredigt" im Neuen Testament vorfindet, ist Jaeger nunmehr Symbolfigur bischöflicher „Kriegspolitik" in der Nachrüstungsära des Nato-Doppelbeschlusses.[93] Die historische Galerie, vor der die unverdiente Gunst der „kalten Amnestie" die genannten Bischöfe bewahrt hat, wäre also das Nürnberger Tribunal der Kriegsverbrecher des Zweiten Weltkrieges.[94]

So ist eine Szenerie vorbereitet, in der auf Provinzebene gefolgert werden kann, daß an Erzbischof Jaeger anstelle einer viel zu milden „Spätentnazifizierung" endlich eine „Hinrichtung" nachzuholen sei:[95] Diese kann bei einem bereits Verstorbenen nur noch in der Aberkennung seiner Ehrenbürgerschaft bestehen.[96]

Das Nachspiel in den Medien zu Erzbischof Jaeger wird manchen Leser nachdenklich stimmen und Anlaß zu verschiedenen Fragen sein. Für unseren Zusammenhang sollen nur drei Momente hervorgehoben werden.

1. Ob man die von E. Nolte behauptete „negative Lebendigkeit"[97] des

---

91 Die „Verunglimpfung" der Russen (vilification), für die Jaeger seine Sympathie bekundet haben soll, wird in solcher Optik zum Bestandteil einer „Dehumanisierung", mit der das Regime alle Hemmschwellen im Vernichtungskampf gegen das russische Volk zu beseitigen versuchte.

92 Vgl. „Dokument IV" („Spiegel" Nr. 48 vom 21. 11. 1972, S. 76).

93 Vgl. Anm. 72-77.

94 Ebd. Vgl. bes. den zu den Anm. 72-77 gehörigen Haupttext.

95 Die „geistigen Mittäter", die sich angeblich die Hände in Unschuld waschen, erscheinen in der Qualifizierung der Mitläuferstufen hier als ganz besonders verwerflich (Report-Manuskript S. 6).

96 Juristisch scheint die Entziehung der Ehrenbürgerschaft gem. heute geltender Gemeindeordnung nach dem Tode des Geehrten nicht mehr zulässig zu sein, wie die Beschlußvorlage der Stadt Olpe vom 19. 9. 1985 protokollarisch festhält.

97 E. Nolte, Zwischen Geschichtslegende und Revisionismus? In: „Historikerstreit", S. 13-35, hier S. 15: „Die Lebendigkeit des Dritten Reiches ist also eine durch und durch negative Lebendigkeit. Die Literatur über das Dritte Reich ist zugleich ein Symptom und eine Mitursache dafür." Zwei Fragen werden angesprochen: Sind die Naziverbrechen als Verbrechen schlechthin singulär oder nicht? Die zweite Frage richtet sich an das ethische Verhalten der Deutschen angesichts dieser „singulären" Verbrechen.

Dritten Reiches akzeptiert oder nicht, so muß es doch möglich bleiben, jederzeit nach je verbessertem Quellenstand für genauere Profilierungen, Differenzierungen oder sogar Korrekturen bereit zu sein.

2. Die Motivation der erhobenen Vorwürfe bestätigt eine Feststellung K. Repgens über die in wichtigen Teilen der „Massenmedien" anzutreffende *Behandlung* der zeitgeschichtlichen Fragen: „Man spricht oft nur vordergründig über Ereignisse, Tatsachen und Zusammenhänge von damals – tatsächlich diskutiert man Gegenwartsprobleme. Man sagt ‚gestern', meint aber ‚heute' und ‚morgen'."[98]

3. Eine solche gegenwartsbedingte Verfremdung eines zeitgeschichtlichen Textes von damals durch den Kontext von heute muß alle Indizien verfehlen, die einer sachgemäßen Sinnerschließung dienen können und müssen. „Bolschewismus" als Topos der Orientierung und als Chiffre der Verständigung waren streng zeitgebunden.[99]

---

98 Repgen, Katholizismus und Nationalsozialismus, S. 4.

99 Vgl. z. B. S. 128. Wie sehr auch noch später die Lewy-Interpretation zum „Selbstläufer" geworden ist, demonstriert die ARD-Sendung vom 24. 3. 1994 (20.15-21.00 Uhr) über die „Ritter vom Hl. Grab". Dort heißt es: „Grabesritter Lorenz Kardinal Jaeger, der im Kriege als Feldgeistlicher Durchhalteparolen gegen die fast zu Tieren entarteten antichristlichen Bolschewisten ausgegeben hatte ..." Hier kann das Zählen „kreativer" Fehler zur Preisaufgabe werden! (Vgl. „Die Zeit" v. 25. 3. 1994, S. 11f., 14, 16, hier S. 12: „Militärpfarrer Lorenz Jaeger, nach 1945 als Großprior lange der führende geistliche Grabesritter in Deutschland, zeigte damals trotzdem viel Sympathie für den Ostfeldzug. Er mochte die ‚slawischen Untermenschen' nicht, die durch ihre ‚Gottfeindlichkeit und durch ihren Christenhaß fast zu Tieren entartet sind'.")

Dokument I [D. I]

R. Heydrich erhebt am 4. 7. 1941 „schwerste Bedenken" gegen Lorenz Jaeger als neuen Erzbischof von Paderborn.[1]

ZStA. Potsdam. RKM – Kath. Abt. Nr. 22 234, Bl. 00 213-00 215.
Erstveröffentlichung
Maschinenschriftliches Original mit eigenhändiger Unterschrift R. Heydrichs, adr. an den Reichskirchenminister, dat. vom 4. 7. 1941.

Der Text beginnt mit der Darlegung der Wahl aus drei Kandidaten durch das Paderborner Domkapitel. Dann folgt das Gutachten.

... (S. o.)
Gegen die Einsetzung Jägers als Erzbischof von Paderborn habe ich aus sicherheitspolizeilichen Gründen schwerste Bedenken. Obwohl Jäger von 1914-1918 Kriegsteilnehmer war, im Oktober 1918 als Kompanieführer in englische Gefangenschaft geriet und Träger des EK II. und I. sowie des Ritterkreuzes des Hohenzollernordens ist, hat er sich unter Berufung auf diese Auszeichnungen in den letzten Jahren in besonders starkem Maße staatsfeindlich betätigt. Jäger ist einer der aktivsten und gefährlichsten Propagandisten der Katholischen Aktion und ein fanatischer Gegner des Nationalsozialismus und des heutigen Staates. Er ist

---

1 Die Bedenken kongruieren mit den Beobachtungen eines ungenannten Gutachtens der Gestapo-Leitstelle Dortmund-Hörde vom 13. 6. 1941, das Gauleiter Dr. A. Meyer bereits von der gleichen Leitstelle vorgelegt erhalten hatte (ZStA Potsdam Nr. 22 234, Bl. 00 208). In dem Schreiben vom 29. 6. 1941 an Kirchenminister H. Kerrl, dem das Gestapo-Gutachten beigefügt war, wies der Gauleiter, Reichsstatthalter und Oberpräsident auf die ausschließliche Kompetenz der Parteikanzlei für die politische Qualifikation Jaegers hin.
Dennoch bot er zwei Entscheidungshilfen an: das genannte Gutachten der Leitstelle und seine eigene Distanzierung von einer früheren Stellungnahme seines Vorgängers F. von Lüninck. Dieser hatte sich am 30. 11.1936 gegenüber einer Anfrage der Stapo Preußens (v. 29. 6. 36) für Jaegers „politische Zuverlässigkeit" eingesetzt. Der nationalkonservative Katholik Ferdinand von Lüninck hatte damals drei Gründe für Jaegers „politische Zuverlässigkeit" angeführt (ebd. Bl. 00 208):
1. seine hervorragende pädagogische Betätigung;
2. das Gutachten der NSDAP vom 13. 7. 1934, J. sei unbelastet (vgl. Abschn. 1, Kp. 2);
3. seinen bewährten Einsatz als Soldat und Offizier;
Daß dies im Sinne Heydrichs und Meyers staatspolizeilich und parteilich zu diesem Zeitpunkt nichts mehr hergab, zeigt D. I.

ein äußerst lebensgewandter, vielseitig gebildeter und erfahrener Mann von bescheidenem Auftreten, jedoch von unermüdlichem Streben und Arbeitseifer für die Ziele der römisch-katholischen Kirche besessen. Bei seinem Umgang mit der Jugend, deren Lenkung und Beeinflussung fast ausschließlich der Inhalt seiner bisherigen Lebensarbeit war, trat sein außerordentlich psychologisches Geschick und sein starker persönlicher Einfluß, den er auf alle Jugendlichen ausübte, besonders augenfällig in Erscheinung. So verstand es Jäger u. a., die Jugend durch Erzählungen aus dem Weltkriege, aus seinem persönlichen Fronterlebnis usw. zu fesseln und für sich zu begeistern, um sie dann umso erfolgreicher im Sinne der katholischen Kirche zu beeinflussen.

Im Hinblick auf seine Unterrichtsmethode war kennzeichnend, daß Jäger mit Vorliebe nationalsozialistische Grundbegriffe aufgriff und diesen in jesuitisch geschickter und eindringlicher Form die entsprechende Auffassung des Katholizismus entgegenstellte. Nach einer Unterrichtsstunde, in der ein anderer Lehrer im Geschichtsunterricht vom „Glauben an den Führer" gesprochen hatte, benutzte Jäger die Gelegenheit, im Religionsunterricht das Wort „Glaube" im kirchlichen Sinne so zu erklären, daß es für einen Christen einen anderen Glauben als den christlich-konfessionellen nicht gäbe.

Überhaupt suchte Jäger die ihm von Schülern zugetragenen Äußerungen seiner nationalsozialistisch eingestellten Kollegen während der Religionsstunde lächerlich zu machen oder in das Gegenteil umzubiegen. So hat er u. a. (1937) anläßlich einer im Geschichtsunterricht gegebenen Darstellung des Jesuitenordens als überstaatlicher Macht geäußert, „die Schüler wüßten ja, was von diesen Reden zu halten sei, sie seien von einem Lehrer gefallen, der mit der Kirche zerfallen sei und der deshalb – von innerer Unruhe getrieben – jede Gelegenheit benutze, die Kirche zu schmähen und gegen sie zu hetzen."

Ein anderes Mal hat Jäger anläßlich der Ermahnung an eine Unterprima, während der Dienstzeit bei der Wehrmacht die Hl. Messe zu besuchen, die Diskussion geschickt auf das Desertieren gelenkt und nach empörten Äußerungen der Klasse über diese schimpfliche Handlungsweise eines Soldaten die Unterhaltung mit den Worten beendet: „Meine Herren, gerade heute desertieren sehr viele. Ein Geistlicher aus Münster erzählte mir neulich noch, daß die Militärstrafanstalt in Münster überfüllt ist mit Deserteuren, Drückebergern und Simulanten. Der Soldat von heute ist lange nicht so hart, wie der der Weltkriegsjahre."

Weiterhin ist erwägenswert, daß Jäger bis zur staatspolizeilichen Auflö-

sung des Neudeutschlandbundes im Jahr 1938 Führer dieses Bundes in Dortmund war und somit mitverantwortlich zu machen ist für die gehässige und oft rüpelhafte Haltung der Mitglieder des Neudeutschlandbundes gegenüber der HJ.
Über Reichsleiter Rosenberg hat sich Jäger gegenüber einer Schulklasse geäußert: „Beim Lesen von Rosenberg müsse man sich übergeben."
Aufgrund dieses eindeutig antinationalsozialistischen Verhaltens des Jägers muß ich aus sicherheitspolizeilichen Gründen gegen die Ernennung Jägers zum Erzbischof von Paderborn schwerste Bedenken geltend machen.
Ich wäre für eine Stellungnahme sowie für Unterrichtung über das von Ihnen in dieser Angelegenheit Veranlaßte dankbar.

Heil Hitler
(Unterschrift Heydrichs)

Dokument II [D. II]

Der Inspekteur von Sipo und SD in Düsseldorf[1] berichtet am 20. 8. 1941 über L. Jaeger.

Aus dem Bestand der Stapoleitstelle Münster, veröffentlicht in: H. Portmann, Dokumente um den Bischof von Münster. Münster 1948, S. 253f.
Schreibmaschinenhektographie

Der Inspekteur der Sicherheitspolizei und des SD
Düsseldorf, 20. August 1941
Religiöses Leben
Einsetzung eines neuen Bischofs in Paderborn

Am 10. August 1941 wurde in verschiedenen Dortmunder Kirchen bekanntgegeben, daß der an einer höheren Schule in Dortmund angestellte geistliche Studienrat Dr. Lorenz Jäger zum Bischof von Paderborn ernannt worden sei. Bereits vor etwa 10 Tagen verlautete gerüchteweise, daß Dr. Jäger auf dem Weg nach Rom sei, um dort den Papst zu besuchen. Dr. Jäger ist ein außerordentlich aktiver Mann, dessen Stärke auf dem Gebiet der Jugendbetreuung liegt. Er war früher in Dortmund der Leiter des katholischen Schülerbundes „Neu Deutschland" und rief nach Absetzen des Religionsunterrichtes vom Stundenplan der oberen Klassen in den Oberschulen die ersten religiösen Arbeitsgemeinschaften für Schüler Dortmunder höherer Lehranstalten ins Leben. Bei den Schülern war Dr. Jäger wegen seiner fesselnden und imponierenden Art allgemein beliebt. Sein militärisches Auftreten und die ihm im Weltkrieg verliehenen Auszeichnungen (EK 1, EK 2 und Hohenzollernorden) ließen den Eindruck eines national eingestellten Mannes aufkommen. Außerdem war bekannt, daß Dr. Jäger über ausgezeichnete Verbindungen zu höheren Offizieren verfügt, die

---

1 Der „Inspekteur der Sicherheitspolizei und des SD" ist im Wehrkreis VI der SS-Standartenführer, Oberregierungs- und Oberkriminalrat Walther Bierkamp, dem die Staatspolizei(leit)stellen in Düsseldorf, Münster, Aachen, Bielefeld, Dortmund, Köln und Osnabrück unterstanden (vgl. Boberach, Berichte, S. 933). Vor seiner Tätigkeit in Düsseldorf, die bei Boberach schon durch ein Schreiben vom 21. 8. 1941 dokumentiert ist (ebd.), war Bierkamp u. a. als Führer der Einsatzgruppe D in Rußland an der Ermordung von vielen tausend Juden schuldig geworden (ebd. Anm. 1).

es ihm auch im vergangenen Jahre ermöglicht haben sollten, daß er als Divisionspfarrer eingesetzt wurde.
In Parteikreisen ist die Ernennung Dr. Jägers mit gemischten Gefühlen aufgenommen worden, da Dr. Jäger durch seine Klugheit und Besonnenheit dem Staat keine Handhabe zu einem evtl. Einschreiten bieten wird. Außerdem befürchtet man, daß Dr. Jäger seine guten Beziehungen zur Wehrmacht jederzeit spielen lassen wird, wenn es geboten erscheint. Man glaubt, daß die Einsetzung Jägers ein geschickter Schachzug der katholischen Kirche ist und zur Stärkung der katholischen Position in Westfalen erheblich beitragen wird.

Dokument III [D. III]

Ansprache L. Jaegers nach Ablegung[1] des Loyalitätseides[2] am 15. 9. 1941 vor dem Oberpräsidenten Dr. A. Meyer in Münster

EA. Paderborn. Akten Kardinal Jaeger, II, 7 – Bl. 362.

Maschinenschriftliche Wiedergabe vom verlorenen Original mit früh hinzugesetzter Überschrift: Ansprache unseres Erzbischofs Laurentius nach Leistung des Treueides am 15. September 1941 in Münster

---

1 Bei der Vereidigung waren neben dem Erzbischof und dem Oberpräsidenten der Domkapitular Dr. C. Gierse, der Regierungspräsident Goedecke und der Oberregierungsrat Dr. Ottersbach anwesend, der das Protokoll anfertigte und abschließend verlas. (ZStA Potsdam. Bestand: Akten des Reichskirchenministeriums (= RKM). Nr. 22 234, Bl. 00 230.).

2 Nach dem Protokoll hatte der Eidestext – dem Reichszentralismus folgend – das Land Preußen nicht mehr eigens erwähnt: „Vor Gott und auf die heiligen Evangelien schwöre und verspreche ich, so wie es einem Bischof geziemt, dem deutschen Reich Treue. Ich schwöre und verspreche, die verfassungsmäßig gebildete Regierung zu achten und von meinem Klerus achten zu lassen. In der pflichtmäßigen Sorge um das Wohl und das Interesse des deutschen Staatswesens werde ich in Ausübung des mir übertragenen geistlichen Amtes jeden Schaden zu verhüten trachten, der es bedrohen könnte" (ebd., Bl. 00 230.)
Nach dieser Formel wurde schon 1939 der Bischof von Fulda, J. B. Dietz, durch den Oberpräsidenten von Hessen-Nassau in Kassel wie auch offenbar J. Frings am 2. 6. 1942 in Berlin vereidigt. (ZStA Potsdam, Akten des RKM, Nr. 22 327 – Generalia über Eidesleistungen – Bl. 00 112, 18. 10. 1939.) Der Text wurde den Statthaltern vom RKM übermittelt und vorgeschrieben.
Am 28. 6. 1941 bezweifelte der Reichsminister für die kirchlichen Angelegenheiten gegenüber dem bayerischen Reichsstatthalter Ritter von Epp den Sinn des Treueides bei der „Undurchsichtigkeit" seiner Formel (ebd., Bl. 00 115). Auch der von A. Meyer in der Presse veröffentlichte Bericht rief in Parteikreisen Äußerungen der Unzufriedenheit hervor, wie die Gestapo in Bielefeld notierte, die sich offenbar auf den Wortlaut des bischöflichen Loyalitätseides von Erzbischof Jaeger bezogen, den der Gauleiter am 16. 9. in der Presse mitgeteilt hatte. Die Eidesformel werde in der Bevölkerung und besonders in Parteikreisen als „zu nichtssagend" empfunden. (StA Detmold, M 18, Nr. 16, Bd. II, Bl. 428.) Tatsächlich entsprach die Eidesformel auch nach der Weglassung der Worte „... und dem Lande... ." in allen Teilen dem festgelegten Text des Reichskonkordats, Art. 16.
Die offene und gar nicht „totalitäre" Fassung des Eides konnte Erzbischof Jaeger nutzen, um ihr einen genuin christlichen Sinn abzugewinnen, den er dann „aus ganzem Herzen und ohne Einschränkung" übernehmen, ja, mit bekenntnishafter „Freude" gegenüber dem antichristlichen Regime realisieren konnte.

Herr Oberpräsident!

Mit derselben Freude, mit der ich einst den Fahneneid geschworen habe, habe ich heute vor Ihnen, Herr Oberpräsident, als dem Stellvertreter des Herrn Ministers für die kirchlichen Angelegenheiten, den Treueid als katholischer Bischof geleistet. Ich bin fest entschlossen, in unwandelbarer Einsatzbereitschaft und Hingabe wie einst als Soldat und Offizier, so auch jetzt im Rahmen des mir übertragenen geistlichen Amtes allen Schaden von Volk und Reich abzuwenden, wie es der soeben geschworene Eid gem. Artikel 16 des Konkordates zwischen dem Hl. Stuhl und dem Deutschen Reich von mir fordert.

Gerade die Sorge um das Wohl des Vaterlandes ist einst in den dunklen Tagen der Nachkriegszeit mit bestimmend gewesen für meinen Entschluß, den feldgrauen Rock des Soldaten mit dem schwarzen Rock des Priesters zu vertauschen. Ich wollte mithelfen, unserm zusammengebrochenen, gedemütigten, aller äußeren Güter beraubten Volke im Gottesglauben und in christlicher Sitte wenigstens die Keimzellen für eine innere Gesundung und für einen neuen Aufstieg zu bewahren.

Welche starken Aufbaukräfte im Christentum für den Einzelnen und für das gesamte Volk umschlossen liegen, habe ich erst in diesen Monaten wieder erfahren, die ich als Divisionspfarrer draußen im Feldheer leben und wirken durfte. Der Mann vor dem Feind verlangt nach dieser Quelle sittlicher Kraft. Es braucht sie auch die Heimat, um stark und bereit zu bleiben für all die Opfer, die namentlich in Kriegszeiten von allen verlangt werden müssen.

Ich bin glücklich, daß mein hohes Amt mir noch größere Möglichkeiten bietet, diese Werte des Christentums im deutschen Volk zu hüten und zu pflegen. Ein fester Gottesglaube und christliche Tugend sind die beste Bürgschaft für das Glück und Gedeihen des deutschen Volkes und Reiches im Krieg wie im Frieden.

So habe ich den von mir geforderten Treueid geschworen, aus ganzem Herzen und ohne Einschränkung.

Dokument IV [D. IV]

L. Jaeger in der Sicht des Kirchenvolkes nach dem Düsseldorfer SD-Bericht vom 16. 9. 1941[1]

SD-Bericht, aufgefunden in Münster. In: H. Portmann, Dokumente um den Bischof von Münster. Münster 1948, S. 254ff.

Maschinenhektographie.

Düsseldorf, 16. September 1941[2]

In konfessionellen Kreisen befaßt man sich auch bereits stark mit dem neuen Erzbischof von Paderborn, Dr. Jäger. Man erzählt, daß Dr. Jäger gelegentlich seiner Verabschiedung von den Wehrmachtstellen auch vom Führer und vom Reichsmarschall in Abschiedsaudienz empfangen worden sei. Beim Führer habe er kurz die Klosterfrage angeschnitten. Der Führer habe ihn auf sein Buch „Mein Kampf" und auf das Programm der NSDAP hingewiesen, in dem seine Stellungnahme zur Frage der Kirche klar herausgestellt sei. Dr. Jäger habe hierauf erklärt, daß die oberen Parteistellen diese Stellungnahme zwar beachteten, daß die unteren Stellen aber erheblich davon abweichen. Der Führer habe sich darauf in lauter Form eine derartige Kritik verbeten, worauf Dr. Jäger die Unterredung als beendigt angesehen habe und abgegangen sei.
Man erwartet in katholischen Kreisen Paderborns daher, daß Dr. Jäger eine Aktivierung der katholischen Arbeit und eine Unterstützung der Bestrebungen des Clemens August von Münster herbeiführen würde. Den Auftakt soll der Tag der Bischofsweihe in Paderborn bilden, die am 19. Oktober 1941 im Dom von Paderborn stattfinden wird. Bereits am 14. September 1941 verabschiedete sich Dr. Jäger von den Schülern des Hindenburggymnasiums in Dortmund, seiner früheren Wirkungsstätte als Studienrat. Die Verabschiedung fand in der Kapelle des Mallinckrodt-Lyzeums am Eisenmarkt statt. Dr. Jäger ermahnte die Schüler, treu zum

1 Das erst jüngst im StA. Mü wiedergefundene Dokument (Maschinen hektogr.) trägt das Datum v. 3. 10. 1941 und den Vermerk, daß das Nachrichtenmaterial der Aktualität wegen unüberprüft übersandt wurde. (Best.: O. Präs. 53/11).

2 Fehlt im Original.

Glauben zu stehen. Er wies u. a. darauf hin, daß einst der Kaiser Hadrian den Tempel in Jerusalem habe beseitigen und als Ersatz einen Venustempel errichten lassen. Auch heute – so brachte Dr. Jäger zum Ausdruck – seien wir nicht weit entfernt von derartigen Zuständen. Diese Befürchtung verpflichte die Katholiken, fest zusammenzuhalten und das katholische Erbe treu zu bewahren.

Wie stark die fanatisierenden katholischen Kreise mit einer Aktivierung der katholischen Aktion durch den neuen Erzbischof nun auch in Paderborn rechnen, geht am treffendsten aus einer längeren Ausführung eines Laienhelfers hervor, der behauptete, daß die Geistlichkeit in allerschärfster Form gegen die Maßnahmen des Staates und der Partei zu Felde ziehen würde. Dr. Jäger habe erklärt, daß es in der bisherigen Form nicht weiterginge. Das Volk müsse jetzt erfahren, wo sein Feind sitze. Augenblicklich müßte die Geistlichkeit zuerst die Verbindung mit dem Volke aufnehmen, und es wäre erfreulich zu hören, mit welchem Vertrauen das Volk zu seinen Priestern stehe. Alte Parteigenossen, die verschworene Kämpfer für den Nationalsozialismus gewesen wären, kehrten zurück und ließen sich heute wieder in die Kirche aufnehmen. In den letzten Tagen und Wochen hätten sich beispielsweise schon Personen in Bochum wieder zur katholischen Kirche zurückgemeldet. Schon seit, Jahrhunderten hätte die Kirche gezeigt, daß sie in der Lage wäre, die geistigen Waffen zu führen, dagegen wären Rosenberg und viele andere nur armselige Stümper. Für die Paderborner Diözese wäre jetzt ein Bischof eingesetzt, den man auf der Gegenseite nicht unterschätzen solle, das wäre ein Mann des Geistes, der in alter katholischer Tradition die Paderborner Diözese wieder zu Ehren bringen werde. Bei ihm würde man auf Granit beißen. So hart er dem Gegner gegenübertreten werde, so hart würde er auch zu seinen Priestern sein. Seine Anordnungen ließen schon den neuen Geist erkennen. Die Geistlichen liefen jetzt schon treppauf und treppab, um in Fühlung mit dem Volk zu kommen, so daß in Kürze Priester und Volk eine verschworene Gemeinschaft darstellen würden. Was das Volk heute noch ruhig halte, wäre nur die Gewalt und der Gedanke an das grausige Elend, das ein verlorener Krieg mit sich bringen würde. Der größte Fehler, den die Nazis gemacht hätten, wäre der, daß sie die Religion mit ihrer Anschauung verknüpft hätten: Blut und Rasse könnten nie Bestand haben. Der zweite Fehler wäre, daß das Schiebertum größeres Ausmaß angenommen hätte als im Weltkrieg. Im November 1918 wäre es so gewesen, daß das Volk gesehen hätte, wie die Großen in Saus und Braus gelebt hätten und das arme Volk vor Hunger kaputt gegangen wäre, jetzt hätten wir zwei Jahre Krieg und das Schiebertum wäre größer denn je. Lebensmittel wären genug da, wenn sie nur gerecht verteilt würden. Man sage, die Schwarzen vergifteten und verhetzten das Volk; aber Gott sei Dank hätten die Schwarzen vorausgesehen und wenn die Zeit reif sei, würden sie das Volk aufklären, wie es von seinen Beglückern betreut worden wäre. Das Material liege mit genauer Ortsangabe, Datum und Zeit fest und könnte nicht geleugnet werden. Man habe ihnen mit der Auflösung der Klöster einen schweren Schlag versetzt; aber einen viel größeren Schlag hätten die Nazis sich selbst versetzt, sie hätten das Volk aufgeklärt, wohin man steuere. Besser hätten sie die katholische Kirche nicht aufklären können.

Tatsächlich konnte schon an einigen Stellen eine auffallend starke Tätigkeit der katholischen Geistlichen festgestellt werden. So lief beispielsweise der Pfarrer von Wickede-Ruhr mit den Predigttexten des Bischofs von Münster buchstäblich treppauf und treppab – wie sich der Laienhelfer ausdrückte – und sprach mit seinen Gemeindemitgliedern die einzelnen Predigten durch.

Dokument V [D. V]

Lagebericht von Gauleiter A. Meyer an Reichsleiter M. Bormann vom 17. 9. 1941

BA Koblenz. R 43 II/173 a, Bl. 16f.
Erstveröffentlichung
Schreibmaschinenhektographie (Mikrofiche)[1]

Reichsleiter, sehr geehrter, lieber Parteigenosse Bormann!

Bei meinem letzten Aufenthalt in Münster vom 13. bis 16. dieses Jahres habe ich die kirchenpolitische Lage wieder einmal eingehend überprüft. Während die Beschlagnahmung der Klöster nicht mehr Gegenstand der Beunruhigung ist, wird die Frage der Euthanasie noch sehr stark behandelt. Es ist das auch natürlich, da durch den Bischof laufend in immer anderen Kirchen die Euthanasie-Rede verlesen und vor allen Dingen auch sonst diese Rede weit verbreitet wird.
Diese systematische Hetzpropaganda scheint nur in der Diözese des Bischofs von Münster durchgeführt zu werden. In der benachbarten Diözese des Erzbischofs von Paderborn hat man sich bisher, soweit ich informiert bin, auf einen Protest beim Landeshauptmann Kolbow beschränkt. In der Anlage gebe ich Ihnen Kenntnis von dem diesbezüglichen Schreiben des Kapitularvikariates Paderborn vom 12. vorigen Monats.
Den neuen Erzbischof von Paderborn Lorenz Jaeger habe ich auf Ersuchen des Reichministers für die kirchlichen Angelegenheiten – der im Einvernehmen mit dem preußischen Ministerpräsidenten handelte – am 15. September vereidigt. Der ehemalige Divisions-

---

1 Im Begleitschreiben teilt der Gauleiter, Reichsstatthalter und Oberpräsident Dr. A. Meyer am 17. 9. 1941 dem Chef der Reichskanzlei, Dr. H. Lammers das Schreiben mit, das am gleichen Tage an Reichsleiter Martin Bormann ins Führerhauptquartier abgegangen ist (ebd. Bl. 15).
In der Anlage befindet sich das Schreiben von Weihbischof und Kapitularvikar A. Baumann an Landeshauptmann Kolbow gegen „Euthanasie" – ebd., Bl. 18.
Auf persönliche Bitte von Reichsminister Dr. Lammers teilt M. Bormann aus dem Führerhauptquartier diesem unter dem 29. 9. 1941 mit, daß der Führer die Beteiligung des Gauleiters und Oberpräsidenten abgelehnt habe (ebd., Bl. 21).

pfarrer Lorenz Jaeger beteuerte mir nach Ablegung des Eides, daß er diesen Eid ohne Vorbehalt und aus innerster Überzeugung geleistet hätte. Ich habe geglaubt, nach Lage der Dinge aus propagandistischen Gründen heraus die Vereidigung des Erzbischofs von Paderborn der Öffentlichkeit bekannt zu geben.
Ich habe ferner eine Aufnahme vom Erzbischof und mir veröffentlichen lassen (siehe Anlage).
Die Bekanntgabe des Eides und die Aufnahme hat eine ausgezeichnete Wirkung im Münsterland und weit darüber hinaus gehabt. Von der Partei wurde sofort erraten, daß dieses besonders im Hinblick auf den Bischof von Münster erfolgt. Es ist vielleicht zweckmäßig, die Vereidigung des Erzbischofs von Paderborn für die Auslandspresse zu verwerten.
Der Erzbischof von Paderborn bat mich mehreremals eindringlich, ich möchte doch in meiner Eigenschaft als Oberpräsident der Provinz Westfalen bei seiner Inthronisation am 19. Oktober dieses Jahres in Paderborn zugegen sein. Da an mich in meiner Eigenschaft als Oberpräsident der Provinz Westfalen diesbezüglich eine Einladung ergehen wird, bitte ich den Führer baldmöglichst entscheiden zu lassen, ob vom Oberpräsidenten dieser Einladung dann Folge geleistet werden soll oder ob ich meinen Vertreter, den Regierungspräsidenten Goedecke, entsenden soll. Dieser Inthronisation in der Kirche beizuwohnen, ist sicherlich keine angenehme Sache und läßt sich auch nur rechtfertigen im Hinblick auf das Ausland und auf den Bischof von Münster. Die Partei, glaube ich, würde in meinem Gaugebiet verstehen, daß diese Maßnahme lediglich aus Zweckmäßigkeitsgründen getroffen wird. Ich persönlich wäre natürlich glücklich, wenn der Führer meine Teilnahme für nicht erforderlich halten würde. Wenngleich das Euthanasie-Verfahren eingestellt ist, wird natürlich eine zeitlang noch der Bischof Gelegenheit haben, diese Frage zu behandeln, da die Benachrichtigungen der Todesfälle aus den Vollzugsanstalten laufen.

Heil Hitler
Ihr sehr ergebener
gez. A. Meyer

Dokument VI [D. VI]

Lorenz Jaegers Weiheansprache am 19. 10. 1941 (Auszug)

Kirchliches Amtsblatt für die Erzdiözese Paderborn, 30. 10. 1941, Jahrg. 84, Stück 19, S. 103-106.

Liebe Erzdiözesanen!

Die Nachricht von meiner Berufung auf den Erzbischöflichen Stuhl von Paderborn traf mich ganz unerwartet, mitten in der Seelsorgsarbeit draußen im Felde unter unseren Soldaten. Sie erfüllte mein Herz mit Schrecken und banger Sorge: Ich sollte Nachfolger werden des hochseligen Erzbischofs Dr. Caspar Klein, dieses heiligmäßigen Bischofs, der sich in Gebet und Opfer und nimmermüder Liebe für seine Erzdiözese verzehrt hatte. Ich sollte Amt und Verantwortung des Nachfolgers der Apostel übernehmen für die große und schwierige Erzdiözese Paderborn; und das in einer Zeit, die uns Menschen vor schier unlösbare Aufgaben stellt! –

Andächtige, wenn auch der Glaube uns den Ruf Gottes als Gnade empfangen läßt, für unser menschliches Herz bleibt es schwer und geheimnisvoll, von Gott gerufen zu werden. Ähnlich wie einst der hl. Augustinus (Ep. ad Valerium) habe ich geklagt: „Nun hat man mich, den Ruderknecht, zum Steuermann des Schiffes gemacht. Man hat mir Gewalt angetan – wohl zur Strafe für meine Sünden – denn ich weiß nicht, was sonst der Grund sein könnte." Diese Fügung Gottes in meinem Leben wird mir unbegreiflich bleiben, bis ich einmal im Lichte der Ewigkeit Gottes heilige Absichten werde schauen dürfen.

Geliebte Erzdiözesanen, wenn Gott ruft, hat der Mensch zu folgen, ob er nun Gottes Pläne zu verstehen glaubt oder nicht. Ganz besonders gilt das für den Priester, der einst bei Übernahme der heiligen Weihen sein „adsum": „Hier bin ich, Herr, verfüge über mich" (Ritus der heiligen Weihen) gesprochen hat. Gottes Ruf ist für ihn Befehl. ...

Mein besonderer Gruß in dieser Stunde gilt meinen Soldaten. Andächtige, Ihr werdet verstehen, daß mein Herz noch immer an denen hängt, denen bis jetzt meine Hirtensorge galt. Vor allem grüße ich unter den Soldaten Euch, meine lieben Erzdiözesanen, im feldgrauen Rock. Ihr habt in so zahlreichen Zuschriften aus dem Felde mir Eure Freude kundgetan, nun wieder einen Bischof zu haben, daß mich diese Anteilnahme am Leben der

Erzdiözese tief gerührt hat. Mitten in den Strapazen dieses gewaltigen Krieges, umgeben von Tod und Gefahr, lebt Ihr das Leben der Heimat mit, um derentwillen Ihr all das Schwere ertragt; kämpft und sterbt Ihr auch, wie mir das immer wieder aus Euren Briefen entgegenklingt, für die Bewahrung des Christentums in unserem Vaterland, für die Errettung der Kirche aus der Bedrohung durch den antichristlichen Bolschewismus. Ich bin stolz darauf, daß ich bis zu meiner Berufung auf den Erzbischöflichen Stuhl unter Euch habe wirken dürfen. Ich bin froh, daß ich draußen im Felde so viele Priester und fast die gesamte Theologenschaft der Erzdiözese weiß, die Not und Gefahr mit Euch teilen. Im Weltkrieg haben die katholischen Theologen nächst dem Stand der aktiven Offiziere den größten Prozentsatz an Gefallenen aufzuweisen gehabt. Sie werden auch in diesem Kriege als vorbildliche Kameraden und ganze Soldaten sich bewähren. Soldatische und priesterliche Haltung stehen sich innerlich näher, als Außenstehende ahnen. Dort wie hier ist die Voraussetzung: selbstloser Dienst, vorbehaltloser Einsatz, Bewährung aus letzter Verpflichtung heraus, Treue bis in den Tod. Nicht von ungefähr hat die junge Kirche der Märtyrerzeit für ihre Bekenner und Märtyrer das Wort geprägt vom „bonus miles Christi", „vom guten Soldaten Jesu Christi". Ich danke, Kameraden, Euch allen in dieser Stunde und fühle mich Euch besonders eng verbunden. Ihr sollt wissen, daß das Gebet des Bischofs Euch täglich begleitet. . . . . . .

(Der Hauptteil der Predigt erklärt den Wahlspruch vita et pax. Dann kehrt der Erzbischof zu dem „bonus miles" der frühen Christenheit zurück. – Anm. v. H. G.)

Andächtige! Ich habe Euch vorhin angedeutet, daß echt priesterliche und echt christliche Haltung im tiefsten sich berührt mit wahrhaft soldatischer Haltung, – habe Euch hingewiesen auf das Wort der Kirche vom „bonus miles Christi", vom „guten Soldaten Christi". Alles Große muß durch Kampf errungen werden, auch das Gottesgeschenk des Friedens. Das kostet Kampf gegen sich selbst, Kampf gegen die Welt, die sich von Gott getrennt hat. Jeder Kampf bringt Opfer und Wunden. Aber was tut das? Der wahre Christ trägt das Kreuz Christi, das Siegel seiner Auserwählung, mit demselben Stolz wie der Soldat sein Eisernes Kreuz. . . . . . .
Leben und Friede sind zwei Gottesgeschenke, so herrlich und so groß, daß sie in dieser Welt der Sünde nicht rein verwirklicht werden können. Die Kirche hat sie seit alters her in besonders vollkommener Weise dargestellt gesehen in der christlichen Familie und in den Ordensfamilien,

diesen Inseln des Friedens inmitten der Stürme, die über diese Welt dahingebraust sind. Sie haben das Leben, das religiöse, geistige Leben hindurchgerettet durch die Not der Zeit; sie waren stets die Zuflucht der gehetzten, verfolgten, leidenden Menschheit. Das katholische Volk hat daher immer in besonderer Liebe und Verehrung an seinen Klöstern und Ordensleuten gehangen; wie es stets in Treue und Ehrfurcht zur christlichen Familie gestanden hat. Ich darf in dieser Stunde Euch, christliche Eltern, und Euch, ihr lieben Ordensleute, versprechen, daß ich mit ganzer Liebe und Sorge an Euren Aufgaben und Schicksalen teilnehme. Ich darf aber auch Eure besondere Hilfe anrufen bei dem großen Auftrag, der mir geworden ist, durch Euer Gebet und Euer Opfer mitzuhelfen, daß Gottes Gnade wirksam in uns allen sei, daß die Fülle des Lebens, das ganze Glück des Gottesfriedens uns allen in reichstem Maße geschenkt werden möge.

Ich kann das Wort Friede nicht aussprechen in dieser Stunde, ohne auch unserer evangelischen Glaubensbrüder in der Liebe des Guten Hirten zu gedenken. Viele von ihnen haben an der Besetzung des Erzbischöflichen Stuhles und an der Weihe des neuen Erzbischofs den innigsten Anteil genommen. Ich weiß, wie sehr auch sie darunter leiden, daß die Kirche in Deutschland nun schon so lange gespalten ist. Ich weiß, wieviel auch bei ihnen gebetet wird um die Wiedervereinigung im Glauben. Es kann noch niemand sehen, auf welchem Wege Gott in seiner Weisheit einst die Wiedervereinigung im Glauben uns schenkt. Aber wir müssen schon jetzt alles tun, um alles Mißtrauen, alle Lieblosigkeit abzutragen, die sich zwischen den Konfessionen im Laufe der Jahrhunderte aufgetürmt haben. Wir leben in der Hoffnung, daß die Zeit nicht mehr fern ist, wo Gottes Weisheit uns die Wege zeigt, auf denen diese Einheit der Kirche wieder herzustellen ist. Bis dahin wollen wir darum ringen, Christus immer mehr in uns Gestalt gewinnen zu lassen, uns frei zu machen von allen menschlichen Eifersüchteleien und Hemmungen, und nichts anderes zu erstreben, als Gottes heiligen Willen so zu erfüllen, wie seine Gnade ihn uns erkennen läßt.

Meine lieben Erzdiözesanen! Vita et Pax, Leben und Frieden, das ist Auftrag und Sendung jedes Bischofs. Ein Auftrag, den Gott ihm gegeben hat. Das ist auch der Ruf der Stunde, geboren aus der Not der Zeit. Wir wollen uns nicht den Vorwurf zuziehen, den der Heiland den Menschen seiner Zeit machte, als er ihnen sagte: „Das Aussehen des Himmels wißt ihr zu deuten, die Zeichen der Zeit versteht ihr nicht." (Matth. 16, 4) Bringt Eure ganze Bereitschaft und Aufgeschlossenheit mir entgegen und geht den Weg mit, den ich nach Gottes Willen Euch führen soll: Den Weg hinaus aus dem dumpfen Kreaturgefühl hinein ins Leben des Herrn, aus dem Verlorensein im Dunkel und Leid der Welt hinein in die Lichtfülle seines Friedens und seiner Freude.

110 Möge die liebe Gottesmutter, die Mutter des Lebens, die Königin des Friedens, der mein hochseliger Vorgänger die Erzdiözese feierlich geweiht hat, uns alle unter ihren mütterlichen Schutz nehmen, damit wir, von ihr behütet, auf die Fürsprache unseres Diözesanpatrons, des hl. Liborius, alle hinfinden zu dem wahren Leben, zum wirklichen Frieden.

Dokument VII [D. VII]

L. Jaegers Jugendansprache am 19. 10. 1941

EA. Paderborn. Akten Kardinal Jaeger. Bd. II, 7 (schon früh hgg. vom Seelsorgsamt Paderborn).

Maschinenschrifthektographie

Meine liebe katholische Jugend!

Liebe katholische Jungmänner und Jungmädchen!
Als ich Anfang August nach Berlin gerufen wurde durch ein Telegramm des OKH (Oberkommando des Heeres – H. G.), und als ich von dort zum Apostolischen Nuntius geschickt wurde, zu dem Vertreter des Heiligen Vaters hier in Deutschland, der mir heute im Hohen Dom die Weihe erteilt hat, und ich dort dann aus dem Munde des Apostolischen Nuntius die Botschaft vernahm, ich solle Erzbischof von Paderborn werden, da habe ich mich, wie man so sagt, mit Händen und Füßen dagegen gesträubt. Nicht, wie mir der Apostolische Nuntius sagte: „Sie wollen nicht Bischof werden, weil Sie Angst haben, weil Sie in der heutigen Zeit Behinderung, Verleumdung, Schmähung fürchten." Ich habe ihm darauf zur Antwort gegeben: „Nein, Excellenz, davor fürchte ich mich nicht. Ich fürchte mich vor der Verantwortung, die ich als schwacher Mensch nicht tragen kann." – Und als er weiter in mich drang, nun doch das Ja zu sagen, zur Wahl des Kapitels, zum Wunsche der Reichsregierung, zum Wunsche des Heiligen Vaters, da habe ich ihm gesagt: „Excellenz, wenn ich Ja sagen würde, wenn ich dieses Amt übernehmen würde, dann müßte ich mich selbst aufgeben, dann würde ich ja meinem Leben den ganzen Inhalt nehmen. Ich habe bis jetzt in der Jugend gestanden, und die Arbeit in der Jugend, das Leben mit der Jugend, das ist mir mehr als eine Beschäftigung für arbeitslose Stunden, das ist für mich wirklich Lebensinhalt und Lebensaufgabe. In der Jugend und bei der Jugend, da habe ich mich jung gefühlt, da haben die Wurzeln meiner Kraft gelegen, und wenn ich von diesem Wurzelboden abgeschnitten würde, dann würde der Baum welken und eingehen." –
Da hat mir der Nuntius zur Antwort gegeben: „Das ist schön, daß Sie in der Jugend gearbeitet haben, daß Sie mit der Jugend leben und fühlen. Gerade darum müssen Sie Erzbischof von Paderborn werden, damit Ihre

Liebe, damit Ihre Sorge, damit Ihre Arbeit nicht nur dem kleinen Kreis von Jugendlichen gilt, sondern der gesamten Jugend der Erzdiözese zugute kommt."

Und er hat mir dann soviel Gutes und soviel Schönes erzählt von der Haltung der Jugend gerade in der Erzdiözese Paderborn. Er hat mir damit nichts Neues erzählt. Mein Blick ist ja weit über den engen Kreis hinausgegangen, in dem ich bisher gestanden und gearbeitet habe.

Nun schaut, was der Nuntius mir da ans Herz legte, mir in dieser schweren Stunde gesagt hat, das ist schließlich doch das Entscheidende gewesen, mir das Jawort zu diesem schweren Amt zu entreißen!

Ihr werdet verstehen, meine Lieben, was es darum heute für mich bedeutet hat, daß Ihr in solchen Scharen hierher geeilt seid, nach Paderborn. Daß Ihr keine Zeit, kein Opfer an Geld, keine Beschwerden der Reise gescheut habt, um am Ehrentage Eures Erzbischofs, Eures Freundes und Vaters, dabei zu sein. Ich danke Euch von ganzem, ganzem Herzen! Und ich darf Euch in dieser Stunde das Versprechen geben, und ich bitte, das auch mit hinauszunehmen in Eure Gruppen, in Eure Kongregationen, daß der Bischof Euch gehören wird, solange überhaupt sein Herz schlägt.

(Begeisterte Heilrufe, Klatschen)

Wenn die Jugend ruft, dann wird ihr geistlicher Vater hören, und dann wird ihr Vater da sein. Und ich darf Euch bitten: Macht das Wort wahr, was Ihr eben mir zur Begrüßung habt sagen lassen durch die drei Vertreter, die am Altare mir ihren Gruß entgegengerufen haben. Seid wirklich bei mir, geht wirklich mit mir, und wenn der Bischof einmal müde wird bei all den Schwierigkeiten unserer Tage, wenn dem Bischof wirklich einmal der Mut sinken sollte, dann, liebe Jugend, dann laßt mich in Euren Reihen wieder froh werden, beim Anblick Eures vollen, jungen Lebens wieder neue Kraft schöpfen und heilige Entschlossenheit, mit Euch zusammen diesen Weg bis ans Ende zu gehen, auf den der Herrgott uns geschickt hat.

Ich habe mich vor kurzem recht geärgert, als ich in einem Buche ein bitteres Urteil fand über unsere Jugend und unsere Jugendvereine der vergangenen Zeit, als ich da ungefähr folgendes las: „Wo sind denn nun alle diese Menschen, die in unseren Jugendgruppen und -bünden und -vereinen vertreten gewesen sind, die ihre Treue geschworen haben, ihre Bereitschaft bis zum Letzten? Was ist heute wohl von alledem noch da? Die ganze Arbeit, die ganze Mühe und Sorge, die der Klerus dort verwandt hat, ist vergeblich gewesen." –

Meine Lieben, wenn man nicht selbst Einblick in die Verhältnisse hat, dann soll man solche leichtfertigen Urteile unterlassen. Die dort aufgestellte Behauptung ist nicht nur lieblos, sondern auch völlig falsch und verkehrt. Ich kann Euch aus der langen Arbeit unter den Soldaten draußen im Felde sagen: Diejenigen, die in den Kompanien, den Abteilungen wirklich die Führer sind, die die Lauen mitreißen, die dem Divisionspfarrer den Saal für den Gottesdienst herrichten oder den Altar bauen, die als erste dabei sind bei der hl. Messe und beim Sakramentenempfang und die auch dafür sorgen, daß auch die Trägen und Gleichgültigen mitmachen, und begeistert mitmachen, das sind die, die Führer und Mitglieder waren in unseren katholischen Jugendverbänden. Das sind heute noch die Kolpingssöhne, das sind die Jungen aus unseren Jugendverbänden und -vereinen. Und ich habe auch unter den Rote-Kreuz-Schwestern manches tapfere Mädchen gefunden aus unseren marianischen Kongregationen, dem ich als Divisionspfarrer für meine Arbeit unter den Soldaten sehr viel zu danken habe. Diese Arbeit in den früheren Organisationen ist nicht vertan gewesen, sondern die dort Führer waren, die sind auch heute noch die Bannerträger des Glaubens, die Wegbereiter hin zu Christus für die lauen und trägen Massen.
Meine liebe, katholische Jugend! Wir trauern nicht um Vergangenes. Das ist nicht nur völlig wertlos, das ist auch Unrecht, denn der Herrgott hat uns das Gesicht nach vorne gedreht, hat uns die Nase mitten ins Gesicht gesetzt, die uns den Weg nach vorne weist. Wir müssen nur vorwärts schauen, und jede Zeit, die Gott, der Herr, uns schickt, ist Gottes Zeit. Gott verlangt heute sicherlich nicht leichte Aufgaben von uns. Wenn er uns in diese Zeit gestellt hat, die so Schweres von uns fordert, dann deswegen, weil seine Gnade übermächtig in uns wirken will. Und wir wollen das Ja dazu sagen: „Herr, Du verlangst Großes von mir. Ich bin bereit, in Deiner Kraft Großes zu tun."
(Begeisterte Heilrufe)
Meine liebe katholische Jugend! Wir klagen nicht, wir jammern nicht. Ich habe Euch heute morgen hingewiesen auf das Beispiel der Mutter Kirche in der Martyrerzeit, auf den „guten Soldaten Christi!" Das wäre ein netter Soldat, der angesichts befestigter, betonierter Feldstellungen, die er stürmen soll, jammert: „Daß i c h nun gerade gegen diese Stellungen anrennen soll, daß m i r nun gerade diese bittere, schwere Aufgabe gestellt ist!" – (Beide Sperrungen sind im Text vorgegeben. – H. G.) Ein rechter Soldat lacht darüber. Jeder Soldat weiß: Die besten Regimenter, die tapfersten Kerle, die halten, was sie versprochen haben, werden

eingesetzt gegen die stärksten Befestigungen. Wir müssen unserem Herrgott dankbar sein, daß große und harte Aufgaben uns gestellt werden, und daß in dieser Zeit so viel von uns verlangt wird.

Meine liebe katholische Jugend! Auch der „bonus miles Christi", der „gute Soldat Christi", kann die großen Aufgaben, die der Herr ihm stellt, kann die großen Aufgaben der Zeit nur bewältigen, wenn er sich immer wieder Kraft und Stärke holt von dem, der unser Leben, der unser Friede ist, von unserm obersten Herrn und Bischof Jesus Christus, und deshalb möchte ich, wie schon heute morgen in der Weihemesse, Euch darauf hinweisen, sucht den engen und rechten Anschluß an das Gnadenleben Gottes. Es ist ja nicht getan mit solcher Kundgebung. Ihr müßt vielmehr Euer Herz weit öffnen, das ganze Leben der Gnade in Euch aufnehmen, Euch durchdringen lassen mit der Kraft Gottes, damit Ihr Zeugnis geben könnt durch Eure christliche Haltung, durch Euren Bekennermut, durch Eure vorbehaltlose, einsatzbereite Liebe, die Ihr jedem Menschen entgegenbringt! Nur dann wird man an unser Christsein glauben, wenn von uns ausgehen Ströme der Kraft, Ströme innerer Ruhe und inneren Friedens, Ströme wahrer Liebe zum Nächsten.

Wir können den Kampf des „guten Soldaten Jesu Christi" nur führen, wenn wir zunächst uns selbst in Zucht und Disziplin genommen haben. Das geschieht doch nicht ohne Grund, daß draußen auf dem Kasernenhof wochenlang gebimst wird, wochenlang der Kerl in Zucht genommen wird, bis er blindlings gehorcht. Nur in Zucht und Disziplin wird Mut und Kraft gewonnen! Nur so wird der Soldat imstande sein, vor dem Feinde das zu leisten, was man von ihm erwartet. Darum zunächst die straffe Schule der Selbsterziehung, der Kampf mit uns selbst. Ich darf Euch bei dieser Gelegenheit sagen: Ich habe mich heute morgen gefreut, als nach der Heimfahrt vom Dome Ihr mir die Kundgebung vor meinem Palais bereitet habt. Ich danke Euch dafür. Ich habe mich aber mehr gefreut darüber, daß Ihr auf mein Wort hin sofort Kehrt gemacht habt und zum Essen gegangen seid; das ist Disziplin, und Menschen, die sich so in der Gewalt haben, die so diszipliniert sind, die werden ihrem Bischof folgen, mit ihm gehen, wenn es darauf ankommt. Und wir wollen diese harte Schule der Selbsterziehung unerbittlich an uns vollziehen.

Nun bitte ich Euch, geht nach Haus, in Eure Gemeinden und sagt dort allen, die nicht bei uns sein konnten: „Der Bischof grüßt Euch, der Bischof segnet Euch, der Bischof vertraut auf Euch." Versucht auch, die anderen mitzunehmen zum Tisch des Herrn und in den Jugendgruppen eine feine Feier der Liturgie zu pflegen, damit von der Jugend aus das neue

Beten, Singen und Opfern und neuer Eifer Besitz ergreift von den Gemeinden.
Zeigt aber auch den Alten, die die Jugend nicht immer verstehen, die so leicht bereit sind, das Wort auszusprechen von der Autoritätslosigkeit der Jugend, daß Jugendhaltung und Jugendzucht mehr sind als bloß ein Name. Wir wollen zeigen, daß wir in Ehrfurcht und Bereitschaft und Gehorsam stehen, da, wo Kirche und Staat etwas von uns verlangen. Ich hoffe, daß ich recht bald und recht oft die Jugend der Erzdiözese Paderborn in den einzelnen Bezirken um mich versammeln kann an den Abenden.
Ich werde die Herren Jugendseelsorger bitten, diese Dinge vorzubereiten, und in gemeinsamer Arbeit und Besprechung werden wir für die Erfüllung und Lösung der Ziele, die für das kommende Jahr gesteckt sind, die Wege suchen.
Und nun will ich Euch allen in Liebe den hohenpriesterlichen Segen geben als Unterpfand, daß die Gnade Gottes Euch alle wachsen läßt zum vollen Leben, zum Frieden Christi, hin zur Freiheit der Kinder Gottes. Amen.
(Segen)

Dokument VIII [D. VIII]

SD-Aufzeichnung interner Rede L. Jaegers vom 23. 10. 1941 im Ordinariat vor jungen Geistlichen

StA. Detmold. M 18, Nr. 16, Bd. II, Bl. 483-486 (SD-Hauptaußenstelle Bielefeld)
Erstveröffentlichung
Schreibmaschinendurchschlag, dessen Original zum RSHA ging

SD – Hauptaußenstelle Bielefeld
Bielefeld, den 28. Oktober 1941

An III c 22
Ansprache des Erzbischofs vor den Teilnehmern eines Pfarrer-Bewerber-Lehrgangs am 23. 10. 1941

Am Donnerstag, den 23. 10. 41, hielt der Erzbischof Dr. Jaeger im großen Saale des Generalvikariates in Paderborn vor 47 Vikaren, die den Pfarrkonkurs vom 19. 10. bis 23. 10. 41 gemacht hatten, und vor 8 Professoren, folgende Ansprache, die hier teils wörtlich, teils sinngemäß wiedergegeben wird.

Meine Herren!

Sie haben eine Prüfung hinter sich und sind froh, eine solche Last hinter sich zu haben. Aber Sie sollen es nicht machen wie jener Hund, den man ins Wasser warf, und der, nun der Flut entronnen, sich kräftig schüttelt, um alles Wasser von sich loszubekommen, Sondern Sie sollen weiter arbeiten in der Theologie.
Jeder wird nach 6 bis 8 Jahren Seelsorge gemerkt haben, daß in seinem Arbeiten, in den Predigten usw., ein Leerlauf eintritt. Man weiß nicht mehr, was man dem Volk Neues zu sagen hat. Man hat nichts mehr zu verausgaben, weil man nicht mehr von innen her nachgefüllt hat. Das bloße Studium auf ein Examen tut es nicht, weil man sich da mit Stoff belädt, den man wieder los haben will. Man muß intensiv für sich studieren, täglich, Stücke, die einem Freude machen. Ihr selber merkt es gar nicht, wie leer Ihr werdet, aber das Volk merkt es und hat es zu tragen. Es kommt davon, daß man als Geistlicher so allein dasteht; niemand sagt es einem, was fehlt; darum sage ich es. Entweder werdet Ihr in Eurem Leerlauf müde und träge, oder Ihr werdet hochmütig, und meint, Eure

Leistung sei schon der Gipfel des Guten. Ich erwarte daher, daß Ihr trotz Krieg und Arbeit und trotzdem man sich jetzt so schwer konzentrieren kann bei den Ereignissen, ich erwarte, daß jeder täglich mindestens eine halbe Stunde für das Studium sich erübrigt, und in der Frühe die eine Betrachtungsstunde festhält, um die ganze Theologie betrachtend und betend in sich aufzunehmen.

Der Pfarrkonkurs ist ein entscheidender Schritt in Eurem Berufsleben, und ich benütze diese Gelegenheit, Euch Mahnungen mit auf den Weg zu geben. Ihr müßt jetzt erst recht zu studieren anfangen, damit Ihr dem Volke etwas zu geben habt, und aus dem Vollen schöpfen könnt. Es wären billige Siege, wenn Ihr nur psychologisch, oder weil Ihr bestimmte Führerqualitäten habt, da und dort den geknickten Seelen seelsorgerlich beisteht und sie wieder zum Gebet und Sakramentenempfang bringt, die bloß psychologische Behandlung würde die Leute nur für kurz gewinnen; es wäre ein kurz flackerndes Feuer, bald wäre es wieder beim alten. Ihr müßt viel und gründlich Eure Dogmatik studieren, und später Moral und Kirchenrecht und andere Fächer, um dann die Lehre der Kirche vortragen zu können, und aus dem Vollen zu geben, und reiches Leben weitergeben zu können, weil in Euch selbst reiches Leben und Wissen ist.

Dabei will ich Euch heute auf einen Punkt besonders aufmerksam machen. Manche meinen, sie müßten jetzt in ihren Predigten und in der Seelsorge nur immer über die neuen Zustände und die neue Zeit jammern und klagen und negativ und kritisch sich äußern. Meine Herrn, ich kann Sie vor solcher Haltung nur warnen; sie ist falsch. Der hl. Augustinus sagt einmal: „Die Zeit, das sind wir selber; die Zeit ist so, wie wir sie gestalten." Und Augustinus lebte in einer Zeit, die ebenso schwierig und gefährlich, wenn nicht noch schwieriger war als die unsere. Überhaupt, wenn Sie die Kirchengeschichte betrachten, so wissen Sie: Gott hatte mit jeder Zeit seine eigenen Pläne, und hat immer alles zum Guten gelenkt. Ihr selber seid die Zeit, und so wie die heutige Zeit ist, das kommt von dem, was wir ihr gegeben haben. (Er zitierte noch eine Stelle bei dem hl. Gregor). Sie dürfen nicht immer über diese Zeit jammern und klagen. Sie müssen diese Zeit freudig bejahen und Gott danken, daß er Sie mitten hineingestellt hat, um an ihr zu arbeiten; um so viel armen, abgehetzten und unruhigen Menschen die Frohbotschaft und das Leben zu bringen. Sie sollen nicht politisieren, sondern studieren und darüber nachsinnen, wie Sie so vielen gehetzten und gequälten Menschen das Leben bringen können. Wie viele haben irgendwie im Leben einen Riß bekommen oder irgendetwas Schweres durchgemacht, und Ihre Aufgabe ist es, dem allen nachzusinnen, und

die ganze Seelennot zu erfassen, und neue Wege der Hilfe und der Seelsorge zu ersinnen. Wenn Sie mehr studieren und betrachtend und betend all diese Fragen in sich aufnehmen, dann werdet Ihr nicht jammern und klagen, sondern positive neue Wege der Seelsorge finden.
Bei dieser Gelegenheit will ich Ihnen einen besonderen Wunsch und eine Mahnung mit auf den Weg geben: Unterlaßt alles Politisieren! Wenn Schwierigkeiten auftreten, und wenn Unrecht geschieht – und Unrecht bleibt Unrecht –, dann ist es nicht Aufgabe für Sie da unten in den einzelnen Seelsorgestätten, den Kampf durchzufechten, und so zu kämpfen, daß Sie ins Gefängnis kommen; da müssen Sie scharf die Grenze ziehen; Sie haben sich mit der Seelsorge zu befassen; wenn prinzipielle Entscheidungen zu treffen sind, so hat das Euer Bischof auszufechten und durchzukämpfen; Euer Bischof gehört ins Gefängnis oder ins KZ, nicht Ihr; Ihr habt einfach und schlicht Eure Pflicht zu tun, und das andere habt Ihr Eurem Bischof zu überlassen! Ihr seid nicht für die politischen Streitigkeiten da.

(Der Erzbischof sprach im Sinne der Sonntagspredigt noch davon, wie der Priester Leben, reiches Leben zu spenden habe und daß er nur dann reiches Leben weitertragen könne, wenn er es in der Gnade und im Gebet selber reichlich in sich habe; darum sollte jeder in diesem Sinne an sich selber arbeiten. Ferner sollten sie die in der Heimat von ihm grüßen.
Dann gab er ihnen den bischöflichen Segen.

Von einem V-Mann wird hierzu weiter berichtet:)
Die Rede machte auf alle einen starken Eindruck. Die Vikare schienen am Anfang etwas ermüdet zuzuhören – denn diese Mahnung zu mehr Studium hören sie nicht gerne –, dann wurden sie sehr still, als die Mahnungen kamen, nicht Politik zu treiben, und bei der Wendung: „Euer Bischof gehört ins Gefängnis oder ins KZ, nicht Ihr habt das durchzukämpfen“, da horchten sie auf! Auch ein Professor, der sonst etwas scharf eingestellt ist, lobt die Rede und sagte: Wenn man früher die Geistlichen schon zu Klugheit gemahnt hätte, wäre mancher traurige Fall von Maßregelung unterblieben.
Allerdings auf dem Nachhauseweg sagte mir gleich ein Vikar: „Das hat uns gut gefallen, daß der ‚Bischof ins KZ gehört‘, aber bisher hat man uns ja dazu getrieben, zu kämpfen, und ist dann einer hereingefallen; dann hat es uns nur geärgert, daß man in Paderborn uns im Stiche gelassen hat, und gesagt hat: ‚Hättet Ihr Euren Mund gehalten und wäret Ihr klüger gewesen!‘ Das hat uns bisher furchtbar geärgert und enttäuscht.“

Dokument IX [D. IX]

Ein V-Mann befragt am 13. 11. 1941 Nuntius C. Orsenigo über die kirchenpolitische Lage

PA Bonn. Inland II geheim 44 Bl. 433 865-433 869

Schreibmaschinenoriginal mit Unterschrift R. Heydrichs

Chef der Sicherheitspolizei
und des SD B1-930/41 g. Rs. Berlin SW 11, den 18. Dezember 1941
Prinz-Albrecht-Straße 8
Stempel: Geheime Reichssache
Stempel: Auswärtiges Amt mit Eing.
vom 19. 12. 1941

Herrn Reichsminister des Auswärtigen
von Ribbentrop
Berlin W 8
Wilhelmstraße 63
Betrifft: Besprechung zwischen einem hiesigen VM
und dem Nuntius am 13. 11. 41
Vorgang: Ohne

Sehr verehrter Herr Reichsminister!

Am 13. 11. 41 hatte ein hies. VM, der seit langen Jahren mit dem Nuntius gut befreundet ist und seit mehreren Jahren zuverlässige Berichte liefert, eine längere Unterredung. In der Unterredung, die sehr aufschlußreich war, wurden von dem VM mehrere von hier aufgegebene Fragen behandelt. Zu den einzelnen Fragen nahm der Nuntius folgendermaßen Stellung. Den Inhalt der Todesanzeige für Erzbischof Dr. Waitz, „der Primas Germaniae sei gestorben", bezeichnete der Nuntius als Kindereien. Es ist gut, daß die Wahl des Kapitelvikars dem Staat bekannt gewesen sei, aber Filzer ist keine dauernde Lösung, vor allem in Anbetracht seines Alters. Die Wahl des Erzbischofs Lorenz bezeichnete der Nuntius als eine noble Geste des Vatikans, der gerade eine so hoch ausgezeichnete Persönlichkeit zum Erzbischof gewählt habe. Der Nuntius betont, daß man nicht gern davon spreche, daß Lorenz Ritter des Hohenzollernordens ist. Lorenz habe die besondere Eignung, ohne Konflikte mit dem Staat auszukommen und trotzdem die Jugend auf seiner Seite. Der Nuntius hat sich Lorenz von der Front kommen lassen und ihm seine Wahl zum Erzbischof eröffnet. Hierauf sei Lorenz sehr bestürzt gewesen und soll geäußert haben, daß man ihn doch gar nicht kenne. Der Nuntius betonte, daß er Lorenz gesagt habe: „Ich habe Ihr ganzes Leben studiert! Und wenn Sie nichts mitbringen würden als die katholische Jugend, es wäre auch das sehr viel."

Bezüglich der Wahl eines neuen Erzbischofs von Salzburg vertritt der Nuntius den Standpunkt, daß man in einer konkordatsfreien Diözese keinen Präzedenzfall schaffen dürfe, indem man Verhandlungen um die Zustimmung des Staates führt. Im Altreich habe man als Anlaß für solche Zugeständnisse ein immerhin noch bestehendes Konkordat. In konkordatsfreien Diözesen wären jedoch Verhandlungen über Bischofswahlen (Weihbischöfe und Coadjutoren mit Sukzessionsrecht), Hingabe einer Freiheit ohne Gegenleistung. Auf keinen Fall, erklärte der Nuntius, wird man einen Nachfolger aus dem Altreich wählen, „da man den Österreichern doch keinen Preußen vorsetzen kann".

Auf die Frage des VM, ob der Vatikan das Wartheland als Reichsgau anerkannt und einen Apostolischen Administrator namhaft gemacht habe, entgegnete der Nuntius energisch: „Das höre ich nicht gerne! Wenn wir in Belgien oder Holland einen Bischof wählen, so anerkennen wir doch nicht, daß jenes Gebiet Bestandteil des Reiches ist. Es ist doch ein Entgegenkommen Roms, wenn ich für das besetzte Gebiet Frankreichs mit der Reichsregierung spreche und nicht der Nuntius von Vichy! Wir könnten ja auch einen apostolischen Delegaten in das besetzte Frankreich senden, der nur nach Rom berichtet und nicht mit der Reichsregierung spricht."

Diese Äußerungen des Nuntius zeigen klar, mit welcher Begründung der Nuntius seine Zuständigkeit für die besetzten Gebiete auslegt, ohne daß dadurch vom Vatikan eine Anerkennung der besetzten Gebiete zu Deutschland gegeben ist.[1] Über die Möglichkeit einer Vereinigung der

---

1 Zu diesem Satz findet sich eine schwer zu lesende handschriftliche Randbemerkung Weizsäckers, die dem Außenminister abrät, dem Nuntius die Zuständigkeit für das Wartheland entziehen zu lassen. Hitler gab jedoch am 10. 6. 1942 eine gegenteilige Weisung im Führerhauptquartier an den ständigen Vertreter des Außenministers. Seitdem sperrte sich die Reichsregierung völlig gegen alle mittelbaren und unmittelbaren Versuche Roms, die unmenschlichen Verhältnisse im Warthegau durch Interventionen zu mildern. Erschütternde Auszüge aus den Noten des Vatikans finden sich in den italienischen Anmerkungen bei D. Albrecht, Die politische Klausel des Reichskonkordats in den deutsch-vatikanischen Beziehungen 1936-1943. In: Albrecht, Katholische Kirche im Dritten Reich, S. 128-170, hier bes. S. 170, Anm. 152, deren Inhalt Botschafter E. von

Diözesen Metz mit Speyer und Straßburg mit Freiburg erklärte der Nuntius: „Die Grenzen sind gemeinsam. Das widerspricht nicht unserem Glauben, wenn bis zu endgültigen Regelungen territorialer Fragen Diözesen zusammengelegt werden."
Auch zeigt die Bemerkung des Nuntius, daß die Kirche gewillt ist, den gegenwärtigen Notwendigkeiten Rechnung zu tragen, jedoch auch hier sich keinesfalls festlegen will, bevor der Krieg nicht beendet ist und „damit für die Kirche" eine territoriale Abtrennung nicht mehr möglich erscheint.
Zu der Frage des Konfessionsunterrichts in der Schule bzw. Kirche erklärte der Nuntius, daß man sich vor allem Gewißheit darüber verschaffen müsse, daß sich der Staat in die öffentlich zugänglichen Religionsstunden in den Kirchenräumen niemals einmischen werde. Zu dem Unterricht selbst erwähnte der Nuntius; daß es psychologisch begreiflich ist, daß die Kinder immer in Opposition zu ihren Lehrern sind. Sie haben Freude daran, den Lehrern zu widersprechen, sie lernen besser, weil ihnen der Lehrer etwas anderes sagt. Die Kinder können jedoch nicht früh genug darauf aufmerksam gemacht werden, daß es verschiedene Meinungen gibt. Die Lehrer werden sicher Religions- oder Weltanschauungsersatz in der Schule lehren, aber sie werden bald in der Defensive sein und dann verlieren sie die Lust.
Beachtlich ist die Stellung des Nuntius zu der Tätigkeit des Bischofs Galen. Der Nuntius äußerte sich hierzu sehr positiv und betonte, daß einige Bischöfe Galen den Vorwurf gemacht hätten, daß er zum unrichtigen Zeitpunkt gesprochen und geschrieben habe. Dieser Vorwurf ist richtig (nach Nuntius), aber er trifft nicht Galen, sondern die Polizei, „oder hätte Galen bis nach dem Kriege warten sollen, da man doch jetzt die Klöster beschlagnahmt hat. Galen wird sicherlich nicht mehr sprechen, als nötig ist, und wenn ihn die Polizei nicht zwingt, so wird er gern schweigen; aber ich fürchte, er wird nicht lange schweigen können." „Man kann hetzen und den Führer einseitig informieren – die Lage ist ja jetzt sehr bedrohlich – aber ich sage es Ihnen heute schon, der Führer wird einmal entscheiden,

Weizsäcker in „ganz abgeschwächter verfälschender Form nach Berlin" – so Albrecht – weiterleitete (ebd.). Die Brisanz der Note liegt in der offenbaren Anspielung auf die Judenverfolgung: „Die Völker so vieler Staaten der Welt würden mit einhelligem Wohlgefallen eine Verfügung der Deutschen Regierung aufnehmen, die unter den Häftlingen den Kranken, den Frauen, den Kindern die Freiheit zurückgäbe und, soweit möglich, deren Heimkehr begünstigte, außerdem eine Erklärung eben dieser Regierung, die – in aller klarheit – eine humane Behandlung der Gefangenen und Inhaftierten jeglicher Rasse und Nationalität sicherstellte" (Übersetzung v. A. Bürger).

daß der ungesunde Zustand zwischen Staat und Kirche aufhören muß. Der Führer wird so entscheiden, nicht weil er die Kirche liebt, sondern weil er sehr klug ist. Er ist klüger, als seine Umgebung es glaubt! Man sagt, die Geschichte wiederhole sich nicht, aber sie ist eine Lehrmeisterin. Der Führer weiß, daß man im Frieden verlieren kann, was man im Kriege gewonnen hat. Die Katholiken im Reiche sind um viele Millionen zahlreicher und stärker geworden! Auch Bismarck war Feind der Kirche, aber er hat eines Tages einen Brief an den Papst geschrieben und mit „Sire" begonnen. Das war der Anfang. Wenn noch einige kirchenfeindliche Gesetze Bismarcks existieren und wenn der Kanzelparagraph heute noch seinen Namen trägt – es sind doch einige andere Gesetze gefallen. Man kann ja in Deutschland die Kirche fast ganz verdrängen und die Protestanten auch, *aber dann werden einmal vielleicht die Slovaken, oder sonst jemand, Missionare senden!*" Durch diese Stellungnahme hat sich der Nuntius mit der landesverräterischen Tätigkeit des Bischofs Galen identisch erklärt und stützt sie somit in jeder Form.

Zu der Polizeiverordnung über die Kennzeichnung der Juden erklärte der Nuntius, daß Sondergottesdienste in Anbetracht der schon geringen Zahl an Juden nicht gehalten werden können. Seitdem die Juden gekennzeichnet sind, ist die Haltung der Deutschen schon merklich wohlwollender geworden. Als Beispiel hierfür erwähnte der Nuntius einen Vorfall in einer Berliner Straßenbahn. Nachdem ein junger Mann eine alte Jüdin aufgefordert hatte, ihm ihren Platz freizumachen, seien sofort zwei Herren aufgestanden, die der Jüdin demonstrativ ihren Platz anboten.

Abschließend bat der Nuntius den hiesigen VM, ihn bei seinem nächsten Aufenthalt in Berlin wieder aufzusuchen.

Zusammenfassend kann aufgrund dieser Unterredung gesagt werden, daß der Nuntius sich mit den Maßnahmen des deutschen Episkopates vollkommen identisch erklärt und die Stellungnahme des Vatikans zur Neuordnung der kirchlichen Verhältnisse hinauszögert.

(Namenzug Heydrichs)

Dokument X [D. X]

Entwurf eines gemeinsamen Hirtenwortes vom 15. 11. 1941 durch den Ordensausschuß (Auszug)

Aus EA München. Nachlaß Faulhaber. Nr. 3157 (Faulhaber II 845a) Schreibmaschinenhektographie.

Überschrift: Gemeinsamer Hirtenbrief der katholischen Bischöfe Deutschlands.

Deutsche Katholiken!

Wir stehen in Stunden größter Entscheidung. An der Front werden des Reiches und der Staaten Geschicke geschmiedet. Wir begleiten unsere Soldaten auf ihren schweren Wegen mit unseren Gebeten. Wir gedenken in dankbarer Liebe der Toten, die für unser Volk das Leben hingegeben haben. Unsere Sorge und Hilfsbereitschaft gilt den Verwundeten. Wir nehmen innigen Anteil an der Trauer derer, denen der Krieg das schwerste Opfer abgefordert hat.
Aber auch in der Heimat tobt ein Kampf; ein Kampf der Geister um die unsterblichen Seelen. In diesem Kampf müssen wir Bischöfe mit dem freien Mut apostolischer Männer zu euch und zu allen sprechen, denen Wahrheit und Gerechtigkeit am Herzen liegen. Der Krieg und die Entwicklung im Innern stellen Fragen, zu denen wir nicht schweigen dürfen, wenn es uns ernst ist mit den einfachsten Pflichten unseres oberhirtlichen Amtes, wenn wir nicht schuldig werden wollen vor Gott, vor euch und vor der Zukunft. Jeder deutsche Bischof muß die unverrückbaren Gesetze Gottes und der Kirche verteidigen, gleichviel in welchem Teil des Reiches der Angriff erfolgt.

I.

Auf unseren letzten gemeinsamen Hirtenbrief vom Juli dieses Jahres hin hat uns die Reichsregierung zum Vorwurf gemacht, daß wir
1. der Erwartung nicht entsprochen hätten, unsere ganze Kraft einzusetzen, um allen Gläubigen zu Beginn des Kampfes gegen den Bolschewismus Siegeswillen und Siegeszuversicht einzuflößen, daß wir vielmehr
2. einen Hirtenbrief veröffentlichten, der sicher nicht von dem Willen

getragen gewesen sei, das Vertrauen der Gläubigen zur Führung des deutschen Volkes zu stärken, sondern eher zu erschüttern.

Dazu stellen wir fest:

1. Wir haben in unserem Hirtenbrief zu treuer Pflichterfüllung, zu tapferem Ausharren, opferwilligem Arbeiten und Kämpfen im Dienste unseres Volkes in schwerster Kriegszeit aufgefordert. Zu einem besonderen Aufruf gegen den Bolschewismus lag für uns keine Veranlassung vor. Die ablehnende Haltung der Kirche gegenüber dem Bolschewismus war immer eindeutig und klar, seit man den Bolschewismus kennt. Als Papst Pius XI. in seinem Rundschreiben „Divini Remdemptoris" das Urteil der katholischen Welt über den Bolschewismus zusammenfaßte, konnte er auf die früheren Verurteilungen der kommunistischen Lehre hinweisen, die bereits Papst Pius IX. in den Jahren 1846 und 1864 und Papst Leo XIII. im Jahre 1878 ausgesprochen hatten; ebenso konnte er hinweisen auf seine eigenen, den Bolschewismus kennzeichnenden und verurteilenden Worte aus den Jahren 1924, 1928, 1931, 1932 und 1933. Auch wir deutschen Bischöfe haben es an Warnungen gegenüber der Gefahr des Kommunismus nicht fehlen lassen. In unsern gemeinsamen Hirtenschreiben der Jahre 1921, 1924, 1933 und 1936 über den Bolschewismus haben wir die Katholiken Deutschlands zur Wachsamkeit aufgerufen.

An unserer Haltung hat sich auch nichts geändert, als nach Abschluß der Rußlandverträge die Reichsregierung durch das Ministerium für kirchliche Angelegenheiten und durch die Reichspressekammer verboten hat, in Predigten, Kirchenblättern und Zeitschriften die Worte Kommunismus und Bolschewismus zu gebrauchen. Infolge ihrer grundsätzlichen Ablehnung ist die Kirche immer noch die stärkste Macht gegenüber dem Bolschewismus, und die Seelsorgearbeit ihrer Priester ist seine wirkungsvollste Abwehr.

2. Auf den zweiten Vorwurf antworten wir: Der Wille, das Vertrauen des Staatsvolkes zur Staatsführung zu erschüttern, kann bei uns niemals vorliegen. Das läßt unsere christliche Pflichtauffassung nicht zu. Dieselbe christliche Pflichtauffassung zwingt uns aber, unablässig dafür Sorge zu tragen, daß die Ursachen beseitigt werden, die das Vertrauen zur Staatsführung in weiten Kreisen des Volkes schon in bedenklichem Maße erschüttert haben.

Mit keinem Wort klagen wir hier über die Opfer und Einschränkungen, die der Krieg verlangt. Der Krieg fand und findet uns überall bereit, die gleichen Pflichten zu erfüllen, die allen auferlegt sind. Aber wir können es nicht verschweigen: der Krieg findet uns nicht als Menschen gleichen

Rechtes. Er findet uns bedrängt und bedrückt durch Haltungen, die den Gesinnungen des Bolschewismus manchmal zum Verwechseln ähnlich sind. Es darf nicht sein, daß hinter der Front wächst und wuchert, was die Front zerschlägt und vernichtet: Glaubet nicht, wir wollen über Kleinigkeiten Klage führen. Es geht um mehr. Wie an der Front, so geht es auch in der Heimat um das Ganze. Trotz Krieg und Kriegsnot, die sonst alle inneren Gegensätze überbrücken, wird bei uns der Kampf gegen Gott und die Kirche immer heftiger.

II.

(Die Gegenüberstellung von Konkordat und Wirklichkeit des Dritten Reiches ist von uns ausgelassen. – Anm. v. H. G.)

III.

Mit noch größerem Schmerz beklagen wir es aber; daß selbst die von Gott in seine Schöpfungsordnung gelegten unverrückbaren Gesetze mißachtet und verletzt werden. Wir meinen damit jene Gesetze, welche die Grundpfeiler der christlichen, ja sogar aller menschlichen Kultur sind und bleiben müssen.

Wir meinen:

1. Das naturgesetzliche Recht auf Schutz des privaten Eigentums. In letzter Zeit sind mehrere hundert, meist große Ordenshäuser durch Gewaltakte der Geheimen Staatspolizei, der Partei und des Staates beschlagnahmt und teilweise enteignet worden. Zahlreiche Kirchen wurden geschlossen, wurden da und dort weltlichen Zwecken dienstbar gemacht, wurden vereinzelt entweiht und geschändet. Zu solchen Freveln wurde sogar schulpflichtige Jugend gezwungen; deutsche Kinder, deren Väter und Brüder in Rußland die geschändeten Gotteshäuser öffneten und sie dem russischen Volk wiederschenkten. Die Wegnahme erfolgte ohne Recht und ohne Richter, ohne Verteidigung und ohne Beweis.

Wir Bischöfe verwahren uns vor Gott und vor dem deutschen Volk feierlich gegen diese rechtlose Wegnahme kirchlichen Gutes. Wir verlangen unentwegt seine Rückgabe, auch deshalb, weil wir das private Eigentum als die Grundlage aller Wirtschafts- und Sozialordnung schützen müssen und wollen. Denn was heute kirchlichem Gut widerfährt, kann morgen jedem Gut widerfahren. Wir meinen:

2. Das naturgesetzliche Recht auf Schutz von Wahrheit und Ehre. Um den unbegreiflichen Klostersturm in Deutschland zu rechtfertigen und gera-

dezu als notwendig hinzustellen, gibt man Unwahrheiten oder entstellte Tatsachen an. Es ist unwahr, daß Klöster in Deutschland sich geweigert haben, ihre irgendwie entbehrlichen Räume für verwundete Soldaten, für Umsiedler, für Frauen und Kinder aus luftgefährdeten Gebieten zur Verfügung zu stellen. Wer von den Gegnern der Klöster hat auch nur annähernd so große Einschränkungen auf sich genommen? – Ehrlos und rechtlos wie Vogelfreie wurden die Ordensleute vertrieben. Sie wurden vielfach gezwungen, in kurzer Frist, oft nur von wenigen Stunden, Haus und Hof zu verlassen; ohne Mittel und Obsorge, angewiesen auf gutherzige Menschen, ausgestattet nur mit den notwendigsten Armseligkeiten. Oft hat man sie ihrer Heimat beraubt; sie aus ihren Heimatgauen verwiesen.

Jetzt werden die Mitglieder eines Ordens unterschiedslos und ohne eigene Schuld aus der Wehrmacht entlassen. Wie jeder deutsche Soldat haben auch sie gekämpft, haben Blut und Leben eingesetzt, wurden vielfach ausgezeichnet. Nun, nachdem eine Anzahl von ihnen gefallen ist, sollen sie unwert sein, für Volk und Heimat zu kämpfen und zu sterben.

An der Front wie in der Heimat steht der überzeugungstreue Christ in der Erfüllung seiner vaterländischen Pflicht hinter keinem zurück. Trotzdem wagt man es, solche, die treu zu ihrem Glauben stehn, Staatsfeinde und Volksverräter zu nennen, nur weil sie – Christen sind.

Wir Bischöfe verwahren uns vor Gott und vor dem deutschen Volk feierlich gegen diese Verletzungen von Wahrheit und Ehre. Jeder Untertan des Staates hat ein Recht auf Wahrheit und Ehre. Was heute unseren Ordensleuten, was heute den Christen geschieht, kann morgen jedem widerfahren.

Wir meinen:

3. Das naturgesetzliche Recht auf persönliche Freiheit. Tausende von Männern und Frauen schmachten in den Sammellagern der Geheimen Staatspolizei, ohne jemals vor einem unabhängigen Richter einer Schuld überführt worden zu sein.

Wir Bischöfe verwahren uns vor Gott und vor den deutschen Volk feierlich gegen diese ungerechte Vernichtung der persönlichen Freiheit. Wir tun es unserer verhafteten Brüder wegen. Wir tun es, weil dieses Los, bloß auf feige Angeberei hin, sich in einem Sammellager zu finden, auch jeden von euch treffen kann. Wir tun es, weil die daraus entstandene Rechtsunsicherheit den Bestand des Staates untergräbt. Wir tun es, weil diese Vergewaltigung der persönlichen Freiheit der Würde des Menschen als Ebenbild Gottes widerspricht.

Wir meinen:
4. Das naturgesetzliche Recht auf das Leben.
Ebenso wie in Deutschland jeder ohne Schuld und ohne Richter seiner Freiheit beraubt werden kann, so kann er auch ohne Schuld und ohne Richter Gesundheit und Leben verlieren. Niemand kann die Gewaltmaßnahmen der Geheimen Staatspolizei überprüfen und niemand hindert sie, nach Belieben über Tod und Leben zu verfügen.
Tausende von Geisteskranken wurden im Zuge sogenannter planwirtschaftlicher Maßnahmen des Staates getötet. Tötung von Geisteskranken, gleichviel aus welchem Grunde, ist und bleibt Mord.
Zur Zeit läuft in Deutschland der Film: „Ich klage an". Der Film mißbraucht die edle Kraft des Mitleids mit menschlichem Elend. Er will zu dem Irrtum verführen, Tötung unheilbar Erkrankter auf eigenes Verlangen hin sei erlaubt. Dem gegenüber haben wir Bischöfe als Hüter der göttlichen Gesetze festzustellen: nie und nimmer darf der Mensch über eigenes oder fremdes Leben verfügen, es sei denn durch gerechten Richterspruch verwirkt oder in Notwehr um eigenes oder das Leben des Volkes gefordert. Denn Herr über Leben und Tod ist Gott allein. Wird das fünfte Gebot an irgendeiner Stelle durchbrochen, so sind die Folgen ohne Maß. Schon heute erleben wir, daß selbst heilbar Erkrankte dem Arzt und Pfleger, sogar den eigenen Verwandten mißtrauen. Denn niemand ist seines Lebens sicher, wenn nicht unantastbar gilt: „Du sollst nicht töten."

IV.

Katholisches, deutsches Volk! Warum führen wir jetzt während des jetzigen Krieges eine solche Sprache? Wir Bischöfe haben diese Sorgen und Schmerzen in Hunderten von Eingaben und Beschwerden zur Sprache gebracht. Aber sie wurden überhört, mißachtet, ja schroff abgelehnt. Daraufhin haben wir in unserem letzten gemeinsamen Hirtenbrief zu diesen Fragen grundsätzlich Stellung genommen. Gleichzeitig haben wir erneut in einer Denkschrift der Reichsregierung die Tatsachen und den bedrohlichen Ernst der Lage aufgezeigt in der Hoffnung, sie werde Abhilfe schaffen. Nun geht seit Monaten in parteiamtlichen Druckschriften, Versammlungen und Schulungskursen trotz aller gegenteiligen Versicherungen und scheinbaren äußeren Ruhe eine Propagandawelle durch das Land, mit dem einen, furchtbaren Ziel: Noch während des Krieges, noch bevor die Soldaten zu euch nach Hause kommen, sollen Christentum und Kirche in Deutschland ausgerottet werden. Dadurch zwingt man uns, heute, während des Krieges, vor dem deutschen Volke laut zu reden, selbst auf die Gefahr hin, daß wir auch dieses Mal mißverstanden werden. Man mag unser freies, apostolisches Wort auslegen, wie man will. Wir rufen Gott zum Zeugen an, daß wir nicht aus Verlangen nach Macht gesprochen haben. Wir verwahren uns gegen den Vorwurf, jetzt während des Krieges dem Volk in den Rücken zu fallen. Durch diese doppelte Unterstellung sucht man diese unsere Worte an euch zu entwerten: Wir sind angegriffen und handeln in Notwehr. Volksschädling ist der Angreifer, der mitten im äußeren Kriege die höchsten Güter des Volkes trotz aller Warnung und aufsteigender Unruhe frevelnd vernichtet und von dieser Verblendung nicht abläßt.

Wir verwahren uns ebenso feierlich gegen jeden Mißbrauch unserer Worte durch die Propaganda der Feinde unseres Volkes. Heiligste Pflicht zwingt uns zu sprechen, weil das Volk in Gefahr ist.

Es geht um Recht und Gerechtigkeit, um Wahrheit und Wahrhaftigkeit, um die innere Gesundheit des deutschen Volkes, um die Geltung und den alten Glanz des gegebenen deutschen Wortes, um die ungeschändete Würde des deutschen Menschen, um die Ehre Gottes und die Aufrechterhaltung seiner Ordnung, außerhalb derer der Mensch und das Volk trotz aller äußeren Erfolge zu Grunde geht.

2. Was soll geschehen? Das eine ist sicher: Es muß etwas geschehen. Worte und Versprechungen genügen nicht mehr; wir mußten leider lernen, ihnen gründlich zu mißtrauen.

Auch Drohungen und Gewalt bleiben unwirksam: Ein Volk, das mitten im äußeren Krieg in den Kampf um seine geistigen und sittlichen Werte gerissen wird, läßt sich auf die Dauer weder hinhalten noch einschüchtern. Unter diesen andauernden inneren Belastungen zerbricht die Volksgemeinschaft. Es zeigen sich schon erhebliche Risse und Sprünge. So wenig wie nach dem Weltkrieg eine Weltordnung bestehen konnte auf der Spaltung der Völker in Sieger und Besiegte, in Besitzende und Besitzlose, ebensowenig kann die Ordnung eines Volkes bestehen auf der Scheidung in Mächtige und Machtlose, in Gewalttätige und Rechtlose. Diese innere Zerrüttung kann nicht durch Zwang und Gewalt überwunden werden, sondern nur durch innere Begegnung und Versöhnung. Darum richten wir öffentlich und feierlich im Namen Gottes an die Staatsführung den Aufruf, diesem Treiben ein Ende zu machen, bevor es zu spät ist. Wir richten diesen Aufruf an die Führung des Reiches um des Reiches willen, das Bestand haben soll; um seiner Untertanen willen, die nicht in innerer Zerrissenheit und Not zu Grunde gehen sollen; um unserer toten Helden willen, deren

Opfer nicht vergeudet werden darf; um Gottes willen, dessen Ordnung und Botschaft man nicht ungestraft beiseiteschieben kann.
Euch aber, katholische Christen Deutschlands, rufen wir auf: seid treu! Seid treu unserem Volke! Wo immer der Daseinskampf unseres Volkes eueren Einsatz fordert, da stehet. Seid treu unserem Herrgott! Wo immer die Menschen Ordnungen und Entscheidungen gegen ihn und sein Gesetz erzwingen wollen, da seid unerbittlich. Gott ist der Allmächtige, Gott ist der Ewige. Darum zagt nicht und zittert nicht.
Sein ist der Sieg!
Es segne euch der Allmächtige Gott, der Vater, der Sohn und der Heilige Geist. Amen.[1]

---

1 Zur Charakterisierung des Entwurfs sagt sein Hauptverfasser A. Rösch nach dem 14. Juni 1942, als er die Menschenrechtsaktion im Überblick darstellte: „Außerdem sei darauf hingewiesen, daß bei beiden Konfessionen das Neue des seinerzeit vorgelegten Hirtenwortes übersehen wurde. Inhaltlich vor allem war es der öffentliche Aufruf an die Reichsregierung, nachdem alle ‚stillen' Proteste unbeachtet verklangen; ferner die feierliche Verwahrung gegen Mißbrauch des Hirtenwortes durch die Feindpropaganda und die Entwaffnung und Verwahrung gegen den Vorwurf vom ‚Dolchstoß'. Beide Verwahrungen wurden später – allerdings wirkungslos – in Briefen der Bischöfe gebracht, die Öffentlichkeit hat davon freilich keine Kenntnis" (Rösch, Kampf, S. 187).

Dokument XI [D. XI]

Denkschriftentwurf des Bischofs Konrad Graf von Preysing, für die Eingabe vom 10. 12. 1941

BA Münster. Bischöfliches Sekretariat, Neues Archiv, 0-62. Bl. 69-76. Erstveröffentlichung

Maschinenhektographie mit handschriftlichen Änderungsvorschlägen[1] C. A. von Galens

[A]Denkschrift der deutschen Bischöfe über die Lage der kath. Kirche in Deutschland, gerichtet an die Reichsregierung im dritten Kriegsjahr, November 1941[A]

Die deutschen Bischöfe sind kraft ihres Amtes verpflichtet und durch die Entwicklung der innerstaatlichen Verhältnisse gezwungen, die Reichsregierung nachdrücklich auf den Ernst der durch die Bedrückung der katholischen Kirche und durch die Verletzung ewiger Gesetze verursachten Lage in Deutschland hinzuweisen.

---

1 Die handschriftlichen Änderungsvorschläge des Bischofs von Münster wurden von Kardinal Bertram bei seiner Verarbeitung der Entwürfe des Ordensausschusses und Preysings in der Reihenfolge der Grundrechte übernommen, während der Preysing-Entwurf sonst kaum beachtet wurde. Die Erstellung der Bertram-Fassung fand in Breslau (frühestens vom Dienstag, 9. 12. bis spätestens Freitag, 12. 12. 1941) statt (vgl. Volk, Akten V, S. 650 u. Anm. 2). Der folgende Entwurf Preysings wurde wichtig für die drei Vorlagen zum Bonner Menschenrechtsprotest vom 22. 3. 1942, von denen auf der Bonner Konferenz (20. 3. 1941) der Kölner Entwurf zur weiteren Bearbeitung herangezogen wurde. Wir kennzeichnen die Änderungsvorschläge Galens im Preysing-Text und in den Fußnoten fortlaufend mit den Buchstaben des Alphabets.
Die Folge der natürlichen Rechte im Entwurf vom 15. 11. 1941 war diese: Eigentum, Ehre, Freiheit und Leben (Steigerung! Psychologischer Ansatz.) Eine Berliner Kurzkonferenz (8. 12. 1941 – s. Volk, ebd.) änderte die Folge, die Preysing vom Ordensausschuß übernommen hatte, nach dem Vorschlag Galens in Freiheit, Leben, Ehre und Eigentum, wobei in Berlin oder erst in Breslau die beiden letzten Punkte miteinander vertauscht wurden. Mit der Folge, die auf Galen zurückging, setzte sich ein mehr systematischer Ansatz durch, der für die späteren Texte bestimmend blieb. Freiheit war das Grundlegende und Primäre, dem alles folgen mußte.

A ... A. Über dem Titel steht handschriftlich, wahrscheinlich von Galens Hand stammend: Entwurf aus Berlin – Unter dem Titel befindet sich ein maschinengeschriebener Querstrich über die ganze Textbreite.

Dieser Ernst der Lage kommt auch dadurch zum Ausdruck, daß die Kirchenführer, die auf dem Boden der staatlich anerkannten Verfassung der deutschen evangelischen Kirche und der Bekenntnisse der Reformation stehen, gleichzeitig an die Reichsregierung abhilfeheischend herantreten.

Wir weisen auf folgende Tatsachen hin :

I.

Der Krieg fand und findet die Katholiken überall bereit, die gleichen Pflichten zu erfüllen, die allen auferlegt sind. Aber wir können es nicht verschweigen, der Krieg findet uns Katholiken nicht als Menschen gleichen Rechtes.

Er findet uns bedrängt und bedrückt durch Maßnahmen, die[B] einer den Gesinnungen des Bolschewismus verwandten inneren Haltung verursacht sind. Hinter der Front wächst und wuchert, was die Front zerschlägt und vernichtet. Wir wollen nicht über Kleinigkeiten Klage führen. Es geht um [C] mehr. Wie an der Front, so geht es auch in der Heimat um das Ganze.

Trotz Krieg und Kriegsnot, die sonst alle inneren Gegensätze überbrükken, wird bei uns der Kampf gegen Gott und die Kirche immer heftiger. Als die nationalsozialistische Partei die Macht übernahm, ward versprochen,[D] den neuen Staat auf die Säulen der christlichen Bekenntnisse zu bauen: Der katholischen Kirche gab das Reich im Konkordat sein Wort, ihr Leben und ihre Freiheit zu wahren. Die Behörden der Partei und des Staates aber bekämpfen die[E] Kirche und verletzen Recht und Vertrag.

1. Es war versprochen und verbürgt: Die Kirche sollte die Freiheit haben, unter dem Schutz des Staates in aller Öffentlichkeit ihr Leben zu entfalten.

Tatsache ist:

Fort und fort wird[F] von Organen der Partei und des Staates bewußt und

---

B Hinter vorstehendem Wort ist einzufügen: von.

C Hier ist einzufügen: wesentliches.

D Hier ist einzufügen: im Christentum die unerschütterlichen Fundamente des sittlichen und moralischen Lebens unseres Volkes zu erkennen und zu achten.

E Einzufügen: christliche Lehre und die christliche.

F Vorstehendes Wort ist zu ersetzen durch: werden.

planmäßig $_{\mathrm{G}}$irgendwo irgendeine$_{\mathrm{G}}$ kirchliche Lebensäußerung$_{\mathrm{H}}$ $_{\mathrm{I}}$unterdrückt. $_{\mathrm{J}}$Die Seelsorge in den Krankenhäusern ist durch die neuesten Erlasse auf das schwerste beeinträchtigt.$_{\mathrm{J}}$
Der Erwerb von Grundstücken zur Errichtung von Gottesdienststätten ist $_{\mathrm{K}}$in weiten Teilen des Reiches$_{\mathrm{K}}$, selbst in Aufbaugebieten der Kirche unmöglich gemacht. Eine Reihe von öffentlichen Kirchen ist geschlossen worden. Gottesdienste außerhalb von Kirchenräumen werden vielfach trotz dringenden Bedürfnissen untersagt. Man verbietet althergebrachte kirchliche Gebräuche und die Feier alter kirchlicher Feste. Selbst in das Heiligtum des Gotteshauses hat die Staatsgewalt eingegriffen; sie hat in Teilen des Reiches Kinderseelsorgestunden sogar in der Kirche verboten und Geistliche wegen der Abhaltung von Kinder- und Jugendgottesdiensten in Haft genommen.$_{\mathrm{L}}$In den $_{\mathrm{M}}$wiedereroberten Gebieten$_{\mathrm{M}}$ wird das kirchliche Leben erdrosselt. So ist beispielsweise das Straßburger Münster seit langem schon dem Gottesdienst entzogen. Den Dom von Posen hat man zu einem Möbellager gemacht. Von den öffentlichen Kirchen der Stadt Posen dienen nur noch 3 den Gläubigen zum Gottesdienst; 13 sind versiegelt, vier sind Möbellager, sechs Lagerräume; eine ist Buchsammelstelle, eine andere Musikschule, eine weitere Werkstätte für Kulissenmalerei und eine schließlich Reitschule. Von den 441 Kirchen der Erzdiözese Posen steht nur noch ein Zehntel (45) für den Gottesdienst frei. Die übrigen 396 sind versiegelt oder fremden Zwecken dienstbar gemacht.
2. Es war versprochen und verbürgt:
Jeder Deutsche sollte in der Freiheit seines Gewissens nach seinem Glauben offen und frei, ohne Nachteil für seine Person und sein Fortkommen leben können.
Tatsache ist:
Beamte, deren Treue gegen den Staat ohne Tadel ist, fühlen sich als unzuverlässig überwacht; müssen befürchten, nicht befördert, ja abgebaut zu werden, nur weil sie mannhaft und treu zu Christus und Kirche stehen.

G ... G Zu streichen.

H Anzuhängen : en.

I Einzufügen : behindert und.

J ... J Zu streichen.

K ... K Einzuklammern.

L Anzufügen: Die Seelsorge in den Krankenhäusern ist durch neue Erlasse auf das Schwerste beeinträchtigt.

M ... M Im Original in Maschinenschrift unterstrichen.

Heimgeholten Volksdeutschen wird häufig$_{N}$ die Teilnahme am Gottesdienst unmöglich gemacht, ihre seelsorgerliche Betreuung oft$_{O}$ erschwert und verhindert.

3. Es war versprochen und verbürgt:

Christliche Eltern sollten in der Erziehung ihrer Kinder zu christlichen Menschen frei sein. Die katholische Bekenntnisschule, der katholische Religionsunterricht in den Volksschulen, in den Berufsschulen, in den Mittelschulen und höheren Lehranstalten sollte erhalten bleiben. Der Sonntag als Tag des Herrn sollte in der Zeit des Gottesdienstes frei sein vom Dienst in Hitlerjugend und Jungvolk.

Tatsache ist:

Diese$_{P}$ Rechte der Eltern werden ununterbrochen verletzt. Die Bekenntnisschule ist abgeschafft. Die konfessionellen Kindergärten sind teils geschlossen, im übrigen aufs schwerste bedroht. Der Religionsunterricht ist aus den Berufsschulen und den oberen Klassen der Volksschulen verbannt, in den übrigen Schulen und Klassen eingeschränkt und in die Eckstunden verdrängt. Vielfach ist das Kreuz aus der Schule entfernt oder in Gefahr, entfernt zu werden. Aus Schulen und Kindergärten verschwindet das Gebet. Die Priester sind häufig ohne Angabe von Gründen aus der Schule verwiesen. Die Jugend ist$_{Q}$ oft durch außerplanmäßige Veranstaltungen der Staatsjugend vom Gottesdienst ferngehalten und wird planvoll$_{R}$ gegen Kirche und Elternhaus beeinflußt.

Lager der erweiterten Kinderlandverschickung, Zuflucht und Hort vor leiblichem Tod durch feindliche Fliegerbomben, sind $_{S}$da und dort$_{S}$ Stätten seelischer, religiöser und sittlicher Verwahrlosung$_{T}$.

Vielfach wird das Landjahr und der Arbeitsdienst dazu mißbraucht, die Teilnehmer der Religion zu entfremden.

4. Es war versprochen und verbürgt: christliche Glaubens- und Sittenlehre dürfe uneingeschränkt verkündet und unbehindert auch$_{U}$ in Druckschriften$_{U}$ verbreitet werden.

N Vorstehendes Wort ist zu ersetzen durch: nicht selten.

O Vorstehendes Wort ist zu streichen.

P In vorstehendem Wort ist die zweite Silbe zu streichen.

Q Zu ersetzen durch: wird.

R Zu ersetzen durch: planmäßig.

S ... S Zu ersetzen durch: stellenweise zu.

T Einzusetzen: geworden.

U ... U Zu ersetzen: durch den Druck.

Tatsache ist: [V]Zahlreiche Priester sind unschuldig ihrer Freiheit beraubt, nur weil sie mutig und treu ihre Priester- und Hirtenpflicht erfüllt haben. Volksmissionen, Exerzitien und Einkehrtage sind weithin so gut wie verboten. Die kirchliche Presse wurde unter dem Vorwand von Kriegsnotwendigkeiten erdrosselt. Die christliche Buchproduktion ist fast gänzlich zum Stillstand gebracht.

Die [W]christusfeindliche[W] Propaganda wird [X]weiterhin[X] durch Presse, Buch und Broschüre betätigt[Y].

Es war versprochen und verbürgt:

Orden und religiöse Genossenschaften sollten keinen besonderen Schranken unterliegen.

Tatsache ist: Man hat die katholischen Ordensleute, die im Lehramt oder in den Kindergärten tätig waren, größtenteils entfernt. Durch Verordnung ist verfügt, daß arbeitsfähige deutsche Menschen [Z]nicht mehr in ein Kloster eintreten dürfen[Z]. So wird das deutsche Volk bald[a] ohne die seelsorgerliche Tätigkeit der Ordenspriester und ohne die liebende, opferbereite Hingabe seiner katholischen Ordensschwestern sein:

Es war versprochen und verbürgt:

Die Kirche dürfe Seminare (Knaben- und Priesterseminare), die[b] unentbehrlichen Pflanz-[c]stätten der Priester unseres Volkes, errichten und leiten.

Tatsache ist:

Der Staat hat die meisten Ordensseminare ohne rechtlichen Grund aufgelöst, hat mehrfach[d] Priesterseminare durch seine Geheime Staatspolizei beschlagnahmt und ihren Betrieb verboten[e].

V Einzufügen: Der Abdruck und die Verbreitung päpstlicher und bischöflicher Verlautbarungen werden verhindert und verboten.

W ... W Zu ersetzen durch: christentumsfeindlich.

X ... X Zu streichen.

Y Vorstehendes Wort ist zu ersetzen durch: fast uneingeschränkt betätigt.

Z ... Z Zu ersetzen durch: am Eintritt in einen Orden gehindert werden sollen.

a Vorstehendes Wort zu ersetzen durch: in Zukunft.

b Einzusetzen : fast.

c Vorstehendes Wort ist zu ersetzen durch: Erziehungs-.

d Vorstehendes Wort zu ersetzen durch: mehrere.

e Vorstehendes Wort zu ersetzen durch: unmöglich gemacht.

II.

Es ist weiterhin offenkundig, daß selbst die von Gott in seine Schöpfungsordnung gelegten unverrückbaren Gesetze staatlicherseits mißachtet und verletzt werden. Es handelt sich um jene Gesetze, welche die Grundpfeiler der christlichen, ja aller menschlichen Kultur sind und bleiben müssen. $_{h}$Es handelt sich um die Verletzung von Gesetzen, die nicht nur den deutschen Volksgenossen$_{f}$ gegenüber nicht verletzt werden dürfen; wie es heute an der Tagesordnung ist. Dies fordert die deutsche Ehre, $_{g}$sei es, daß$_{g}$ es sich um Nichtarier oder um Angehörige von Völkern handelt, mit denen das Reich im Kriegszustand ist oder war.$_{h}$Wir weisen hin auf:

1$_{i}$. Das naturgesetzliche Recht auf Schutz des privaten Eigentums.

In letzter Zeit sind mehrere hundert, $_{j}$meist große$_{j}$ Ordenshäuser, durch Gewaltakte der Geheimen Staatspolizei,$_{k}$ der Partei und$_{l}$ des Staates beschlagnahmt, und teilweise enteignet worden. Zahlreiche Kirchen wurden geschlossen, wurden $_{m}$da und dort$_{m}$ weltlichen Zwecken dienstbar gemacht, $_{n}$wurden vereinzelt$_{n}$ entweiht oder geschändet Zu solchen Freveln wurde sogar schulpflichtige Jugend gezwungen, deutsche Kinder, deren Väter und Brüder in Rußland die geschändeten Gotteshäuser öffneten und sie dem russischen Volk wieder schenkten. Die Wegnahme erfolgte ohne Recht und ohne Richter, ohne Verteidigung und ohne Beweise$_{o}$.

Wir Bischöfe legen gegen diese rechtlose Wegnahme kirchlichen Gutes feierlich Verwahrung ein und verlangen seine Rückgabe auch deshalb, weil wir das private Eigentum als die Grundlage aller Wirtschafts- und

---

f Vor der Gesamtkorrektur h...h wurde hier schon eingesetzt: ..., sondern auch Menschen fremden Blutes ...

g ...g Bekommt schon vor der Gesamtkorrektur h... h eine weitere Teilkorrektur: g... g ist zu ersetzen durch: auch wenn.

h ...h Ist gestrichen und zu ersetzen durch: Es handelt sich um Gesetze, die unabdingbare Grundlage sind jeder sittlichen und menschenwürdigen Gemeinschaftsordnung, die wegen ihrer grundsätzlichen Bedeutung in Geltung bleiben müssen nicht nur gegenüber dem Volksgenossen, sondern auch gegenüber Menschen fremden Blutes.

i Zu ersetzen durch: 4.

j ...j Zu streichen.

k Einzusetzen: zugunsten.

l Vorstehendes Wort ist zu ersetzen durch: oder.

m ...m Zu ersetzen durch: teilweise.

n ...n Zu ersetzen durch: ja sogar.

o Einzusetzen: einer Schuld.

Sozialordnung schützen müssen und wollen. Denn was heute kirchlichem Gut widerfährt, kann morgen jedem Gut widerfahren.

Wir weisen hin auf:

2[p]. Das naturgesetzliche Recht auf Schutz von Wahrheit und Ehre.

[q]Man gibt[r], um den unbegreiflichen[s] Klostersturm zu rechtfertigen und geradezu als notwendig hinzustellen, [t]entstellte Tatsachen an[t]. Es ist unwahr, daß die Klöster sich geweigert hätten, ihre irgendwie[u] entbehrlichen Räume für verwundete Soldaten, für Umsiedler, für Frauen und Kinder aus luftgefährdeten Gebieten zur Verfügung zu stellen. [v] Wer von den Gegnern der Klöster hat auch nur annähernd so große Einschränkungen auf sich genommen! Und der Dank? – [w]Ehrlos und rechtlos[w] w[x]ie Vogelfreie wurden die Ordensleute vertrieben. Sie wurden vielfach gezwungen, in kurzer Frist, oft nur[y] von wenigen Stunden, Haus und Hof[z] zu verlassen, [a*]ohne Mittel und Obsorge, angewiesen auf gutherzige[b*] Menschen, ausgestattet nur mit den notwendigsten Arm-[c*]seligkeiten. [d*]Oft hat[d*] man sie ihrer Heimat beraubt, sie aus ihren Heimatgauen vertrieben.

[e*]Jetzt werden die Mitglieder eines Ordens unterschiedslos und[f*] ohne Schuld aus der Wehrmacht entlassen. Wie jeder deutsche Soldat haben auch sie gekämpft, haben Blut und Leben eingesetzt, wurden vielfach

p Zu ersetzen durch: 3.

q Vorgestellt ein „b“, um neue Gliederung von 3 zu zeigen: b c a.

r Vorstehendes Wort ist zu ersetzen durch: greift.

s Vorstehendes Wort ist zu streichen.

t ... t Zu ersetzen durch: zu unwahren Behauptungen.

u Vorstehendes Wort ist zu streichen.

v Hier ist einzufügen: Wir fragen.

w ... w ist zu streichen.

x Vorstehendes „w“ ist groß zu schreiben.

y Vorstehendes Wort streichen.

z Zu ersetzen durch: Heimat.

a* Einzusetzen: fast.

b* Vorstehendes Wort ist zu ersetzen durch: die Barmherzigkeit der.

c* Zu ersetzen durch: Hab.

d* ... d* Einzusetzen: Ohne Recht und Richter, ohne Verteidigung und Gerichtsurteil (hat).

e* Voranzusetzen ist Gliederungspunkt c.

f* Vorstehendes Wort ist zu streichen.

ausgezeichnet. Nun[g*] nachdem eine Anzahl von ihnen gefallen ist, sollen sie unwert sein, für Volk und Heimat zu kämpfen und zu sterben.

[h*]An der Front wie in der Heimat steht der überzeugungstreue Christ in der Erfüllung seiner vaterländischen Pflichten hinter keinem zurück: Trotzdem wagt man es, solche[i*], die treu zu ihrem Glauben stehen, [j*]Staatsfeinde und Volksverräter zu nennen[k*], nur weil sie – Christen sind.

[l*]Wir Bischöfe verwahren uns gegen diese Verletzungen von Ehre und Wahrheit. Jeder Untertan des Staates hat ein Recht auf Wahrheit und Ehre. Was heute unseren Ordensleuten, was heute den Christen geschieht, kann morgen jedem widerfahren.

Wir weisen hin auf:

[m*]. Das naturgesetzliche Recht auf persönliche Freiheit. Tausende von Männern und Frauen schmachten in den Sammellagern der Geheimen Staatspolizei, ohne jemals vor einem unabhängigen Richter einer Schuld überführt zu sein. Wir 3Bischöfe verwahren uns gegen diese ungerechte Vernichtung der persönlichen Freiheit. Wir tun es unserer verhafteten Brüder wegen. Wir tun es, weil die daraus entstandene Rechtsunsicherheit den Bestand des Staates untergräbt. Wir tun es, weil diese Vergewaltigung der persönlichen Freiheit der Würde des Menschen widerspricht.

Wir weisen hin auf:

4[n*]. Das naturgesetzliche Recht auf Leben.

Ebenso wie in Deutschland jeder ohne Schuld und ohne Richter seiner Freiheit beraubt werden kann, so kann er auch ohne Schuld und ohne Richter Gesundheit und Leben verlieren. Niemand kann die Gewaltmaßnahmen der Geheimen Staatspolizei überprüfen, und niemand hindert sie, nach Belieben über Tod und Leben zu verfügen.

Tausende von Geisteskranken wurden im Zuge sogenannter planwirtschaftlicher Maßnahmen des Staates getötet. Tötung von Geisteskranken, gleichviel aus welchem Grund, ist und bleibt Mord.

Zur Zeit läuft in Deutschland der Film „Ich klage an“. Der Film, der

---

g* Ersetzen durch: Jetzt.

h* = Gliederungspunkt a.

i* Einzusetzen: Katholiken.

j* Einzusetzen: wie.

k* Zu ersetzen durch: behandeln.

l* Voranzustellen ist Gliederungspunkt d.

m* Zu ersetzen durch: 1.

n* 4 zu ersetzen durch 2.

amtliche Förderung genießt, mißbraucht die edle Kraft des Mitleids mit menschlichem Elend. Er will zu dem Irrtum verführen, die Tötung unheilbar Erkrankter auf eigenes Verlangen hin sei erlaubt, die Tötung sogenannter „lebensunwerter“ $_{o*}$Existenzen angemessen$_{o*}$. Demgegenüber haben wir Bischöfe als Hüter der göttlichen Gesetze festzustellen $_{p*}$Nie und nimmer darf der Mensch über eigenes oder fremdes Leben verfügen, es sei denn durch gerechten Richterspruch verwirkt oder in Notwehr um eigenes oder das Leben des Volkes gefordert$_{p*}$. Denn Herr über Leben und Tod ist Gott allein. Wird das fünfte Gebot an irgendeiner Stelle durchbrochen, so sind die Folgen unabsehbar. $_{q*}$Schon heute erleben wir, daß selbst heilbar Erkrankte dem Arzt und Pfleger, sogar den eigenen Verwandten mißtrauen$_{q*}$. Denn niemand ist seines Lebens sicher, wenn nicht unantastbar gilt: „Du sollst nicht töten!“

III.$_{r*}$

Alle diese Tatsachen, die der Reichsregierung durch un-$_{s*}$gezählte$_{s*}$ Eingaben und Beschwerden$_{t*}$ zur Kenntnis gebracht worden sind, haben eine tiefe Beunruhigung und Erregung im katholischen Volksteil und weit darüber hinaus hervorgerufen. Dazu kommt,$_{u*}$ daß$_{v*}$ seit Monaten$_{w*}$ in parteiamtlichen Druckschriften, Versammlungen und Schulungskursen eine Propagandawelle durch das Land geht mit einen furchtbaren Ziel: noch während des Krieges, noch bevor die Soldaten nach Hause kommen, sollen Christentum und Kirche in Deutschland ausgerottet werden. Uns Bischöfe treibt $_{x*}$bei dieser Vorstellung$_{x*}$ nicht das Verlangen nach Macht. Es geht um Recht und Gerechtigkeit, um Wahrheit und Wahrhaftigkeit, um die innere Gesundheit des deutschen Volkes, um die Aufrechterhaltung der Ordnungen Gottes, außerhalb derer der einzelne und das Volk trotz

o* ... o* Zu ersetzen durch: Mitmenschen sei gestattet.

p* ... p* Zu ersetzen durch: Unter keinen Umständen darf der Mensch außerhalb des Krieges und der geordneten Notwehr einen Unschuldigen töten.

q* ... q* Ist zu streichen.

r* Zu streichen.

s* ... s* Zu ersetzen durch – zählige.

t* Einzusetzen: wiederholt.

u* Zu ersetzen durch Doppelpunkt.

v* Vorstehendes Wort ist zu streichen.

w* Einzusetzen: geht.

x* ... x* Zu ersetzen durch: , wenn wir dagegen protestieren,.

aller äußeren Erfolge zu Grunde gehen. [z*]Um die drohende Spaltung im Volke zu verhindern, um die sich zeigenden Risse und Sprünge auszufüllen, muß die Reichsregierung handeln[y*].[z*] Unter diesen dauernden inneren Belastungen zerbricht die Volksgemeinschaft. So wenig wie nach dem Weltkrieg eine [a+]Welt[a+]-ordnung Bestand haben konnte, die die Spaltung der Völker in Sieger und Besiegte, in Besitzende und Besitzlose zur Grundlage hatte, ebensowenig kann die Ordnung eines Volkes bestehen auf der Scheidung in Mächtige und Machtlose, in Gewalttätige und und Rechtlose. [b+]Diese innere Zerrüttung kann nicht durch Zwang und Gewalt überwunden werden.[b+]

Darum richten wir an die Staatsführung die Bitte, diesem Treiben ein Ende zu machen, bevor es zu spät ist,[c+] durch öffentliche Erklärungen und unzweideutige Maßnahmen [d+]dem katholischen Volksteil sein Recht und dadurch Beruhigung zu verschaffen.[d+]

Wir richten diese Bitte an die Führung des Reiches um des Reiches willen, das Bestand haben soll, um des Volkes willen, das nicht in innerer Zerrissenheit und Not zu Grunde gehen soll, um unserer toten Helden willen, deren Opfer nicht [e+]vergeudet werden darf[e+]. Wir haben mit allem Freimut gesprochen. Wenn die Reichsregierung auch diesmal unseren Appell mißachtet, so übernimmt[f+] sie[g+] die Verantwortung für die unheilvolle Entwicklung der Zukunft.

---

y* Vorstehendes Wort ist im Preysing-Original unterstrichen.

z* ... z* Gestrichen.

a+ ... a+ Gestrichen.

b+ ... b+ Gestrichen.

c+ ... c+ Einzufügen: und.

d+ ... d+ Zu ersetzen durch: die Herrschaft des Rechtes, der Freiheit und der Wahrhaftigkeit im deutschen Lande wieder herzustellen.

e+ ... e+ Zu ersetzen durch: nicht umsonst und fruchtlos bleiben darf.

f+ Vorstehendes Wort zu ersetzen durch: trägt.

g+ Einzusetzen: allein.

Dokument XII [D. XII]

Die Bertram-Fassung der Denkschrift der deutschen Bischöfe an die Reichsregierung vom 10. 12. 1941 (Auszug)

EA Freiburg. (Volk V Nr. 732)

Maschinenhektographie.

Überschrift: Denkschrift über (die) Lage der katholischen Kirche in Deutschland vom 10. Dezember 1941

Dem deutschen Volk ist es bekannt, wie tief wir deutschen Bischöfe an dem Schicksal unseres Volkes und Vaterlandes stets innigsten Anteil nehmen. Ganz besonders in diesen Tagen folgenschwerster Ereignisse. Wir begleiten unsere Soldaten mit unseren Gebeten und gedenken in dankbarer Liebe der Toten, die ihr Leben für unser Volk hingaben. Wir haben immer wieder und noch im Hirtenbrief des Sommers unsere Gläubigen zu treuer Pflichterfüllung, zu tapferem Ausharren, opferbereitem Arbeiten und Kämpfen im Dienste unseres Volkes in schwerster Kriegszeit eindringlichst aufgerufen. Mit Genugtuung verfolgen wir den Kampf gegen die Macht des Bolschewismus, vor dem wir deutschen Bischöfe in zahlreichen Hirtenbriefen vom Jahre 1921 bis 1936 die Katholiken Deutschlands gewarnt und zur Wachsamkeit aufgefordert haben, wie es der Reichsregierung bekannt ist. Infolge ihrer grundsätzlichen Ablehnung ist die Kirche immer noch die stärkste geistige Macht gegenüber dem Bolschewismus, und die gesamte Seelsorgearbeit ihrer Priester im Kampfe gegen die Lehren, Grundsätze und Ziele des Bolschewismus ist die wirkungsvollste Abwehr. Um so mehr bedrückt es uns, daß wir gerade in dieser Zeit durch die Entwicklung der innerstaatlichen Verhältnisse gezwungen sind, die Reichsregierung nachdrücklich auf den Ernst der durch die Bedrückung der katholischen Kirche und durch die Verletzung ewiger Gesetze verursachten Lage in Deutschland hinzuweisen, zumal dadurch in den weitesten Kreisen des deutschen Volkes eine schwere Beunruhigung entstanden ist, die sicherlich nicht dem Wohl des Staates dienen und darum nicht in der Absicht der Reichsregierung liegen kann.

I.

(Der konkordatsrechtliche Teil der Eingabe ist auch hier ausgelassen, weil wir uns vornehmlich auf den Menschenrechtsprotest zu beschränken haben.)

II.

Es ist nicht zu verkennen, daß die hier nur zum kleinen Teil erneut aufgeführten Rechtsverletzungen und Gewaltakte gegen Christentum und Kirche Folgerungen und Früchte einer Geisteshaltung und Gesinnung sind, welche die Wahrheitserkenntnisse und sittlichen Grundsätze des Christentums und der gesamten abendländischen Kultur verleugnet und beseitigen will.

1. Jeder Mensch hat das natürliche Recht auf persönliche Freiheit innerhalb der Grenzen, die der Dienst Gottes, die Rücksicht auf die Mitmenschen und das Gemeinwohl und die Pflicht des Gehorsams gegen die gerechten Gebote der rechtmäßigen Obrigkeit ihm ziehen. Demgegenüber ist es Unrecht und Gefährdung der Gemeinschaftsordnung, wenn in Deutschland und in den besetzten Gebieten durch Gewaltakte der Geheimen Staatspolizei Männer und Frauen in großer Zahl ohne Verteidigungsmöglichkeit und ohne den Beweis einer Schuld aus Heimat- und Wirkungskreis vertrieben und verbannt, gefangengehalten, ja mißhandelt und ums Leben gebracht werden.

Wir deutschen Bischöfe protestieren gegen diese Mißachtung der persönlichen Freiheit. Wir verlangen gerichtliche Nachprüfung aller Strafmaßnahmen der Geheimen Staatspolizei und Freilassung aller Volksgenossen, die ohne den Nachweis einer mit Freiheitsberaubung bedrohten Straftat ihrer Freiheit beraubt sind.

2. Jeder Mensch hat das natürliche Recht auf das Leben und auf die zum Leben notwendigen Güter. Der lebendige Gott, der Schöpfer alles Lebens, ist allein Herr über Leben und Tod. Unter keinen Umständen darf der Mensch sich selbst das Leben nehmen, noch auch einen unschuldigen Mitmenschen töten, es sei denn im Krieg oder in der gerechten Notwehr oder nach gerichtlichem Urteil.

Mit tiefem Erschrecken hat das christlich-deutsche Volk es vernommen, daß auf Anordnung staatlicher Stellen zahlreiche geisteskranke Menschen, die den Heil- und Pflegeanstalten anvertraut waren, als sogenannte „unproduktive Volksgenossen“ ums Leben gebracht worden sind. Zur Zeit wird durch einen behördlich empfohlenen Film, der die Bedenken der

Gewissen durch Erweckung von Mitleid beschwichtigen will, für die Freigabe der Tötung unheilbar Kranker in weitesten Kreisen Propaganda gemacht.

Wir deutschen Bischöfe werden nicht nachlassen, gegen die Tötung Unschuldiger Verwahrung einzulegen. Niemand ist seines Lebens sicher, wenn nicht unangetastet dasteht: „Du sollst nicht töten!"

3. Jeder Mensch hat das natürliche Recht auf den Besitz und den Gebrauch rechtmäßig erworbenen Eigentums und auf den staatlichen Schutz des Privateigentums gegen willkürliche Eingriffe. Dennoch sind u. a. in den letzten Jahren sehr viele kirchliche Besitzungen und besonders Ordenshäuser ohne gesetzlichen Grund durch Gewaltakte der Geheimen Staatspolizei ihren rechtmäßigen Besitzern genommen und anderen Zwecken zugeführt worden. Dabei wurden sogar Gotteshäuser enteignet und profaniert.

Wir Bischöfe legen namens der katholischen Kirche, namens des katholischen Volkes, dem unsere Ordensleute entstammen und dessen Liebe jenen Besitz den um Christi willen Armgewordenen zur Verfügung gestellt hat, gegen diese Verletzungen des natürlichen Eigentumsrechtes Verwahrung ein und verlangen die Rückgabe des widerrechtlich beschlagnahmten und vielfach eingezogenen Gutes. Wir protestieren gegen jene Willkürakte auch um des Gemeinwohls willen und als Verteidiger der Grundlagen der von Gott gewollten Sozialordnung. Denn was heute kirchlichem Besitz widerfährt, kann morgen jedem rechtmäßigen Eigentum widerfahren.

4. Jeder Mensch hat das natürliche Recht auf Schutz seiner Ehre gegen Lüge und Verleumdung.

An der Front wie in der Heimat stehen die glaubenstreuen Christen in der Erfüllung ihrer vaterländischen Pflichten hinter keinem Volksgenossen zurück. Dennoch werden katholische Priester und Laien von Partei- und Polizeistellen argwöhnisch überwacht, heimlich verdächtigt, ja sogar öffentlich als Volksverräter und Landesfeinde bezeichnet, nur weil sie für die Freiheit der Kirche und für die Wahrheit des katholischen Glaubens eintreten.

Die katholischen Ordensleute haben in Feld und Heimat, auch im Kriege heldenmütig ihre Pflicht getan, wie vielfach von den militärischen Führern auch durch die Verleihung von Kriegsauszeichnungen anerkannt ist. Dennoch hat man vielen von ihnen die klösterliche Heimat genommen unter der meist nachträglich ausgestreuten falschen Beschuldigung, die Orden hätten sich geweigert, entbehrliche Klosterräume für notleidende Volksgenossen zur Verfügung zu stellen. Zur Zeit werden alle Mitglieder

eines hochverdienten Ordens ohne Begründung aus dem aktiven Wehrdienst entfernt und auf verleumderische Verdächtigung hin in den Augen der Volksgenossen diffamiert.
Wir Bischöfe protestieren gegen alle derartigen Verletzungen der Wahrheit und der Ehre und fordern wirksamen Ehrenschutz für jeden Volksgenossen, auch für die glaubenstreuen Katholiken und die katholischen Ordensleute.

III.

Seit Monaten geht, ungeachtet der Kriegsnot, eine widerchristliche Propagandawelle, getragen von Parteiversammlungen und Parteidruckschriften, durch das Land mit dem klar erkennbaren, ja oft ausgesprochenen Ziel, noch während des Krieges, noch bevor die Soldaten, die zum großen Teil im christlichen Glauben die Kraft zu heldenhaftem Kämpfen und opferstarkem Aushalten finden, in die Heimat zurückkehren, die Lebenskraft der katholischen Kirche in deutschen Landen zu ersticken, womöglich das Christentum in Deutschland zu vernichten.
Unter diesen unheilvollen inneren Spannungen und Kämpfen zerbröckelt und zerbricht die deutsche Volksgemeinschaft. So wenig nach dem vorigen Weltkrieg eine Völkerordnung Bestand haben konnte, die die Nationen dauernd in Sieger und Besiegte, in Bedrücker und Bedrückte, in Besitzer und Besitzlose aufspalten wollte, so wenig kann eine Volksgemeinschaft begründet werden durch eine Scheidung der Volksgenossen in Freie und Geknechtete, in Mächtige und Rechtlose, in Gewalttätige und Vergewaltigte.
Darum richten wir deutschen Bischöfe an die Reichsregierung noch einmal die ernste und dringende Bitte, einem Treiben, das unfehlbar solche Spaltung herbeiführt, durch öffentliche Erklärungen und wirksame Maßnahmen kraftvoll ein Ende zu machen, bevor es zu spät ist. Auch die Mehrheit des deutschen Volkes, die an christlichem Glauben und christlicher Sitte treu festhält und durch die Angriffe auf das Christentum in ihren heiligsten Empfindungen verletzt wird, erwartet mit Recht eine baldige offene Stellungnahme der Reichsregierung gegen die ungerechte Bedrückung des Christentums und der Kirche. Mag der Krieg noch länger dauern oder, wie wir zuversichtlich hoffen, bald glücklich für unser Volk zu Ende gehen: Friede, Wohlstand und Segen wird unserem Volke nur dann zuteil werden, wenn das deutsche Reich

sich festigt und bewährt in der Hochhaltung der christlichen Religion als der Heimstätte der Gerechtigkeit, der Freiheit und der Wahrhaftigkeit. Wir haben mit allem Freimut gesprochen. Wenn die Reichsregierung auch diesmal unseren Appell mißachtet, so übernimmt sie die Verantwortung für die unheilvolle Entwicklung der Zukunft.

Namens der in der Fuldaer Bischofskonferenz vereinigten Oberhirten der Diözesen Deutschlands. A. Card. Bertram.

Dokument XIII [D. XIII]

Erster Fastenhirtenbrief Erzbischof L. Jaegers vom 11. 2. 1942 (Auszug)

Kirchliches Amtsblatt für die Erzdiözese Paderborn vom 11. 2. 1942, Jahrg. 85, St. 3.

Erster Teil

Meine lieben Erzdiözesanen!

Wir stehen am Beginn der heiligen Fastenzeit. Unsere treusorgende Mutter Kirche unterläßt nichts, um uns in den kommenden Wochen bis Ostern zu wahrer Einkehr und Buße zu führen. Und wir, als treue und gehorsame Kinder dieser heiligen Mutter, lassen uns von ihr diese heiligen Exerzitien halten. In der Fastenzeit sind wir Zeugen des letzten und entscheidenden Abschnittes des Erdenlebens unseres Herrn und Heilandes. Wir erleben seinen Kampf als Bringer des Lichtes mit den Mächten der Finsternis und Sünde, sein Leiden und Sterben im Gehorsam gegen den Willen seines himmlischen Vaters. Wir feiern auch am Ende dieser Zeit den Ostersieg göttlicher Wahrheit und Liebe, und wir dürfen uns von Herzen freuen, daß der Herr mit seinem Kreuz uns vorangegangen ist, um auch uns ein ewiges, seliges Osterfest im Himmel zu bereiten.

Ihr alle, meine lieben Erzdiözesanen, wollt von Eurem Bischof zu Beginn dieser heiligen Zeit innerer Erneuerung ein wegweisendes Wort hören. Ihr wartet darauf, daß der Euch von Christus bestellte Lehrer des wahren Glaubens aus der ganzen Verantwortung seines bischöflichen Amtes und aus der Kenntnis Eurer Not und Sorge Euch Antwort gibt auf all die Fragen, die in dieser Zeit auf Eurer Seele lasten. Weil ich Euch kenne und innigen Anteil an allem nehme, was Euch bedrückt und beglückt, kann und darf ich nicht an den Schwierigkeiten vorbeigehen, die Ihr in dieser heiligen Stunde vor den Tabernakel hintragt und antwort- und hilfesuchend in das heilige Opfer unseres Herrn und Heilandes hineinnehmt.

Ich muß Euch aber schon hier sagen, daß es eine große Gnade Gottes ist, wenn heute unter dem Druck der Zeit in unserem Volke ein so starkes Fragen und Suchen aufgebrochen ist und wir alle wieder ernster vor die letzten Fragen unseres Erdenlebens hingestellt werden. Wir waren lange in der großen Gefahr, uns zufrieden zu geben mit den vergänglichen Gütern dieser Erde und damit unsere letzte und eigentliche Bestimmung und Aufgabe aus dem Auge zu verlieren. Wir waren so stolz auf die Fortschritte der Wissenschaft und glaubten allein an die alles meisternde Kraft des menschlichen Geistes und menschlicher Energie. Heute aber zeigt uns Gott, wie sehr menschliches Wissen Stückwerk und menschliches Wollen Ohnmacht ist angesichts der rätselhaften Tiefen des Menschenlebens. Wir alle müssen darum heute feststellen, daß trotz aller wissenschaftlichen Erkenntnisse und technischen Errungenschaften der Mensch aus eigenen Kräften die letzten Fragen dieses Lebens nicht hat beantworten können. Noch viel weniger ist es ihm gelungen, im Taumel irdischer Vergnügungen und Ablenkungen ihrer ganzen Wucht und Schwere zu entrinnen. Vielmehr pochen die letzten Fragen heute mit unüberhörbarer Stärke an das Menschenherz und verlangen gebieterisch eine Antwort. Will der Mensch nicht auf den Adel seines Geistes verzichten und wie ein Tier stumpf und teilnahmslos dem Trieb verhaftet bleiben, dann muß er zu den Fragen nach dem Sinn und Ziel seines Erdenlebens Stellung nehmen. Er kann nicht eher ruhig und glücklich sein, bis er eine erlösende Antwort gefunden hat. Das hat niemand mehr gespürt als der erste „moderne Mensch", der große Gottsucher St. Augustinus, der nach den Irrfahrten seines Lebens bekennen mußte: „Für Dich, o Gott, hast Du uns erschaffen, und unruhig ist unser Herz, bis es Ruhe findet in Dir." (Conf.1).

Alle Fragen, meine lieben Erzdiözesanen, die Euch quälen, lassen sich in zwei Grundfragen zusammenfassen. Sind diese beantwortet, dann sind damit viele andere Rätsel gelöst, die Euch der Alltag Eures Lebens aufgibt. Diese beiden Grundfragen lauten:

1. Welches ist der Sinn dieses gewaltigen weltumspannenden und welterschütternden Zeitgeschehens, in das wir alle, ob wir wollen oder nicht, auf Gedeih und Verderb hineingestellt sind?

2. Welches ist der Sinn all der Opfer und Leiden, die wir Christen in unserem persönlichen Leben und im Schicksal der Kirche heute zu tragen haben?

Meine lieben Erzdiözesanen! Auf diese beiden Fragen können Menschen letztlich keine vollbefriedigende Antwort geben. Wo aber Menschenweisheit aufhört, fängt Gottes Weisheit an, wo Menschenmund verstummen muß, gibt Gott uns die Antwort, die wir in der Gnade unseres heiligen Glaubens dankbaren Herzens entgegennehmen. Diese Antwort von droben ist das Ewige Wort, das der himmlische Vater vor aller Zeit gesprochen, das in der Zeit aus Maria der Jungfrau Fleisch angenommen hat: Christus Jesus, unser Herr und Heiland.

Seitdem Christus Mensch geworden ist, gibt es keine unlösbaren letzten Lebensfragen mehr. Alle finden in ihm ihre Antwort, und alle Schwierigkeiten lassen sich nach seinem Beispiel und in seiner Kraft meistern; denn er sprach von sich: „Ich bin der Weg, die Wahrheit und das Leben“ (Jo 14,6). „Ich bin das Licht der Welt; wer mir nachfolgt, der wandelt nicht in der Finsternis, sondern wird das Licht des Lebens haben“ (Jo 8, 12).

1. Inwiefern ist nun Christus die Antwort auf unsere erste Frage nach dem Sinn des Zeitgeschehens?

Meine lieben Erzdiözesanen!

Wir schreiben das Jahr 1942 nach Christi Geburt. Wir bekennen damit, daß seit jener Stunde von Bethlehem die Welt und ihre Geschichte einen neuen Sinn bekommen haben. Jedes Zeitgeschehen hat seitdem eine notwendige Beziehung zum Erlösungswerk unseres Heilandes. Alles Wirken der Menschen, das Völkerleben und das Privatleben des einzelnen, ist seit Bethlehem im Tiefsten und Letzten eine Stellungnahme zu Christus und seinem Herrschaftsanspruch. Es ist demütig dankbare Annahme der Antwort, die der Vater auf alle unsere Fragen in Christus uns gegeben hat, oder ein Ablehnen derselben und damit ein Versuch, nur aus eigenen Kräften das Leben zu meistern. Mit Recht sehen wir in Christus den Mittelpunkt der Weltgeschichte. Was immer im Vordergrund der Weltbühne, im Rampenlicht der Weltöffentlichkeit geschieht, das ist nur das Sichtbarwerden dessen, was in den Herzen der Menschen vorher sich als Entscheidung für oder gegen Christus abgespielt hat. Wenn in den Herzen der Menschen Christus mit seiner Wahrheit und Gnade lebt, dann wird auch das äußere menschliche Wirken Gottes Frieden und Liebe widerstrahlen. Wenn aber in den Herzen der Menschen Christi Königtum abgelehnt wird, dann wird der innere Unfriede mit Gott auch nach außen als Unfriede und Verderben unter den Menschen sichtbar und fühlbar werden. Alles Menschenleben steht somit unter dem Gericht Christi. Das Urteil sprechen die Menschen sich selbst. Mit Christus wählen sie Freude und Friede, Liebe und Leben; ohne Christus aber Trostlosigkeit und Unfriede, Haß und Tod. „Schön ist das Wort Friede,“ sagt der hl. Hilarius, „lieblich das Bild der Eintracht, aber wer wüßte nicht, daß ohne Christus weder Eintracht noch Friede bestehen kann“ (Lib. contra Auxent. n. 1). Mit Recht bekennt der Apostel, „Christus ist mein Leben“, (Phil 1 1, 21). „Christus ist unser Friede“ (Ephes 2, 14).

Meine lieben Erzdiözesanen! Schaut hin auf Rußland! Ist jenes arme unglückliche Land nicht der Tummelplatz von Menschen, die durch ihre Gottfeindlichkeit und durch ihren Christushaß fast zu Tieren entartet sind? Erleben unsere Soldaten dort nicht ein Elend und ein Unglück sondergleichen? Und warum? Weil man die Ordnung des menschlichen Lebens dort nicht auf Christus, sondern auf Judas aufgebaut hat.

Und wie sieht es in der Welt aus, die sich christlich nennt? Der Heilige Vater hat in seiner Ansprache am letzten Weihnachtsfest die Frage untersucht, worin die jetzigen Drangsale der christlichen Welt ihre Ursache haben. Er hat festgestellt: Nicht das Christentum hat versagt, das der Herr uns gebracht hat, das auf den Aposteln aufgebaut ist und das ungezählte Märtyrer mit ihrem Blute besiegelt haben, sondern jenes Scheinchristentum hat sein Gericht erfahren, das die Menschen, verblendet von Gier und Leidenschaft, sich selber zurechtgelegt hatten, das jene beklagenswerte, fortschreitende Entchristlichung vieler Menschen zur Folge hatte, jene religiöse Schwindsucht, die wie eine ansteckende Krankheit die Völker Europas und der Welt befallen und in den Seelen jene moralische Blutleere verursacht hat, die keine Ersatz-Religion auszufüllen vermochte. Christus ist weithin aus dem öffentlichen Leben der Völker verstoßen. „Was aber ist gefahrvoller“, fragt der hl. Hilarius, „als Christus nicht anzuerkennen?“ (Comm. in ev. Matth. c.18. n.3) Immer bleibt wahr, was der heilige Geist gesagt hat: „Es kann niemand einen anderen Grund legen, als den, der gelegt ist: Jesus Christus“ (1 Kor 3, 11.9). „In keinem andern ist Heil; denn es ist kein anderer Name unter dem Himmel den Menschen gegeben, durch den wir das Heil erlangen sollen“ (Apg 4, 12).

Wir Christen können daher nicht im Zweifel sein, woran die Welt krankt, welches die Ursache für ihre Drangsale ist.

Sie leidet nicht Mangel an technischen Errungenschaften oder äußeren Zivilisationserfolgen, auch nicht zuerst an wirtschaftlichen Nöten; an Arbeitsnot, Wohnungsnot, Familiennot, sondern sie ist krank an Christus. Und die Welt wird immer durch Nacht und Trübsal hindurchgehen müssen, wenn sie nicht heimfindet zu Christus, der da ist der Welt Leben und Frieden (Röm 8; 6).

Wir dürfen uns aber nicht damit begnügen, nur die Wurzel des Übels aufzuzeigen; und ganz unchristlich wäre es, wenn wir in pharisäischer Selbstgerechtigkeit über die Menschheit zu Gericht sitzen würden. Das Gericht steht allein bei Gott. Wir alle müssen vielmehr in dieser Stunde reumütig an unsere Brust schlagen, da auch wir durch unser Versagen mitschuldig geworden sind, daß die Welt sich zu einem großen Teil von Christus abgekehrt hat. Wir haben nur zu oft ein bloßes Namens- und Scheinchristentum gelebt, statt in der Nachfolge Christi der Welt Heil und Frieden zu bringen. Weil wir klarer die Ursache der Krankheit unserer

Tage sehen, sind wir um so mehr verpflichtet, der Welt das Heilmittel zu bringen, durch das sie allein wieder genesen kann: Christus, unseren Herrn und Heiland.

Je fühlbarer und schmerzlicher der Gegensatz zwischen Christus und der Welt von heute uns im Werktag des Lebens entgegentritt, um so dringender und verpflichtender ist die Forderung an uns, allen Widerständen zum Trotz Christus in unsere Zeit hineinzutragen und die Menschenherzen wieder mit Gott zu versöhnen. In echter Schicksalsverbundenheit mit unserem deutschen Volk darf uns keine Mühe, kein Opfer und keine Entsagung zu groß sein, wo es darum geht, an einer glücklicheren Zukunft unseres Vaterlandes und am Frieden eines neuen Europa mitzubauen. Wir wollen uns unsere tapferen Soldaten zum Vorbild nehmen. Ihre heilige Liebe zu Volk und Heimat, ihr sieghafter Glaube an unseren Herrn und Heiland gibt ihnen die Kraft, so unendlich große Opfer und Heldentaten für uns alle zu vollbringen, um die Welt zu erretten vom gottlosen, christusfeindlichen Bolschewismus, der, wenn er Sieger bliebe, die ganze Menschheit in ein grauenhaftes Unglück stürzen würde.

Meine lieben Erzdiözesanen! Wir wollen diese heilige Fastenzeit benutzen zu inständigem Gebet, daß die Welt die Stunde ihrer Heimsuchung erkennt und wieder zu Christus zurückfindet, damit sich dann auf ihm das Volks- und Völkerleben der Zukunft in einer neuen Friedensordnung aufbaut. Wir alle müssen als christgläubige Menschen dort, wo uns die Vorsehung hingestellt hat, ganz aus dem Geist des Königtums Christi heraus leben, um so Wegweiser zu sein für unsere Mitmenschen, daß auch sie Christus finden, der allein König ist im Reich der Wahrheit und des Lebens, der Heiligkeit und der Gnade, der Gerechtigkeit und der Liebe und des Friedens (Präfation des Christkönigsfestes).

Das ist Gottes Auftrag und Sendung an uns in dieser Zeit: mitzuhelfen, daß die Welt in Christus erneuert werde, daß Vita et Pax, Leben und Friede in dieser armen, zu Tode gehetzten Welt wieder einkehre, daß die fragende und suchende Menschheit von heute in Christus die Antwort finde auf die Fragen und Rätsel ihres Lebens.

(Der zweite, später zu verlesende Teil enthält keine für uns relevanten zeitgeschichtlichen Bezüge. – Anm. v. H. G.)

Dokument XIV [D. XIV]

Hirtenwortentwurf von Kevelaer zu den Menschenrechten (23./24. 2. 1942 – Auszug)

Liebe Diözesanen!

Seit Jahren tobt nun in unserem Vaterland ein Kampf gegen Christentum und Kirche, wie er in dieser Schärfe noch nie geführt wurde. Wiederholt haben die deutschen Bischöfe die Reichsregierung gebeten, diesem unheilvollen Kampf ein Ende zu bereiten, aber leider waren unsere Bitten und Bemühungen ohne Erfolg. Sogar im Krieg, wo doch der Burgfriede immer selbstverständlich war, geht der Kampf weiter, ja nimmt an Schärfe und Bitterkeit immer noch zu und liegt wie ein schwerer Alpdruck auf dem deutschen Volk, von welchem sich 95%, in Bayern sogar 98% bei der letzten Volkszählung als Christen bekannt haben. Deswegen haben es die deutschen Bischöfe als ihre Pflicht gegen Kirche und Volk betrachtet, unter dem 10. Dezember 1941 sich nochmals mit einer Denkschrift an die Reichsregierung zu wenden und zu bitten, es möge diesem inneren Kriege durch eine öffentliche Erklärung und durch wirksame Maßnahmen ein Ende bereitet werden. Da wir wissen, wie sehr das gläubige katholische Volk von seinen Bischöfen erwartet, daß sie alles tun, um Glaube und Gewissen zu schützen, den religiösen und kirchlichen Frieden wieder herzustellen und den schweren Druck von seiner Seele zu nehmen, so glauben wir uns verpflichtet, ihm wenigstens die wichtigsten Punkte unserer Denkschrift bekannt zu geben. Dies geschieht in folgendem:[1]

---

1 Die folgenden Ausführungen des Hirtenwortes von Kevelaer lehnen sich eng an die Bertram-Form der Denkschrift an, während vorstehende Einleitung sich am Entwurf des Ordensausschusses orientiert zeigt (vgl. D. X).

Dokument XV [D. XV]

Stimmungsmäßige Auswirkung des Fastenhirtenwortes vom 11. 2. 1942

Staatsarchiv Detmold – M 18 Nr. 18, Bl. 25 und 26.
Erstveröffentlichung
Maschinenhektographie

SD-Hauptstelle Bielefeld — Bielefeld, den 24. Februar 1942
Rö/Zi
An III C 22
Stimmungsmäßige Auswirkung der Verlesung eines Hirtenbriefes des Erzbischofs von Paderborn, Lorenz Jaeger, aus Anlaß der diesjährigen Fastenzeit.
Am Sonntag, dem 15. Februar 1942, kam in den Kirchen der Erzdiözese Paderborn der erste Teil eines aus Anlaß der diesjährigen Fastenzeit von dem Erzbischof der Erdiözese Paderborn verfaßten Hirtenbriefes zur Verlesung. Der Hirtenbrief, der im kirchlichen Amtsblatt für die Erzdiözese Paderborn vom 11. 2. 42 (Stück 3) abgedruckt ist, liegt als Anlage abschriftlich bei.
Wie aus Paderborn hierzu berichtet wird, sei dieser Hirtenbrief von der dortigen katholischen Bevölkerung mit Spannung erwartet worden, da es sich um den ersten des neuernannten Erzbischofs der Erzdiözese Paderborn gehandelt habe. Aus diesem Grund sei der Besuch der katholischen Kirchen Paderborns am Sonntag, den 15. 2. 1942, besonders rege gewesen. Während die Hirtenbriefe zur Fastenzeit in den früheren Jahren lediglich zur Kenntnis genommen worden seien, erfahre dieser Hirtenbrief eine besonders lebhafte Nachbesprechung, vornehmlich seitens der Mütter und älteren Frauen der katholischen Bevölkerung Paderborns. Auch unter den Männern werde dieser Hirtenbrief im Gegensatz zu den vergangenen Jahren lebhafter besprochen. Sein Inhalt sei wegen seines Aufbaues sehr verständlich gewesen und hätte jeden Menschen angesprochen.
Soweit Stimmen aus dem katholischen Bevölkerungsteil zu diesem Hirtenbrief erfaßt werden konnten, gehen diese dahin, daß sich sämtliche gläubigen Katholiken in diesem Jahre besonders eingehend auf das Osterfest vorbereiten müßten. Man müsse täglich die heilige Messe hören, möglichst viel beichten und kommunizieren und ein fehlerloses Leben

führen, um so die Aufmerksamkeit Gottes auf sich zu lenken. Dieses Opfer müsse man für die Soldaten bringen, die ihrerseits alles für die Heimat opfern. Indem so ein gemeinsames Opfer gebracht werde, könne im gegenwärtigen Ringen dem Siege Deutschlands ein Beitrag geleistet werden. Alles menschliche Wirken und Wollen sei bedeutungslos, wenn nicht der Geist Gottes in diesem Wirken und Wollen zu spüren sei. Auch in diesen sturmbewegten Zeiten sei es mehrfach offenbar geworden, daß das Christentum nie versage. Maßnahmen, die die Einengung der Verbreitung des Christentums zum Ziele hätten, würden das Gegenteil erfahren: den festen Zusammenschluß aller gläubigen Katholiken. Der Erzbischof habe recht, wenn er zum Ausdruck gebracht hätte, daß in einer Welt, in der Gott in den Hintergrund getreten sei, alles kulturelle Leben zugrunde gehen müsse. Deshalb wolle man nicht stumpf, nur seinen Trieben folgend leben. Das beste Beispiel für die Auswirkungen eines solchen Lebens biete Rußland, in dem nach jahrelanger Verbannung alles Göttlichen die Menschen zu Tieren geworden seien.

Die Ordnung des menschlichen Lebens sei nur dann sichergestellt, wenn dieses Leben auf Gott und Christus aufgebaut sei. Es sei an der Zeit, daß die Katholiken in ihrem eigenen Vaterlande eine ähnliche drohende Gefahr erkennen. Deshalb müsse jeder Gläubige ein Christusträger und mutiger Bekenner innerhalb und außerhalb der Familie sein. Wenn die Eltern sich nicht um die höchste Verheißung des Heilandes bringen wollten, um das ewige Leben, müßten sie die Garanten für die christliche Erziehung ihrer Kinder sein. Wenn das Deutschland der Zukunft bestehen wolle, so sei eine christliche Durchdringung erste Voraussetzung. Dafür würden die zahlreichen Priester, Theologie-Studenten und Millionen echter katholischer Männer, wenn sie nach dem Siege zurückkehrten, bürgen. Das sei der Sinn des Kampfes aller gläubigen katholischen Männer, die aus ihrer Verbundenheit mit Christus immer wieder neue Kraft zum Durchhalten schöpften.

Dokument XVI [D. XVI]

Briefwechsel H. Görings und W. Bernings über die Protestpredigt vom 31. 12. 1941[1]

BA – Koblenz R 43 II/173a, B. 86-95
Erstveröffentlichung

Aufgenommen auf Mikrofiche von Schreibmaschinenabschrift von beglaubigter Abschrift (J. Nr. 1025/42.). Unten Adresse und ministerielle Beglaubigung.

Herr Bischof!

Mir ist die Rede zugestellt worden, die Sie in der Silvesterandacht im Osnabrücker Dom gehalten haben. Einen Auszug lege ich bei. Ich muß mein Befremden aussprechen, daß Sie in dieser Ansprache die Maßnahmen der nationalsozialistischen Staatsführung in einer der Volksgemeinschaft abträglichen Weise und in gehässiger Form kritisiert haben und ersuche Sie daher um sofortige Stellungnahme, wie Sie ein solches Verhalten mit Ihrer Stellung als preußischer Staatsrat und mit dem Eid in Einklang bringen, in dem Sie beschworen haben, „dahin zu streben, bei den Ihrer bischöflichen Leitung anvertrauten Geistlichen und Gemeinden die Liebe zum Vaterland und den Gehorsam gegen die Gesetze mit Sorgfalt zu pflegen."
Ich verweise Sie schon heute darauf, daß es auch für Sie nur eine Obrigkeit gibt: das ist die des Staates, die für jeden Staatsbürger gilt.

Heil Hitler! gez. Göring
Reichsmarschall des Großdeutschen Reiches

1 Das nichtdatierte Schreiben Görings wird von Bischof Berning in seinem Antwortschreiben auf den 5. 3. 1942 gelegt (vielleicht nach dem Poststempel). Es ist also zeitgleich mit der Rüge, die Bischof von Galen von gleicher Seite bekam (vgl. Löffler, Clemens August II, S. 938f.).

Dr. Wilhelm Berning
Bischof von Osnabrück
Preußischer Staatsrat

Osnabrück, den 14. März 1942

Sehr verehrter Herr Reichsmarschall!

Zu dem Brief vom 5. 3. d. J. – J. Nr. 1025/42 – gestatte ich mir folgendes zu bemerken. Ich habe in keiner Weise in der Silversterpredigt im Osnabrücker Dom „Maßnahmen der nationalsozialistischen Staatsführung in einer der Volksgemeinschaft abträglichen Weise und in gehässiger Form kritisiert“. Der darin enthaltene Vorwurf hat mich sehr getroffen, da ich ihn nicht als berechtigt anerkennen kann. Der mir von Ihnen mitgesandte Auszug aus der Predigt enthält einige Sätze, die ich überhaupt nicht gesagt habe; andere, die aus dem Zusammenhange gerissen oder falsch wiedergegeben sind.
Da ich gerade eine Dienstreise für 8 Tage antreten muß, kann ich jetzt noch nicht zu den einzelnen Punkten des Auszuges Stellung nehmen und Ihnen mitteilen, was ich tatsächlich gesagt habe. Ich werde nach meiner Rückkehr Ihnen einen näheren Bericht darüber geben. Ich betone, daß ich niemals die Staatsführung selbst kritisiert habe, daß ich mich aber wohl in Predigten gegen kirchenfeindliche Maßnahmen und Angriffe einzelner Kreise gewandt habe, die dadurch in das katholische Volk Unruhe hineingetragen und gerade in der Kriegszeit dadurch die Volksgemeinschaft gefährdet haben. Ich bin mir durchaus bewußt, was ich meiner Stellung als Preußischer Staatsrat schuldig bin, und glaube Ihnen versichern zu dürfen, daß ich getreu meinem Eid immer dahin gestrebt habe, bei den mir unterstellten Geistlichen und Gemeinden die Liebe zum Vaterland und den Gehorsam gegen die Gesetze mit Sorgfalt zu pflegen.

Dr. Wilhelm Berning
Bischof von Osnabrück
Preußischer Staatsrat

Osnabrück, den 26. März 1942

Sehr verehrter Herr Reichsmarschall!

In Ergänzung zu meinem Schreiben vom 14. d. M. gestatte ich mir, über meine Sylvesterpredigt im Dom zu Osnabrück folgendes zu berichten: Der Zweck der Predigt war, die Gläubigen zu tapferem Durchhalten

und zur Pflichterfüllung gegen das Vaterland und zu festem Standhalten in der Religion aufzumuntern.
Beim Rückblick auf das vergangene Jahr habe ich zunächst die Heldentaten unserer Soldaten an der Front verherrlicht und das Volk zur Dankbarkeit und zum Gebet aufgefordert, dann unter Hinweis auf die Opfer der Soldaten von der Heimat verlangt, daß alle sich dem Opfermut der Soldaten würdig zeigen sollen und dabei die Jugend ermahnt, sich in der ernsten Zeit nicht leichtfertigen Vergnügungen hinzugeben. Endlich habe ich das große Werk der Bekämpfung und Vernichtung des Bolschewismus in diesem Krieg hervorgehoben; dabei habe ich gesagt, daß auch im Innern unseres Landes durch das Christentum am besten die gottlose Gesinnung überwunden wird, aus der der Bolschewismus seine Nahrung erhält. In diesem Zusammenhang habe ich das Bedauern ausgesprochen, daß einzelne radikale Kreise den Kampf gegen Christentum und Kirche führen, und zum Beweis dafür angeführt, daß im letzten Jahre in meiner Diözese 7 Klöster ohne Nachweis der Schuld einer vaterlandsfeindlichen Haltung beschlagnahmt worden sind. Ich habe die Frage gestellt, ob etwa die Seelsorge oder die Unterweisung der Jugend im christlichen und vaterländischen Sinne schon staatsfeindlich sei; denn etwas anderes hätten die Ordensleute nicht getan.
Im zweiten Teil der Predigt habe ich an dem Vorbild des Schutzgeistes des deutschen Volkes, des Erzengels St. Michael, die Pflichten des christlichen Mannes gezeigt:
Wer ist ein Mann? Der glauben kann.
Wer ist ein Mann? Der treu sein kann:
Wer ist ein Mann? Der beten kann.
Als eine Stärkung und Ermutigung ist die Predigt vom Volk überall aufgefaßt worden, wie mir des öfteren bestätigt worden ist.
Zu dem von Ihnen mir mitgeteilten Auszug der Predigt bemerke ich im einzelnen folgendes:
1) Von den Maßnahmen gegen Kirche und Klöster in meiner Diözese konnte ich am Schluß des Jahres bei einer Übersicht über die abgelaufene Zeit nicht schweigen. Das Volk erwartete von mir ein Wort der Aufklärung besonders über den Vorwurf der Staatsfeindlichkeit der Klöster.
Ich habe dabei aber nicht gesagt, „diese Ereignisse müssen in das deutsche Volk hineingeschrien werden"; auch nicht: „ein Sturm ist über uns hinweggebraust" und ebenso nicht: „Würdenträger sind aus ihrer Heimat verbannt und eingekerkert worden."
2) Ich habe nicht gesagt, „es ist eine Clique am Ruder, die sich in ihrer

Machtgier mit Gott gleichstellt und nichts Höheres neben sich duldet. Diese rufen ins Volk: Wer ist Gott, wer ist Gott? Sie nennen sich gottgläubig und sind gottlos." Ich habe vielmehr den Schlachtruf St. Michaels genannt: „Wer ist wie Gott? Das rief Michael den aufrührerischen Engeln einst entgegen; das ruft er auch in unsere Welt hinein. Niemand darf sich Gott gleichstellen. Gott allein ist der höchste Herr."

3) Bei den Ausführungen über den Punkt: Wer ist ein Mann? Der glauben kann: betonte ich: „Wir glauben an Gott. Das ist etwas anderes, als wenn manche sich gottgläubig nennen, aber einen persönlichen Gott nicht anerkennen."

4) Bei Erwähnung der Maßnahmen gewisser Kreise (nicht „clique") gegen die Kirche habe ich betont, daß es unsere christlichen Soldaten schmerzen muß, wenn sie davon hören. Von einem „Dolchstoß in den Rücken unserer Soldaten" habe ich nicht gesprochen.

5) Der Religionsunterricht ist tatsächlich in vielen Schulen ohne zwingende Gründe von den Schulleitern abgeschafft oder von den Lehrern niedergelegt worden.

6) Von den Kindern, die von der NSV verschickt werden, und der Unmöglichkeit, die Kirche zu besuchen, habe ich in dieser Predigt nicht gesprochen, wohl aber sonst schon darauf hingewiesen, wie schmerzlich christliche Eltern es empfinden, wenn die aufs Land verschickten Kinder gar keine religiöse Betreuung erhalten und an manchen Orten keine Kirche besuchen können.

7) Ich habe nicht gesagt: „Die Jugend ist im Begriff, zu verwahrlosen." Wohl aber habe ich die Jugend ermahnt, sich durch Opfergeist und Charakterfestigkeit der Front würdig zu zeigen und sich nicht maßlos dem Taumel der Vergnügungen hinzugeben, während die Soldaten da draußen verbluten.

8) Ich habe die Männer zur Treue gegen das Vaterland und gegen Gott aufgefordert: „Wenn die Treue zum Vaterland nur solange besteht, als sie uns Vorteile und Ehre bringt, aber versagt, wenn sie Opfer verlangt, so ist die Treue nur Schein und Trug. Das gilt auch von der Treue gegen Gott und gegen den Glauben. Es sei Feigheit, aus Menschenfurcht seine religiöse Überzeugung preiszugeben." Ich habe nicht gesagt: „Doch heute, wo es die Stellung kosten kann, wird ruhig zugesehen, wenn man sich an den Heiligtümern der Kirche vergreift und die Geistlichen beschimpft und einsperrt. Aus Feigheit lästern diese Gott und rufen: Steinigt ihn!"

Sehr verehrter Herr Reichsmarschall! Es ist Tatsache, daß durch so manche Angriffe auf Christentum und Kirche in Parteiversammlungen und

Parteidruckschriften ein großer Teil des deutschen Volkes, dem der christliche Glaube ein heiliges Vermächtnis der Vorzeit und ein kostbarer Lebenswert ist, beunruhigt und verärgert wird. Vor allem haben manche Maßnahmen der Geheimen Staatspolizei gegen Klöster und Geistliche, ohne daß eine Schuld gerichtlich nachgewiesen wurde, eine große Aufregung im katholischen Volk hervorgerufen! Alles das dient nicht der Stärkung der Volksgemeinschaft und der Widerstandskraft des deutschen Volkes, das sich in schwerem Krieg befindet. Im Bewußtsein ihrer Pflicht und aus Liebe zum deutschen Volk und Vaterland haben die deutschen Bischöfe des öfteren auf diese Gefahren in Eingaben an die Reichsregierung hingewiesen. Ich bitte Sie dringend, verehrter Herr Reichsmarschall, Ihren großen Einfluß dahin geltend zu machen, daß diese Angriffe und Maßnahmen aufhören, damit das ganze deutsche Volk in Einheit zusammensteht, um den endgültigen Sieg über die Feinde davonzutragen. Ich persönlich habe mich in meiner Stellung als preußischer Staatsrat immer dafür eingesetzt, daß der Friede zwischen Staat und Kirche erhalten bleibt und gefördert wird. Ich werde auch weiterhin mit aller Kraft mich dafür einsetzen, weil ich darin die Grundlage einer glücklichen Zukunft unseres Volkes sehe. Dadurch glaube ich meiner Aufgabe als deutscher Bischof und preußischer Staatsrat und meinem Eide am besten gerecht zu werden. Ich hoffe, daß Sie, verehrter Herr Reichsmarschall, meinen Ausführungen, die ich Ihnen in aller Offenheit geschrieben habe, Ihre Zustimmung nicht versagen und verbleibe

in aufrichtiger Verehrung und mit Heil Hitler Ihr ergebenster
gez. Dr. Berning
Bischof von Osnabrück
Preußischer Staatsrat

(Anschrift des Reichsmarschalls)

Dokument XVII [D. XVII]

Der Kölner Entwurf für die Bonner Kurzfassung des Menschenrechts-Protestes vom 22. 3. 1942

BA Münster. Bisch. Sekr., Neues Arch., 0-62, Bl. 114-123.
Erstveröffentlichung
Maschinenhektographie mit handschriftlichen Korrekturen[1]

[a]Hirtenwort über die religiöse Lage in Deutschland[a]

1. Geliebte Diözesanen! Dem deutschen Volke ist es bekannt, wie tief die deutschen Bischöfe an dem Schicksal unseres Volkes und Vaterlandes stets innigen Anteil nehmen. Ganz besonders in diesen Tagen folgenschwerer Ereignisse. Wir begleiten unsere Soldaten mit unseren Gebeten und gedenken in dankbarer Liebe der Toten, die ihr Leben für unser Volk dahingaben. Wir haben immer wieder und noch im Hirtenbrief des Sommers unsere Gläubigen zu treuer Pflichterfüllung, zu tapferem Ausharren, opferbereitem Arbeiten und Kämpfen im Dienste unseres Volkes in schwerster Kriegszeit aufgerufen. [b]Wenn es trotzdem auch Katholiken gibt, die in dieser Notzeit ihre Pflicht gegenüber dem Vaterland verletzen, dann versündigen sie sich gegen Gottes heiligen Willen, und wir sind die ersten, ihr Verhalten zu verurteilen.[b]
2. Mit Genugtuung verfolgen wir den Kampf gegen die Macht des Bolschewismus, vor dem die deutschen Bischöfe in zahlreichen Hirtenschreiben vom Jahre 1921 bis 1936 gewarnt und zur Wachsamkeit aufgefordert haben. Infolge ihrer grundsätzlichen Ablehnung ist die Kirche immer noch die stärkste geistige Macht gegenüber dem Bolschewismus, und die gesamte Seelsorgearbeit ihrer Priester im Kampfe gegen die Lehren, Grundsätze und Ziele des Bolschewismus ist wirkungsvollste Abwehr.
3. Unser innigster Wunsch wäre es, in dieser Zeit alle unsere Anstrengun-

---

1 Sie stammen von Bischof Galen. Clemens August erfaßte die *Streichungen* der Bonner Konferenz. Uns dient die von ihm nicht gestrichene längere Arierpassage von Punkt 13 zusammen mit speziellen Rückfragen aus dem RSHA in Berlin als Indiz seines Protestes zugunsten der Juden. Ein handschriftliches Datum stammt wohl vom Konferenztage selbst, dem 20. 3. 1941.

a ... a im Original unterstrichen.

b ... b in Klammer gesetzt und durchgestrichen.

gen darauf zu richten, daß die Gläubigen immer besser es lernten, aus den unerschöpflichen Kraftquellen unserer heiligen Religion jene unbe-[c]sieg[c]-bare innere Haltung zu gewinnen, welche die Stunde von uns verlangt. Um so tiefer schmerzt es uns, daß wir gerade jetzt um Gottes und des Gewissens, aber auch um des Vaterlandes willen Klage führen müssen über drückendste Gewissensnot, die im Inneren unseres Landes besteht und in den weitesten Kreisen unseres Volkes zu einer Beunruhigung geführt hat, die sicherlich nicht dem Wohle des Staates dient [d]und darum auch nicht in der Absicht der Reichsregierung liegen kann.[d]

4. Die deutschen Bischöfe haben deshalb des öfteren in Eingaben und Denkschriften[e] ihre Sorgen um Christentum und Kirche der Reichsregierung vorgetragen. [f].Es ist uns bekannt geworden, daß auch die geistlichen Führer der evangelischen Kirche mit den gleichen Sorgen an die Reichsregierung herangetreten sind.[f]

5. Zu gewissen tiefbedauerlichen Vorgängen und Bestrebungen können die Bischöfe um so weniger schweigen, [g]als sie dadurch Güter und Rechte bedroht und mißachtet sehen[g], deren Unantastbarkeit nicht erst die christliche Offenbarung, sondern schon das[h] Naturrecht und die natürliche Sittlichkeit[i] verlangen. Die katholischen Christen haben ein von Gott gegebenes ursprüngliches, aber auch vom Staate ausdrücklich verbürgtes Recht auf die „Freiheit des Bekenntnisses und der öffentlichen Ausübung der katholischen Religion". Tatsächlich wird aber vielfach auf abhängige Personen ein Druck ausgeübt, dem katholischen Bekenntnisse untreu zu werden und aus der Kirche auszutreten. Der Erwerb von Grundstücken zur Errichtung dringend notwendiger Kirchen wird mancherorts unmöglich gemacht. Wer kann uns verdenken, daß wir für die Zukunft der Kirche auch im Altreich ernsteste Besorgnisse hegen, wenn wir hören, was in den ehemals zum Reiche gehörigen und nun durch die Tapferkeit unserer Soldaten wiedereroberten Gebieten vor sich geht, [j]wenn wir hören, daß das Münster in Straßburg noch immer dem Gottesdienst entzogen ist, daß in

c ... c Zu ersetzen durch ... irr... .

d ... d Zu streichen.

e Einfügen: , auch vor kurzem noch einmal,.

f ... f Gestrichen.

g ... g Zu ersetzen durch: denn es werden Werte und Rechte bedroht und mißachtet...

h Einzufügen: gottgegebene.

i Vorstehendes Wort ist im Original gestrichen und handschriftlich darüber gesetzt!.

j ... j Ersetzen durch: wo zahlreiche.

der Stadt Posen der Dom und 26 andere$_{j}$ Kirchen für den Gottesdienst gesperrt und $_{k}$in der Erzdiözese Posen von 441 Kirchen 396 geschlossen oder$_{k}$ für profane Zwecke verwendet sind.

7. Die katholischen Eltern haben ein natürliches Recht, ihre Kinder frei nach den Forderungen des eigenen Gewissens religiös zu erziehen. $_{l}$Infolge der Maßnahmen gegen die konfessionellen Kindergärten sehen sich aber schon seit Monaten zahllose katholische Eltern genötigt, ihre Kleinen Kindergärten anzuvertrauen, in denen entgegen dem Willen der Eltern jede religiöse Betreuung der Kinder unterbunden ist, und welchen Schmerz bereitete es manchen katholischen Eltern, daß in den Heimen der erweiterten Kinderlandverschickung ihre Kinder vielfach in widerchristlichem Sinne beeinflußt werden.$_{l}$

8. Als schwere Beeinträchtigung der religiösen Freiheit empfinden wir es auch, daß die kirchliche Presse fast völlig unterdrückt wurde und der Neudruck christlich-religiöser Schriften, sogar der Bibel, überaus erschwert wird, während christentumsfeindliche Schriften in Massenauflagen gedruckt und verbreitet werden.

9. Jeder Mensch hat das natürliche Recht auf persönliche Freiheit innerhalb der Grenzen, die der Dienst Gottes, die Rücksicht auf die Mitmenschen und das Gemeinwohl und die Pflicht des Gehorsams gegen die gerechten Gebote der rechtmäßigen$_{m}$ Obrigkeit ihm ziehen. $_{n}$Demgegenüber ist es Unrecht und Gefährdung der Gemeinschaftsordnung, wenn in Deutschland und in den besetzten Gebieten Männer und Frauen in großer Zahl ohne Verteidigungsmöglichkeit und ohne den Beweis einer Schuld aus Heimat und Wirkungskreis vertrieben und verbannt, gefangengehalten, ja mißhandelt und ums Leben gebracht werden.$_{n}$

Wir Bischöfe protestieren gegen diese Mißachtung der persönlichen Freiheit. Wir verlangen gerichtliche Nachprüfung aller Strafmaßnahmen$_{o}$ der Geheimen Staatspolizei$_{o}$ und Freilassung aller Volksgenossen, die ohne den Nachweis einer mit Freiheitsberaubung bedrohten Straftat ihrer Freiheit beraubt sind.

10. Jeder Mensch hat das natürliche Recht auf das Leben und auf die zum Leben notwendigen Güter. Der lebendige Gott, der Schöpfer alles Lebens,

---

k ...k Zu ersetzen durch: sogar.

l ...l Zu streichen.

m ...m Vorstehendes Wort zu streichen.

n ...n Zu streichen.

o ...o Zu streichen.

ist allein Herr über Leben und Tod. Unter keinen Umständen darf der Mensch sich selbst das Leben nehmen, noch auch einen unschuldigen Menschen töten, es sei denn im Kriege oder in der gerechten Notwehr. $_{p}$Mit tiefem Erschrecken hat das christlich-deutsche Volk es vernommen, daß zahlreiche geisteskranke Menschen, die den Heil-und Pflegeanstalten anvertraut waren, als sogenannte „unproduktive Volksgenossen" ums Leben gebracht sind. Es wurde sogar durch einen behördlich empfohlenen Film, der die Bedenken der Gewissen durch Erweckung von Mitleid beschwichtigen will, für die Freigabe der Tötung unheilbar Kranker in weitesten Kreisen Propaganda gemacht.$_{p}$

Wir Bischöfe werden nicht nachlassen, gegen die Tötung Unschuldiger Verwahrung einzulegen: Niemand ist seines Lebens sicher, wenn nicht unangetastet dasteht: „Du sollst nicht töten!"

11. Jeder Menseh hat das natürliche Recht auf den Besitz und den Gebrauch rechtmäßig erworbenen Eigentums und auf den staatlichen Schutz des Privateigentums gegen willkürliche Eingriffe. Dennoch wurden u. a.$_{q}$ in den letzten Jahren$_{r}$ sehr viele kirchliche Besitzungen und besonders Ordenshäuser und die Priesterseminare mehrerer Diözesen ohne gesetzlichen Grund ihren rechtmäßigen Besitzern genommen und anderen Zwecken zugeführt. Dabei wurden sogar Gotteshäuser enteignet und profaniert. Wir Bischöfe legen $_{s}$namens der katholischen Kirche, namens des katholischen Volkes, dem unsere Priesteramtskandidaten und Ordensleute entstammen und dessen Liebe den Klosterbesitz den um Christi willen persönlich arm Gewordenen zur Verfügung gestellt hat,$_{s}$ gegen diese Verletzung des natürlichen Eigentumsrechtes Verwahrung ein und verlangen die Rückgabe des widerrechtlich beschlagnahmten und vielfach eingezogenen Gutes.$_{t}$ Wir protestieren gegen jene Willkürakte$_{t}$ auch um des Gemeinwohls willen und als Verteidiger der Grundlagen der von Gott gewollten Sozialordnung.$_{t}$ Denn was heute kirchlichem Besitz widerfährt, kann morgen jedem rechtmäßigen Eigentum widerfahren.

12. Jeder Mensch hat das natürliche Recht auf Schutz seiner Ehre gegen Lüge und Verleumdung. An der Front wie in der Heimat stehen die

---

p ... p Zu streichen.

q Vorstehender Ausdruck ist nach r zu verlegen.

s ... s Zu streichen.

t ... t Statt dessen haben wir, weil Galens Korrektur teilweise unleserlich ist und in der Eile unausgeführt blieb, von L. Volk, Akten V, S. 707 übernommen: Wir ... sind uns bewußt, dadurch auch als Vertei(diger der von Gott gewollten Sozialordnung zu handeln).

glaubenstreuen Christen in der Erfüllung ihrer vaterländischen Pflichten hinter keinem Volksgenossen zurück. Dennoch werden katholische Priester und Laien argwöhnisch überwacht, heimlich verdächtigt, ja sogar öffentlich als Volksverräter und Landesfeinde bezeichnet, nur weil sie für die Freiheit der Kirche und für die Wahrheiten des katholischen Glaubens eintreten.

Die katholischen Ordensleute haben in Feld und Heimat auch im Kriege heldenmütig ihre Pflicht getan, wie vielfach [u]von den militärischen Führern[u] auch durch die Verleihung von Kriegsauszeichnungen anerkannt ist. Dennoch hat man vielen von ihnen die klösterliche Heimat genommen unter der meist nachträglich ausgestreuten falschen Beschuldigung, die Orden hätten sich geweigert, entbehrliche Klosterräume für notleidende Volksgenossen zur Verfügung zu stellen.

Wir Bischöfe protestieren[v] gegen alle derartigen Verletzungen der Wahrheit und der Ehre und fordern wirksamen Ehrenschutz für jeden Volksgenossen, auch für die glaubenstreuen Katholiken und die katholischen Ordensleute.

13. An der Achtung und Erhaltung dieser natürlichen Menschenrechte ist jeder ehrenhafte Mensch interessiert; [w]ohne sie muß die ganze abendländische Kultur zusammenbrechen. Durch die Mißachtung nicht nur des Christentums, sondern auch der von Gott mit der Menschennatur gegebenen Persönlichkeitsrechte erscheint solche Geisteshaltung in Ursprung und Auswirkung dem gottlosen Bolschewismus verwandt, gegen den unsere deutschen Brüder im Soldatenrock heldenmutig kämpfen. So kommt es dazu, daß hinter der Kampffront wächst und wuchert, was die Kampffront in gewaltigem Ringen zerschlägt und hoffentlich in Rußland für immer vernichtet, die grauenhaften Folgerungen einer widerchristlichen Lehre, die mit der Leugnung des überweltlichen persönlichen Gottes und seiner Herrscherrechte zugleich die unsterbliche Menschenseele und die damit

u …u Zu streichen.

v Anstelle vorstehenden Ausdrucks einsetzen: erheben Einspruch.

w …w Streichung bei Galen nicht vorhanden. Anstelle der Streichung wurde von der Bonner Konferenz eingesetzt: „Sie beruhen auf dem Glauben an einen persönlichen Gott als den höchsten Herrn und dem Glauben an die Unsterblichkeit einer jeden Menschenseele. Sie sind die Grundlagen der ganzen abendländischen Kultur, die durch ihre Mißachtung zusammenbrechen muß.“ *Galen hat Streichung und Ersetzung ignoriert.*

jedem Menschen, auch dem Blutsfremden und den Angehörigen von Feindvölkern verliehenen Persönlichkeitsrechte vergißt und mißachtet.[w]

14. Seit Monaten geht, ungeachtet der Kriegsnot, eine widerchristliche Propagandawelle durch das Land mit dem klar erkennbaren, ja oft ausgesprochenen Ziel, noch während des Krieges, noch bevor die Soldaten, die zum großen Teil im christlichen Glauben die Kraft zu heldenhaftem Kämpfen und opferstarkem Aushalten finden, in die Heimat zurückkehren, die Lebenskraft der katholischen Kirche im deutschen Lande zu ersticken, womöglich das Christentum in Deutschland zu vernichten. Unter diesen unheilvollen inneren Spannungen und Kämpfen zerbröckelt und zerbricht die deutsche Volksgemeinschaft. So wenig nach dem vorigen Weltkrieg eine Völkerordnung Bestand haben konnte, die die Nationen dauernd in Sieger und Besiegte, in Bedrücker und Bedrückte, Besitzer und Besitzlose aufspalten wollte, so[x] kann eine Volksgemeinschaft begründet werden durch die Scheidung der Volksgenossen in Freie und Geknechtete, in Gewalttätige und Vergewaltigte.

15. Geliebte Diözesanen! Was wir Bischöfe heute aus schmerzlich bewegter Seele euch sagen müssen, darf aber für niemanden ein Vorwand werden, seine nationalen Pflichten zu vernachlässigen. Im Gegenteil! Mit der ganzen Autorität unseres heiligen Amtes rufen wir auch heute euch wieder zu: Erfüllet in dieser Kriegszeit eure vaterländische Pflicht aufs treueste! Lasset euch von niemandem übertreffen an Opferwilligkeit und Einsatzbereitschaft! [y]Und wenn jemand euch etwas anderes einflüstern möchte – gleichviel mit welcher Begründung –, dann weist ihn von euch, wie einst der Heiland die Zumutung von sich wies, dem Willen des Vaters sich zu widersetzen: „Weiche von mir, Versucher, du bist mir zum Ärgernisse. Du denkst nicht Gottes Gedanken, sondern Menschengedanken.“[y]

[z]Auch heute und gerade heute rufen[z] e[a*]ure Bischöfe[b*] euch zu: Seid treu unserem Volk! Wo immer der Daseinskampf unseres Volkes euren Einsatz erfordert, da stehet! Seid treu unserem Herrgott! Wo immer die Menschen Ordnungen und Entscheidungen gegen ihn und seine Gesetze erzwingen wollen, da seid unerbittlich! Gott ist der Allmächtige, ist der Ewige.

---

x Hinter vorstehendem Ausdruck: wenig.

y ... y Zu streichen.

z ... z Zu streichen.

a* Vorstehender Buchstabe ist groß zu schreiben.

b* Hier ist einzusetzen: rufen.

Darum zagt und zittert nicht! Sein ist der Sieg!

Es segne euch der allmächtige Gott, der Vater und der Sohn und der Heilige Geist. Amen.

Dokument XVIII [D. XVIII]

Denkschrift der deutschen Bischöfe an A. Hitler vom 18. 12. 1942 über die Kirchenverfolgung in den annektierten Grenzgebieten (Verfasser L. Jaeger)

Text A (EA Paderborn – Akte Kardinal Jaeger, II, 7, S. 324-327); Text B (ebd. S. 321-323ff.); Text C aus: Volk, V Nr. 807[1]

Text C = Grundtext: Maschinenhektogr.; Text A = Erstschrift Jaegers. Schreibmaschinenoriginal; Text B = Durchschlag einer Überarbeitung von A durch Jaeger.

Überschrift: Denkschrift der in der Fuldaer Bischofskonferenz vereinigten Oberhirten der Diözesen Deutschlands, eingereicht am 18. Dezember 1942.

Die in der Fuldaer Bischofskonferenz vereinigten deutschen Bischöfe haben schon des öfteren der Reichsregierung ihre ernstliche Beschwerde über Maßnahmen von Partei- und Regierungsstellen, die sich gegen Kirche und Christentum richten, vorgetragen. Sie haben im vergangenen Jahre der Reichsregierung eine Denkschrift überreicht, die in vielen Einzelheiten das den[a] gesetzlichen Bestimmungen und Versprechungen der Regierung zuwiderlaufende Vorgehen [b]mancher Regierungs- und Parteistellen[b] gegen Priester und Gläubige, sowie gegen die Seelsorgsarbeit und die Einrichtungen der Kirche zeigte.
Wir haben nicht nur aus religiösem Interesse, sondern auch aus Liebe zum Vaterland um Abhilfe gebeten. Die Reichsregierung hat uns [c]keine

---

1 Der Vergleich mit der Erstschrift (A) und der Überarbeitung (B) aus der Hand Kardinal L. Jaegers im EA. Paderborn (Akte Kardinal Jaeger) zeigt uns ähnlich wie bei der Denkschrift vom Vorjahre die redaktionelle Arbeit des Breslauer Konferenzvorsitzenden. Der in den Fußnoten mit A signierte Text stellt den Erstentwurf Jaegers dar. Das maschinenschriftliche Original (A) ist im Text B, einem Durchschlag, überarbeitet. Das Original des Durchschlags ging wohl nach Breslau. Bertrams Eingriffe bestehen aus zwei längeren Zusätzen, aus Abschwächungen und stilistischen Änderungen.

a Für vorstehendes Wort findet sich in A und B: allen.

b ... b statt dessen steht in A und B: der Regierung.

c ... c Statt dessen nur in A: keiner Antwort gewürdigt.

Antwort gegeben[c]. Die beklagten Mißstände dauern weiter an, ja haben sich teilweise noch weiter verschlimmert.

Daher ist um so dringender unsere Bitte und Forderung, daß den in unserer Denkschrift vom 10. Dezember 1941 beklagten, die Rechte der Kirche und das kirchliche Leben tief schädigenden Maßnahmen Abhilfe geschaffen werde.

[d]Dieses unser Verlangen erstreckt sich – und das ist der Anlaß dieser neuen Eingabe – mit derselben Eindringlichkeit auf die Lebensinteressen der katholischen Kirche und die freie Religionsausübung der katholischen Christen in den neu zu Deutschland gekommenen Gebieten. Die religiösen Lebensinteressen der Katholiken dieser Gebiete sind uns nicht fremd, da wir durch Christentum und deutsches Volkstum aufs innigste mit den dortigen Katholiken verbunden sind, auch die Besorgnis nicht abzuweisen ist, daß die in den neuen Gebieten geschaffenen Mißstände nicht einflußlos auf das kirchliche Leben im Altreich bleiben; auch ist in lieber Erinnerung, daß die Diözesen derselben jahrzehntelang auf unseren gemeinsamen Bischofskonferenzen mit allen ihren kirchlichen Sorgen mit uns vereint waren.[d] [e]Wir können uns nicht der großen Not dieser deutschen Menschen verschließen und müssen unsere Stimmen erheben auch um des Ansehens des deutschen Namens willen. Die [f]gegnerische Propaganda[f] hat seit der Machtübernahme durch die NSDAP immer wieder gerade die antireligiösen Reden und Maßnahmen von Parteistellen zum willkommenen Anlaß genommen zur Hetze gegen Deutschland und seine Führung. Um so unverständlicher ist es, daß jetzt mitten in diesem schweren Krieg nicht nur dieser Propaganda neue Nahrung gegeben wird, sondern auch deutsche Menschen, die mit großem Vertrauen und hochgespannter Erwartung zum Reich gekommen sind, in tiefster Seele verbittert und von Deutschland abgedrängt werden. Rings um Deutschland herum baut sich in allen besetzten Gebieten ein Wall von Erbitterung[g] und Feindschaft auf, der zum guten Teil entstanden ist durch die rücksichtslosen Eingriffe der deutschen Partei- und Zivilverwaltungsbehörden in die Gewissensfreiheit und das Glaubensleben der Bevölkerung. [h]Wenn es uns auch nicht möglich ist, wir vielmehr durch die Erschwerung persönlicher Erhebung an Ort und Stelle

---

d ...d Nur im Bertramtext.

e Anschluß in A und B: Gleichwohl.

f ...f Nur in A: Feindpropaganda.

g Statt dessen steht in A und B: Haß.

h ...h Nur Bertram.

behindert sind, alles Tatsächliche, das in diesem Schriftstück erwähnt wird, im einzelnen nachzuprüfen, so erscheinen doch die Berichte, auf die unsere Klagen sich stützen, so durchaus glaubwürdig, daß wir den Vorwurf leichtfertiger Aufnahme derselben nicht zu fürchten brauchen, zumal den staatlichen Behörden die Nachprüfung leicht möglich ist und es sich zum größten Teil um ganz augenscheinliche, weithin als notorisch zu bezeichnende Vorkommnisse handelt.[h]

Wir verweisen vor allem auf das nach 20jähriger Fremdherrschaft[i] zum Reich zurückgekehrte Elsaß-Lothringen. Die Bevölkerung hat im Mai 1940 die einrückenden deutschen Truppen mit großer Begeisterung aufgenommen, weil sie deutsch dachte, deutsch fühlte und von der deutschen Verwaltung mehr Gerechtigkeit erwartete als von der französischen. Die deutsche Verwaltung hat aber die anti-kirchlichen Gesetze, welche die französische Regierung im Jahre 1919 aus Innerfrankreich nicht auf Elsaß-Lothringen zu übertragen wagte, in viel rigoroserer Form durchgeführt. Wir wollen nicht Einzelheiten anführen, die der Regierung viel besser bekannt sind als uns. Aber solche einschneidende, rücksichtslos durchgeführte Maßnahmen wie z. B. die Ausweisung von rund 50% aller Seelsorgspriester der Diözese Metz, die Auflösung aller kirchlichen Organisationen, Kongregationen, Stiftungen und die Einziehung des Vermögens selbst der karitativen Stiftungen, die Beschlagnahme der Häuser der männlichen Orden sowie der beschaulichen weiblichen Orden oder die Enteignung der gesamten im kirchlichen oder klösterlichen Eigentum stehenden Krankenanstalten, Erziehungs- und Altersheime und ihre Überführung in städtischen oder staatlichen Besitz hat das im tiefsten religiöse lothringische Volk in seiner Liebe zum deutschen Vaterland empfindlichst[j] getroffen. Noch schlimmer ist die feindselige Ablehnung alles Deutschen, die in Luxemburg großgezogen worden ist. Auch die Luxemburger Bevölkerung hat die deutschen Truppen [k]freundlich aufgenommen und diese gute Stimmung wäre erhalten geblieben, wenn die deutsche Zivilverwaltung taktvoll das eigenständige religiöse und kulturelle Leben geschont hätte. So aber haben die rücksichtslos[l] durchgeführten Klosteraufhebungen und die scharfen Maßnahmen zur Unterbindung der Seelsorgsarbeit des Klerus und der religiösen Betätigung der Gläubigen, die

---

i In A: Feindherrschaft.

j Statt dessen steht in A und B: tödlich.

k In A steht: sehr.

l Statt dessen steht in A: rigoros.

zahlreichen Landesverweisungen von Geistlichen und Ordensleuten und die[m] Unterbringung zahlreicher angesehener Luxemburger Bürger in Konzentrationslagern[n], die des öfteren schon bald den Tod des Eingelieferten zur Folge hatte, uns die Liebe der Luxemburger entfremdet.

Noch trostloser als im Westen ist die religiöse Lage in den neu angegliederten Ostgebieten. Mit Entsetzen und Empörung berichten [o]zahlreiche dorthin umgesiedelte oder als Beamte dorthin versetzte Reichsdeutsche[o] von der Behandlung der dortigen Bevölkerung durch die Verwaltungs- und Polizeidienststellen und von der daraus sich ergebenden Lage für die katholische Kirche. Bis auf ganz wenige Gotteshäuser sind alle Kirchen[p] in den Diözesen Posen und Litzmannstadt dem gottesdienstlichen Gebrauch entzogen und zu profanen Zwecken benutzt oder versiegelt worden. Zum Teil sind sie Lagerräume irgendwelcher Art. Eine Kirche in Posen ist zur Reitschule herabgewürdigt worden. [q]In sehr großer Zahl sind die Kirchen[q] ihrer Kultgeräte, der Altarwäsche, Meßgewänder beraubt; die Inneneinrichtung ist zerstört worden. Häufig sind die Tabernakel erbrochen und das Allerheiligste Sakrament in gemeinster Weise geschändet worden. Man hat dabei nicht einmal die Kirchen volksdeutscher Gemeinden geschont. Wir verweisen auf die empörenden Vorfälle, die sich laut eingegangenen Berichten bei der Plünderung und Schändung der volksdeutschen Pfarrkirchen z. B. in Lissa, Samter, Tiefenbach (Kreis Schrimm) und Reisen im November 1941 zugetragen haben. Im Bereich der Diözese Litzmannstadt sind fast alle Kreuze und Heiligenbilder an öffentlichen Wegen und Straßen zerstört worden. Von der Bevölkerung kann alles das nur aufgefaßt werden als der Ausdruck eines sinnlosen, gegen alles Christliche gerichteten Hasses.

Eine geordnete Seelsorge ist im ganzen Warthegau nicht mehr möglich. Fast die gesamte polnische Geistlichkeit der Diözesen Posen und Litzmannstadt ist festgenommen und in Konzentrationslager [r]oder in das Gouvernement[r] geschafft worden. Selbst solche Geistliche traf dieses Schicksal, die unter der polnischen Herrschaft sich für die deutsche

m Entfällt in A.

n Statt dessen steht in A: das Konzentrationslager Dachau.

o ...o In A und B: die dorthin Umgesiedelten oder als Beamte dorthin versetzten Reichsdeutschen.

p In B steht an der Stelle: katholischen Kirchen.

q ...q Hier steht in A und B: Fast alle Kirchen sind.

r ...r fehlt in A und B.

Bevölkerung eingesetzt und für sie Gottesdienst in deutscher Sprache gehalten haben[s]. Es bedeutete [t] für die deutschen Katholiken eine bittere Enttäuschung, als auch solchen polnischen Geistlichen, die sich den Volksdeutschen gegenüber durchaus entgegenkommend gezeigt hatten, jede weitere Tätigkeit untersagt und unmöglich gemacht wurde. Immer wieder hören[u] wir von den Volksdeutschen die Klage, daß ihnen von deutschen Staatsstellen das genommen worden sei, worum sie in dem ehemals polnischen Staate so sehr gekämpft hätten, und daß sie heute nicht einmal die Rechte zugebilligt erhielten, die ihnen selbst von den Polen eingeräumt[v] worden seien. Auch die Bitte der Volksdeutschen, dann doch wenigstens reichsdeutsche katholische Priester zur Seelsorge im Warthegau zuzulassen, ist [w]fast gar[w] nicht gewährt worden. Die katholische Kirche ist im Warthegau völlig rechtlos, denn selbst die wenigen[x] deutschen Pfarrer, die dort für die Seelsorge übrigblieben, mußten sich die entwürdigende Vorschrift des Reichsstatthalters vom [y]26. Mai 1941[y] gefallen lassen, daß Gottesdienste nur mit Genehmigung der zuständigen Staatspolizeistellen gehalten werden dürfen. Praktisch hat für den ganzen Warthegau die Staatspolizei auch für den inneren Bereich die Verwaltung der Kirche übernommen.[z] [a*]Alle staatlichen Verordnungen und Verfügungen, welche die Kirche betreffen, werden den Geistlichen durch die Geheime Staatspolizei zugestellt. Dies wird von diesen Geistlichen mit Recht als kränkendes Mißtrauen empfunden,[a*] zumal diese Priester jahrelang unter nicht geringen Opfern die seelsorgliche Betreuung ihrer deutschen Landsleute ausgeübt und durch ihre Arbeit mitgeholfen haben, den durch die Polonisierungsbestrebungen gefährdeten deutschen Katholiken ihr deutsches Volkstum zu erhalten. Verschiedene von ihnen waren

---

s In A war ergänzt: wie z. B. Pfarrer Dr. Abt in Lissa oder Pfarrer Dr. Starczewske in Reisen.

t Dort steht in A und B: darum.

u Statt dessen in A: hörten.

v Statt dessen in A: gewährt.

w . . . w Statt dessen in A und B nur: nicht.

x Statt dessen in A: sieben.

y . . . y Statt dessen in A und B: 27. 5. 1941.

z Dazu in A: Daß die Geheime Staatspolizei auch die Geistlichen in der Erfüllung ihrer staatlichen Pflichten überwacht, wie das bei jedem anderen Staatsbürger auch der Fall ist, wäre natürlich.

a* . . . a* Statt dessen steht in A: Daß aber alle staatlichen Verordnungen und Verfügungen, welche die Kirche betreffen, durch die Geheime Staatspolizei zugestellt werden, wird von diesen Geistlichen mit Recht als schwer kränkendes Mißtrauen empfunden, . . .

deswegen interniert und haben den Internierungsmarsch nach Kutno mitmachen müssen. Jetzt aber werden diese Männer wie Staatsfeinde behandelt und unter Staatspolizeiaufsicht gestellt.

Es würde zu weit führen, auch nur in Umrissen ein Bild von der Lage der Kirche im Warthegau und der Behandlung gläubiger Christen zu zeichnen. [b*]Eine genauere Prüfung aller für die Existenz der katholischen Kirche und das kirchliche Leben im Wartheland verhängnisvollen Maßnahmen und der Auswirkung derselben würde uns nur möglich sein, wenn unparteiliche Beobachter die Gemeinden des Warthegaues bereisen und ebenso offen wie gewissenhaft treu über alles Erlebte berichten dürften, was, wenn wir recht unterrichtet sind, nicht einmal der Päpstlichen Nuntiatur oder zuverlässigen katholischen Laien gestattet wird.[b*]

[c*] [d*]Es ist ganz unverständlich,[d*] daß die Parteiinstanzen und die staatlichen Polizeiverwaltungen sich [e*]bei der Lösung ihrer Organisationsaufgaben[e*] mit dem Vorwurf einer offenen Religionsfeindschaft belasten. Ihre höchste Aufgabe müßte doch offenbar sein, die Volksdeutschen zum Reiche hinzuerziehen und von den dortigen Siedlern alle Unzufriedenheit fernzuhalten. Statt dessen treiben sie diese Menschen in die größte Gewissensnot und drängen sie von Deutschland ab.

Ähnlich ist die religiöse Lage in den Gebieten, die nach 20jähriger Zugehörigkeit zu Jugoslawien zum Reiche zurückgekehrt sind. Auch dort sind fast alle Geistlichen völlig mittellos nach dem von Italienern besetzten Unterkrain oder nach Kroatien abgeschoben oder ins Konzentrationslager gebracht worden. Am 10. Juli 1942 wurde das ganze Kirchenvermögen beschlagnahmt, auch soweit es stiftungsmäßig belastet war. Diese Behandlung der tiefgläubigen und religiös eifrigen Slowenen hat die Begeisterung für Deutschland, die nach dem Urteil von Kennern bei 90% der Bevölkerung vorhanden war, in Deutschenhaß umschlagen lassen. Dazu trug auch noch besonders bei[f*] die Aussiedlung zahlreicher Slowenen, wie auch ihre Unterbringung in Konzentrationslagern[g*]. So ist es dort zum Bandenkrieg gekommen, der wieder blutige Gegenmaßnahmen ausgelöst hat, die auch

---

b* … b* fehlt in A und B (Bertram).

c* In A: Wir verkennen nicht die große Bedeutung der Organisationsaufgaben in den Ostgebieten.

d* … d* Statt dessen steht in A: Um so kurzsichtiger scheint es zu sein, …

e* … e* Entfällt in A.

f* Entfällt in A und B.

g* Nur in A und B steht: bei.

den noch ruhigen Teil der Bevölkerung in die Verzweiflung treiben. Es ist eine Erfahrung, die zu allen Zeiten der Weltgeschichte gemacht worden ist, daß nichts aufreizender wirkt, nichts gewaltigere Verbitterung und glühendere Feindschaft weckt, als wenn ein Siegervolk dem Besiegten die Religion zu nehmen versucht ist.

In ernster Sorge um das Ansehen und das Wohl des Vaterlandes und in tiefer Verantwortung für die Glaubensbrüder in den besetzten Gebieten bitten wir die Reichsregierung inständig, der hemmungslosen antireligiösen Agitation von Parteistellen und den politisch unklugen und aller Menschlichkeit hohnsprechenden Vernichtungsmaßnahmen gegen Kirche und Christentum Einhalt zu gebieten. Man kann nicht arbeitsfrohe und lebenstüchtige Menschen für Deutschland gewinnen und ihnen gleichzeitig das Glück ihres Herzens und die Quelle ihrer Kraft zerstören wollen. Man kann nicht ein neues und schöneres Europa aufbauen und gleichzeitig das Christentum vernichten wollen. Das Abendland ist mit dem Christentum unzertrennlich verbunden. Zerstört man das Christentum, so wird man niemals einen wirklichen Ersatz dafür schaffen können.

Wir bitten und beschwören daher die Reichsregierung in dieser ernsten Stunde, da es gilt, [h*]alle Kraft zum Wohle des Vaterlandes zu sammeln[h*], die Weisung zu geben, daß von den kirchenfeindlichen Maßnahmen endlich Abstand genommen wird.

h* ... h* Anstelle der endgültigen Fassung lesen wir in A: alle Kräfte zu sammeln zu dem Kampfe, der über Sein und Nichtsein des Vaterlandes entscheidet.

Dokument XIX [D. XIX]

Denkschrift der westdeutschen Bischöfe vom 23. 7. 1945 an Feldmarschall F. L. Montgomery (Verfasser L. Jaeger)[1]

EA. München. Nachlaß Faulhaber. Nr. 3315. (Volk VI Nr. 1007)

Schreibmaschinendurchschlag mit Unterschrift und Datum (23. 7. 1945)

Überschrift: Ist das deutsche Volk in seiner Gesamtheit verantwortlich für diesen Krieg und für alle Kriegsverbrechen? Vermerk Faulhabers: Im Namen der westdeutschen Bischöfe an Montgomery. Die Unterstreichungen im Text stammen von Erzbischof Jaeger.

Wir Bischöfe der katholischen Kirche fühlen uns im Gewissen verpflichtet, auf eine Tatsache hinzuweisen, die zunächst das deutsche Volk schwer bedrückt, aber auch eine große Gefahr für das gesamte internationale Leben Europas darstellt.

Zur Zeit wird das gesamte deutsche Volk verantwortlich gemacht nicht nur für den abgelaufenen Krieg, sondern für alle Verbrechen, die tatsächlich während dieses Krieges geschehen sind und darüber hinaus noch für all das, was in Konzentrationslagern an Scheußlichkeiten verübt worden ist. Außerdem soll jede Diskussion dieser Frage abgelehnt oder unmöglich gemacht werden. Wir erlauben uns darauf hinzuweisen, daß die Fortsetzung dieser Politik die schwersten Gefahren heraufführen wird. Wir gedenken nicht, die Kriegsschuldfrage in ganzem Umfange hier zu behandeln, sondern erlauben uns nur, auf gewisse ganz und gar unbestreitbare Tatsachen hinzuweisen.

Der Versailler Vertrag hat bekanntlich in seiner Präambel die moralische Allein- und Gesamtschuld Deutschlands an dem ersten Weltkrieg deklariert. Diese statuierte *moralische* Verantwortung hat man zur Grundlage aller *juristischen, finanziellen und politischen Forderungen* des Vertrages gemacht. Das deutsche Volk hat fast einmütig gegen die Aufbürdung der moralischen Alleinschuld am 1. Weltkrieg auf das Entschiedenste protestiert und tut es heute noch. Man hat trotzdem Deutschland gezwungen,

---

1 Der Wert der Denkschrift liegt über den aktuellen Anlaß hinaus in den autobiographischen Details, die der Autor aus eigener Erfahrung der Diktatur einbringt.

das Diktat von Versailles zu unterzeichnen und hat stets dieses Diktat einen Vertrag genannnt, obwohl nach menschlichem Sprachgebrauch ein Vertrag nie durch den einseitigen Willen einer Partei zustande kommt. Die moralische Diskriminierung des deutschen Volkes ist die Wurzel der meisten Übel der Nachkriegszeit geworden. Es hat stets Staatsmänner der alliierten Mächte gegeben, die offen erklärt haben, die Nationen seien in den ersten Weltkrieg hineingeschlittert. Es hat andere gegeben, die in ihren Memoiren den Friedensvertrag von Versailles als das schlechte Machwerk unkluger Staatsmänner erklärt haben. Wir dürfen wohl auf Lord Keynes als den Kritiker des Vertrages von Versailles hinweisen. Obwohl schon einige Jahre nach der Unterzeichnung des Versailler Vertrages die verhängnisvollen Folgen offenkundig wurden, brachten es die Staatsmänner nicht über sich, das, was alle Welt wußte, offen zuzugeben: nämlich daß die Friedensmacher von Versailles einen Fehler begangen hatten. In Europa waren in der Nachkriegszeit zwei Diktaturen entstanden, die allgemeine Aufmerksamkeit auf sich zogen, zuerst die russische, dann die italienische. Die personalen Träger dieser Diktaturen hatten sich mit großem Eifer die Lehren des französischen Sozialisten Sorel (Réflexion sur la violence) angeeignet. Sie hatten sich auch historische Gestalten zum Vorbild genommen, die mit rücksichtsloser Grausamkeit die ihren Zielen sich widersetzenden kleinen Völker auszurotten suchten. Die modernen Tyrannen hatten eines vor den antiken und mittelalterlichen, ja noch vor den Tyrannen des 18. Jahrhunderts voraus: sie konnten eine Raum und Zeit überbrückende Technik und dadurch einen geradezu unübertrefflichen Polizeiapparat in ihren Dienst stellen. In Rußland hat man zuerst mit Erfolg diese moderne Technik in den Dienst der absoluten Gewalt gestellt. Es gab schon vor 1933 in allen Ländern eine große Literatur über die Handhabung der Diktatur, über die Methoden der Geheimpolizei und die Konzentrationslager in Rußland. Die Autoren dieser Bücher waren nicht Nationalsozialisten, da diese Partei damals noch fast unbekannt war. Ganz Europa war erfüllt von moralischer Entrüstung über das Schreckensregiment in Rußland. Seit Gladstone die Zustände in dem Königreich beider Sizilien angeprangert hatte, hat es nie wieder eine solche allgemeine Entrüstung in Europa gegeben, und der einfache Mann auf der Straße fragte sich stets: Warum finden sich nicht in Rußland einige Männer, die diesem System ein Ende machen? Dieselbe Frage hörte man in Italien, wenn bei verschlossenen Türen von den liparischen Inseln erzählt wurde. Die Antwort war, wenn man in dem Land selbst die Frage stellte – und viele Italienreisende haben sie gestellt –, es sei unmöglich, sich einem solchen

System mit Erfolg zu widersetzen. Man müsse auf eine äußere Katastrophe oder auf den Tod des Tyrannen warten.
In Deutschland trieb die Entwicklung seit 1929 allmählich auf eine extreme Lösung der politischen Fragen hin, als die aus dem Versailler Vertrag resultierenden Lasten unerträglich wurden und die Ziffer der Arbeitslosigkeit von Jahr zu Jahr anstieg. Die bekannten Wahlziffern der Jahre 1930 bis 32 redeten für jedermann eine eindeutige Sprache. Der Nationalsozialismus kam unter einer äußerst wohlwollenden Duldung des Auslandes, die schon an Mitwirkung grenzte, an die Regierung. Die Partei hatte schon fast 10 Jahre Zeit gehabt, die Methoden Rußlands und Italiens genau zu studieren, und sie war entschlossen, diese Methoden mit äußerster Gründlichkeit anzuwenden. Sie hat sofort nach der Machtübernahme alle Mittel der öffentlichen Meinungsbildung in ihre Hand gebracht – Presse, Rundfunk, Kino, Telefon, Telegraf – und hat diese Mittel durch eine raffinierte Spitzelorganisation so in ihren Dienst gestellt, daß das über Deutschland geworfene Netz kein Entrinnen zuließ. So kam es, daß das Ausland über viele Dinge in Deutschland unterrichtet war, von denen nicht allzuviele Deutsche Genaues wußten. Die offiziellen deutschen Propagandastellen haben in Zeitung und Rundfunk sich sehr häufig moralisch entrüstet über Dinge, die im Ausland passierten. Da jedes Volk sich durch Presse und Rundfunk beeinflussen läßt und niemand für möglich hält, daß die Regierenden so schamlos seien, das zu verurteilen, was sie selbst im Inland übten, glaubte man vielfach in Deutschland den Erzählungen über Konzentrationslager nicht, zumal da jeder entlassene Häftling aus Angst, wieder verhaftet zu werden, von seinen Erlebnissen schwieg. Vor allem war jede Möglichkeit einer Gruppen- oder Parteibildung in Deutschland abgeschnitten, da die harmlosesten Zusammenkünfte von wenigen Menschen schon die Aufmerksamkeit der Geheimpolizei auf sich zogen. Es gab in Deutschland kein Briefgeheimnis, es gab ebensowenig ein unkontrollierbares Telefongespräch, und alle, die *nur von fern* den Verdacht erregten, auch nur in *Gedanken* die Partei abzulehnen, standen unter ständiger Aufsicht. So war der Sturz der Regierung von innen heraus unmöglich. Der Nationalsozialismus versuchte jede menschliche Privatsphäre zu zerstören und jede Sicherheit der Meinungsäußerung durch Durchsetzung der Öffentlichkeit mit Agenten zu untergraben. Durch das Willkürregiment der Geheimen Staatspolizei, die jeden ohne Angabe eines Grundes verhaften konnte und Tausende ohne Verhör viele Monate oder Jahre in ihren Gefängnissen schmachten ließ, vernichtete sie die Rechtssicherheit, die Grundlage jedes geordneten Lebens. In Deutschland war ein

Zustand entstanden, der genau dem in Italien unter österreichischer Herrschaft glich, wie ihn Ugo Fuscolo im Jahre 1802 schilderte: „Gesetze gab es hier nicht, aber allmächtige Tribunale, keine öffentlichen Ankläger noch Verteidiger; aber Spione, welche jeden geheimen Gedanken auskundschafteten; Verbrechen, deren sich niemand bewußt war; Strafen, die über uns einbrachen, gegen die es keine Berufung gab; weder Talent noch Ansehen noch Unbescholtenheit des Ansehens boten einen Schutz, und wehe dem, der es wagte, einen Funken Mut zu verraten."
Auch wenn sich noch so viele einzelne hätten hinmorden lassen, so wäre daraus nie eine Änderung des Regierungssystems entsprungen. Selbst die vom Generalobersten Beck durchdachte Verschwörung kam bekanntlich nicht zum Ziel. Außerdem waren aber allzuviele Menschen bereit, den Erfolgen des Regimes Vertrauen zu schenken, zumal da ausländische Staatsmänner es auch nach dem 30. Juni 1934 nicht verschmähten, sich mit den Regierenden in Deutschland zu Verhandlungen an einen Tisch zu setzen. Keine *demokratische* Regierung in Deutschland kann solche erstaunlichen *außenpolitische* Erfolge aufweisen wie die nationalsozialistische. Als das demokratische Deutschland der Nachkriegszeit immer wieder bat und flehte, die Lasten aus dem Versailler Vertrag nur um ein geringes zu erleichtern, erfuhr es stets Ablehnung. Als Hitler den Versailler Vertrag Stück um Stück zerriß, besuchten ihn ausländische Staatsmänner und konzedierten ihm mehr, als das deutsche *Volk* je erbeten hätte. Und doch hat das deutsche Volk in seiner Majorität unter dem Regime gelitten und es als einen ungeheuren Gewissenszwang und eine unerträgliche Knechtung empfunden. Man sage nicht, daß das deutsche Volk in seiner Mehrheit gar nichts gegen die Partei unternommen habe. Wir machen darauf aufmerksam, daß die Mehrheit des deutschen Volkes sich schon dadurch gegen den Nationalsozialismus gewehrt hat, daß *es der christlichen Religion treu blieb*. Das Ausland hat keinerlei Vorstellung davon, welchen Druck die Partei auf alle Beamten in Reich, Ländern und Städten ausgeübt hat, um sie zu bewegen, aus der Kirche auszutreten und an keiner gottesdienstlichen Handlung mehr teilzunehmen. Immer wieder wurde von den *Partei*stellen trotz gelegentlicher gegenteiliger Versicherung der *Regierungs*stellen die Nachricht verbreitet, daß bald, oder demnächst, oder sofort nach dem Kriege die Schließung der Kirchen bevorstehe oder daß alle Beamte, die zu einem gewissen Zeitpunkt noch der Kirche angehörten, entlassen würden und allen Geschäftsleuten derselben Gattung das Geschäft geschlossen würde. Wären die deutschen Männer und Frauen, die unter diesem Druck

standen, ihm erlegen, so wäre Deutschland nationalsozialistisch geworden.

Jedermann in Deutschland wußte, daß die sogenannten Abstimmungs- oder Wahlergebnisse gefälscht waren. Sie kamen in derselben Weise zustande wie die Wahlergebnisse in Frankreich unter Napoleon III. Bei diesen Wahlen wurden stets mehrere Fragen miteinander verbunden, die in ihrer Gesamtheit mit Ja oder Nein beantwortet werden mußten. Einige dieser Fragen waren so formuliert, daß jeder Deutsche sie unbedingt mit Ja beantworten mußte, so daß man dem, der mit Nein stimmte, den Prozeß hätte machen können, zumal da ein Wahlgeheimnis nicht existierte. In manchen Orten sind die Stimmzettel bis zum letzten mit unsichtbarer Tinte numeriert gewesen. So konnte also aus ihnen auch keine Schlußfolgerung auf die Stimmung des Volkes in Deutschland gezogen werden. Die Volksmeinung konnte man nicht mehr öffentliche Meinung nennen, weil sie keine Formulierung in einer freien Öffentlichkeit fand. Die Presse war in keiner Weise das Bild der Volksmeinung. Es gab nur eine Willens- und Meinungsbildung, die der Partei, und diese wurde durch Propaganda der Welt verkündigt.

Im Vertrag von Versailles wurde zum ersten Mal in der Neuzeit eine moralische Kollektivschuld statuiert. Der Wiener Kongreß hat es nicht gewagt, das ganze französische Volk für *moralisch* schuldig an allen napoleonischen Kriegen zu erklären. Immerhin hatte das Deutschland des Jahres 1914 ein frei gewähltes Parlament, obwohl auch damals die Kriegserklärung nicht der Abstimmung des Parlamentes unterlag.

rotzdem war es eine Ungeheuerlichkeit, daß man einem ganzen Volk eine moralische Schuld und eine moralische Strafe aufbürden wollte. Die Schuldigerklärung des ganzen TVolkes war eine Sache, die eigentlich nur Gott zukommt. Auf keinen Fall war es Sache einer Partei, selbst über die von ihr formulierten moralischen Anklagen zu Gericht zu sitzen. Die Theorie von der Kollektivschuld oder Alleinschuld eines Volkes hat sich der Nationalsozialismus zu eigen gemacht, und er beging nun seinerseits die ungeheuerlichsten Verbrechen gegen ein Volk, das er in seiner Gesamtheit für schuldig erklärte. Wenn man jetzt wiederum von alliierter Seite das gesamte deutsche Volk für moralisch schuldig erklärt und diffamiert, so gibt man den nationalsozialistischen Theoretikern recht. Bei der Schnelligkeit der modernen Zeit wird es nicht lange dauern, bis die Theorie von der Alleinschuld eines Volkes auch im Deutschen Volk wieder Auferstehung feiert. Den Mythos, daß Hitler in allem recht hatte, schafft zur Zeit *nicht* das deutsche Volk. Aufmerksame Beobachter können leicht

feststellen, wie weit dieser Mythos gewachsen ist. Eine solche Politik wird man solange fortsetzen, bis die europäischen Staaten sich endgültig gegenseitig vernichtet haben.
Der Beginn des letzten Krieges im Jahre 1939 ist *keineswegs* mit Begeisterung vom deutschen Volke aufgenommen worden. Im Gegenteil, es zeigte sich überall das dumpfe Gefühl eines über Deutschland heraufziehenden Unheils. Die Fanfaren des Radios sind bekanntlich nur von einer Stelle gemacht worden, die sich der Einflußnahme einzelner oder des Volkes entzog. Auch die größten sogenannten Siege dieses Krieges haben nicht vermocht, irgendeine freudige Stimmung im Volke auszulösen, ja es war sogar auffallend, wie wenig das Volk an dem Geschehen Anteil nahm. Die Partei hat auch nicht gewagt, die Siege, die sie verkündete, durch Glockengeläute feiern zu lassen. Es hat bis zum Jahre 1942 amerikanische Korrespondenten in Deutschland gegeben, die über diese Dinge sicherlich genau Auskunft geben könnten. Millionen von Deutschen waren in einem ungeheuren seelischen Zwiespalt. Sie konnten und wollten ihrem eigenen Volk nichts Böses wünschen, und sie wünschten trotzdem nichts so wenig wie den Sieg. Immer wieder wurde von der Partei gerügt, daß man in der Kirche für den Frieden, aber nicht für den Sieg bete. Es muß den alliierten Truppen, soweit wie sie nachdenkliche Menschen waren, aufgefallen sein, daß viele Deutsche wie erleichtert und befreit durch die furchtbaren Trümmerstätten gingen, die durch die Luftwaffe der Alliierten geschaffen waren. Sie glaubten sich wenigstens von einem Zwang und Druck befreit, nämlich von Gewissenszwang und Versklavung durch die eine Partei. Tatsächlich haben sich die Alliierten am Radio gegenüber dem deutschen Volk als *Befreier* bezeichnet. Sie haben ebenso oft erklärt, daß sie das Christentum gegen den Nationalsozialismus schützen würden. Die Deutschen haben zwar niemals geglaubt, daß die alliierten Heere als Boten des Evangeliums kämen. Immerhin haben sie einige Erwartungen auf Grund dieser Berufung auf das Christentum gehegt und vergleichen, wie alle Menschen zu tun pflegen, die Wirklichkeit mit ihren Erwartungen.
Während des Weltkrieges hat man dem deutschen Volke einen gerechten Frieden verheißen. Aber nachher hielt man sich nicht an diese Versprechungen und gab dadurch den Friedensgegnern die Propagandagrundlagen für die Nachkriegsjahre. *Niemals* wäre der zweite Weltkrieg gekommen, wenn man 1918 einen gerechten juristischen und politischen *Vertrag* geschlossen hätte. Auch jetzt ist wieder viel von Gerechtigkeit und Frieden die Rede gewesen, aber nachdem das deutsche Heer besiegt ist, werden schon wieder die *moralischen* Grundlagen für eine völlige Unterdrückung

und Ausbeutung des deutschen Volkes geschaffen. Das deutsche Volk von heute ist durchaus gewillt, die Tatsache der deutschen Niederlage in seiner ganzen Schwere anzuerkennen, auch anzuerkennen, daß die Niederlage dem gesamten Volke für viele Jahre schwere Lasten auferlegt, aber es ist nicht gewillt, als Kollektiv die moralische Alleinschuld an diesem Kriege und an allen anderen Verbrechen der nationalsozialistischen Führung auf sich zu nehmen. Die Friedensmacher der Jahre 1919 und 1920 tragen die Schuld an den Verwirrungen der Nachkriegszeit, weil sie nicht gewillt waren, Gerechtigkeit walten zu lassen. Daß man Vertrag nannte, was kein Vertrag war, und daß man Gerechtigkeit nannte, was Unrecht und Unterdrückung war, hat sich in einer überraschend schnellen Zeit in ganz Europa furchtbar gerächt. Wenn man jetzt wiederum denselben Weg beschreiten will wie nach 1918, so werden die Folgen dieses Verhaltens noch viel furchtbarer sein als die, welche Europa soeben erlebt hat. Wenn die Staatsmänner sagen, daß sich kein Land mehr einen Krieg wie den verflossenen leisten könne, so sollten sie sich hüten, die Voraussetzungen für einen neuen Krieg zu schaffen. Es genügt nicht, Plakate anzubringen mit der Aufschrift: „Nie wieder Krieg". Nach dem Weltkrieg sind massenweise Züge durch die Straßen der deutschen Städte marschiert, die solche Aufschriften trugen, und niemals war das Volk so bereit, sich gegen jede Kriegspropaganda zu wehren, wie in den Jahren nach dem Weltkrieg. Inflation, ständiger außenpolitischer Druck und schließlich Arbeitslosigkeit gaben der Behauptung der Militaristen recht, daß ein wehrloses Volk vom Sieger nur Ausbeutung und Unterdrückung zu erwarten habe.

Es waren nur 35% des deutschen Volkes, die sich am 5. März des Jahres 1933 zum Nationalsozialismus bekannten, und diese 35 Prozent setzten sich in der Hauptsache aus Unerfahrenen und Enttäuschten zusammen; aus jungen Menschen, die den Weltkrieg nicht mitgemacht hatten, aber eine hoffnungslose Zukunft vor sich sahen; aus zahlreichen Offizieren, die nach dem Weltkrieg auf die Straße geworfen wurden und ihr Brot nicht zu verdienen wußten, weil sie nur das Kriegshandwerk gelernt hatten; aus Tausenden von Kaufleuten und Handwerkern, die infolge der ständigen Arbeitskrise vor dem Bankerott standen; aus Millionen von Arbeitslosen, die beschäftigungslos auf der Straße standen und bereit waren, sich dem Meistbietenden zu verkaufen. Als diese Massen glaubten, daß die Lage ausweglos geworden sei, verschrieben sie sich Hitler, der ihnen alles versprach.

Die Tatsachen haben bewiesen, daß die Völker Europas, ja alle Nationen der Erde leiden, wenn ein großes Volk leiden muß. Es ist eine unbestreit-

bare Tatsache, daß die Sieger von 1918 von ihrem Siege keinerlei Vorteile, sondern nur Unruhe, Arbeitslosigkeit und wirtschaftliche Not geerntet haben. Hätten die Sieger von 1918 auf Grund dieser Tatsache die *Solidarität der europäischen Völker* anerkannt und einen Frieden der nüchternen Vernunft geschlossen – ganz zu schweigen von den Prinzipien christlicher Gesinnung – , dann wäre das nachfolgende größere Unglück vermieden worden.
Wir bitten auch jetzt nur darum, zu bedenken, daß völlige Unordnung, wirtschaftlicher Bankerott und tiefstes soziales Elend in Deutschland in ihren Wirkungen nicht auf Deutschland beschränkt bleiben, sondern wie eine ansteckende Krankheit schließlich alle Länder Europas in Mitleidenschaft ziehen und noch größeres Unglück herbeiführen, als Europa bis jetzt erlitten hat. Moralische Diskriminierungen sind die schlechteste Grundlage für einen soliden Frieden. Wenn die verantwortlichen Staatsmänner den Völkern wirklich den Frieden schenken wollen, so bitten wir um der Sache willen und der gequälten Völker willen inständig, diesen Frieden nicht hinauszuzögern durch zwar naheliegende, aber dem Völkerfrieden in höchstem Maße abträgliche Pflege von Rachegelüsten. Wir geben in aller Offenheit nicht nur im Interesse unseres eigenen Volkes, sondern auch aller anderen Völker dieses den jetzt verantwortlichen Staatsmännern zu bedenken.
Für die Bischöfe der Kölner und Paderborner Kirchenprovinz:

† Lorenz Jaeger
Erzbischof von Paderborn

Dokument XX [D. XX]

Der verbotene Hirtenbrief der westdeutschen Bischöfe vom 27. 3. 1946

Aus: „Neue Züricher Nachrichten“ vom 6. 5. 1946.[1]

Geliebte Diözesanen!

Wenn wir Bischöfe zu Beratungen zusammenkommen, richtet sich unser Blick auf den religiös-sittlichen Wiederaufbau unserer Gemeinden, auf Verchristlichung des Einzelmenschen, weil hier unsere erste und eigentliche Aufgabe liegt.

Wir können aber bei diesen Betrachtungen die allgemeine Lage unseres Volkes nicht aus den Augen verlieren, weil seine wirtschaftlichen, rechtlichen und politischen Verhältnisse mit den religiös-sittlichen Zuständen fast unlöslich verknüpft sind und weil eine befriedigende Reform dieser Verhältnisse Voraussetzung jeder sittlichen Erneuerung unseres Volkes ist.

Das nationalsozialistische Reich hat zum sittlichen Niedergang des Volkes vielleicht am meisten dadurch beigetragen, daß es das Rechtsempfinden systematisch niedergetreten hat.

Es hat alles Recht einseitig aus dem Nutzen des eigenen Volkes und aus dem Willen *eines* [kursiv im Original] Menschen abgeleitet und kein objektives, letztlich in Gott begründetes Recht anerkannt. So hat es eine Willkürherrschaft geschaffen, die jedes Recht der Einzelpersonen, der Familie, der Völker untereinander mit Füßen trat. Der Mensch aber, der sich rechtlos weiß, der durch Terror, Bespitzelung, polizeiliche Allgewalt in beständiger Unsicherheit und Angst gehalten wird, verliert den inneren Halt. Er

---

1 Der auf dem Werler Konveniat unter dem 27. 3. 1946 konzipierte Hirtenbrief war ursprünglich als Hirtenwort des Fuldaer Episkopats gedacht. Durch Intervention der Besatzungsmächte kam er in der amerikanischen und französischen Besatzungszone nicht zur Verlesung, während er im englisch kontrollierten Distrikt zum Teil die Öffentlichkeit erreichte. Er erschien in den „Neuen Züricher Nachrichten“ vom 6. 5. 1946. In ihm ist das Konveniat noch einmal mit Problemen der natürlichen Rechtsordnung befaßt, die uns heute – 1994 – besonders aktuell erscheinen mögen. Der Durchbruch der westdeutschen Bischöfe mit dem Menschenrechtsprotest von 1941 in die Öffentlichkeit des Dritten Reiches auf dem Höhepunkt seiner Machtentfaltung findet hier seine natürliche Fortsetzung. Auch der Nachkriegsprotest erweist das Konveniat als risikobereiten Anwalt mißachteter Grundrechte, wie sie später im Bonner Grundgesetz ihren Ausdruck fanden, jetzt aber vor einem „allmächtigen“ Sieger.

verfällt leicht der Unaufrichtigkeit und Heuchelei und gerät in Gefahr, selber mit List und Gewalt seine Vorteile durchzusetzen, sobald er dazu in der Lage ist. Wir hatten gehofft, daß nach dem Sturz des Nationalsozialismus einerseits eine strenge Bestrafung derjenigen erfolgen werde, die an den Verbrechen schuldig sind, die sowohl am eigenen Volk wie gegenüber den Angehörigen fremder Völker und Rassen in entsetzlichem Ausmaße geschehen sind. Andererseits hofften wir, daß die neuen Machthaber alles daran setzen würden, um das Rechtsbewußtsein im deutschen Volke und die Rechte der Einzelperson wieder neu zu begründen und so einer inneren Gesundung des deutschen Volkes vorzuarbeiten.
Bei aller Anerkennung der Bemühungen um die Einführng demokratischer Verhaltensformen und um die Wiederbelebung des Erziehungswesens, *müssen wir doch gestehen, daß wir aufs tiefste enttäuscht sind durch das Weiterbestehen einer großen Rechtsunsicherheit.* [kursiv im Orig.]
Vor einigen Wochen schon sahen wir uns veranlaßt, Stellung zu nehmen zu den *himmelschreienden Vorgängen im Osten Deutschlands*, vor allem in Schlesien und im Sudetenland, wo mehr als 10 Millionen Menschen aus der angestammten Heimat in brutaler Weise vertrieben werden, ohne daß untersucht wird, ob eine persönliche Schuld vorliegt. Keine Feder kann das namenlose Elend schildern, das dort unter Mißachtung jeder Menschlichkeit und Gerechtigkeit sich vollzieht. All diese Menschen werden ohne jede Habe, ohne die Möglichkeit einer Existenzgründung im Restdeutschland zusammengepfercht. Es ist nicht abzusehen, wie diese aus der Heimat vertriebenen Menschen nicht zu friedlosen und friedensstörenden Elementen werden sollten. Das Rechtsbewußtsein des deutschen Volkes erleidet ferner schwere Einbußen dadurch, daß heute fast ein Jahr nach Einstellung der Feindseligkeiten, noch Millionen deutscher Kriegsgefangener auf unbestimmte Zeit vielfach unter erbärmlichen Umständen festgehalten und der Freiheit beraubt sind: Hunderttausende, wenn nicht Millionen, werden wie Sklaven zu schwerer Zwangsarbeit herangezogen, obwohl das einzige, was man ihnen vorwerfen kann, die Tatsache ist, daß sie Soldaten waren. Viele von diesen Ärmsten sind noch immer ohne Nachricht von daheim und haben ihren Lieben auch noch kein Lebenszeichen geben dürfen. Das bittere Gefühl des Unrechts – viele haben ihre Gesundheit, ja das Leben eingebüßt – muß sich bei ihnen und bei ihren Angehörigen unheilbar festsetzen.
Wie ein Alpdruck lastet auf dem deutschen Volk die oft verfehlte Art, wie seine Besieger die Stellen des öffentlichen Lebens und der Wirtschaft von Anhängern des alten Regimes zu säubern suchen. Wir wissen, wie schwer

es namentlich für Außenstehende ist, wirkliche Nazisten von bloßen Mitläufern zu unterscheiden; wir wissen, wie geradezu widerlich und würdelos das Treiben nicht weniger Deutscher ist, die ihre eigenen Landsleute anschwärzen und zu entfernen suchen: Wir sehen uns aber auch genötigt, zu erklären, daß fristlose und versorgungslose Entlassung Tausender von Beamten und Wirtschaftlern, die Verhaftung weiterer Tausender ohne richterlichen Spruch, ihre Freiheitsberaubung ohne Möglichkeit der eigenen Verteidigung, ohne Möglichkeit, mit den nächsten Angehörigen in Verbindung zu treten, das Rechtsbewußtsein des Volkes empfindlich treffen. Soll eine innere Gesundung des Volkes angebahnt werden, so muß alles, was an Gestapo, Konzentrationslager und ähnliche Dinge erinnert, aus dem öffentlichen Leben verbannt werden. Sonst greift eine innere Vergiftung Platz, die einen moralischen und religiösen Aufstieg aufs äußerste erschwert, wenn nicht unmöglich macht.

Der Heilige Vater hat in seiner bedeutungsvollen Ansprache vom 20. Februar 1946 erklärt, es sei ein Irrtum zu behaupten, daß man einen Menschen schon deshalb als schuldig oder verantwortlich behandeln könne, weil er einer bestimmten Gemeinschaft angehöre, ohne daß man sich die Mühe gebe, im einzelnen Falle zu untersuchen, ob der Betreffende durch sein Handeln oder Unterlassen sich persönlich schuldig gemacht habe. Das bedeutet ein Eingreifen in die Rechte Gottes, der allein in seiner stets liebevollen Weisheit die Geschicke der Schuldigen und der Unschuldigen miteinander verketten könne.

Mit diesen Worten hat der Heilige Vater klar und eindeutig die Theorie von der Kollektivschuld eines ganzen Volkes abgelehnt und das Handeln danach als einen Eingriff in die Rechte Gottes bezeichnet. Er hat es aber damit auch abgelehnt, daß man die Angehörigen irgendwelcher Gemeinschaften einfachhin als Verbrecher behandeln dürfe, ohne im einzelnen eine Schuld nachgewiesen zu haben.

Eine weitere Maßnahme darf nicht stillschweigend übergangen werden, die gegen *Gesetz und Recht* verstößt und geeignet ist, die christliche Eigentumsordnung zu gefährden. In den östlichen Teilen von Restdeutschland wird *unter dem Schlagwort „Bodenreform" eine Enteignung des Grundbesitzes in radikaler Weise* vorgenommen. Wir Bischöfe sind der Überzeugung, daß die ungleiche Verteilung des Besitztums, besonders an Grund und Boden, eine der tiefsten Quellen sozialer Mißstände ist. Wir halten es für eine vordringliche Aufgabe der Staatsgewalt, für eine angemessene Verteilung der Erdengüter gerade jetzt zu sorgen, wo der Boden so verknappt ist und Millionen Deutscher bettelarm geworden sind.

Wir sehen es als ein ernsthaft zu erstrebendes Ziel an, daß möglichst vielen deutschen Familien ein Stück deutschen Bodens zur Verfügung gestellt wird. Die Kirche ist bereit, auch mit den Ländereien, die ihr gehören, zu diesem Ziel mitzuwirken. Was aber jetzt im deutschen Osten geschieht, hat mit echter Bodenreform kaum etwas zu tun. Eine Bodenreform muß wohlüberlegt und von Fachleuten gründlich vorbereitet sein, soll nicht ein starker Rückgang der Erzeugung eintreten, der gerade in diesem Augenblick katastrophal wirken muß. Sie muß vor allem das Land erfassen, das bereits der öffentlichen Hand gehört und bisher militärischen und nicht notwendigen verkehrstechnischen Zwecken diente. Soll das Privateigentum angegriffen werden, so darf unter keinen Umständen eine gänzliche und entschädigungslose Enteignung stattfinden, es sei denn, daß eine Wiedergutmachung schwerer Schuld in Frage käme.
Den bisherigen Eigentümern muß ein angemessener Besitz gewahrt bleiben, der ihnen und ihren Kindern die Fortführung eines landwirtschaftlichen Betriebes sichert. Es ist den Enteigneten gegenüber eine Entschädigung vorzusehen, die nach Maßgabe aller Umstände des Falles und der allgemeinen Lage als angemessen bezeichnet werden muß. Nur unter Einhaltung dieser Regeln kann eine Bodenreform als gerecht angesehen werden. Nur dann kann man eine neue Verwurzelung der Menschen in heimatlicher Erde und deren heilsame Früchte erhoffen.
„Opus justitiae pax", „Der Friede ist das Werk der Gerechtigkeit", so lautet der Wahlspruch unseres Heiligen Vaters. Nach Frieden sehnt sich die ganze Welt. Wie ein Aufschrei geht es vom Osten zum Westen, vom Norden zum Süden: Dona nobis pacem! Schenke uns den Frieden. *Der wahre dauerhafte ganze Friede wird uns nur dann von Gott geschenkt, wenn wir Menschen wieder Recht und Gerechtigkeit als Grundlage aller Gemeinschaft anerkennen.*
Möchten Sieger und Besiegte dessen eingedenk sein! Möge ein jeder in seinem Bereich vor jeglichem Rechtsbruch sich hüten und seinen Teil dazu beitragen, daß vor allem die junge Generation von dem verderblichen Irrtum befreit wird, daß Gewalt vor Recht geht. Möge sie neue Ehrfurcht gewinnen vor der Majestät des in Gott gründenden Rechtes, auch wenn es auf seiten des Schwächeren liegt! Erst wenn diese Ehrfurcht wieder einzieht, können bessere, wahrhaft friedvollere Zeiten kommen.

Werl, den 27. März 1946
Die Bischöfe der Kölner und Paderborner Kirchenprovinz.

Zeittafel

Zeitangaben	Lebensdaten L. Jaegers	Paderborner Daten	Zeithistorischer Hintergrund
23. 9. 1892	Geburt Lorenz Jaegers in Halle an der Saale		
1898-1902/3	Volksschule		
1902/3-1908	Gymnasium der Frankeschen Stiftung in Halle		
1908	(nach Tod des Vaters) Rektoratsschule in Olpe		
19. 3. 1913	Abitur am Gymnasium zu Wipperfürth		
SS 1913-SS 1914	Studium der Theologie (3 Semester), davon		
SS 1913 bis WS 1913/14	2 Semester Paderborn		
und SS 1914	1 Semester München		
1. 8. 1914			Beginn des Ersten Weltkrieges
29. 10. 1914	Als Soldat im Westen		
20. 6. 1915	Gefreiter		1915 Einsatz in der Abwehr der Sommer-Offensiven
21. 11. 1915	Unteroffizier		
31. 3. 1916	Vizefeldwebel		1916 Teilnahme Jaegers an den Kämpfen um Verdun
31. 7. 1916	Leutnant		
9. 8. 1916	EK II		
15. 8. 1917	EK I		1917 Einsatz in der „Tankschlacht“ von Cambrai
1. 1. 1918	Chef der 12. Kompanie		1918 Teilnahme an der Offensive auf Amiens
März			
29. 9. 1918	Ritterkreuz des Hausordens von Hohenzollern im Inf. Rgt. 87		
9. 10. 1918	In englischer Gefangenschaft		
11. 11. 1918			Unterzeichnung des Waffenstillstands von Compiègne
28. 6. 1919			Unterzeichnung des Vertrags von Versailles

Zeitangaben	Lebensdaten L. Jaegers	Paderborner Daten	Zeithistorischer Hintergrund
9. 7. 1919			Ratifizierung des Versailler Vertragswerks
30. 12. 1919	Entlassung Jaegers aus der englischen Gefangenschaft		
1919			Gründung des Schülerbundes „Neudeutschland" (ND)
7. 2. 1920	Studium in Münster/W.		
Ostern 1920 bis Ostern 1921	Studium in Paderborn		
Ostern 1921	Eintritt ins Priesterseminar Paderborn		
1. 4. 1922	Priesterweihe ebd.		
1922-1926	Pfarrvikar in Oebisfelde in Sachsen		
1925			Vertrag von Locarno (A. Briand; G. Stresemann)
August 1926			Internationales Friedenstreffen der europäischen Jugend unter Schirmherrschaft des pazifistischen und christlichen Demokraten Graf Marc Sangnier in Bierville unweit Paris. Erste Anwesenheit von F. Stock
10. 9. 1926			Aufnahme Deutschlands in den Völkerbund
1926-1929	Religionslehrer an der Oberrealschule in Herne		
SS 1926 bis WS 1927/28	Gasthörer in Münster/W.		
12. 7. 1928	Staatliche Vereidigung		
8./11. 9. 1928	Wissenschaftliches Staatsexamen für das Lehramt an Höheren Schulen		
5. 3. 1929	Pädagogisches Staatsexamen		
1. 4. 1929	Ernennung zum Studienassessor		

Zeitangaben	Lebensdaten L. Jaegers	Paderborner Daten	Zeithistorischer Hintergrund
August 1929		Reise nach Bierville zur Einweihung der 1. französischen Jugendherberge „Èpi d' or" auf dem Besitz von Marc Sangnier, dort erste Begegnung mit Franz Stock und den „Volontaires de la Paix". Jaeger reist mit 30 „Neudeutschen" im Zeichen der Völkerversöhnung.	
24. 10. 1929			Der „schwarze Donnerstag". Zusammenbruch der Börse in der „Wallstreet"
1. 4. 1930	Studienrat in Herne		
14. 9. 1930			Die NSDAP wird zweitstärkste Partei
31. 7. 1932			NSDAP als stärkste Partei – Höchste Arbeitslosigkeit
30.1. 1933			Hitlers „Machtergreifung"
23. 3. 1933			Ermächtigungsgesetz
28. 3. 1933			Bedingte bischöfliche Zurücknahme kirchlicher Vorbehalte gegen die Mitarbeit von Katholiken im NS-Staat
1. 5. 1933	Realgymnasium (Hindenburggymnasium) Dortmund		
20. 7. 1933			Unterzeichnung des Reichskonkordates
24. 1. 1934			A. Rosenbergs Bestellung zum 1. Schulungsleiter der NSDAP
29. 1. 1934			Galens Fastenhirtenbrief gegen die Überbewertung von „Volk" und „Rasse"
7. 2. 1934			Indizierung des „Mythus" von Rosenberg durch das Römische Offizium

Zeitangaben	Lebensdaten L. Jaegers	Paderborner Daten	Zeithistorischer Hintergrund
13. 7. 1934		Schriftwechsel NSDAP-Provinzialschulkollegium über das Leseverbot Jaegers an die Primaner betr. des „Mythus“	
9. 8. 1934	Fachleiter am Bezirksseminar in Dortmund und Mitglied im Reichsprüfungsamt in Münster/W.		
5. 9. 1934	Beamteneid im NS-Staat		
Sommerferien 1935-1938?	Zweimal Vertretung von Abbé F. Stock in Paris		
Seit Jan. 1937		Jaeger unter Dauerobservanz der preußischen Gestapo	
21. 3. 1937			Enzyklika Pius' XI. „Mit brennender Sorge“
8. 8. 1937		Erzbischof Kaspar Klein erhebt im Alleingang öffentlich Protest gegen die Auflösung der Jungmännerverbände	
ca. 1937/38	Enthebung Jaegers vom Amt des Fachleiters		
10. 11. 1938			Judenprogrom und Synagogenbrände
1. 9. 1939			Beginn des 2. Weltkrieges (zurückdatierter Geheimbefehl Hitlers zur „Euthanasie“)
27. 5. 1940	Einziehung als Kriegspfarrer zur XIII. Armee und am 1. 1. 1941 Versetzung zur 302. Inf. Div. Als Divisionspfarrer im Umkreis Stettin		
April 1941	Verlegung nach Amiens		
29. 5. 1941		Wahl Jaegers durch das Paderborner Domkapitel zum Erzbischof	

Zeitangaben	Lebensdaten L. Jaegers	Paderborner Daten	Zeithistorischer Hintergrund
22. 6. 1941			Beginn des Feldzuges gegen die Sowjetunion
13. 7. 1941			1. Predigt Galens gegen die Klosterenteignungen in St. Lamberti
20. 7. 1941			2. Predigt Galens in der „Überwasserkirche" zum „Klostersturm"
30. 7. 1941			Führerstopp zum „Klostersturm"
3. 8. 1941			3. Predigt Galens in St. Lamberti gegen „Euthanasie"
9. 8. 1941		Ernennung Jaegers zum Erzbischof von Paderborn (Bekanntgabe am 10. 8. 1941 durch den „Osservatore Romano")	
24. 8. 1941			Führerstop zur „Euthanasie"
28. 8. 1941			Das Westdeutsche Konveniat solidarisiert sich mit Galen und droht öffentliche Aufklärungsaktion gegen die „Euthanasie" an
14. 9. 1941	Jaegers Abschiedsrede vor Schülern bekennt sich zum Protestkurs		
15. 9. 1941		Konkordatseid Jaegers	
19. 10. 1941		Bischofsweihe in Paderborn	
26. 10. 1941		Heimliche Enttarnung des Moraltheologen J. Mayer als V-Mann d. SD	
24./25.11.1941			Konveniat der westdeutschen Bischöfe berät über den Menschenrechtsprotest

Zeitangaben	Lebensdaten L. Jaegers	Paderborner Daten	Zeithistorischer Hintergrund
10. 12. 1941			Datum der Denkschrift – Gemeinsame ev/rk Übergabe am 17. 12. 1941 durch die Bischöfe Wurm und Wienken
11.-16.12.1941		Abtransport Paderborner Juden aus dem Regierungsbezirk Minden	
16. 12. 1941			Abbruch der Winteroffensive vor Moskau unter verlustreichen Rückschlägen
20. 1. 1942			Wannsee-Konferenz
11. 2. 1942		1. Fastenhirtenwort Jaegers	
11. 3. 1942			Erfolgloser Umstimmungsversuch der Bischöfe Berning und Wienken bei Kardinal Bertram in Breslau zum öffentlichen Protest
11. 3. 1942			Beschluß der bayerischen Konferenz zum öffentlichen Protest.
20. 3. 1942			Bonner Konferenz: Öffentlicher Protest am 22. 3. und 7. 4. 1942
28. 6. 1942			Beginn der Sommeroffensive im Südabschnitt der Ostfront
19. 8. 1942		Jaeger übernimmt auf der Plenarkonferenz die Abfassung der Eingabe an Hitler über die Kirchenverfolgung in den annektierten Gebieten	
18. 12. 1942			Denkschrift der Bischöfe an Hitler (Verfasser Jaeger)
2. 2. 1943			Kapitulation des Nordkessels von Stalingrad

Zeitangaben	Lebensdaten L. Jaegers	Paderborner Daten	Zeithistorischer Hintergrund
7. 2. 1943		L. Jaegers Gedenkgottesdienst für die Opfer von Stalingrad – späte Erwägung einer Siegeshoffnung in Verbindung mit einem Ende der Kirchenverfolgung (Bericht der Gestapo)	
25. 3. 1943		Besuch von „Landesbischof" Walter Schultz (Mecklenburg) bei Jaeger	
vor 1. 6. 1943	Promotion Jaegers zum Dr. theol. an der Wilhelms-Universität in Münster in Westfalen		
12. 9. 1943			Verlesung des Dekalog-Pastorale der Bischöfe zu den Verbrechen des NS-Regimes
16. 1. 1944		Todesurteil über Pfarrer Peter Grebe, später zu 10 Jahren Zuchthaus begnadigt (Besuch Jaegers in der Todeszelle)	
14. 4. 1944		P. Kilian Kirchhoff OFM, Übersetzer liturgischer Hymnen der Ostkirche, stirbt unter dem Fallbeil wegen „Zersetzung der Wehrkraft" (Bittgang Jaegers zum Justizministerium)	
ca. 20. 6. 1944			Freiherr F. von Lüninck bei Erzbischof und Generalvikar
20. 7. 1944			Attentat Klaus Schenk von Stauffenbergs auf Hitler
13./14. 11. 1944			Todesurteil, Hinrichtung F. von Lünincks und von B. Letterhaus in Berlin/Plötzensee
Januar 1945		„Besuch" des stellvertretenden Gauleiters bei Erzbischof Jaeger	

Zeitangaben	Lebensdaten L. Jaegers	Paderborner Daten	Zeithistorischer Hintergrund
27. 3. 1945		Schwere Zerstörung Paderborns durch Bomben	
1. 4. 1945		Ostermesse in der Krypta der am gleichen Tage befreiten Stadt	
13. 7. 1945		Denkschrift Jaegers an Feldmarschall Montgomery	
27. 3. 1946			Der verbotene Hirtenbrief
22. 2. 1965	Erhebung Lorenz Jaegers zum Kardinal		
30. 6. 1973	Amtsverzicht Lorenz Jaegers		
1. 4. 1975	Lorenz Kardinal Jaeger stirbt mit 82 Jahren		

Anhang

Skizze der Textabhängigkeiten im Menschenrechtsprotest 1941/42

(Die eingeklammerten Textsymbole führen in der Reihenanordnung nach oben hin zu den Texten, von denen die Abhängigkeit besteht.)

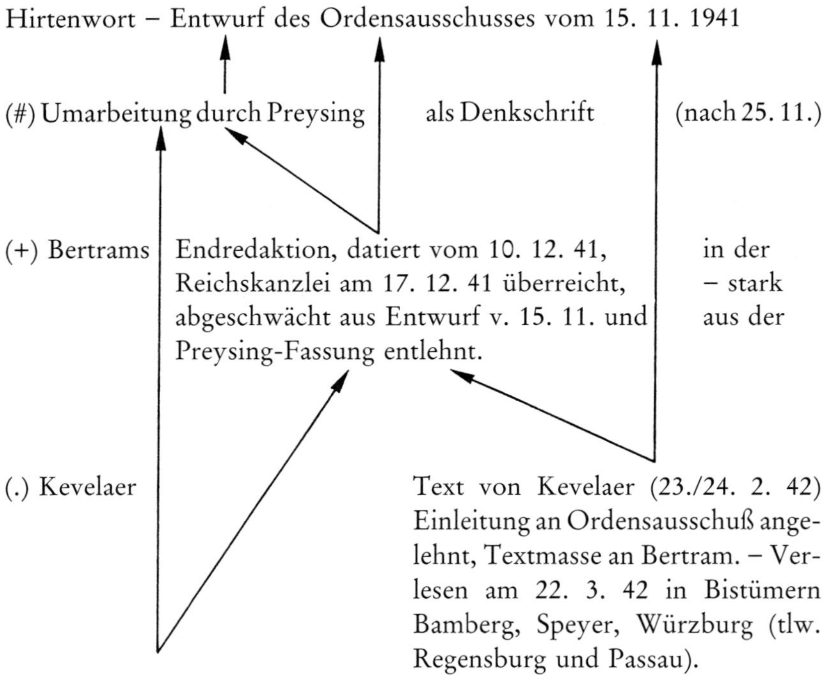

(*) Bonn – öffentlicher Protest für Menschenrechte. Drei Vorentwürfe aus Münster, Trier und Köln: Protestgipfel an Preysing, Textmasse an Bertram orientiert. Preysing-Texte in Bonn wieder entfernt! Die Konferenz vom 20. 3. 1942 beschließt dort, die Kölner Vorlage (Fundierung fast nur im Naturrecht!) am 22. 3. 42 in den Bischofsstädten, am 6. 4. 42 von den Kanzeln der zwei Kirchenprovinzen zu verlesen. Mainz schließt sich mit Bonner Text an, Kardinal Faulhaber in persönlicher Verlesung in München mit Sondertext nach Fassung von Kevelaer. Bischof von Galen hält in seiner persönlichen Verlesung vom 22. 3. 1942 am Vorwurf vom (braunen) „Bolschewismus" im eigenen Lande und am Protest für die gleichen Lebensrechte der „Nichtarier" fest.

Abkürzungen

AAS	=	Acta Apostolicae Sedis
Abs.	=	Absatz
Abt.	=	Abteilung
ADSS	=	Actes et Documents du Saint Siège
AOK	=	Armeeoberkommando
Art.	=	Artikel
BA (z. B. Koblenz)	=	Bundesarchiv (Koblenz)
BA (z. B. Münster)	=	Bistumsarchiv (Münster)
Bd(e).	=	Band (Bände)
BDM	=	Bund deutscher Mädel
BGB	=	Bürgerliches Gesetzbuch
BRD	=	Bundesrepublik
BVP	=	Bayerische Volkspartei
c., can., Can.	=	Canon
cf., cfr.	=	confer (vergleiche)
CJC	=	Codex Juris Canonici
D.	=	Dokument
DA	=	Diözesanarchiv
DAF	=	Deutsche Arbeitsfront
DDR	=	Deutsche Demokratische Republik
Div.	=	Division
DJ	=	Deutsches Jungvolk
EA	=	Erzdiözesanarchiv
ebd.	=	ebenda
EK	=	Eisernes Kreuz
Em.	=	Eminenz
Enz.	=	Enzyklika
etc.	=	et cetera
Ew.	=	Euer(e)
Exc.	=	Excellenz
f.	=	die folgende (= eine) Seite
ff.	=	die folgenden (= zwei) Seiten
geb.	=	geboren
gest.	=	gestorben
Gestapa	=	Geheimes Staatspolizeiamt
Gestapo	=	Geheime Staatspolizei
gez.	=	gezeichnet
H. H.	=	Hochwürdig(st)er Herr
HJ	=	Hitlerjugend
hl., Hl.	=	heilig, Heilige(r)
hr(s)g., Hr(s)g.	=	herausgegeben, Herausgeber
HStA (Potsdam)	=	Hauptstaatsarchiv der (früheren) DDR
i. A.	=	im Auftrag
i. V.	=	in Vertretung
Inf.	=	Infanterie
K. A.	=	Katholische Aktion

KdF	=	„Kraft durch Freude“
KLV	=	Kinderlandverschickung
Kpn.	=	Kompanie
Kripo	=	Kriminalpolizei
KZ	=	Konzentrationslager
LThK	=	Lexikon für Theologie und Kirche
MdR	=	Mitglied des Reichstages
m. E.	=	meines Erachtens
Mons. oder Msgr.	=	Monsignor(e)
ND, NDer	=	„Neudeutschland“, „Neudeutsche“
NS, ns	=	Nationalsozialismus, nationalsozialist.
NSDAP	=	Nationalsozialistische Deutsche Arbeiterpartei
NSFK	=	Nationalsozialistisches Fliegerkorps
NSLB	=	Nationalsozialistischer Lehrerbund
NSV	=	Nationalsozialistische Volkswohlfahrt
P.	=	Pater
PA (Bonn)	=	Politisches Archiv des Auswärtigen Amtes
PAJ	=	Personalakte Jaeger
Pg.	=	Parteigenosse
PSK	=	Provinzialschulkollegium
OFM	=	Ordo Fratrum Minorum (Minderbrüder)
OKH	=	Oberkommando des Heeres
OKW	=	Oberkommando der Wehrmacht
OP	=	Ordo Praedicatorum
OR, Oss. Rom.	=	Osservatore Romano
RAD	=	Reichsarbeitsdienst
RAF	=	Royal Air Force
RGBl	=	Reichsgesetzblatt
Rgmt.	=	Regiment
RKM	=	Reichskirchenministerium
RLG	=	Reichsleistungsgesetz
RSHA	=	Reichssicherheitshauptamt
SA	=	Sturmabteilung
SD	=	Sicherheitsdienst
Sipo	=	Sicherheitspolizei
SJ	=	Societas Jesu
Sp.	=	Spalte
SPD	=	Sozialdemokratische Partei Deutschlands
SS	=	Schutzstaffel
St.	=	Sankt
StA (z. B. Detmold)	=	Staatsarchiv (Detmold)
SVD	=	Societas Verbi Divini
TOP	=	Tagesordnungspunkt
UN	=	United Nations
VDA	=	Verein für das Deutschtum im Ausland
VdKfZG	=	Veröffentlichung der Kommission für Zeitgeschichte
WA	=	Weltanschauung
WHW	=	Winterhilfswerk

Ungedruckte Quellen

(Blattangaben beziehen sich auf Quellen des Dokumententeils)

Staatliche Archive in der Bundesrepublik und der (früheren) DDR

Politisches Archiv des Auswärtigen Amtes, Bonn (PA Bonn)

Bestände:	
P III, Po 2 Hl. Stuhl Bd. 1-5:	Politische Beziehungen des Hl. Stuhls zu Deutschland
Büro des Staatssekretärs betr. Vatikan, Bd. 2 bis 4: Bl. 433 865-433 869:	Beziehungen zum Hl. Stuhl (Handakten) Besprechung zwischen einem V-Mann und dem Nuntius am 13. 11. 1941.
Abteilung Inland I-D 4/1-12	
Deutschland – Kirche 3-6.	Kirchliche Angelegenheiten 1940-1942

Nordrhein-Westfälisches Staatsarchiv Detmold (StA Detmold)

Bestand M 18:	Sicherheitsdienst (SD) Hauptaußenstelle Bielefeld
Bl. 483-486:	SD-Bericht über interne Rede Jaegers im Ordinariat Pdb. v. 23. 10. 41

Hauptstaatsarchiv Düsseldorf (HStAD od. StA Düsseldorf)

Bestand RW 36:	Gestapo Düsseldorf: z. B. Flugblätter
Bestand RW 58, Nr. 12 503:	Personenakten der Stapostelle bzw. Stapoleitstelle Düsseldorf. Hier: Personen-Akte Erzbischof Jaegers

Bundesarchiv / Militärarchiv Freiburg i. Br. (MA oder Mil.A Freiburg)

Bestand RH 26-302/46 IV d-rk:	Berichte aus dem Stab der 302. Infanterie-Division, Abteilung IV d - röm.-kath. Feldseelsorge vom 1. 1. 1941 bis 21. 8. 1941 Div.-Pf. Jaeger.

Bundesarchiv Koblenz (BA Koblenz)

Bestand R 43 II/173a	Akten der Reichskanzlei 1933-1945
Bl. 14-21:	Vorgänge um die Neubesetzung v. Pdb.
Bl. 82-89:	Göring - Galen; Galen - Göring
Bl. 90-95:	Göring - Berning; Berning - Göring
Bl. 96-98:	Weitergabe an RKM Kerrl
Bestand R 58:	Akten des Gestapa, des SD-Hauptamtes und des RSHA

Nordrhein-Westfälisches Staatsarchiv Münster (StA Münster od. Mü)

Bestand PSK,	
Reg. Nr. 6449	Akten des Provinzialschulkollegiums (PSK) beim Oberregierungspräsidenten von Westfalen, bes. Personalakte Jaegers (PA J)
Bestand: Oberpräsidium	Nr. 5311

Hauptstaatsarchiv der (früheren) DDR in Potsdam (HStA Potsdam)

Bestand 51. 01:	Akten aus dem Reichskirchenministerium
Reg. Nr. 22 233:	Organisation des Pdb. Bistums, Domkapitels und der Dotation 1825-1941
Reg. Nr. 22 234:	Der Bischofsstuhl von Pdb. (Erzb.) Vol IV = 1910-1943
Bl. 00213-00215:	Bedenken R. Heydrichs gegen L. Jaeger
Reg. Nr. 22 327:	Eidesleistungen der r.-k. Bischöfe und Erzbischöfe in Preußen 1843-1941 (Generalia)
Reg. Nr. 22 541:	Erzb. phil.-theol. Akademie in Pdb. Vol. II = 1932-1945 (Abt. XV)
Reg. Nr. 23 343:	Das Domkapitel zu Pdb. (Vol. VI = 1942-1944)
Reg. Nr. 24 011:	Das Verfahren bei der Wahl der r.-k. Erzbischöfe und Bischöfe in Preußen Bd. 3 = 1902-1942 (Abt. XV.)

Kirchliche Archive

Bistumsarchiv Münster (BA Mü oder Münster)

Bestand:	
Bischöfl. Sekretariat, Neues Archiv, 0-62, Bl. 69-76:	Denkschrift der deutschen Bischöfe vom 10. 12. 1941 (Preysing-Entwurf)
Bl. 105-110:	Entwurf von Trier für das Hirtenwort vom 22. 3. 1942, dst. v. 15. 3. 1942
Bl. 114-123:	Entwurf von Köln für das Hirtenwort vom 22. 3. 1942, mit Änderungen beschlossen am 20. 3. 1942 (undatiert). Zum Entwurf Münsters vgl. P. Löffler, Bischof Clemens August von Galen. II, S. 941-946.

Erzbischöfliches Archiv Paderborn (EA Paderborn od. Pdb.)

Bestand II, 7:	Akten von Kardinal Jaeger
Bl. 362	Rede Jaegers bei der Vereidigung vor dem Oberregierungspräsidenten in Münster am 15. 9. 1941
Bl. 321-323ff.	Denkschrift an die Reichsregierung v. 18. 12. 42 (Zweitentwurf, der in der Blattzählung an der ersten Stelle steht und zwei Seiten nicht mitzählt) (vgl. das „ff.“ der Zählung).
Bl. 324-329:	Erstentwurf, von Jaeger selbst überarbeitet.

Informationen und Materialien im Privatbesitz

Dr. Adolf Schmidt, Arnsberg:	Fahrt- und Erlebnisberichte von ND-Gruppen aus dem Gau St. Engelbert nebst Bildern
Prof. Ulrich Wagener:	Briefe von Frau E. Weißkittel an U. Wagener über Jaeger am Hindenburggymnasium in Dortmund (Zeitzeugin)
Der Verfasser:	Aufzeichnungen bzw. Tonbandaufnahmen von Gesprächen mit Frau Dr. L. Wichert-Schmetz (gest. 1989), Studienrat F. Hüpper (Olpe a. Biggesee) und Prof. Dr. Hans Brox (Univ. Münster), die Mitarbeiter, Kollegen (Wichert 1933-1937 / Hüpper 1933-1940) oder Schüler von L. Jaeger waren (so H. Brox von 1934-1938). Dechant a. D. Josef Löcker (Lennestadt) war übernächster Nachfolger Lorenz Jaegers als Divisionspfarrer der 302. Infanteriedivision. Prof. Dr. Aloys Klein überließ dem Verfasser dankenswerterweise den Briefwechsel 1942/44 zwischen StRt. Klein aus Duderstadt und L. Jaeger (Besuch von Landesbischof Schultz).

Gedruckte Quellen und Literatur

Abbé Franz Stock, Dokumentation deutsch-französischer Friedensbemühungen (Hg.: Franz-Stock-Komitee für ganz Deutschland). Arnsberg 1986.

Abbé Franz Stock – 40. Todesjahr. 1988 deutsch-französische Begegnung in Arnsberg (Hg.: Franz-Stock-Komitee für ganz Deutschland). Arnsberg 1988.

Acta Apostolicae Sedis. Città del Vaticano, Jg. 25ff., 1933ff.

Actes et Documents du Saint Siège relatifs à la Seconde Guerre Mondiale. Hg.: Pierre Blet, Robert A. Graham, Angelo Martini, Burkhart Schneider, Bd. I-IX. Città del Vaticano 1965-1981 (zitiert: ADSS I/IX).

Adolph, Walter, Hirtenamt und Hitlerdiktatur. Berlin 1965.

Adolph, Walter, Geheime Aufzeichnungen aus dem nationalsozialistischen Kirchenkampf 1935-1943, bearbeitet von Ulrich von Hehl (= Veröffentlichungen der Kommission für Zeitgeschichte, Reihe A: Quellen, Bd. 28). Mainz ^{4}1987.

Akten deutscher Bischöfe über die Lage der Kirche 1933-1945. Siehe: B. Stasiewski.

Akten Kardinal Michael von Faulhabers 1917-1945. Siehe: L. Volk.

Albrecht, Dieter (Bearb.), Der Notenwechsel zwischen dem Hl. Stuhl und der deutschen Reichsregierung 1933-1945. Bd. I: Von der Ratifizierung des Reichskonkordats bis zur Enzyklika „Mit brennender Sorge"; Bd. II: 1937-1945; Bd. III: Der Notenwechsel und die Demarchen des Nuntius Orsenigo 1933-1945 (= Veröffentlichungen der Kommission für Zeitgeschichte, Reihe A: Quellen, Bde. 1, 10 und 29). Mainz 1965, 1969 und 1980 (zitiert: Albrecht (Bearb.), Notenwechsel I-III).

Albrecht, Dieter (Hg.), Katholische Kirche im Dritten Reich. Eine Aufsatzsammlung zum Verhältnis von Papsttum, Episkopat und deutschen Katholiken zum Nationalsozialismus 1933-1945. Mainz 1976.

Albrecht, Dieter, Die Politische Klausel des Reichskonkordats in den deutsch-vatikanischen Beziehungen 1936-1943. In: ders. (Hg.), Katholische Kirche im Dritten Reich. Mainz 1976, S. 128-170.

Albrecht, Dieter, Der Hl. Stuhl und das Dritte Reich. In: Klaus Gotto/Konrad Repgen, Die Katholiken und das Dritte Reich. Mainz ^{2}1983, S. 36-41.

Baumjohann, Gerhard, Weltpriester des Erzbistums Paderborn in der Auseinandersetzung mit dem Nationalsozialismus. In: Paul Werner Scheele (Hg.), Paderbornensis Ecclesia. Paderborn 1972, S. 711-746.

Becker, Josef, Der Vatikan und der Zweite Weltkrieg. In: Dieter Albrecht (Hg.), Katholische Kirche, S. 171-193.

Becker, Winfried, Begriffe und Erscheinungsformen des Widerstandes gegen den Nationalsozialismus. In: Jahrbuch für Volkskunde 1989, S. 11-42.

Becker, Winfried, Politische Neuordnung aus der Erfahrung des Widerstandes. Katholizismus und Union. In: Peter Steinbach (Hg.), Widerstand. Ein Problem zwischen Theorie und Geschichte. Köln 1987, S. 261-292.

Beilmann, Christel, Eine katholische Jugend in Gottes und dem Dritten Reich. Briefe, Berichte, Gedrucktes 1930-1945, Kommentare 1988/89. Wuppertal 1989.

Bierbaum, Max, Nicht Lob, nicht Tadel. Das Leben des Kardinals von Galen. München [6]1966.
Blank, Josef, Kirche und Staat im Urchristentum. In: Josef Denzler, Kirche und Staat auf Distanz. München 1977, S. 9-28.
Bleistein, Roman, Alfred Delp. Geschichte eines Zeugen. Frankfurt/M. 1989.
Bleistein, Roman (Hg.), Augustin Rösch, Kampf gegen den Nationalsozialismus. Frankfurt/M. 1985 (zitiert: Rösch, Kampf).
Bleistein, Roman, Der Kreisauer Kreis und die Katholiken. In: Stimmen der Zeit, 115, 1990/5, S. 291-300.
Bleistein, Roman (Hg.), Dossier: Kreisauer Kreis. Dokumente aus dem Widerstand gegen den Nationalsozialismus. Frankfurt/M. 1987.
Bleistein, Roman, Jesuiten im Kreisauer Kreis. In: Stimmen der Zeit, 107, 1982/9, S. 595-607.
Bleistein, Roman, Katholische Bischöfe im Widerstand gegen den Nationalsozialismus. In: Stimmen der Zeit, 114, 1989/9, S. 579-590.
Boberach, Heinz (Bearb.), Berichte des SD und der Gestapo über Kirchen und Kirchenvolk in Deutschland 1934-1944 (= Veröffentlichungen der Kommission für Zeitgeschichte, Reihe A: Quellen, Bd. 12). Mainz 1971.
Bocheński, Joseph M., Die zeitgenössischen Denkmethoden. München [8]1980.
Bornewasser, Franz Rudolf, Fels im Sturm. Trier 1969.
Brakelmann, Günter / Rosowski, Martin (Hgg.), Antisemitismus. Göttingen 1989.
Brandt, Hans Jürgen / Hengst, Karl, Die Bischöfe und Erzbischöfe von Paderborn. Paderborn 1984.
Brandt, Hans Jürgen, „Wem die Stunde schlägt“ – Abbé Franz Stock (1904-1948) unter dem Anspruch seiner Zeit. In: Theologie und Glaube, 73 (1983), S. 1-24.
Brandt, Hans Jürgen, „... und auch Soldaten fragten“. Zu Aufgabe und Problematik der Militärseelsorge in drei Generationen. Paderborn 1992.
Breviarium Romanum. Regensburg 1928, 4 Bde.
Broszat, Martin / Frei, Norbert (Hgg.), Das Dritte Reich im Überblick. Chronik, Ereignisse, Zusammenhänge. München 1989.
Broszat, Der Staat Hitlers. München [9]1981.
Bruns, Alfred / Senger, Michael (Red.), Das Hakenkreuz im Sauerland (Hg.: Das Schieferbergbau-Museum Schmallenberg-Holthausen). Fredeburg 1988.
Bullock, Alan, Hitler. Eine Studie über Tyrannei. Düsseldorf 1959.
Buslay, Josef, Au revoir, garçons, au revoir! In: Mensch, was wollt ihr denen sagen? Katholische Feldseelsorger im Zweiten Weltkrieg. München 1991, S. 42-49.

Conway, John S., Die nationalsozialistische Kirchenpolitik. München 1969.
Conway, John S., Frühe Augenzeugenberichte aus Auschwitz. Glaubwürdigkeit und Wirkungsgeschichte. In: Vierteljahreshefte für Zeitgeschichte, 27, 1979, S. 260-284.
Corsten, Wilhelm (Hg.), Kölner Aktenstücke zur Lage der katholischen Kirche in Deutschland 1933-1945. Köln 1949.
Closset, René, Er ging durch die Hölle – Franz Stock. Paderborn [5]1984.

Damberg, Wilhelm, Der Kampf um die Schulen in Westfalen 1933-1945 (= Veröffentlichungen der Kommission für Zeitgeschichte, Reihe B: Forschungen, Bd. 43). Mainz 1986.

Delp, Alfred (Hg.: Roman Bleistein), Gesammelte Schriften V. Frankfurt/M. 1988.

Delp, Alfred, Kämpfer, Beter, Zeuge. Letzte Briefe – Beiträge von Freunden. Berlin [3]1978.

Delp, Alfred (Hg.: Roman Bleistein), Kirche in Menschenhänden. Frankfurt 1985.

Denzler, Georg / Volker, Fabrizius, Die Kirchen im Dritten Reich. Christen und Nazis Hand in Hand? Bd. 1: Darstellung. Bd. 2: Dokumente. Frankfurt/M. 1984.

Denzler, Georg, Widerstand oder Anpassung? Katholische Kirche und Drittes Reich. München – Zürich 1984.

Denzler, Georg (Hg.), Kirche und Staat auf Distanz. Historische und aktuelle Perspektiven. München 1977.

Duchrow, Ulrich, Christenheit und Weltverantwortung. Traditionsgeschichte und systematische Struktur der Zweireichelehre. Stuttgart 1970.

Eilers, Rolf (Hg.), Löscht den Geist nicht aus. Der Bund Neudeutschland im Dritten Reich. Erlebnisberichte. Mainz 1985.

Erdmann, Karl Dietrich, Die Zeit der Weltkriege. In: Bruno Gebhardt, Handbuch der deutschen Geschichte, Bd. 4/2. Stuttgart [2]1976.

Fest, Joachim C., Hitler. Frankfurt/M. – Berlin – Wien 1973.

Frankemölle, Hubert (Hg.), Opfer und Täter. Zum nationalsozialistischen und antijüdischen Alltag in Ostwestfalen-Lippe. Herausgegeben im Auftrag der Gesellschaft für christlich-jüdische Zusammenarbeit Paderborn. Bielefeld 1990.

Friedrich, Jörg, Die kalte Amnestie. NS-Täter in der Bundesrepublik. Frankfurt/M. 1984.

Frings, Josef, Für die Menschen bestellt. Erinnerungen des Alterzbischofs von Köln. Köln 1973.

Fröhlich, Elke (Hg.), Die Tagebücher von Joseph Goebbels – Sämtliche Fragmente. Herausgegeben von Elke Fröhlich im Auftrag des Instituts für Zeitgeschichte und in Verbindung mit dem Bundesarchiv. Teil I. München – New York – London – Paris 1987.

Gessel, Wilhelm, Kirche und Staat in der alten Kirche. In: Georg Denzler, Kirche und Staat auf Distanz. München 1977, S. 29-41.

Geudtner, Otto / Hengsbach, Hans / Westerkamp, Sibille, „Ich bin katholisch getauft und Arier". Aus der Geschichte eines Kölner Gymnasiums. Köln 1985.

Gollwitzer, Helmut / Kuhn, Käthe / Schneider, Reinhold (Hgg.), Du hast mich heimgesucht bei Nacht. Abschiedsbriefe und Aufzeichnungen des Widerstands 1933-1945. München [2]1962.

Golombek, Dieter, Die politische Vorgeschichte des Preußenkonkordats (1929). Mainz 1970.

Gorschenek, Günter, Grundwerte in Staat und Gesellschaft. München 1977.

Gotto, Klaus, Die Wochenzeitung Junge Front/Michael. Eine Studie zum katholischen Selbstverständnis und zum Verhalten der jungen Kirche gegenüber dem Nationalsozialismus (= Veröffentlichungen der Kommission für Zeitgeschichte, Reihe B: Forschungen, Bd. 8). Mainz 1970.

Gotto, Klaus / Repgen, Konrad (Hgg.), Die Katholiken und das Dritte Reich. Mainz ³1990.

Gruchmann, Lothar, Der Zweite Weltkrieg. München 1967.

Gruß, Heribert, Bischöfliches Menetekel über dem Dritten Reich. Lorenz Jaegers Denkschrift an die Reichsregierung vom 18. Dezember 1942. In: Theologie und Glaube, 78, 1/1988, S. 3-15.

Gruß, Heribert, Die Pfarrchronik der Altenhundemer St.-Agatha-Gemeinde 1933/45 und ihr zeitgeschichtlicher Hintergrund. In: Eine sauerländische Pfarrgemeinde im Wandel der Zeit. Gummersbach 1994, S. 90-115.

Gruß, Heribert, Die „politische Klausel" bei der Neubesetzung des Paderborner Bischofstuhls im Jahr 1941. Kirchenpolitische Probleme in der Kriegsphase des Dritten Reiches. In: Theologie und Glaube, 79, 2/1989, S. 162-177.

Gruß, Heribert, Erzbischof Lorenz Jaeger im Spiegel sicherheitspolitischer Berichte. In: U. Wagener, Das Erzbistum Paderborn in der Zeit des Nationalsozialismus. Paderborn 1993, S. 13-44.

Gruß, Heribert, Hat Bischof Clemens August Graf von Galen am Passionssonntag 1942 (22. 3.) öffentlich für die Nichtarier (Juden) protestiert? Eine Hypothese, aus Bischofsakten aufgestellt und diskutiert von Heribert Gruß. In: Theologie und Glaube, 81, 3/1991, S. 368-385.

Gruß, Heribert, Historische Quellen entlasten den Paderborner Erzbischof. Überregional verbreitetes Interview der „Westfalenpost" mit dem Verfasser. 23. 9. 1985, Nr. 221.

Gruß, Heribert, Lorenz Jaeger als katholischer Kirchenführer im Dritten Reich. In: Theologie und Glaube, 76, 3/1986, S. 324-338.

Gruß, Heribert, Menschenrechte gelten für alle. Vor 50 Jahren Enzyklika Pius' XI. „Mit brennender Sorge". In Kultur-Extra. Überregionaler Teil der „Westfalenpost" vom 5. Mai 1987, Nr. 104 (zur Wirkungsgeschichte des Schreibens).

Guardini, Romano, Briefe über Selbstbildung. Bearbeitet von Ingeborg Klimmer. Mainz ¹³1985.

Guardini, Romano, Der Heilbringer in Mythus, Offenbarung und Politik. Eine theologisch-politische Besinnung. In: ders., Unterscheidung des Christlichen. Mainz ²1963, S. 411-456.

Guardini, Romano, Freiheit. Eine Gedenkrede. Würzburg 1960.

Guardini, Romano, Verantwortung. Gedanken zur jüdischen Frage. München ³1954.

Haffner, Sebastian, Anmerkungen zu Hitler. München ¹¹1978.

Haffner, Sebastian, Die deutsche Revolution 1918/19. Wie war es wirklich? Ein Beitrag zur deutschen Geschichte. München 1979.

Haffner, Sebastian, Im Schatten der Geschichte. Historisch-politische Variationen. Stuttgart 1985.

Haffner, Sebastian, Von Bismarck zu Hitler. Ein Rückblick. München 1987.

Hehl, Ulrich von, Bischof Berning und das Bistum Osnabrück im „Dritten Reich“. In: Osnabrücker Mitteilungen, Bd. 86 (1980), S. 83-104.
Hehl, Ulrich von, Das Kirchenvolk im Dritten Reich. In: Klaus Gotto/Konrad Repgen (Hgg.), Die Katholiken und das Dritte Reich. Mainz ³1990, S. 93-118.
Hehl, Ulrich von/Repgen, Konrad, Der deutsche Katholizismus in der zeitgeschichtlichen Forschung. Mainz 1988.
Hehl, Ulrich von, Kirche, Katholizismus und das nationalsozialistische Deutschland. Ein Forschungsüberblick. In: Dieter Albrecht (Hg.), Katholische Kirche im Dritten Reich. Mainz 1976, S. 219-251.
Hehl, Ulrich von, Priester unter Hitlers Terror. Eine biographische und statistische Erhebung. Im Auftrag der Deutschen Bischofskonferenz unter Mitwirkung der Diözesanarchive bearbeitet von Ulrich von Hehl. Mainz 1984 (Veröffentlichungen der Kommission für Zeitgeschichte, Reihe A: Quellen, Bd. 37).
Hehl, Ulrich von, Die Kirchen in der NS-Diktatur – Zwischen Anpassung, Selbstbehauptung und Widerstand. In: Karl Dietrich Bracher/Manfred Funke/Hans Adolf Jakobsen (Hgg.), Deutschland 1933-1945 – Neue Studien zur nationalsozialistischen Herrschaft. Bonn ²1993, S. 153-181 (zitiert: von Hehl, Die Kirchen in der NS-Diktatur).
Heiber, Helmut, Joseph Goebbels. München ³1988.
Heinemann, Ulrich, Ein konservativer Rebell. Fritz-Dietlof von der Schulenburg und der 20. Juli, o. O. u. J. (Siedler-Verlag).
Heintz, Albert (Hg.), Erzbischof Bornewasser. Worte an seine Priester. Trier 1961.
Heintz, Albert (Hg.), Fels im Sturm. Predigten und Hirtenworte des Erzbischofs Franz Rudolf Bornewasser. Bd. I: 1922-1939: Bd. II: 1939-1951. Trier 1969.
Hill, Leonidas E. (Hg.), Die Weizsäcker-Papiere 1933-1955. Berlin – Frankfurt – Wien o. J.
Hillgruber, Andreas, Der 2. Weltkrieg. Kriegsziele und Strategie der großen Mächte. Stuttgart – Berlin – Köln ⁵1989.
Hillgruber, Andreas, Der Ostkrieg und die Judenvernichtung. In: ders., Die Zerstörung Europas. Beiträge zur Weltkriegsepoche 1914-1945, Frankfurt/M. – Berlin 1988, S. 313-338.
Hitler, Adolf, Mein Kampf. Bd. I, München 1925. Bd. II, München 1927. Später in einem Band: München ^{880}1943.
Hitler, Adolf, Monologe im Führerhauptquartier 1941-1944. Die Aufzeichnungen Heinrich Heims herausgegeben von Werner Jochmann. Hamburg 1980.
Hitlers Politisches Testament. Die Bormann Diktate vom Februar und April 1945 (mit einem Essay von Hugh R. Trevor Roper und einem Nachwort von André François-Poncet). Hamburg 1981.
Hitlers Tischgespräche im Führerhauptquartier 1941-1942. Aufgezeichnet von Henry Picker . (Hg. Percy Ernst Schramm u. a.). Stuttgart ⁴1983.
Hitlers Zweites Buch. Ein Dokument aus dem Jahre 1928. Weinberg, Gerhard L. (Bearb.), Stuttgart 1961.
Hochhuth, Rolf, Der Stellvertreter. Ein christliches Trauerspiel. Reinbek 1963.

Hockerts, Hans Günter, Die Goebbels-Tagebücher 1932-1941. Eine neue Hauptquelle zur Erforschung der nationalsozialistischen Kirchenpolitik. In: Dieter Albrecht u. a. (Hg.), Politik und Konfession, S. 359-392.

Hoffman, Peter, Widerstand gegen Hitler und das Attentat vom 20. Juli 1944. Probleme des Umsturzes. München – Zürich ²1984.

Huckelmann, Hubert, Friede durch die Jugend. Von Bierville bis zum Borberg – Franz Stock auf dem Weg für den Frieden in Europa. In: Abbé Franz Stock. (Hg.: Franz-Stock-Komitee für ganz Deutschland). Arnsberg 1986, S. 15-21.

Hürten, Heinz, Deutsche Katholiken 1918-1945. Paderborn 1992 (zitiert: Hürten, Katholiken).

Hürten, Heinz, Geschichte des deutschen Katholizismus 1800-1960. Mainz 1986 (zitiert: Hürten, Katholizismus).

Hürten, Heinz, Katholischer Widerstand gegen Hitler aus deutscher und französischer Perspektive. In: Stimmen der Zeit, 109, 7/1984, S. 475-486.

Hürten, Heinz, NS-Regime und Zukunft der Kirche. Das nationalsozialistische Regime und seine Zukunftspläne gegenüber der Kirche. In: Stimmen der Zeit, 110, 8/1985, S. 534-546.

Hürten, Heinz, Selbstbehauptung und Widerstand der katholischen Kirche. In: Jürgen Schmädeke und Peter Steinbach (Hgg.), Die deutsche Gesellschaft und der Widerstand gegen Hitler. München ²1986, S. 240-253.

Hürten, Heinz, Verfolgung, Widerstand und Zeugnis. Kirche im Nationalsozialismus. Fragen eines Historikers. Mainz 1987 (zitiert: Hürten, Verfolgung).

Hürten, Heinz, Zeugnis und Widerstand der Kirche im NS-Staat. Überlegungen zu Begriff und Sache. In: Stimmen der Zeit, 108, 6/1983, S. 363-373.

Hürten, Heinz, Zukunftsperspektiven kirchlicher Zeitgeschichtsforschung. In: Ulrich von Hehl/Konrad Repgen, Der deutsche Katholizismus in der zeitgeschichtlichen Forschung. Mainz 1988, S. 97-106.

Hüser, Karl / Otto, Reinhard, Das Stammlager 326 (VI K) Senne 1941-1945. Sowjetische Kriegsgefangene als Opfer des nationalsozialistischen Weltanschauungskrieges. Bielefeld 1992.

Ilse, Susanne, Der höchste Einsatz: ein freier exemplarischer Sühneopfertod. Ferdinand Freiherr von Lüninck, geb. am 3. August 1888 in Ostwig, am 14. November 1944 in Berlin-Plötzensee hingerichtet. In: Theologisches, 18, 8/1988, Sp. 406-411.

Imkamp, Wilhelm, Die katholische Theologie in Bayern von der Jahrhundertwende bis zum Ende des Zweiten Weltkrieges. St. Ottilien 1991.

Jäckel, Eberhard, Hitlers Weltanschauung. Entwurf einer Herrschaft. Stuttgart ³1986.

Jäckel, Eberhard, Hitlers Herrschaft. Vollzug einer Weltanschauung. Stuttgart ²1988.

Jäckel, Eberhard/Rower, Jürgen (Hgg.), Der Mord an den Juden im Zweiten Weltkrieg. Stuttgart 1985.

Jakobsen, Hans-Adolf (Hg.), „Spiegelbild einer Verschwörung". Die Opposition gegen Hitler und der Staatsstreich vom 20. Juli 1944 in der SD-Berichterstattung. Geheime Dokumente aus dem ehemaligen Reichssicherheitshauptamt. 2 Bde. Stuttgart ²1984 (zitiert: „Spiegelbild").

Joppen, Rudolf, Kardinal Erzbischof Dr. Laurentius Jaeger und das Kommissariat 1941-1973. In: ders., Das Erzbischöfliche Kommissariat Magdeburg Bd. 10 (= Studien zur katholischen Bistums- und Klostergeschichte 21). Paderborn 1972, S. 130-137.

Kaiser, Josef H., Die politische Klausel der Konkordate. Berlin – München 1949.

Kaltenbrunner, Ernst, „Kaltenbrunner-Berichte". In: „Spiegelbild einer Verschwörung" – Die Opposition gegen Hitler und der Staatsstreich vom 20. Juli 1944 in der SD-Berichterstattung. Geheime Dokumente aus dem ehemaligen Reichssicherheitshauptamt, 2 Bde. (Hg. Hans-Adolf Jakobsen). Stuttgart ²1984 (zitiert: „Spiegelbild").

Kempner, Benedicta Maria, Nonnen unter dem Hakenkreuz. Leiden – Heldentum – Tod. Die erste Dokumentation über das Schicksal der Nonnen im 3. Reich. Würzburg 1979.

Kempner, Benedicta Maria, Priester vor Hitlers Tribunalen. München 1966.

Kirchner, Klaus, Flugblätter – Psychologische Kriegsführung im Zweiten Weltkrieg in Europa. München 1974.

Klönne, Arno, Jugend im Dritten Reich. Die Hitler-Jugend und ihre Gegner. Dokumente und Analysen. Düsseldorf – Köln 1982.

Knauft, Wolfgang, Einsatz für die verfolgten Juden 1938-1945. In: Stimmen der Zeit, 113, 9/1988, S. 591-603.

Knauft, Wolfgang, Unter Einsatz des Lebens. Das Hilfswerk beim bischöflichen Ordinariat Berlin für katholische „Nichtarier" 1938-1945. Berlin 1988.

Koebner, Thomas (Hg.), „Bruder Hitler" (Thomas Mann) – Autoren des Exils und des Widerstandes sehen den Führer des Dritten Reiches. München 1989.

Kogon, Eugen, Der SS-Staat. Das System der Konzentrationslager. München o. J. (Vorwort 1974).

Kopf, Paul / Miller, Max (Hgg.), Die Vertreibung von Bischof Joannes Baptista Sproll von Rottenburg 1938-1945. Dokumente zur Geschichte des kirchlichen Widerstandes (= Veröffentlichungen der Kommission für Zeitgeschichte, Reihe A: Quellen, Bd. 13). Mainz 1971.

Kopf, Paul, Joannes Baptista Sproll. Leben und Wirken. Sigmaringen 1988.

Köster, Helmut, Einführung in das Neue Testament im Rahmen der Religionsgeschichte und Kulturgeschichte der hellenistischen und römischen Zeit. Berlin/New York 1980.

Krings, Hermann, Das Zeichen der Weißen Rose. Zur politischen Bedeutung des studentischen Widerstands. In: Stimmen der Zeit, 108, 5/1983, S. 305-315.

Krummwiede, Hans-Walter/Greschat, Martin/Jakobs, Manfred/Lindt, Andreas, Neuzeit, 2. Teil: 1870-1975. In: Kirchen und Theologiegeschichte in Quellen. Neukirchen-Vluyn 1980.

Lanz, Dieter, Abbé Stock: Die Herausforderung annehmen. Arnsberg – Neheim 1985.

Lapide, Pinchas E., Rom und die Juden. Freiburg – Basel – Wien 1967.

Leiber, „Mit brennender Sorge“ – März 1937 – März 1962. In: Stimmen der Zeit, 87, 3/1962, S. 417-426.

Leiber, Robert, Pius XII. und die Juden in Rom 1943-1944. In: Stimmen der Zeit, 87, 3/1961, S. 428-436.

Leiber, Robert, Pius XII. In: Albrecht, Dieter (Hg.), Katholische Kirche im Dritten Reich. Mainz 1976, S. 103-127.

Lewy, Guenter, The Catholic Church and Nazi Germany. New York 1964; dt. Übers.: Die katholische Kirche und das Dritte Reich. München 1965.

Leyers, Antonia, Georg Angermaier 1913-1945. Katholischer Jurist zwischen nationalsozialistischem Regime und Kirche. Lebensbilder und Tagebücher (= Veröffentlichungen der Kommission für Zeitgeschichte). Mainz 1994 (während der Drucklegung erschienen).

Lill, Rudolf, NS-Ideologie und katholische Kirche. In: Klaus Gotto / Konrad Repgen, Die Katholiken und das Dritte Reich. Mainz ^{3}1990, S. 135-150.

Lochner, Louis P., Goebbels-Tagebücher. Aus den Jahren 1942-1943. Zürich 1948.

Löffler, Peter (Bearb.), Bischof Clemens August Graf von Galen. Akten, Briefe und Predigten 1933-1946, 2 Bde. (= Veröffentlichungen der Kommission für Zeitgeschichte, Reihe A: Quellen, Bd. 42). Mainz 1988 (zitiert: Löffler, Clemens August I bzw. II).

Longerich, Peter (Hg.), Die Ermordung der europäischen Juden. Eine umfassende Dokumentation des Holocaust 1941-1945. München 1989.

Manstein, Rüdiger von / Fuchs, Theodor, Manstein – Soldat im 20. Jahrhundert. Militärisch-politische Nachlese. München 1981.

Maser, Werner, Adolf Hitler. München – Esslingen 1971.

Mausbach, Josef, Katholische Moraltheologie. Münster 1927.

May, Georg, Kirchenkampf oder Katholikenverfolgung? Ein Beitrag zu dem gegenseitigen Verhältnis von Nationalsozialismus und christlichen Bekenntnissen. Stein am Rhein 1991.

Meyer-Krahmer, Marianne, Carl Goerdeler und sein Weg in den Widerstand. Eine Reise in die Welt meines Vaters. Freiburg/Br. 1989.

Michalka, Wolfgang (Hg.), Der Zweite Weltkrieg. Analyse, Grundzüge, Forschungsbilanz. München 1989.

Militärbischofsamt, Katholisches (Hg.), Mensch, was wollt Ihr denen sagen? – Katholische Feldseelsorge im Zweiten Weltkrieg. München 1991.

Missalla, Heinrich, Für Volk und Vaterland. Die Kirchliche Kriegshilfe im Zweiten Weltkrieg. Königstein/Ts. 1978.

Moltke, Helmuth James von (Hg.: Beate Ruhm von Oppen), Briefe an Freya 1939-1945. München 1988.

Moltke, Freya / Balfour, Michael / Frisby, Julian (Hgg.), Helmuth James von Moltke 1907-1945. Anwalt der Zukunft. Stuttgart 1975.
Müller, Hans, Katholische Kirche und Nationalsozialismus. Dokumente 1930-1935. München 1963.
Mund, Ottokar, Blumen auf den Trümmern. Blutzeugen der NS-Zeit. Eine Bildbiographie. Kilian Kirchhoff OFM. Elpidius Markötter. Wolfgang Rosenbaum. Paderborn 1989.
Mund, Ottokar, P. Kilian Kirchhoff OFM. Ein literarisches Werk im Dienst der Einheit von Ost- und Westchristenheit. In: Paul Werner Scheele, Paderbornensis Ecclesia. Paderborn 1972, S. 689-709.

Neisinger, Oskar, Flugblätter. Katholische Jugend im Widerstand gegen den Nationalsozialismus. Würzburg 1982.
Neuhäusler, Johann, Kreuz und Hakenkreuz. Der Kampf des Nationalsozialismus gegen die katholische Kirche und der kirchliche Widerstand. München ^{2}1946.
Nolte, Ernst, Das Vergehen der Vergangenheit. Antwort an meine Kritiker im sogenannten Historikerstreit. Berlin und Frankfurt/M. 1987.
Nolte, Ernst, Die faschistischen Bewegungen. München ^{7}1979.
Norden, Günther van, Zwischen Kooperation und Teilwiderstand: Die Rolle der Kirchen und Konfessionen. Ein Überblick über Forschungspositionen. In: Jürgen Schmädeke / Peter Steinbach (Hgg.), Die deutsche Gesellschaft und der Widerstand gegen Hitler. München ^{2}1986, S. 227-239.

Overmans, Rüdiger, Die Toten des Zweiten Weltkriegs in Deutschland. Bilanz der Forschung unter besonderer Berücksichtigung der Wehrmachts- und Vertreibungsverluste. In: Wolfgang Michalka, Der Zweite Weltkrieg. München 1989, S. 858-873.

Padberg, Rudolf, Kirche und Nationalsozialismus am Beispiel Westfalen. Ein Beitrag zur Seelsorgekunde der jüngsten Zeitgeschichte. Paderborn 1984.
Padberg, Rudolf, Widerstand im Dritten Reich – Zur Tätigkeit des Männerseelsorgers Dr. Kaspar Schulte in der Zeit des Nationalsozialismus. In: Theologie und Glaube, 75, 1985, S. 62-75.
Pannenberg, Wolfhart, Wissenschaftstheorie und Theologie. Frankfurt/M. 1977.
Pelke, Else, Der Lübecker Christenprozeß 1943, Mainz 1974.
Pietrow-Ennker, Bianka, Deutschland im Juni 1941 – ein Opfer sowjetischer Aggression? Zur Kontroverse über die Präventivkriegthese. In: Wolfgang Michalka, Der Zweite Weltkrieg. München 1989, S. 586-607.
Piper, Ernst Reinhard (Hg.), „Historikerstreit“. Die Dokumentation der Kontroverse um die Einzigartigkeit der nationalsozialistischen Judenvernichtung. München ^{5}1987.
Portmann, Heinrich, Kardinal von Galen. Ein Gottesmann seiner Zeit. Münster ^{17}1981.
Portmann, Heinrich, Dokumente um den Bischof von Münster. Münster 1948.
Pressac, Jean-Claude, Die Krematorien von Auschwitz. Die Technik des Massenmordes. München – Zürich 1993.

Pribilla, Max, An den Grenzen der Staatsgewalt. In: Stimmen der Zeit, 73, 3/1948, S. 410-427.

Pribilla, Max, Hitler in uns selbst. In: Stimmen der Zeit, 141, 11/1947, S. 90-105.

Reineke, Augustinus, Jugend zwischen Kreuz und Hakenkreuz. Erinnerungen und Erlebnisse, Ereignisse und Dokumente. Paderborn 1987 (zitiert: Reineke, Jugend.)

Repgen, Konrad, Die Außenpolitik der Päpste im Zeitalter der Weltkriege. In: Hubert Jedin/Konrad Repgen (Hgg.), Handbuch der Kirchengeschichte, Bd. VII, S. 36-96.

Repgen, Konrad, Hitlers Machtergreifung und der deutsche Katholizismus. Versuch einer Bilanz. Wiederabdruck in: Dieter Albrecht (Hg.), Katholische Kirche im Dritten Reich. Mainz 1976, S. 1-34.

Repgen, Konrad, 1938 – Judenpogrom und katholischer Kirchenkampf. In: Günter Brakelmann/Martin Rosowski, Antisemitismus. Göttingen 1989, S. 112-146.

Repgen, Konrad, Katholizismus und Nationalsozialismus. Zeitgeschichtliche Interpretation und Probleme. In: Kirche und Gesellschaft (Hg.: Katholische Sozialwissenschaftliche Zentralstelle Mönchengladbach). Köln 1983.

Riemschneider, Ernst G., Der Fall Klepper. Eine Dokumentation. Stuttgart 1975.

Riesenberger, Dieter, Die katholische Friedensbewegung in der Weimarer Republik. Düsseldorf 1976.

Riesenberger, Dieter, Der Paderborner Dompropst Paul Simon (1882-1946). Ein Beitrag zur Geschichte des Nationalsozialismus, der Ökumene und der Nachkriegsjahre in Paderborn. Paderborn 1992.

Rintelen, Friedrich Maria, Erinnerungen ohne Tagebuch. Paderborn 1982 (zitiert: Rintelen, Erinnerungen).

Rintelen, Friedrich Maria, Paderborn 1945. Erinnerungen an die Zerstörung der Bischofsstadt. In: Paul Werner Scheele, Paderbornensis Ecclesia. Paderborn 1972, S. 747-759.

Rintelen, Fritz-Joachim von, Philosophie des lebendigen Geistes in der Krise der Gegenwart. Selbstdarstellung. Zürich – Frankfurt/M. 1977.

Schatz, Klaus, Kirchengeschichte der Neuzeit II. Düsseldorf 1989.

Scheele, Paul-Werner, Paderbornensis Ecclesia, Beiträge zur Geschichte des Erzbistums Paderborn. Festschrift für Lorenz Kardinal Jaeger zum 80. Geburtstag am 23. September 1972. Paderborn 1972.

Schellenberger, Barbara, Katholische Jugend im Dritten Reich. Eine Geschichte des katholischen Jungmännerverbandes 1933-1939 unter besonderer Berücksichtigung der Rheinprovinz (= Veröffentlichungen der Kommission für Zeitgeschichte, Reihe B: Forschungen, Bd. 17). Mainz 1975.

Schlabrendorff, Fabian von, Offiziere gegen Hitler. Frankfurt/M. – Hamburg 1959.

Schlafke, Jakob (Hg.), Edith Stein. Dokumente zu ihrem Leben und Sterben. Köln 1980.

Schmädeke, Jürgen / Steinbach, Peter (Hgg.), Der Widerstand gegen den Nationalsozialismus. Die deutsche Gesellschaft und der Widerstand gegen Hitler. München 1986.

Schneider, Burkhart, u.a. (Hg.), Die Briefe Pius' XII. an die deutschen Bischöfe 1939-1944 (= Veröffentlichungen der Kommission für Zeitgeschichte, Reihe A: Quellen, Bd. 4). Mainz 1966.

Scholder, Klaus, Die Kirchen und das Dritte Reich. Bd. I: Vorgeschichte und Zeit der Illusionen 1918-1934, Frankfurt/M. – Berlin – Wien 1977; Bd. 2: Das Jahr der Ernüchterung 1934, Barmen und Rom. Berlin 1985.

Scholder, Klaus, Politischer Widerstand oder Selbstbehauptung als Problem der Kirchenleitungen. In: Jürgen Schmädeke und Peter Steinbach, Die deutsche Gesellschaft und der Widerstand gegen Hitler. München [2]1986, S. 254-264.

Schott, Franz Josef, Der Wehrmachtsführungsstab im Führerhauptquartier 1939-1945. (Diss.) Bonn 1980.

Schramm, Percy Ernst, u.a. (Hg.), Hitlers Tischgespräche im Führerhauptquartier 1941-1942. Aufgezeichnet von Henry Picker. Stuttgart [4]1983.

Schulz, Gerhard, Revolutionen und Friedensschlüsse 1917-1920. München [5]1980.

Schwingenheuer, Anton, Beständige Versöhnung. In: Abbé Franz Stock. Dokumentation deutsch-französischer Friedensbemühungen (Hg.: Franz-Stock-Komitee Arnsberg – Neheim). Arnsberg 1986, S. 32-34.

Schwingenheuer, Anton, Der Mensch gegen Gott. In: Abbé Franz Stock. Dokumentation, S. 35-38.

Smelser, Roland / Zitelmann, Rainer, Die braune Elite. 22 biographische Skizzen I. Darmstadt [2]1990. II. 21 weitere biographische Skizzen. Darmstadt 1993.

Sofsky, Wolfgang, Die Ordnung des Terrors: Das Konzentrationslager. Frankfurt 1993.

Speer, Albert, Erinnerungen. Frankfurt/M. – Berlin – Wien 1969.

Stasiewski, Bernhard (Bearb.), Akten deutscher Bischöfe über die Lage der Kirche 1933-1945. Bd. I: 1933-1934; Bd. II: 1934-1935; Bd. III: 1935-1936 (= Veröffentlichungen der Kommission für Zeitgeschichte, Reihe A: Quellen, Bde. 5, 20 und 25). Mainz 1968, 1976 und 1979 (zitiert: Stasiewski, Akten deutscher Bischöfe I, II, III).

Stehkämper, Hugo, Protest, Opposition und Widerstand im Umkreis der (untergegangenen) Zentrumspartei – Ein Überblick. Teil I: Protest und Opposition. Teil II: Widerstand. In: Jürgen Schmädeke / Peter Steinbach (Hgg.), Der Widerstand gegen den Nationalsozialismus. München [2]1986, S. 113-150 u. 888-916.

Sudholt, G. (Hg.), Adolf Hitlers drei Testamente. Landsberg o. J.

Suworow, Viktor, Der Eisbrecher. Hitler in Stalins Kalkül. Stuttgart 1989.

Tattenbach, Franz von, Das entscheidende Gespräch. Zum 10. Todestag P. Alfred Delps S.J. In: Stimmen der Zeit, 80, 2/1955, S. 321-329.

Toland, John, Adolf Hitler. New York 1976. Dt. Übersetzung: Bergisch Gladbach 1977.

Unseren Toten von 1933 bis 1945, herausgegeben von der kirchlichen Hauptstelle für Männerseelsorge und Männerarbeit in den deutschen Diözesen. Fulda 1964.

Volk, Ludwig (Bearb.), Akten Kardinal Michael von Faulhabers 1917-1945. Bd. I: 1917-1934; Bd. II: 1935-1945 (= Veröffentlichungen der Kommission für Zeitgeschichte, Reihe A: Quellen, Bde. 17 und 26). Mainz 1975 und 1978 (Bd. II ^{2}1984) (zitiert: Volk, Akten Kardinal Faulhabers I und II).

Volk, Ludwig (Bearb.), Akten deutscher Bischöfe über die Lage der Kirche 1933-1945, Bd. IV: 1936-1939; Bd. V: 1940-1942; Bd. VI: 1943-1945 (= Veröffentlichungen der Kommission für Zeitgeschichte, Reihe A: Quellen, Bde. 30, 34 und 38). Mainz 1980, 1983 und 1985 (zitiert: Volk, Akten deutscher Bischöfe IV, V, VI).

Volk, Ludwig, Die Enzyklika „Mit brennender Sorge". Zum 100. Geburtstag Kardinal Michael von Faulhabers am 5. März 1969. In: ders., Katholische Kirche und Nationalsozialismus. Mainz 1987, S. 34-55.

Volk, Ludwig, Die Fuldaer Bischofskonferenz von Hitlers Machtergreifung bis zur Enzyklika „Mit brennender Sorge". In: ders., Katholische Kirche und Nationalsozialismus. Mainz 1987, S. 11-33 (zitiert: Volk, Fuldaer Bischofskonferenz I).

Volk, Ludwig, Die Fuldaer Bischofskonferenz von der Enzyklika „Mit brennender Sorge" bis zum Ende der NS-Herrschaft. In: ders., Katholische Kirche und Nationalsozialismus. Mainz 1987, S. 56-82 (zitiert: Volk, Fuldaer Bischofskonferenz II).

Volk, Ludwig, Episkopat und Kirchenkampf im Zweiten Weltkrieg. I. Lebensvernichtung und Klostersturm 1939-1941. In: ders., Katholische Kirche und Nationalsozialismus. Mainz 1987, S. 83-97 (zitiert: Volk, Episkopat I).

Volk, Ludwig, Episkopat und Kirchenkampf im Zweiten Weltkrieg. II. Judenverfolgung und Zusammenbruch des NS-Staates. In: ders., Katholische Kirche und Nationalsozialismus. Mainz 1987, S. 98-113 (zitiert: Volk, Episkopat II).

Volk, Ludwig, Hitlers Kirchenminister. Zum Versuch einer Gesamtdarstellung des Kirchenkampfes im NS-Staat. In der Einführung und im Abschnitt 1 zitiert nach Dieter Albrecht (Hg.), Katholische Kirche im Dritten Reich. Mainz 1976, S. 211-218; Neudruck in: L. Volk, Katholische Kirche und Nationalsozialismus. Mainz 1987, S. 348-353.

Volk, Ludwig, Kardinal Faulhabers Stellung zur Weimarer Republik und zum NS-Staat. In: Stimmen der Zeit, 91, 3/1966, S. 173-195.

Volk, Ludwig, Konrad Kardinal von Preysing (1880-1950), In: ders., Katholische Kirche und Nationalsozialismus. Mainz 1987, S. 265-276.

Volk, Ludwig, Nationalsozialismus. In: ders., Katholische Kirche und Nationalsozialismus. Mainz 1987, S. 114-143.

Volk, Ludwig, Zwischen Geschichtsschreibung und Hochhuthprosa. Kritisches und Grundsätzliches zu einer Neuerscheinung über Kirche und Nationalsozialismus. In der Einführung und im Abschnitt 1 zitiert nach Dieter Albrecht, Katholische Kirche im Dritten Reich. Mainz 1976, S. 194-210. Neudruck in: L. Volk, Katholische Kirche und Nationalsozialismus. Mainz 1987, S. 335-347.

Volk, Ludwig, Die Kirche in den deutschsprachigen Ländern (Deutschland, Österreich, Schweiz). In: Hubert Jedin/Konrad Repgen (Hgg.), Handbuch der Kirchengeschichte, Bd. VII, S. 537-561, für das nationalsozialistische Deutschland vgl. S. 544-554.

Vries, Josef de, Grundfragen der Erkenntnis. München 1980.

Wagener, Ulrich (Hg.), Das Erzbistum Paderborn in der Zeit des Nationalsozialismus. Beiträge zur regionalen Kirchengeschichte von 1933-1945. Paderborn 1993.

Wagener, Ulrich, Glaubenszeugnis und Widerstand. Pfarrer Wilhelm Ochse (1878-1960). Siegen 1990.

Wagener, Ulrich, Katholische Beamte als Opfer nationalsozialistischer Willkür. In: Theologie und Glaube, 75, 1985, S. 85-93.

Wagener, Ulrich (Hg.), Papst Pius XI. – Mit brennender Sorge. Mit einer Einführung von Ulrich Wagener. Paderborn 1987.

Wagener, Ulrich, Unterdrückungs- und Vergeltungsmaßnahmen gegen Priester des Erzbistums Paderborn in der Zeit des Nationalsozialismus. Ergebnisse einer Untersuchung der (Paderborner) Kommission für Zeitgeschichte. In: Theologie und Glaube, 75, 1985, S. 51-62.

Wagner, Georg, Priestersoldat in Hitlers Wehrmacht und in Stalins Roter Armee. Theologie und Glaube, 75, 1985, S. 27-50.

Warlimont, Walter, Im Hauptquartier der deutschen Wehrmacht 1939-1945. Grundlagen, Formen, Gestalten. Frankfurt/M. 1962.

Weinberg, Gerhard L. (Bearb.), Hitlers Zweites Buch. Ein Dokument aus dem Jahre 1928. Stuttgart 1961.

Weiß, Johann Baptist von, Weltgeschichte. Graz – Leipzig ^{5}1896, 30 Bde. (hier Bd. 3, S. 329: zu Hadrians Bauten nach dem Bar-Kochba-Aufstand).

Weizsäcker, Richard von, Die deutsche Geschichte geht weiter. München ^{3}1986.

Wichert-Schmetz, Leonie, Eine deutsche Familie im 2. Weltkrieg. Altenbeken o. J.

Wichert-Schmetz, Leonie, Meine erste Zeit als Assessorin und Studienrätin, gleichzeitig meine Brautzeit und ersten Ehejahre, Altenbeken 1984.

Wichert-Schmetz, Leonie, Unsere Familie nach dem Krieg. Altenbeken 1985.

Wichert-Schmetz, Leonie, „Vita et pax“ – Leben und Frieden. Ein Ausschnitt aus dem Kirchenkampf im Ruhrgebiet in der nationalsozialistischen Zeit und was daraus folgte. Altenbeken 1979 (zitiert: Wichert-Schmetz, Vita et pax).

Witetschek, Helmut, Das Überleben der Kirche unter dem NS-Regime. Die Kirche im Spannungsfeld zwischen staatsbürgerlichen Pflichten und Glaubenszeugnis. In: Stimmen der Zeit, 110, 12/1985, S. 829-843.

Wollasch, Hans-Josef, War der katholische Priester und Eugeniker Joseph Mayer ein Wegbereiter der NS-Euthanasie? In: Deutscher Caritasverband (Hg.), caritas ’91: Jahrbuch des deutschen Caritasverbandes. Freiburg 1990, S. 411-429.

Zahn, Gordon C., Die deutschen Katholiken und Hitlers Kriege. Graz – Köln 1965.

Zipfel, Friedrich, Kirchenkampf in Deutschland 1944-1945. Religionsverfolgung und Selbstbehauptung der Kirchen in der nationalsozialistischen Zeit (= Veröffentlichungen der historischen Kommission zu Berlin beim Friedrich-Meinecke-Institut der Freien Universität Berlin, Bd. 11). Berlin 1965.
Zitelmann, Rainer, Hitler. Selbstverständnis eines Revolutionärs. Hamburg – Leamingten Spa – New York o. J.

Personen-, Orts- und Sachregister

Bildnachweis

Abb. 1, 2, 3, 4, 6, 8 Dr. Adolf Schmidt, Hagen
Abb. 7, 14, 20 Archiv des Erzbischöflichen Generalvikariates Paderborn
Abb. 9, 18, 19, 38, 39 Archiv Bonifatius-Verlag Paderborn
Abb. 10-13 Archiv des Jugendhauses Hardehausen
Abb. 15-17, 45, 46 Ullstein-Bilderdienst Berlin
Abb. 21-23, 25-31 Archiv Herder-Verlag Freiburg
Abb. 24 Diözesanarchiv Limburg
Abb. 32, 34 Archiv d. Oberdeutschen Provinz der Jesuiten, München
Abb. 33 Privat
Abb. 35, 36 Archiv der Dominikaner-Provinz Teutonia, Köln
Abb. 37 Dr. Johannes Bökmann, Bad Honnef
Abb. 40, 41 Kommission für kirchliche Zeitgeschichte im Erzbistum Paderborn
Abb. 42 Christiana-Verlag, Stein am Rhein
Abb. 43, 47 Bildarchiv Preußischer Kulturbesitz Berlin
Abb. 44 Dr. Josef Oswald, Unterkirnach
Abb. 48 Bistumsarchiv Münster
Abb. 49 Pfarrer a. D. Hermann Bieker, Fröndenberg